银行就业尊享班

offcn 中公金融人

分级进阶教学+科学班型设计+全程贴心服务

班次名称	授课内容	课时
银行就业尊享班	网申课程：网申指导课程（面授/网校）。 笔试课程：笔试非封闭班X期（专项班、高频考点精讲班、题库直播班（A/B）、金题精讲班）+封闭（特训）1期。 面试课程：面试非封闭班X期+封闭（特训）1期	大量 （报名日期一 次年7月31日）

银行就业尊享班课程服务

上机模考：

可参加5次全真模拟考试，中、农、工、建、交各一次【原价1280元】

简历修改：

可获取中公教育简历修改2次【原价720元】

网校课程：

可获取银行从业、证券从业网校VIP课程【原价880元】

备考资料：

考前发放经济金融、时政热点及银行常识资料

暑期特训系列		
课程名称	授课内容	课时
银行暑期特训班	银行网申、笔试、面试	15天15晚
		15天15晚+1期集训班
		18天18晚
		18天18晚+1期集训班

集训系列		
课程名称	授课内容	课时
集训班	根据各银行考试情况（通用+单个银行集训）	7天7晚
集训笔试协议班	根据各银行考试情况（通用+单个银行集训）	7天7晚
集训全程协议班	根据各银行考试情况（通用+单个银行集训）	7天7晚+面试

2019中公·金融人银行
笔试特色系列课程

中公银行院长授课班

课程名称	授课内容	课时
银行院长授课班	银行网申、笔试、面试	30天30晚 +1期集训班+1期面试班次

金鹰协议系列
金鹰定制协议班【系统备考、循序渐进】

课程名称	授课内容	课时
金鹰协议A（报名日期~秋招结束）	简历修改1次+专项班+集训班+面试	22天+7天7晚+面试
金鹰协议B（报名日期~秋招结束）	简历修改1次+精品班+集训班+面试	12天+7天7晚+面试
金鹰协议C（报名日期~秋招结束）	简历修改1次+金题班+集训班+面试	14天+7天7晚+面试

网申/初面系列
网申/初面点睛班【实例讲评、了解网申及初面技巧】

课程名称	授课内容	课时
网申点睛班	网申指导	4课时
初面点睛班	初面指导	4课时
网申+初面	网申+初面	8课时

网申/初面个性指导【发掘你的优势及能力】

课程名称	授课内容	课时
一对一	网申/初面	2小时起约
一对三	网申/初面	4课时

基础提升系列

课程名称		授课内容	课时
专项班	行测专项	行测	22天
	综合专项	经济	
	英语专项	英语	

精品系列

课程名称	授课内容	课时
精品班A	行测、经济、金融、计算机 公基、英语、财会	14天
金题讲练班	行测、经济、金融、英语、会计 公基、计算机、市场营销	9天
金题班	行测、经济（含市场营销）、金融 会计+管理、公基、英语、计算机	14天
金题封闭班	行测、经济、金融、英语、会计 公基、计算机、市场营销	9天9晚

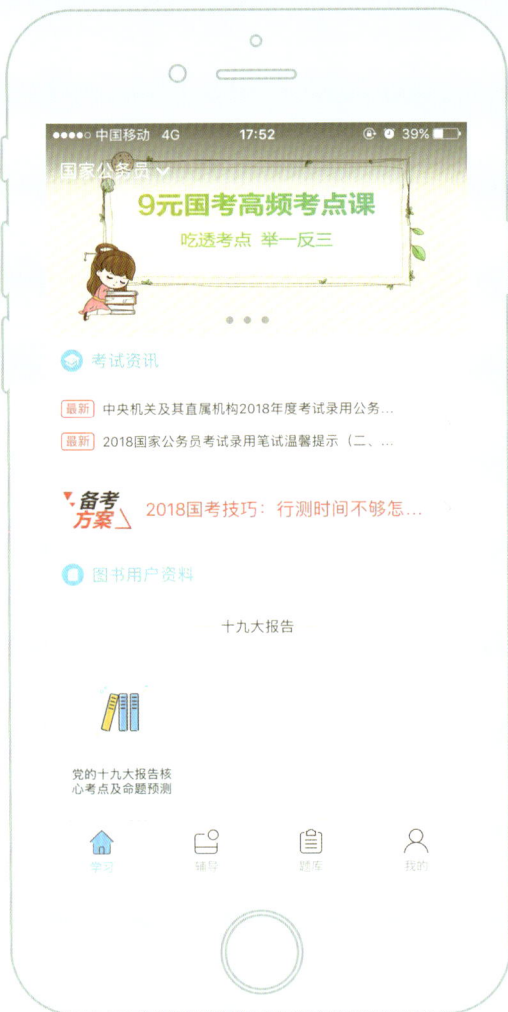

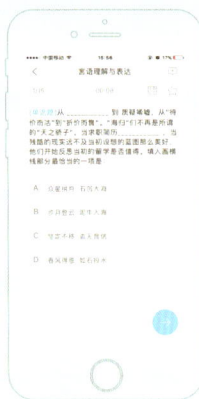

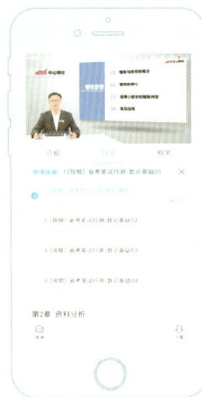

officn 中公金融人 | 依据中国人民银行招聘考试历年真题编写

中国人民银行招聘考试

通 关 攻 略

（第五版）

中公教育全国银行招聘考试研究院◎编著

西南财经大学出版社

（成都）

图书在版编目(CIP)数据

中国人民银行招聘考试·通关攻略 / 中公教育全国银行招聘考试研究院编著. —5 版. —成都:西南财经大学出版社,2018.5

ISBN 978 -7 -5504 -3428 -8

Ⅰ.①中… Ⅱ.①中… Ⅲ.①中国人民银行—招聘—考试—自学参考资料 Ⅳ.①F832.31

中国版本图书馆 CIP 数据核字(2018)第 066796 号

中国人民银行招聘考试·通关攻略(第五版)

Zhongguo Renmin Yinhang Zhaopin Kaoshi·Tongguan Gonglüe

中公教育全国银行招聘考试研究院　编著

责任编辑:王　艳
助理编辑:陈　璐
封面设计:中公教育图书设计中心
总　策　划:中公·金融人
责任印制:朱曼丽

出版发行	西南财经大学出版社(四川省成都市光华村街 55 号)
网　　址	http://www.bookcj.com
电子邮件	bookcj@foxmail.com
邮政编码	610074
电　　话	028-87353785　　87352368
印　　刷	山东润声印务有限公司
成品尺寸	185mm × 260mm
印　　张	28.5
字　　数	675 千字
版　　次	2018 年 5 月第 5 版
印　　次	2018 年 5 月第 1 次印刷
印　　数	1 — 20000 册
书　　号	ISBN 978 -7 -5504 -3428 -8
定　　价	50.00 元

中国人民银行招聘考试解读

—— 中国人民银行介绍 ——

一、认识中央银行

中央银行是国家赋予其制定和执行货币政策,对国民经济进行宏观调控,对金融机构乃至金融业进行监督管理的特殊的金融机构。中央银行是一国最高的货币金融管理机构,在各国金融体系中居于主导地位。中央银行的职能是宏观调控、保障金融安全与稳定、金融服务。

中央银行是"发行的银行",对调节货币供应量、稳定币值有重要作用。中央银行是"银行的银行",它集中保管银行的准备金,并对它们发放贷款,充当"最后贷款者"。

中央银行是"国家的银行",它是国家货币政策的制定者和执行者,也是政府干预经济的工具;同时为国家提供金融服务,代理国库,代理发行政府债券,为政府筹集资金;代表政府参加国际金融组织和各种国际金融活动。

中央银行所从事的业务与其他金融机构所从事的业务的根本区别在于,中央银行所从事的业务不是为了营利,而是为实现国家宏观经济目标服务,这是由中央银行所处的地位和性质决定的。

中央银行的主要业务有:货币发行、集中存款准备金、贷款、再贴现、证券、黄金占款和外汇占款、为商业银行和其他金融机构办理资金的划拨清算和资金转移的业务等。

我国的中央银行是中国人民银行。

二、中国人民银行历史沿革

中国人民银行的历史,开始于第二次国内革命战争时期。

1931年11月7日,在江西瑞金召开的全国苏维埃第一次代表大会上,通过决议成立中共苏维埃共和国国家银行(简称苏维埃国家银行),并发行货币。

从土地革命一直到中华人民共和国成立,中国人民政权被分割成彼此不能连接的区域。各根据地建立了相对独立、分散管理的根据地银行,并各自发行在本根据地内流通的货币。

1948年12月1日,以华北银行为基础,合并北海银行、西北农民银行,在河北省石家庄市组建了中国人民银行,并发行人民币。中华人民共和国成立后,中国人民银行成为中央银行,人民币成为法定本位币。

中国人民银行成立至今的近七十年,特别是改革开放以来,它在体制、职能、地位、作用等方面,都发生了巨大而深刻的变革。

(一)1948—1952年:中国人民银行的创建与国家银行体系的建立

1948年12月1日,中国人民银行在河北省石家庄市宣布成立。华北人民政府当天发出布告,由中国人民银行发行的人民币在华北、华东、西北三区统一流通,所有公私款项收付及一切交易,均以人民币为本位货币。1949年2月,中国人民银行从石家庄市迁入北平。

1949年9月,中国人民政治协商会议通过《中华人民共和国中央人民政府组织法》,把中国人民银行纳入政务院的直属单位系列,接受财政经济委员会指导,与财政部保持密切联系,赋予其国家银行职能,承担发行国家货币、经理国家金库、管理国家金融、稳定金融市场、支持经济恢复和国家重建的任务。

在国民经济恢复时期,中国人民银行在中央人民政府的统一领导下,着手建立统一的国家银行体系:一是建立独立统一的货币体系,使人民币成为境内流通的本位币,与各经济部门协同治理通货膨胀;二是迅速普建分支机构,形成国家银行体系,接管官僚资本银行,整顿私营金融业;三是实行金融管理,疏导游资,打击金银外币黑市,取消在华外商银行的特权,禁止外国货币流通,统一管理外汇;四是开展存款、放款、汇兑和外汇业务,促进城乡物资交流,为迎接经济建设做准备。到1952年国民经济恢复时期终结时,中国人民银行作为人民共和国的国家银行,建立了全国垂直领导的组织机构体系;统一了人民币发行,逐步收兑了解放区发行的货币,全部清除并限期兑换了国民党政府发行的货币,很快使人民币成为全国统一的货币;对各类金融机构实行了统一管理。中国人民银行充分运用货币发行和货币政策,实行现金管理,开展"收存款、建金库、灵活调拨",运用折实储蓄和存放款利率等手段调控市场货币供求,扭转了新中国成立初期金融市场混乱的状况,终于制止了国民党政府遗留下来的长达二十年之久的恶性通货膨胀。同时,按照"公私兼顾、劳资两利、城乡互助、内外交流"的政策,配合工商业的调整,灵活调度资金,支持了国营经济的快速成长,适度地增加了对私营经济和个体经济的贷款;便利了城乡物资交流,为人民币币值的稳定和国民经济的恢复与发展做出了重大贡献。

(二)1953—1978年:计划经济体制时期的国家银行

在统一的计划体制中,自上而下的人民银行体制,成为国家吸收、动员、集中和分配信贷资金的基本手段。随着社会主义改造的加快,私营金融业纳入公私合营银行系统,形成了集中统一的金融体制。中国人民银行作为国家金融管理和货币发行的机构,既是管理金融的国家机关,又是全面经营银行业务的国家银行。

与高度集中的银行体制相适应,从1953年开始建立了集中统一的综合信贷计划管理体制,即全国的信贷资金,不论是资金来源还是资金运用,都由中国人民银行总行统一掌握,实行"统存统贷"的管理办法,将银行信贷计划纳入国家经济计划,成为国家管理经济的重要手段。高度集中的国家银行体制,为大规模的经济建设进行全面的金融监督和服务。

中国人民银行担负着组织和调节货币流通的职能,统一经营各项信贷业务,在国家计划实施中具有综合反映和货币监督功能。银行对国有企业提供超定额流动资金贷款、季节性贷款和少量的大修理贷款,对城乡集体经济、个体经济和私营经济提供部分生产流动资金贷款,对农村中的贫困农民提供生产贷款、口粮贷款和其他生活贷款。这种长期资金归财政、短期资金归银行,无偿资金归财政、有偿资金归银行,定额资金归财政、超定额资金归银行的体制,一直延续到1978年,期间虽有几次变动,但基本格局变化不大。

(三)1979—1992年:从国家银行过渡到中央银行体制

1979年1月,为了加强对农村经济的扶植,恢复了中国农业银行。同年3月,为适应对外开放和国际金融业务发展的新形势,改革了中国银行的体制,中国银行成为国家指定的外汇专业银行;同时设立了国家外汇管理局。以后,又恢复了国内保险业务,重新建立中国人民保险公司;各地还相继组建了信托投资公司和城市信用合作社,出现了金融机构多元化和金融业务多样化的局面。

日益发展的经济和金融机构的增加,迫切需要加强金融业的统一管理和综合协调,于是,由中国人民银行来专门承担中央银行职责,成为完善金融体制、更好发展金融业的紧迫议题。1982年7月,国务院批转中国人民银行的报告,进一步强调"中国人民银行是我国的中央银行,是国务院领导下统一管理全国金融的国家机关",以此为起点开始了建设专门的中央银行体制的准备工作。

1983年9月17日,国务院做出决定,由中国人民银行专门行使中央银行的职能,并具体规定了中国人民银行的10项职责。从1984年1月1日起,中国人民银行开始专门行使中央银行的职能,集中力量研究和实施全国金融的宏观决策,加强信贷总量的控制和金融机构的资金调节,以保持货币稳定;同时新设中国工商银行,中国人民银行过去承担的工商信贷和储蓄业务由中国工商银行专业经营;中国人民银行分支行的业务实行垂直领导;设立中国人民银行理事会,作为协调决策机构;建立存款准备金制度和中央银行对专业银行的贷款制度,初步确定了中央银行制度的基本框架。

中国人民银行在专门行使中央银行职能的初期,随着全国经济体制改革的深化和经济高速发展,为适应多种金融机构、多种融资渠道和多种信用工具不断涌现的需要,中国人民银行不断改革机制,搞活金融,发展金融市场,促进金融制度创新。中国人民银行努力探索和改进宏观调控的手段和方式,在改进计划调控手段的基础上,逐步运用利率、存款准备金率、中央银行贷款等手段来控制信贷和货币的供给,以求达到"宏观管住、微观搞活、稳中求活"的效果,在制止"信贷膨胀""经济过热",促进经济结构调整的过程中,初步培育了运用货币政策调节经济的能力。

(四)1993年至今:逐步强化和完善现代中央银行制度

1993年,按照国务院《关于金融体制改革的决定》,中国人民银行进一步强化金融调控、金融监管和金融服务职责,划转政策性业务和商业银行业务。

1995年3月18日,全国人民代表大会通过《中华人民共和国中国人民银行法》,首次以国家立法形式确立了中国人民银行作为中央银行的地位,标志着中央银行体制走向了法制化、规范化的轨道,是中央银行制度建设的重要里程碑。

1998年,按照中央金融工作会议的部署,改革中国人民银行管理体制,撤销省级分行,设立跨省区分行,同时,成立中国人民银行系统党委,对党的关系实行垂直领导,干部垂直管理。

2003年,按照党的十六届二中全会审议通过的《关于深化行政管理体制和机构改革的意见》和十届人大一次会议批准的国务院机构改革方案,将中国人民银行对银行、金融资产管理公司、信托投资公司及其他存款类金融机构的监管职能分离出来,并和中央金融工作委员会的相关职能进行整合，成立中国银行业监督管理委员会。同年9月，中央机构编制委员会正式批准中国人民银行的"三定"调整意见。12月27日，十届全国人民代表大会常务委员会第六次会议审议通过了《中华人民共和国中国人民银行法(修正案)》。

有关金融监管职责调整后，中国人民银行新的职能正式表述为"制定和执行货币政策、维护金融稳定、提供金融服务"。同时，明确界定："中国人民银行为国务院组成部门，是中华人民共和国的中央银行，是在国务院领导下制定和执行货币政策、维护金融稳定、提供金融服务的宏观调控部门。"这种职能的变化集中表现为"一个强化、一个转换和两个增加"。

"一个强化"，即强化与制定和执行货币政策有关的职能。中国人民银行要大力提高制定和执行货币政策的水平，灵活运用利率、汇率等各种货币政策工具实施宏观调控；加强对货币市场规则的研究和制定；加强对货币市场、外汇市场、黄金市场等金融市场的监督与监测；密切关注货币市场与房地产市场、证券市场、保险市场之间的关联渠道、有关政策和风险控制措施，疏通货币政策传导机制。

"一个转换"，即转换实施对金融业宏观调控和防范与化解系统性金融风险的方式。由过去主要是通过对金融机构的设立审批、业务审批、高级管理人员任职资格审查和监管指导等直接调控方式，转变为对金融业的整体风险、金融控股公司以及交叉性金融工具的风险进行监测和评估，防范和化解系统性金融风险，维护国家经济金融安全；转变为综合研究制定金融业的有关改革发展规划和对外开放战略，按照我国加入WTO的承诺，促进银行、证券、保险三大行业的协调发展和开放，提高我国金融业的国际竞争力，维护国家利益；转变为加强与外汇管理相配套的政策的研究与制定工作，防范国际资本流动的冲击。

"两个增加"，即增加反洗钱和管理信贷征信业两项职能。今后将由中国人民银行组织协调全国的反洗钱工作，指导、部署金融业反洗钱工作，承担反洗钱的资金监测职责，并参与有关的国际反洗钱合作。由中国人民银行管理信贷征信业，推动社会信用体系建设。

这些新的变化，进一步强化了中国人民银行作为我国的中央银行在实施金融宏观调控、保持币值稳定、促进经济可持续增长和防范化解系统性金融风险中的重要作用。随着社会主义市场经济体制的不断完善，中国人民银行作为中央银行在宏观调控体系中的作用将更加突出。面对更加艰巨的任务和更加重大的责任，中央银行在履行新的职责过程中，视野要更广，思路要更宽，立足点要更高。特别是要大力强化与制定和执行货币政策有关的职能，不仅要加强对货币市场、外汇市场、黄金市场等金融市场的规范、监督与监测，还要从金融市场体系有机关联的角度，密切关注其他各类金融市场的运行情况和风险状况，综合、灵活运用利率、汇率等各种货币政策工具实施金融宏观调控。要从维护国家经济金融安全，实现和维护国家利益的高度，研究、规划关系到我国整个金融业改革、发展、稳定方面的重大战略问题。目前，我国经济市场化程度越来越高，货币政策决策面临的环境日趋复杂，金融业长期积累的金融风险仍然较大，改革与重组任务十分艰巨。在此情况下，中央银行要更善于准确把握影响经济金融发展全局的因素，注意研究新情况、开发新工具、探索新方法、解决新问题，并创造性地开展工作，努力做到识大局、讲宏观、懂技术、胆识兼备，充分发挥中央银行在宏观调控中的突出作用。

三、中国人民银行的职能

中国人民银行的主要职能为：

（一）拟定金融业改革和发展战略规划，承担综合研究并协调解决金融运行中的重大问题、促进金融业协调健康发展的责任，参与评估重大金融并购活动对国家金融安全的影响并提出政策建议，促进金融业有序开放。

（二）起草有关法律和行政法规草案，完善有关金融机构运行规则，发布与履行职责有关的命令和规章。

（三）依法制定和执行货币政策；制定和实施宏观信贷指导政策。

（四）完善金融宏观调控体系，负责防范、化解系统性金融风险，维护国家金融稳定与安全。

（五）负责制定和实施人民币汇率政策，不断完善汇率形成机制，维护国际收支平衡，实施外汇管理，负责对国际金融市场的跟踪监测和风险预警，监测和管理跨境资本流动，持有、管理和经营国家外汇储备和黄金储备。

（六）监督管理银行间同业拆借市场、银行间债券市场、银行间票据市场、银行间外汇市场和黄金市场及上述市场的有关衍生产品交易。

（七）负责会同金融监管部门制定金融控股公司的监管规则和交叉性金融业务的标准、规范，负责金融控股公司和交叉性金融工具的监测。

（八）承担最后贷款人的责任，负责对因化解金融风险而使用中央银行资金机构的行为进行检查监督。

（九）制定和组织实施金融业综合统计制度，负责数据汇总和宏观经济分析与预测，统一编制全国金融统计数据、报表，并按国家有关规定予以公布。

（十）组织制定金融业信息化发展规划，负责金融标准化的组织管理协调工作，指导金融业信息安全工作。

（十一）发行人民币，管理人民币流通。

（十二）制定全国支付体系发展规划，统筹协调全国支付体系建设，会同有关部门制定支付结算规则，负责全国支付、清算系统的正常运行。

（十三）经理国库。

（十四）承担全国反洗钱工作的组织协调和监督管理的责任，负责涉嫌洗钱及恐怖活动的资金监测。

（十五）管理征信业，推动建立社会信用体系。

（十六）从事与中国人民银行业务有关的国际金融活动。

（十七）按照有关规定从事金融业务活动。

（十八）承办国务院交办的其他事项。

四、中国人民银行必知信息

网址	www.pbc.gov.cn
近几任行长	易纲(现任)、周小川(2002 年 12 月—2018 年 3 月)、戴相龙(1995 年 6 月—2002 年 12 月)、朱镕基(1993 年 7 月—1995 年 6 月)
现行人民币套数	第五套
LOGO	中国人民银行 THE PEOPLE'S BANK OF CHINA

——— 中国人民银行招聘考试的四种类型 ———

一、总行机关考试录用公务员

2018 年度,中国人民银行总行机关拟招录公务员 10 名(专业涉及经济金融、法律相关专业);中国人民银行直属参照公务员法管理的事业单位——中国反洗钱监测分析中心、中国人民银行社会保险事业管理局拟招录参公人员 6 名(专业涉及经济金融、统计、会计、计算机、档案学、图书馆学等相关专业)。

中国人民银行公务员考录工作按规定由国家公务员局统一组织。

(1)发布国家公务员考试公告:2017 年 10 月 28 日。

(2)网上报名:报名时间从 2017 年 10 月 30 日 8:00 开始,至 2017 年 11 月 8 日 18:00 结束。

(3)报名确认:通过资格审查的报考人员需要在 2017 年 11 月 17 日 9:00 至 11 月 22 日 16:00 登录所选考试地考试机构网站进行网上报名确认。报名确认主要包括:报考人员承诺遵守考试纪律、上传照片、缴纳考试费用。

(4)打印准考证时间:2017 年 12 月 4 日 10:00 至 12 月 10 日 12:00。

(5)考试时间: 2017 年 12 月 10 日。

(6)面试、体检和考察、公示拟录用人员名单。

二、2018 年度中国人民银行直属单位工作人员招聘公告

2018 年中国人民银行直属单位的招聘单位主要包括:中国人民银行机关服务中心、中国人民银行金融研究所、金融时报社、中国人民银行征信中心、中国人民银行清算总中心、中国钱币博物馆、中国金融培训中心、中国人民银行数字货币研究所、中国人民银行郑州培训学院、中国人民银行金融信息中心、中国印钞造币总公司、中国金币总公司、中国金融电子化公司、中国金融出版社。

招聘对象主要为纳入国家统一招生计划的全日制普通高等院校应届毕业生 (以下简称"应届毕业生",含 2018 年毕业生,以及经教育主管部门批准延缓派遣的 2017 年、2016 年毕业生;不含定向培养、委托培养毕业生),具有商业性金融机构、经济部门或相关专业工作经历的社会在职人员(以下简称"社会在职人员")和留学回国人员。招录人数约为 125 人。以

2018年总行直属企事业单位招聘工作人员为例：

(1)报名时间：2017年10月27日10:00—11月5日22:00。

(2)查询资格审查结果时间：2017年10月28日—11月6日。

(3)打印准考证时间：2017年11月18日10:00—11月25日9:15。

(4)笔试：2017年11月25日9:30—12:00。

(5)考试内容：报考经济金融专业职位的人员进行行政职业能力测验及经济金融专业知识考试，报考除经济金融外其他专业职位(含直属单位公开招聘职位中多专业混合职位)的人员进行行政职业能力测验及申论考试。

(6)面试与其他测试、考察与体检、聘用。

三、中国人民银行各分支机构人员录用招聘考试

2018年中国人民银行分支机构人员录用招考单位为中国人民银行上海总部，各分行、营业管理部、省会(首府)城市中心支行、副省级城市中心支行、分行营业管理部、地市(州)中心支行、县(市)支行。

招聘对象主要为纳入国家统一招生计划的全日制普通高等院校应届毕业生（以下简称"应届毕业生"，含2018年毕业生，以及经教育主管部门批准延缓派遣的2017年、2016年毕业生；不含定向培养、委托培养毕业生)，具有商业性金融机构、经济部门或相关专业工作经历的社会在职人员(以下简称"社会在职人员")和留学回国人员。招录人数约为4 740人。以2018年中国人民银行分支机构人员录用招考为例：

(1)报名时间：2017年10月27日10:00—11月5日22:00。

(2)查询资格审查结果时间：2017年10月28日—11月6日。

(3)打印准考证时间：2017年11月18日10:00—11月25日9:15。

(4)笔试：2017年11月25日9:30—12:00。

(5)考试内容：报考经济金融专业职位的人员进行行政职业能力测验及经济金融专业知识考试，报考除经济金融外其他专业职位(含直属单位公开招聘职位中多专业混合职位)的人员进行行政职业能力测验及申论考试。

(6)面试与其他测试、考察与体检、聘用。

四、中国人民银行各分支机构聘用制员工招聘

目前各个地区支行经过总行批准，可以组织业务操作岗位(会计核算、支付结算、国库核算、征信、外汇管理岗位、科技岗位、守库押运岗位)聘用制员工(合同工)的招聘考试，考试科目根据岗位设置，各地不一，多为职业能力测验和金融基础知识、会计基础知识、公共基础知识及计算机知识等。

——— 中国人民银行招聘考试考情分析及备考策略 ———

在中国人民银行招聘考试中，总行机关招录的职位是国家公务员职位，参加国家公务员考试，其考试情况与国家公务员考试完全一样，考生可以选择国家公务员考试教材备考即可。

下面根据四种考试情况,重点选择中国人民银行各分支机构人员录用招聘考试进行分析,这对总行企事业单位招聘考试(考试时间、科目与人行各分支机构招考一致)和中国人民银行各分支机构聘用制员工招聘考试也有重要借鉴意义。

一、中国人民银行各分支机构人员录用招考总体考情考况

2013年度及之前的"人行各分支机构人员录用招考"中,只考专业科目。从2013年12月份举行的2014年度笔试,开始考两部分,一部分为行政职业能力测验,另一部分为专业科目。

2018年人行考试分两个专业进行了笔试。其中,报考经济金融专业职位的人员进行行政职业能力测验及经济金融专业知识考试,报考除经济金融外其他专业职位(含直属单位公开招聘职位中多专业混合职位)的人员进行行政职业能力测验及申论考试。

2018年人行招考中,行测题量70题,作答时间60分钟,考试的内容涉及常识判断、言语理解、数量关系、逻辑推理、图形推理、资料分析,难度跟国考相当。经济金融专业知识涉及经济、金融两个科目的内容,以判断题、单项选择题、多项选择题、计算题和论述题的形式进行了考查。申论部分涉及综合分析、提出对策、文章论述三种题型。

二、中国人民银行各分支机构人员录用招考备考复习计划

考生应该早日备考,循序渐进,掌握出题规律,加强解题训练:

1.准备启动阶段。时间约在3—5月,主要了解人行各分支机构人员招录考试的报考条件、招考单位、考试发布及报名程序,往年报名及考试时间、地点,考试科目及内容。考生还需要做一两套历年真题,了解考试的基本形式及内容。准备阶段开始得越早越好。

2.基础学习阶段。时间约在6—8月。考生精读最新辅导教材,掌握常考考点;每天至少要有2~3小时复习专业教材;同时可以选择行测基础辅导班和专业科目辅导班,以了解做题技巧,复习常考知识。

3.专项强化阶段。时间约在9—10月。考生此阶段以做专业科目的难点重点题为主,全面强化知识体系,掌握系统化的知识网络。同时,针对行测科目薄弱项,选择性地进行强化训练。这一阶段,针对经济金融专业的考试,考生应该选择以银行招聘经济金融专业教材为主,同时选做一些专业题库中的试题。会计专业同样如此。行测方面目前可选的专项教材较多,考生根据自身需要选择一两本即可。

4.综合练习与考前模拟阶段。时间约在11月至考前。此为第三轮复习阶段,要求对行测和专业各科的复习进行查漏补缺。每天除了复习重难点、强化薄弱知识点训练外,还要开始全真模拟做题。

目录

上篇 行政职业能力测验

第一章 常识判断 ·· 2

考点详解 ·· 2

考点一 政治 ·· 2

考点二 法律 ·· 7

考点三 人文历史 ·· 16

考点四 科技生活与地理 ·· 25

考点五 国情概况 ·· 35

习题演练 ·· 38

参考答案 ·· 39

第二章 言语理解与表达 ·· 40

考点详解 ·· 40

考点一 选词填空 ·· 40

考点二 语句连贯 ·· 53

考点三 片段阅读 ·· 55

习题演练 ·· 60

参考答案 ·· 61

第三章 数量关系 ·· 63

考点详解 ·· 63

习题演练 ·· 78

参考答案 ·· 79

第四章 判断推理 ·· 80

考点详解 ·· 80

考点一 图形推理 ·· 80

考点二 逻辑判断 ·· 87

考点三 定义判断 ·· 105

考点四 类比推理 ·· 108

习题演练 ·· 112

参考答案 ·· 114

第五章 资料分析 ·· 116

考点详解 ·· 116

考点一 增长问题 ·· 116

考点二 百分数、百分点问题 ································ 118

考点三 比重问题 ·· 119

考点四 倍数、翻番问题 ···································· 120

考点五 平均数、中位数问题 ································ 120

考点六 进出口额问题 ······································ 121

考点七 指数问题 ·· 121

考点八 人口自然增长率 ···································· 122

考点九 利率问题 ·· 122

考点十 汇率问题 ·· 122

习题演练 ·· 122

参考答案 ·· 123

中篇 经济金融

第一章 需求、供给和市场均衡 ···························· 126

考点详解 ·· 126

考点一 需求函数、需求曲线和需求弹性 ···················· 126

考点二 供给函数、供给曲线和供给弹性 ···················· 131

考点三 市场均衡和均衡价格 ································ 133

习题演练 ·· 134

参考答案 ·· 135

第二章 消费者行为理论 ···································· 136

考点详解 ·· 136

考点一 消费者偏好与无差异曲线 ···························· 136

考点二 消费者均衡和消费者剩余 ···························· 140

考点三 预算线 ·· 141

考点四 替代效应和收入效应 ································ 143

习题演练 146

参考答案 147

第三章 生产者行为理论 149

考点详解 149

考点一 一种可变生产要素的生产函数 149

考点二 两种可变生产要素的生产函数 152

考点三 最优的生产要素组合 154

考点四 规模报酬 156

习题演练 157

参考答案 157

第四章 成本论 158

考点详解 158

考点一 成本的分类 158

考点二 短期成本曲线 159

考点三 长期成本曲线 161

习题演练 163

参考答案 164

第五章 完全竞争市场 165

考点详解 165

考点一 厂商和市场的类型 165

考点二 完全竞争厂商的需求曲线和收益曲线 166

考点三 完全竞争厂商的短期均衡和长期均衡 169

习题演练 172

参考答案 172

第六章 不完全竞争市场 174

考点详解 174

考点一 垄断市场 174

考点二 垄断竞争市场 181

考点三 寡头市场 183

考点四 不同市场的比较 185

习题演练 186

参考答案 187

第七章 一般均衡论和收入分配 · · · · · · 188

考点详解 · · · · · · 188

考点一 一般均衡 · · · · · · 188

考点二 收入分配 · · · · · · 189

习题演练 · · · · · · 190

参考答案 · · · · · · 191

第八章 市场失灵和微观经济政策 · · · · · · 192

考点详解 · · · · · · 192

考点一 垄断 · · · · · · 192

考点二 外部影响 · · · · · · 195

考点三 公共物品和公共资源 · · · · · · 197

考点四 信息的不完全和不对称 · · · · · · 199

习题演练 · · · · · · 202

参考答案 · · · · · · 203

第九章 博弈论 · · · · · · 205

考点详解 · · · · · · 205

习题演练 · · · · · · 207

参考答案 · · · · · · 208

第十章 国民收入核算 · · · · · · 209

考点详解 · · · · · · 209

考点一 宏观经济学概论 · · · · · · 209

考点二 国内生产总值和国民生产总值 · · · · · · 210

考点三 GDP 核算方法 · · · · · · 213

习题演练 · · · · · · 216

参考答案 · · · · · · 217

第十一章 简单国民收入决定理论 · · · · · · 218

考点详解 · · · · · · 218

考点一 均衡产出及消费、储蓄函数 · · · · · · 218

考点二 两部门经济中国民收入的变动及乘数论 · · · · · · 221

考点三 三部门经济的收入决定及其乘数 · · · · · · 224

习题演练 · · · · · · 227

参考答案 · · · · · · 228

第十二章 产品市场与货币市场的一般均衡 ·········· 229

考点详解 ·········· 229

考点一 *IS* 曲线及 *LM* 曲线的推导 ·········· 229

考点二 *IS–LM* 分析 ·········· 236

习题演练 ·········· 238

参考答案 ·········· 239

第十三章 宏观经济政策分析 ·········· 240

考点详解 ·········· 240

考点一 宏观经济政策概述 ·········· 240

考点二 财政政策的影响和效果 ·········· 241

考点三 货币政策效果以及两种政策混合使用 ·········· 243

习题演练 ·········· 245

参考答案 ·········· 245

第十四章 宏观经济政策实践 ·········· 247

考点详解 ·········· 247

考点一 经济政策目标 ·········· 247

考点二 财政政策 ·········· 248

考点三 货币政策 ·········· 251

习题演练 ·········· 254

参考答案 ·········· 255

第十五章 总需求 – 总供给模型 ·········· 256

考点详解 ·········· 256

习题演练 ·········· 261

参考答案 ·········· 261

第十六章 失业、通货膨胀与通货紧缩 ·········· 262

考点详解 ·········· 262

考点一 失业 ·········· 262

考点二 通货膨胀与菲利普斯曲线 ·········· 263

考点三 通货紧缩 ·········· 268

习题演练 ·········· 269

参考答案 ·········· 270

第十七章 国际贸易 271

考点详解 271

考点一 国际贸易理论 271

考点二 国际资本流动 272

习题演练 273

参考答案 274

第十八章 货币与货币制度 275

考点详解 275

考点一 货币 275

考点二 货币制度 276

习题演练 278

参考答案 279

第十九章 信用与利率 280

考点详解 280

考点一 信用 280

考点二 信用工具 283

考点三 利率 284

考点四 利率的计算 287

考点五 收益率 288

习题演练 291

参考答案 292

第二十章 金融市场与金融工具 293

考点详解 293

考点一 金融市场与金融工具概述 293

考点二 传统的金融市场及其工具 297

考点三 金融衍生品市场及其工具 303

考点四 互联网金融 305

习题演练 307

参考答案 308

第二十一章 金融机构与金融制度 309

考点详解 309

考点一 金融机构 309

考点二 金融制度 313

考点三 我国的金融机构与金融制度 …………………………………………………… 317

习题演练 …………………………………………………………………………………… 321

参考答案 …………………………………………………………………………………… 321

第二十二章 货币需求与货币供给 …………………………………………… 322

考点详解 ………………………………………………………………………………… 322

考点一 货币需求 …………………………………………………………………………… 322

考点二 货币供给 …………………………………………………………………………… 324

习题演练 …………………………………………………………………………………… 326

参考答案 …………………………………………………………………………………… 327

第二十三章 中央银行与货币政策 …………………………………………… 328

考点详解 ………………………………………………………………………………… 328

考点一 中央银行 …………………………………………………………………………… 328

考点二 货币政策体系 ……………………………………………………………………… 330

考点三 我国货币政策的运用 ……………………………………………………………… 336

考点四 银行体系的货币创造 ……………………………………………………………… 337

习题演练 …………………………………………………………………………………… 339

参考答案 …………………………………………………………………………………… 340

第二十四章 国际金融及其管理 ……………………………………………… 341

考点详解 ………………………………………………………………………………… 341

考点一 外汇 ………………………………………………………………………………… 341

考点二 汇率 ………………………………………………………………………………… 342

考点三 国际收支及其调节 ………………………………………………………………… 350

考点四 国际储备及其管理 ………………………………………………………………… 353

考点五 离岸金融市场 ……………………………………………………………………… 356

习题演练 …………………………………………………………………………………… 357

参考答案 …………………………………………………………………………………… 358

下篇 申论

第一章 综合分析题 ……………………………………………………………… 360

考点详解 ………………………………………………………………………………… 360

考点一 题型概述 …………………………………………………………………………… 360

考点二 解答流程与方法 …………………………………………………………………… 363

第二章 提出对策题 382

考点详解 382

考点一 题型概述 382

考点二 解答流程与方法 386

第三章 文章论述题 396

考点详解 396

考点一 题型概述 396

考点二 解答流程与方法 398

中公教育·全国分部一览表 437

本教材含相关考点体验课程,高清精选视频在线学 听课地址:c.offcn.com

上 篇

行政职业能力测验

第一章 常识判断

考点详解

考点一 政治

一、马克思主义哲学基本原理

(一)物质和意识的关系原理

辩证唯物主义认为:①物质决定意识,即物质第一性,意识第二性;意识是物质世界发展到一定阶段的产物,是客观存在在人脑中的反映。②意识能够反作用于客观事物。正确反映客观事物及其发展规律的意识,能够指导人们有效地开展实践活动,促进客观事物的发展;反之,则阻碍客观事物的发展。

(二)世界的普遍联系和永恒发展

1.世界的普遍联系

世界的普遍性和客观性如表 1-1-1 所示:

表 1-1-1 世界的普遍性和客观性

联系的性质	内容
普遍性	任何事物内部的各个部分、要素、环节是相互联系的。任何事物都与周围的其他事物相互联系着,整个世界是一个相互联系的统一整体
客观性	联系是事物本身固有的,不以人的意志为转移。联系既不能人为臆造,也不能人为消灭

2.世界的永恒发展

世界上的任何事物,都有其产生和发展的过程。整个世界就是一个无限变化和永恒发展着的物质世界,一成不变的事物是没有的。发展就是新事物的产生,旧事物的灭亡,即新事物代替旧事物。

(三)唯物辩证法三大规律

1.对立统一规律

对立统一规律是唯物辩证法最根本的规律,揭示了事物发展的源泉和动力,是唯物辩证法的实质和核心。

对立统一规律就是矛盾规律。矛盾对立面双方既有同一性又有斗争性。

矛盾的普遍性属于事物的共性,矛盾的特殊性则是事物的个性。矛盾的普遍性和特殊性的关系,就是事物的共性和个性之间的关系。

2.质量互变规律

量变是事物的量的规定性在度的范围内发生的微小的、不显著的变化,是事物原有发展过程的延续和渐进。质变是事物由一种质态向另一种质态的飞跃,是事物延续和渐进过程的中断。事物的变化有没有超出"度"的范围,是区分量变与质变的根本标志。任何事物的变化都是量变和质变的统一。量变是质变的前提和必要准备,质变是量变的必然结果,事物不断地经过"量变—质变—新的量变—新的质变",两种状态循环往复,永不停息地向前发展。

3.否定之否定规律

事物的发展是通过否定实现的。当事物内部的肯定方面占据主导地位的时候,事物就处在肯定阶段;当事物内部的否定方面战胜肯定方面占据主导地位的时候,事物就会否定自身到达否定阶段,即走向自己的对立面。但是到此为止,事物的发展并没有真正地完成,因为正如在肯定阶段只是片面地强调了事物的肯定方面一样,事物的否定阶段同样也只是片面地强调了事物的否定方面。所以,事物的发展到了否定阶段,与其说是事物内部的矛盾解决了,不如说是充分地展开了。事物的否定阶段和肯定阶段一样都具有片面性。因此,只有经过第二次否定,到达否定之否定阶段,前两个阶段的片面性才能得到克服,事物的矛盾也才能得到真正的解决。也只有到这一阶段,事物的发展才能相对地完成。

(四)认识论

1.实践

(1)实践的特点:①客观物质性;②自觉能动性;③社会历史性。

(2)实践的主要形式有三种:①改造自然界的生产实践;②调整社会关系的实践活动,也就是调整人与人之间各种社会关系的实践活动;③科学实验。

2.认识和实践的相互作用

实践是认识的基础,在人的认识的发生和发展过程中起着决定性作用。

两者的关系:①实践是认识的来源;②实践是认识发展的动力;③实践是检验认识正确与否的唯一标准;④实践是认识的目的和归宿。

认识一旦形成,就会反作用于实践,指导实践的全过程。

3.实践是检验真理的标准

实践之所以是检验认识真理性的唯一标准,是由真理的本性和实践的特性决定的。

(五)社会历史观的基本问题

社会存在与社会意识的关系问题,尤其是它们谁为第一性、谁为第二性的问题,是社会历史观的基本问题。对于这一问题的不同回答,是划分唯物史观即历史唯物主义与历史唯心主义的唯一标准。凡是主张社会存在第一性、社会意识第二性,社会存在决定社会意识的历史观,就是唯物史观。与此相反的历史观就是唯心史观。

二、党和国家的方针政策

(一)党的十九大报告(要点)

中国共产党第十九次全国代表大会于 2017 年 10 月 18 日至 24 日在北京召开。

大会的主题是:不忘初心,牢记使命,高举中国特色社会主义伟大旗帜,决胜全面建成小康社会,夺取新时代中国特色社会主义伟大胜利,为实现中华民族伟大复兴的中国梦不懈奋斗。

1.中国特色社会主义新时代

(1)一个转变:社会的主要矛盾转化为人民日益增长的美好生活需要和不平衡不充分的发展之间的矛盾。

(2)两个没有变:我国仍处于并将长期处于社会主义初级阶段的基本国情没有变,我国是世界最大发展中国家的国际地位没有变。

(3)三个牢牢:全党要牢牢把握社会主义初级阶段这个基本国情,牢牢立足社会主义初级阶段这个最大实际,牢牢坚持党的基本路线这个党和国家的生命线、人民的幸福线。

(4)一个历史使命:中国共产党一经成立,就把实现共产主义作为党的最高理想和最终目标,义无反顾肩负起实现中华民族伟大复兴的历史使命。

(5)四个伟大:伟大斗争、伟大工程、伟大事业、伟大梦想。"四个伟大"紧密联系、相互贯通、相互作用,其中起决定性作用的是党的建设新的伟大工程。

2.全面建设社会主义现代化国家新征程

(1)两个重要时期:从现在到 2020 年,是全面建成小康社会决胜期;从十九大到二十大,是"两个一百年"奋斗目标的历史交汇期。

(2)两个阶段:从 2020 年到 2035 年,在全面建成小康社会的基础上,再奋斗 15 年,基本实现社会主义现代化;从 2035 年到本世纪中叶,在基本实现现代化的基础上,再奋斗 15 年,把我国建成富强民主文明和谐美丽的社会主义现代化强国。

3.习近平新时代中国特色社会主义思想

习近平新时代中国特色社会主义思想最重要、最核心的内容可概括为"八个明确",即:①明确坚持和发展中国特色社会主义,总任务是实现社会主义现代化和中华民族伟大复兴,在全面建成小康社会的基础上,分两步走在本世纪中叶建成富强民主文明和谐美丽的社会主义现代化强国。②明确新时代我国社会主要矛盾是人民日益增长的美好生活需要和不平衡不充分的发展之间的矛盾,必须坚持以人民为中心的发展思想,不断促进人的全面发展、全体人民共同富裕。③明确中国特色社会主义事业总体布局是"五位一体"、战略布局是"四个全面",强调坚定道路自信、理论自信、制度自信、文化自信。④明确全面深化改革总目标是完善和发展中国特色社会主义制度、推进国家治理体系和治理能力现代化。⑤明确全面推进依法治国总目标是建设中国特色社会主义法治体系、建设社会主义法治国家。⑥明确党在新时代的强军目标是建设一支听党指挥、能打胜仗、作风优良的人民军队,把人民军队建设成为世界一流军队。⑦明确中国特色大国外交要推动构建新型国际关系,推动构建人类命运共同体。⑧明确中国特色社会主义最本质的特征是中国共产党领导,中国特色社会主义制度的最大优势是中国共产党领导,党是最高政治领导力量,提出新时代党的建设总要求,突出政治建设在党的建设中的重要地位。

(二)2017年中央经济工作会议(要点)

2017年12月18日至20日,中央经济工作会议在北京举行。习近平在会上发表重要讲话,总结党的十八大以来我国经济发展历程,分析当前经济形势,部署2018年经济工作。

1.明确提出习近平新时代中国特色社会主义经济思想

会议指出,五年来,在实践中形成了以新发展理念为主要内容的习近平新时代中国特色社会主义经济思想。其主要内涵可概括为"七个坚持":①坚持加强党对经济工作的集中统一领导,保证我国经济沿着正确方向发展。②坚持以人民为中心的发展思想,贯穿到统筹推进"五位一体"总体布局和协调推进"四个全面"战略布局之中。③坚持适应把握引领经济发展新常态。④坚持使市场在资源配置中起决定性作用,更好发挥政府作用,坚决扫除经济发展的体制机制障碍。⑤坚持适应我国经济发展主要矛盾变化完善宏观调控,把推进供给侧结构性改革作为经济工作的主线。⑥坚持问题导向部署经济发展新战略,对我国经济社会发展变革产生深远影响。⑦坚持正确工作策略和方法,稳中求进,保持战略定力、坚持底线思维,一步一个脚印向前迈进。

2.明确提出我国经济发展进入新时代

会议认为,中国特色社会主义进入了新时代,我国经济发展也进入了新时代。基本特征:我国经济已由高速增长阶段转向高质量发展阶段。

"三个必然":推动高质量发展,是保持经济持续健康发展的必然要求,是适应我国社会主要矛盾变化和全面建成小康社会、全面建设社会主义现代化国家的必然要求,是遵循经济规律发展的必然要求。

3.明确2018年经济工作的总基调

会议指出,2018年是贯彻党的十九大精神的开局之年,是改革开放40周年,是决胜全面建成小康社会、实施"十三五"规划承上启下的关键一年。

总基调:会议强调,稳中求进工作总基调是治国理政的重要原则,要长期坚持。"稳"和"进"是辩证统一的,要作为一个整体来把握,把握好工作节奏和力度。要统筹各项政策,加强政策协同。

4.明确未来三年我国经济发展重点

会议确定,按照党的十九大的要求,此后三年要重点抓好决胜全面建成小康社会的防范化解重大风险、精准脱贫、污染防治三大攻坚战。

(三)2017年中央农村工作会议(要点)

2017年12月28日至29日,中央农村工作会议在北京举行。以下为会议重点内容:

1.习近平总书记关于"三农"工作新理念新思想新战略

党的十八大以来,习近平总书记就做好"三农"工作做出了一系列重要论述,提出了一系列新理念新思想新战略,这些新理念新思想新战略包括:①坚持加强和改善党对农村工作的领导,为"三农"发展提供坚强政治保障。②坚持重中之重战略地位,切实把农业农村优先发展落到实处。③坚持把推进农业供给侧结构性改革作为主线,加快推进农业农村现代化。④坚持立足国内保障自给的方针,牢牢把握国家粮食安全主动权。⑤坚持不断深化农村改革,激发农村发展新活力。⑥坚持绿色生态导向,推动农业农村可持续发展。⑦坚持保障和改善民生,让广大农民有更多的获得感。⑧坚持遵循乡村发展规律,扎实推进美丽宜居乡村建设。

2.明确提出乡村振兴战略

(1)目标任务:到2020年,乡村振兴取得重要进展,制度框架和政策体系基本形成;到2035年,乡村振兴取得决定性进展,农业农村现代化基本实现;到2050年,乡村全面振兴,农业强、农村美、农民富全面实现。

(2)基本原则:实施乡村振兴战略,要坚持党管农村工作,坚持农业农村优先发展,坚持农民主体地位,坚持乡村全面振兴,坚持城乡融合发展,坚持人与自然和谐共生,坚持因地制宜、循序渐进。

(3)发展道路:会议首次提出走中国特色社会主义乡村振兴道路,让农业成为有奔头的产业,让农民成为有吸引力的职业,让农村成为安居乐业的美丽家园。对于道路发展该如何走,会议提出了七条"之路":①必须重塑城乡关系,走城乡融合发展之路。②必须巩固和完善农村基本经营制度,走共同富裕之路。③必须深化农业供给侧结构性改革,走质量兴农之路。④必须坚持人与自然和谐共生,走乡村绿色发展之路。⑤必须传承发展提升农耕文明,走乡村文化兴盛之路。⑥必须创新乡村治理体系,走乡村善治之路。⑦必须打好精准脱贫攻坚战,走中国特色减贫之路。

(四)"十三五"规划纲要(要点)

1.主要目标

"十三五"规划纲要主要目标如表1-1-2所示:

表1-1-2 "十三五"规划纲要主要目标

主要目标	内容
经济保持中高速增长	在提高发展平衡性、包容性、可持续性基础上,到2020年国内生产总值和城乡居民人均收入比2010年翻一番,主要经济指标平衡协调,发展质量和效益明显提高
创新驱动发展成效显著	创新驱动发展战略深入实施,创业创新蓬勃发展,全要素生产率明显提高,迈进创新型国家和人才强国行列
发展协调性明显增强	消费对经济增长贡献继续加大。城镇化质量明显改善,户籍人口城镇化率加快提高。区域协调发展新格局基本形成,发展空间布局得到优化。对外开放深度广度不断提高,全球配置资源能力进一步增强,进出口结构不断优化,国际收支基本平衡
人民生活水平和质量普遍提高	公共服务体系更加健全,基本公共服务均等化水平稳步提高。我国现行标准下农村贫困人口实现脱贫,贫困县全部摘帽,解决区域性整体贫困

表 1-1-2(续)

主要目标	内容
国民素质和社会文明程度显著提高	中国梦和社会主义核心价值观更加深入人心,爱国主义、集体主义、社会主义思想广泛弘扬,向上向善、诚信互助的社会风尚更加浓厚,国民思想道德素质、科学文化素质、健康素质明显提高
生态环境质量总体改善	生产方式和生活方式绿色、低碳水平上升。能源资源开发利用效率大幅提高,主要污染物排放总量大幅减少。主体功能区布局和生态安全屏障基本形成
各方面制度更加成熟更加定型	国家治理体系和治理能力现代化取得重大进展,各领域基础性制度体系基本形成

2.发展理念

实现发展目标,破解发展难题,厚植发展优势,必须牢固树立和贯彻落实创新、协调、绿色、开放、共享的新发展理念。创新是引领发展的第一动力;协调是持续健康发展的内在要求;绿色是永续发展的必要条件和人民对美好生活追求的重要体现;开放是国家繁荣发展的必由之路;共享是中国特色社会主义的本质要求。

(五)《"十三五"脱贫攻坚规划》(要点)

(1)遵循原则:①坚持精准扶贫、精准脱贫;②坚持全面落实主体责任;③坚持统筹推进改革创新;④坚持绿色协调可持续发展;⑤坚持激发群众内生动力活力。

(2)脱贫目标:到 2020 年,稳定实现现行标准下农村贫困人口不愁吃、不愁穿,义务教育、基本医疗和住房安全有保障(简称"两不愁、三保障")。贫困地区农民人均可支配收入比2010 年翻一番以上,增长幅度高于全国平均水平,基本公共服务主要领域指标接近全国平均水平。确保我国现行标准下农村贫困人口实现脱贫,贫困县全部摘帽,解决区域性整体贫困。

考点二　法 律

一、宪法

1.国家机构及职权

国家机构的地位、任期及职权如表 1-1-3 所示:

表 1-1-3　国家机构的地位、任期及职权

国家机构	地位	每届任期	职权
全国人大	最高国家权力机关	5 年	①修改宪法、监督宪法的实施;②制定和修改基本法律;③最高国家机关领导人的任免权;④审批经济计划和预算报告;⑤改变或者撤销全国人民代表大会常务委员不适当的决定;⑥批准省、自治区和直辖市的建置;⑦决定特别行政区的设立及其制度;⑧决定战争和和平的问题;⑨最高监督权;⑩应当由最高国家权力机关行使的其他职权
全国人大常委会	全国人民代表大会的常设机关	5 年	①解释宪法,监督宪法的实施;②人事任免权;③监督权;④撤销权;⑤决定同外国缔结的条约和重要协定的批准和废除;⑥决定特赦;⑦决定全国总动员或者局部动员;⑧决定全国或者个别省、自治区、直辖市进入紧急状态等

表 1-1-3(续)

国家机构	地位	每届任期	职权
地方人大	地方国家权力机关	5年	①地方性法规的制定权。制定主体是省一级的以及省、自治区人民政府所在地的市和设区的市的地方国家权力机关。②地方重大事项的决定权。③人事任免权。④监督权。⑤其他方面的职权
国家主席	国家元首	5年	①向全国人大提名国务院总理的人选;②根据全国人大的决定和全国人大常委会的决定,公布法律,任免国务院的组成人员,授予国家的勋章和荣誉称号,发布特赦令,宣布进入紧急状态、战争状态,发布动员令;③代表国家,进行国事活动,接受外国使节;④根据全国人大常委会的决定,派遣和召回驻外全权代表,批准和废除同外国缔结的条约和重要协定等
国务院	最高国家行政机关	5年	①规定行政措施、制定行政法规、发布决定和命令的权力;②向全国人大及其常委会提出议案;③对所属部委和地方各级行政机关的领导权和监督权;④管理权;⑤行政区域划分权;⑥紧急状态宣布权,国务院有权决定省、自治区、直辖市的范围内部分地区进入紧急状态;⑦其他职权
监察委员会	国家监察机关	5年	中华人民共和国国家监察委员会是最高监察机关。国家监察委员会领导地方各级监察委员会的工作,上级监察委员会领导下级监察委员会的工作。国家监察委员会对全国人民代表大会和全国人民代表大会常务委员会负责。地方各级监察委员会对产生它的国家权力机关和上一级监察委员会负责。监察委员会依照法律规定独立行使监察权,不受行政机关、社会团体和个人的干涉。监察机关办理职务违法和职务犯罪案件,应当与审判机关、检察机关、执法部门互相配合,互相制约
人民法院	国家审判机关	5年	最高人民法院是国家最高审判机关,它监督地方各级人民法院和专门人民法院的审判工作。上级人民法院监督下级人民法院的审判工作
人民检察院	国家法律监督机关	5年	最高人民检察院对全国人民代表大会和全国人大常委会负责,地方各级人民检察院对产生它的国家权力机关和上级人民检察院负责

2.公民的基本权利

公民的基本权利的相关内容如表 1-1-4 所示:

表 1-1-4 公民的基本权利

类别	基本内容	宪法依据
平等权利	法律面前一律平等	《中华人民共和国宪法》第三十三条
政治权利与自由	公民作为国家政治主体而依法享有的参加国家政治生活的权利和自由,包括公民参与国家、社会组织与管理活动的选举权、被选举权,以及公民在国家政治生活中依法发表意见,表达意愿的言论、出版、集会、结社、游行和示威的自由	《中华人民共和国宪法》第三十四条、第三十五条
宗教信仰自由	公民依据内心的信念,自愿地信仰宗教的自由	《中华人民共和国宪法》第三十六条
人身自由权利	人身自由;人格尊严不受侵犯;住宅不受侵犯;通信自由和通信秘密	《中华人民共和国宪法》第三十七条、第三十八条、第三十九条、第四十条

表 1-1-4(续)

类别	基本内容	宪法依据
社会经济、生活权利	合法私有财产权不受侵犯;劳动权;休息权;获得物质帮助权	《中华人民共和国宪法》第十三条、第四十二条、第四十三条、第四十五条
文化教育权利	受教育的权利和义务;文化活动的自由	《中华人民共和国宪法》第四十六条、第四十七条
获得国家赔偿权	合法权益因国家机关或者国家机关工作人员违法行使职权而受到损害的人要求国家赔偿的权利	《中华人民共和国宪法》第四十一条第三款

二、民法与民事诉讼法

(一)民法

1.法人

法人是具有民事权利能力和民事行为能力,依法独立享有民事权利和承担民事义务的组织。

法人应当依法成立。法人应当有自己的名称、组织机构、住所、财产或者经费。法人成立的具体条件和程序,依照法律、行政法规的规定。设立法人,法律、行政法规规定须经有关机关批准的,依照其规定。

2.法定之债

法定之债的类型和概念如表 1-1-5 所示:

表 1-1-5 法定之债

类型	概念
无因管理	没有法定的或约定的义务,为避免他人利益受损失,自愿管理他人事务或为他人提供服务的行为
不当得利	没有合法根据,取得财产利益,造成他人损失

3.夫妻财产

夫妻财产的分类和内容如表 1-1-6 所示:

表 1-1-6 夫妻财产

分类	内容
共同财产	工资,奖金;生产、经营的收益;知识产权的收益;继承或赠与所得的财产(遗嘱或赠与合同中确定只归夫或妻一方的除外);其他应当归共同所有的财产
一方财产	一方婚前财产;一方因身体受到伤害获得的医疗费、残疾人生活补助费等费用;遗嘱或赠与合同中确定只归夫或妻一方的财产;一方专用的生活用品;其他应当归一方的财产

4.担保物权

担保物权是指以担保债权在债务人不清偿到期债务或者出现约定的情形时,债权人就担保物的交换价值所享有的优先受偿的他物权。

担保物权具有从属性、物上代位性、不可分性。

5.侵权责任

侵权责任的原因和责任主体如表1-1-7所示：

表1-1-7 侵权责任

侵权原因	责任主体
产品存在缺陷造成他人损害的	生产者承担侵权责任；因销售者的过错使产品存在缺陷，造成他人损害的，销售者应承担侵权责任。销售者不能指明缺陷产品的生产者也不能指明缺陷产品的供货者的，销售者应当承担侵权责任
因租赁、借用等情形,机动车所有人与使用人不是同一人时	属于机动车一方责任的，由保险公司在机动车强制保险责任限额范围内予以赔偿。不足部分，由机动车使用人承担赔偿责任；机动车所有人对损害的发生有过错的，承担相应的赔偿责任
药品、消毒药剂、医疗器械的缺陷，或者输入不合格的血液造成患者损害的	可向医疗机构或生产者、血液提供机构请求赔偿
污染环境造成损害的	污染者承担侵权责任
从事高度危险作业造成他人损害的	经营者承担侵权责任
饲养的动物造成他人损害的	动物饲养人或者管理人承担侵权责任
建筑物、构筑物或者其他设施及其搁置物、悬挂物发生脱落、坠落造成他人损害的	所有人、管理人或者使用人承担侵权责任

(二)民事诉讼法

1.级别管辖

中级人民法院管辖的第一审民事案件包括：①重大涉外案件；②在本辖区内有重大影响的案件；③最高人民法院确定由中级人民法院管辖的案件。

高级人民法院管辖在本辖区内有重大影响的第一审民事案件。

最高人民法院管辖的第一审民事案件包括：①在全国有重大影响的案件；②认为应当由本院审理的案件。

2.专属管辖

因不动产纠纷提起的诉讼,由不动产所在地人民法院管辖。

因港口作业中发生纠纷提起的诉讼,由港口所在地人民法院管辖。

因继承遗产纠纷提起的诉讼,由被继承人死亡时住所地或者主要遗产所在地人民法院管辖。

3.不公开审理

法定不公开审理的案件有涉及国家秘密的案件、涉及个人隐私的案件和法律另有规定的案件；根据当事人申请由人民法院决定可以不公开审理的案件有涉及商业秘密的案件和离婚案件。

4.调解制度

调解达成协议,人民法院应当制作调解书。

调解书经双方当事人签收后,即具有法律效力。

下列案件调解达成协议,人民法院可以不制作调解书:①调解和好的离婚案件;②调解维持收养关系的案件;③能够即时履行的案件;④其他不需要制作调解书的案件。

对不需要制作调解书的协议,应当记入笔录,由双方当事人、审判人员、书记员签名或者盖章后,即具有法律效力。

5.简易程序

基层人民法院和它派出的法庭审理事实清楚、权利义务关系明确、争议不大的简单的民事案件,适用简易程序。

人民法院适用简易程序审理案件,应当在立案之日起三个月内审结。简单的民事案件由审判员一人独任审理,并不受普通审理程序的限制。标的额为各省、自治区、直辖市上年度就业人员年平均工资百分之三十以下的简单民事案件,实行一审终审。

三、刑法与刑事诉讼法

(一)刑法

1.刑事责任能力

(1)刑事法定年龄:①已满十六周岁的人犯罪,应当负刑事责任。②已满十四周岁不满十六周岁的人,犯故意杀人、故意伤害致人重伤或者死亡、强奸、抢劫、贩卖毒品、放火、爆炸、投毒罪的,应当负刑事责任。③已满十四周岁不满十八周岁的人犯罪,应当从轻或者减轻处罚。④因不满十六周岁不予刑事处罚的,责令他的家长或者监护人加以管教;在必要的时候,也可以由政府收容教养。⑤已满七十五周岁的人故意犯罪的,可以从轻或者减轻处罚;过失犯罪的,应当从轻或者减轻处罚。

(2)特殊人员的刑事责任能力:①精神病人在不能辨认或者不能控制自己行为的时候造成危害结果,经法定程序鉴定确认的,不负刑事责任,但是应当责令他的家属或者监护人严加看管和医疗;在必要的时候,由政府强制医疗。间歇性的精神病人在精神正常的时候犯罪,应当负刑事责任。尚未完全丧失辨认或者控制自己行为能力的精神病人犯罪的,应当负刑事责任,但是可以从轻或者减轻处罚。②醉酒的人犯罪,应当负刑事责任。③又聋又哑的人或者盲人犯罪,可以从轻、减轻或者免除处罚。

2.犯罪的未完成形态

犯罪的未完成形态的具体内容如表 1-1-8 所示:

表 1-1-8　犯罪的未完成形态

类型	概念
犯罪中止	在犯罪过程中,自动放弃犯罪或者自动有效地防止犯罪结果的发生
犯罪预备	为了犯罪,准备工具、制造条件
犯罪未遂	已经着手实行犯罪,由于犯罪分子意志以外的原因而未得逞的

3.刑罚

刑罚的分类和核心考点如表1-1-9所示：

表 1-1-9 刑罚

分类	核心考点
主刑	主要包括：管制、拘役、有期徒刑、无期徒刑、死刑
	一个罪行只能适用一个主刑；只能独立适用，不能附加适用；不能同时适用两个或两个以上
附加刑	主要包括：罚金、剥夺政治权利、没收财产、驱逐出境
	补充主刑适用的刑罚方法；可独立适用，也可附加适用

4.正当防卫和紧急避险

正当防卫和紧急避险的区别如表1-1-10所示：

表 1-1-10 正当防卫和紧急避险

	正当防卫	紧急避险
危害的来源	只能是人的违法犯罪行为	既可能是人的不法侵害，也可能是来自自然灾害，还可能是动物的侵袭或者人的生理、病理疾患等
行为的对象	只能是不法侵害者本人，不能针对第三者	必须是第三者，是合法行为对他人合法权利的损害
行为的限制	行为的实施是出于必要，即使能够用其他方法避免不法侵害，也允许进行正当防卫	行为的实施出于迫不得已，除了避险以外别无其他选择
行为的限度	所造成的损害，既可以小于，也可以大于不法侵害行为可能造成的损害	对第三者合法权益所造成的损害，只能小于危险可能造成的损害
主体的限定	每个公民的法定权利	不适用于职务上、业务上负有特定责任的人

5.共同犯罪

共同犯罪是指二人以上共同故意犯罪。二人以上共同过失犯罪，不以共同犯罪论处；应当负刑事责任的，按照他们所犯的罪分别处罚。三人以上为共同实施犯罪而组成的较为固定的犯罪组织，是犯罪集团。共同犯罪的分类及处罚原则如表1-1-11所示：

表 1-1-11 共同犯罪

	分类	处罚原则
主犯	犯罪集团的首要分子	按犯罪集团所犯的全部罪行处罚
	聚众犯罪中起主要作用的犯罪分子	应当按照其所参与的或者组织、指挥的全部犯罪处罚
	其他起主要作用的犯罪分子	
从犯	起次要作用的犯罪分子，即次要的实行犯	应当从轻、减轻处罚或者免除处罚
	起辅助作用的犯罪分子，即帮助犯	
胁从犯	被胁迫参加犯罪	应当按照他的犯罪情节减轻处罚或者免除处罚
教唆犯	教唆他人犯罪	应当按照他在共同犯罪中所起的作用处罚
	教唆不满十八周岁的人犯罪	应当从重处罚
	被教唆的人没有犯被教唆的罪	可以从轻或者减轻处罚

(二)刑事诉讼法

1.无罪推定原则

《中华人民共和国刑事诉讼法》第十二条规定："未经人民法院依法判决,对任何人都不得确定有罪。"

2.立案管辖

贪污贿赂犯罪,国家工作人员的渎职犯罪,国家机关工作人员利用职权实施的非法拘禁、刑讯逼供、报复陷害、非法搜查的侵犯公民人身权利的犯罪以及侵犯公民民主权利的犯罪,由人民检察院立案侦查。对于国家机关工作人员利用职权实施的其他重大的犯罪案件,需要由人民检察院直接受理的时候,经省级以上人民检察院决定,可以由人民检察院立案侦查。自诉案件,由人民法院直接受理。

3.取保候审

人民法院、人民检察院和公安机关对有下列情形之一的犯罪嫌疑人、被告人,可以取保候审:①可能判处管制、拘役或者独立适用附加刑的;②可能判处有期徒刑以上刑罚,采取取保候审不致发生社会危险性的;③患有严重疾病、生活不能自理,怀孕或者正在哺乳自己婴儿的妇女,采取取保候审不致发生社会危险性的;④羁押期限届满,案件尚未办结,需要采取取保候审的。取保候审由公安机关执行。

4.监视居住

人民法院、人民检察院和公安机关对符合逮捕条件,有下列情形之一的犯罪嫌疑人、被告人,可以监视居住:①患有严重疾病、生活不能自理的;②怀孕或者正在哺乳自己婴儿的妇女;③系生活不能自理的人的唯一扶养人;④因为案件的特殊情况或者办理案件的需要,采取监视居住措施更为适宜的;⑤羁押期限届满,案件尚未办结,需要采取监视居住措施的。对符合取保候审条件,但犯罪嫌疑人、被告人不能提出保证人,也不交纳保证金的,可以监视居住。监视居住由公安机关执行。

5.中止审理与延期审理的区别

中止审理与延期审理的区别如表 1-1-12 所示:

表 1-1-12　中止审理与延期审理

区别	中止审理	延期审理
时间不同	适用于人民法院受理案件后至做出判决前	适用于法庭审理过程中
原因不同	出现了不能抗拒的情况,其消除与诉讼本身无关,因此,中止审理将暂停一切诉讼活动	诉讼自身出现了障碍,其消失依赖于某种诉讼活动的完成,因此,延期审理不能停止法庭审理以外的诉讼活动
再行开庭的可预见性不同	无法预见	可以预见,甚至当庭即可决定

6.死刑复核程序

死刑复核程序,是指有核准权的人民法院对已经判处死刑的案件进行复查核准应遵循的一种特别审判程序。

死刑由最高人民法院核准。中级人民法院判处死刑的第一审案件,被告人不上诉的,应当由高级人民法院复核后,报请最高人民法院核准。高级人民法院不同意判处死刑的,可以提审或者发回重新审判。

高级人民法院判处死刑的第一审案件被告人不上诉的和判处死刑的第二审案件,都应当报请最高人民法院核准。

中级人民法院判处死刑缓期二年执行的案件,由高级人民法院核准。

最高人民法院复核死刑案件,高级人民法院复核死刑缓期执行的案件,应当由审判员三人组成合议庭进行。

四、行政法与行政诉讼法

(一)行政法

1.行政主体

行政主体的相关内容如表1-1-13所示:

表1-1-13 行政主体

组织类型	权力来源	权力性质	是否行政主体
行政机关	宪法、组织法	先天、长期	是
被授权组织	法律、法规、规章	后天、长期	是
被委托组织	行政机关	后天、临时	否

2.行政许可

行政许可,是指行政机关根据公民、法人或者其他组织的申请,经依法审查,准予其从事特定活动的行为。

听证程序是行政机关做出行政行为前给予当事人就重要事实表示意见的机会,通过公开、公正、民主的方式达到行政目的的程序。行政许可的听证可分为依职权的听证和依申请的听证。

3.行政处罚

行政处罚指享有行政处罚权的行政机关或法律、法规授权的组织,对违反行政法律规范、依法应当给予处罚的行政相对人所实施的法律制裁行为。

(1)行政处罚的种类:警告;罚款;没收违法所得、没收非法财物;责令停产停业;暂扣或者吊销许可证、暂扣或者吊销执照;行政拘留;法律、行政法规规定的其他行政处罚。

行政处罚的设定如表1-1-14所示:

表1-1-14 行政处罚

类别	创设权	具体规定
法律	各种行政处罚	上位法有设定的,下位法不得再设定,但是可以在上位法设定的范围内做出具体规定
行政法规	除限制人身自由以外的行政处罚	
地方性法规	除限制人身自由、吊销企业营业执照以外的行政处罚	
部门规章	警告、一定数量罚款(罚款的限额由国务院规定)	
地方规章	警告、一定数量罚款(罚款的限额由省、自治区、直辖市人民代表大会常务委员会规定)	

(2)不予处罚的规定:不满十四周岁的人有违法行为的;精神病人在不能辨认或者不能控制自己行为时有违法行为的;违法行为轻微并及时纠正,没有造成危害后果的;违法行为在二年内未被发现的,不再给予行政处罚,法律另有规定的除外。

4.行政强制

(1)行政强制措施的种类:限制公民人身自由;查封场所、设施或者财物;扣押财物;冻结存款、汇款;其他行政强制措施。

(2)行政强制执行的方式:加处罚款或者滞纳金;划拨存款、汇款;拍卖或者依法处理查封、扣押的场所、设施或者财物;排除妨碍、恢复原状;代履行;其他强制执行方式。

5.行政复议

(1)不可申请复议的行政行为:行政机关做出的行政处分或其他人事处理决定;行政机关对民事纠纷做出的调解或者其他处理;行政法规和规章。

(2)行政复议的管辖:对县级以上地方各级人民政府工作部门的具体行政行为不服的,由申请人选择,可以向该部门的本级人民政府申请行政复议,也可以向上一级主管部门申请行政复议。对海关、金融、国税、外汇管理等实行垂直领导的行政机关和国家安全机关的具体行政行为不服的,向上一级主管部门申请行政复议。

对地方各级人民政府的具体行政行为不服的,向上一级地方人民政府申请行政复议。对省、自治区人民政府依法设立的派出机关所属的县级地方人民政府的具体行政行为不服的,向该派出机关申请行政复议。

对国务院部门或者省、自治区、直辖市人民政府的具体行政行为不服的,向做出该具体行政行为的国务院部门或者省、自治区、直辖市人民政府申请行政复议。对行政复议决定不服的,可以向人民法院提起行政诉讼;也可以向国务院申请裁决,国务院依照行政复议法的规定做出最终裁决。

(二)行政诉讼法

1.几种特殊情形下的被告确定

经批准行政行为的被告确定。当事人不服经上级机关批准的行政行为,向人民法院提起诉讼的,应当以在对外发生法律效力的文书上署名的机关为被告。

行政复议机关不作为情形下的被告确定。如果对原行政行为不服的,做出原行政行为的行政机关是被告;起诉行政复议机关不作为的,行政复议机关是被告。

行政机关新组建机构的被告确定。依据"谁主体,谁被告"的规则,如果这些新组建的机构是行政主体,就具有被告资格,否则被告是组建该机构的行政机关。

内设机构和派出机构的被告确定。内设机构和派出机构均属行政机关,它们是否能做被告,主要看其是否具备行政主体资格。如果具备行政主体资格,则可以做被告;如果没有,被告则是内设机构或者派出机构所属的行政机关。

行政机关与非行政机关共同署名的情形下的被告确定。如果非行政机关不具备行政主体资格,那么被告只能是行政机关;如果非行政机关也具有行政主体资格,那么行政机关和非行政机关可以做共同被告。

行政机关被撤销情形下的被告确定。行政机关被撤销或者职权变更的,由继续行使其职权的行政机关为被告。

2.行政诉讼第三人

(1)第三人主要有以下几种:①行政处罚案件中的受害人或加害人;②行政处罚案件中的共同被处罚人;③行政裁决案件的当事人;④两个以上行政机关做出相互矛盾的具体行政行为,非被告的行政机关可以是第三人;⑤与行政机关共同署名做出处理决定的非行政组织;⑥应当追加被告而原告不同意追加的,法院应通知其作为第三人参加诉讼。

(2)第三人参加诉讼的程序:①第三人参加诉讼的时间。第三人参加行政诉讼,须是在原、被告的诉讼程序已开始,判决未做出以前。②第三人参加诉讼的途径有申请参加和通知参加两种。③第三人享有当事人的诉讼地位,人民法院判决第三人承担义务或者减损第三人权益的,第三人享有上诉权,法院应当通知当事人参加诉讼而不通知的构成诉讼主体的遗漏。

3.行政诉讼的时间条件

行政诉讼的类型及起诉期限如表1-1-15所示:

表1-1-15 行政诉讼

类型	起诉期限
直接起诉	知道或应当知道行政机关做出行政行为之日起六个月内。因不动产提起诉讼的案件自行政行为做出之日起超过二十年,其他案件自行政行为做出之日起超过五年提起诉讼的,人民法院不予受理
申请人不服复议决定的	收到复议决定书之日起15日内
做出行政行为时未告知诉权或起诉期限的	知道或应当知道诉权或起诉期限之日起计算,从知道或应当知道行政行为内容之日起不超过两年

考点三 人文历史

一、文学常识

我国一些重要的古代的文学常识按时期分类,如表1-1-16所示:

表1-1-16 古代文学常识

时期分类	代表人物/作品	核心考点
先秦文学	《诗经》	我国第一部诗歌总集。其体例按音乐性质的不同划分为风、雅、颂三类,艺术表现手法为赋、比、兴
	《楚辞》	我国第一部浪漫主义诗歌总集。收录了屈原创作的《离骚》《九歌》《九章》《天问》等作品
两汉文学	《史记》	作者司马迁,字子长。《史记》包括十二本纪、三十世家、七十列传、十表、八书

表 1-1-16（续）

时期分类	代表人物/作品	核心考点
唐诗	李白、杜甫	李白有"诗仙"之称,代表作有《蜀道难》《将进酒》《黄鹤楼送孟浩然之广陵》等,有《李太白集》传世 杜甫的诗歌被后人评价为"诗史"。代表作有"三吏"(《石壕吏》《新安吏》《潼关吏》)、"三别"(《新婚别》《无家别》《垂老别》)
宋词	李清照、秦观、苏轼、辛弃疾	宋代是词创作的黄金时期,大体上呈现为两大流派:婉约派和豪放派
元曲	元曲四大家 (关汉卿、马致远、郑光祖、白朴)	元杂剧中颇为有名的有四大悲剧(《窦娥冤》《梧桐雨》《赵氏孤儿》《汉宫秋》)和四大爱情剧(《西厢记》《墙头马上》《拜月亭》《倩女离魂》)
明清小说	四大名著 (《三国演义》《水浒传》《西游记》《红楼梦》)	明代文人创作的小说主要有白话短篇小说和长篇小说。长篇小说的代表作有"四大奇书";短篇白话小说的代表作有"三言""二拍" 清代阶级矛盾、民族矛盾和思想文化的斗争,给小说创作以深刻影响。其中,《聊斋志异》《红楼梦》分别把文言小说和白话小说的创作推向顶峰

二、文化常识

(一)文化思想

我国古代主要思想流派如表 1-1-17 所示:

表 1-1-17　我国古代主要思想流派

分类	简介
儒家思想	儒家是孔子创立。孔子核心思想是"仁";孟子主张"性善论",并提出"民贵君轻"思想,主张"政在得民",反对苛政;荀子主张"性恶论"
道家思想	代表人物是老子和庄子。老子主张道法自然,清静无为;庄子提倡自然无为,他们都把"道"作为自己哲学体系的最高范畴
墨家思想	墨家在战国时期与儒学并称为两大"显学"。创始人为墨子,主张"兼爱""非攻"。墨家在形式逻辑和自然科学方面也有突出成就
法家思想	代表人物有商鞅、申不害、慎到、韩非等。商鞅主张"法",申不害主要讲"术",慎到主要讲"势"。韩非将三者合为一体,成为法家的集大成者
宋明理学	理学又称道学,代表人物有张载、周敦颐、程颢、程颐、朱熹等

(二)绘画

我国古代的著名绘画作品按时期分类,如表 1-1-18 所示:

表 1-1-18 我国古代著名绘画作品

时期分类	简介
春秋战国	绘画已成为一种独立的艺术,长沙楚墓出土的《妇女凤鸟图》《御龙图》是现存最古老的帛画
两汉	汉代壁画和帛画成就较高。长沙马王堆汉墓出土的彩色帛画,是汉代艺术珍品
魏晋南北朝	带有宗教色彩,以人物画为主。如东晋顾恺之的《洛神赋图》《女史箴图》
隋	展子虔的《游春图》
唐	阎立本的《步辇图》《历代帝王图》;吴道子的《八十七神仙卷》;周昉的《簪花仕女图》
五代	董源的《潇湘图》《夏景山口待渡图》
宋	宋徽宗赵佶代表作有《瑞鹤图》《芙蓉锦鸡图》;张择端《清明上河图》;范宽《溪山行旅图》《雪景寒林图》
元	元四家(黄公望、王蒙、倪瓒、吴镇) 赵孟頫的《秋郊饮马图》 黄公望的《富春山居图》,是中国十大传世名画之一
明	明四家(沈周、唐寅、文徵明、仇英)
清	清初四僧(石涛、朱耷、髡残、弘仁);郑板桥代表作有《兰石图》《竹石图》

(三)文字和书法

我国古代的文字和书法如表 1-1-19 所示:

表 1-1-19 我国古代的文字和书法

时期分类	简介
商朝	甲骨文已经成为比较成熟的文字,用于王室和贵族的占卜活动
西周	金文是铸刻在青铜器上的文字。西周晚期的毛公鼎,是目前已发现的铭文最多的青铜器
秦	标准字体是小篆,民间流行更简化的隶书
汉	隶书是主要字体,东汉末年书法成为一种艺术,蔡邕是当时有名的书法家
曹魏	钟繇开始把隶书转化为楷书
东晋	"书圣"王羲之,代表作有《兰亭序》《黄庭经》
唐代	初唐三大家:欧阳询、虞世南、褚遂良。盛唐:颜真卿,"颜体",代表作有《多宝塔碑》《颜氏家庙碑》《祭侄文稿》。中晚唐:柳公权,"柳体",代表作有《神策军碑》。张旭和怀素是草书的代表人物
宋	宋四家(苏轼、黄庭坚、米芾、蔡襄),宋徽宗赵佶也是位杰出的书法家,以"瘦金体"著称
元	赵孟頫与唐朝欧阳询、颜真卿、柳公权并称为"楷书四大家"

(四)科技成果

1.古代天文历法

《尚书》记载了公元前 2137 年的一次日食,为人类最早的日食记录。

商代甲骨文已经记载了日食、月食,并且出现了原始历法——阴阳历。

《春秋·文公十四年》中记载公元前613年世界上首次关于哈雷彗星的记录，比欧洲早600多年。

战国《甘石星经》是世界上最早的天文学著作。石申绘制了人类历史上第一张星象表。

在我国历法中占有重要地位的二十四节气经过逐步发展，到战国时已完备。

汉武帝时编制第一部完整历书——《太初历》。

《汉书·五行志》中有世界最早的太阳黑子记录。

东汉张衡对月食做了最早的科学解释，并发明地动仪，比欧洲早1700多年。

南北朝时期的祖冲之编制的大明历取一周年长度为365.242 314 81天，和近代科学测定的数值相差仅50余秒。

隋唐时期著名学者僧一行进行了人类历史上第一次对子午线长度的测定，创制了用于天体测量的仪器——黄道游仪。他还发现了恒星位置移动现象，比英国人哈雷提出恒星自行早了1 000多年。

宋元时代传统的天文仪器发展到尽善尽美的程度。元朝科学家郭守敬编制的恒星多达2 500颗。他在1280年完成了中国古代登峰造极的历法——《授时历》，以365.242 5日为一年，比公历早300年。

2.古代医学

中国传统医学四大经典著作：《黄帝内经》《难经》《伤寒杂病论》《神农本草经》。

我国古代医学名人与主要成就具体见表1-1-20：

表1-1-20　我国古代医学名人与主要成就

时期分类	人物	主要成就
战国时期	扁鹊	采用"望闻问切"四诊法诊断疾病，被后世尊为"脉学之宗"
东汉	张仲景	被后人尊为"医圣"，著有《伤寒杂病论》
	华佗	发明的麻醉药剂"麻沸散"，比西方早1 600多年，被人誉为"神医"
唐代	孙思邈	《千金方》
	唐高宗时期	编《唐本草》，是世界上最早由国家编定和颁布的药典
明代	李时珍	编著了中医学巨著《本草纲目》

3.古代数学成就

中国是世界上最早采用了十进位制的国家，距今4 000年左右的陕西、山东、上海的出土文物中除表示个位的数字外，已经有10,20,30这样的记号，比古埃及早1 000多年。

殷商时已经有了四则运算，春秋战国时正整数乘法口诀"九九歌"已形成，从此"九九歌"成为普及数学知识的基础之一，一直延续至今。

公元前1世纪的《周髀算经》和东汉时期的《九章算术》是最著名的中国古代数学著作。

算盘的最早记载是公元190年。明清两代，算盘成为当时工商业贸易中不可缺少的工具。

三、中国古代史

(一)发展历程

1.先秦时期

中国的原始社会是与石器时代相伴始终的,属于这一阶段的原始人类主要有元谋人、蓝田人、北京人等。

母系氏族公社阶段相当于考古学上的新石器时代,这个时期的文化遗存,最突出的是仰韶文化和河姆渡文化,又称"彩陶文化"。前者代表黄河流域的文化遗存,后者代表长江流域的文化遗存。父系氏族公社时期最具代表性的是在山东章丘龙山镇发现的龙山文化遗址和在山东泰安地区大汶口发现的大汶口文化遗址。

公元前21世纪,我国历史上第一个奴隶制国家——夏朝建立。中国从夏开始,由石器时代进入了铜器时代。夏朝的"夏历"是我国最早的历法,以正月为岁首的记历分法,一直流传到现代。

我国有文字可考的历史是从商朝开始的。商代的文字以刻记在甲骨上为最多,刻记在甲骨上的文字称为"甲骨文"。

西周是中国奴隶社会的鼎盛时期,编制的礼乐制度和建立的完备的宗法制度,对后世产生了极为深远的影响。

"礼"是体现奴隶主贵族统治意志的生活方式,宗法制度是以血缘关系为纽带的族制系统。宗法制度明确了奴隶主贵族的等级区别,任何人在不同的等级上都要遵循符合自己地位和身份的礼法,否则,要受到刑罚的制裁。

春秋时期先后取得霸主地位的有齐桓公、宋襄公、晋文公、秦穆公、楚庄王,史称"春秋五霸"。经过春秋时期长期的争霸战争,至战国时,诸侯国已为数不多,主要的诸侯国是齐、楚、燕、韩、赵、魏、秦,史称"战国七雄"。

2.秦汉时期

秦朝建立封建专制主义中央集权制度,统一度量衡、货币和文字,是我国历史上第一个统一的多民族的封建国家。秦朝统一顺应了历史发展趋势,符合各族人民共同愿望,具有重大进步意义。

汉武帝颁布"推恩令",以此削弱了诸侯王的势力,解除王国对中央的威胁;接受董仲舒"罢黜百家,独尊儒术"主张,只提倡儒家学说,禁止其他各家思想的传播,实行了思想的统一;宣扬天子代表天统治人民,神化了皇帝;在长安兴办太学,用儒学培养贵族子弟,使儒家思想成为封建社会的统治思想。

汉武帝两次派张骞出使西域,开辟了通往西域的"丝绸之路"。中国的丝和丝织品,经"丝绸之路"运到西亚、大秦。丝绸之路的路线,由西汉都城长安出发,经过河西走廊,然后分为两条路线:一条由阳关,经鄯善,沿昆仑山北麓西行,过莎车,西逾葱岭,出大月氏,至安息,西通犁靬(今埃及亚历山大);另一条出玉门关,经楼兰、高昌、龟兹,沿天山南麓西行,出疏勒,西逾葱岭,过大宛,经撒马尔罕,至马什哈德(伊朗),西通欧洲。

丝绸之路上保留至今的文明遗迹有甘肃的阳关、莫高窟,新疆的高昌故城、交河故城、楼兰遗址等。

3.三国两晋南北朝

"官渡之战",曹操大败袁绍,为曹操统一北方奠定了基础。"赤壁之战",孙刘联军大败曹军,为三国鼎立局面的形成奠定了基础。

北魏孝文帝改革的主要内容是:颁布均田令,农民须向国家交纳租、调,服徭役和兵役。为接受汉族文化,494年迁都洛阳,改革鲜卑旧俗,着汉服,学说汉话,采汉姓,提倡与汉族通婚。孝文帝的这些改革,加速了北方各少数民族封建化的进程,促进了北方民族的大融合。

4.隋唐时期

隋文帝和隋炀帝统治时期,改革官制,在中央设三省六部,创立科举制,废除魏晋以来的九品中正制,开始用分科考试的办法选拔官员。选官打破了门第的限制,一些门第不高的读书人,可以凭才学参加政权管理。

隋炀帝即位后,把都城从长安迁到洛阳,开凿了大运河。大运河全长两千多千米,南北贯穿今河北、山东、河南、安徽、江苏、浙江等广大地区,沟通了海河、黄河、淮河、长江、钱塘江五大水系,是当时世界上的巨大工程之一。大运河对加强统一,促进南北经济文化的发展和交流起着重大作用。

唐玄宗统治前朝,唐朝进入全盛期。由于这个时期的年号叫"开元",史称"开元盛世"。

5.宋元时期

绍兴年间,南宋与金签订"绍兴和议":南宋向金称臣;宋金疆界东以淮水中流,西以大散关为界;宋割唐(河南省唐河县)、邓(河南省邓州市)二州及商(陕西省商洛市)、秦(甘肃省天水市)二州之半给金。至此,宋金南北对峙的局面最后确立。

元政府实行行省制度。在中央设置中书省,作为全国最高行政机构,管辖大都及附近地区。在其他地区设行中书省,简称"行省"或"省",由中央派官吏管理。在中央设置宣政院,负责管理全国佛教和藏族地区的行政事务。元朝中央政府在西藏委派官吏,驻扎军队,清查户口,征收赋税,实行有效管辖,使西藏正式成为元朝的一个行政区域。

6.明清时期

明朝中央机构设吏、户、礼、兵、刑、工六部,直属于皇帝。地方机构改行中书省为承宣布政使司,设布政使掌管民政、财政;设提刑按察使司,按察使掌管刑法;又置都指挥使司,设都指挥使管理军政:合称"三司",三司都直接受命于中央。布政使是朝廷派驻地方的代表,执行中央政令,全国设13个布政使司,俗称"省",便于皇帝控制。

明朝政府设科举,规定以八股文取士。八股文是一种特殊文体,由破题、承题、起讲、入手、起股、中股、后股和束股八个部分组成。考试以"四书"和"五经"命题,"四书"要以朱熹的注为依据。

1644年,清军入关,清世祖顺治帝定都北京,清朝逐步统一全国。

真题回顾

(2018)关于中国古代政治制度发展,下列说法错误的是(　　)。

A.隋唐时期实行三省六部制,削弱了相权,加强了皇权

B.西汉时期实行刺史制度,加强了中央对地方的直接统治

C.战国时期秦国的商鞅变法,规定废分封、行县制,实行中央集权制度

D.明朝建立了行省制度,行省的作用主要是在为中央收权的同时兼替地方分留部分权力

【答案】D。解析:元朝建立行省制度,设立中书省作为中央最高的行政机构,总理全国政务。地方设行中书省,简称"行省",由中央委派官员管理。我国省级行政区的设立始于元朝。

(二)古代选官制度

1.世官制

我国在夏、商、周时期,主要实行的选官制度是世官制,也叫世卿世禄制。这一制度决定"公门有公、卿门有卿、贱有常辱、贵有常荣"的现象,官职被限定在贵族范围内。随着社会的发展,这种世官相袭的制度越来越不适应春秋战国时期诸侯兼并的现状,于是开始出现用军功授爵的制度,世卿世禄制逐渐被淘汰,但其影响深远。

2.察举和征辟

汉武帝时确立的选官制度。汉朝主要采用"察举"和"征辟"两种方法来选拔官吏。所谓"察举",是地方长官在其辖区内,定期考察、选拔人才并推荐给朝廷。这些被推荐的人,经过考核授予不同的官职。"察举"之外,皇帝和高级官员也可以征聘有名望和有才能的人来做官。由朝廷征聘为朝廷官员,称为"征召";由高级官员征聘为自己属官的,称为"辟",或称"辟除";两者合称为"征辟",后被科举制取代。

3.九品中正制

魏晋南北朝时期,以九品官人法为基础选拔官吏。九品官人法又称九品中正制。地方行政部门设置"中正",对当地人物的德才进行评定,区别高下列为九等。"中正"所评定的品级,成为授官的依据。魏文帝曹丕为了拉拢士族而采纳陈群的意见,220年正式设置九品官人法。在这种制度下,世家大族子弟依靠门第即可步入仕途,所以他们往往不注重提高才能。而真正有才学,但出身低微的人,很难在中央和地方出任高官。这一制度创始于曹魏,发展成熟于两晋,衰落于南北朝时期,废除于隋朝。它上承两汉察举制,下启隋唐科举制,在中国古代政治制度史上具有重要地位。

4.科举制

科举制是隋朝建立、唐朝完善并为后代沿用的选拔官吏的制度。科举制是通过考试选拔官吏的一种制度。由于采用分科取士的办法,所以叫作科举。隋朝废除九品中正制,采取科举取士的办法,隋初规定原有的秀才、明经两科,由州县学送生徒到中央参加考试。隋炀帝时又设进士科,科举制形成。唐朝前期,科举制进一步得到完善和发展。它通过考试方法体现的平等竞争精神,有利于打破特权垄断,扩大管理人才来源和统治基础,成为隋唐以后主要的选官制度。唐、宋、元各朝继承并完善了科举制。

四、中国近现代史

1.中英《南京条约》

1842年8月,英国迫使清政府签订了中国近代史上第一个不平等条约——中英《南京

条约》。《南京条约》的主要内容是:割香港岛给英国;赔款 2 100 万银元;开放广州、厦门、福州、宁波、上海五处为通商口岸;设立领事;协定关税。

2.新文化运动与五四运动

新文化运动的代表人物包括李大钊、陈独秀、胡适、钱玄同、蔡元培以及后来参加的鲁迅等。新文化运动,积极倡导科学与民主,在性质上属于以资产阶级民主主义思想为指导的反封建的思想启蒙运动。

新文化的启蒙,唤醒了中国新一代年轻知识分子。1919 年中国在巴黎和会上的外交努力即将失败、日本取代德国攫取在山东的权益即将得到和会确认的消息传来之后,年轻知识分子迅速行动起来,掀起了规模宏大、震惊中外的五四爱国运动。5 月 4 日,北京爆发了学生示威游行。6 月 3 日,上海爆发了有数十万工人参加的大罢工和游行,使五四运动从一个青年学生的运动发展成为以工人阶级为主,包括社会各阶级、各阶层共同参加的爱国运动,工人阶级以独立的姿态登上政治舞台。中国的革命运动由旧民主主义革命向新民主主义革命转变。

3.中国共产党的诞生

1921 年 7 月 23 日,中国共产党第一次全国代表大会在上海召开。最后一天的会议转移到浙江嘉兴南湖举行。大会制定党的纲领是"革命军队必须与无产阶级一起推翻资本家阶级的政权""承认无产阶级专政,直到阶级斗争结束""消灭资本家的生产资料私有制"。大会讨论了实际工作计划,决定集中精力领导工人运动,组织工会和教育工人。大会选举产生了党的领导机构——中央局,陈独秀为书记。

4.土地革命时期三大会议

土地革命时期三大会议的相关内容如表 1-1-21 所示:

表 1-1-21　土地革命时期三大会议

会议名称	时间	内容	意义
"八七"会议	1927 年 8 月 7 日	会议彻底清算大革命后期陈独秀的右倾机会主义错误,确定了土地革命和武装起义的方针,并选出以瞿秋白为首的中央临时政治局	给正处在思想混乱和组织涣散中的党指明了出路,为挽救党和革命做出了巨大贡献。这是由大革命失败到土地革命兴起的一个历史转折点
遵义会议	1935 年 1 月 15 日至 17 日	会议集中全力解决当时具有决定意义的军事和组织问题	确立了毛泽东在党和红军中的领导地位,它结束了王明"左"倾冒险主义在党中央的统治。在极其危险的情况下挽救了党,挽救了红军,挽救了中国革命,是党的历史上一个生死攸关的转折点,标志着中国共产党在政治上走向成熟
瓦窑堡会议	1935 年 12 月 17 日至 25 日	明确提出党的基本策略任务是建立广泛的抗日民族统一战线	表明党已经克服了"左"倾冒险主义和关门主义错误,掌握了政治上的主动权;表明党开始努力解决政治路线问题;表明党已经能从中国的实际情况出发,创造性地开展工作

5.抗日胜利与重庆谈判

1945年8月15日,日本宣布无条件投降。1945年8月中、下旬,蒋介石一连三次电邀毛泽东去重庆举行和平谈判。中国共产党为了尽一切可能争取和平,并在争取和平的过程中戳穿美蒋反动派的假和平阴谋,派毛泽东、周恩来、王若飞等于8月28日由延安飞至重庆。经过43天的谈判,在1945年10月10日,公布了《国共双方代表会谈纪要》,即《双十协定》。《双十协定》公布后,蒋介石仍然向解放区发动进攻,这就在事实上充分暴露了美蒋的和平阴谋,教育了全国人民,使中国共产党在政治上获得了极大的主动权。

6.解放战争和国民党南京政府的终结

1946年6月26日,国民党以进攻中原解放区为起点,发动全面内战。

1948年秋,国民党被迫实行重点防御。1948年9月,济南战役揭开了人民解放战争战略决战的序幕。1948年9月12日,东北野战军发起了辽沈战役;11月6日,淮海战役打响;11月29日,平津战役发动。三大战役的胜利,基本上消灭了国民党的主力部队,取得了人民解放战争的决定性胜利。

1949年4月21日,毛泽东主席、朱德总司令发布向全国进军的命令,人民解放军第二、第三野战军在西起湖口、东至江阴的千里长江上发动渡江战役。23日,人民解放军占领南京,宣告国民党在大陆反动统治的灭亡。

7.中华人民共和国的成立

1949年9月21日至30日,中国人民政治协商会议第一届全体会议在北平召开,商议成立中华人民共和国的有关事宜。会议通过了《中国人民政治协商会议共同纲领》(简称《共同纲领》)、《中华人民共和国中央人民政府组织法》《中国人民政治协商会议组织法》。确定国都定于北平,并改名为北京;以义勇军进行曲为代国歌;国旗为红地五星旗,象征中国革命人民大团结。选举毛泽东为中央人民政府主席,朱德、刘少奇、宋庆龄、李济深、张澜、高岗为副主席,陈毅等56人为中央人民政府委员,组成中央人民政府。选举中国人民政治协商会议全国委员会委员180人。

会议通过的《共同纲领》是中华人民共和国历史上一个极其重要的纲领性文献,是在一个时期内起着临时宪法作用的大宪章。它作为中央人民政府的施政方针,对刚刚诞生的人民共和国的各项工作具有规范和指导意义。

8.社会主义制度的确立

1953年,党提出了过渡时期总路线,即从中华人民共和国成立,到社会主义改造基本完成,这是一个过渡时期。党在这个过渡时期的总路线和总任务,是要在一个相当长的时期内,逐步实现国家的社会主义工业化,并逐步实现国家对农业、手工业和资本主义工商业的社会主义改造。根据党在过渡时期总路线,开始进行社会主义改造。

1954年9月,第一届全国人民代表大会第一次会议召开,会议通过了新中国第一部宪法,选举产生了新一届国家领导人。

1956年三大改造完成,社会主义制度在中国建立起来。

一、高新技术

(一)通信技术

现代通信技术包括数字程控交换技术、综合业务数字通信网技术、光纤通信技术和数字微波、卫星通信技术等领域。具体如表1-1-22所示：

表1-1-22　现代通信技术

名称	概述
5G	定义：5G指的是第五代移动通信技术 优点：5G与4G相比，①具有更高的速率、更宽的带宽，可以满足消费者对虚拟现实、超高清视频等更高网络体验的需求；②具有更高的可靠性和更低的时延，能够更好地满足自动驾驶、智能制造等行业的应用需求，实现万物互联，可以更有力地支撑经济社会的创新发展
物联网	定义：通过射频识别(RFID)、红外感应器、全球定位系统、激光扫描器等信息传感设备，按约定的协议，把任何物品与互联网连接起来，进行信息交换和通信，以实现智能化识别、定位、跟踪、监控和管理的一种网络。物联网就是"物物相连的互联网" 应用：商品条形码、二维码、RFID
光纤通信	定义：利用光波在光导纤维中传递各种信息。光纤是用石英玻璃制造的 优点：①通信容量大；②传输损耗低；③经济、轻便；④抗干扰能力强；⑤保密性能好
量子通信	定义：利用量子纠缠效应进行信息传递的一种新型的通信方式 优点：不确定性原理和不可克隆原理使量子通信具有理论上绝对安全的特点 涉及领域及应用：主要涉及的领域包括量子密码通信、量子远程传态和量子密集编码等。2016年8月16日，我国在酒泉卫星发射中心用长征二号丁运载火箭成功将世界首颗量子科学实验卫星"墨子号"发射升空。2017年9月，世界首条量子保密通信干线——"京沪干线"正式开通

(二)计算机高新技术

计算机高新技术的具体内容如表1-1-23所示：

表1-1-23　计算机高新技术

名称	概述
云计算	定义：一种通过Internet以服务的方式提供动态可伸缩的虚拟化资源的计算模式。这种模式提供可用的、便捷的、按需的网络访问，可以实现随时获取、按需使用、随时扩展、按使用量付费等功能
	特征：资源配置动态化、需求服务自助化、以网络为中心、资源的池化和透明化
大数据	定义：所涉及的资料量规模巨大到无法通过目前主流软件工具，在合理时间内达到撷取、管理、处理并整理成为更积极地帮助企业进行经营决策的资讯
	特点：4V，即Volume(大量)、Velocity(高速)、Variety(多样)、Value(价值)
超级计算机	定义：由数百数千甚或更多的处理器组成的、能计算普通PC机和服务器不能完成的大型复杂课题的计算机
	特点：高速度、大容量
	代表："星云""天河一号""天河二号""神威·太湖之光"

(三)人工智能

人工智能,简称 AI,是研究人类智能活动的规律,构造具有一定智能的人工系统,研究如何让计算机去完成以往需要人的智力才能胜任的工作,也就是研究如何应用计算机的软硬件来模拟人类某些智能行为的基本理论、方法和技术。其所使用的技术旨在根据数据和分析赋予计算机能够做出类似人类的判断。该领域的研究包括机器人、语言识别、图像识别、自然语言处理和专家系统等。

(四)虚拟现实技术

虚拟现实技术,简称 VR,是一套由计算机仿真系统创建出来的虚拟世界,通过使用技术手段,让人身临其境,并可以与这个环境进行交互。主要包括模拟环境、感知、自然技能和传感器等方面,除了计算机图形技术所生成的视觉感知外,还有听觉、触觉、力觉、运动等感知,甚至还包括嗅觉和味觉等多种感知。目前,虚拟现实技术已经应用于医学、军事、航天、室内设计、工业仿真、游戏、娱乐等多个行业。

(五)生物工程技术

1.四大生物工程技术

四大生物工程技术的名称、原理、结果及应用如表 1-1-24 所示:

表 1-1-24 四大生物工程技术

名称	原理	结果	应用
基因工程	DNA 重组和转基因	定向地改造生物的遗传性状和创造新物种	胰岛素、杂交水稻、转基因食品、抗虫棉
细胞工程	细胞融合、核质移植染色体或基因移植	快速繁殖和培养新物种	克隆技术、染色体工程、干细胞工程
发酵工程	微生物的特定功能	有机物的分解	酱油、醋、味精、腐乳、白酒、面包、抗生素
酶工程	酶的催化功能	加快实验的速度	蛋白酶、加酶洗衣粉

2.生物工程技术的主要应用

(1)杂交水稻:选用两个在遗传上有一定差异,同时它们的优良性状又能互补的水稻品种,进行杂交,生产具有杂种优势的第一代杂交种。"杂交水稻之父"是指袁隆平。

(2)转基因食品:利用现代分子生物技术,将某些生物(包括动物和植物)的基因转移到其他物种中去,改造生物的遗传物质,使其在性状、营养品质、消费品质等方面向人们所需要的目标转变,以转基因生物为直接食物或为原料加工生产的食品。

(3)克隆技术:利用生物技术由无性生殖产生与原个体有完全相同基因组的后代的过程。科学家把人工遗传操作动物繁殖的过程叫克隆,这门生物技术叫克隆技术,含义是无性繁殖。

(六)新能源技术

新能源是传统能源(煤炭、石油、天然气等)之外的各种能源形式。

新能源最主要的特点是污染小、储量大。

一些新能源的相关内容如表1-1-25所示：

表1-1-25 新能源

新能源	概述	优点	应用
太阳能	太阳内部或者表面的黑子连续不断的核聚变反应过程产生的能量	无污染、取之不竭、用之不尽	太阳能发电、太阳能热水器
水能	水体的动能、势能和压力能等能量资源	成本低、可连续再生、无污染	水力发电
风能	地球表面大量空气流动所产生的动能；多集中在沿海和开阔大陆的收缩地带	可再生、永不枯竭、无污染	风电技术开发最成熟、成本最低廉，是世界上发展最快的绿色能源技术
生物质能	太阳能以化学能形式贮存在生物质中的能量形式，即以生物质为载体的能量。它直接或间接地来源于绿色植物的光合作用，是唯一一种可再生的碳源	可再生性、低污染性、分布广泛，是世界第四大能源	目前可利用的生物质能资源主要是传统生物质，包括农作物秸秆、薪柴、禽畜粪便、生活垃圾、工业有机废渣与废水等
地热能	地球内部的放射性元素不断进行热核反应，产生的巨大热能通过大地的热传导、火山喷发、地震等途径向地表散发，产生了地热能	—	地热发电、地热供暖等
氢能	氢气通过和氧气的化学反应所产生的能量	燃烧热值高、无污染，是世界上最干净的能源	主要在工业方面，如宇航推进、超亚音速飞机、车船动力、燃料电池等
核能	又称原子能，包括裂变能和聚变能两种主要形式	能量高度集中	①核裂变主要应用于核能发电；②目前已经可以实现不受控制的核聚变，如氢弹的爆炸
海洋能	海洋能是海洋通过各种物理过程接收、储存和散发能量，这些能量以潮汐、波浪、温度差、海流等形式存在于海洋中。海洋能主要包括：温度差能、盐度梯度能、海流能、潮汐能和波浪能等	蕴藏量大，并且可以再生不绝	主要用于发电

(七)新材料技术

新材料按组分,有金属材料、无机非金属材料(如陶瓷、砷化镓半导体等)、有机高分子材料、先进复合材料四大类。按材料性能分,有结构材料和功能材料两类。

1.结构材料

结构材料就是具有较好的力学性能(比如强度、韧性及高温性能等)用作结构件的材料。最常用的结构材料是各种牌号的钢材。金属、陶瓷和高分子材料长期以来是三大传统的工程结构材料。高性能结构材料一般指具有更高的强度、硬度、塑性、韧性等力学性能,并适应特殊环境要求的结构材料。工业化的迅速推进,对工程结构材料的性能提出了越来越高的要求,也推动发展了新一代高性能结构材料。

2.功能材料

功能材料主要是利用材料具有的电、磁、声、光热等效应,以实现某种功能,如半导体材料、超导材料、纳米材料、磁性材料、光敏材料、热敏材料、隐身材料和制造原子弹、氢弹的核材料等。

二、生活常识

(一)物理常识

1.光现象

光现象的具体内容如表1-1-26所示:

表1-1-26 光现象

	知识点	现象及应用
光的直射	①光在均匀介质中是沿直线传播的 ②光在真空中传播速度最大 ③光年:光在一年内传播的距离。光年是距离单位而不是时间单位	射击、射箭、小孔成像、激光准直、日食、月食
光的反射	①光在两种物质分界面上改变传播方向又返回原来物质中的现象。光路是可逆的 ②平面镜成像特点:虚像、等大等距、对称	潜望镜、水中的倒影、车上的后视镜、玻璃幕墙、自行车尾灯的设计,光纤通信(全反射)
光的折射	光从一种介质斜射入另一种介质时,传播方向一般发生变化的现象,其光路是可逆的	海市蜃楼、凹透镜、凸透镜、鱼变浅、照相机、投影仪

2.声现象

声现象的具体内容如表1-1-27所示:

表1-1-27 声现象

	知识点	现象及应用
声音传播	①声音是由物体振动产生的,靠介质传播,真空中不能传声 ②固体传播比液体快,液体传播又比空气快	音色:闻其声知其人,根据音色辨别不同的人
声音特征	音调:声音的高低,与发声体的频率有关系 响度:声音的强弱,与发声体的振幅、声源及听者的距离有关。振幅越大,响度越大 音色:与声波的振动波形有关	音调:曲高和寡,移商换羽,以宫笑角 超声波:声呐、B超 次声波:产生于火山爆发、海啸、地震等
声波	超声波:频率高于20 000Hz的声波。方向性好、穿透能力强 次声波:频率低于20Hz的声波。可传播很远,易绕过障碍物,且无孔不入	

3.热学

(1)分子热运动理论:物体里的分子永不停息地做无规则运动,温度越高,分子运动的速度越快。

注意:温度升高,分子自身体积并没有改变。

(2)物态变化:固体、液体、气体是物质存在的三种状态。这三种状态之间的关系如图1-1-1所示:

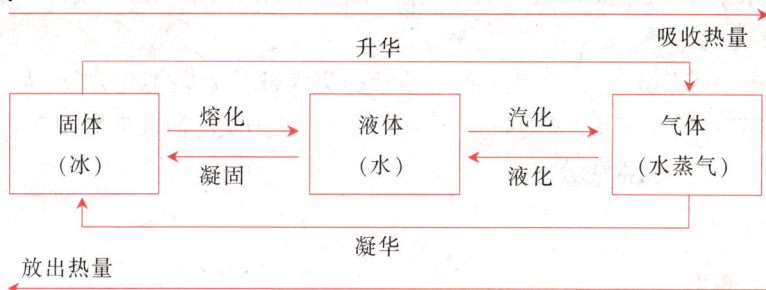

图 1-1-1 物态变化

生活中的物态变化现象如表 1-1-28 所示:

表 1-1-28 生活中的物态变化

分类	具体案例
凝固	水结成冰、动物油常温下变成固体、融化的巧克力在低温时变为固体
汽化	晒干衣服、湿的头发变干了、高烧病人利用酒精降温
液化	热汤的"白气"、雾、水管出汗、人工降雨、洗澡时卫生间镜面变模糊
升华	灯丝变细、樟脑丸变小、干冰消失、背阳处的雪消失、固态的碘加热成碘蒸气
凝华	霜、雾凇、窗花、用久的电灯泡会显得黑

4.电磁波

变化的电场和变化的磁场相联系形成的统一体叫电磁场;电磁场的传播形成电磁波。电磁波在真空中的传播速度为 3×10^8 m/s;电磁波的传播不需要介质。同一介质中的电磁波频率越高波长越短。

(1)电磁波谱。按波长由短到长或频率由高到低排列:γ 射线、X 射线、紫外线、可见光、红外线、微波、无线电波。

(2)电磁波的应用。广播、电视、雷达、无线通信(如 4G 手机)等都是电磁波的具体应用。

(二)化学常识

(1)盛装食品的塑料袋:应该用聚乙烯塑料,不能用聚氯乙烯塑料。鉴别这两种塑料的方法:取一块塑料点燃,有刺激性气味的是聚氯乙烯塑料,没有刺激性气味的是聚乙烯塑料。

(2)不粘锅:之所以不粘食物,是因为锅底涂上了一层特殊物质"特富隆",其化学名叫聚四氟乙烯,俗名叫塑料王,具有抗酸抗碱、抗各种有机溶剂的特点。

(3)石英管中充入氙气制灯:通电时能发出比荧光灯强亿万倍的强光,因此有"人造小太阳"之称。

(4)变色眼镜:变色眼镜用的玻璃片在日光下能变深色,是因为在玻璃中加入了适量的卤化银晶体和氧化铜。

(5)食盐潮解原理:食盐中常含有氯化镁。氯化镁在空气中有潮解现象。一般可将食盐放在锅中干炒,因为氯化镁在高温下水解完全生成氧化镁(MgO),失去潮解性。

(6)"良药苦口":许多中药中含有某些味道很苦的有效成分,如黄连含黄连碱、麻黄含麻黄碱等,因此才有"良药苦口"的俗语。

(7)不慎打碎体温计,如何处理?体温计打碎后,应妥善处理洒落的水银,可先用滴管吸取颗粒较大的水银,后在剩余水银的细粒上撒些硫黄粉末,水银和硫黄反应生成不易挥发的硫化汞,可减少危害。

(8)抗菌素类的药物宜在饭后服用:抗菌素药类大部分是胺类化合物,人空腹服用后药物易被胃酸分解,既降低药效,又对胃壁产生较大的刺激作用。而饭后服用药物,由于胃酸被食物冲淡,药物就不会被胃酸分解。

(三)生物常识

1.生物基本知识

生物基本知识如表1-1-29所示:

表1-1-29 生物基本知识

知识点	理论知识	
生命的物质基础	糖类是构成生物体的重要成分,是细胞的主要能源物质,也是生物体进行生命活动的主要能源物质	
	脂类包括脂肪、类脂和固醇	
	蛋白质是细胞中重要的有机化合物,一切生命活动都离不开蛋白质	
	细胞是生物体结构和功能的基本单位	
生命活动的调节	下丘脑	机体调节内分泌活动的枢纽
	甲状腺	分泌甲状腺激素,促进代谢、生长发育
	胰岛	分泌胰岛素,降低血糖浓度
		分泌胰高血糖素,升高血糖浓度
	肾上腺	分泌肾上腺素,为身体活动提供更多能量,使反应更加快速
		分泌醛固酮,保钠排钾
	神经系统	调节动物体各种活动的基本方式是反射
	大脑皮层	调节人和高等动物生理活动的高级中枢

2.维生素

维生素相关知识如表1-1-30所示:

表1-1-30 维生素

维生素	缺乏症	补充食物
维生素A	夜盲症、眼干燥症	鱼肝油、胡萝卜、蔬菜水果等
维生素B_1	皮肤炎症、脚气病	谷物、鲜蔬菜、水果、牛乳等
维生素B_2	口角炎、日光性皮炎	蛋黄、牛乳、酵母、动物肝脏
维生素C	维生素C缺乏病(又称坏血病)	各类新鲜蔬果
维生素D	佝偻病	蛋黄、牛乳、酵母等,适当的日光浴也可获得维生素D
维生素E	上皮细胞变性、孕育异常	坚果、新鲜蔬果
生物素(又称维生素H)	脱发	肝、肾、酵母、牛乳等
叶酸(又称维生素M)	白细胞减少、巨幼细胞贫血	新鲜蔬果、肝脏、酵母等

(四)日常急救常识

日常急救常识如表 1-1-31 所示：

表 1-1-31　日常急救常识

事故名称	急救方法
出血	可以把身上的衣服撕成布片,对出血的伤口进行局部加压止血
骨折	现场可以找块小夹板、树枝等物,对患肢进行包扎固定
头部创伤	把伤者的头偏向一边,不要仰着,因为这样会引起呕吐,极易造成伤者窒息
腹部创伤	将干净容器扣在腹壁伤处,防止发生腹腔感染
呼吸心跳停止	及时对伤者进行口对口的人工呼吸,并进行简单的胸外按压
触电	①迅速切断电源;②找不到闸门,用绝缘物挑开电线;③立即将触电者抬到通风处;④可用盐水或凡士林纱布包扎局部烧伤处
流鼻血	身体微微前倾,并用手指捏住鼻梁下方的软骨部位,持续 5~15 分钟;放一个小冰袋在鼻梁上也有迅速止血的效果
烫伤	立即将被烫部位放置在流动的水下冲洗或用凉毛巾冷敷;不能采用冰敷的方式治疗烫伤

(五)安全常识

1.火灾逃生

发生火灾时应做到"五要"和"五不要"。

(1)"五要"：①要保持镇静以便选择正确的逃生方式和方向;②要用湿毛巾捂住口鼻,采取低姿爬行的方式向安全地带撤离;③要按疏散标志沿楼梯通道安全疏散;④要在逃生过程中留意身边环境,让自己暴露在阳台、窗口等易被人发现的地方;⑤要学会使用求救信号,白天可以向窗外晃动鲜艳衣物,晚上可以用手电筒不停地在窗口闪动或者敲击东西。

(2)"五不要"：①不要通过电梯逃生;②不要钻床底、衣橱、阁楼;③不要盲目跳楼;④不要盲目跟随别人逃生;⑤不要习惯往低处逃生。

2.地震逃生

地震到来时,来不及撤离应就近避震。①在家里,应躲在坚固的家具下,或者在卫生间等小开间处;②在工厂,应就近躲在机器下,或者小房间等处;③在学校,应尽快躲在书桌下面,或者教室的墙角处;④在室外,应尽量去空旷的地方,或者在路中间,不要位于高楼、烟囱下。注意:躲避时一定要避开外墙、窗户。

3.泥石流逃生

泥石流逃生要注意以下几点：①若来不及逃跑,可就地抱住树木,不要往泥石流的下游方向逃生;②灾害发生时,一定要朝路两侧横向逃离,切记不可顺泥石流沟向上游或下游跑动;③遇到山体崩塌无法逃离时,可躲避在结实的障碍物下,或蹲在地沟里,并注意保护好头部。

三、自然地理

(一)宇宙天体

1.天体

天体是指宇宙间物质的存在形式,包括自然天体和人造天体两种类型。星云、恒星、行星、卫星、彗星、流星体等是自然天体;航天飞机、人造卫星、宇宙飞船等是人造天体。在各种天体之中,最基本的是恒星和星云。

运动着的天体因互相吸引和互相绕转,而形成天体系统。天体系统有不同的级别。月球和地球构成地月系。以太阳为中心的天体系统,称为太阳系。

2.太阳系

太阳系是由太阳、行星及其卫星、小行星、彗星、流星体和行星际物质构成的天体系统,太阳是太阳系的中心天体。

太阳系八大行星:按照离太阳从近到远的顺序是水星、金星、地球、火星、木星、土星、天王星、海王星,合称为太阳系八大行星。八大行星都位于差不多同一平面的近圆轨道上运行,朝同一方向绕太阳公转。除金星以外,其他行星的自转方向和公转方向相同。

3.太阳

太阳是距离我们地球最近的恒星,与地球之间的平均距离约为 1.5 亿千米。太阳的半径约为 700 000 千米,是地球半径的 109 倍多。太阳的体积约为地球体积的 130 万倍。构成太阳的气体主要成分为氢气和氦气。太阳采用核聚变的方式源源不断地以电磁波的形式向四周放射能量。

我们能直接观测到的太阳,是太阳的大气层。它从里到外分为光球、色球和日冕三层。

4.地球

地球是太阳系八大行星之一,地球表面 71% 为海洋,29% 为陆地。地球运动分为自转和公转。

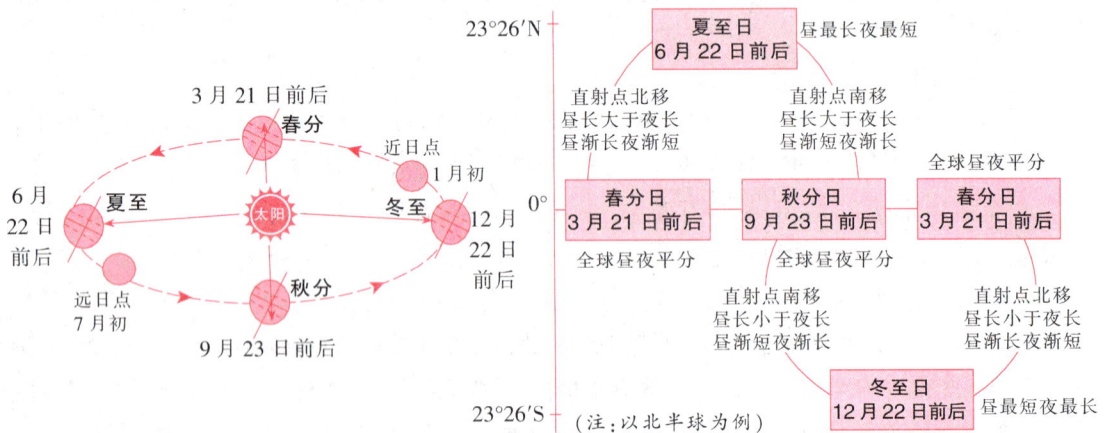

图 1-1-2 地球运动

地球运动的相关内容具体如表 1-1-32 所示：

表 1-1-32 地球运动

运动形式	公转	自转
绕转中心	太阳	地轴
方向	自西向东	自西向东(从北极上空看逆时针,从南极上空看顺时针)
角速度	近日点(1月初)快;远日点	各地相等,每小时 15°(两极除外)
线速度	(7月初)慢	从赤道向两极递减,赤道 1670 km/h,两极为 0 km/h

5.月球

月球是围绕地球公转的一颗自然固态卫星,也是离地球最近的自然天体。月球本身并不发光,只反射太阳光,其表面昼夜的温差很大。环形山是月面的显著特征,几乎布满了整个月面。月食可分为月偏食、月全食、半影月食三种,没有月环食,因为地球比月球大。月球围绕地球运行一周所需时间为一个恒星月,一个恒星月约为 27 天。

(二)大气

1.大气的垂直分布

人们依据温度、密度和大气运动状况,将大气自下而上依次划分为对流层、平流层和高层大气,如表 1-1-33 所示:

表 1-1-33 大气的垂直分布

垂直分层	高度分布	主要特点	形成原因
对流层 (最贴近地面)	低纬 17~18 km 中纬 10~12 km 高纬 8~9 km	①气温随高度的增加而递减 ②对流运动显著 ③天气现象复杂多变,云、雨、雾、雪等都发生在这一层	地面是对流层大气的主要直接热源,上冷下热,差异大,对流强
平流层	对流层顶至50~55 km	①气温随高度的增加而递增 ②气流以水平运动为主,有利于高空飞行	臭氧吸收紫外线;上热下冷;水汽杂质少、水平运动
高层大气	平流层顶以上的大气	①存在若干电离层,能反射无线电短波,对无线电短波通信有重要作用 ②有极光现象、宇宙火箭和人造卫星运动等	太阳紫外线和宇宙射线作用

2.气候类型

气候类型一般由阳光强弱、水陆面积大小、海陆位置分布而产生。

全球气候可大致划分为 11 个类型:极地气候(包括冰原气候和苔原气候)、温带大陆性气候、温带海洋性气候、温带季风气候、亚热带季风气候、热带沙漠气候、热带草原气候、热带雨林气候、热带季风气候、地中海气候、高山高原气候。

(三)二十四节气

2016 年 11 月 30 日,中国的"二十四节气"被列入联合国教科文组织人类非物质文化遗产代表作名录。

　　农历二十四节气，是我国古代订立的一种用来指导农事的补充历法。古代天文学家用"土圭"测日影法来确定春分、夏至、秋分、冬至，根据一年内太阳在黄道上的位置变化和引起的地面气候的演变次序，将全年平分为二十四等份。二十四节气被历代沿用，指导农业生产不违农时，按节气安排农活，如进行播种、田间管理和收获等农事活动。

　　二十四节气：立春、雨水、惊蛰、春分、清明、谷雨、立夏、小满、芒种、夏至、小暑、大暑、立秋、处暑、白露、秋分、寒露、霜降、立冬、小雪、大雪、冬至、小寒、大寒。

　　二十四节气歌：春雨惊春清谷天，夏满芒夏暑相连。秋处露秋寒霜降，冬雪雪冬小大寒。

(四)洋流

1.洋流的定义和分类

　　(1)洋流的定义：海洋中的海水，常年比较稳定地沿着一定方向做大规模的流动。

　　(2)洋流的分类：按性质分为暖流和寒流；按成因分为风海流、密度流和补偿流。

2.洋流的影响

　　(1)洋流对气候的影响主要有：调节全球热量分布；暖流增温增湿，寒流降温减湿；产生厄尔尼诺现象和拉尼娜现象。

　　厄尔尼诺现象和拉尼娜现象的相关内容如表1-1-34所示：

表1-1-34 厄尔尼诺现象和拉尼娜现象

厄尔尼诺现象	含义	特指发生在赤道太平洋东部和中部的海水大范围持续异常偏暖现象
	判定依据	赤道中东太平洋平均海表温度距平(指当前值与常年同期值之差)
	对我国的影响	"北旱南涝"。东北地区夏季气温偏低，冬季易出现暖冬；华北地区汛期雨水偏少，夏季易发生酷暑及干旱；长江流域降水总体偏多，局部可能发生较重洪涝灾害；沿海地区台风的登陆个数偏少
拉尼娜现象	含义	赤道太平洋东部和中部海面温度持续异常偏冷的现象(与厄尔尼诺现象正好相反)，是热带海洋和大气共同作用的产物
	对我国的影响	易出现冷冬热夏，登陆我国的热带气旋个数比常年多，出现"南旱北涝"现象

　　(2)洋流对渔场的影响主要有：寒暖流交汇的海区，海水受到扰动，可以将下层营养盐类带到表层，为鱼类提供饵料，有利于鱼类大量繁殖；两种洋流还可以形成"水障"，阻碍鱼类活动，使得鱼群集中，往往形成较大的渔场。

　　世界四大渔场及其洋流成因如表1-1-35所示：

表1-1-35 世界四大渔场及其洋流成因

渔场	洋流成因
北海道渔场	位于日本暖流和千岛寒流交汇的北海道附近海域，是世界第一大渔场
北海渔场	位于欧洲北海，北大西洋暖流与极地东风带来的北冰洋南下冷水交汇
秘鲁渔场	位于秘鲁西海岸，此处有强大的秘鲁寒流经过，常年盛行南风和东南风，导致发生表层海水偏离海岸、下层冷水上泛的现象
纽芬兰渔场	位于加拿大，墨西哥湾暖流和拉布拉多寒流交汇

考点五 国情概况

一、我国的疆域

我国疆域的相关内容如表 1-1-36 所示：

表 1-1-36　我国疆域

分类	概述			
位置	中国位于北半球，北回归线穿过南部			
陆地面积	960 万平方千米，居世界第 3 位。仅次于俄罗斯、加拿大，第 4 位为美国			
领土四端	东	南	西	北
	黑龙江和乌苏里江的主航道中心线的相交处	曾母暗沙	帕米尔高原附近	漠河以北黑龙江主航道的中心线上
陆疆	中国陆上疆界从中朝边界的鸭绿江起，到中越边界的北仑河止，长达 2.2 万多千米，共有 14 个陆上邻国：朝俄蒙哈吉塔阿，巴印尼泊和不丹，缅甸老挝接越南，陆上邻国依次相连			
海疆	我国有 1.8 万千米长的海岸线，自北向南濒临的近海有渤海、黄海、东海和南海。内海和边海的水域面积约 470 多万平方千米			

二、我国的地理分区

1.北方地区

(1)范围：大兴安岭、乌鞘岭以东，秦岭—淮河以北，东临渤海、黄海。

(2)主要地形单元：东北平原、华北平原、黄土高原、兴安岭山地、长白山地、山东丘陵、辽东丘陵。

(3)气候类型：温带大陆性季风气候为主。

2.南方地区

(1)范围：东部季风区南部，秦岭—淮河以南，青藏高原以东地区。

(2)主要地形单元：长江中下游平原、江南丘陵、四川盆地、云贵高原、横断山脉等。

(3)气候类型：以热带、亚热带季风气候为主。

3.西北地区

(1)范围：大兴安岭以西，昆仑山—阿尔金山—祁连山和长城以北。

(2)主要地形单元：内蒙古高原、昆仑山脉、天山山脉、阿尔泰山脉、塔里木盆地等。

(3)气候类型：典型的温带大陆性气候。

4.青藏地区

(1)范围：横断山脉以西，喜马拉雅山脉以北，昆仑山脉和阿尔金山、祁连山以南。

(2)主要地形单元：青藏高原、雅鲁藏布江大峡谷。

(3)气候类型：高原山地气候。

三、我国的河流、湖泊

1.我国的五大淡水湖泊

我国的五大淡水湖泊包括:鄱阳湖、洞庭湖、太湖、洪泽湖、巢湖。

2.河流湖泊之最

长江——我国最长、年径流量最大、流域面积最大的河流。

鄱阳湖——我国面积最大的淡水湖。

青海湖——我国面积最大的湖泊(属咸水湖)。

青海察尔汗盐湖——我国最大的盐湖。

四、我国的岛屿

我国海域分布有大小岛屿7 600多个。

1.我国的三大岛屿

我国面积超过1 000平方千米的大岛有三个:台湾岛、海南岛、崇明岛。按岛屿成因可分为三类:基岩岛、冲积岛、珊瑚礁岛。台湾岛和海南岛是中国两个最大的基岩岛。崇明岛为中国第三大岛,也是中国最大的冲积岛。

2.钓鱼岛

钓鱼岛及其附属岛屿(简称钓鱼岛)包括钓鱼岛、黄尾屿、赤尾屿、南小岛、北小岛等岛屿,自古以来就是中国的固有领土。早在1403年(明永乐元年)出版的《顺风相送》中就明确记载了"福建往琉球"航路上中国的岛屿"钓鱼屿"和"赤坎屿",即今天的钓鱼岛、赤尾屿。明朝浙江提督胡宗宪编纂的《筹海图编》标明了明朝海防管辖的沿海岛屿,其中包括钓鱼岛及其附属岛屿,表明这些岛屿至少在明朝就已在中国海防管辖范围之内。

3.黄岩岛

黄岩岛自古就是中国固有领土,中国最早发现、命名黄岩岛,并将其列入中国版图,实施主权管辖。早在1279年,著名天文学家郭守敬进行"四海测验"时在南海的测量点就是黄岩岛。黄岩岛原由海南省西南中沙群岛办事处实施行政管辖,2012年设立三沙市后,归三沙市管辖。

五、我国的地势和地形

1.地势

我国地势西高东低,呈三级阶梯状分布。地势的第一级阶梯是青藏高原,平均海拔在4 000米以上。其北部与东部边缘分布有昆仑山脉、祁连山脉、横断山脉,是地势第一级、第二级阶梯的分界线。地势的第二级阶梯上分布着大型的盆地和高原,平均海拔1 000~2 000米,其东面的大兴安岭、太行山脉、巫山、雪峰山是地势第二级、第三级阶梯的分界线。地势的第三级阶梯上分布着广阔的平原,间有丘陵和低山,海拔多在500米以下。

2.地形

我国地形的五种基本类型:山地、高原、盆地、平原、丘陵。

六、我国的资源

(1)土地资源:①绝对数量大,人均占有少。中国国土面积960万平方千米,海域面积473万平方千米。国土面积居世界第3位,但按人均占土地资源论,在面积位居世界前12位的国家中,中国居第11位。②类型复杂多样,耕地比重小。中国沙质荒漠、戈壁合占国土总面积的12%以上,改造、利用的难度很大。而对中国农业生产至关重要的耕地,所占的比重仅10%多些。③利用情况复杂,生产力地区差异明显。④地区分布不均,保护和开发问题突出。

(2)水资源:我国是一个水资源短缺、水害灾害频繁的国家。水资源总量排在巴西、俄罗斯、加拿大、美国、印度尼西亚之后,居世界第6位。但我国的人口众多,人均年占有量约为世界人均水量的1/4,排在世界第110位,已经被联合国列为13个贫水国家之一。

(3)矿产资源:世界上已知的矿产在我国均能找到,且储量丰富,居世界第3位。

我国主要矿产资源的分布状况如表1-1-37所示:

表1-1-37 我国的矿产资源

矿产资源	分布状况
煤炭	总量列世界第3位,主要分布在西部和北部,尤以山西、新疆、内蒙古最为丰富
石油、天然气	资源储量相对不足,石油主要蕴藏在西北地区,其次为东北、华北和东部沿海浅海大陆架。油页岩、煤气层等非常规化石能源储量潜力大
铁矿	主要分布在东北、华北和西南地区
稀土	我国是稀土资源最丰富的国家,稀土储量和产量均居世界首位,内蒙古的白云鄂博矿是世界上最大的稀土矿山,稀土储量几乎占世界总储量的一半

七、我国的能源

1.水能

(1)总体概况:我国水能资源理论蕴藏量相当于世界水力资源量的12%,居世界首位,其次为俄罗斯、巴西、美国、加拿大、刚果(金)。

(2)特征:地区分布很不平衡,70%分布在西南四省、市和西藏自治区。按河流统计,以长江水系为最多,占全国的近40%,其次是雅鲁藏布江水系。黄河水系和珠江水系也有较多的水能蕴藏量。

2.太阳辐射能

青藏高原日照时间及辐射量均居全国之冠。大西北的新疆、内蒙古、甘肃、宁夏一带因气候干燥,降水少,晴天多,日照时数多,是我国第二个辐射能量高值区。长江流域虽然纬度低,但降水多,雨日多,云雾、阴天多,反而成为相对低值区,其中云雾、阴天特别多的四川盆地和有"天无三日晴"之称的贵州高原是我国辐射能低值中心。

3.煤、石油、天然气

(1)总体概况:主要能源构成的态势是富煤、贫油、少气。

(2)特征:总量丰富,人均贫乏;分布不均,耗能量大;污染严重,效率低下。煤作为能源跟石油相比有两大优点:①分布广,储量大;②开发利用的技术难度不大。

习题演练

单项选择题

1.古代的"把酒问青天""嫦娥奔月",到今天的"神舟"号系列对太空的探索,再到"天宫一号"的发射,我们对太空的了解越来越深入,这说明( )。

①追求真理是一个永无止境的过程

②人类对自然界的认识是一帆风顺的

③实践锻炼并提高了人的认识能力

④实践决定认识,认识是实践的目的

A.①②   B.①③

C.②④   D.③④

2.刘某、张某预谋抢劫,邀周某参加,周某不肯。在刘、张两人的威胁下,周某一同前往,三人路遇一行人,上前要求其交出钱包,该行人不肯,奋起反抗,周某持刀将其砍成重伤后,抢得300元。对于周某在共同犯罪中的作用,表述正确的是( )。

A.主犯   B.从犯

C.胁从犯   D.被教唆犯

3.以下关于中国古代医学,说法不正确的是( )。

A.中医的"四诊法"是由扁鹊总结得出的

B."五禽戏"是华佗模仿狮、鹿、熊、猿、鹤五种动物所创的中国传统健身方法

C."医圣"是指东汉末年的张仲景

D.麻沸散是世界上最早的麻醉剂

4.下列历史文化遗址位于我国最南边的是( )。

A.半坡遗址   B.周口店遗址

C.河姆渡遗址   D.大汶口遗址

5.地球自转一圈的时间是一天,地球半径约为6 371千米,毛泽东诗词"坐地日行八万里"是有科学依据的,人可以随着地球自转运动。那么,与诗句最吻合的可能是哪个国家的人?( )

A.阿富汗   B.南非

C.新加坡   D.挪威

6.由于自然地理条件不同,全球各个地方的气候类型是不一样的,有的地方冬暖夏凉四季如春,有的地方却冬寒夏热四季分明,有的地方缺水干旱,有的地方潮湿多雨。我国的北京和上海分别属于( )。

A.温带季风气候和温带海洋气候

B.温带季风气候和亚热带季风气候

C.温带大陆性气候和亚热带海洋性气候

D.温带海洋性气候和亚热带季风气候

参考答案

单项选择题

1.【答案】B。解析：真理是客观的,真理是具体的有条件的,追求真理是一个永无止境的过程。与时俱进,开拓创新,在实践中认识和发现真理,检验和发展真理,是我们不懈的追求和永恒的使命。①正确当选,③正确当选。实践是认识的基础。主要表现在实践是认识的来源,实践是认识发展的动力,实践是检验认识真理性的唯一标准,实践是认识的目的和归宿。④观点错误不选。②显然是错误的。故本题选 B。

2.【答案】A。解析：对于周某的行为可以分两个阶段来分析,开始时,周某是被胁迫而参加犯罪,属胁从犯。但在抢劫行人时,他的行为起到了主要作用,转化为主犯。故本题选 A。

3.【答案】B。解析："五禽戏"的五禽是指虎、鹿、熊、猿、鹤五种动物。故本题选 B。

4.【答案】C。解析：半坡遗址位于陕西省西安市东郊灞桥区浐河东岸。周口店北京猿人遗址位于北京市房山区周口店龙骨山。河姆渡遗址位于距宁波市区约 20 千米的余姚市河姆渡镇。大汶口遗址位于泰安城南 30 千米处的大汶河畔。因此河姆渡遗址位于最南边。故本题选 C。

5.【答案】C。解析：地球半径 R 等于 6 371 千米,地球周长等于 $2\pi R$,约等于 4 万千米,也就是 8 万里。根据地球自转的情况,要日行 8 万里,只需要在赤道附近即可。四个选项当中,新加坡离赤道最近,当选。故本题选 C。

6.【答案】B。解析：北京的气候为典型的温带季风气候,夏季高温多雨,冬季寒冷干燥,春、秋季短暂。上海属亚热带季风气候,雨热同期,日照充分,雨量充沛。故本题选 B。

第二章 言语理解与表达

考点详解

考点一 选词填空

一、实词

(一)词语的理性义

理性义是词义的核心内容,是词义研究的主要对象。词典中解释的意义主要是词的理性义。它具有高度的抽象性和概括性。

1.词义的侧重点

有些词语虽然表示的概念、含义大致相同,但在表现对象上却有着不同的侧重点。做题时,考生需仔细体会选项中相近词语的不同侧重点,找出与题干内容最相契合的一项。

2.词义所指的范围

词义所指的范围有大小的不同,也有所指对象的不同。在银行招聘考试中,对范围大小不同的近义词辨析考查较少,多是对词义所指对象的考查。

真题回顾

(2017)鲁宾斯坦说,评价一座城市,要看它拥有多少书店。若以书店论,现在的城市无一不正在"沦陷",传统书店_____,传统阅读_____。(　　)

A.消失　衰亡　　　　　　　　　B.倒闭　终结

C.失宠　式微　　　　　　　　　D.凋敝　没落

【答案】C。**解析:**句意说的是传统书店和传统阅读在当下备受冷遇,"消失""终结"程度过重,排除A、B两项。"凋敝"指残缺破败,多用于描述整个社会经济的不景气,如"民生凋敝",也可用于描绘秋天,用来形容百花凋零,一片凄凉的景象。此处用于描述"传统书店"的现状不恰当,排除D项。故本题选C。

3.词义的轻重程度

有的近义词虽然表示的概念、含义大致相同,但在表现的程度上有着轻重、强弱的不同。

(二)词语的色彩义

色彩义是词的理性义之外的附属义。它附着在词的理性义之上表达人或语境所赋予的特定感受。词语的色彩义包括三个方面:词语的感情色彩、词语的语体色彩和词语的形象色彩。

1.词语的感情色彩

它指的是词语中附着的人们对所描述对象或褒或贬的感情色彩。根据感情色彩的不同，词语一般分为褒义词、贬义词、中性词。

表 1-2-1　词语感情色彩的含义及示例

感情色彩	含义	示例
褒义词	表达人们对人、事物、行为、性质肯定、喜爱、赞扬的感情和态度的词	"成果"指工作、劳动的收获，为褒义词
贬义词	表达人们对人、事物、现象否定、贬斥、憎恶的感情和态度的词	"后果"指有害的或不幸的结果，为贬义词
中性词	指褒义词、贬义词之外不能体现特殊情感倾向的词	"结果"指在一定阶段事物发展变化的最后状态，为中性词

注意: 任何一个词放在具体的语境中，其感情色彩都有可能发生变化，因此需具体情况具体分析。

2.词语的语体色彩

它指的是不同的交际环境中所使用的词语的特点，包括口头语和书面语两大类。口头语比较通俗、自然，书面语相对文雅、庄重。

银行招聘考试选取的命题材料多是书面语。从表达内容看，书面语又可分为公文语体、政论语体、新闻语体、科技语体、文艺语体和广告语体。

表 1-2-2　书面语的类型、特点及示例

语体类型	特点	示例
公文语体	具有准确性、简明性、程式化等特点;用词力求准确浅显;一般不用比喻、夸张、拟人等修辞格	如"特此函达""是否妥当，请核实""值此……之际""此致""欣悉""欣逢"等
政论语体	富于逻辑性、鼓动性，语言既准确严密，又具有一定的形象性和抒情成分	但我所说的中国革命高潮快要到来，绝不是如有些人所谓"有到来之可能"那样完全没有行动意义的、可望而不可即的一种空的东西
新闻语体	客观、准确、简洁、通俗，中性词多于褒贬词	2013 年我国农民工总量达 2.69 亿,80 后、90 后的新生代农民工占到七成以上
科技语体	强调精确性、严密性;一般不用修辞格;避免使用带感情色彩的词语;语言平实，多采用客观性描述方式	某些无机化合物，如 I_2、Cl_2、Br_2、AsI_3 和 OsO_4 等，是稳定的共价化合物，它们在水溶液中主要以分子形式存在，不带电荷
文艺语体	重视形象性、生动性，用词上追求词语的艺术化，句法比较灵活、富于变化;多使用修辞格	雨是最寻常的，一下就是三两天。可别恼。看，像牛毛，像花针，像细丝，密密地斜织着……
广告语体	它的用语要求既新颖生动又严谨得体;在真实、合法的基础上，还要注意运用修辞，力求语言生动、醒目、简洁	洗衣机的广告:让你爱不"湿"手。电风扇的广告:赶走热辣辣的暑气、享受凉丝丝的滋味

3.词语的形象色彩

它指的是某些词语能让人产生视觉、听觉、触觉、味觉等感官上的联想。

词语的形象色彩能使文字在表情达意时更准确、更生动。在做选词填空题时,结合某些词语的形象色彩进行联想、寻找对应,有时能收到非常不错的解题效果。

(三)词语搭配

1.习惯搭配

有些词语虽然基本意思相同,但是由于人们的使用习惯不同,有的经常与某些词语搭配使用,有的则不能与某些词语搭配使用,从而形成了比较固定的格式。

常考习惯搭配词语汇总

废除——"法令""制度""条约"	废黜——"王位""特权"
改进——"工作""方法""技术"	改善——"关系""条件""生活"
弥补——"缺陷""损失""弱点"	填补——"空缺""亏空""缺额"
继承——"传统""遗志""财产"	秉承——"理念""宗旨""原则"
缜密——"心思""分析""研究"	周密——"计划""布局""安排"
侵占——"财产""公款""领土"	侵犯——"权益""领海""领空"
制定——"法规""章程""政策"	制订——"计划""方案"
消释——"误会""疑虑"	消逝——"时间""声音"
充足——"食物""物资"	充分——"理由""条件"
履行——"承诺""职责""条约"	执行——"任务""计划""命令"
慎重——"态度""处理"	郑重——"声明""宣布"
伤害——"身体""感情"	损害——"权益""利益"
维持——"秩序""生活""状态"	保持——"联系""纪录""清洁"
剧烈——"疼痛""运动"	激烈——"斗争""争论"
颁发——"命令""指示""证书"	颁布——"法令""条例"
潜心——"研究""创作"	悉心——"照料""照顾"
严厉——"打击""制裁""批评"	严格——"要求""遵守""执行"
严肃——"表情""态度""场合"	严密——"防守""监控""调查"
严谨——"说话""工作""思维"	严酷——"现实""统治""教训"
交流——"经验""感情"	交换——"意见""礼物"
坚定——"立场""方向""态度"	坚强——"性格""意志"
领略——"风光""风味"	领会——"道理""精神"
发扬——"作风""传统""精神"	发挥——"作用""威力""积极性"
惨重——"损失""伤亡"	惨痛——"教训""经历"

真题回顾

(2018)半导体产业的快速发展,将有助于拉开国内电子产业_____的大幕。业内人士指出,物联网、新能源汽车、智能制造等新兴产业都需要半导体的_____,半导体将推动整个电子信息产业的变革。

填入横线处最恰当的一项是(　　)。

A.升级　支撑　　　　　　　　B.竞争　配合

C.更新　介入　　　　　　　　D.改革　支持

【答案】A。解析：第一空，由"半导体将推动整个电子信息产业的变革"可知，此处所填词语应与"变革"意思相近，"竞争"与此不符，排除 B 项。"产业"与"更新"搭配不当，排除 C 项。第二空，与"支持"相比，"支撑"所含的使不倒塌的意思更能表达出半导体对新兴产业的支柱作用，且"产业支撑"为习惯搭配。

2.常考专业术语

(1)法律专业术语。法律专业术语是专门用来表示法律领域特有的事物、现象的专业用语，具有规范、严谨的特点。银行招聘考试中与法律相关的选词填空材料，常以法律专业术语的固定搭配为考查重点，考生在平时应注意此类词语的积累。

表1-2-3　常考法律专业术语

权利 vs 权力	"权利"为法律概念，是指公民或法人依法享有的权益
	"权力"为政治概念，是指政治上的支配力量，具有强制性
法制 vs 法治	"法制"是一个名词，是法律制度的总称
	"法治"是一个动词，指的是以法治国，与"人治"相对
赔偿 vs 补偿	"赔偿"由违法行为引起，旨在恢复到合法行为所应有的状态，具有惩罚性
	"补偿"由合法行为引起，旨在为因公共利益而遭受特别损失的公民、法人或其他组织提供补救，具有补足性
检察 vs 监察	"检察"是指审查被检举的犯罪事实，一般是指检察院的行为
	"监察"是指监督各级国家工作人员的工作并检举违法失职的机关或工作人员，一般是指纪律监察机关的行为
议案 vs 提案	"议案"属于人大职权范畴，议案一经通过，就具有法律效力
	"提案"属于政协职权范畴，提案是民主监督的一种形式，没有法律的约束力
讯问 vs 询问	"讯问"对象比较单一，专门针对犯罪嫌疑人
	"询问"的对象是被害人、证人、鉴定人等不涉及实施犯罪行为的人

(2)经济专业术语。经济专业术语是描述经济领域中特有的事物、现象的专业用语的总称。银行招聘考试的选词填空中对经济专业术语的考查主要集中在一些表示特定含义的专业概念上。

表1-2-4　常考经济专业术语

资产 vs 资本	"资产"指企业的所有资源，包括货币资金、实物、债权等
	"资本"指投资者对企业的投入额
资产增值 vs 资产增殖	"资产增值"是一种源于供求关系变动而使资产价值增加的现象
	"资产增殖"是通过不断的再生产过程实现资产价值的繁殖，从而使资产增加的现象
盈利 vs 营利	"盈利"是指扣除成本，还赚到了钱，与"亏损"相对
	"营利"是指以赚钱为目的，与"公益"相对

表 1-2-4(续)

机会成本 vs 边际成本	"机会成本"是指做一个选择后所丧失的不做该选择而可能获得的最大利益 "边际成本"指的是每一单位新增生产的产品(或者购买的产品)带来的总成本的增量。这个概念表明每一单位的产品的成本与总产品量有关
虚拟经济 vs 充分就业	"虚拟经济"是指相对独立于实体经济的虚拟资本的经济活动。虚拟资本一般指以有价证券形式(如债券、股票)存在的未来预期收益的资本化 "充分就业"是指在某一工资水平之下,所有愿意接受工作的人,都获得了就业机会。充分就业并不等于全部就业或者完全就业,仍然存在一定的失业。但所有的失业均属于摩擦性的和季节性的,而且失业的间隔期很短
投资 vs 投机	市场上通常把买入后持有较长时间的行为,称为投资,而把"短线客"称为投机者。投资家和投机者的区别在于:投资家看好有潜质的股票,作为长线投资,既可以趁高抛出,又可以享受每年的分红,股息虽不会高但稳定持久;而投机者热衷短线,借暴涨暴跌之势,通过炒作谋求暴利,少数人一夜暴富,许多人一朝破产
资本积聚 vs 资本集中	"资本积聚"和"资本集中"是单个资本增大的两种形式,"资本积聚"是依靠剩余价值的资本化而实现的,而"资本集中"则是众多中小资本合并成为少数大资本而实现的

真题回顾

(2017)百货企业做电子商务,投资动辄过千万元,但直至目前仍不敢轻言_____,对比诸多知名电商年均翻番的巨额增幅,传统百货企业试水电子商务却_____。( )

A.盈利 寸步难行　　　　　　　　　B.盈利 步履维艰

C.营利 寸步难行　　　　　　　　　D.营利 步履维艰

【答案】B。解析:第一空,"盈利"与"亏损"相对,强调赚到钱;"营利"与"公益"相对,强调以获利为目的。句意为百货企业做电子商务,投资很大,收益却有限,"盈利"填入恰当,排除C、D两项。第二空,"寸步难行"强调一步都走不了,"步履维艰"强调每一步都走得不容易。句意为与知名电商的巨额增幅相比,传统百货企业试水电子商务遭遇了困境,"寸步难行"填入程度过重,排除A项。故本题选B。

(3)心理专业术语。心理专业术语是在心理学研究过程中使用的一些专用词汇,一般具有抽象、晦涩的特点。银行招聘考试选词填空中对心理专业术语的考查比较简单,考生只要对常见的术语有所了解即可轻松突破。

表 1-2-5 常考心理专业术语

认知	"认知"是人最基本的一个心理过程,包括感觉、知觉、记忆、想象、思维和语言等。人脑接受外界输入的信息,经过头脑的加工处理,转换成内在的心理活动,进而再支配人的行为,这个过程就是信息加工的过程,也就是认知过程
驱动力	"驱动力"是心理动力学中的一个名词,心理动力学认为人的行为是从继承而来的本能和生物驱动力中产生的,而且企图解决个人需要和社会要求之间的冲突
顿悟	"顿悟"是一种突然的领悟。格式塔派心理学家指出人类解决问题的过程就是顿悟。当人们对问题百思不得其解,突然看出问题情境中的各种关系并产生了顿悟和理解。其特点是突发性、独特性、不稳定性、情绪性

表1-2-5（续）

认同	"认同"指体认与模仿他人或团体之态度行为，使其成为个人人格一个部分的心理过程
调适	"调适"指对冲突情境加以适应的状态或过程
动机	"动机"是推动人从事某种活动，并朝一个方向前进的内部动力。引起动机的内在条件是需要，引起动机的外在条件是诱因
高峰体验	"高峰体验"是著名心理学家马斯洛独创的一个概念，即每个成功人士生命中曾有过的一种特殊经历，感受到一种发自心灵深处的战栗、欣喜、满足、超然的情绪体验，由此获得的人性解放、心灵自由，以及人生的巨大成功

(四)词义辨析方法

1.语素分析法

词由语素构成，因此无论以何种方式构成的词，词义和语素义之间必然会有一定的联系。从语素入手辨析近义性词语的词义，不失为辨析词义侧重点的一大法宝。这种方法称为语素分析法。运用该法，我们一般通过组词来辨析词义，并遵循代入语境的原则。

图1-2-1 语素分析法

(1)存异组词法。近义性词语之所以意义相近，绝大多数是因为具有相同的语素，而之所以有差异、各有侧重，则是因为除相同语素外，还有不同的语素。

近义性词语的侧重点，可以通过相异语素来辨析。

步骤：①相异的语素分别组词；②新词代入语境，最适合的即为正确答案。

(2)分解组词法。对于两个语素都不相同的近义性词语，无法进行存异组词时，就可采用分解组词法。

步骤：①分解原词，原词各语素分别组词，得到与原词意义相近的一个短语；②代入语境，得出答案。

(3)扩展组词法。在语言实践中，一些词和词组的搭配是约定俗成的，这也为我们辨析近义性词语提供了一个思路，就是扩展组词法。我们可以顺着"约定俗成"这根"藤"，摸到答案这个"瓜"。

步骤：①按照习惯，组成短语；②代入语境。

2.语法判定法

语法判定法就是根据词性和句法功能的不同来解答选词填空题的一种方法。

词性，指的是划分词语类别的根据。银行招聘考试中考查较多的是动词、名词、形容词、副词和连词。

句法功能，指的是词语在句子中所做的成分。按照词语与词语在句子中的组合关系，可以把句子分为六大成分：主语、谓语、宾语、定语、状语、补语。银行招聘考试中考得比较多的是谓语、宾语、定语和补语。

在使用语法判定法解答选词填空题时,要遵循以下五大原则:

表 1-2-6 使用语法判定法的五大原则

原则一	选项与空缺处所填词语词性应保持一致
原则二	并列成分的词语词性通常一致
原则三	"很"一般不能修饰名词,不能修饰偏正结构的形容词,如笔直、嫩绿
原则四	语义重复的词语一般不连用
原则五	数量词修饰名词需遵循习惯

二、成语

(一)理解成语含义

成语是语言中经过长期使用、锤炼而形成的固定短语。它是比词大而语法功能又相当于词的语言单位,大多由四字组成。成语有固定的结构形式和说法,表示一定的意义,在语句中作为一个整体来应用,在语言表达中有生动简洁、形象鲜明的特点。

理解成语含义是破解成语类题目的基础,也是关键。对成语含义的理解,有些可以直接从字面得出,如"好吃懒做""人杰地灵";但大多数的成语仅从字面去解释是不够的,必须关注其背后的引申义、比喻义,如"胸有成竹",是指画竹子时心里有一幅竹子的形象,用来比喻做事之前已经有通盘的考虑。若按字面理解成"胸中长有成熟的竹子",就闹笑话了。

要理解成语含义,第一步要解决的就是词汇量的问题。另外,理解成语过程中常出现的几个误区也是考生应该掌握的知识点,概括起来,主要有以下四个:望文生义、断词取义、忽视多义、形近音近混淆。

1.望文生义

望文生义是指不了解某一成语的确切含义,只牵强附会地从字面上去理解,做出错误的或片面的解释的现象。

表 1-2-7 常见易望文生义成语

文不加点	"点"是删除,不能理解为标点
不刊之论	"刊"是修改,不能理解为刊登
三人成虎	比喻流言惑众,蛊惑人心,不能理解为人多力量大
危言危行	"危"是正直,不能理解为危险
不足为训	"训"是准则、典范,不能理解为教训
不名一文	形容极其贫穷,不能理解为不值钱
久假不归	"假"是借,不能理解为请假
吊民伐罪	慰问受苦的民众,讨伐有罪的统治者,不能理解为治老百姓的罪
细大不捐	"捐"是舍弃,不能理解为捐赠

表 1-2-7(续)

罪不容诛	罪恶极大,杀了也抵不了所犯的罪恶,不能理解为罪行还没有达到被杀的程度
尾大不掉	"掉"是摆动,不能理解为丢失
五风十雨	形容风调雨顺,不能理解为风雨多而成灾
山高水低	比喻意外的不幸,多指人的死亡,不能理解为风景很好
曾几何时	时间过了没多久,不能理解为曾经或不知何时
师心自用	形容自以为是,固执己见,不能理解为善于学习借鉴,为我所用
火中取栗	比喻受人利用,冒险出力却一无所得,不能理解为冒着危险做某事,精神可嘉

2.断词取义

断词取义是指在理解成语过程中,只断取成语中个别语素的意义,而抛开成语其他语素的意义,从而做出错误或片面的解释的现象。

表 1-2-8　常见易断词取义成语

小试牛刀	不能只断取"试"的意思,抛开"牛刀"所包含的有大才能的意思
当仁不让	不能只断取"不让"的意思,抛开"当仁"表达的面对应当做好的事的情况
人满为患	不能只断取"人满"的意思,抛开"患"表达的造成祸患的意思
义无反顾	不能只断取"无反顾"的意思,抛开"义"所表达的应该做的事的意思

3.忽视多义

多义成语是指具有两个或两个以上意义的成语。对于这种成语,常出现的错误就是只关注了成语的常用义,而忽视了成语的其他含义。

表 1-2-9　常见多义成语

按图索骥	①比喻按照线索寻找;②比喻办事机械、死板
不绝如缕	①形容形势十分危急;②形容声音微弱而悠长
高山流水	①比喻知音难遇;②比喻乐曲高妙
顾影自怜	①形容孤独失意的情状;②形容自我欣赏
例行公事	①按照惯例处理的公事;②只讲形式,不讲实效的工作
绵里藏针	①比喻表面柔和内里刚硬;②比喻外貌和善而内心恶毒
难解难分	①指斗争、比赛等相持不下,难以分开或难分出胜负;②形容关系亲密,难以分离
瞻前顾后	①形容做事谨慎;②形容顾虑太多,处理事情犹豫不决
平易近人	①指态度谦逊和蔼,使人容易亲近;②比喻文字浅显,通俗易懂
左右逢源	①比喻做事很顺利;②比喻办事圆滑
指手画脚	①说话时做出各种动作;②形容放肆或得意忘形的神态

4.形近、音近混淆

有的成语与其他成语由于读音、字形相近,在理解时极易混淆。解答这类题目时,一个重要的技巧就是从成语的相异语素入手进行辨析,同时还要注意对相关成语进行归纳总结。

表 1-2-10 常见形近、音近成语

一蹴而就	比喻事情很容易做
一挥而就	形容诗文、书画很快就写好画好了
不以为然	不以为是对的
不以为意	表示轻视，不放在心上
骇人听闻	使人听了非常震惊，所指内容通常是真实可信的
耸人听闻	故意夸大或捏造事实，使人听了感到震惊
如虎添翼	形容强者又增添某种优势，变得更强
为虎添翼	比喻帮助坏人，增加恶人的势力
不容置疑	不允许加以怀疑，指绝对真实可信
不容置喙	指不允许别人插嘴说话
临危受命	在危难之时接受使命
临危授命	遇到危难，勇于献出自己的生命
不厌其烦	不嫌烦琐与麻烦
不胜其烦	麻烦、啰唆而使人受不了
言不尽意	表示意犹未尽，多用于书信结尾
言不达意	指言语或文章表达不清所想要表达的内容、意思

(二)判断成语恰当的角度

要解答成语类题目，仅仅理解成语的含义还不够，更重要的是要根据不同的语境选择相应的成语。在做题时考生可从以下六个角度进行判断：

1.从适用对象角度判断

有些成语有特定的适用对象，如果对这些成语的适用对象缺乏了解，就会使陈述与被陈述对象之间出现张冠李戴的现象。如"汗牛充栋"只能形容藏书；"豆蔻年华"专指女子十三四岁时；"萍水相逢"只能形容素不相识的人偶然相遇，不能用于老朋友之间等。在做题过程中要注意辨析成语之间在适用对象上的区别，避免误用。

表 1-2-11 常见对象易误用的成语

鱼龙混杂	只适用于人
鳞次栉比	只能用于建筑物或船只
美轮美奂	一般只形容建筑之美
浩如烟海	只形容文献、资料多
三令五申	只适用于上级对下级
耳提面命、谆谆教导	只适用于长辈对晚辈
呼之欲出	只用于画画和写作
悬梁刺股	只用于形容读书学习
举案齐眉、相敬如宾	只适用于夫妻之间
青梅竹马、两小无猜	只适用于异性之间

2.从程度轻重角度判断

有些成语意思相近，但在程度轻重上存在差别。如"惨无人道"与"惨绝人寰"都指极残酷,极狠毒,但后者指世上没有过的惨事,手段之残酷、情形之凄惨到了极点,程度比前者重;再如"信口开河"与"信口雌黄",二者都有随口乱说的意思,但后者有歪曲事实随意掩盖真相,进行诽谤污蔑之意,语义比前者重。在做题过程中要根据特定的语言环境选用轻重适度的成语,以避免大词小用或小词大用。

表1-2-12 常见程度轻重不同的成语

无可厚非	(轻)	不可以过分指责
无可非议	(重)	没有什么可以批评指责的
言不由衷	(轻)	指说的话不是真心话
口是心非	(重)	指心口不一
自作自受	(轻)	自己做的事情,自己接受其引起的结果
自食其果	(重)	自己做了坏事,自己受到损害或惩罚
交口称誉	(轻)	在特定范围内得到称许
有口皆碑	(重)	到处受到称赞
姑息养奸	(轻)	无原则地宽容,只会助长坏人作恶
养痈遗患	(重)	纵容姑息坏人坏事,结果自己遭殃
妄自菲薄	(轻)	过分看轻自己,形容自卑
自暴自弃	(重)	自己瞧不起自己,甘于落后或堕落
捕风捉影	(轻)	说话或做事以虚无缥缈的迹象作为根据
无中生有	(重)	指凭空捏造

真题回顾

(2017)在过去的二十年里,美国独立书店数量减少了一半。中国的民营书店在20世纪八九十年代处于辉煌时期,现在也毫无例外地被网络打击得_____。一个城市的书店体现了这个城市的思想构成,纸书_____了几千年的人类文明。(　　)

A.哀鸿遍野　成就　　　　　　　B.无力回天　传递

C.七零八落　创造　　　　　　　D.惨不忍睹　延续

【答案】A。解析:第二空,"纸书创造人类文明"表述不当,排除C项。第一空所填词语应能与"辉煌时期"形成反差,描述中国民营书店在网络书店的打击下艰难生存和立足的狼狈状况。"无力回天"比喻局势或病情严重,已无法挽救。用于描述"民营书店"程度过重,排除B项。"哀鸿遍野"比喻在天灾人祸中到处都是流离失所、呻吟呼号的饥民;"惨不忍睹"形容极其悲惨。"哀鸿遍野"形容众多民营书店朝不保夕的状态更形象。故本题选A。

3.从侧重点角度判断

有的成语含义大致相同,但是仔细体会,就会发现彼此在语义侧重上存在差异。如"画饼充饥"与"望梅止渴",二者都有用空想安慰自己的意思。前者侧重用根本不能兑现的办法来解决实际问题;后者侧重用对前途的预想来慰藉人们。实际中具体应该选用哪个才贴切,则需要考生结合相关语境斟酌选择。

4.从感情色彩角度判断

成语的感情色彩分为褒义、贬义、中性三种。在运用成语时,因为目的、场合、对象等的不同,就需要使用不同感情色彩的成语,如用于赞扬、夸奖的使用褒义成语,用于贬斥、批评的使用贬义成语。在做题时,考生需注意成语感情色彩的不同,并进行有效辨析。

5.从语法角度判断

作为一种特殊的短语,成语也有词性之分。成语从词性上大致可分为动词性、名词性、形容词性、副词性四类。动词性成语(如苟延残喘)数量最多,它和形容词性成语(如合情合理)都可以做定、谓、主、状等。名词性成语(如繁文缛节),可以做主、定、宾。副词性成语(如设身处地)较少,只做状语。考生在做题时要注意辨别词性,选择句法功能与语境相吻合的成语。

6.从语义重复角度判断

成语本身含有一定的意义,在使用时需注意是否与句子的其他成分构成了语义重复。如"目前的当务之急是……",成语"当务之急"中的"当"已含有目前的意思,句子中再用"目前"就多余了。

表 1-2-13 常见需注意的三种成语语义重复现象

现象一	句子中已出现了比喻性成分,再使用带比喻词的比喻性成语则造成语义重复。常见的带比喻词的比喻性成语有如坐针毡、如堕烟海、易如反掌、口若悬河、忧心如焚、如胶似漆、势如破竹
现象二	某些成语本身暗含"令人""让人"的意思,句中若出现这两个词语,再使用带有这些含义的成语则会造成语义重复。如贻笑大方、动人心魄
现象三	成语中的某个语素已包含句中某方面意思造成语义重复

上述三种情形,以第三种最为常见,考生需重点掌握。

三、关联词

在银行招聘考试中,选词填空部分考查较多的是实词和成语,对虚词的考查相对较少。

银行招聘考试中对虚词的考查主要是关联词。关联词不仅会出现在选词填空题中,而且阅读理解题,甚至逻辑判断题也可能涉及。关联词主要涉及八大复句关系,它们的定义和特点如下:

表 1-2-14 八大复句关系类型及定义

复句类型	定义
并列关系	并列关系复句的几个分句往往分别述说有关联性的几件事,或是一件事的几个方面,撇开语用安排或表述重心,前后分句的顺序往往可以调换。常见的并列关系复句包括平列式并列和对照式并列两种
承接关系	承接关系复句的几个分句述说连续动作或接连发生的几件事情,分句之间有先后顺序,语序不能任意颠倒
递进关系	递进关系复句,后一个分句比前一个分句在意义上更进一层,这"更进一层"的意义往往体现在程度、数量、时间、范围等方面,分句的顺序较为固定
选择关系	选择关系复句,是几个分句分别叙述两种或两种以上的情况,以供人选择或取舍。按选择的类型或关联词语的不同,可以把选择关系复句分为两类:取舍未定的选择和取舍已定的选择
转折关系	转折关系复句是主句不顺着从句的意思,而是跟从句的意思相反或相对。一般来说,从句在前,主句在后,前后分句在语意上是由一个方向转向了另一个方向,也就是说后一分句在语意上对前一分句有所转折

表 1-2-14（续）

复句类型	定义
假设关系	假设关系复句，即从句提出一种假设的条件，主句说明在这种假设条件成立下产生的结果。两个分句之间是一种假定的条件与结果的关系。常见的假设关系复句包括两种：一致假设和让步假设
条件关系	条件关系复句，前一个分句提出一个条件，后一个分句说明这个条件一旦实现所要产生的结果。条件关系复句可分为三种类型：充分条件、必要条件、无条件
因果关系	分句间存在原因与结果关系的复句是因果关系复句。常见的因果关系复句包括两种：说明因果和推论因果

（一）并列关系

常见的并列关系复句主要包括平列式并列和对照式并列两种。

1.平列式并列

几个分句平列地叙述几件事或一件事的几个方面，分句之间无主次之分。

表示平列式并列关系的常见关联词有：**既……又……**、**一边……一边……**、**一会儿……一会儿……**、**同时**、**另外**等。

2.对照式并列

前后分句意义相反或相对，用肯定和否定两方面对照来说明情况或者表达所要肯定的意思，分句之间有主次之分。

表示对照式并列关系的常见关联词有：**不是……而是……**、**是……不是……**。

（二）承接关系

表示承接关系的常见关联词有：**就**、**便**、**才**、**又**、**于是**、**然后**、**接着**、**继而**等。

（三）递进关系

表示递进关系的常见关联词有：**不但(不仅、不只、不光)……而且(还、也、又)……**、**尚且……何况(更不用说、还)……**、**尤其**、**甚至**等。

（四）选择关系

按选择的类型或关联词语的不同，选择关系复句可分为取舍未定的选择和取舍已定的选择。

1.取舍未定的选择

分句提供两个或两个以上的选择项，至于选择哪一项，说话者没有确定，即选择未定。

表示取舍未定的选择关系的常见关联词有：**不是……就是……**、**要么……要么……**、**或许……或许……**、**是……还是……**。

2.取舍已定的选择

分句提出的选择项，说话者已经予以选择，即选择已定。

表示取舍已定的选择关系的常见关联词有：**与其……不如……**、**宁可……也……**。

(五)转折关系

表示转折关系的常见关联词有:**虽然(虽、尽管)……但是(但、可是、却、而、还是)……、但是、但、然而、只是、不过**等。

(六)假设关系

常见的假设关系复句主要包括一致假设和让步假设两种。

1.一致假设

分句所表示的假设和结果是一致的,如果假设成立,结果就成立。

表示一致假设关系的常见关联词有:**如果(假如、倘若、若、要是、要、若要、假若、如若)……就(那么、那、便、那就)……**。

2.让步假设

前一分句先提出一种假设的事实,并且退一步承认这种假设的真实性,后一分句转而述说相反或相对的意思。

表示让步假设关系的常见关联词有:**即使(就是、就算、纵然、哪怕、即便、纵使)……也(还、还是)……**。

(七)条件关系

条件关系复句可分为充分条件、必要条件和无条件三种类型。

1.充分条件

前一分句提出一个条件,后一分句说明只要满足这个条件就会出现的结果。

表示充分条件关系的常见关联词有:**只要(一旦)……就(便)……**等。

2.必要条件

前一分句提出一个条件,后一分句说明必须满足了这个条件才有的结果。

表示必要条件关系的常见关联词有:**只有(唯有)……才……、除非……才……、除非……不……、除非……否则……、不……不……、没有……就没有……**等。

3.无条件

前一分句表示排除一切条件,后一分句说明在任何条件下都会产生的结果,这个结果是不以条件为转移的。

表示无条件关系的常见关联词有:**无论(不论、不管、任、任凭)……都(也、总、总是)……**等。

(八)因果关系

常见的因果关系复句包括以下两种:说明因果和推论因果。

1.说明因果

一个分句说明原因,另一分句说明由这个原因产生的结果,因和果是客观事实。

表示说明因果关系的常见关联词有:**因为(因)……所以(便)……、由于……因而……、之所以……是因为……、因此、故此、故而**。

2.推论因果

一个分句提出一个依据或前提,后一分句由此推出结论,结论是主观判定的,不一定是事实。

表示推论因果关系的常见关联词有:**既然(既是)……就(那就、便、又何必)……**。

考点二 | 语句连贯

所谓语句连贯,就是指语句表达要前后勾连、前后衔接和呼应恰当。银行招聘考试中的语句连贯包括语句填充和语句排序两种题型。虽都为语句连贯题型,但语句排序题型更侧重考查语言的呼应与衔接,其难度要远远大于语句填充题型,对整体把握能力的要求也更高。

(一)题型特点

测查要素:语句填充和语句排序,前者是已有一个文段,要求选择一个合适的句子填入其中;后者要求我们对给出的句子进行排序。不论是选择恰当的句子,还是排序,这两种题目实际考查的都是对句与句、句与段之间连贯性的掌握情况。

提问方式:语句填充的提问方式一般为"填入横线处最恰当的一句话是""根据文意,下列哪句话填入画线处最合适"等;语句排序的提问方式一般为"下列句子排列顺序最恰当的一项是""将下列句子按语序先后排列,最连贯的一项是"等。

(二)解题指引

1.八大解题原则+技巧

为保持语句连贯,需把握八大原则——话题统一、意境协调、前后照应、重点突出、句式一致、音节和谐、合乎逻辑、承启恰当。由于语句填充题与语句排序题出题形式存在差别,两者适用的解题原则侧重略有不同,具体来讲,语句填充题主要遵循前六个原则,语句排序题则主要遵循后两个原则。

```
              语句连贯题目的八大解题原则
   ┌────┬────┬────┬────┬────┬────┬────┬────┐
 话题统一 意境协调 前后照应 重点突出 句式一致 音节和谐 合乎逻辑 承启恰当
```

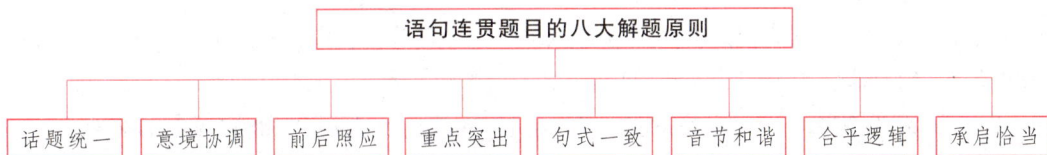

图 1-2-2 语句连贯题目的解题原则

(1)话题统一。"话题统一"指组成段落的句子之间,或者组成复句的分句之间,有紧密的联系,围绕一个中心,集中表现一个事实、场景或思想观点。

话题一般由共同的主语来表示,共同的主语是贯穿语段各句的灵魂,是联系各句的纽带。所以,要尽量保持主语的一致性。但话题统一与主语一致并不是同一概念,有时候它们等同,有时候它们并不相同。做题时不能教条地单看各个句子的主语是否一致,要具体情况具体分析。

(2)意境协调。"意境协调"指文段所体现出来的情感、意蕴同其中的物象、景致高度契合统一,从而给人带来一种美的感受。

"意境协调"包括语体色彩、感情色彩,如喜与悲、褒与贬、凄清与热烈、壮美与秀丽等,这种融合了作者思想感情的语境,必须和谐,氛围一致,句子才能连贯。

(3)前后照应。"前后照应"指语段中的信息要前后吻合、彼此呼应,在表意上形成一个严密的整体。

行文的前后照应,一般有两种:①统一中的照应。即文段前后的内容基本是一致的,后面照应的内容是对前面内容的重复,作者的意图是强调、突出。②对立中的照应。即文段前面的内容在所表达的动作、所持的观点、所见到的景物、所怀有的心情等方面与后面不一致,并且是对立的。

(4)重点突出。"重点突出"指通过一定的句序排列方式将语段的侧重点表现出来。在语句填充型题目中,要尤其注意关联词的正确使用,不同的关联词表达不同的关系,指示重点的作用也不一样。

(5)句式一致。"句式一致"指组成文段的句子结构形式前后具有一致性。

银行招聘考试中常考的句式主要有主动句、被动句、排比句、对偶句、主谓倒装句、定语后置句、状语后置句、宾语前置句等,其中排比和对偶句式考查最多。

(6)音节和谐。"音节和谐"主要出现在一些散文中,会让语句读起来更通顺,更有韵味,更有美感。遇到体裁为散文的语句连贯题时,考生应首先以"音节和谐"为考虑方向。

"音节和谐"的表现方式主要有以下两种:①前后句字数相同或基本相同,如果是并列关系的词或短语,常将音节少的放前面,音节多的放后面。②前后句押韵或平仄协调。

(7)合乎逻辑。"合乎逻辑"指语段在表情达意时,要遵从一定的逻辑顺序。

这种逻辑顺序主要包括:以时间的先后为顺序,以空间转换为顺序,以心理变化为顺序,以人们的认知规律为顺序等。

要使句序合乎逻辑,排列句子时要注意把握好以下三点:①以时间、事物发展的先后为序,应抓住表示时间的词语。②以空间为序,注意从上到下、从左到右、从外到内、从远及近等。③以人们认识事物的规律为序,要由表及里、由浅入深、由感性认识到理性认识。寻找事物发展的规律,借助关联词是最常用的方法。

(8)承启恰当。"承启恰当"指要把握文段句与句之间承上启下、前后勾连的关系。

为使句序承启恰当,可从以下两点入手解题:①运用顶真、反复等修辞手法。顶真又叫联珠法,是将前一句或前一节奏的尾字作为后一句或后一节奏的首字,使两个音节或两个句子首尾相连、前后承接,产生上递下接的效果。在银行招聘考试中,顶真手法在语句连贯类题型中的运用,最常见的是用前一句的宾语作后一句的主语。②让后一句的开头部分与前一句的末尾部分所说内容相同或相关。

2.解题步骤

由于语句填充与语句排序类的出题形式存在差异,所以其解题步骤也稍有差别。

(1)对于语句填充类题目,首先要注意认真研读各选项,通过对照分析选项的不同之处,进而找到出题人的出题角度,一旦找对了角度接下来的问题便会迎刃而解。

(2)对于语句排序类题目,最好用的方法是排除+验证,具体来说可按以下步骤解题:①根据选项中首句、尾句等特殊位置的句子是否恰当首先排除部分选项。②比较剩下选项的差异点,进行分析,初步选定正确答案。③验证并最终确定正确句序。

3.注意代词

代词要注意以下几方面:

(1)语境或选项中的代词或指代性的短语要紧跟在它所代替或指代的内容后面。

(2)指示代词要注意区分近指(这)、远指(那)。

(3)语句排序题中的代词,要注意以下两点:①含有第三人称代词的句子一般不能作为首句;②除某些含有表示时间、方位的指示代词或指代性短语的句子可作为首句外,其他含有指示代词或指代性短语的句子一般不能做首句。

考点三 片段阅读

一、主旨观点型题目

主旨归纳是银行招聘考试片段阅读中最常见的一个考点,与之对应的题型则是主旨观点型题目。它主要考查考生对文段整体的把握能力,包括归纳文段的中心、主旨,判断作者的态度、观点等。

(一)题型特点

1.材料特点

主旨观点型题目的材料来源以主流媒体的时评性文章为主,截取的段落一般具有相对独立性,脱离了文章的语境依然可以表达完整的含义。

典型情况:截取其中一个小标题下的一段文字,或是删去起提示作用的首句或末句的一段文字。

2.提问方式特点

主旨观点型题目的提问方式灵活,无论以何种方式提问,此类题型的核心考点都是考查考生对文段整体的把握能力。

常见的提问方式:"这段文字的主旨是""这段文字意在说明""这段文字旨在阐明""这段文字的核心观点是""对这段文字概括最准确的是""这段文字意在强调"等。

3.正确答案特点

作为片段阅读题目的答案,其本身的表述首先必须是正确无误且经得起推敲的,否则便违背了银行招聘考试的基本宗旨。除此之外,与文段的契合性也是考生在做题时需要考虑的。

对主旨的概括宗旨:①应建立在忠于原文的基础上,不能天马行空、凭空捏造。②契合文段并不是说要完全局限于文段,不能有丝毫的引申。事实上,在有些主旨观点型题目中,主旨的表达是比较隐晦的,这就需要考生结合材料内容进行适当的推断和引申。

主旨观点型题目的错误选项类型主要有以下几种:

表 1-2-15 主旨观点型题目错误类型及释义

类型	释义
概括不够全面	这类选项仅着眼于对文段中一句或几句话进行概括,未能突出整个文段的中心
内涵不够深刻	这类选项仅着眼于文段中现象的描述,未能揭示现象背后要说明的道理或观点
范围不够恰当	这类选项或者扩大了文段的论述范围使表述过于笼统,或者缩小了文段的论述范围使表述过于狭隘,均不够贴切
表述过于绝对	这类选项本身表述有误,无论是从与文段的符合上还是常识上都是错误的
引申超过限度	这类选项在文段所述内容的基础上进行了过度引申,拔高了文段的内涵,脱离了原文

(二)解题技巧

1.抓特定字眼

主旨观点型题目的答案通常具有一定深度,基于此特点,锁定材料或选项中包含特定字眼的句子或选项,便能在最短时间内初步确定答案。掌握这一技巧,对于分秒必争的银行招聘考试而言尤为重要。

常见特定字眼:"应""应该""要""需要""必须""务必""最重要的是"等。

特别提示:通过锁定特定字眼确定正确答案的方法具有一定的局限性,即并不是所有情况下包含特定字眼的选项均为正确答案,这一点考生应该心中有数,在时间允许的情况下应结合材料和选项进一步验证。

2.找论述对象

论述对象指的是文段论述的中心话题。冗长的文段常会让人理不清头绪,错把次要的信息当作了文段的论述重点,这样在做题时就难免犯错。

表 1-2-16 找论述对象的三种方法

方法一	通过句子的主语找论述对象
方法二	通过"研究人员""科学家"等字眼找论述对象
方法三	表示某一特定含义的概念为论述对象

(1)通过句子的主语找论述对象。主语在句子中发挥着重要的作用,通过分析句子的主语,可以对作者的说明对象有一个准确的把握。

(2)通过"研究人员""科学家"等字眼找论述对象。对于说明性材料,文段一般介绍的是一种新科技、新方法、新发现。因此,考生要特别注意"科学家""研究人员"这些特殊的权威主体之后的内容,他们的研究成果常是文段论述的对象。

(3)表示某一特定含义的概念为论述对象。文段中出现的含有特定意义的概念,通常是文段的要点。尤其当该概念出现在段尾时,往往是文段的论述对象,与文段的主旨有密切关系。

3.析论证方法

主旨观点型题目的材料以议论性文体为主,基于证明观点的需要,作者在行文时会运用到相关的论证方法。分析这些论证方法,可以帮助考生准确地把握文段的主旨。

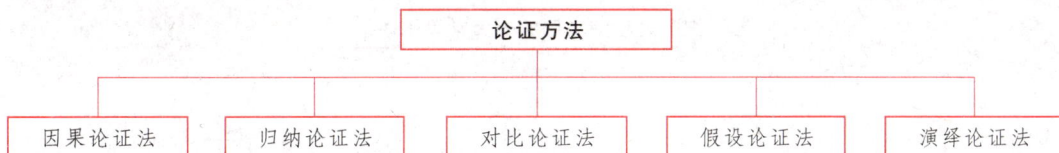

```
                    论证方法
   ┌──────┬──────┬──────┬──────┬──────┐
因果论证法  归纳论证法  对比论证法  假设论证法  演绎论证法
```

图 1-2-3　论证方法

(1)因果论证法。因果论证法是通过提示原因来论证结果的一种论证方法。当文段末尾出现"因此""所以"引导的句子时,通常可以考虑此处运用了因果论证法。此时文段的主旨一般可从"因此""所以"后的内容中得出。

(2)归纳论证法。归纳论证法是一种由个别到一般的论证方法。它通过许多个别的事例或分论点,归纳出事物所共有的特性,从而得出一个一般性的结论。当材料中出现以分号连接的并列成分时,可考虑此处是运用了归纳论证法。解答此类题目的关键是找出所罗列事例的共同特点。

(3)对比论证法。对比论证法是一种求异的思维方式,它侧重于通过比较事物的相反或相异的属性来揭示需要论证的论点的本质。对比可以是两个对象之间的比较,也可以是同一对象不同阶段之间的比较,前者是为了突出某一事物,后者则重在说明前后的变化。

(4)假设论证法。基于证明观点的需要,有时候作者会在论证过程中提出一些假设,进而指出这个假设情况下出现的不利后果,意在否定这个假设。这种论证方法也可以被用来解题。运用这种方法要注意关注文段中出现的指示词"如果",其后常是作者否定的做法,与之相反的做法便是作者提倡的,即为文段的主旨。

(5)演绎论证法。演绎论证是一种由一般到个别的论证方法。它由一般原理出发推导出关于个别情况的结论,其前提和结论之间的联系是必需的。演绎论证有三段论、假言推理、选言推理等多种形式,但最重要的是三段论。三段论由大前提、小前提和结论三部分组成。如大前提"凡金属都可以导电"、小前提"铁是金属"、结论"所以铁能导电"。

运用这种方法要注意与例证法相区分,要看清文段的重点是想借这个普遍性的原理得出一个特殊性的结论,还是由一个具体的例子来论证这种普遍性的观点、原理。

4.辨感情倾向

银行招聘考试中言语理解与表达部分的选材常具有一定的导向性,褒扬什么,贬抑什么,都与社会主流文化的价值取向一致。根据文段中带有感情色彩的词句,或者文段的整体叙述风格,可以对作者的写作倾向有一个总体的把握。这样可以直接排除与作者的情感态度不一致的选项,提高解题效率。

二、细节理解型题目

"细节"是指文段中那些容易被人忽略、混淆的细小信息。细节理解型题目考查的是考生根据材料查找关键信息及重要细节、判断新组成的语句与材料原意是否一致等能力。

细节理解型题目的选项有的是对文段表述进行的同义转换或近义替换，有的是对文段细节、概念的理解或引申，有的是根据文段内容进行的推断。

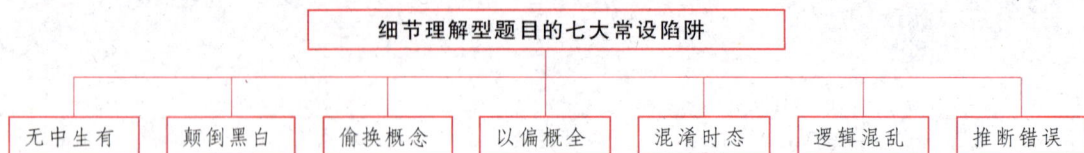

图1-2-4 细节理解型题目的常设陷阱

```
┌─────────────────────────────────────────────┐
│         细节理解型题目的七大常设陷阱            │
└─────────────────────────────────────────────┘
  │      │       │       │       │       │      │
┌────┐ ┌────┐ ┌────┐ ┌────┐ ┌────┐ ┌────┐ ┌────┐
│无中生有│ │颠倒黑白│ │偷换概念│ │以偏概全│ │混淆时态│ │逻辑混乱│ │推断错误│
└────┘ └────┘ └────┘ └────┘ └────┘ └────┘ └────┘
```

图1-2-4 细节理解型题目的常设陷阱

（一）无中生有

"无中生有"指的是命题人依据材料中的某一信息，凭空捏造出相似的信息作为选项以迷惑考生。

主要表现：选项涉及的某个概念、问题或结论在原文中并没有提及，尤其是当选项出现对两个事物进行比较时，一般原文并未对它们进行比较。

（二）颠倒黑白

"颠倒黑白"是将正确的说成错误的，错误的说成正确的一种设错陷阱。

主要表现：利用材料信息错综复杂的特点，在选项中将材料明确表示正确（错误）的信息予以否定（肯定）。

（三）偷换概念

"偷换概念"是指命题人将题干中的词语偷换成一些相似的词语，改变了概念的修饰语、适用范围、所指对象等具体内涵的一种设错方式。

主要表现：多在解释概念或转述文意时，通过对词语张冠李戴来迷惑考生。

（四）以偏概全

"以偏概全"是指以个别事物替代一类事物或以事物的部分特征替代整体特征的一种设错方式。

主要表现：多通过更改主语或混淆部分与整体的关系，扩大范围来迷惑考生。

（五）混淆时态

"混淆时态"是指将还没有发生或未实现的说成已经发生或实现的，将可能的说成必然的，将不肯定的说成肯定的一种设错方式。

主要表现："已然"与"未然""或然"与"必然"的互换。

（六）逻辑混乱

"逻辑混乱"是指选项中两个事物的逻辑关系与原文不符。

主要表现：因果混乱、充分条件与必要条件混淆、选择关系与并列关系混淆。

1.因果混乱

"因果混乱"有两种情况:因果颠倒、强加因果。"因果颠倒"就是把"因"错断为"果","果"错断为"因",颠倒了两者的关系;"强加因果"就是故意把文段中原本不具备因果关系的事物或信息,强拉硬扯,说成具有因果关系。

2.充分条件与必要条件混乱

充分条件常用关联词是"只要……就",必要条件常用关联词是"只有……才"。

(七)推断错误

"推断错误"是指选项在文段提供的信息基础上进行了错误推断。

主要表现:最常见的错误为过度推断作者意图。

三、词句理解型题目

词语和句子是构成文章的基本单位,正确理解文中词语、句子的含义,尤其是重要词语、句子的含义,是把握文章旨意的前提。

(一)题型特点

测查要素:考查的是对文段中含有特定意义的词语、句子以及代词的理解。

提问方式:"这段文字中的'XX'指的是""文中的'这'指代的是""根据文意,画横线部分的意思是"等。

考查内容:被考查的词语、句子主要有以下几类:①表达了文段主旨的关键词语或句子;②体现了作者感情色彩的词语或句子;③运用了某种修辞手法的词语或句子;④有着特定概念的新词。

(二)解题技巧

做词句理解型题目要把握的关键就在于:不能脱离文段简单理解,须联系上下文,结合词句的本义与具体的语言环境综合考虑。

好的解题方法可以达到事半功倍的效果,下面给大家介绍几个做词句理解型题目比较实用的方法。

1.划分句子层次

句子层次的划分,有助于对句子的理解,同时往往也是理解重要词语的关键。一般而言,词句理解型题目句子层次的划分,只要抓主干(主谓宾)即可。

2.巧用修辞提示

运用了修辞格的词句,在理解词句含义时结合修辞手法的特点来分析,对解题助益良多。考生可参考如下顺口溜:

词句理解六辞格,喻象反双借与对。比喻关键找本体,象征则要看对象。

如果理解反语意,褒贬互换要记牢。双关你要想一想,到底它双的是啥?

借代种类有很多,抽象意义最常考。对比要比比变化,有变无变意不同。

喻象反双借与对,即比喻、象征、反语、双关、借代与对比。

对词语、句子比喻义的理解要从分析喻体与本体的相似性入手,寻找比喻的本体是正确解题的关键。理解词句的象征义,就要寻找词句的象征对象。

理解词句的双关意就要注意它是谐音双关还是语意双关。

借代的种类有很多,包括以部分代整体(如"两岸青山相对出,孤帆一片日边来"中用船的一部分"帆"代船)、特征代本体(如"旌旗十万斩阎罗"中借"旌旗"代军队)、具体代抽象(如"南国烽烟正十年",烽烟,原是古代边境用以报警的烟火,这里代指战争,把战争这个抽象的概念具体化、形象化了)等,其中具体代抽象考查得最多,因此在做词句理解型题目时,对表示抽象意义的概念,可首先从借代义的角度来考虑。

而对比的话,则需从对比的结果来判断。

3.妙用排除法

无论是做什么题,排除法通常都是最常用的一种方法,但是不同题型所采用的排除角度不同。做词句理解型题目可从以下几个角度进行排除:

(1)与词语、句子本义相反的选项(运用了反语手法的除外)。

(2)代入被考词语所在原文位置后,与句意不符或不合生活常理的选项。

(3)偷换了事物概念的选项。

4.采用就近原则

要理解代词所指的内容,可用就近原则。代词的出现,往往是在所指代的事物、人物之后,因此代词的指代对象一般在上句或上文,故我们解题时,一般从上句开始寻找,并依循由近及远的规律,遵从就近选择的原则。

习题演练

1.从历史的角度看,生态问题只有通过不断重建天人之间的统一才能解决,仅仅赞美自然的原初形态,一味讴歌、缅怀天人之间的原始统一,只能得到某种抽象、空泛的满足,而无法真正解决生态的问题。生态的危机因人而起,也只有通过人自己的合理活动来克服。单纯地由于人的作用导致生态困境而拒斥人的活动,无异于_____。

填入画横线部分最恰当的一项是(　　)。

A.因小失大

B.因噎废食

C.等因奉此

D.因循守旧

视频讲解

2.①没有甘油,只要到市面上买瓶润肤乳液就行,它的主要成分就是甘油

②那些节俭或喜欢动手享受家庭乐趣的朋友,也可以自己动手制作家庭洗手液

③但是自制洗手液由于包装和密封条件不足,最好不要使用容易变质的牛奶或蜂蜜

④其次是加入甘油。甘油不要超过2%,以免杀菌成分的最终浓度失衡,使杀菌力下降

⑤为适合个人爱好,还可适当加入一些美容成分,比如芦荟原汁、橄榄油等

⑥家庭洗手液主要成分是药用酒精,做法是将酒精与冷开水以3:1的比例调成75%的最终浓度

将以上6个句子重新排列,语序正确的是(　　)。

A.②⑥④①⑤③

B.⑥⑤③④①②

C.⑥②③⑤④①

D.②③⑤⑥④①

3.随着电子计算机向微型化和多功能化发展,它的体积大大缩小,成本大大降低,性能明显提高。计算机技术日益紧密地与通信技术和传感技术结合起来,逐渐形成了不同规模的各种信息网络,这些信息网络,是信息社会必不可少的社会基础设施。信息网络的形成,是世界高技术发展,特别是电脑和通信发展日益结合的结果。

这段文字的主要意思是(　　)。

A.电子计算机向微型化和多功能化方向发展

B.计算机技术与通信技术结合形成信息网络

C.信息网络是信息社会必不可少的基础设施

D.计算机技术与通信技术日益紧密地结合起来

4.明智的选择胜于盲目的执着。古人云:塞翁失马,焉知非福。选择是量力而行的睿智与远见,放弃是顾全大局的果断与胆识。每个人都是自己生命的唯一导演,只有学会选择与放弃的人才能彻悟人生,笑看人生,拥有海阔天空的人生境界。

根据这段话,以下理解有误的是(　　)。

A.每个人都应该学会在适当的时候有所选择、有所放弃

B.对于一部分人来说,学会选择与放弃并不容易

C.学会选择与放弃的人往往比盲目执着的人更容易达到一个理想的人生境界

D.人生就是一场戏,所以该放弃就放弃,何必太执着

参考答案

1.【答案】B。解析:由"单纯地由于人的作用导致生态困境而拒斥人的活动"可知,"因噎废食"符合文意。"等因奉此","等因"和"奉此"都是旧时公文用语,借指例行公事的文牍或官样文章,也常用来讽刺只知道按章办事而不能联系实际的工作作风。与句意不符,错误。故本题选B。

2.【答案】A。解析:材料主要讲的是制作家庭洗手液的流程。②句直接点明话题,适合做首句,排除B、C两项。由④句的"其次是加入"和⑤句的"还可适当加入"可知,④应在⑤之前,排除D项。故本题选A。

3.【答案】B。解析："信息网络"在文段中多次出现,可知文段论述的中心应为"信息网络",排除与此无关的A、D两项。文段先交代背景,指出计算机性能明显提高,后指出计算机技术与通信技术、传感技术结合逐渐形成信息网络,最后再强调信息网络的形成是电脑和通信发展日益结合的结果。故文段主要说明的是计算机技术与通信技术结合形成信息网络。故本题选B。

4.【答案】D。解析:由"明智的选择胜于盲目的执着"可知,需要放弃的是"盲目的执着",而非"执着"。D项理解有误,当选。

第三章 数量关系

考点详解

结合近几年的考试情况,此部分仅考查数学运算一种题型。下面介绍其常见的考查内容。

一、基础应用题

(一)计算问题

计算问题是银行招聘考试中最经典的题型之一,同时也是其他题型的基础,涉及很多数学运算的基础知识。在银行招聘考试中,这种题型是题量较大的一种题型。

1.整除

两个整数 a,b,如果 $a \div b$,商为整数,且余数为零,我们就说 a 能被 b 整除(或者说 b 能整除 a),称 a 是 b 的倍数(或者说 b 是 a 的因数)。

要判断一个数是否能被其他数整除,根据除数的不同,可通过查看被除数的末位数、数字和或数字差等方式来确定。

表 1-3-1 数的整除判定性质表

被除数		除数	整除判定	举例
看被除数末位数	个位	2	个位能被 2 整除	624 4 能被 2 整除⇒624 能被 2 整除
		5	个位能被 5 整除	430 0 能被 5 整除⇒430 能被 5 整除
	末两位	4	末两位数能被 4 整除	112 12 能被 4 整除⇒112 能被 4 整除
		25	末两位数能被 25 整除	375 75 能被 25 整除⇒375 能被 25 整除
	末三位	8	末三位数能被 8 整除	4 112 112 能被 8 整除⇒4 112 能被 8 整除
看被除数的各位数字和		3	数字和能被 3 整除	156 1+5+6 能被 3 整除⇒156 能被 3 整除
		9	数字和能被 9 整除	675 6+7+5 能被 9 整除⇒675 能被 9 整除
看被除数各部分数字差		7	个位的两倍与剩下数之差能被 7 整除 末三位数与剩下数之差能被 7 整除	392 2×2-39=-35 能被 7 整除⇒392 能被 7 整除 8 442 442-8=434 能被 7 整除⇒8 442 能被 7 整除
看被除数各部分数字差		11	奇数位置与偶数位置的数字和之差能被 11 整除 末三位数与剩下数之差能被 11 整除	9 658 (9+5)-(8+6)=0 能被 11 整除⇒9 658 能被 11 整除 15 235 235-15=220 能被 11 整除⇒15 235 能被 11 整除
		13	末三位数与剩下数之差能被 13 整除	1 274 274-1=273 能被 13 整除⇒1 274 能被 13 整除

数的整除具有以下性质：

（1）如果数 a 能被 b 整除，数 b 能被 c 整除，则 a 能被 c 整除。

（2）如果数 a 能被 c 整除，数 b 能被 c 整除，则 $a+b$、$a-b$ 均能被 c 整除。

（3）如果数 a 能被 c 整除，m 为任意整数，则 $a·m$ 也能被 c 整除。

（4）如果数 a 能被 b 整除，同时能被 c 整除，且 b 和 c 互质，则数 a 能被 $b·c$ 整除。

2.同余与剩余

（1）余数。在整数的除法中，只有能整除与不能整除两种情况。当不能整除时，就产生余数。

被除数$(a)÷$除数$(b)=$商$(c)……$余数(d)，其中 a,c 均为整数，b,d 为自然数。

其中，余数总是小于除数，即 $0 \leqslant d < b$。

（2）同余。两个整数 a,b，若它们除以整数 m 所得的余数相等，则称 a,b 对于 m 同余。

同余的性质： 对于同一个除数 m，两个数和的余数与余数的和同余，两个数差的余数与余数的差同余，两个数积的余数与余数的积同余。

【真题回顾】

（2018）某蛋糕店装蛋糕的盒子有大、小两种，大盒每盒能装 15 个，小盒每盒能装 8 个，要把 77 个蛋糕装入盒内，要求每个盒子都恰好装满，需要盒子的数量共多少个？（　　）

A.6　　　　　　　　　　　　B.7

C.8　　　　　　　　　　　　D.9

【答案】B。解析：假设大盒 x 个，小盒 y 个，则有 $15x+8y=77$，根据同余性质可确定 $x=3$，$y=4$，则盒子数量为 $4+3=7$ 个。

（3）剩余问题。在银行招聘考试中，剩余问题主要有以下三种情况：

①一个数除以 4 余 2、除以 5 余 2、除以 6 余 2，这个数可表示为？

②一个数除以 4 余 3、除以 5 余 2、除以 6 余 1，这个数可表示为？

③一个数除以 4 余 1、除以 5 余 2、除以 6 余 3，这个数可表示为？

对于上述三种问题，解题思路是先找出一个满足条件的数，再加上几个除数的最小公倍数的 $1,2,3,\cdots,n$ 倍，即为所求。

①中，余数相同，2 满足条件，加上 4,5,6 的最小公倍数，也满足条件，所以该数表示为 $60n+2$；

②中，$4+3=5+2=6+1=7$，余数与除数之和相同，即和同。7 满足条件，加上 4,5,6 的最小公倍数，也满足条件，所以该数表示为 $60n+7$；

③中，$1-4=2-5=3-6=-3$，余数与除数之差相同，即差同。-3 满足条件，在此基础上加上 4,5,6 的最小公倍数，也满足条件，所以该数表示为 $60n-3$。

所以有：**余同加余，和同加和，差同减差，最小公倍数做周期。**

3.最大公因数与最小公倍数

最大公因数： 如果 c 是 a 的因数，c 也是 b 的因数，那么我们称 c 是 a 和 b 的公因数。一般说来，两个数的公因数不止一个，我们把其中最大的一个公因数，称为这两个数的最大公因数。

互质：如果两个数最大公因数为1，则称这两个数互质。

最小公倍数：如果c是a的倍数，c也是b的倍数，那么我们称c是a和b的公倍数。两个数的公倍数有很多，我们把其中最小的一个公倍数，称为这两个数的最小公倍数。

求最大公因数与最小公倍数主要有以下两种方法：分解质因数法、短除法。

(1)分解质因数法。可采用分解质因数的方法求两个整数的最大公因数与最小公倍数。

分解质因数：每个合数都可以写成几个质数相乘的形式，其中每个质数都是这个合数的因数。

(2)短除法。短除符号就是除号倒过来，在除法中写除数的地方写两个数公有的质因数，然后写下两个数被公有质因数整除的商，之后再除，以此类推，直到结果互质为止。

```
2 | 24   36
  2 | 12   18
    3 |  6    9
         2    3
```

所以24，36的最大公因数为2×2×3=12；（左侧3个数之积）

最小公倍数为2×2×3×2×3=72。（左侧3个数与下边2个数之积）

三个数的情况与两个数的情况有所区别，要仔细体会。以下分别举例说明求12，30，150的最大公因数与最小公倍数。

```
2 | 12   30   150          2 | 12   30   150
  3 |  6   15    75           3 |  6   15    75
          2    5    25          5 |  2    5    25
                                       2    1     5
求最大公因数到                          求最小公倍数到三
三个数互质为止                          个数两两互质为止
```

12，30，150的最大公因数为2×3=6，最小公倍数为2×3×5×2×1×5=300。

4.数列

等差数列：从第二项起，每一项与前一项之差为一个常数的数列。该常数称为公差，记为d。

等比数列：从第二项起，每一项与前一项之商为一个非零常数的数列。该常数称为公比，记为q。

表1-3-2　各种数列公式表

数列	通项公式	对称公式	求和公式
等差数列	$a_n=a_1+(n-1)d$	$a_m+a_n=a_i+a_j$，其中 $m+n=i+j$	(1)一般求和：$S_n=\dfrac{n(a_1+a_n)}{2}=na_1+\dfrac{1}{2}n(n-1)d$ (2)中项求和：$S_n=\begin{cases} na_{\frac{n+1}{2}}, & n\text{为奇数} \\ \dfrac{n}{2}\left(a_{\frac{n}{2}}+a_{\frac{n}{2}+1}\right), & n\text{为偶数}\end{cases}$

表 1-3-2(续)

数列	通项公式	对称公式	求和公式
等比数列	$a_n=a_1\cdot q^{n-1}$	$a_m\cdot a_n=a_i\cdot a_j$，其中 $m+n=i+j$	$S_n=\begin{cases} \dfrac{a_1(1-q^n)}{1-q}, & q\neq 1 \\ na_1, & q=1 \end{cases}$
平方数列	$a_n=n^2$		$S_n=\dfrac{1}{6}n(n+1)(2n+1)$
立方数列	$a_n=n^3$		$S_n=[\dfrac{1}{2}n(n+1)]^2$

5.不等式

不等式是由">""≥""<""≤"连接两个解析式所得。考试中主要借不等式确定未知量的取值范围，或是利用均值不等式求极值。

均值不等式：任意 n 个正数的算术平均数总是不小于其几何平均数，即

$$\frac{a_1+a_2+\cdots+a_n}{n}\geqslant\sqrt[n]{a_1a_2\cdots a_n}$$ 当且仅当 $a_1=a_2=\cdots=a_n$ 时，等号成立。

考试中，多考查两个数或三个数的均值不等式。

① $\dfrac{a+b}{2}\geqslant\sqrt{ab}$，当且仅当 $a=b$ 时等号成立；

证明：$(\sqrt{a}-\sqrt{b})^2\geqslant 0\Rightarrow a+b-2\sqrt{ab}\geqslant 0\Rightarrow\dfrac{a+b}{2}\geqslant\sqrt{ab}$。

② $\dfrac{a+b+c}{3}\geqslant\sqrt[3]{abc}$，当且仅当 $a=b=c$ 时等号成立。

(二)几何问题

1.常用几何公式

表 1-3-3 平面几何常用公式

图形	图例	周长	面积
三角形			$S_{\triangle ABC}=\dfrac{1}{2}ah$ $S_{\triangle ABC}=\dfrac{1}{2}ab\sin C=\dfrac{1}{2}ac\sin B=\dfrac{1}{2}bc\sin A$
正方形		$C=4a$	$S=a^2$
长方形		$C=2(a+b)$	$S=ab$
梯形			$S=\dfrac{1}{2}(a+b)h$
平行四边形			$S=ah$

表 1-3-3(续)

图形	图例	周长	面积
圆形		$C=2\pi r=\pi d$	$S=\pi r^2=\dfrac{1}{4}\pi d^2$
扇形			$S=\dfrac{n°}{360°}\pi r^2$

表 1-3-4　立体几何常用公式

图形	图例	表面积	体积
长方体		$S=2(ab+bc+ac)$	$V=abc$
正方体		$S=6a^2$	$V=a^3$
球体		$S=4\pi r^2$	$V=\dfrac{4}{3}\pi r^3$
圆柱体		$S=2\pi r^2+2\pi rh$	$V=Sh=\pi r^2h$ (S 为圆柱底面积)
圆锥体			$V=\dfrac{1}{3}Sh=\dfrac{1}{3}\pi r^2h$ (S 为圆锥底面积)

2.常用几何性质与定理

(1)角度：

①n 边形内角和为$(n-2)\times180°$。

②角平分线：从一个角的顶点引出一条射线,把这个角分成两个相等的角。

角平分线上的点到角的两边距离相等。

(2)平行线：

①在同一平面内,平行于同一直线的两直线平行,垂直于同一直线的两直线平行。

②两直线平行⇔同位角、内错角相等,同旁内角互补。

③三条平行线截两条直线,所得对应线段成比例。

平行于三角形一边的直线截其他两边(或两边的延长线)所得对应线段成比例。

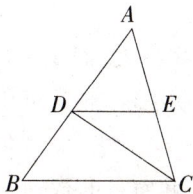

$$DE // BC \Rightarrow \frac{DE}{BC}=\frac{AD}{AB}=\frac{AE}{AC} \qquad AD // EF // BC \Rightarrow \frac{AE}{EB}=\frac{DF}{FC}$$

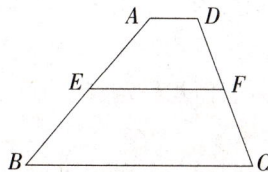

∠ADE=∠ABC（同位角相等）；∠CDE=∠DCB（内错角相等）；∠BDE+∠DBC=180°（同旁内角互补）。

（3）三角形：

①在三角形中，两边之和大于第三边，两边之差小于第三边。

②面积性质：同底等高的两个三角形面积相等；

同底的两个三角形的面积之比等于对应高之比；

同高的两个三角形的面积之比等于对应底之比。

③特殊三角形及其性质，见下表：

表1-3-5　特殊三角形及其性质

图例	性质
等腰三角形	两边相等，两个底角相等（∠B=∠C,AB=AC） 顶角平分线、底边上的中线、底边上的高重合（∠BAD=∠CAD,BD=DC）
等边三角形	三条边相等，三个角相等 （∠A=∠B=∠C=60°,AB=AC=BC）
直角三角形	斜边最长，两直角边的平方和等于斜边的平方（AB^2+BC^2=AC^2） 斜边上的中线等于斜边的一半（BD=AD=DC=$\frac{1}{2}AC$）

④全等与相似，见下表：

表1-3-6　全等与相似

	判定	性质
全等三角形	①两边及夹角对应相等；②两角及夹边对应相等；③三边对应相等	对应角、对应边、对应高(中线、角平分线)相等 周长、面积都相等
相似三角形	①两角相等；②两边对应成比例且夹角相等；③三边对应成比例	对应角相等 对应边成比例(该比例为相似比) 对应高(中线、角平分线)的比例等于相似比 周长比等于相似比，面积比等于相似比的平方

（4）几何图形的性质：

①几何图形的缩放：对于常见的几何图形，若将其各边长变为原来的n倍，则其周长变为原来的n倍，面积变为原来的n^2倍，体积变为原来的n^3倍。

②几何极限理论。**平面图形**：周长一定，越趋近于圆，面积越大；面积一定，越趋近于圆，周长越小。**立体图形**：表面积一定，越趋近于球，体积越大；体积一定，越趋近于球，表面积越小。

3.平面解析几何

（1）平面直角坐标系。在平面内画两条互相垂直且有公共原点的数轴。其中横轴为x轴，纵轴为y轴，如下图：

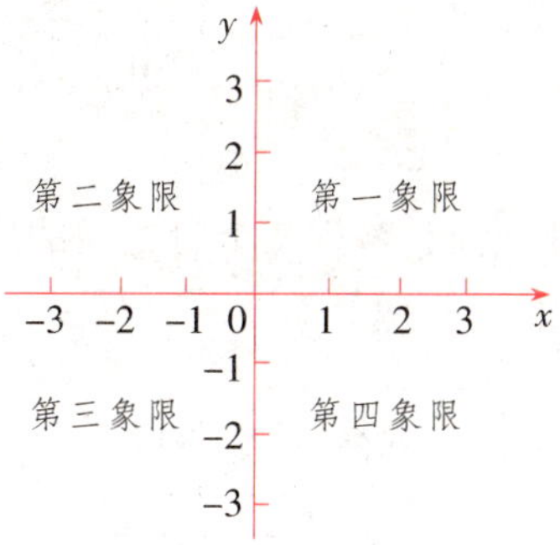

图 1-3-1 平面直角坐标系

图中两坐标轴的交点叫作直角坐标系的原点,取向右和向上为正方向,单位长度为1。

点的坐标:用一对有序数对表示平面上的点,这对数叫坐标。表示方法为(a,b),a是点在横轴上对应的数值,b是点在纵轴上对应的数值。

象限:x轴和y轴把坐标平面分成四个象限(如上图)。象限以数轴为界,横纵坐标轴上的点不属于任何象限。

(2)直线方程。若直线与x轴交于$(a,0)$,与y轴交于$(0,b)$,则直线可表示为$y=kx+b$($k\neq0$,k,b是常数)。其中k为斜率(直线与x轴正向夹角的正切值),b为直线在y轴上的截距。

(三)和差倍比问题

和差倍比问题是研究不同量之间的和、差、倍数、比例关系的数学运算题,是数学运算中比较简单的问题。但这类问题对计算速度和准确度要求较高,考生在平时训练中,应注意培养自己的速算能力。

表 1-3-7 和差倍比问题核心公式

和差倍问题	**和倍关系**:已知两个数之和以及其之间的倍数关系,求这两个数 和÷(倍数+1)=小数　　　　小数×倍数=大数
	差倍关系:已知两个数之差以及其之间的倍数关系,求这两个数 差÷(倍数-1)=小数　　　　小数×倍数=大数
	和差关系:已知两个数之和与差,求这两个数。 (和+差)÷2=大数　　　　(和-差)÷2=小数
比例问题	分量÷总量=所占比例,分量÷所占比例=总量

真题回顾

(2017)甲、乙、丙三人生肖相同,且三人今年的年龄和为72,问年龄最小的人今年不可能是多少岁?（　　）

A.6　　　　　　　　　　　　B.8

C.12　　　　　　　　　　　　D.16

【答案】A。**解析**:由题意可知,设最小年龄为x,则$72-3x$必然能够被12整除,即$3x$能被12整除,x能被4整除,B、C、D均符合,故本题选A。

二、三量问题

(一)行程问题

行程问题研究的是物体速度、时间、路程三个量之间的关系。这三个量之间的基本关系式如下图：

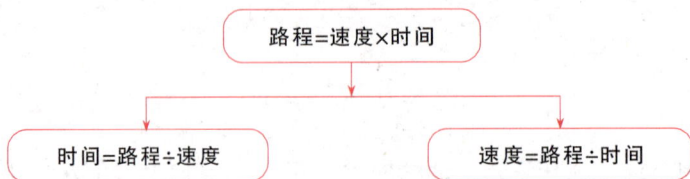

$$路程=速度×时间$$

$$时间=路程÷速度$$　　　　$$速度=路程÷时间$$

图 1-3-2　行程问题公式

上述三个公式可称为行程问题的核心公式，大部分的行程问题都可通过找出速度、时间、路程三量中的两个已知量后利用核心公式求解。

1.基础行程问题

表 1-3-8　行程问题基本公式表

比例关系	时间相同,速度比=路程比　　　　　速度相同,时间比=路程比 路程相同,速度比=时间的反比
平均速度	平均速度=总路程÷总时间 若物体前一半时间以速度 v_1 运动,后一半时间以速度 v_2 运动,则全程的平均速度为 $\dfrac{v_1+v_2}{2}$ 若物体前一半路程以速度 v_1 运动,后一半路程以速度 v_2 运动,则全程的平均速度为 $\dfrac{2v_1v_2}{v_1+v_2}$
相遇追及问题	相遇时间=相遇路程÷速度,追及时间=追及路程÷速度差

2.多次相遇问题

多次相遇问题是行程问题中的一类较复杂的问题，解多次相遇问题的关键是要分析运动过程以及各个量之间的关系。多次相遇问题按照运动路线不同,分为直线多次相遇和环形多次相遇两类。注意掌握以下结论：

(1)从两地同时相向出发的直线多次相遇问题中,第 n 次相遇时,每个人走的路程等于第一次相遇时他所走路程的 $(2n-1)$ 倍。

(2)环形相遇问题中每次相遇所走的路程之和是一圈。如果最初从同一点出发,那么第 n 次相遇时,每个人所走的总路程等于第一次相遇时他所走路程的 n 倍。

3.其他行程问题

表 1-3-9　其他行程问题公式表

流水问题	顺水速度=船速+水速　　　　　逆水速度=船速-水速 船速=(顺水速度+逆水速度)÷2　　　水速=(顺水速度-逆水速度)÷2
火车过桥问题	火车速度×时间=车长+桥长
扶梯问题	人与扶梯行进方向相同:扶梯可见部分=人走的距离+扶梯走的距离 人与扶梯行进方向相反:扶梯可见部分=人走的距离-扶梯走的距离

真题回顾

(2017)甲船由上游的 A 地航行到下游的 B 地需要 6 小时,由 B 地航行到 A 地需要 12 小时。乙船在静水中的速度是甲船的 3 倍,问其由 B 地航行到 A 地需要多长时间?( )

A.1 小时　　　　　B.2 小时　　　　　C.3 小时　　　　　D.4 小时

【答案】C。解析:设特殊值,设 A 地到 B 地的距离为 24,则甲船从 A 到 B 的速度为 4,从 B 到 A 的速度为 2,甲船速为(4+2)÷2=3,水速为(4-2)÷2=1,乙船速为 3×3=9,则乙从 B 到 A 需要 24÷(9-1)=3 小时。

(二)利润问题

利润问题主要研究售价、成本、利润(或利润率)这三量之间的关系。

售价:商品卖出的价格。

成本:一般情况下,进价=成本。

利润:售价与成本的差。

利润率:利润与成本的比值,并用百分数表示。

售价、成本、利润这三个量之间的基本关系式如下:

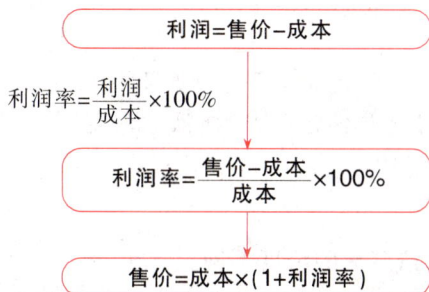

$$利润=售价-成本$$

$$利润率=\frac{利润}{成本}\times100\%$$

$$利润率=\frac{售价-成本}{成本}\times100\%$$

$$售价=成本\times(1+利润率)$$

图 1-3-3 售价、成本、利润

有时候,商家为了促销还会打折销售,打折是在售价的基础上进行的,是售价与定价的比,即打几折 $=\frac{售价}{定价}\times10$。

(三)工程问题

工程问题涉及工作效率、工作时间和工作量这三个量,三个量之间存在如下基本关系式:

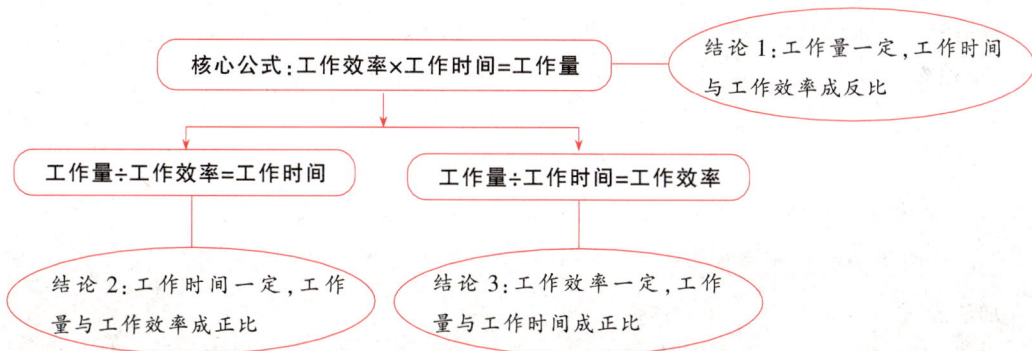

核心公式:工作效率×工作时间=工作量

结论 1:工作量一定,工作时间与工作效率成反比

工作量÷工作效率=工作时间

工作量÷工作时间=工作效率

结论 2:工作时间一定,工作量与工作效率成正比

结论 3:工作效率一定,工作量与工作时间成正比

图 1-3-4 工程问题

真题回顾

(2018)某农场有 14 台联合收割机,收割完所有的麦子需要 20 天时间。收割作业进行了 2 天之后,增加 6 台联合收割机,并通过技术改造使 20 台联合收割机的效率均提升 5%,那么收割完剩余的麦子还需要几天?( )

A.15   B.14   C.13   D.12

【答案】D。解析:假设未改造前一台收割机每天收割麦子量为 1,工作两天后剩余麦子量为 14×(20−2)=252,改造后 20 台收割机每天收割麦子 20×(1+5%)=21,完成剩余的工作需要 252÷21=12 天。

(四)浓度问题

浓度问题涉及的三量为溶质、溶液、浓度,溶质+溶剂=溶液。根据浓度的定义,有:

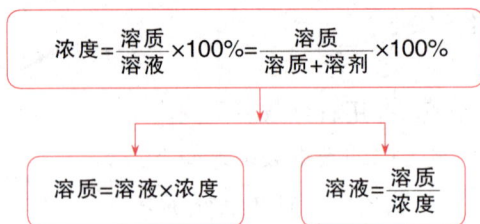

$$浓度 = \frac{溶质}{溶液} \times 100\% = \frac{溶质}{溶质+溶剂} \times 100\%$$

$$溶质 = 溶液 \times 浓度 \qquad 溶液 = \frac{溶质}{浓度}$$

图 1-3-5 浓度问题

在进行溶液混合时,总的溶质不变。混合溶液的浓度=总的溶质÷混合溶液的质量,混合溶液的浓度总是介于原溶液的浓度之间。

真题回顾

(2017)甲、乙、丙三种酒精溶液的浓度不同,1 份甲和 2 份乙混合后的浓度为 22%;3 份乙和 4 份丙混合后的浓度为 35%;1 份甲和 1 份丙混合后的浓度为 43%。如将甲、乙、丙三种溶液按 5:4:1 的比例混合,其浓度将为(   )。

A.34%   B.40%   C.23%   D.29%

【答案】D。解析:设甲溶液浓度为 x,乙溶液浓度为 y,丙溶液浓度为 z,则 $\begin{cases} (x+2y) \div 3 = 22\% \\ (3y+4z) \div 7 = 35\% \\ (x+z) \div 2 = 43\% \end{cases}$,

解得 $\begin{cases} x=36\% \\ y=15\% \\ z=50\% \end{cases}$,所求为 (36%×5+15%×4+50%×1)÷10=29%。

三、组合问题

(一)排列组合问题

1.排列组合问题基本原理

加法原理

完成一件事情,有 m 类不同的方式,而每类方式又有多种方法可以实现。那么,完成这件事的方法数就需要把每一类方式对应的方法数加起来。

乘法原理

完成一件事情,需要 n 个步骤,每一个步骤又有多种方法可以实现。那么完成这件事的方法数就是把每一个步骤所对应的方法数相乘。

分类用加法原理,分步用乘法原理。

2.排列组合问题基本概念

排列:从 n 个不同元素中任取 m 个按照一定的顺序排成一列,叫作从 n 个元素中取出 m 个元素的一个排列。所有不同排列的个数,称为从 n 个不同元素中取出 m 个元素的排列数,一般我们记作 A_n^m。$A_n^m = n \times (n-1) \times \cdots \times (n-m+1)$。

全排列:n 个不同的元素全部取出的一个排列,叫作 n 个不同元素的一个全排列,即当 $m=n$ 时,全排列数 $A_n^n = n(n-1)(n-2) \times \cdots \times 3 \times 2 \times 1 = n!$。

组合:从 n 个不同元素中取出 m 个元素拼成一组,称为从 n 个元素中取出 m 个元素的一个组合。不同组合的个数称为从 n 个不同元素中取出 m 个元素的组合数,一般我们记作 C_n^m。

$$C_n^m = \frac{A_n^m}{A_m^m} = \frac{n \times (n-1) \times \cdots \times (n-m+1)}{m \times (m-1) \times \cdots \times 1},\text{其中 } C_n^0 = 1。$$

3.排列组合问题解题方法

一些排列组合问题条件比较多,直接使用分类或分步来考虑较为复杂,在这种情况下,掌握一些特定的解题方法和公式有助于大家快速解题。下面介绍七种解题方法:

表 1-3-10 排列组合问题

方法	适用范围	解题思路
特殊定位法	题干中存在特殊元素或特殊位置	优先考虑特殊元素或者特殊位置,确定它们的选法
反面考虑法	问题正面情况复杂而反面情况简单	先求出反面的情况,然后将总情况数减去反面情况数
捆绑法	题干中存在两个或多个元素相邻	将几个元素捆绑在一起,作为一个整体来考虑
插空法	题干中存在两个或多个元素不相邻	先将其余无限制的 n 个元素进行排列,再将不相邻的元素插入无限制元素之间及两端所形成的 $(n+1)$ 个"空"中
隔板法	形如"将 n 个相同元素分成 m 组,每组至少一个"	用 $(m-1)$ 个"挡板"插入这 n 个元素之间形成的 $(n-1)$ 个"空"中,将元素隔成 m 组
归一法	题干中某些元素的位置相对固定	先将这些元素与其他元素进行排列,再除以这些元素的全排列数,即得到满足条件的排列数
线排法	环形上的排列问题	环形排列没有前后和首尾之分,只需要将其中一个元素列为队首,这样就可以把环形问题转为线形问题

4.错位重排问题

错位重排问题通常形式为:

编号为 $1,2,\cdots,n$ 的 n 封信,装入编号为 $1,2,\cdots,n$ 的 n 个信封,要求每封信和信封的编号不同,问有多少种装法。

对于这种问题,有一个固定的递推公式,记 n 封信的错位重排数为 D_n,则 $D_1=0$,$D_2=1$,$D_n=(n-1)\cdot(D_{n-2}+D_{n-1})$。由递推公式,$D_3=(3-1)\times(0+1)=2$,$D_4=(4-1)\times(1+2)=9$,$D_5=(5-1)\times(2+9)=44$。

在银行招聘考试中,一般只考查 $n=3,4,5$ 的情况,所以记住 $D_3=2$,$D_4=9$,$D_5=44$ 就可以快速求解出正确答案了。

(二)概率问题

概率,是一个在 0 到 1 之间的实数,是对随机事件发生的可能性的度量。随机事件概率的计算首先应确定该随机事件的概率模型。在考试中常见的概率有以下几种:

(1)普通概率:将基本空间(也就是所有的情况)分成 n 个等可能的情形,其中事件 A 包括了 m 个情形,那么称事件 A 发生的概率为 $\dfrac{m}{n}$,记为 P(A)。

(2)条件概率:事件 A 在另外一个事件 B 已经发生条件下的发生概率。条件概率表示为 P(A|B),读作"在 B 条件下 A 的概率"。

P(A|B)$=\dfrac{P(AB)}{P(B)}$,P(AB)为 AB 同时发生的概率,P(B)为 B 发生的概率。

(3)多次试验概率:如果在一次试验中事件 A 发生的概率为 p,则在 n 次独立重复试验中,事件 A 发生 k 次的概率 $P(k)=C_n^k p^k(1-p)^{n-k}$。

(4)几何概率:若记 A(g)={在区域 S 中随机取一点,而该点落在区域 g 中},在银行招聘考试中,区域可以是线,也可以是面,相应的概率 $P(A)=\dfrac{g\ 的长度}{S\ 的长度}$ 或 $P(A)=\dfrac{g\ 的面积}{S\ 的面积}$,这一类概率称为几何概率。

(三)容斥问题

容斥原理是指计数时先不考虑重叠的情况,把包含于某内容中的所有对象的数目先计算出来,然后再把重复计算的数目排斥出去,使得计算的结果既无遗漏又无重复。容斥问题常利用容斥原理来解题。

两个集合:$A\cup B=A+B-A\cap B$

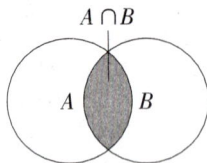

三个集合:$A\cup B\cup C=A+B+C-A\cap B-B\cap C-C\cap A+A\cap B\cap C$

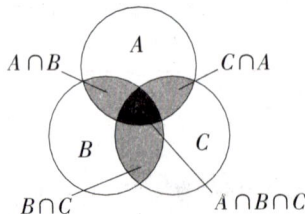

真题回顾

(2018)某单位开展有关低碳生活的调查活动,结果显示,使用太阳能热水器的有36人,选乘公共交通工具上下班的有21人,购物自备购物袋的有47人。经统计发现三个问题均为肯定答案的有4人,仅有两个问题为肯定答案的有46人,三个问题均为否定答案的有15人。那么,参加调查的总人数为多少人?(　　)

A.65　　　　　　　B.86　　　　　　　C.100　　　　　　　D.104

【答案】A。解析:根据容斥原理可得,总人数为36+21+47−46−2×4+15=65人。

(四)抽屉问题

题干中含有诸如"至少……才能保证……""要保证……至少……"这类叙述的题目,一般可以用抽屉原理来解决,称为抽屉问题。具体形式如下:

现有5个抽屉和若干个苹果,要保证至少有一个抽屉里面有4个苹果。这些苹果至少有多少个?

对于这类问题,常应用到以下两个抽屉原理:

抽屉原理1:将多于 n 件的物品任意放到 n 个抽屉中,那么至少有一个抽屉中的物品件数不少于2件。

抽屉原理2:将多于 $m×n$ 件的物品任意放到 n 个抽屉中,那么至少有一个抽屉中的物品的件数不少于 $(m+1)$ 件。

上题我们就可以根据抽屉原理2,从而可知苹果数多于5×(4−1)=15个,也就是至少有16个苹果。

这类问题也可以用最不利原则来考虑。所谓最不利原则,就是考虑问题发生的最差情况,然后就最差情况进行分析。最不利原则是极端法的一种应用,一般情况下,我们优先考虑用最不利原则来解决抽屉问题。

(五)推理问题

在银行招聘考试中,有这样一类不需要复杂计算、无须掌握固定解法与相关基础知识的题目,这类题目侧重考查应试者的基本逻辑推理能力,统称为推理问题。解答此类问题,可根据题目条件进行分类推理,从而对答案的范围进行限定,并最终得出结论。寻找限定条件时可从逻辑知识、整数性质、最值思想等方面来思考。

四、其他经典问题

(一)时钟问题

时钟问题主要研究钟面上时针与分针的关系,或坏钟时间与标准时间的关系。根据解题方法的不同,时钟问题可以分为钟面问题和坏钟问题两大类。

1.钟面问题

核心知识:

钟面的1圈为60格,时针每小时走5格,即30°;每分钟走 $\frac{1}{12}$ 格,即0.5°。

分针每小时走 1 圈,即 360°;每分钟走 1 格,即 6°。

时针与分针的速度之差为 5.5°/分钟。

2.坏钟问题

坏钟问题的本质是比例问题,找出坏钟时间与标准时间之间的倍比关系,按比例计算。

(二)年龄问题

核心知识:每过 n 年,每个人都长 n 岁;年龄差不变。

重要结论:若甲像乙现在那么大时,乙 m 岁,乙像甲现在那么大时,甲 n 岁($n > m$),那么甲比乙大 $\dfrac{n-m}{3}$ 岁,甲现在为 $n - \dfrac{n-m}{3} = \dfrac{2n+m}{3}$ 岁,乙现在为 $m + \dfrac{n-m}{3} = \dfrac{n+2m}{3}$ 岁。

(三)日期问题

日期问题是由历法产生的一类计数问题,其主要知识点如下表所示:

表 1-3-11 日期问题核心知识表

年份	判断方法	一年总天数	2 月天数
闰年	非 100 的倍数,能被 4 整除 100 的倍数,能被 400 整除	366	29
平年	不是闰年,则为平年	365	28
星期	星期每 7 天一循环 平年星期数加 1,闰年星期数加 2(其间包含 2 月 29 日)		

(四)方阵问题

在解方阵问题时,首先要搞清方阵中的一些量(如层数、最外层人数、最里层人数、总人数)之间的关系。解题时要灵活运用方阵问题常用公式。

方阵问题常用公式及性质:

(1)方阵相邻两层人数相差 8(此处需注意一种特殊情况,当实心方阵的最外层每边人数为奇数时,从内到外每层人数依次是 1,8,16,24…);

(2)实心方阵总人数=最外层每边人数的平方(核心公式);

空心方阵总人数利用等差数列求和公式来求(首项为最外层总人数,公差为-8 的等差数列);

(3)方阵每层总人数=方阵每层每边人数×4-4;

(4)在方阵中若去掉一行一列,去掉的人数=原来每行人数×2-1;

在方阵中若去掉两行两列,去掉的人数=原来每行人数×4-2×2。

(五)植树问题

在一条"路"上等距离植树的问题称为植树问题。例如:在一周长为 50 m 的花坛周围种树,如果每隔 5 m 种一棵,共要种多少棵树? 在植树问题中,"路"被分为等距离的几段。

解题思路:先判断植树类型,再套用公式。

表1-3-12　植树问题

问题类型	公式
路不封闭且两端都植树	棵数=总路长÷间距+1
路不封闭且有一端植树	棵数=总路长÷间距
封闭道路植树(闭合曲线)	
路不封闭且两端都不植树	棵数=总路长÷间距-1

对上例可先判断其属于封闭道路植树问题,路长=50m,间距=5m,套用公式:棵数=总路长÷间距,可得棵数=50÷5=10棵。

(六)鸡兔同笼问题

"鸡兔同笼"是著名的中国古算术题,最早出现在《孙子算经》中。这类问题采用方程法也能解决,但是计算量较大,因此不推荐用方程法,一般采用极端法。在银行招聘考试中,经常出现的"得失"问题,也可看作鸡兔同笼问题,利用假设法求解。

表1-3-13　鸡兔同笼问题

标准鸡兔同笼问题	鸡兔同笼问题变形题
设鸡求兔	设得求失
兔头数=(总脚数-2×总头数)÷2 鸡头数=总头数-兔头数	损失数=(每件应得×总件数-实得数)÷(每件应得+每件损赔)

(七)牛吃草问题

典型的牛吃草问题的条件是假设草的生长速度固定不变,不同头数的牛吃光同一片草地所需的天数各不相同,求若干头牛吃这片草地可以吃多少天。如:有一块草地,可供10头牛吃20天,15头牛吃10天,则它可供25头牛吃多少天?

解决牛吃草问题的流程一般为:首先设每头牛每天所吃的草量为1,然后根据不同头数的牛吃光草所花的天数计算出草地每天新的长草量以及最初的草总量,最后再根据牛吃草的核心公式求出答案。

牛吃草问题核心公式:

(所有牛每天吃的草量-草地每天新长的草量)×天数=最初的草量　　　　　(1)

$$草地每天新长的草量=\frac{较多的天数×对应牛的头数-较少的天数×对应牛的头数}{较多的天数-较少的天数}　　(2)$$

牛吃草的天数=最初的草量÷(牛每天吃的草量-草地每天新长的草量)　　　(3)

上面的例题,可以设每头牛每天吃草量为1,则每天新长的草量为(10×20-15×10)÷(20-10)=5,则最初的草量为(10-5)×20=100,够25头牛吃100÷(25-5)=5天。

另外,也可利用核心公式(1)列出方程组来解此类问题。

上面的例题,还可假设每头牛每天吃草量为1,每天新长的草量为x,最初的草量为y。由核心公式(1),有$\begin{cases}(10-x)×20=y,\\(15-x)×10=y,\end{cases}$解得$\begin{cases}x=5,\\y=100。\end{cases}$所以现在25头牛可以吃100÷(25-5)=5天。

考试中常出现牛吃草问题的变形题,表面上看似与牛吃草问题完全无关,但仔细分析会发现,这些问题实际上都是牛吃草问题。

习题演练

1.某有色金属公司四种主要有色金属总产量的 $\frac{1}{5}$ 为铝, $\frac{1}{3}$ 为铜,镍的产量是铜和铝产量之和的 $\frac{1}{4}$,而铅的产量比铝多 600 吨。问该公司镍的产量为多少吨?

A.600 　　　　　　　　　　　B.800

C.1 000 　　　　　　　　　　D.1 200

2.从 1,2,3,4,5,6,7 中任取 2 个数字,分别作为一个分数的分子和分母,则在所得分数中不相同的最简真分数一共有多少个?

A.14 　　　　　　　　　　　B.17

C.18 　　　　　　　　　　　D.21

3.某地民政部门对当地民间组织进行摸底调查,发现 40% 的民间组织有 25 人以上规模,20 个民间组织有 50 人以上规模,80% 的民间组织不足 50 人,则人员规模在 25 人以上但不足 50 人的民间组织数量为( )个。

A.20 　　　　　　　　　　　B.40

C.60 　　　　　　　　　　　D.80

4.一菱形土地的面积为 $\sqrt{3}$ 平方千米,菱形的最小角为 60 度。如果要将这一菱形土地向外扩张变成一正方形土地,问正方形土地边长最小为多少千米?

A. $\sqrt{2}$ 　　　　　　　　　　B. $\sqrt{3}$

C. $\sqrt{6}$ 　　　　　　　　　　D. $2\sqrt{6}$

5.一艘海军的训练船上共有 60 人,其中有驾驶员、船员、见习驾驶员、见习船员,还有一些陆战队队员。已知见习人员的总人数是驾驶员和船员总数的四分之一,船员(含见习船员)总人数是驾驶员(含见习驾驶员)总数的 7 倍。则船上有( )个陆战队队员。

A.12 　　　　　　　　　　　B.15

C.20 　　　　　　　　　　　D.25

6.张阳和刘芳家相距 1 026 米,刘芳从家中出发,张阳带着小狗也从家出发,和刘芳相向而行。张阳每分钟走 54 米,刘芳每分钟走 60 米,小狗每分钟跑 70 米。当小狗和刘芳相遇时,立即返回跑向张阳,遇到张阳后,又立即返回跑向刘芳。小狗这样跑来跑去,一直到两人相遇,这只小狗共跑了多少米?

A.630 　　　　　　　　　　　B.700

C.840 　　　　　　　　　　　D.960

参考答案

1.【答案】A。解析：由题意知，镍的产量为总产量的 $(\frac{1}{5}+\frac{1}{3})\times\frac{1}{4}=\frac{2}{15}$，铅的产量为总产量的 $1-\frac{1}{5}-\frac{1}{3}-\frac{2}{15}=\frac{1}{3}$，则铅的产量比铝多 $\frac{1}{3}-\frac{1}{5}=\frac{2}{15}$，与镍的产量占比相同，故镍的产量为 600 吨。

2.【答案】B。解析：根据题意，当分母为 2 时，分子可为 1；分母为 3 时，分子可为 1,2；分母为 4 时，分子可为 1,3；分母为 5 时，分子可为 1,2,3,4；分母为 6 时，分子可为 1,5；分母为 7 时，分子可为 1,2,3,4,5,6。因此，满足条件的最简真分数共有 1+2+2+4+2+6=17 个。

3.【答案】A。解析：20 个民间组织有 50 人以上规模，80% 的民间组织不足 50 人，则 50 人以上规模的占比为 1-80%=20%，规模在 25 人以上但不足 50 人的占比为 40%-20%=20%，所求为 20 个。

4.【答案】B。解析：依题意，菱形的最小角为 60 度，则菱形是由两个等边三角形拼成，设边长为 a，则对角线长分别为 a 和 $\sqrt{3}\,a$，由面积公式得 $\frac{1}{2}\times a\times\sqrt{3}\,a=\sqrt{3}$，解得 $a=\sqrt{2}$，则菱形较长对角线长为 $\sqrt{6}$。如右图扩大面积，可令正方形边长最小，为 $\sqrt{6}\times\frac{\sqrt{2}}{2}=\sqrt{3}$。

5.【答案】C。解析：见习人员是驾驶员和船员总数的四分之一，因此除陆战队队员外的余下人数可以被 5 整除；又船员总人数是驾驶员总数的 7 倍，则除陆战队队员外的余下人数又可以被 8 整除，因此除陆战队队员外的余下人数为 60 以内 5 和 8 的公倍数，即 40 人。则陆战队队员有 60-40=20 人。

6.【答案】A。解析：小狗在两人之间来回跑动，直至张阳和刘芳两人见面，说明小狗跑动的时间等于两人相遇的时间。两人的相遇时间为 1 026÷(54+60)=9 分钟，所以小狗跑动的路程为 70×9=630 米。

第四章 判断推理

考点详解

考点一 图形推理

一、数量型图形推理

(一)线条数与笔画数

线条是图形最基本的组成元素,也是涉及考点最多的一个要素。在图形推理中,从数量上一般会考查直线数、曲线数、线条数、线段露头数、射线数以及汉字字母的笔画数等。此类题型相对简单,从题干图形一般能看出一些端倪。

表 1-4-1 线条数与笔画数

	定义及说明	举例强化
直线数	直线数是考试中最常见的考点之一,题目相对简单,题干图形一般也会给出提示	图形中直线数为6、曲线数为1、线条数为7、线段露头数为2
曲线数	曲线数也是比较常见的考点,一般考查曲线数的题干图形中曲线构成比较明显	
线条数	线条数是指直线数和曲线数的总和	图形中直线数为4、曲线数为5、线条数为9、线段露头数为4、射线数为4
线段露头数	在图形最大的封闭空间外部的线段的数目,考查很少	
射线数	图形中射线的数量,考查很少	
笔画数	笔画数是对汉字或字母而言的,只有给出的图形均为汉字或字母,才考虑笔画数	用 笔画数为5

真题回顾

(2018)把下面的六个图形分为两类,使每一类图形都有各自的共同特征或规律,下列选项中分类正确的是( )。

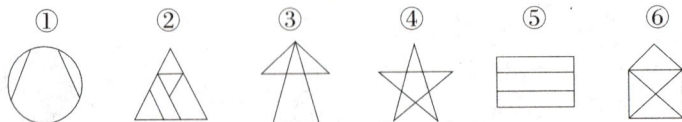

① ② ③ ④ ⑤ ⑥

A.①④⑥,③②⑤
B.①③⑤,②④⑥
C.①⑤⑥,②③④
D.①②⑤,③④⑥

【答案】D。解析：①②⑤是两笔画图形，③④⑥是一笔画图形。

(二)封闭区域数

封闭区域数可按照线条类图形、汉字图形以及数字字母图形来分别讨论，如下表所示。

表1-4-2 封闭区域数

	定义及说明	举例强化
线条类图形	封闭区域是指图形中由封闭线条围成的一个个空白，封闭区域数就是封闭区域的数目。封闭区域内部任何一点与区域外部任何一点的连线都和区域的边界相交	封闭区域数为3
汉字图形		明 封闭区域数为4
数字字母图形		688 封闭区域数为5

(三)点的个数

点的类型较多,银行招聘考试中一般会考查交点个数、十字交叉点的个数以及内外图形接触点的个数,如下表所示。

表1-4-3 点的个数

	定义及说明	举例强化
交点	线与线的交点	交点个数为10,十字交叉点的个数为5,内外图形接触点的个数为5
十字交叉点	直线与直线相交时,在交点处直线均往两个方向延伸的交点	
内外图形接触点	内部图形与外部图形接触点的个数	

(四)角的个数

一条射线绕着它的端点从一个位置旋转到另一个位置所形成的图形叫作角。角的大小取决于旋转的方向和角度,根据角的大小,可分为锐角、直角、钝角等。

表1-4-4 角的个数

	定义及说明	举例强化
直角个数	直线与直线相交形成角,银行招聘考试中主要考查直角和锐角的个数	图形中直角个数为4,锐角个数为12
锐角个数		

(五)特殊元素的个数

银行招聘考试中经常会考查一些图形所包含的特殊元素的个数,如正方形的个数、对称轴的条数等。

表 1-4-5 特殊元素的个数

	说明	举例强化
正方形的个数	图形中包含的正方形的个数	☆ 对称轴的数目为 5
对称轴的条数	图形含有的对称轴的数目	
五角星的个数	图形中五角星的个数	☆★ ★★ 五角星的个数为 4,其中阴影五角星的个数为 3
阴影图形的个数	各个图形中含有的阴影元素的数目	

(六)图形部分数

图形部分数涉及线条类图形、汉字图形以及数字字母图形三种类型,如下表所示。

表 1 4 6 图形部分数

	定义及说明	举例强化
线条类图形	一个图形中没有公共点的两个图形元素称为这个图形的两部分。考查部分数涉及的图形比较多样,不仅包括一般的图形,也可以是汉字、数字字母等	图形部分数为 3
汉字图形		图 图形部分数为 4
数字字母图形		$\dfrac{11}{15}$ 图形部分数为 5

(七)图形种类数

图形种类数涉及的图形多为由几个不接触的部分组成的图形,但也有图形的组成部分以点或者线相接触,如下表所示。

表 1-4-7 图形种类数

	定义及说明	举例强化
图形不接触	形状相同的图形元素称为一种图形,图形中所有小图形的种类的个数称为这个图形的种类数	{X} 由"{"、"X"、"}"三部分组成,由于"{"和"}"形状相同,属于一种图形元素,所以图形种类数是 2
图形以点或线接触		包含三个三角形,由于这三个三角形的形状相同,则图形种类数是 1

(八)数量换算

当题干出现两种或三种小图形,且直接在数量上找不到规律时,可考虑在数量上将不同的小图形换算成同一种小图形,然后寻找存在的规律。此类题型的实质是通过小图形间的数量换算,寻找图形间的数量关系。

二、特征型图形推理

(一)对称性

图形的对称性有轴对称和中心对称两种,银行招聘考试中主要考查图形的轴对称性质。

表 1-4-8 对称性

	定义及说明	举例强化
轴对称	对于一个平面图形，若存在一条直线，图形沿这条直线折叠，图形的两部分能完全重合，这个图形就是轴对称图形，这条直线就是这个图形的一条对称轴。有的轴对称图形只有一条对称轴，有的轴对称图形有多条对称轴	水平对称 竖直对称
中心对称	对于一个平面图形，若存在某一点，图形绕这个点旋转180°后，与原图形能够完全重合，我们就说这个图形是中心对称图形，这个点叫作这个图形的对称中心。对于一个中心对称图形的任意一点，它关于对称中心的对称点都在这个图形上	中心对称 既为轴对称，又为中心对称

(二)直曲性

直线图形中只含有直线，曲线图形中只含有曲线，直曲混合图形中既有直线又有曲线。图形的直曲性一般有以下三种考查方式：①题干图形均为直线图形；②题干图形均为曲线图形；③直线图形与曲线图形间隔排列。

(三)封闭性与开放性

一个图形从整体上看，可分为封闭图形和开放图形。银行招聘考试中图形的封闭性与开放性一般有以下三种考查方式：①题干图形均为封闭图形；②题干图形均为开放图形；③封闭图形与开放图形间隔排列。

(四)结构特征

图形的结构特征包括内外结构、左右结构、上下结构、特殊元素位于特殊位置以及上下左右结构的变化，如下表所示。

表 1-4-9 结构特征

	定义及说明	举例强化
内外结构	图形一般由内外两部分组成，考查内外小图形之间的位置关系	图形由内外相接触的两部分组成
左右结构	一般是对汉字而言，如汉字"行"为左右结构、汉字"李"为上下结构	五角星位于直角处
上下结构		
特殊元素位于特殊位置	题干给出的一组图形，组成元素基本相同，而由各元素在图形中的位置来确定选项	小黑点在白圈的上方
上下左右结构的变化	两种不同组成元素的相对位置按规律变化	

(五)构成特征

图形的构成特征包含以下两种情况：

(1)题干图形均含有某种特殊组成部分，如都含有圆、都含有直角、都含有平行四边形等。

(2)题干给出的一组图形,所含有的组成元素相同,只是各元素所处的位置不同。

真题回顾

(2018)以下哪两个图调换位置之后,新形成的图形序列具备一定的规律性?( )

① ② ③ ④ ⑤ ⑥

A.①和④ B.②和⑤

C.③和⑥ D.③和④

【答案】B。解析:②和⑤更换后,相邻两个图形有且仅有两个面的小黑圆的数量相同。

(六)一笔画特征

若一个图形可以从某一点开始不重复、不间断地画出,则这个图形是一笔画图形。银行招聘考试中"一笔画特征"的常考规律为:题干图形都是一笔画图形。

一个图形是否能够一笔画出可依据下面的判断规则:图形中端点根据所连接线条数的奇偶性被分为奇点、偶点。一个端点连接的线条数若为奇数,则该点被称为奇点;反之则为偶点。图形的奇点数为 0 或 2,则这个图形是一笔画图形。

三、位置型图形推理

(一)图形移动

在银行招聘考试中,图形移动是考查最多的位置型的图形推理。图形移动只是图形位置的改变,而不会改变图形的大小和形状。

(二)图形旋转

图形旋转有两种考查形式,即图形的组成元素旋转和图形整体旋转。要做对图形旋转题,就是要确定两个要素:旋转的方向和角度。图形旋转在银行招聘考试中经常涉及。

(三)图形翻转

图形翻转相对简单,这类题型就是要确定翻转的方式,是左右翻转还是上下翻转。在银行招聘考试中图形翻转经常与图形旋转结合起来考查。

四、组合型图形推理

(一)图形叠加

图形叠加就是将两个图形的中心重合,叠放在一起。图形叠加是通过两个图形转化得到第三个图形的重要方式。图形叠加有直接叠加、叠加去同存异、叠加去异存同以及自定义叠加四种。

表 1-4-10　图形叠加

	定义及说明	举例强化
直接叠加	将已知两个图形叠在一起,形成一个新图形。新图形中保留已知两个图形的所有	① 　后两个图形直接叠加得到第一个图形;或者是前两个图形叠加去同存异
叠加去同存异	将两个图形叠加后去掉相同的部分,保留不同的部分	得到第三个图形;或者第一、三个图形叠加去同存异得到第二个图形
叠加去异存同	将两个图形叠加后去掉不同的部分,保留相同的部分	②
自定义叠加	图形叠加后,其中的某些特征按照一定的规律发生改变,常出现的是叠加后阴影的变化	自定义叠加:黑+黑=白,白+白=白,黑+白=黑

(二)图形组合

图形组合就是将一些图形按某种规律拆分后或者直接拼合成一个新的图形。图形组合常见的有线条组合、片块组合和图形重组三种。

表 1-4-11　图形组合

	题干说明	解题技巧
线条组合	选项的四个图形中,只有一个是由题干图形拼合而成的,请选出来	要求将题干所有的线条组合在一起形成一个新的图形,且不可改变题干图形中的线条位置
片块组合	选项的四个图形中,只有一个是由题干图形拼合而成的,请选出来	将一些图形无重复地组合在一起,形成一个新的图形。在组合的过程中,可以移动、旋转这些片块,但不能翻转
图形重组	左边的图形由若干个元素组成。右边的备选图形中只有一个是由组成左边图形的元素组成,请选出这一个	首先可比较分割重组前后两个图形的面积,若相等,再比较特殊的线条,这样一般可找出正确选项

五、空间型图形推理

(一)平面与立体的转化

1.对三维空间的认识——区分相邻面与相对面

平面图形中相邻的两个面折成立体图形后也相邻,立体图形中相对的两个面拆成平面图形后不相邻,区分相邻面与相对面是认识三维空间的起点。

2.线条类的"折纸盒"问题——标点法

"折纸盒"实质是一个点与点重合、边与边重合的过程,当确定两个点重合时,这个立体图形也就确定了。标点法就是根据已知的点确定由这个点出发的线条的情况,从而确定"纸盒"的形式。根据下面的例图介绍标点法的应用。

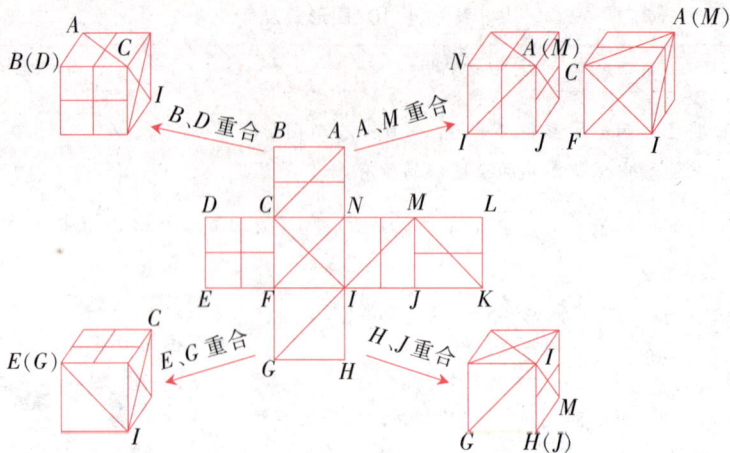

图 1-4-1 标点法

当 A 与 M 重合时,从 A 点出发的线段 AC 和从 M 点出发的线段 MI 的方向也就确定了,同样也可以确定折成的立体的顶点,进而确定其他可见线段的方向。

3.图形类的"折纸盒"问题——小图形的相关性

可以根据已知"纸盒"上小图形的指向或阴影部分的位置关系,确定面与面之间的位置关系。

真题回顾

(2018)下列选项为纸盒外表面的展开图,左边纸盒由其折叠而成的是(　　)。

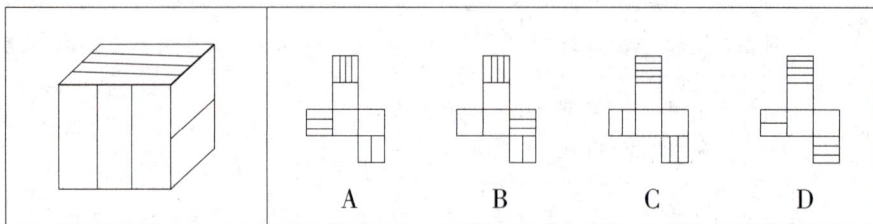

【答案】B。解析:A 项,一条直线的面错误;B 项正确;C、D 两项折叠后一条直线与两条直线相互平行,而不是原图中的垂直。

(二)立体图形与其三视图

下图表示一块三角尺在光线照射下形成的投影。

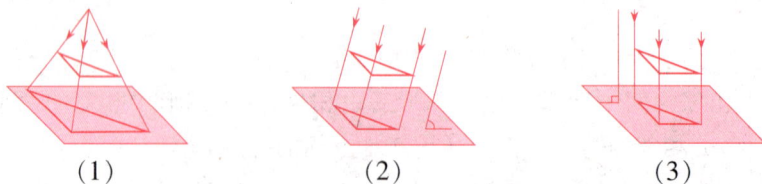

(1)　　　　　　　(2)　　　　　　　(3)

图 1-4-2 三角尺在光线下的投影

图(1)中的投影线集中于一点,这种投影方式叫作中心投影;图(2)、图(3)中,投影线互相平行,形成平行投影;图(2)中,投影线斜着照射投影面;图(3)中投影线垂直照射投影面(即投影线正对着投影面),我们也称这种情形为投影线垂直于投影面。这种投影线垂直于投影面产生的投影叫作正投影。

如下图所示,我们用三个互相垂直的平面作为投影面,其中正对着我们的叫作正面,正面下方的叫作水平面,右边的叫作侧面。一个物体在三个投影面内同时进行正投影,在正面内得到的由前向后观察物体的视图,叫作**主视图**;在水平面内得到的由上向下观察物体的视图,叫作**俯视图**;在侧面内得到的由左向右观察物体的视图,叫作**左视图**。

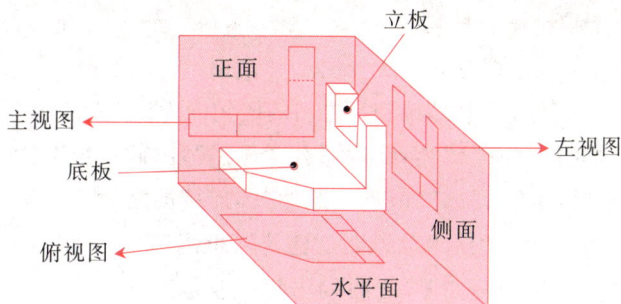

图 1-4-3 投影

主视图、俯视图以及左视图统称为三视图。三视图用于表示物体的形状和大小,所以在画三视图时不仅要表示出物体的外部轮廓,还要体现其细节特征。

如上图中所示的物体,我们以主视图为例来说明三视图的绘制步骤。

(1)外部轮廓:上图中物体的外部轮廓如图所示,外部轮廓指的就是最大的外部边界,在视图中以实线画出。

(2)细节特征:细节特征指的是除了外部轮廓外,立体图形上面的投影图中还有两条线(一条实线和一条虚线),这两条线表示的就是物体的细节特征。实线表示的是底板在长度方向上切除的那一块的位置,而虚线表示的是立板在高度方向上切除的深度,但由于这个特征我们从前向后观察不到,所以用虚线画出(或者不画出)。

银行招聘考试有关三视图的考查,一般给出的外部轮廓都是正确的,主要是要弄清楚一些细节特征是否在视图中显示。

(3)相切问题:当立体图形中有相切面时,由于相切是光滑过渡,不存在轮廓线,所以在视图上一般不画出。

考点二 | 逻辑判断

一、可能性推理

根据提问方式的不同,一般将可能性推理的题目分为削弱型、加强型、前提型、解释型、评价型和结论型六种。由于可能性推理题目的题干基本上都是一个论证,因此我们有必要先学习论证的相关知识,学会准确鉴别题干的论点和论据,这是解题的基础。

1.论证的结构

一个论证在结构上通常由论点、论据和论证关系构成。可以用下图表示:

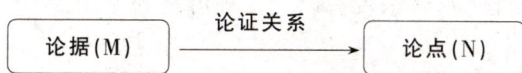

图 1-4-4 论证结构

论点即论证者所主张并且要在论证过程中加以证明的观点，它所回答的是"论证什么"的问题。论据是论证者用来支持或反驳某个论点的理由，它所回答的是"用什么来证明论点"的问题。论证关系是论据和论点的联系方式，也就是推理形式，它所回答的是"如何用论据来论证论点"的问题。

2.准确区分论点和论据的技巧

要正确分析题干论证，就要学会区分论点和论据，可以遵循以下几点：

(1)找"结论"。当题干出现"结论"时，之后的语句即为论点，前面的则为论据或无关信息。

(2)找连接词。通常，"所以""因此""那么""显然""由此可见""简而言之"等连接词之后的语句是论点，而在"因为""假如""由于""既然"等连接词之后的语句是论据。

(3)找特征词。如"宣称""认为""说明""建议""推测"等表示断定的词之后的语句可能是论点，如"理由是""根据是""例如"等之后的语句一般是论据。

(4)分析因果联系。当题干中没有出现提示性词语或者出现多个提示性词语时，考生可以通过分析题干中的因果联系来区分论点和论据。

(一)削弱型题目

1.削弱型题目的题型特点

削弱型题目的特点是题干中给出一个完整的论证或表达某种观点，要求从备选项中寻找最能(或最不能)反驳或削弱题干论证或观点的选项。如果将这个选项放入论据和论点之间，会使得题干推理不成立，或论点正确的可能性降低，则为削弱选项。其提问方式一般是：

"以下哪项如果为真，最能(或最不能)削弱上述结论(论证)？"

"以下哪项如果为真，最能(或最不能)对上述论述提出质疑？"

"以下哪项如果为真，最能质疑上述观点？"

"以下哪项如果为真，能够最有力地反驳上述推论？"

一般来说，提问中包含"削弱""质疑""反驳"等字样的都为削弱型题目。

2.削弱型题目的解题步骤

削弱型题目可按以下解题步骤解答：

(1)仔细阅读题干，弄清楚题目要求削弱的是什么；

(2)根据题干所给信息分清其论证结构，即其论点和论据各是什么，论点和论据之间的论证关系是怎样的，特别要注意关键词或连接词的把握；

(3)分别查看各选项是否能削弱结论，如果能，则分析该选项是通过何种方式削弱的；

(4)如果存在多个能够削弱论证的选项，则需要根据下文中所讲的几个原则，比较各削弱方式之间的削弱程度，从而选择最符合题意的一项。

3.削弱型题目的解题方法

要反驳或削弱某个论证，可以通过削弱论点、削弱论据或削弱论证关系来达到目的，而不同的题目又有不同的方法，具体来说有以下几种可能的方式：

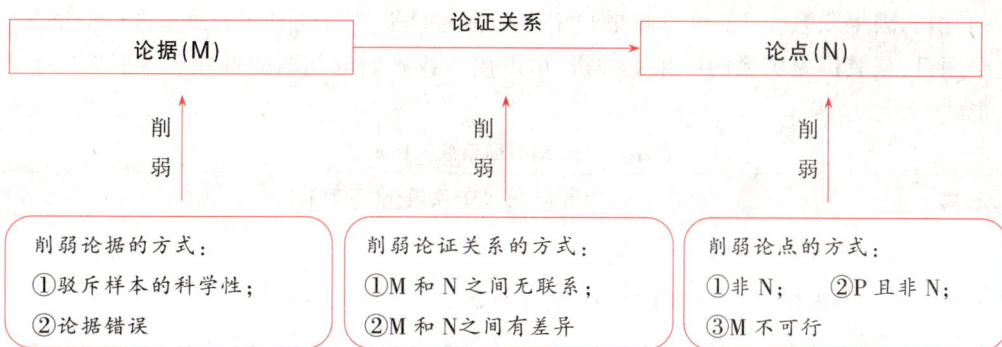

图 1-4-5 削弱型题目解题方法

当题干论证存在明显的因果联系时,也可直接从因果联系出发进行削弱,主要有以下几种方式:①因果倒置;②另有他因;③存在共同原因。

(1)削弱论点。直接削弱论点是最常见的削弱形式,解答这类题目的关键是搞清楚题干中的论点是什么。有时题干中会出现两种观点,此时要特别注意题目要求反驳或削弱的是哪一个观点。削弱论点主要有以下几种形式:

表 1-4-12 削弱论点的形式

论证形式		论据 M→论点 N
削弱形式	非 N	通过举出与论点 N 相反的例子或者直接否定论点 N 指出论点是错误的
	P 且非 N	引入新的论据 P 使得论点 N 不成立(P 可能是与原论据 M 相关的,也可能无关)
	M 不可行	当题干论证可简化为"通过方法 M 来达到目的 N"的形式时,指出方法 M 是行不通的或通过方法 M 达不到目的 N

(2)削弱论据。在一个论证中,论据是用来支持论点的,如果指出这个论据是错误的,那么也就在一定程度上削弱了论点,因此,削弱论据是削弱型题目的又一种重要的削弱方式。具体有以下几种情况:

表 1-4-13 削弱论据的形式

论证形式		论据 M→论点 N
削弱形式	驳斥样本的科学性	题干论据是问卷、调查、实验和研究,常见的削弱形式具体有以下两种: ①样本的数量不足 ②样本不正确、不具有代表性或代表性不够,也即指出论据 M 是片面的,犯了"以偏概全"的错误
	直接否定论据	直接指出题干的论据 M 是错误的

(3)削弱论证关系。要削弱题干论证,可以通过削弱论据和论点之间的论证关系来达到目的,即从论据和论点之间的关系出发。主要有以下几种削弱形式:

表 1-4-14 削弱论证关系的形式

论证形式		论据 M→论点 N
削弱形式	M 和 N 之间无联系	指出 M 和 N 之间隐含的联系是不存在的,即打破 M 和 N 之间的联系
	M 和 N 之间有差异	指出 M 和 N 之间所涉及的概念是存在差异的,并不是"同一个概念"

(4)削弱因果联系。可能性推理题目中有很多题目都是通过因果关系来进行论证的。对于这些题目,从其因果关系的链条上分析,可以快速找到能够削弱的选项。主要有以下几种削弱形式:

表1-4-15 削弱因果联系的形式

论证形式		指出 M 是 N 的原因(M 导致 N)
削弱形式	因果倒置	指出实际上 N 才是 M 的原因
	另有他因	指出实际上 P 才是 N 的原因
	存在共同原因	指出实际上 P 既是 M 的原因,也是 N 的原因,即 P 是 M 和 N 的共同原因

(5)削弱程度的比较。通过对近几年银行招聘考试题目的分析,发现有些削弱型题目的选项中往往有两个或两个以上的选项可以削弱题干结论,这就要进行选项之间削弱程度的比较。

(6)不能削弱型。有些题目的提问方式要求选择的是"不能质疑/削弱"的选项,那就要依次分析各选项,根据前面所讲的知识判断各选项是否能削弱题干,能够削弱的就排除。一般来说正确选项是无关项或加强项,但也有些题目中各项均能对题干起到削弱作用,考生需要比较各选项间的削弱程度,找出最不能削弱的一项。

真题回顾

(2018)这几年来传统媒体一直唱衰,一些报纸、杂志多挣扎在生存线上,部分出版商虽然坚持在做纸版,但对于未卜的前途也时常感到困惑,独立书店的纷纷倒闭更是不忍多提。而对于读者来说,确实有许多人在过着放下书籍、拿起鼠标和手机的生活。由此,有些人认为,中国人均阅读量明显下降。

下列选项如果为真,最能反驳"有些人"的看法的是( )。

A.生活节奏的加快,使得部分年轻人能够用来阅读的时间越来越少

B.部分实体书店倒闭了,但是一些网络书店运营良好

C.由于阅读环境改变,许多人的阅读媒介已由纸质文本改为电子介质

D.以娱乐休闲等多元化的生活方式取代传统单一的知识追求,未尝不是一件好事

【答案】C。解析:有些人认为,中国人均阅读量明显下降。论据是独立书店纷纷倒闭以及许多人过着放下书籍、拿起鼠标和手机的生活。C项说明是因为阅读环境的改变,阅读媒介转为了电子介质,实际上阅读量并不一定下降了,反驳了题干结论;A项支持了题干结论;B项削弱力度有限;D项和题干无关。

不能削弱型实质上也是削弱型题目的一种,其解题方法也是一样的,都是要依次分析各选项是否能削弱。这类题目实际上较为简单,但是在做题时一定要审清题干,不要因为看错而导致误选。

(二)加强型题目

加强型题目也是银行招聘考试逻辑判断部分一种比较常见的考查题型,因此我们有必要学习加强型题目的解题方法。

1.加强型题目的题型特点

加强型题目一般在题干给出一个推理或论证，但由于前提条件不够充分或者由于论证的论据不够全面而不足以得出该结论。因此，考生需找到使题干中的论证正确或者完整的选项，从而加强或支持题干。这类题目常见的提问方式是：

"以下哪项如果为真，最能加强题干的论证？"

"以下哪项如果为真，最能支持题干的论证？"

"以下哪项最能加强上述反驳？"

"以下哪项如果为真，最能支持上述观点？"

"以下哪项如果为真，能给上述断言以最大的支持？"

2.加强型题目的解题方法

解加强型题目同样可以从加强论点、论据和论证关系三个方面来考虑：

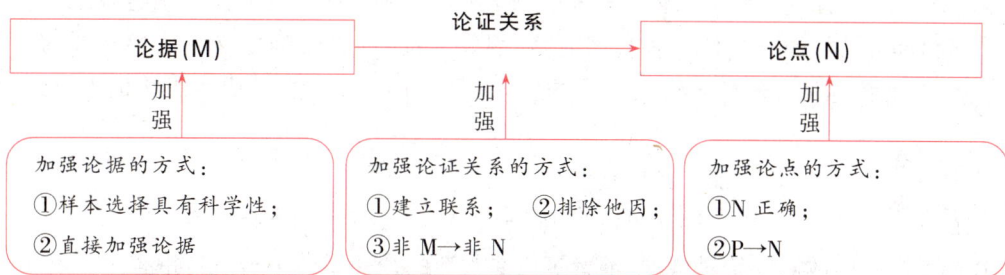

图 1-4-6 加强型题目解题方法

(1)加强论点。对于 M→N 这个论证来说，我们可以通过加强论点来达到加强的目的，主要有以下两种方式：

表 1-4-16 加强论点的形式

基本形式	论据 M→论点 N	
加强形式	N	直接说明论点 N 是正确的
	P→N	给出新的论据 P 来证明论点 N 的正确性，直接加强论点

(2)加强论据。要加强论证也可以通过加强论据来达到目的，具体形式见下表：

表 1-4-17 加强论据的形式

基本形式	论据 M→论点 N	
加强形式	样本选择具有科学性	如果论据的形式是问卷、调查、实验和研究，一般有两种方式来加强它： ①样本数量充足 ②样本选择正确，具有代表性
	直接加强论据	直接说明论据是正确的

加强论据多以样本选择具有科学性的方式出现。直接加强论据这种方式在考试中出现较少，考生了解即可。

(3)加强论证关系。加强论点和论据之间的论证关系，主要有以下几种形式：

表 1-4-18 加强论证关系的形式

基本形式		论据 M→论点 N
加强形式	建立联系	通过"搭桥"的方式在论据 M 和论点 N 之间建立联系,使原本看似没有关系的两句话之间产生逻辑关系
	排除他因	如果题干是由调查、研究、数据或实验等得出的一个解释性的结论,除了考虑选项能否直接加强论据外,"没有别的因素影响推论"也是加强论证或结论的一种方式
	非 M→非 N	从反面场合加强论证有两种情况: ①前提不存在时,结论也不存在 ②前提出现相反情况时,结论也相反

真题回顾

(2018)有专家指出,社交媒体是一把双刃剑,既有利于各国政府及时调整政策、改善服务和塑造形象,又可能被当作一种传播谣言、引发动乱、助长恐怖主义和仇恨犯罪的工具。因此,微博、推特等社交媒体在全国范围内正在迅速普及和壮大,已成为影响世界政治的新变量。

下列选项如果为真,最能支持上述结论的是(   )。

A.在很多国家,人们通过社交媒体对国家所制定的政策表达支持或反对

B.许多国家的政府开始对微博、推特等广受欢迎的社交媒体平台进行审查

C.世界上 80% 的国家在本国门户网站设置社交媒体功能,以促进政府与本国公民之间的互动和沟通

D.某国在进行总统大选期间,其境外敌对势力通过在社交媒体发布虚假消息而影响该国大选结果

【答案】A。解析:题干结论:社交媒体是一把双刃剑,在全国范围内正在迅速普及和壮大,已成为影响世界政治的新变量。A 项说明通过社交媒体的方式确实会影响国家的大政方针,支持了题干结论;B 项为无关项;C、D 两项支持力度有限。

(三)前提型题目

前提型题目也是银行招聘考试中会出现的一种题目类型,和加强型题目有一定的相似之处,但也有区别。

1.前提型题目的题型特点

前提型题目一般是在题干中给出了某一论据和结论,但由该论据不足以推出结论,还需要补充一个新的论据,在两者共同作用下,才能保证论证的正确。

要想做好前提型题目,首先是要先辨别出哪些题目属于前提型。在银行招聘考试中,前提型的题目有以下几种提问方式:

"上述推论最可能基于下列哪项假设?"

"下列哪项是以上论述所需要的前提?"

"以下哪项如果为真,上述推断才是必然可靠的?"

"为使上述论证成立,以下假设必须为真的一项是:"

"上述论断是建立在以下哪项的假设上的?"

注:前提型题目和加强型题目有很多相似的地方,实际上,前提型题目是一种比较苛刻的加强型题目,它要求选项所补充的前提必须是该论证成立的必要条件,否则将无法推出结论。而加强型题目的论据既可以是结论的必要条件,也可以是充分条件,或者仅仅是对结论起加强作用即可。

2.前提型题目的解题步骤

前提型题目可按如下步骤解答:

(1)仔细阅读题干,弄清楚题干的论证结构,找到其中的漏洞;

(2)分析选项,排除那些明显不能弥补题干漏洞的选项;

(3)用反向代入法来验证那些可能正确的选项。

反向代入法是指将选项的否定代入题干,即假设该选项不成立,验证题干结论是否成立,如果不成立则为正确答案。

3.前提型题目的解题方法

前提型题目其实就是补充论据,其解题方法与前面所讲的加强型题目类似。大家在解题时,可以首先分析题干的论证结构,找出题干论述中所缺少的论据,或将选项代入,找出使论证成立所必须假设的一项,即为正确答案。

那么,可以从哪些角度来补充论据使得论证有效呢?在考试中,我们可以从建立联系、排除他因和推论可行这三个角度来考虑。

(1)建立联系。

论证形式:论据 M→论点 N(M 与 N 之间有明显的跳跃);

所需前提:在 M 和 N 之间"搭桥",建立联系。

(2)排除他因。

论证形式:论据 M→论点 N;

所需前提:说明没有其他因素影响论点 N 的成立(即 M 是推出论点 N 的唯一要素)。

(3)推论可行。

论证形式:论据 M→论点 N;(也可能只有论点 N)

所需假设:使 N 可行或有意义。

(四)解释型题目

1.解释型题目的题型特点

解释,就是用一些道理来合理地说明事物变化的原因或者事物发展的规律等,实质上是为了更进一步地论证推理的正确性。

在银行招聘考试中,解释型题目的特点是,题干给出某一个事实或论证的描述,要求从选项中找出最能够合理地说明题干中所述的选项。题干中的描述大多是一个结论、现象、矛盾或差异。

要做好解释型题目,首先要先辨别出哪些题目属于解释型。在银行招聘考试中,解释型题目主要有以下几种提问方式：

"以下最能解释这一现象的是："

"以下各项如果为真，则哪项最可能造成上述结果？"

"以下哪项如果为真，最能解释上述行为？"

注：有一类题目，虽然在题干中也提到了"解释"二字，但它并不是解释型题目，例如"以下哪项最能削弱上述解释？"，这类题目就是削弱型题目；再如"上述论断最适宜解释以下哪种情况？"，这类题目是用题干解释选项，而解释型题目是用选项解释题干，属于非常规的可能性推理题目。

2.解释型题目的解题步骤

解释型题目可按如下步骤解答：

(1)弄清楚题干中所提出的矛盾或现象是什么；

(2)找出选项中与论述的情景有关，并且能说明矛盾存在的原因或包容矛盾双方事实的选项；

(3)根据题目要求选择正确答案。

3.解释型题目的解题方法

解释型题目实际上是通过一种现象来解释另一种的合理性，即题干的结果为什么发生，产生矛盾的原因是什么等。它所考查的不仅仅是逻辑性思维，还有常识性思维。

在解题时，我们要运用理性思维，找出一个常识性的选项来达到解释题干合理性的效果。因此，常常需要引入一个新概念来起到解释说明的作用，而这与前提型、结论型题目是有所区别的。

在做解释型题目的时候，有些题目要求找出最能解释或者最不能解释的一项，因此要比较不同选项中解释程度的不同，一般来说，必然性解释的力度大于或然性解释的力度。

(五)评价型题目

1.评价型题目的题型特点

评价型题目在银行招聘考试中也时有出现，通常要求考生对论证的观点、结构、有效性、错误等做出评价。评价型题目的提问方式一般有：

"对以下哪项问题的回答，最有助于评价上述论证？"

"以下哪项是二人争论的焦点？"

"以下哪项恰当地概括了题干的论证方式？"

"以下哪项最为恰当地指出了上述论证的漏洞？"

"下面哪一选项在论证方式上与题干相同？"

根据提问方式的不同，可以分为常规评价、找争论的焦点、直接评价论证方法、寻找相似的逻辑结构四种。

2.评价型题目的解题步骤

评价型题目可按如下步骤解答：

(1)查看提问方式：读完题干后首先看提问方式，根据提问方式明确所要求评价的内容是常规评价、找争论的焦点还是评价论证方法。

(2)分析论证结构:带着问题对题干的论证结构进行分析,对所要评价的内容进行重点分析。

(3)对比选项和题干:在上两步的基础上,依次查看四个选项并进行分析,根据题干要求选出答案。

3.评价型题目的考查方式

(1)常规评价。常规评价题目的选项一般为疑问句,不论是一般疑问句还是特殊疑问句,对这个问句都有正反两方面的回答。当一方面的回答对题干论证起支持作用,而另一方面的回答起削弱作用时,这个问句就对题干论证有评价作用,而这个问句所对应的选项即为能对论证起到**正反两方面作用**的评价型选项。

注:正确的选项一定是对这个问句的正反两方面的回答都起作用,如果仅仅对一方面回答起作用,则不是所要选的评价型选项。

解答常规评价型题目,不但要对题干论证进行分析,还要注意体会论证的隐含假设,寻找一个能对论证起到正反两方面作用的选项。这种类型的评价型题目在银行招聘考试中是最常出现的,考生一定要熟练掌握其解题方法。

(2)找争论的焦点。有些题目往往采取对话的形式,要求考生选出对话中两人所争论的焦点。不管两人在对话中表达了几种观点,他们多数都只是在一个方面针锋相对,考生只需要把这个焦点找出来,而不需要去关注没有直接冲突的观点。

(3)直接评价论证方法。直接评价论证方法,即要求考生直接对题干论证所用的方法进行评价,有的题目是要求概括题干的论证方法;有些题目的论证中存在明显的逻辑漏洞,要求考生分析论证中存在的逻辑错误,并从选项中选择出概括最为恰当的一项。

(4)寻找相似的逻辑结构。寻找相似的逻辑结构,即考查考生对论证结构的分析能力。这类题目的特点是:题干和四个选项都是一个推理或论证。要求考生在分析题干论证结构的基础上,在选项中挑选出一个与题干最为相似的选项。由于题干往往是三段论、充分条件或必要条件的假言推理等,所以做这类题目往往需要用到必然性推理的知识。

真题回顾

(2018)某学校只允许学生参加一个社团,如果甲学生是 A 社团的成员,则其不可能是 B 社团的成员。

与上述语句的推理逻辑一致的是(　　)。

A.甲服装品牌销售市场单一,如果甲服装品牌不在 A 国销售,则该服装品牌一定不在 B 国销售

B.乙水果店只能有一个供货商,如果其在 A 供货商进货,则不会在 B 供货商进货

C.丙国规定公民只能有一国国籍,如果 A 公民拥有两国国籍,则其不可能是丙国公民

D.丁车间生产质量过硬,产品质量均合格,如果其皮鞋质量合格,则肯定是丁车间生产的

【答案】B。**解析**:题干的逻辑关系为:只能是一种情况,A 则非 B。只有 B 项和题干逻辑关系一致。

(六)结论型题目

1.结论型题目的题型特点

结论型题目类似于言语理解题目,是题干中给出一段论述或推理,要求选出能够根据题干所给信息进行归纳或推理的选项。

结论型题目的提问方式一般是:

"从上文能(或不能)推出以下哪个结论?"

"如果上述断定是真的,以下哪项也一定是真的?"

"如果上述断定是真的,那么除了以下哪项,其余的断定也必定是真的?"

"以下哪项作为结论从上述题干中推出最为恰当?"

"下列哪项最能概括上文的主要观点?"

注:有些必然性推理题目的提问方式与结论型相似,但是考查的是对直言或复言命题推理知识的掌握,并不是结论型题目。

结论型题目主要考查考生两个方面的能力,即对题干信息的理解能力和归纳能力。有的题目四个选项都是对题干信息的考查,有的题目个别选项是对题干的归纳,而其他选项是对题干信息的考查,很少出现四个选项都是归纳论点的题目。

2.结论型题目的解题步骤

结论型题目可按如下步骤解答:

(1)读材料。阅读题干文字材料,理清材料的层次和段落。可标注一些关键性信息,以便查找。

(2)找原话。根据各个选项中的关键字到题干中找到原句,目的是为了确定判断选项正确与否的空间和范围。

(3)选答案。如果是单纯对题干信息的理解,则对选项与题干原句进行比较分析,判断各个选项正确与否,结合题目要求选择出正确答案。有些题目的提问方式是"不能推出"或"推不出",审题时要特别注意,避免在考试时犯低级错误。

如果需要归纳论点,则根据题干所给信息,进行逻辑推理、总结或概括,得出结论。

3.结论型题目的解题方法

(1)对题干信息的理解。对需要理解题干信息的题目,主要考查的是对题干某些细节信息的准确理解。由于题干中的每一句话都可以作为出题方向,因此对考生的读题能力提出了更高的要求,要注意把握句子之间的逻辑关系。解题的关键就是在准确理解题干信息的基础上,对比选项与题干信息的差异。

(2)需要归纳题干论点。需要归纳论点的题目,类似于言语理解题目,考查的是对文段整体主要内容的理解概括与提取能力。具体而言就是在阅读理解的基础上准确、精炼地把握住和表述出给定材料所含的主要信息。

解题时要首先弄清题干的论证结构,找出中心句、关键词和论据;如果是单纯的说明性文段,也要找出关键词和重要信息点。

二、必然性推理

(一)直言命题

在日常生活中我们常用一些简单句子来断定事物是否具有某种性质。比如,我们都是中国人;中国是文明古国;有些人是好人;人不能做坏事……这些句子就是直言命题。

这样的句子主要由四部分组成。例如,有些人是好人。在这个句子中,被断定的对象"人"称为主项,通常用"S"表示;所要断定的性质"好人"称为谓项,通常用"P"表示;表示对象数量的词"有些"称为量项;表示对象是否具有该性质的词"是"称为联项。

联项分为肯定和否定两种。肯定一般用"是"表示,否定一般用"不是""没"等否定词表示。"是"在有些命题中可以省略,如"人会说话"这句话就省略了"是"。

量项有全称量词、特称量词和单称量词三种。全称量词表示全部,一般用"所有""凡"等表示,有时也可省略;特称量词表示部分,一般用"有""有些"表示;单称量词表示单个,通常省略,主项常为人名或地名等专有名词,如"长城是建筑奇迹"中的"长城"。

1.直言命题基础知识

(1)概念间关系。概念间的关系即指两个概念所表示的集合之间的关系,主要有全同、真包含于、真包含、交叉以及全异关系五种,如下图:

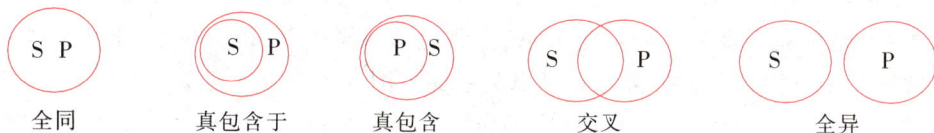

图 1-4-7　概念间关系

(2)直言命题的分类。根据联项和量项的不同,可以将直言命题分为六种:

全称肯定命题:所有 S 是 P。例如,所有人都是会笑的。

全称否定命题:所有 S 不是 P。例如,所有动物都不是植物。

特称肯定命题:有的 S 是 P。例如,有的人是好人。

特称否定命题:有的 S 不是 P。例如,有的人不是好人。

单称肯定命题:这个 S 是 P,或者 a 是 P。例如,姚明是篮球运动员。

单称否定命题:这个 S 不是 P,或者 a 不是 P。例如,刘翔不是演员。

(3)直言命题的真假关系。直言命题的真假是由主项和谓项在外延上所存在的关系决定的。具体如下表:

表 1-4-19　直言命题所表示的概念间关系

概念间关系 命题类型	全同关系 (S P)	真包含于关系 (S P)	真包含关系 (P S)	交叉关系 (S P)	全异关系 (S P)
所有 S 是 P	√	√	×	×	×
所有 S 不是 P	×	×	×	×	√
有的 S 是 P	√	√	√	√	×
有的 S 不是 P	×	×	√	√	√

(4)直言命题的变形推理。直言命题的变形推理就是通过改变直言命题的联项或主项与谓项的位置来进行的推理,主要有换质推理和换位推理两种。

①换质推理是通过改变"是"与"不是",同时在"是"后加"非",从而推出结论的推理;

②换位推理是通过改变主项(S)和谓项(P)的位置,从而推出结论的推理。

注:换质推理得到的命题与原命题等值。

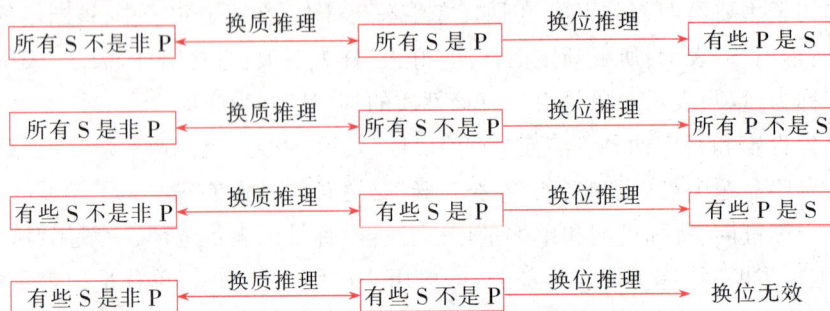

图1-4-8 直言命题的换质推理和换位推理

上图中有两个直言命题的换位推理较为特殊,需要大家记住。分别是:"所有 S 是 P"通过换位只能推出"有些 P 是 S",而"有些 S 不是 P"不能进行换位推理。

(5)直言命题的对当关系。具有相同主项和谓项的直言命题之间在真假方面存在必然的制约关系,这种关系称为真假对当关系,主要包括从属关系、矛盾关系、下反对关系和反对关系四种。银行招聘考试中常考的对当关系如下图:

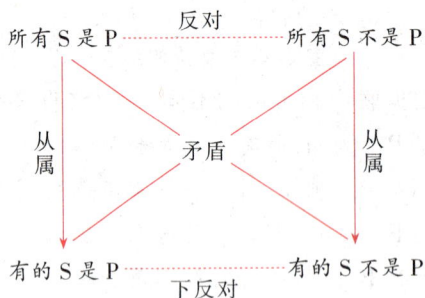

图1-4-9 对当关系

具有从属关系的两个命题之间的关系是:**全称真则特称真;特称假则全称假**。

由此得出直言命题之间的推出关系是:

所有 S(不)是 P→某个 S(不)是 P→有的 S(不)是 P。

具有矛盾关系的两个命题之间的关系是:**必有一真一假**。

除了图中的两对矛盾关系外,单称肯定命题和单称否定命题之间也是矛盾关系。

当直言命题前面加上"并非"时,为负直言命题,与原命题之间有矛盾关系。因此:

并非"所有 S 是 P"="有的 S 不是 P"

并非"所有 S 不是 P"="有的 S 是 P"

并非"某个 S 是 P"="某个 S 不是 P"

将两个命题反过来也成立,如并非"有的 S 不是 P"="所有 S 是 P"。

由此,我们可以总结出这两种等价命题相互之间的转化规律:**把"所有"和"有的"互换,"是"和"不是"互换**。

具有下反对关系的两个命题之间的关系是:**不能同假,必有一真**。

具有反对关系的两个命题之间的关系是:**不能同真,必有一假**。

(6)三段论推理。三段论推理是由两个直言命题作为前提和一个直言命题作为结论而构成的推理。其中两个前提中包含有三个不同的概念,且在前提和结论中,每个概念都出现两次。

三段论推理需要遵循一定的规则,尤其当**题干给出一个前提和结论,要求补充另一个前提**时,三段论推理规则就显得更为有用。但事实上,许多考生并不能很容易地理解这些规则。因此,在这里只给大家介绍常用的两条规则:

一特得特。两个前提不能都是特称命题,且只要前提有一个为特称,则结论为特称。

一否得否。两个前提不能都是否定命题,且只要前提有一个为否定,则结论为否定。

(7)直言模态命题。直言模态命题即直言命题加上"必然""可能"等模态词的命题,是银行招聘考试中常见的模态命题类型。例如,明天可能会下雨。在银行招聘考试中,主要考查模态命题间的相互转化。

与直言命题类似,模态命题中存在以下两组矛盾关系:

①"必然 P"与"可能非 P"

②"必然非 P"与"可能 P"

与直言命题类似,在模态命题前加上"并非",即为其负命题,与原命题之间有矛盾关系。因此:

并非"必然 P"="可能非 P",即不必然=可能不;

并非"必然非 P"="可能 P",即不必然不=可能;

并非"可能 P"="必然非 P",即不可能=必然不;

并非"可能非 P"="必然 P",即不可能不=必然。

这一转化关系与直言命题类似,可简记为:**把必然与可能互换,肯定与否定互换**。

2.直言命题题型精讲

(1)直言命题一句推论型。一句推论型题目的出题方式为题干给出一个命题,且告诉其真假,要求考生根据这些命题进行推理。

一句推论型题目的题干给出的是直言命题,一般要求根据该直言命题的真假情况来判断各选项的真假。

直言命题一句推论型题目解题需要运用的知识点主要为直言命题对当关系及其推理,因此要掌握具有矛盾、反对、下反对以及从属关系的命题类型以及直言命题的变形推理。

(2)直言命题多句推论型。多句推论型题目是银行招聘考试中的重点题型之一,其出题方式为:题干给出多个命题,要求考生根据这些命题进行推理得出结论。

多句推论型即题干给出多个直言命题,一般来说这些命题都是真的,要求考生根据给出的概念或命题之间的关系进行进一步的推理。

直言命题多句推论型题目基本上都可以根据直言命题真假关系,画文氏图法来解题,即将每一个命题的主项和谓项外延间的关系用文氏图表示出来,然后再进行判断。

(3)三段论补充前提型。补充前提型题目的设置方式一般为:题干给出几个命题分别作为前提条件和结论,但是仅由题干所给的前提条件并不能得出结论,要求考生补充一个能够得出结论的前提条件。

题干给出两个直言命题,一个作为前提,一个作为结论,要求考生选择能够组成一个正确的三段论推理的选项作为前提。

(4)直言命题未知真假型。未知真假型题目的设置方式比较固定,几乎都是一个模式:题干给出几个人的对话或者是几个命题,并且告知这几个命题中为真或为假的个数,但是却不告知考生具体哪个命题为真或为假,要求考生根据已知条件对选项进行判断。

题干所给出的命题都是直言命题的未知真假型题目,要求考生根据直言命题之间的对当关系进行推理。

对于直言命题未知真假型题目,考查的知识点为直言命题的矛盾关系、反对关系和下反对关系。

(二)复言命题

复言命题一直是银行招聘考试中的难点。掌握其中的一些知识点对解可能性推理题目有一定的帮助,需要大家引起重视。

1.复言命题基础知识

复言命题,又称复合命题,是由若干个命题通过逻辑连接词组合而成的命题。例如,一滴水只有放进大海里才永远不会干涸。其中"只有……才……"为连接词,"放进大海里"和"永远不会干涸"是构成复言命题的肢命题。

根据逻辑连接词的不同,复言命题可以分为以下四种:

(1)联言命题。联,是联合的意思,联言命题就是将若干个命题联合起来,表示这些情况同时存在的命题。

可表示为:p 并且 q(p、q 是联言肢,"并且"是连接词)。

真假关系:联言命题只要有一个联言肢为假即为假。比如,只要考试时间紧和题目难有一个不成立,则该联言命题为假。即**一假即假,全真才真**。

注:表示转折、顺承、递进等关系的命题都是联言命题,如包含"虽然……但是……""不是……而是……"等连接词的命题。

(2)选言命题。选,是选择的意思,选言命题就是给出若干个命题,可以选择出一种或者多种情况存在的命题。根据所能选择的情况不同,可以分为两种:

①**相容选言命题**:多种情况可以同时存在。

可表示为:p 或者 q(p、q 是选言肢,"或者"是连接词)。

其他连接词还有"或……或……""可能……也可能……"等。

②**不相容选言命题**:只允许一种情况存在。

可表示为:**要么 p,要么 q**(p、q 是选言肢,"要么……要么……"是连接词)。

其他连接词还有"或……或……""二者不可兼得"等。

(3)假言命题。假,是假设的意思,假言命题就是带有假设条件的命题。假言命题通常包含两个肢命题:反映条件的肢命题在前,称为前件;反映结果的肢命题在后,称为后件。根据前后件之间条件关系的不同,又可分为三种:

①**充分条件假言命题**:当条件 p 存在时,结论 q 一定成立,而无须考虑其他条件,则 p 是 q 的充分条件,即"有它就行"。

可表示为:**如果 p,那么 q 或 p→q**(p 是前件,q 是后件,"如果……那么……"是连接词)。

其他连接词还有"只要……就……""若……则……"等。

真假关系:当 p 出现而 q 没有出现时,充分条件假言命题才为假,即"**p 真 q 假才为假**"。

注:充分条件假言命题并未断定条件 p 未出现时的情况,所以条件 p 为假时该命题恒成立。

②**必要条件假言命题**:当条件 p 不存在时,结论 q 一定不成立,则 p 是 q 的必要条件。即"没它不行"。

可表示为:**只有 p,才 q 或 p←q**(p 是前件,q 是后件,"只有……才……"是连接词)。

其他连接词还有"不……不……""除非……否则不……""没有……就没有……"等。

真假关系:当 p 不存在但 q 成立时,必要条件假言命题才为假,即"**p 假 q 真才为假**"。

注:必要条件假言命题并未断定条件 p 存在时的情况,所以条件 p 为真时该命题恒成立。

③**充分必要条件假言命题**:表示 p 是 q 的充分条件和必要条件的命题,即表示 p 与 q 等值的命题。

可表示为:**p 当且仅当 q 或 p↔q**(p 是前件,q 是后件,"当且仅当"是连接词)。

其他连接词还有"若……则……,且若不……则不……""当且仅当……"等。

真假关系:当 p 与 q 不等值时该充分必要假言命题为假,即"**p、q 不同真假时为假**"。

注:充分条件假言命题和必要条件假言命题是银行招聘考试的重点之一,但充分必要条件假言命题在银行招聘考试中出现得较少,且较简单,这里不再赘述。

(4)负命题。负,是否定的意思,负命题,又称矛盾命题,就是对原命题进行否定的命题。

可表示为:**并非 p**(p 是原命题,"并非"是连接词)。

真假关系:负命题的真假与原命题相反。当 p 为真时,则其负命题"并非 p"为假。因此,一个命题的负命题等值于与原命题具有矛盾关系的命题。

根据上述所说的各种命题的真假关系可得出其负命题如下表:

表 1-4-20　各种复言命题的负命题

原命题	负命题
p 并且 q (银行招聘考试时间紧并且题目难)	非 p 或者非 q (银行招聘考试时间不紧或者题目不难)
或者 p,或者 q (去德国馆或者去意大利馆)	非 p 并且非 q (既不去德国馆也不去意大利馆)
要么 p,要么 q (要么顽强抵抗,要么屈膝投降)	"p 并且 q"或者"非 p 并且非 q" ("既顽强抵抗,又屈膝投降")或者 "既不顽强抵抗,又不屈膝投降)

表 1-4-20（续）

原命题	负命题
如果 p，那么 q （如果天下雨，那么地湿）	p 并且非 q （天下雨但地没湿）
只有 p，才 q （只有年满 18 周岁才有选举权）	非 p 并且 q （未年满 18 周岁却有选举权）
当且仅当 p，才 q （当且仅当你去了，我才会去）	"p 并且非 q" 或者 "非 p 并且 q" （"你去了我没去" 或者 "你没去但我去了"）

2.复言命题的基本推理规则

（1）联言推理。联言推理即依据联言命题的逻辑性质进行的推理。联言命题的推理规则有两条：

①全部肢命题为真推出联言命题为真；

②联言命题为真，可推出其中任一肢命题为真。

其推理的有效式可表示为：

$$\frac{p \text{ 并且 } q}{\text{所以，} p(q)}$$
分解式

$$\frac{p,\ q}{\text{所以，} p \text{ 并且 } q}$$
组合式

图 1-4-10 联言命题推理有效式

（2）选言推理。选言推理即依据选言命题的逻辑性质进行的推理。相容和不相容选言推理如下表：

表 1-4-21 选言命题推理规则

	相容选言命题（p 或者 q）	不相容选言命题（要么 p，要么 q）	
推理规则	肯定一部分选言肢，不能否定另一部分选言肢 否定一部分选言肢，可以肯定另一部分选言肢	肯定一个选言肢，就能否定其余的选言肢 否定一个选言肢以外的所有选言肢，就能肯定 未被否定的那个选言肢	
推理 有效式	$$\frac{p \text{ 或者 } q}{\text{所以，} q(p)}$$ 否定肯定式	$$\frac{\text{要么 } p，\text{要么 } q}{\text{所以，} q}$$ 否定肯定式	$$\frac{\text{要么 } p，\text{要么 } q}{\text{所以，非 } q}$$ 肯定否定式
示例	"去德国馆或者去意大利馆" 不去德国馆⇒去意大利馆 去德国馆⇏不去意大利馆	"要么顽强抵抗，要么屈膝投降" 顽强抵抗⇒不屈膝投降 不顽强抵抗⇒屈膝投降	

（3）假言推理。假言推理即依据假言命题的逻辑性质进行的推理。充分条件与必要条件假言推理如下表：

表1-4-22　假言命题推理规则

	充分条件假言命题(如果 p,那么 q 或 p→q)		必要条件假言命题(只有 p,才 q 或 p←q)	
推理规则	肯定前件就能肯定后件,否定后件就能否定前件 否定前件不能否定后件,肯定后件不能肯定前件		否定前件就能否定后件,肯定后件就能肯定前件 肯定前件不能肯定后件,否定后件不能否定前件	
推理 有效式	如果 p,那么 q p ——— 所以,q **肯定前件式**	如果 p,那么 q 非 q ——— 所以,非 p **否定后件式**	只有 p,才 q 非 p ——— 所以,非 q **否定前件式**	只有 p,才 q q ——— 所以,p **肯定后件式**
示例	"如果下雨,那么地就湿" 下雨⇒地湿;地没湿⇒没下雨 没下雨⇏地没湿;地湿⇏下雨		"不到长城非好汉"="只有到长城才是好汉" 不到长城⇒不是好汉;好汉⇒到长城 到长城⇏好汉;不是好汉⇏不到长城	

在银行招聘考试中,大部分考查复言命题的题目都需要用到其基本推理规则,即使是在使用矛盾关系解题的过程中,也可能使用到推理规则。因此,大家务必牢记这些推理规则。

3.复言命题的复杂推理

在银行招聘考试中,有些题目涉及了多个复言命题,除了使用其基本推理规则以外,有的还需要使用多个复言命题组合而成的复杂推理,考生对此也要有一定的了解。

(1)假言连锁推理。

有首老歌叫《酒干倘卖无》,歌中唱道:没有天哪有地,没有地哪有家,没有家哪有你,没有你哪有我。

这就是一个假言连锁推理,推理的结果是:没有天就没有我。像这种从前提中几个相同性质的假言命题推出一个新的相同性质的假言命题的假言推理,就是假言连锁推理。

其中充分条件假言连锁推理可表示如下:

如果 p,那么 q;

如果 q,那么 r;

所以,如果 p,那么 r。

即:p→q,q→r,所以 p→r。

注:假言连锁推理要求前提中的前一个假言命题的后件必须与后一个假言命题的前件相同。

(2)二难推理。

《红楼梦》中有一段话描述了贾宝玉得知林黛玉在私室内私祭后的心理活动:"但我此刻走去,见她伤感,必极力劝解,又怕她烦恼郁结于心;若不去,又恐她过于伤感,无人劝止,两件皆足致疾……"

在文段中,贾宝玉想:如果去看林黛玉,怕她烦恼郁结于心而成疾病;不去看林黛玉,怕她过于伤感而成疾病。无论是否去看林黛玉,都可成疾病。这就是一个二难推理。

二难推理是由两个假言命题和一个选言命题作前提,推出结论的推理。在银行招聘考试中出现的二难推理都比较简单,大家只需记住这种推理的结论是由各选言肢所能推出的命题组成的即可。

4.复言命题题型精讲

(1)复言命题一句推论型。复言命题一句推论型的题干给出的是复言命题,要求根据各复言命题的真假关系及推理规则来判断各选项的真假。有时题干所给的命题并不是标准的复言命题形式,需要将其转化为标准形式。

复言命题一句推论型题目考查的知识点有:

充分条件和必要条件的转换关系(如果 p,那么 q=只有 q,才 p),另外要注意"除非 p,否则 q=如果非 p,那么 q=只有 p,才非 q";

复言命题与其肢命题的真假关系;

复言命题推理规则,尤其是充分条件假言命题和必要条件假言命题推理规则;

各复言命题的负命题或等值命题,尤其要注意假言命题与选言命题的转化(如果 p,那么 q=非 p 或 q;只有 p,才 q=p 或非 q)。

(2)复言命题多句推论型。复言命题多句推论型即题干给出若干个复言命题,或者给出一个或者多个复言命题,同时还给出了一个或者两个直言命题,要求考生根据命题之间的关系或推理规则进行推理。

复言命题多句推论型题目是必然性推理部分的重点题型。其考查的知识点一般为复言命题的推理规则,部分题目还有可能涉及概念间关系、直言命题以及模态命题知识点的综合运用。

(3)复言命题补充前提型。题干给出一个或几个复言命题,然后给出一个结论,要求考生选择推出这个结论需要加的前提。

(4)复言命题未知真假型。题干给出的命题多为复言命题的未知真假型题目,要求根据复言命题之间的关系进行推理从而得到答案。

复言命题未知真假型题目,考查的知识点为复言命题的矛盾命题,在解题时与直言命题一样,直接去寻找具有矛盾关系的两个命题即可。找到两个矛盾命题后,按照直言命题未知真假型解题步骤进行就可以快速得出答案。

三、智力推理

(一)真假型

真假型题目的题干给出几句对话,并未指明哪句为真哪句为假,要求根据题干对话进行推理。这类题目与必然性推理的判断真假的题型特点相似,但却无法运用必然性推理知识进行解题。

(二)排序型

排序型题目的题干给出多个确定条件,只涉及了一类元素,但这些元素存在时间上的先后顺序、位置上的次序关系或者数量、程度的比较关系等。

(三)匹配型

匹配型题目的题干给出多个确定条件,所涉及的事物包含两类或两类以上元素,且这些元素之间存在对应关系,要求根据题干给出的条件对题干元素进行匹配,找出其对应关系。

(四)数学型

数学型题目的题干往往会出现数字、倍数关系或者其他与数学知识相关的条件,与在数学运算部分出现的推理题目有一定的相似性。

(五)其他型

实际上在银行招聘考试中,有很多题目并不属于以上所讲的任何一种类型,这类题目往往涉及的条件很多。

其他型题目,虽然没有一个特定的结构特点,但是大部分都可根据题干条件直接进行推理;如果不能,则使用假设法或代入法。

考点三　定义判断

一、定义的基础

定义判断是银行招聘考试中重点考查的题型之一,要想快速地解答定义判断题,首先必须掌握定义的基本逻辑知识。

(一)定义的要素与逻辑方法

给一个概念下定义,就是用精练的语句将这个概念的内涵揭示出来,也就是揭示这个概念所反映的对象的本质属性。

1.定义的要素

定义是由被定义项、定义项和定义联项三个部分组成:被定义项是通过定义来揭示其内涵的概念;定义项是用来揭示被定义项内涵的概念;联结被定义项和定义项的概念是定义联项,一般用"是"表示,也可省略,而用":"来代替。

定义可表达为:(被定义项)是(定义项)。

2.定义的逻辑方法

定义的方法主要是"属"加"种差"法。

"属"加"种差",就是通过揭示概念最邻近的"属"概念和"种差"来明确概念内涵的逻辑方法。可用公式表示为:**被定义项=邻近属概念+种差**

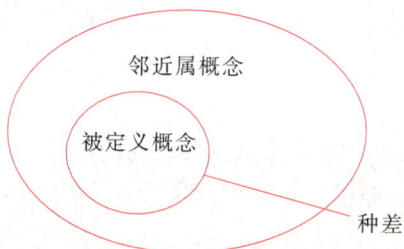

图1-4-11 定义的逻辑方法

下定义的步骤如下:

第一步,找出被定义项的邻近属概念,即比被定义概念范围更大、外延更广的概念,以确定被定义概念所反映的对象属于哪一类事物。

第二步,找出种差,即找出它的特有属性。图中被定义概念与邻近属中其他概念之间的线是被定义项的种差,即指被定义项的这个种概念与其所在属中其他种概念在内涵上的差别,这种差别也就是被定义概念所反映的对象同其他对象的本质区别。

第三步,按照"(被定义项)是(定义项)"的形式表达出来。

银行招聘考试中所给出的定义是不容置疑的,这就要求应试者在解题时,要准确理解被定义项的内涵,不要放大或缩小,否则就会对定义产生误解,犯类似"定义过宽"或"定义过窄"的错误。

(二)定义要点的分类

解答定义判断题目,最常用而且最有效的方法就是提取要点法。但是,怎样才能准确地提取出定义的要点呢? 我们可以从主体、客体、主观要素、客观要素四个方面考虑,其中主观要素是指目的、目标等,客观要素则是指采取的手段、达到的效果等。当这些要点在题干中非常明确,并是解题的关键点时,解题将会变得比较顺利,这时考生只要能抓住要点,便能成功找出正确选项。定义的很多要点是可以通过提示词来确定的。常见的要点类型有以下几种:

1.主体

主体,是指行为或事件的发动者、当事方。实际上,每个定义都会有主体,但是有的定义会特别指出主体类型,一般位于定义项的前面。当然还有一些定义的主体是大家都熟知的,往往不作为定义的要点,甚至有的定义中会省略主体。因此,在寻找定义要点时,首先要确定该定义是否有明确的主体。有的定义判断题目仅仅依靠区分主体就可以得到正确答案,但这样的题目毕竟是少数,大部分题目需要结合其他要点来确定答案。

2.客体

与主体相对应的是客体,也就是我们通常所说的对象,是指行为或事件的承受者、被指向者。单独以客体为要点就能对选项进行判断的定义比较少,一般需和其他要点结合在一起才能判断。常见的提示词有"针对""对于"等。

3.目的

有些定义中会明确指出其目的或动机,即主观要素,也就是行为者主观上具有什么样的动机、意图,追求什么样的目的。

常见的提示词有:"达到……目的""为了""确保""以期""意图""出于""以……为目的"等。

4.原因

有些定义中规定了产生某些现象或采取某些行为的原因,这类信息一般也是定义的要点。

常见提示词有:"由于……原因""出于""因为""因"等。

5.条件

有些定义中还包含了一些成立的前提条件或者对主体、客体或行为的限定,也应该引起注意。

常见的提示词有："以……为前提""以……为基础""在……条件下""……时""以……为依托""基于"等。

6.方式、方法或手段

有些题目定义有表示方式、方法或手段的关键信息,有时也会作为定义的要点出现。

常见的提示词为："通过……方式""通过……手段""采用……手段"等。

7.结果

除了上面几种要点外,有些定义还会明确指出要有什么样的结果等,而结果一般跟在"造成""导致""致使""从而"等词语后面。

真题回顾

(2018)巴纳姆效应产生的原因被认为是"主观验证"的作用,即当有一条观点声称专门描述某人时,就很可能被接受。因为想要相信一件事,人们还会搜集各种"证据"来支持自己的设想。它主要表现为人们很容易相信一个笼统的、一般性的人格描述特别适合自己,即使这种描述十分空洞,人们仍会认为其反映了自己的真实面貌。

根据上述定义,下列描述不体现巴纳姆效应的是(　　)。

A.小李接受人格测验后收到了一份报告,该报告实际上只是描述了所有受测者的平均结果,但小李认为报告准确地反映了自己的人格特征

B.小王因失恋情绪低落,路遇算命先生对他说:"你是个渴望家庭的人,但与异性交往时可能有些困难",小王觉得算命先生料事如神

C.一群星座爱好者对某连环杀人犯进行分析,得出了"正是其出生星座普遍追求完美的性格导致其精心策划、连续犯案"的结论

D.某专家在某小学随机抽取了 10 名学生,并告诉老师他们"最有发展潜能",三个月后专家回访小学时发现那些学生的成绩突飞猛进

【答案】C。解析:巴纳姆效应定义的关键信息:人们很容易相信一个笼统的、一般性的人格描述特别适合自己,然后接受它。A、B、D 三项均符合定义。C 项不是觉得描述符合自己,而是把一个笼统的、一般性的人格描述用在别人身上。

二、定义判断题型分类

(一)传统对应型

传统对应型定义判断题目是考试中出现比较多的题型,它是指题干给出一个定义,要求对四个选项进行分析理解,从而选出最符合或最不符合定义的一项。我们可以把要点分析的方法充分运用到解题中,这将大大提高解题的速度和正确率。

(二)升级筛选型

升级筛选型题目,题干中会给出两个或两个以上相互间有联系的定义,通过比较可以更好地理解题干定义的要点。这种题目由于给出的定义不止一个,会给考生的审题造成一定的

困难。但在提问中往往只考查其中一个定义,因此需要对题干所给多个定义进行筛选,避免因为混淆提问定义和迷惑定义而导致失分或者浪费解题时间。

考点四 类比推理

类比推理包括传统型与对当型两种考查方式。

传统型题目是指题干和四个备选答案分别为完整的一组词的题目。银行招聘考试所涉及的题目主要有两种:两词型和三词型。

两词型:A:B(其中 A、B 一般为有着某种关系的两个词项)

三词型:A:B:C(其中 A、B、C 一般为有着某种关系的三个词项)

对当型题目是在传统型的基础上发展而来的,也称双重类比推理。对当型与传统型的区别在于:题干不存在完整的一组词。对当型的题干和四个备选项均涉及两组词,即题干分别涉及两组词的部分选项,而四个备选项给出了题干所缺少的词项。

对当型:A 对于 ( ) 相当于 ( ) 对于 B

尽管类比推理有不同的考查方式,但解题的本质都是词项间关系的相似性。掌握考试中常见的一些词项间关系,对于快速准确地解答类比推理题有着重要的意义。银行招聘考试中常见的词项间关系可以分为概念间关系、近反义关系、描述关系、条件关系和语法关系五类。

一、概念间关系

我们这里说的概念间关系有全同关系、包含关系、交叉关系、全异关系和并列关系。全异关系在银行招聘考试中并不常见,下面,我们主要详细介绍一下全同、包含、交叉和并列这四种关系。

表 1-4-23 概念间关系

全同关系	指一组词所指代的是同一个概念,即同一事物的不同称谓 比如同一事物的全称、简称、别称、美称、谦称、敬称等,或者对应的音译名和中文名、现代语和文言文、口语和书面语等
庙堂:朝廷 A.烽烟:史册　　　　　　　　　　　　　　　B.桑麻:农事 C.桃李:同学　　　　　　　　　　　　　　　D.黄发:小孩 **解析:**此题答案为 B。庙堂用来指代朝廷,桑麻用来指代农事。	
包含关系	指一种事物是另一种事物其中的一种或一部分 比如种与属、整体与部分等
地理:自然地理:经济地理 A.城市:居民区:商业区　　　　　　　　　　B.卫星:遥感:雷达 C.糖果:水果糖:芝麻糖　　　　　　　　　　D.单位:千米:公里 **解析:**此题答案为 C。种属关系。自然地理和经济地理都是地理的一种;水果糖和芝麻糖都是糖果的一种。A 项居民区和商业区是城市的一部分。	

表 1-4-23(续)

交叉关系	指两个词语所代表的集合有相同部分,也有不同部分

影星:江西人

A.蔬菜:种植　　　　　　　　　　　　　B.专家:军人

C.鼓手:乐队　　　　　　　　　　　　　D.社会:自然

解析:此题答案为 B。影星和江西人是交叉关系,有的影星是江西人,有的不是江西人。专家和军人也是交叉关系,有的专家是军人,有的不是军人。

并列关系	指词语所表示的概念都是属于同一个大类的事物,或者具有某种共同属性

玉佩:荷包

A.国画:水墨　　　　　　　　　　　　　B.走马灯:灯笼

C.管乐:圆号　　　　　　　　　　　　　D.长镜头:蒙太奇

解析:此题答案为 D。玉佩和荷包是并列关系,同属于装饰品;长镜头和蒙太奇是并列关系,同属于电影技术手法。

二、近反义关系

在银行招聘考试中常见的近反义关系主要有近义关系和反义关系两种,其中两个词项间既可以是近义词、反义词,也可以是有相近或相反含义的两个词。

表 1-4-24　近反义关系

近义关系	指含义相近的两个词语之间的关系,不仅限于同义词、近义词

殚精竭虑:鞠躬尽瘁

A.绞尽脑汁:有心无力　　　　　　　　　B.卧薪尝胆:含辛茹苦

C.博闻强识:孤陋寡闻　　　　　　　　　D.见微知著:一叶知秋

解析:此题答案为 D。殚精竭虑和鞠躬尽瘁是近义词,见微知著和一叶知秋也是近义词。

反义关系	指含义相反的两个词语之间的关系,不仅限于反义词,也可以是词性不同的两个词语

聪明:愚蠢

A.整数:有理数　　　　　　　　　　　　B.红灯:黄灯

C.算术:算盘　　　　　　　　　　　　　D.民主:专政

解析:此题答案为 D。聪明和愚蠢是反义词,民主和专政是反义词。

三、描述关系

根据所描述的对象的不同,银行招聘考试中常见的描述关系主要可分为与事物相关、与人相关、与作品相关、与历史相关四种。解答后两种题目需要有一定的常识作为基础。

表1-4-25 描述关系

与事物相关	既包括对事物的性质、象征意义、功能、用途等属性的描述,也包括对事物的活动空间、场所、所在地、原材料、作用对象等其他相关内容的描述

水泥:房屋

A.布料:衣服　　　　　　　　　　　　B.沙子:沙漠

C.木材:钢筋　　　　　　　　　　　　D.打印机:电脑

解析:此题答案为A。事件及其原材料的关系。水泥是建造房屋的原材料,布料是制作衣服的原材料。

与人相关	主要是与特定群体所从事的职业相关的描述 包括对其职业特征、工作地点、工作对象、工作内容、所用工具等相关内容的描述

杂志 对于 ( ) 相当于 ( ) 对于 农民

A.编辑 蔬菜　　　　　　　　　　　　B.书刊 农村

C.传媒 农业　　　　　　　　　　　　D.报纸 果农

解析:此题答案为A。编辑编写杂志,农民种植蔬菜。

与作品相关	既包括对作品的作者、体裁、作品中人物、年代、背景等的描述,也包括对作品中的诗句的出处、相关对象等的描述

白居易:在天愿作比翼鸟,在地愿为连理枝

A.曾巩:明月不谙离恨苦,斜光到晓穿朱户

B.张若虚:春江潮水连海平,海上明月共潮生

C.岳飞:莫等闲,白了少年头,空悲切

D.王实甫:枯藤老树昏鸦,小桥流水人家,断肠人在天涯

解析:此题答案为B。"在天愿作比翼鸟,在地愿为连理枝"出自唐朝白居易的长诗《长恨歌》,B项"春江潮水连海平,海上明月共潮生"出自唐朝张若虚的长诗《春江花月夜》。A项"明月不谙离恨苦,斜光到晓穿朱户"出自北宋晏殊的词《蝶恋花》;C项"莫等闲,白了少年头,空悲切"出自南宋岳飞的词《满江红》,作品体裁与题干不同;D项"枯藤老树昏鸦,小桥流水人家"出自元代马致远的曲《天净沙·秋思》。

与历史相关	指对历史上所发生的事件或与传说相关的描述 包括对历史事件、成语典故、节日来源与传说等的发生时间、相关人物及内容等的描述

中秋节:月饼:团圆

A.圣诞节:圣诞老人:礼物　　　　　　B.清明节:扫墓:踏青

C.情人节:巧克力:约会　　　　　　　D.重阳节:菊花酒:敬老

解析:此题答案为D。中秋节吃月饼,中秋节是团圆的节日;重阳节喝菊花酒,重阳节是敬老的节日。

四、条件关系

在银行招聘考试中常见的条件关系主要有因果关系、顺承关系、目的(方向)关系和必要条件关系四种。

表1-4-26 条件关系

因果关系	指一个动作或事件的发生导致或引起了另一个动作或事件的发生
疾病:抑郁	
A.赢利:质量 B.感冒:寒冷 C.书法:文雅 D.虫灾:减产	
解析:此题答案为B。可能因疾病而抑郁,也可能因抑郁而产生疾病;可能因感冒而感到寒冷,也可能因寒冷而感冒。	
顺承关系	指几个动作或事件相继发生,具有一定的先后顺序
矛盾:冲突:战争	
A.接触:交流:融合 B.细微:低下:渺小 C.吵架:争执:斗殴 D.无端:无故:无理	
解析:此题答案为A。先有矛盾才会有冲突,冲突激化会引发战争。A项先有接触才会产生交流,充分交流之后会产生文化融合。C项争执应发生在吵架之前。	
目的(方向)关系	指某个事件的发生是以另一个事件为目的的,或者某个事件是另一个事件的手段;也指某个事件(事物)为其他事件的发生提供了方向或起到了指引的作用
打折:促销:竞争	
A.奖金:奖励:激励 B.日食:天体:宇宙 C.娱乐:游戏:健康 D.京剧:艺术:美感	
解析:此题答案为A。打折是促销的一种手段,促销是为了达到竞争的目的。奖金是奖励的一种手段,是为了达到激励的目的。	
必要条件关系	指只有当一个事件发生时,另一个事件才会发生;但前一个事件并不必然导致后一个事件的发生。则称前一个事件是后一个事件的必要条件
18周岁:选举权	
A.下雨:地湿 B.氧气:燃烧 C.瓜熟:蒂落 D.水涨:船高	
解析:此题答案为B。年满18周岁是有选举权的必要条件,氧气是燃烧的必要条件。	

五、语法关系

在银行招聘考试中常见的语法关系主要有主谓结构、动宾结构、偏正结构等。除此之外,在考查成语结构时还可能会出现并列结构。

表1-4-27 语法关系

主谓结构	指两个词语可以构成主谓结构的短语或者词语本身的构成是主谓结构
( )对于 爬行 相当于 青蛙 对于( )	
A.缓慢 害虫 B.匍匐 蟾蜍	
C.运动 动物 D.螃蟹 跳跃	
解析:此题答案为D。主谓结构,螃蟹爬行,青蛙跳跃。	
动宾结构	指两个词语可以构成动宾结构的短语或者词语本身的构成是动宾结构
重视:人才	
A.依法:治国 B.商品:销售	
C.掌握:知识 D.作战:军队	
解析:此题答案为C。动宾结构。重视人才,掌握知识,其余选项均没有此关系。故答案选C。	

表 1-1-27（续）

偏正结构	指两个词语可以构成偏正结构的短语或者词语本身的构成是偏正结构
山色：水声	
A.珠圆：玉润	B.春花：秋月
C.钟鼓：琴瑟	D.天寒：地冻
解析：此题答案为 B。山色与水声都是偏正结构；B 项春花与秋月也是偏正结构。A、D 两项均是主谓结构的词语，后者修饰前者，与题干关系不同。	
并列结构	指两个词语可以构成并列结构的成语或者词语本身的构成是并列结构
三心：两意	
A.五脏：六腑	B.朝令：夕改
C.惊世：骇俗	D.信誓：旦旦
解析：此题答案为 C。三心与两意是并列结构且表达的意思相同，惊世与骇俗是并列结构且表达的意思相同。	

　　除了上述几类常见关系，类比推理题的词项间关系其实多种多样，数不胜数。但其他关系基本都是上述这些常见关系的延伸，只有少数需要背景知识的题目关系比较特殊，且考试中较少出现。因此，大家只需要了解这几类常见的关系，对解答类比推理题来说就已经够了。

习题演练

1.从所给四个选项中，选择最合适的一个填入问号处，使之呈现一定规律性：

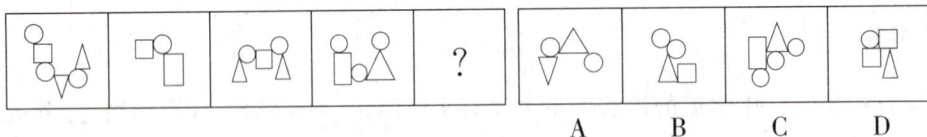
A　B　C　D

2.从所给四个选项中，选择最合适的一个填入问号处，使之呈现一定规律性：

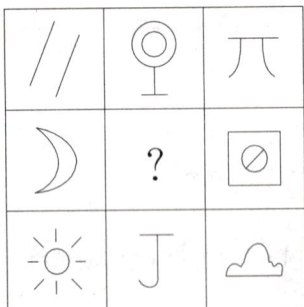

视频讲解

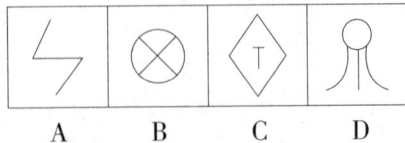
A　B　C　D

3.从所给四个选项中,选择最合适的一个填入问号处,使之呈现一定规律性:

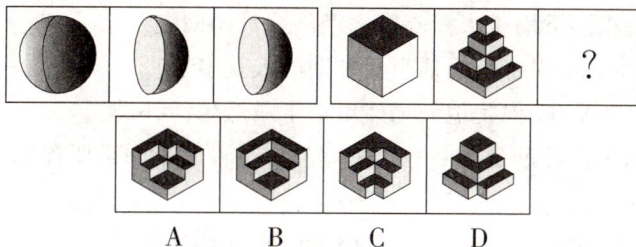

A　　B　　C　　D

4.科学家研制出一种新型纳米涂层材料,能够促使任何液体从物体表面反弹出去。例如,油类、酒、有机酸、有机碱和溶剂等表面张力很低的液体洒到用这种材料制作的衣物上时,会立刻被反弹,不会弄脏衣物。因此,有商业人士预测,这种材料如果大量用于生产服装,洗涤剂的销量将大幅下降。

以下哪项如果为真,不能质疑该商业人士的预测?

A.消费者使用洗涤剂往往还因为洗涤剂具有消毒的功效

B.这种涂层材料将影响服装穿着的舒适度,从而影响服装的销量

C.该研究成果商业化还需要相当长的一段时间

D.人们习惯于根据穿着时间来洗衣服,无论衣服是否已经被弄脏

5.按照公布的计划,"昊鲲"战机部署到扶桑洲机场后,将在扶桑洲北部的训练航线上进行超低空飞行训练,训练时间段的28%为傍晚。这意味着居住在训练航线下的民众,将要承受更多的噪音困扰。

以下哪项如果为真,最能支持以上论述?

A.其他飞机傍晚的飞行训练量减少了26%

B."昊鲲"的加入,将使原训练航线的利用率增加21%

C."昊鲲"部署后,政府将对居住在训练航线下的民众进行搬迁

D."昊鲲"战机是大型运输机,在傍晚的轰鸣声较之其他类型的飞机稍大

6.美国南加州大学的科学报告说,他们在实验鼠脑部的海马区植入电极,训练它们进行一系列杠杆操作并给予相应奖励,并通过电极记录这一过程中实验鼠的脑部活动。此前的研究表明,海马区能把短期记忆转换成长期记忆。科学家随后在实验鼠的海马区注入某种物质,阻断与长期记忆有关的神经信号。观察表明,这使实验鼠忘记了所受的训练。然而,当研究人员用电极向实验鼠脑部输入信号、模拟训练过程中的脑部活动时,实验鼠又暂时记起了正确的操作顺序。但是如果输入的是打乱过的信号,就没有这种效果。

以下推论正确的是(　　)。

A.实验鼠大脑的海马区如果受到损害,将无法记起刚刚学过的内容

B.向大脑输入特定序列的信号,可以为实验鼠重建失去的记忆

C.将某项工作编辑成特定的信号输入大脑,可以让人自动学会该项工作

D.实验鼠学习杠杆操作的过程,就是海马区处理和传输神经信号的过程

7.某县政府部门工作人员表示:"总的来说,我县居民的家庭经济困难情况比起以前更加严峻了。这种情况十分明显,因为我县居民申请最低生活补助的人数越来越多了。"

以上结论基于的假设是(   )。

A.金融危机使得很多下岗工人面临家庭经济困难的问题

B.许多人不找工作,所以申请最低生活补助的人就多了

C.尽管有的居民有工作,但是他们仍然申请了最低生活补助

D.是否申请最低生活补助是判断一个家庭经济是否困难的重要标志

8.茶馆:客人:茶

A.电影院:观众:电影   B.法庭:法官:案件

C.农民:耕种:庄稼   D.医院:病人:疾病

9.重力 对于 流水 相当于 (   ) 对于 (   )

A.镜子 反射   B.书本 知识

C.运动 惯性   D.折射 彩虹

10.有价无市:价格高,但交易的不多。一般指行情很高,但销售形势并不好。

有市无价:市场上交易频繁,但价格不高。一般指供应量大导致价格上不去。

根据以上定义,以下说法正确的是(   )。

A.在经济危机的影响下,欧洲足坛有价无市,各大俱乐部纷纷减缩购买新人的资金预算

B.藏品市场价格混乱,有市无价,一些"奇石"的拍卖价格时高时低,完全看买家的眼缘

C.楼市形势出现反弹,有价无市,炒楼人士纷纷惜售,买家出价即使提高一成也难以买到原来看中的楼盘

D.国家虽然发行了大量的奥运纪念币,但是在奥运会后收藏价值能显著提升的预期下,纪念币的价格被越炒越高,大家纷纷抢购,有市无价

参考答案

1.【答案】A。解析:图形中的直线小图形都被圆圈间隔开来,不相接,选项中只有 A 项符合。

2.【答案】D。解析:从每列来看,第一列直线与曲线的交点数均为 0,第二列均为 1,第三列均为 2,选项中只有 D 项符合。

3.【答案】C。解析:每组第二个图形和第三个图形组合可得到第一个图形。根据第二组第二个图形最上层的小立方体可确定所选图形底面应缺一个小立方体,排除 A、B 两项。又根据第二层中缺一个小立方体可知,所选图形顶层应有一个与之契合的小立方体,排除 D 项。

4.【答案】C。解析:题干由新型涂料能使衣服不被弄脏,推出这种材料如果大量用于生产服装,洗涤剂的销量将大幅下降。A 项指出由于洗涤剂具有消毒的功效,因此销量可能不会受影响。B 项指出因舒适度的原因,使用该种材料生产的服装的销量有限。D 项说明人们洗衣服并不取决于衣服是否脏。三项均有力地削弱了题干论证。C 项商业化的时间是在大量用于生产服装之前,题干讨论的是大量生产服装之后的情况,是无关项。故本题选 C。

5.【答案】D。解析:题干论证的是,由于"昊鲲"战机训练时间的 28%为傍晚,居住在训练

航线下的民众,将要承受更多的噪音困扰。B项利用率的增加并不一定增加噪音,不能支持题干;A、C两项削弱了题干论述;D项说明"昊鲲"战机在傍晚的轰鸣声较之其他类型的飞机稍大,即"昊鲲"战机训练时间28%为傍晚会增加噪音,支持了题干结论。故本题选D。

6.【答案】B。解析:根据研究人员向实验鼠脑部输入信号后,实验鼠又记起之前所受过的训练,可知B项正确。题干中只是在实验鼠海马区注入某种阻断神经信号的物质,并未损害海马区,A项错误。题干论述的是实验鼠,而C项的主体是人,属于偷换概念。D项"就是"属于过度推断,错误。故本题选B。

7.【答案】D。解析:题干由"申请最低生活补助的人越来越多"推出"家庭经济困难情况更加严峻"。要使该论证成立,需要在"申请最低生活补助"与"家庭经济困难"之间建立联系。只有D项在两者间建立了联系,是必须假设的。A、B、C三项均只涉及其中一方面。故本题选D。

8.【答案】A。解析:客人在茶馆喝茶,观众在电影院看电影,法官在法庭审判案件,病人在医院治疗疾病。进一步比较可知,茶馆为客人提供茶,电影院为观众提供电影,即第一项为第二项提供第三项,B、D两项均不符合。故本题选A。

9.【答案】D。解析:流水产生的原因是重力,彩虹产生的原因是光的折射。

10.【答案】C。解析:A项各大俱乐部纷纷减缩购买新人的资金预算,与"有价无市"价格高不相符;B项拍卖价格时高时低不是因为供应量大,也不符合"有市无价"的定义;C项楼盘价格高,并且炒楼人士纷纷惜售,买家买不到原来看中的楼盘,都说明交易不多,因此符合"有价无市"的定义;D项纪念币价格被越炒越高,显然不符合"有市无价"的定义。故本题选C。

第五章 资料分析

考点详解

考点一 | 增长问题

一、增长率问题

增长率主要包括同比增长率、环比增长率和年均增长率。同比增长率问题是考试当中出现频率最高的一类题型,考生要重点掌握。

(一)同比增长率

同比增长率指本期发展水平与上年同期发展水平相比较的变化幅度,也称同比增长速度。

表 1-5-1 同比增长率相关公式

指标	公式
同比增长率	$\dfrac{本期量-上年同期量}{上年同期量}\times100\%=\dfrac{同比增长量}{上年同期量}\times100\%$
	$(\dfrac{本期量}{上年同期量}-1)\times100\%$
	$\dfrac{同比增长量}{本期量-同比增长量}\times100\%$
上年同期量	$\dfrac{本期量}{1+同比增长率}$
本期量	上年同期量$\times(1+$同比增长率$)$

(二)环比增长率

环比增长率指本期发展水平和上期发展水平相比较的变化幅度,也称环比增长速度。

表 1-5-2 环比增长率相关公式

指标	公式
环比增长率	$\dfrac{本期量-上期量}{上期量}\times100\%=\dfrac{环比增长量}{上期量}\times100\%$
	$(\dfrac{本期量}{上期量}-1)\times100\%$
	$\dfrac{环比增长量}{本期量-环比增长量}\times100\%$
上期量	$\dfrac{本期量}{1+环比增长率}$
本期量	上期量$\times(1+$环比增长率$)$

(三)年均增长率

年均增长率是指一段时间内某一数据指标平均每年的增长幅度。如果第 1 年为 A，第 $n+1$ 年为 B，这 n 年的年均增长率为 $\bar{x}$，$\bar{x}=\sqrt[n]{\dfrac{B}{A}}-1$。

(1)已知第 m 年的数据指标为 A，年均增长率为 $\bar{x}$。求第 n 年的数据指标 B。

根据二项展开式可得：$(1+\bar{x})^{n-m}=1+(n-m)\bar{x}+\dfrac{(n-m)(n-m-1)}{2}\bar{x}^2+\cdots+\bar{x}^{n-m}$

当年均增长率 $\bar{x}<10\%$，且选项间差距较大时，$(1+\bar{x})^{n-m}\approx1+(n-m)\bar{x}$

则：$B=A\times(1+\bar{x})^{n-m}\approx A\times[1+(n-m)\bar{x}]$

且略大于 $A\times[1+(n-m)\bar{x}]$

(2)已知第 m 年的数据指标为 A，第 n 年为 B。求年均增长率 $\bar{x}$。

第 n 年相对于第 m 年的增长率为 x，且 $x=\dfrac{B}{A}-1$，即 $x+1=\dfrac{B}{A}$

根据可知，$(1+\bar{x})^{n-m}=\dfrac{B}{A}$，则有 $(1+\bar{x})^{n-m}=x+1$

根据二项展开式可得：$x\approx(n-m)\bar{x}+\dfrac{(n-m)(n-m-1)}{2}\bar{x}^2$，且 $x<\dfrac{B}{A}-1$（实际值）

在题目选项差值比较大的情况下，一般使用公式 $x>(n-m)\bar{x}$，即 $\bar{x}<\dfrac{x}{n-m}$。

二、增长量问题

增长量问题主要包括同比增长量问题和环比增长量问题。同比增长量问题相较于环比增长量问题考查的频率更高一些。

增长量与增长率的区别：增长量表示的是增加的多少，是一个绝对数；增长率表示的是增加的速度快慢，是一个相对数。

增长量和增长率的联系：增长率 $=\dfrac{增长量}{基期数}\times100\%$

(一)同比增长量

同比增长量是本期发展水平与上年同期发展水平之差，表明本期较上年同期增减变化的绝对量。

表 1-5-3 同比增长量相关公式

指标	公式
同比增长量	本期量−上年同期量
	上年同期量×同比增长率
	$\dfrac{本期量}{1+同比增长率}\times同比增长率$

(二)环比增长量

环比增长量是本期水平与上期水平之差,表明本期较上期增减变化的绝对量。

表 1-5-4 环比增长量相关公式

指标	公式
环比增长量	本期量-上期量
	上期量×环比增长率
	$\dfrac{本期量}{1+环比增长率}×环比增长率$

(三)年均增长量

年均增长量是指一段时间内某一数据指标平均每年的增长量。某一指标第一时期的值为 A_1,第二时期为 A_2……第 n 时期为 A_n,则

$$年均增长量=\frac{(A_2-A_1)+(A_3-A_2)+\cdots+(A_n-A_{n-1})}{n-1}=\frac{A_n-A_1}{n-1}$$

考点二 百分数、百分点问题

百分数也称百分比,是相对指标最常用的一种表现形式。它是将对比的基数抽象化为 100 而计算出来的相对数,用"%"表示。

百分点是指不同时期以百分数形式表示的相对指标,如资料分析中涉及的增长率、比重、指数等的变动幅度。

一、"降低(增加)了 a%"和"降低(增加)为 a%"

"降低了 $a\%$"即过去为 100,则现在为 $100-a$;"降低为 $a\%$"即过去为 100,则现在为 a;"增加了 $a\%$"即过去为 100,则现在为 $100+a$;"增加为 $a\%$"即过去为 100,则现在为 a。

二、区分"占""超""为""比"

"XX 占 AA 的 $a\%$"即 AA 为 100,XX 为 a,则 XX 占 AA 的 $a\%$;
"XX 超 AA$a\%$"即 AA 是 100,XX 是 $100+a$,则 XX 超 AA$a\%$;
"XX 为 AA 的 $a\%$"即 AA 为 100,XX 为 a,则 XX 为 AA 的 $a\%$;
"XX 比 AA 增长了 $a\%$"即 AA 为 100,XX 为 $100+a$,则 XX 比 AA 增长$(100+a-100)\%=a\%$。

三、拉动……增长……百分点

拉动增长是指总体中某部分值的增加造成总体值相对于原来的增长。

$$拉动……增长……百分点=\frac{部分的增长量}{总体原来的值}×100$$

<table>
<tr><td>考点三</td><td>比重问题</td></tr>
</table>

比重是指某部分在总体中所占的百分比,一般用百分数的形式表示。

比重问题的考查主要有两种方式,一种是比重的直接考查,另外一种是结合增长的综合考查。近年来,结合其他概念综合考查成了命题者比较偏爱的一类考查方式。

一、比重

比重的直接考查是比重问题中最简单的一类考查方式。比重问题考查的是总量、分量和比重三个量之间的关系,假设总量为 A,分量为 B,则分量占总量的比重 x 为:

$$x=\frac{B}{A}\times 100\%$$

二、比重与增长

比重与增长综合考查有两方面,一是比重在不同时间条件下的一种变化幅度,另外一个是分量在不同时间条件下的增量。

(一)比重的变化幅度

(1)今年总量为 A,比上年增长 C,某一分量今年为 B,比上年增长 D,则与上年相比,今年该分量占总量的比重的变化幅度为:

$$\left(\frac{B}{A}-\frac{B-D}{A-C}\right)\times 100 \text{ 个百分点}$$

(2)今年总量为 A,同比增长 $x\%$,某一分量今年为 B,同比增长 $y\%$,则相较上年,该分量占总量比重的变化幅度为:

$$\left(\frac{B}{A}\times\frac{y\%-x\%}{1+y\%}\times 100\right)\text{个百分点}$$

当 $y\%-x\%=0$ 即 $x\%=y\%$ 时,则 $\frac{B}{A}\times\frac{y\%-x\%}{1+y\%}=0$,今年分量占总量的比重与上年相比不变;

当 $y\%-x\%<0$ 即 $x\%>y\%$ 时,则 $\frac{B}{A}\times\frac{y\%-x\%}{1+y\%}<0$,今年分量占总量的比重比上年下降;

当 $y\%-x\%>0$ 即 $x\%<y\%$ 时,则 $\frac{B}{A}\times\frac{y\%-x\%}{1+y\%}>0$,今年分量占总量的比重比上年上升。

(二)部分增加量

今年总量为 A,分量占总量的比重为 $b\%$,分量的增长率为 $m\%$,则分量的增加量 ΔB 的计算公式为:

$$\Delta B=\frac{A\times b\%}{1+m\%}\times m\%$$

考点四 倍数、翻番问题

一、倍数问题

倍数是由两个有联系的指标对比,将对比的基数抽象化为1而计算出来的相对数,常常用于比数(分子)远大于基数(分母)的场合。

数值 A 与数值 B 之间的倍数关系为: $\dfrac{A}{B}$

(一)倍数与增长率

(1)同一事物第1年的值为 C,第 n 年的值为 D,则第 n 年比第1年增长了:

$$m=\left(\dfrac{D}{C}-1\right)\text{倍}$$

(2)今年两个量分别为 A,B,分别同比增长 $a\%$,$b\%$,则去年两个量的倍数关系 m 为:

$$m=\dfrac{A}{B}\times\dfrac{1+b\%}{1+a\%}$$

(二)倍数与增长量

今年某物相较于上年的增长量为 x,增长了 y 倍,则该物上年的量为:

$$\dfrac{\text{增长量}}{\text{增长倍数}}=\dfrac{x}{y}$$

二、翻番问题

翻番是指数量的加倍,翻番的量是以 2^n 变化的。A 翻一番为 $A\times2$,翻两番为 $(A\times2)\times2$ ……翻 n 番为:

$$(A\times2)\times\cdots\times2=A\times2^n$$

考点五 平均数、中位数问题

一、平均数

(一)算术平均数

算术平均数是根据同一时期的某事物的总个数与总体总量计算的,是总体总量与总个数的比。

$$\text{平均数}=\dfrac{\text{总量}}{\text{总个数}}$$

(二)加权平均数

加权平均数是指假设某一个总量可以分为部分总量 A_1,A_2,某分量在部分总量 A_1,A_2 中的标志值分别为 x_1,x_2,则该分量在总量中的标志值为

$$x=\frac{A_1x_1+A_2x_2}{A_1+A_2}$$

当 $x_1=x_2$ 时，$x=x_1=x_2$；

当 $x_1>x_2$ 时，$x=\frac{A_1x_1+A_2x_2}{A_1+A_2}<x_1$，且 $x>x_2$；

当 $x_1<x_2$ 时，$x=\frac{A_1x_1+A_2x_2}{A_1+A_2}>x_1$，且 $x<x_2$；

即当 x_1 和 x_2 不相等时，x 介于 x_1 和 x_2 之间。

在资料分析题目中，常见的标志值通常有比重、增长率等。

二、中位数

中位数是将一组数据按大小排列，排在最中间的数或者中间两个数的平均数。

个数为奇数：排序之后在数据正中间的数。

个数为偶数：排序之后数据正中间两个数的平均数。

考点六 进出口额问题

一、进出口总额

进出口总额是指实际进出我国国境的货物的总金额。进出口总额包括进口额和出口额两部分。

进出口总额=进口额+出口额

二、贸易顺/逆差

(一)贸易顺差

当进口额小于出口额时，进出口贸易表现为顺差。

顺差额=出口额-进口额

(二)贸易逆差

当进口额大于出口额时，进出口贸易表现为逆差。

逆差额=进口额-出口额

考点七 指数问题

指数一般有两种形式，一种是将一个固定时期的量定为基期100，用以后各时期的量和基期的量比较所计算出的百分比作为该时期的指数，股票指数就是这类指数的代表；另一种则是以上一期的量作为基期100，本期的指数就是本期的量与上一期的量比较所计算出来的百分比，常见的有居民消费价格指数等。

在计算指数时，首先要确定以哪个量为基期。

考点八　人口自然增长率

出生率是指在一定时期内(通常为一年)一定地区的出生人数与同期平均人数(或期中人数)之比,一般用千分率表示。

死亡率是指在一定时期内(通常为一年)一定地区的死亡人数与同期平均人数(或期中人数)之比,一般用千分率表示。

人口自然增长率是指在一定时期内(通常为一年)人口自然增加数(出生人数减死亡人数)与该时期内平均人数(或期中人数)之比,一般用千分率表示。

人口自然增长率核心公式

$$出生率=\frac{年出生人数}{年平均人数}\times 1\,000‰$$

$$死亡率=\frac{年死亡人数}{年平均人数}\times 1\,000‰$$

$$人口自然增长率=人口出生率-人口死亡率$$

$$=\frac{年出生人数-年死亡人数}{年平均人数}\times 1\,000‰$$

考点九　利率问题

利率又称利息率,表示一定时期内利息量与本金的比率,通常用百分比表示。利率,就表现形式来说,是指一定时期内利息额同借贷资本总额的比率。利率通常以一年期利息与本金的百分比计算。此外,利率还分为月利率、日利率等。

$$利率=\frac{利息额}{本金}$$

考点十　汇率问题

汇率是指一国货币兑换另一国货币的比率,是以一种货币表示另一种货币的价格。由于世界各国货币的名称不同,币值不一,所以一国货币对其他国家的货币要规定一个兑换率,即汇率。例如:1 美元=6.579 5 元人民币,即人民币对美元的汇率为 6.579 5:1,1 美元可换6.579 5 元人民币,或 6.579 5 元人民币可兑换成 1 美元。

习题演练

根据以下材料,回答 1~5 题。

2017 年我国车辆和驾驶人保持快速增长,至 2017 年年底,全国机动车数量突破 2.5 亿辆,全国机动车驾驶人数量近 2.8 亿人。其中,我国汽车保有量达 1.37 亿辆,是 2007 年汽车保有量的 5.7 倍,扣除报废量,全年增加 1 651 万辆,增长了 13.7%,占全部机动车的比重达到 54.9%,比 2007 年提高了 29.9 个百分点。全国有 31 个城市的汽车数量超过 100 万辆,其中北京、天津、成都、深圳、上海、广州、苏州、杭州 8 个城市汽车数量超过 200 万辆,北京市汽车超过 500 万辆。汽车驾驶人 2.19 亿人,扣除注销量,全年新增汽车驾驶人 1 844 万人,增长了 9.2%。

在车辆和交通流大幅增长,交通管理压力和安全风险不断加大的情况下,经各级政府、各有关部门和全社会的共同努力,全年道路交通安全形势保持持续稳定。从事故统计看,交管新部令实施一年来,驾龄 1 年以内新驾驶人引发的交通事故起数和造成死亡人数比 2016 年分别下降 16.7% 和 15.1%,但驾龄 3 年以内的驾驶人引发的交通事故仍高达 5.1 万起,造成 1.4 万人死亡,5.6 万人受伤。2017 年,全国共发生一次死亡 10 人以上重大事故 16 起,首次降至 20 起以下,是 1990 年有重特大事故统计以来起数最少的一年。据统计,不文明驾驶陋习多,超速、闯红灯等违法行为仍常见多发。2017 年,公安交管部门查处超速行驶、违反禁令标志和禁止标线通行、违反交通信号灯通行 3 类违法行为占所有交通违法行为的近半数。

1.2007 年我国汽车保有量占机动车总量的比重为(　　)。

A.13.7%　　　　　　　　　　　　B.22.8%

C.25.0%　　　　　　　　　　　　D.29.9%

2.近十年,我国汽车数量的年均增长率为(　　)。

A.33%　　　　　　　　　　　　　B.29%

C.25%　　　　　　　　　　　　　D.19%

3.按照 2017 年的增长速度,2018 年年底全国汽车保有量会突破(　　)。

A.1.60 亿辆　　　　　　　　　　B.1.55 亿辆

C.1.58 亿辆　　　　　　　　　　D.1.66 亿辆

4.对 2017 年全年道路交通安全形势的描述不正确的一项是(　　)。

A.交管新部令对新驾驶人的作用成效明显

B.全国重特大交通事故的发生起数得到很好的控制

C.几乎每起驾龄 3 年以内的驾驶人引发的交通事故均造成人员死亡

D.不文明驾驶陋习仍是治理重点

5.以下说法与上述材料不符的一项是(　　)。

A.2017 年我国机动车中有超过一半的是汽车

B.十年来,我国的汽车增加过亿辆

C.与上年相比,汽车驾驶人的增量高于汽车的增量

D.与上年相比,汽车驾驶人的增速高于汽车的增速

参考答案

1.【答案】C。解析:由材料第一段"占全部机动车比重达到 54.9%,比 2007 年提高了 29.9 个百分点"可知,2007 年我国汽车保有量占机动车总量的比重为 54.9%−29.9%=25%。

2.【答案】D。解析：由材料第一段"是 2007 年汽车保有量的 5.7 倍"，设近十年我国汽车数量的年均增长率为 $\sqrt[10]{5.7}-1=x$，即 $5.7=(1+x)^{10}\approx1+10x+C_{10}^2x^2$，代入选项验证，观察 C 项的 25%易于计算，$1+10\times0.25+45\times0.25^2=1+2.5+\dfrac{45}{16}\approx1+2.5+2.8=6.3>5.7$，故本题选 D。

3.【答案】B。解析：由材料第一段知"2017 年年底我国汽车保有量达 1.37 亿辆，增长了 13.7%"，根据假设，则 2018 年年底为 $1.37\times(1+13.7\%)=1.37+1.37\times1.37\div10<1.37+1.4^2\div10=1.37+0.196=1.566$ 亿辆。

4.【答案】C。解析：A 项，根据材料第二段，"驾龄 1 年以内新驾驶人……分别下降 16.7% 和 15.1%"，正确。

B 项，根据材料第二段，"2017 年，全国共发生一次死亡 10 人以上重大事故……起数最少的一年"，正确。

C 项，根据材料第二段，"但驾龄 3 年以内的驾驶人引发的交通事故仍高达 5.1 万起，造成 1.4 万人死亡，5.6 万人受伤"，事故数远大于死亡人数，错误。

验证 D 项：根据材料第二段，"据统计不文明驾驶陋习多，超速、闯红灯等违法行为仍常见多发……占所有交通违法行为的近半数"，正确。

5.【答案】D。解析：A 项，由材料知，2017 年汽车占全部机动车比重达到 54.9%，正确。

B 项，十年来，我国汽车增加了 $1.37-\dfrac{1.37}{5.7}>1$，正确。

C 项，与上年相比，汽车增加 1 651 万辆，新增汽车驾驶人 1 844 万人，正确。

验证 D 项：与上年相比，汽车数量增长了 13.7%，汽车驾驶人数量增长了 9.2%，错误。

中 篇

经济金融

第一章　需求、供给和市场均衡

考点详解

考点一　需求函数、需求曲线和需求弹性

在市场经济中,价格是经济参与者相互之间联系和传递经济信息的机制,价格机制也使经济资源得到有效率的配置。既然在市场经济中价格的作用如此重要,那么,价格是如何形成的呢?我们知道,任何商品的价格都是由需求和供给两方面的因素共同决定的。因此,作为微观经济学分析的起点,我们要分别了解一下需求和供给的两个基本概念。

一、需求函数和需求曲线

1.需求

一种商品的需求是指消费者在一定时期内在各种可能的价格水平下愿意而且能够购买的该商品的数量。根据定义,如果消费者对某种商品只有购买的欲望而没有购买的能力,就不能算作需求。需求必须是指消费者既有购买欲望又有购买能力的有效需求。

一种商品的需求数量是由许多因素共同决定的。其中主要的因素有:该商品的价格、消费者的收入水平、相关商品的价格、消费者的偏好和消费者对该商品的价格预期等。

2.需求函数

需求函数是表示一种商品的需求数量和影响该需求数量的各种因素之间的相互关系。在这里,由于一种商品的价格是决定需求量的最基本的因素,所以,我们假定其他因素保持不变,仅仅分析一种商品的价格对该商品需求量的影响,即把一种商品的需求量仅仅看成是这种商品的价格的函数,于是,需求函数就可以用下式表示:

$$Q_d=f(P)$$

式中,P 为商品的价格;Q_d 为商品的需求量。

3.需求曲线

商品的需求曲线是根据需求表中商品不同的价格—需求量的组合在平面坐标图上所绘制的一条曲线。实际上,需求曲线可以是直线型的,也可以是曲线型的。在微观经济分析中,为了简化分析过程,在不影响结论的前提下,大多使用线性需求函数。线性需求函数的通常形式为:

$$Q_d=\alpha-\beta P$$

式中 α,β 为常数,且 $\alpha,\beta>0$。该函数所对应的需求曲线为一条直线。

需求曲线具有一个明显的特征,它是向右下方倾斜的,即它的斜率为负值。它们都表示

商品的需求量和价格之间成反方向变动的关系。某商品的需求表如表 2-1-1 所示。

从表 2-1-1 可以清楚地看到商品价格与需求量之间的函数关系。譬如,当商品价格为 1 元时,商品的需求量为 700 单位;当价格上升为 2 元,需求量下降为 600 单位;当价格进一步上升为 3 元时,需求量下降为更少的 500 单位。

表 2-1-1　某商品的需求表

价格—需求量组合	A	B	C	D	E	F	G
价格(元)	1	2	3	4	5	6	7
需求量(单位数)	700	600	500	400	300	200	100

商品的需求曲线是根据需求表中商品不同的价格—需求量的组合在平面坐标图上所绘制的一条曲线。

在图 2-1-1 中,横轴 OQ 表示商品的数量,纵轴 OP 表示商品的价格。应该指出的是,与数学上的习惯相反,在微观经济学分析需求曲线和供给曲线时,通常以纵轴表示自变量 P,以横轴表示因变量 Q。

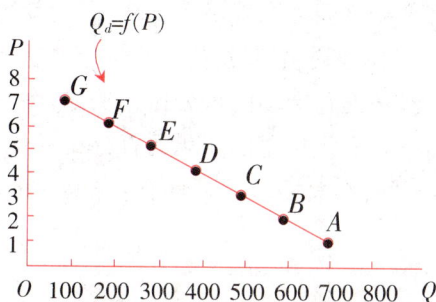

图 2-1-1　某商品的需求曲线

图 2-1-1 是根据表 2-1-1 绘制的一条需求曲线。

4.需求量的变动和需求的变动

(1)需求量的变动。需求量的变动指在其他条件不变时,由某商品的价格变动所引起的该商品的需求数量的变动。在几何图形中,需求量的变动表现为商品的价格—需求数量组合点沿着同一条既定的需求曲线的运动。如图 2-1-1 中,表现的均为价格变动引起的需求量的变化。需要指出的是,这种变动虽然表示需求数量的变化,但是并不表示整个需求状态的变化。因为,这些变动的点都在同一条需求曲线上。

(2)需求的变动。需求的变动是指在某商品价格不变的条件下,由于其他因素变动所引起的该商品的需求数量的变动。

影响需求曲线移动的因素主要包括:

(1)消费者的收入水平。

(2)相关商品的价格。

(3)消费者的偏好。

(4)消费者对商品的价格预期。

(5)商品的价格。

这些因素发生变动后,需求的变动表现为需求曲线的位置发生移动。当发生对需求有利的变化,比如消费者收入增加、替代品价格上升或者消费者对商品偏好增加时,需求曲线将向右上方移动;反之,则向左下方移动。

真题回顾

(2018·多选)地铁价格上调后,居民对出租车服务的需求(　　)。

A.需求增加

B.需求减少

C.需求曲线右移

D.需求曲线左移

【答案】AC。解析:地铁与出租车为替代品,地铁价格上升,人们对出租车的需求增加,需求曲线右移。

二、需求弹性

一般说来,只要两个经济变量之间存在着函数关系,我们就可用弹性来表示因变量对自变量变化的反应的敏感程度。具体地说,它是这样一个数字,它告诉我们,当一个经济变量发生变动时,由它引起的另一个经济变量变动的百分比。例如,弹性可以表示当一种商品的价格上升百分之一时,相应的需求量和供给量的变化的百分比具体是多少。

依据影响需求的因素的不同,有关需求的弹性有:需求的价格弹性、需求的收入弹性和需求的交叉弹性。

在经济学中,弹性的一般公式为:

$$弹性系数=\frac{因变量的变动比例}{自变量的变动比例}$$

设两个经济变量之间的函数关系为 $Y=f(X)$,则弹性的一般公式还可以表示为:

$$e=\frac{\frac{\Delta Y}{Y}}{\frac{\Delta X}{X}}=\frac{\Delta Y}{\Delta X}\cdot\frac{X}{Y}$$

式中,e 为弹性系数;ΔX、ΔY 分别为变量 X、Y 的变动量。该式表示:当自变量 X 变化百分之一时,因变量 Y 变化百分之几。

若经济变量的变化量趋于无穷小,即:上式中的 $\Delta X\to 0$,且 $\Delta Y\to 0$ 时,则弹性公式为:

$$e=\lim_{\Delta X\to 0}\frac{\frac{\Delta Y}{Y}}{\frac{\Delta X}{X}}=\frac{\frac{dY}{Y}}{\frac{dX}{X}}=\frac{dY}{dX}\cdot\frac{X}{Y}$$

需要指出的是,由弹性的定义公式可以清楚地看到,弹性是两个变量各自变化比例的一个比值,所以,弹性是一个具体的数字,它与自变量和因变量的单位无关。

三、需求的价格弹性

一般来说,需求的价格弹性又被简称为需求弹性。需求的价格弹性表示在一定时期内一种商品的需求量变动对于该商品的价格变动的反应程度。或者说,表示在一定时期内当一种商品的价格变化百分之一时所引起的该商品的需求量变化的百分比。其公式为:

$$需求的价格弹性系数 = -\frac{需求量变动率}{价格变动率}$$

需求的价格弹性有以下五种类型:

(1)当 $e_d<1$ 时,表示需求量的变动率小于价格变动率,即需求量对价格变动的反应不敏感,所以,$e_d<1$ 被称为缺乏弹性。

(2)当 $e_d>1$ 时,表示需求量的变动率大于价格变动率,即需求量对价格变动的反应敏感,所以,$e_d>1$ 被称为富有弹性。

(3)当 $e_d=1$ 时被称为单位弹性或者单一弹性。

(4)当 $e_d=\infty$ 时,需求曲线呈水平状态,只要价格有一个微小的上升,就会使无穷大的需求量一下子减少为零。也就是说,相对于无穷小的价格变化率,需求量的变化率是无穷大,即有 $e_d=\infty$,被称为完全弹性。

(5)当 $e_d=0$ 时,需求曲线呈垂直状态,即不管价格如何的变动,需求量始终不变,所以 $e_d=0$ 被称为完全无弹性。

四、需求的收入弹性

需求的收入弹性表示在一定时期内消费者对某种商品的需求量的变动对于消费者收入量变动的反应程度。或者说,表示在一定时期内当消费者的收入变化百分之一时所引起的商品需求量变化的百分比。它是商品的需求量的变动率和消费者的收入量的变动率的比值。

假定某商品的需求量 Q 是消费者收入水平 M 的函数,即 $Q=f(M)$,则该商品的需求的收入弹性公式为:

$$e_M = \frac{\frac{\Delta Q}{Q}}{\frac{\Delta M}{M}} = \frac{\Delta Q}{\Delta M} \cdot \frac{M}{Q}$$

或

$$e_M = \lim_{\Delta M \to 0} \frac{\frac{\Delta Q}{Q}}{\frac{\Delta M}{M}} = \frac{dQ}{dM} \cdot \frac{M}{Q}$$

根据商品的需求的收入弹性系数值,可以给商品分类。首先,商品可以分为两类,分别是正常品和劣等品。其中,正常品是指需求量与收入成同方向变化的商品;劣等品是指需求量与收入成反方向变化的商品。然后,还可以将正常品再进一步区分为必需品和奢侈品两类。以上的这种商品分类方法,可以用需求的收入弹性来表示。

具体地说,

(1)$e_M>0$ 的商品为正常品,因为,$e_M>0$ 意味着该商品的需求量与收入水平成同方向变化。在正常品中,$e_M<1$ 的商品为必需品,$e_M>1$ 的商品为奢侈品。

(2)$e_M<0$ 的商品为劣等品,因为,$e_M<0$ 意味着该商品需求量与收入水平成反方向变化。

五、需求的交叉价格弹性

需求的交叉价格弹性表示在一定时期内一种商品的需求量的变动对于它的相关商品的价格的变动的反应程度。或者说,表示在一定时期内当一种商品的价格变化百分之一时所引起的另一种商品的需求量变化的百分比。它是该商品的需求量的变动率和它的相关商品的价格的变动率的比值。

假定商品 X 的需求量 Q_X 是它的相关商品 Y 的价格 P_Y 的函数,即 $Q_X=f(P_Y)$,则商品 X 的需求的交叉价格弹性公式为:

$$e_{XY}=\frac{\frac{\Delta Q_X}{Q_X}}{\frac{\Delta P_Y}{P_Y}}=\frac{\Delta Q_X}{\Delta P_Y}\cdot\frac{P_Y}{Q_X}$$

式中,ΔQ_X 为商品 X 的需求量的变化量;ΔP_Y 为相关商品 Y 的价格的变化量;e_{XY} 为当 Y 商品的价格发生变化时的 X 商品的需求的交叉价格弹性系数。

当 X 商品的需求量的变化量 ΔQ_X 和相关商品价格的变化量 ΔP_Y 均为无穷小时,则商品 X 的需求的交叉价格弹性公式为:

$$e_{XY}=\lim_{\Delta P_Y\to 0}\frac{\frac{\Delta Q_X}{Q_X}}{\frac{\Delta P_Y}{P_Y}}=\frac{dQ_X}{dP_Y}\cdot\frac{P_Y}{Q_X}$$

需求的交叉价格弹性系数的符号取决于所考察的两种商品的相关关系。

商品之间的相关关系可以分为三种:替代关系、互补关系、无相关关系。

(1)如果两种商品之间可以互相代替以满足消费者的某一种欲望,则称这两种商品之间存在着替代关系,相应的需求的交叉价格弹性系数为正值,这两种商品互为替代品。如橘子和香蕉就是互为替代品。

(2)如果两种商品必须同时使用才能满足消费者的某一种欲望,则称这两种商品之间存在着互补关系,相应的需求的交叉价格弹性系数为负值,这两种商品互为互补品。如钢笔和墨水就是互为互补品。

(3)若两种商品之间不存在相关关系,则意味着其中任何一种商品的需求量都不会对另一种商品的价格变动做出反应,相应的需求的交叉价格弹性系数为零。

同样的道理,反过来,可以根据两种商品之间的需求的交叉价格弹性系数的符号,来判断两种商品之间的相关关系。若两种商品的需求的交叉价格弹性系数为正值,则这两种商品之间为替代关系。若为负值,则这两种商品之间为互补关系。若为零,则这两种商品之间无相关关系。

考点二 | 供给函数、供给曲线和供给弹性

一、供给函数

1.供给

一种商品的供给是指生产者在一定时期内在各种可能的价格下愿意而且能够提供出售的该种商品的数量。根据上述定义,如果生产者对某种商品只有提供出售的愿望,而没有提供出售的能力,则不能形成有效供给,也不能算作供给。

一种商品的供给数量取决于多种因素的影响,其中主要的因素有:该商品的价格、生产的成本、生产的技术水平、相关商品的价格和生产者对价格的预期等。

2.供给函数

一种商品的供给量是所有影响这种商品供给量的因素的函数。如果假定其他因素均不发生变化,仅考虑一种商品的价格变化对其供给量的影响,即把一种商品的供给量只看成是这种商品价格的函数,则供给函数就可以表示为:

$$Q_s=f(P)$$

式中,P 为商品的价格;Q_s 为商品的供给量。

3.供给曲线

如同需求曲线一样,供给曲线可以是直线型,也可以是曲线型。如果供给函数是线性函数,则相应的供给曲线为直线型。如果供给函数是非线性函数,则相应的供给曲线就是曲线型的。供给曲线表现出向右上方倾斜的特征,即供给曲线的斜率为正值。它们表示商品的供给量和价格成同方向变动的规律。

2-1-2 某商品的供给表

价格—供给量组合	A	B	C	D	E
价格(元)	2	3	4	5	6
供给量(单位数)	0	200	400	600	800

表 2-1-2 清楚地表示了商品的价格和供给量之间的函数关系。例如,当价格为 6 元时,商品的供给量为 800 单位;当价格下降为 4 元时,商品的供给量减少为 400 单位;当价格进一步下降为 2 元时,商品的供给量减少为零。

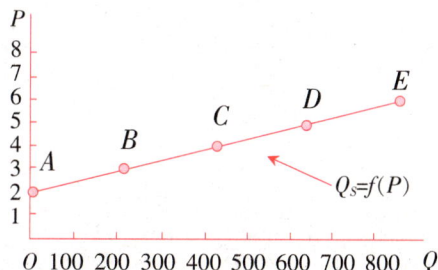

图 2-1-2 某商品的供给曲线

商品的供给曲线是根据供给表中的商品的价格—供给量组合在平面坐标图上所绘制的

一条曲线。图 2-1-2 便是根据表 2-1-2 所绘制的一条供给曲线。图中的横轴 OQ 表示商品数量,纵轴 OP 表示商品价格。

4.供给量的变动和供给的变动

(1)供给量的变动。供给量的变动指在其他条件不变时,由某商品的价格变动所引起的该商品的供给数量的变动。如图 2-1-2 中,表现的均为价格变动引起的供给量的变化。需要指出的是,这种变动虽然表示供给数量的变化,但是并不表示整个供给状态的变化。因为,这些变动的点都在同一条供给曲线上。

(2)供给的变动。供给的变动指在商品价格不变的条件下,由于其他因素变动所引起的该商品的供给数量的变动。供给的变动表现为供给曲线的位置发生移动,它会引起整个供给状态的变化。

影响供给曲线移动的因素主要包括:

(1)生产技术水平。

(2)相关商品价格。

(3)生产者对价格的预期。

(4)生产成本。

(5)商品的价格。

这些因素发生变动后,供给的变动表现为供给曲线的位置发生移动。当发生对供给有利的变化,比如生产技术水平提高、生产成本降低或者生产者对价格的预期较高,供给曲线将向右下方移动;反之,则向左上方移动。

二、供给弹性

在西方经济学中,供给弹性包括供给的价格弹性、供给的交叉价格弹性和供给的预期价格弹性等。在此考查的是供给的价格弹性,它通常被简称为供给弹性。

供给的价格弹性表示在一定时期内一种商品的供给量的变动对于该商品的价格的变动的反应程度。或者说,表示在一定时期内当一种商品的价格变化百分之一时所引起的该商品的供给量变化的百分比。它是商品的供给量变动率与价格变动率之比。

假定供给函数为 $Q=f(P)$,以 e_s 表示供给的价格弹性系数,则供给的价格弹性的公式为:

$$e_s = \frac{\frac{\Delta Q}{Q}}{\frac{\Delta P}{P}} = \frac{\Delta Q}{\Delta P} \cdot \frac{P}{Q}$$

或

$$e_s = \lim_{\Delta P \to 0} \frac{\frac{\Delta Q}{Q}}{\frac{\Delta P}{P}} = \frac{dQ}{dP} \cdot \frac{P}{Q}$$

在通常情况下,商品的供给量和商品的价格是同方向变动的,供给量的变化量和价格的变化量的符号是相同的。

供给的价格弹性根据值的大小也分为五个类型:①$e_s>1$ 表示富有弹性;②$e_s<1$ 表示缺乏弹性;③$e_s=1$ 表示单一弹性或单位弹性;④$e_s=\infty$ 表示完全弹性;⑤$e_s=0$ 表示完全无弹性。

考点三 市场均衡和均衡价格

微观经济学中的商品价格是指商品的均衡价格。商品的均衡价格是在商品的市场需求和市场供给这两种相反力量的相互作用下形成的。

一、均衡的含义

均衡的最一般的意义是指经济事物中有关的变量在一定条件的相互作用下所达到的一种相对静止的状态。经济事物之所以能够处于这样一种静止状态,是因为在这样的状态中有关该经济事物的各参与者的力量能够相互制约和相互抵消,也因为在这样的状态中有关该经济事物的各方面的经济行为者的愿望都能得到满足。正因为如此,西方经济学家认为,经济学的研究往往在于寻找在一定条件下经济事物的变化最终趋于相对静止之点的均衡状态。

二、均衡价格的决定

市场均衡就是指生产者愿意提供的商品量恰好等于消费者愿意而且能够购买的商品量的状况。供给和需求的交叉点就是市场的均衡点,它表示供给与需求两种力量在市场的特定时间内处于均等的状态。此时商品的价格称为均衡价格。

假设需求曲线和供给曲线均为线性,即:

需求函数 $Q_d=a-bP$

供给函数 $Q_s=-c+dP$

均衡条件 $Q_d=Q_s$

此时可以求出均衡价格和均衡数量。

例如,现在把前面图 2-1-1 中的需求曲线和图 2-1-2 中的供给曲线结合在一起,用图2-1-3 来说明一种商品的市场均衡价格的决定。

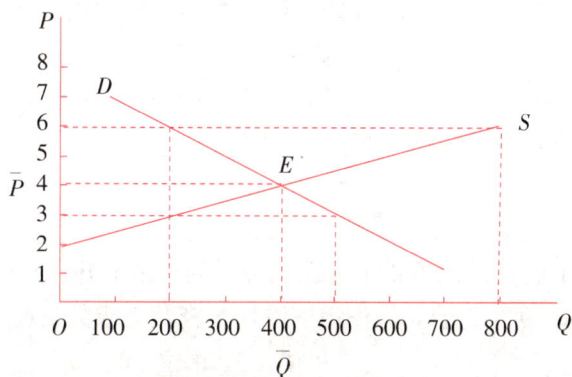

图 2-1-3 均衡价格的决定

在图 2-1-3 中,假定 D 曲线为市场的需求曲线,S 曲线为市场的供给曲线。需求曲线 D 和供给曲线 S 相交于 E 点,E 点为均衡点。在均衡点 E,均衡价格 $\overline{P}$=4 元,均衡数量 $\overline{Q}$=400。显然,在均衡价格 4 元的水平下,消费者的购买量和生产者的销售量是相等的,都为 400 单位。

也可以反过来说,在均衡数量 400 的水平下,消费者愿意支付的最高价格和生产者愿意接受的最低价格是相等的,都为 4 元。因此,这样一种状态便是一种买卖双方都感到满意并愿意持续下去的均衡状态。

习题演练

一、判断题

1.供给量的变化和供给水平的变化不同的根本原因在于是否由商品价格的变动引起。 （ ）

2.根据供求定理,在其他条件不变的情况下,需求水平的变动引起均衡价格和均衡数量同方向变动。 （ ）

二、单项选择题

1.下列( )一定不会使牛奶的需求曲线右移。

A.消费者收入水平提高　　　　B.牛奶价格下降

C.咖啡价格上升　　　　D.消费者预期牛奶价格上升

2.以下( )情况会使需求曲线右移。

A.互补品的价格上升　　　　B.替代品的价格上升

C.替代品的价格下降　　　　D.商品自身价格下降

3.以下( )情况会使供给曲线右移。

A.生产技术的进步　　　　B.生产成本上升

C.商品价格上升　　　　D.商品价格下降

4.根据供求定理,在其他条件不变的情况下,供给水平的变动引起均衡价格( )变动。

A.同方向　　　　B.反方向

C.不变　　　　D.不一定

5.下列商品中,需求价格弹性最大的是( )。

A.服装　　　　B.化妆品

C.金银首饰　　　　D.食盐

6.某月内,X 商品的替代品的价格上升和互补品的价格上升,分别引起 X 商品的需求量变动 50 单位和 80 单位,则在它们共同作用下该月 X 商品需求数量( )。

A.增加 30 单位　　　　B.减少 30 单位

C.增加 130 单位　　　　D.减少 130 单位

7.假定玉米市场的需求是缺乏弹性的,玉米的产量等于销售量且等于需求量,恶劣的气候条件使玉米产量下降20%,在这种情况下(　　)。

　　A.玉米生产者的收入减少,因为玉米产量下降20%

　　B.玉米生产者的收入增加,因为玉米价格上升低于20%

　　C.玉米生产者的收入增加,因为玉米价格上升超过20%

　　D.不确定

8.下列商品中,需求价格弹性最小的是(　　)。

　　A.服装　　　　　B.化妆品　　　　　C.金银首饰　　　　　D.食盐

9.下列商品中,需求价格弹性最大的是(　　)。

　　A.胰岛素　　　　B.旅游　　　　　C.面粉　　　　　D.食盐

参 考 答 案

一、判断题

1.【答案】√。

2.【答案】√。

二、单项选择题

1.【答案】B。解析:牛奶价格下降只会改变需求量,而不会使需求曲线发生移动;其他选项都会使需求曲线右移。

2.【答案】B。解析:替代品价格上升,则所研究商品的需求数量会上升,使其需求曲线右移。

3.【答案】A。解析:生产技术进步会增加商品的供给,使供给曲线右移;生产成本上升会降低商品的供给量,此时供给曲线左移;C、D两项只表现为点的移动,而不会使供给曲线移动。

4.【答案】B。解析:供给曲线右移,说明市场上的供给增多,商品的价格会下降。

5.【答案】C。解析:影响需求价格弹性的因素有商品对人们生活的重要程度,商品对人们越重要,弹性越小。选项中,C项为奢侈品,弹性最大。而食盐、服装、化妆品是生活必需品,弹性较小。

6.【答案】B。解析:X的替代品价格上升引起X商品的需求量增加50单位,X的互补品价格上升引起X商品的需求量减少80单位,共同作用下X商品需求数量减少30单位。

7.【答案】C。解析:缺乏弹性的商品,价格的变动率要大于商品量的变动率,因此玉米的价格上升会超过20%,生产者的收入增加,故本题选C。

8.【答案】D。解析:食盐是生活必需品,其需求价格弹性较小。

9.【答案】B。解析:A项是针对特定群体,其需求价格弹性一定;C、D两项是生活必需品,其需求缺乏价格弹性,B项是需求价格弹性最大的。

第二章　消费者行为理论

考点详解

考点一　消费者偏好与无差异曲线

一、基数效用论和序数效用论

1.基数效用论

基数效用论是研究消费者行为的一种理论。其基本观点是:效用是可以计量并加总求和的,因此,效用的大小可以用基数(1,2,3…)来表示。所谓效用可以计量,就是指消费者消费某一物品所得到的满足程度可以用效用单位来进行衡量。所谓效用可加总求和,就是指消费者消费几种物品所得到的满足程度可以加总而得出总效用。根据这种理论,可以用具体的数字来研究消费者效用最大化问题。基数效用论采用的是边际效用分析法。

2.序数效用论

序数效用论是为了弥补基数效用论的缺点而提出来的另一种研究消费者行为的理论。其基本观点是:效用作为一种心理现象无法计量,也不能加总求和,只能表示出满足程度的高低与顺序,因此,效用只能用序数(第一、第二、第三……)来表示。序数效用论采用的是无差异曲线分析法。

二、边际效用分析

1.总效用与边际效用

总效用(TU)是指消费一定数量商品所获得的总的满足程度。

边际效用(MU)是指消费某种商品每增加一个单位所获得的总效用的增加。

设效用函数为:

$$TU=U(X_1,X_2,X_3,\cdots,X_m)$$

式中:TU——总效用;

　　U——效用函数记号;

　　$X_1,X_2,X_3,\cdots,X_m$——消费者购买 m 种商品各自的数量。

$$MU_{X_i}=\lim_{\Delta X_i\to 0}\frac{\Delta TU}{\Delta X_i}=\frac{\partial TU}{\partial X_i},i=1,2,3,\cdots,m$$

若消费者消费其他物品的数量不变,只考虑消费一种物品的变化所引起的效用变化,则上面的效用函数可简化为:

$$TU = U(X)$$

此时有：

$$MU = \lim_{\Delta X \to 0} \frac{\Delta TU}{\Delta X} = \frac{\mathrm{d}TU}{\mathrm{d}X}$$

2.边际效用递减规律

随着消费者在一定时间内对某种商品消费量的增加，他从每增加一单位商品的消费中所获得的效用增量呈逐渐递减的趋势，即消费者消费后一单位商品所获得的效用增量小于他消费前一单位商品所获得的效用增量。总效用有可能达到一个极大值，此时边际效用为零;若继续增加该商品的消费量,则会使边际效用为负值,从而减少总效用。这种在人们日常生活中普遍存在的现象,被称为边际效用递减规律。

边际效用递减规律可从两个方面解释。一是生理或心理的原因:随着消费某种物品的数量增多,人们在生理上得到的满足或在心理上产生反应的强烈程度逐渐减少。二是由于物品本身用途具有多样性,消费者往往会根据自己的主观偏好对不同用途按重要性进行分级,并根据其所能支配的物品数量按满足需要的重要性顺序进行消费,所以边际效用递减。

真题回顾

(2018·多选)下列说法符合凯恩斯消费理论的有(　　)。

A.消费取决于当期收入　　　　　　　　B.边际消费倾向小于平均消费倾向

C.平均消费倾向递减　　　　　　　　　D.边际消费倾向递减

E.消费与当期收入无关

【答案】ABCD。解析:凯恩斯认为人们的消费主要取决于当期收入,消费随收入的增加而增加,但在所增加的收入中用于增加消费的部分越来越少,即边际消费倾向递减规律。边际消费倾向小于平均消费倾向,平均消费倾向会随着收入的增加而减少。

三、无差异曲线及其特征

无差异曲线用来表示消费者偏好相同的两种商品的所有组合。或者说,它是表示能够给消费者带来相同的效用水平或满足程度的两种商品的所有组合。图 2-2-1 为某消费者的无差异曲线。

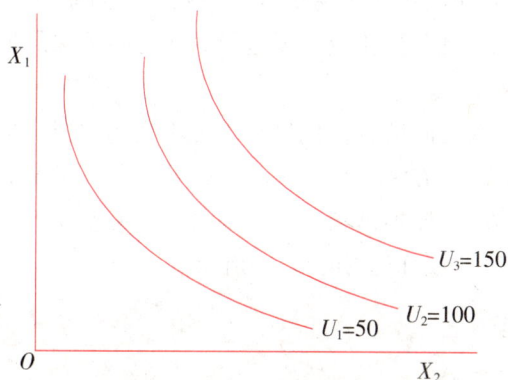

图 2-2-1 某消费者的无差异曲线

在任何一条无差异曲线上，消费者的任何一点的效用都相同，且偏离原点越远的曲线，其效用或满足程度越高。

对于无差异曲线，我们可以对其特性总结如下：

(1)同一平面图上可以有无数条无差异曲线，斜率为负。

(2)任意两条无差异曲线互不相交。

(3)无差异曲线的形状凸向原点。

(4)离原点越远的无差异曲线的满足程度越大。

四、边际替代率

我们知道，同一条无差异曲线上的每一点所代表的两种商品的不同组合，给消费者的满足程度是相同的，其前提条件是：为维持同等程度的满足，增加一种商品的数量时，另一种商品的数量必须不断减少。因此，在维持满足程度不变的前提下，为增加一单位某种商品而需要相应减少的另一种商品的数量称为边际替代率。

边际量的一般含义是表示一单位的自变量的变化量所引起的因变量的变化量。抽象的边际量的定义公式为：

$$边际量=\frac{因变量的变化量}{自变量的变化量}$$

如果用 X 商品代替 Y 商品，ΔX 表示 X 商品的增加量，ΔY 表示 Y 商品的减少量，则商品 X 对商品 Y 的边际替代率可用下式表示：

$$MRS_{XY}=-\frac{\Delta Y}{\Delta X}$$

式中，ΔX 和 ΔY 分别为商品 X 和商品 Y 的变化量。由于 ΔX 是增加量，ΔY 是减少量，两者的符号肯定是相反的，所以，为了使 MRS_{XY} 的计算结果是正值，以便于比较，就在公式中加了一个负号。

五、无差异曲线的特殊形状

无差异曲线的形状表明在维持效用水平不变的前提下一种商品对另一种商品的替代程度。由边际替代率递减规律决定的无差异曲线的形状是凸向原点的，这是无差异曲线的一般形状。下面，考虑两种极端的情况，相应的无差异曲线有着特殊的形状。

1.完全替代品的情况

完全替代品指两种商品之间的替代比例是固定不变的情况。因此，在完全替代的情况下，两商品之间的边际替代率 MRS_{XY} 就是一个常数，相应的无差异曲线是一条斜率不变的直线。例如，在某消费者看来，一杯牛奶和一杯咖啡之间是无差异的，两者总是可以以 1:1 的比例相互替代，相应的无差异曲线如图 2-2-2(a)所示。

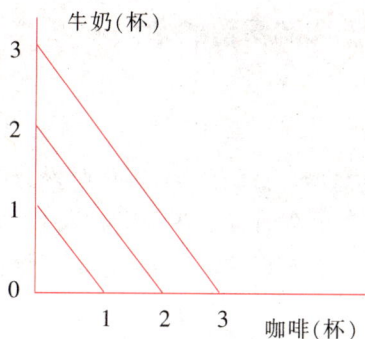

图 2-2-2(a)

2.完全互补品的情况

完全互补指两种商品必须按固定不变的比例同时被使用的情况。因此,在完全互补的情况下,相应的无差异曲线为直角形状。例如,一副眼镜架必须和两片眼镜片同时配合,才能构成一副可供使用的眼镜,则相应的无差异曲线如图 2-2-2(b)所示。

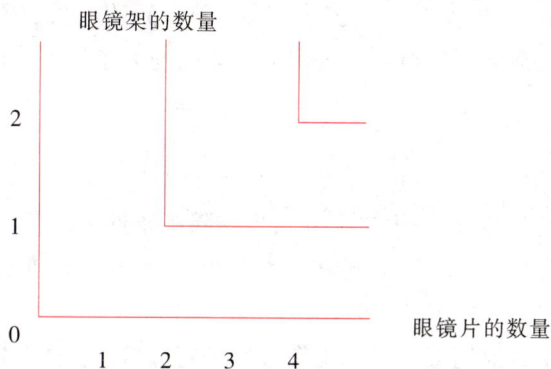

图2-2-2(b)

图 2-2-2(b)中水平部分的无差异曲线表示,对于一副眼镜架而言,只需要两片眼镜片即可,任何超量的眼镜片都是多余的。换言之,消费者不会放弃任何一副眼镜架去换取额外的眼镜片,所以,相应的 $MRS_{XY}=0$。图 2-2-2(b)中垂直部分的无差异曲线表示,对于两片眼镜片而言,只需要一副眼镜架即可,任何超量的眼镜架都是多余的。换言之,消费者会放弃所有超量的眼镜架,只保留一副眼镜架与两片眼镜片相匹配,所以,相应的 $MRS_{XY}=\infty$。

真题回顾

(2018·单选)完全互补品的无差异曲线形状是( )。

A.无差异曲线为斜率固定的直线

B.无差异曲线为直角形状

C.无差异曲线是从左下方向右上方倾斜的一条曲线

D.无差异曲线是从左上方向右下方倾斜的一条曲线

【答案】B。解析:完全互补品是指两种商品必须按照固定不变的比例同时被使用的情况。对于一副眼镜架,必须和两片眼镜片同时配合才可以,而且只需要两片眼镜片即可,任何超量的眼镜片都是多余的;同理,对于两片眼镜片,只需要一副眼镜架即可,任何超量的眼镜架也都是多余的,相应的无差异曲线是直角,如图 2-2-2(b)所示。

一、消费者均衡的实现

消费者均衡是研究单个消费者如何把有限的货币收入分配在各种商品的购买中以获得最大的效用。也可以说,它是研究单个消费者在既定收入下实现效用最大化的均衡条件。这里的均衡是指消费者实现最大效用时既不想再增加,也不想再减少任何商品购买数量的这么一种相对静止的状态。

在基数效用论者那里,消费者实现效用最大化的均衡条件是:如果消费者的货币收入水平是固定的,市场上各种商品的价格是已知的,那么,消费者应该使自己所购买的各种商品的边际效用与价格之比相等。或者说,消费者应使自己花费在各种商品购买上的最后 元钱所带来的边际效用相等。

假定:消费者用既定的收入 I 购买 n 种商品。$P_1,P_2,\cdots P_n$ 分别为 n 种商品的既定价格,λ 为不变的货币的边际效用,$X_1,X_2,\cdots X_n$ 分别表示 n 种商品的数量,$MU_1,MU_2,\cdots MU_n$ 分别表示 n 种商品的边际效用,则上述的消费者效用最大化的均衡条件可以用公式表示为:

$$P_1X_1+P_2X_2+\cdots+P_nX_n=I$$

$$\frac{MU_1}{P_1}=\frac{MU_2}{P_2}=\cdots=\frac{MU_n}{P_n}=\lambda$$

式中,第一个公式是限制条件;第二个公式是在限制条件下消费者实现效用最大化的均衡条件。第二个公式表示消费者应选择最优的商品组合,使得自己花费在各种商品上的最后一元钱所带来的边际效用相等,且等于货币的边际效用。

进一步地,联系消费者效用最大化的均衡条件进行分析。考虑消费者购买一种商品的情况,那么,上述的消费者均衡条件可以写为:

$$\frac{MU}{P}=\lambda$$

它表示:消费者对任何一种商品的最优购买量应该是使最后一元钱购买该商品所带来的边际效用和所付出的这一元钱的货币的边际效用相等。

二、消费者剩余及其衡量

在消费者购买商品时,一方面,消费者对每一单位商品所愿意支付的最高价格取决于这一单位商品的边际效用。由于商品的边际效用是递减的,所以,消费者对某种商品所愿意支付的最高价格是逐步下降的。但是,另一方面,需要区分的是,消费者对每一单位商品所愿意支付的最高价格并不等于该商品在市场上的实际价格。事实上,消费者在购买商品时是按实际的市场价格支付的。于是,在消费者愿意支付的最高价格和实际的市场价格之间就产生了一个差额,这个差额便构成了消费者剩余的基础。

消费者剩余可以用几何图形来表示。简单地说,消费者剩余可以用消费者需求曲线以下、市场价格线之上的面积来表示,如图 2-2-3 中的阴影部分面积所示。具体地看,在图 2-2-3 中,需求曲线以反需求函数的形式 $P_d=f(Q)$ 给出,它表示消费者对每一单位商品所愿意支付的最高价格。假定该商品的市场价格为 P_0，消费者的购买量为 Q_0。那么，根据消费者剩余的定义，我们可以推断，在产量 0 到 Q_0 区间需求曲线以下的面积表示消费者为购买 Q_0 数量的商品所愿意支付的最高总金额（即总价格），即相当于图中的面积 $OABQ_0$；而实际支付的总金额（即总价格）等于市场价格 P_0 乘以购买量 Q_0，即相当于图中的矩形面积 OP_0BQ_0。这两块面积的差额即图中的阴影部分面积 P_0AB，就是消费者剩余。

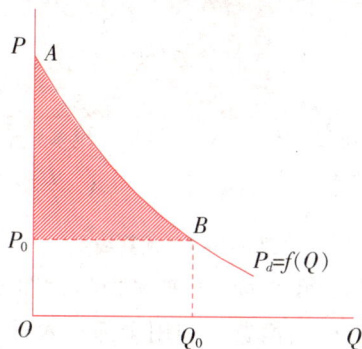

图 2-2-3　消费者剩余

消费者剩余也可以用数学公式来表示。令反需求函数 $P_d=f(Q)$，价格为 P_0 时的消费者的需求量为 Q_0，则消费者剩余为：

$$CS=\int_0^{Q_0} f(Q)\mathrm{d}Q-P_0Q_0$$

式中，CS 为消费者剩余 Consumer Surplus 的英文简写，式子右边的第一项即积分项，表示消费者愿意支付的最高总金额，第二项表示消费者实际支付的总金额。

最后需要指出，消费者剩余是消费者的主观心理评价，它反映消费者通过购买和消费商品所感受到的状态的改善。因此，消费者剩余通常被用来度量和分析社会福利问题。

考点三　预算线

一、预算线的定义

预算线就是指在消费者的货币收入和商品价格既定的条件下，消费者所能购买到的两种商品不同组合点的轨迹。

视频讲解

假定以 I 表示消费者的既定收入，以 P_1 和 P_2 分别表示商品 1 和商品 2 的价格，以 X_1 和 X_2 分别表示商品 1 和商品 2 的数量，那么，相应的预算等式为：

$$P_1X_1+P_2X_2=I$$

该式表示：消费者的全部收入等于他购买商品 1 和商品 2 的总支出。而且，可以用 $\dfrac{I}{P_1}$ 和 $\dfrac{I}{P_2}$ 来分别表示全部收入仅购买商品 1 或商品 2 的数量，它们分别表示预算线的横截距和纵截距。此外，上式可以改写成如下形式：

$$X_2=-\frac{P_1}{P_2}X_1+\frac{I}{P_2}$$

预算线方程告诉我们,预算线的斜率为 $\frac{P_1}{P_2}$,纵截距为 $\frac{I}{P_2}$,如图 2-2-4 所示。

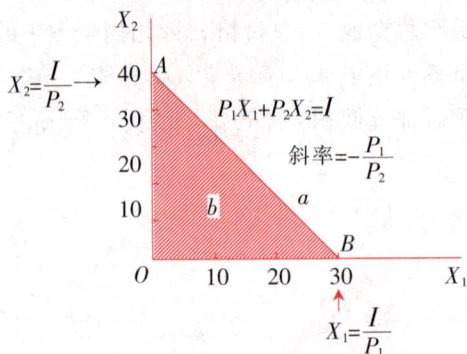

图 2-2-4 预算线

除此之外,从图中还可以看到,预算线 AB 把平面坐标图划分为三个区域:预算线 AB 以外的区域中的任何一点,如 a 点,是消费者利用全部收入都不可能实现的商品购买的组合点。预算线 AB 以内的区域中的任何一点,如 b 点,表示消费者的全部收入在购买该点的商品组合以后还有剩余。唯有预算线 AB 上的任何一点,才是消费者的全部收入刚好花完所能购买到的商品组合点。图中的阴影部分的区域(包括直角三角形的三条边),被称为消费者的预算可行集或预算空间。

二、预算线的变动

预算线的变动可以归纳为以下四种情况:

第一种情况:两商品的价格 P_1 和 P_2 不变,消费者的收入 I 发生变化。这时,相应的预算线的位置会发生平移。其理由是,P_1 和 P_2 不变,意味着预算线的斜率保持不变。于是,I 的变化只能使得预算线的横、纵截距发生变化,如图 2-2-5(a) 所示。

第二种情况:消费者的收入 I 不变,两种商品的价格 P_1 和 P_2 同比例同方向发生变化。这时,相应的预算线的位置也会发生平移。其理由是,P_1 和 P_2 同比例同方向的变化,并不影响预算线的斜率,而只能使预算线的横、纵截距发生变化,如图 2-2-5(a) 所示。

第三种情况:当消费者的收入 I 不变,商品 1 的价格 P_1 发生变化而商品 2 的价格 P_2 保持不变。这时,预算线的斜率会发生变化,预算线的横截距也会发生变化,但是,预算线的纵截距保持不变,如图 2-2-5(b) 所示。当 P_1 不变,P_2 发生变化时,情况如图 2-2-5(c) 所示。

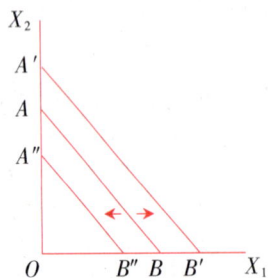

图 2-2-5(a)

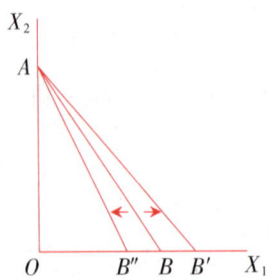

图 2-2-5(b)

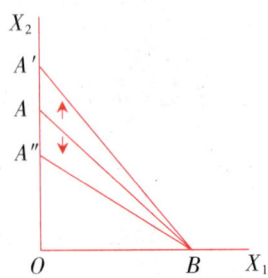

图 2-2-5(c)

第四种情况：消费者的收入 I 与两种商品的价格 P_1 和 P_2 都同比例同方向发生变化。这时预算线不发生变化。其理由是，此时预算线的斜率，以及预算线的横截距和纵截距都不会发生变化。它表示消费者的全部收入用来购买任何一种商品的数量都未发生变化。

三、收入-消费曲线和恩格尔定律

收入-消费曲线是在消费者的偏好和商品的价格不变的条件下，与消费者的不同收入水平相联系的消费者效用最大化的均衡量的轨迹。

恩格尔曲线是用 19 世纪德国统计学家恩格尔的名字命名的。恩格尔曲线表示消费者在每一收入水平上对某商品的需求量。收入和需求量的关系，实际上也是收入和用于某方面支出的关系。

恩格尔的统计分析表明，随着人们收入的增加，用于食品的支出部分在人们生活支出中所占的比例将下降，用于住宅和穿着方面的支出比例将基本不变，用于其他方面的支出比例会增加，这种分析的结果被称为恩格尔定律。食品支出同总支出的比率会随收入提高而下降，这一比率常被用来衡量国家和地区的富裕程度，又被称为恩格尔系数。

随着时间的推移，以后的经济学家又对恩格尔定律做了若干补充，恩格尔定律的内容有所增加。目前西方经济学对恩格尔定律的表述如下：

(1)随着家庭收入的增加，用于购买食品的支出占家庭收入的比重会下降。

(2)随着家庭收入的增加，用于家庭住宅建设和家务经营的支出占家庭收入的比重大体不变。

(3)随着家庭收入的增加，用于服装、交通、娱乐、卫生保健、教育方面的支出和储蓄占家庭收入的比重会上升。

考点四　替代效应和收入效应

一种商品价格的变化会引起该商品的需求量的变化，这种变化可以被分解为替代效应和收入效应两个部分。

一、替代效应和收入效应的含义

视频讲解

一种商品的价格发生变化，会对消费者产生两种影响：一是使消费者的实际收入水平发生变化。在这里，实际收入水平的变化被定义为效用水平的变化。二是使商品的相对价格发生变化。这两种变化都会改变消费者对该种商品的需求量。

例如，在消费者购买商品 1 和商品 2 两种商品的情况下，当商品 1 的价格下降时，一方面，对于消费者来说，虽然货币收入不变，但是现有的货币收入的购买力增强了，也就是说实际收入水平提高了。实际收入水平的提高，会使消费者改变对这两种商品的购买量，从而达到更高的效用水平，这就是收入效应。另一方面，商品 1 价格的下降，使得商品 1 相对于价格不变的商品 2 来说，较以前便宜了。商品相对价格的这种变化，会使消费者增加对商品1的购买而减少对商品2的购买,这就是替代效应。替代效应不改变消费者的效用水平。当然,也可以同样地分析商品1的价格提高时的替代效应和收入效应,只是情况刚好相反罢了。

综上所述,一种商品价格变动所引起的该商品需求量变动的总效应可以被分解为替代效应和收入效应两个部分,即总效应=替代效应+收入效应。其中,由商品的价格变动所引起的实际收入水平变动,进而由实际收入水平变动所引起的商品需求量的变动,称为收入效应。由商品的价格变动所引起的商品相对价格的变动,进而由商品的相对价格变动所引起的商品需求量的变动,称为替代效应。收入效应表示消费者的效用水平发生变化,替代效应则不改变消费者的效用水平。

二、正常物品的替代效应和收入效应

以图 2-2-6 为例分析正常物品价格下降时的替代效应和收入效应。

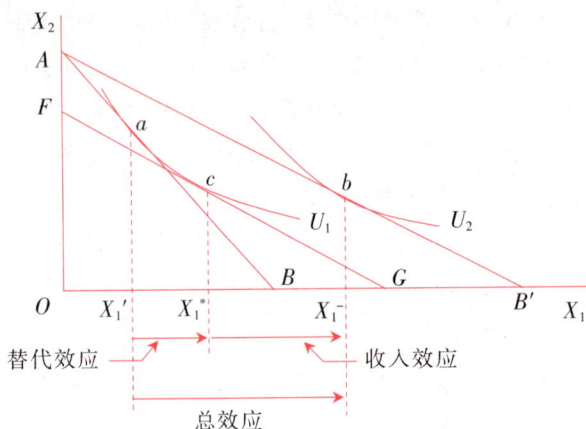

图 2-2-6 正常品的替代效应和收入效应

图 2-2-6 中的横轴 OX_1 和纵轴 OX_2 分别表示商品 1 和商品 2 的数量,其中,商品 1 是正常物品。在商品价格变化之前,消费者的预算线为 AB,该预算线与无差异曲线 U_1 相切于 a 点,a 点是消费者效用最大化的一个均衡点。在 a 均衡点上,相应的商品 1 的需求量为 OX_1'。现假定商品 1 的价格 P_1 下降使预算线的位置由 AB 移至 AB'。新的预算线 AB',与另一条代表更高效用水平的无差异曲线 U_2 相切于 b 点,b 点是商品 1 的价格下降以后的消费者的效用最大化的均衡点。在 b 均衡点上,相应的商品 1 的需求量为 OX_1^-。比较 a、b 两个均衡点,商品 1 的需求量的增加量为 $X_1'X_1^-$,这便是商品 1 的价格 P_1 下降所引起的总效应。这个总效应可以被分解为替代效应和收入效应两个部分。

如何确定替代效应和收入效应的作用程度呢?须通过作一条平行于新的预算线并切于原有的无差异曲线的补偿性预算线来区分。

补偿性预算线的意义:当价格变动引起消费者实际收入发生变动时,补偿性预算线是用来表示以假设的货币收入的增减来维持消费者实际收入水平不变的一种分析工具。具体地说:在商品价格下降引起实际收入提高时,假设可取走一部分货币收入,以使消费者的实际收入维持原有的效用水平。图 2-2-6 中 FG 曲线即为补偿性预算线。

当商品 1 的价格下降时,补偿预算线与无差异曲线相切于 c 点,与原均衡点相比,商品 1 的需要量增加量为 $X_1'X_1^*$,这个是在剔除实际收入水平变化情况下的增加量,只是考虑价格变化的因素,为替代效应。同时,我们可看到商品 1 价格下降,需求量增加,替代效应为正,替代效应与价格成反方向变动。

把补偿预算线再推回到 AB' 的位置上,与新的无差异曲线相切于 b 点,需要量增加 $X_1^*X_1^-$ 则为收入发生变化引起的需要量的增加,为收入效应。价格下降,实际收入水平提高,增加对该种物品的需求,收入效应也与价格成反方向变动。

综上所述,对于正常物品来说,替代效应与价格成反方向的变动,收入效应也与价格成反方向的变动,在它们的共同作用下,总效应必定与价格成反方向的变动。正因为如此,正常物品的需求曲线是向右下方倾斜的。

三、正常物品和低档物品的区别

商品可以分为正常物品和低档物品两大类。正常物品和低档物品的区别在于:正常物品的需求量与消费者的收入水平成同方向的变动,即:正常物品的需求量随着消费者收入水平的提高而增加,随着消费者收入水平的下降而减少。低档物品的需求量与消费者的收入水平成反方向的变动,即:低档物品的需求量随着消费者收入水平的提高而减少,随着消费者收入水平的下降而增加。

相应地,可以推知:当某正常物品的价格下降(或上升)导致消费者实际收入水平提高(或下降)时,消费者会增加(或减少)对该正常物品的需求量。也就是说,正常物品的收入效应与价格成反方向的变动。这就是上面的结论,也是在图 2-2-6 中,c 点必定落在 a、b 两点之间的原因。而对于低档物品来说,当某低档物品的价格下降(或上升)导致消费者的实际收入水平提高(或下降)时,消费者会减少(或增加)对该低档物品的需求量。也就是说,低档物品的收入效应与价格成同方向变动。这意味着,在类似于图 2-2-6 的分析中,c 点的位置会发生变化。

由于正常物品和低档物品的区别不对它们各自的替代效应产生影响,所以,对于所有的商品来说,替代效应与价格都是成反方向变动的。

真题回顾

(2018·判断)当一种商品的价格下降时,收入效应会导致这种商品更多的消费。　　(　　)

【答案】×。解析:收入效应是指由商品的价格变动所引起的实际收入水平变动,进而由实际收入水平变动所引起的商品需求量的变动。正常品的收入效应与价格成反方向的变动;低档品的收入效应与价格成同方向的变动。即当一个商品价格下降,如果是正常品,收入效应会使消费者购买更多;但如果是低档品,反而购买更少。

四、低档物品的替代效应和收入效应

1.普通的低档物品

对于低档物品来说,替代效应与价格成反方向的变动,收入效应与价格成同方向的变

动,而且,在大多数的场合,收入效应的作用小于替代效应的作用,所以,总效应与价格成反方向的变动,相应的需求曲线是向右下方倾斜的。

2.吉芬物品

在少数的场合下,某些低档物品的收入效应的作用会大于替代效应的作用,于是,就会出现违反需求曲线向右下方倾斜的现象。这类物品就是吉芬物品。

英国人吉芬于19世纪发现,1845年爱尔兰发生灾荒,土豆价格上升,但是土豆需求量反而增加了。这一现象在当时被称为"吉芬难题"。这类需求量与价格成同方向变动的特殊商品以后也因此被称作吉芬物品。

很显然,吉芬物品是一种特殊的低档物品。作为低档物品,吉芬物品的替代效应与价格成反方向的变动,收入效应则与价格成同方向的变动。吉芬物品的特殊性就在于:它的收入效应的作用很大,以至于超过了替代效应的作用,从而使得总效应与价格成同方向的变动。这也就是吉芬物品的需求曲线呈现出向右上方倾斜的特殊形状的原因。

运用以上分析的结论就可以解释"吉芬难题"了。在19世纪中叶的爱尔兰,购买土豆的消费支出在大多数的贫困家庭的收入中占一个较大的比例,于是,土豆价格的上升导致贫困家庭实际收入水平大幅度下降。在这种情况下,变得更穷的人们不得不大量地增加对低档物品土豆的购买,这样形成的收入效应是很大的,它超过了替代效应,造成了土豆的需求量随着土豆价格的上升而增加的特殊现象。

习题演练

一、判断题

1.序数效用论认为效用如同长度、重量等概念一样可以具体衡量,并加总求和。　（　　）

2.基数效用论认为效用的大小无法具体衡量,但可以通过顺序或等级来比较。　（　　）

二、单项选择题

1.已知某消费者的收入是100元,商品 x 的价格是10元,商品 y 的价格是3元。假定他打算购买7单位 x 和10单位 y ,这时 x 和 y 的边际效用分别是50和180,如要获得最大效用,他应该（　　）。

A.停止购买

B.减少 x 的购买量,增加购买 y 商品

C.增加 x 的购买量,减少购买 y 商品

D.同时增加 x 和 y 的购买量

2.关于无差异曲线不正确的是（　　）。

A.无差异曲线一般凸向原点

B.无差异曲线不可能相交

C.无差异曲线是基数效用理论的重要工具

D.无差异曲线的每一点所代表的两种物品之不同数量的组合提供的总效用是相等的

3.关于实现消费者均衡的条件,不正确的是(　　)。

A.在基数效用论下,商品的边际效用之比等于其价格之比

B.在序数效用论下,两种商品的边际替代率等于其价格之比

C.基数效用论与序数效用论的均衡条件实质上是相同的

D.均衡状态下,消费者增加一种商品的数量所带来的效用增加量必定大于减少的另一种商品所带来的效用减少量

4.无差异曲线上任一点上商品 x 和 y 的边际替代率等于它们的(　　)。

A.价格之比　　　　　　　　B.数量之比

C.边际效用之比　　　　　　D.边际成本之比

三、多项选择题

1.随着消费商品数量的增加,(　　)。

A.边际效用递减　　　　　　B.边际效用总大于零

C.边际效用会小于零　　　　D.每单位商品增加的效用量减少

E.总效用不断减少

2.基数效用论者认为消费者均衡的条件是(　　)。

A.无差异曲线与预算线相切　　　B.$MRS_{XY}=P_X/P_Y$

C.$MU_X/P_X=MU_Y/P_Y$　　　　　D.$MU_X/MU_Y=P_X/P_Y$

参考答案

一、判断题

1.【答案】×。解析:题干为基数效用论的理论。序数效用论认为效用不可以衡量,只能排序或分等级。

2.【答案】×。解析:题干为序数效用论的理论。基数效用论认为效用如同长度、重量等概念一样可以具体衡量,并加总求和。

二、单项选择题

1.【答案】B。解析:根据消费者均衡的条件 $MU_X/P_X=MU_Y/P_Y$,此题中 $MU_X/P_X=50/10=5$,$MU_Y/P_Y=180/3=60$,可知 $MU_X/P_X<MU_Y/P_Y$,为实现效用最大化,即要向均衡趋近,要消费较少的 x 和较多的 y。

2.【答案】C。解析:无差异曲线是序数效用论的重要工具。

3.【答案】D。解析:均衡状态下,消费者增加一种商品的数量所带来的效用增加量必定等于减少的另一种商品所带来的效用减少量。

4.【答案】C。解析:该题考查边际替代率的公式。$MRS_{XY}=-\Delta Y/\Delta X=MU_X/MU_Y$。

三、多项选择题

1.**【答案】**ACD。**解析:**该题主要考查边际效用递减规律:给定时间内,其他商品的消费数量保持不变时,随着消费者对某商品消费总数量的增加,消费者从该商品连续增加的每一消费单位所得到的效用增量即边际效用是递减的。

2.**【答案】**CD。**解析:**按照基数效用论者的理论,消费者实现效用最大化的均衡条件是:如果消费者的货币收入水平是固定的,市场上各种商品的价格是已知的,那么,消费者应该使自己所购买的各种商品的边际效用与价格之比相等。或者说,消费者应使自己花费在各种商品购买上的最后一元钱所带来的边际效用相等。

第三章　生产者行为理论

考点详解

考点一　一种可变生产要素的生产函数

微观经济学的生产理论可以分为短期生产理论和长期生产理论。短期指生产者来不及调整全部生产要素的数量,至少有一种生产要素的数量是固定不变的时间周期。长期指生产者可以调整全部生产要素的数量的时间周期。相应地,在短期内,生产要素投入可以区分为不变投入和可变投入。生产者在短期内无法进行数量调整的那部分要素投入是不变要素投入,例如,机器设备、厂房等。生产者在短期内可以进行数量调整的那部分要素投入是可变要素投入,例如,劳动、原材料、燃料等。

在长期内,生产者可以调整全部的要素投入。例如,生产者根据企业的经营状况,可以缩小或扩大生产规模,甚至还可以加入或退出一个行业的生产。由于在长期所有的要素投入量都是可变的,因而也就不存在可变要素投入和不变要素投入的区分。微观经济学通常以一种可变生产要素的生产函数考察短期生产理论,以两种可变生产要素的生产函数考察长期生产理论。

一、一种可变生产要素的生产函数

由生产函数 $Q=f(L,K)$ 出发,假定资本投入量是固定的,用 $\bar{K}$ 表示,劳动投入量是可变的,用 L 表示,则生产函数可以写成:

$$Q=f(L,\bar{K})$$

这就是通常采用的一种可变生产要素的生产函数的形式,它也被称为短期生产函数。

二、总产量、平均产量和边际产量

短期生产函数 $Q=f(L,\bar{K})$ 表示:在资本投入量固定时,由劳动投入量变化所带来的最大产量的变化。由此,我们可以得到劳动的总产量、劳动的平均产量和劳动的边际产量这三个概念。总产量、平均产量和边际产量的英文简写依次是 TP、AP 和 MP。

劳动的总产量 TP_L 指与一定的可变要素劳动的投入量相对应的最大产量。它的定义公式为:

$$TP_L=f(L,\bar{K})$$

劳动的平均产量 AP_L 指平均每一单位可变要素劳动的投入量所生产的产量。它的定义

视频讲解

公式为：

$$AP_L=\frac{TP_L(L,\bar{K})}{L}$$

劳动的边际产量 MP_L 指增加一单位可变要素劳动投入量所增加的产量。它的定义公式为：

$$MP_L=\frac{\Delta TP_L(L,\bar{K})}{\Delta L}$$

类似地，对于生产函数 $Q=f(\bar{L},K)$ 来说，它表示：在劳动投入量固定时，由资本投入量变化所带来的最大产量的变化。由该生产函数可以得到相应的资本的总产量、资本的平均产量和资本的边际产量，它们的定义公式分别是：

$$TP_K=f(\bar{L},K)$$

$$AP_K=\frac{TP_K(\bar{L},K)}{K}$$

$$MP_K=\frac{\Delta TP_K(\bar{L},K)}{\Delta K}$$

三、边际报酬递减规律

对一种可变生产要素的生产函数来说，边际产量表现出的先上升而最终下降的特征，被称为边际报酬递减规律，有时也被称为边际产量递减规律或边际收益递减规律。

西方经济学家指出，在生产中普遍存在这么一种现象：技术水平不变的条件下，在连续等量地把某一种可变生产要素增加到其他一种或几种数量不变的生产要素上去的过程中，当这种可变生产要素的投入量小于某一特定值时，增加该要素投入所带来的边际产量是递增的；当这种可变要素的投入量连续增加并超过这个特定值时，增加该要素投入所带来的边际产量是递减的。这就是边际报酬递减规律。边际报酬递减规律是短期生产的一条基本规律。

四、总产量、平均产量和边际产量相互之间的关系

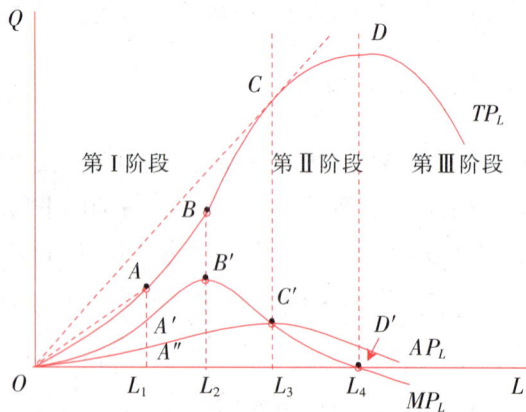

图 2-3-1　总产量、平均产量和边际产量曲线

　　西方经济学家通常将总产量曲线、平均产量曲线和边际产量曲线置于同一张坐标图中，来分析这三个产量概念之间的相互关系。一种可变生产要素的生产函数的产量曲线图 2-3-1 反映了短期生产的有关产量曲线相互之间的关系。

　　由边际报酬递减规律决定的劳动的边际产量 MP_L 曲线先是上升的，并在 B' 点达到最高点，然后再下降。由短期生产的这一基本特征出发，我们可以得出如下结论：

　　第一，关于边际产量和总产量之间的关系。根据边际产量的定义公式 $MP_L=\dfrac{dTP_L(L,\bar{K})}{dL}$ 可以推知，过 TP_L 曲线任何一点的切线的斜率就是相应 MP_L 值。

　　正是由于每一个劳动投入量上的边际产量 MP_L 值就是相应的总产量 TP_L 曲线的斜率，所以，在图 2-3-1 中 MP_L 曲线和 TP_L 曲线之间存在着这样的对应关系：在劳动投入量小于 L_4 的区域，MP_L 均为正值，则相应的 TP_L 曲线的斜率为正，即 TP_L 曲线是上升的；在劳动投入量大于 L_4 的区域，MP_L 均为负值，则相应的 TP_L 曲线的斜率为负，即 TP_L 曲线是下降的；当劳动投入量恰好为 L_4 时，MP_L 为零值，则相应的 TP_L 曲线的斜率为零，即 TP_L 曲线达到极大值点。也就是说，MP_L 曲线的零值点 D' 和 TP_L 曲线的最大值点 D 是相互对应的。

　　以上这种关系可以简单地表述为：只要边际产量是正的，总产量总是增加的；只要边际产量是负的，总产量总是减少的；当边际产量为零时，总产量达最大值点。

　　进一步地，由于在边际报酬递减规律作用下的边际产量 MP_L 曲线先上升，在 B' 点达到最大值，然后再下降，所以，相应的总产量 TP_L 曲线的斜率先是递增的，B 点为拐点，然后是递减的。也就是说，MP_L 曲线的最大值点 B'，和 TP_L 曲线的拐点 B 是相互对应的。

　　第二，关于平均产量和总产量之间的关系。根据平均产量的定义公式 $AP_L=\dfrac{TP_L(L,\bar{K})}{L}$ 可以推知，连接 TP_L 曲线上任何一点和坐标原点的线段的斜率，就是相应的 AP_L 值。

　　正是由于这种关系，所以，在图 2-3-1 中当 AP_L 曲线在 C' 点达最大值时，TP_L 曲线必然有一条从原点出发的最陡的切线，其切点为 C 点。

　　第三，关于边际产量和平均产量之间的关系。在图 2-3-1 中，我们可以看到 MP_L 曲线和 AP_L 曲线之间存在着这样的关系：两条曲线相交于 AP_L 曲线的最高点 C'。在 C' 点以前，MP_L 曲线高于 AP_L 曲线，MP_L 曲线将 AP_L 曲线拉上；在 C' 点以后，MP_L 曲线低于 AP_L 曲线，MP_L 曲线将 AP_L 曲线拉下。不管是上升还是下降，MP_L 曲线的变动都快于 AP_L 曲线的变动。

　　此外，由于在可变要素劳动投入量的变化过程中，边际产量的变动相对平均产量的变动而言要更敏感一些，所以，不管是增加还是减少，边际产量的变动都快于平均产量的变动。

五、短期生产的三个阶段

　　如图 2-3-1，在第 Ⅰ 阶段，产量曲线的特征为：劳动的平均产量始终是上升的，且达到最大值；劳动的边际产量上升达最大值，然后，开始下降，且劳动的边际产量始终大于劳动的平均产量；劳动的总产量始终是增加的。这说明：在这一阶段，不变要素资本的投入量相对过多，生产者增加可变要素劳动的投入量是有利的。因此，任何理性的生产者都不会在这一阶段停止生产，而是连续增加可变要素劳动的投入量，以增加总产量，并将生产扩大到

视频讲解

第Ⅱ阶段。

在第Ⅲ阶段,产量曲线的特征为:劳动的平均产量继续下降,劳动的边际产量降为负值,劳动的总产量也呈现下降趋势。这说明:在这一阶段,可变要素劳动的投入量相对过多,生产者减少可变要素劳动的投入量是有利的。因此,这时即使劳动要素是免费供给的,理性的生产者也不会增加劳动投入量,而是通过减少劳动投入量来增加总产量,以摆脱劳动的边际产量为负值和总产量下降的局面,并退回到第Ⅱ阶段。

由此可见,任何理性的生产者既不会将生产停留在第Ⅰ阶段,也不会将生产扩张到第Ⅲ阶段,所以,生产只能在第Ⅱ阶段进行。在生产的第Ⅱ阶段,生产者可以得到由第Ⅰ阶段增加可变要素投入所带来的全部好处,又可以避免将可变要素投入增加到第Ⅲ阶段而带来的不利影响。因此,第Ⅱ阶段是生产者进行短期生产的决策区间。在第Ⅱ阶段的起点处,劳动的平均产量曲线和劳动的边际产量曲线相交,即劳动的平均产量达最高点。在第Ⅱ阶段的终点处,劳动的边际产量曲线与水平轴相交,即劳动的边际产量等于零。

考点二 两种可变生产要素的生产函数

一、两种可变生产要素的生产函数

在长期内,所有的生产要素的投入量都是可变的,多种可变生产要素的长期生产函数可以写为:

$$Q = f(X_1, X_2, \cdots, X_n)$$

式中,Q 为产量;$X_i (i=1,2,\cdots,n)$ 为第 n 种可变生产要素的投入数量。该生产函数表示:长期内在技术水平不变的条件下由 n 种可变生产要素投入量的一定组合所能生产的最大产量。

在生产理论中,为了简化分析,通常以两种可变生产要素的生产函数来考察长期生产问题。假定生产者使用劳动和资本两种可变生产要素来生产一种产品,则两种可变生产要素的长期生产函数可以写为:

$$Q = f(L, K)$$

式中,L 为可变要素劳动的投入量;K 为可变要素资本的投入量;Q 为产量。

二、等产量曲线

生产理论中的等产量曲线和效用理论中的无差异曲线是很相似的。等产量曲线是在技术水平不变的条件下生产同一产量的两种生产要素投入量的所有不同组合的轨迹。以常数 Q_0 表示既定的产量水平,则与等产量曲线相对应的生产函数为:

$$Q = f(L, K) = Q_0$$

显然,这是一个两种可变生产要素的生产函数。

长期生产函数通常所用的等产量曲线,如图 2-3-2 所示。图中有三条等产量曲线,它们分别表示可以生产出 50 单位、100 单位和 150 单位产量的各种生产要素的组合。以代表产量为 50 单位的等产量曲线为例进行分析,50 单位的产量既可以使用 A 点的要素组合(OL_1

单位的劳动和 OK_1 单位的资本)生产出来,也可以使用 B 点的要素组合(OL_2 单位的劳动和 OK_2 单位的资本),或 C 点的要素组合(OL_3 单位的劳动和 OK_3 单位的资本)生产出来。

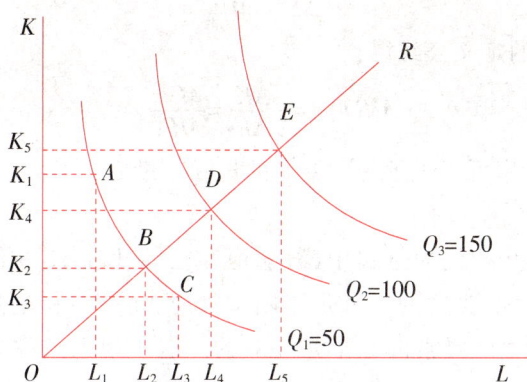

图 2-3-2　等产量曲线

与无差异曲线相似,等产量曲线与坐标原点的距离的大小表示产量水平的高低:离原点越近的等产量曲线代表的产量水平越低;离原点越远的等产量曲线代表的产量水平越高。同一平面坐标上的任意两条等产量曲线不会相交。等产量曲线是凸向原点的。

三、边际技术替代率及其递减规律

1.边际技术替代率

与等产量曲线相联系的一个概念是边际技术替代率 (Marginal Rate of Technical Substitution,简称 MRTS)。

一条等产量曲线表示一个既定的产量水平可以由两种可变要素的各种不同数量的组合生产出来。这意味着,生产者可以通过对两要素之间的相互替代,来维持一个既定的产量水平。在维持产量水平不变的条件下,增加一单位某种生产要素投入量时所减少的另一种要素的投入数量,被称为边际技术替代率。劳动对资本的边际技术替代率的定义公式为:

$$MRTS_{LK} = -\frac{\Delta K}{\Delta L}$$

式中,ΔK 和 ΔL 分别为资本投入量的变化量和劳动投入量的变化量。公式中加负号是为了使 $MRTS$ 值在一般情况下为正值,以便于比较。当 $\Delta L \to 0$ 时,则相应的边际技术替代率的定义公式为:

$$MRTS_{LK} = \lim_{\Delta L \to 0} -\frac{\Delta K}{\Delta L} = -\frac{dK}{dL}$$

显然,等产量曲线上某一点的边际技术替代率就是等产量曲线在该点斜率的绝对值。

边际技术替代率还可以表示为两要素的边际产量之比。这是因为,边际技术替代率的概念是建立在等产量曲线的基础上的,所以,对于任意一条给定的等产量曲线来说,当用劳动投入去替代资本投入时,在维持产量水平不变的前提下,由增加劳动投入量所带来的总产量的增加量和由减少资本量所带来的总产量的减少量必定是相等的,即必有:

$$|\Delta L \cdot MP_L| = |\Delta K \cdot MP_K|$$

整理得：

$$-\frac{\Delta K}{\Delta L}=\frac{MP_L}{MP_K}$$

由边际技术替代率的定义公式得：

$$MRTS_{LK}=-\frac{\Delta K}{\Delta L}=\frac{MP_L}{MP_K}$$

可见，边际技术替代率可以表示为两要素的边际产量之比。

2.边际技术替代率递减法则

在两种生产要素相互替代的过程中，普遍地存在一种现象：在维持产量不变的前提下，当一种生产要素的投入量不断增加时，每一单位的这种生产要素所能替代的另一种生产要素的数量是递减的。这一现象被称为边际技术替代率递减规律。

边际技术替代率递减的主要原因在于：任何一种产品的生产技术都要求各要素投入之间有适当的比例，这意味着要素之间的替代是有限制的。简单地说，以劳动和资本两种要素投入为例，在劳动投入量很少和资本投入量很多的情况下，减少一些资本投入量可以很容易地通过增加劳动投入量来弥补，以维持原有的产量水平，即劳动对资本的替代是很容易的。但是，在劳动投入增加到相当多的数量和资本投入量减少到相当少的数量的情况下，再用劳动去替代资本就将是很困难的了。

考点三　最优的生产要素组合

在长期内，所有的生产要素的投入数量都是可变动的，任何一个理性的生产者都会选择最优的生产要素组合进行生产。

一、关于既定成本条件下的产量最大化

假定在一定的技术条件下厂商用两种可变生产要素劳动和资本生产一种产品，且劳动的价格 w 和资本的价格 r 是已知的，劳动和资本的数量分别用 L、K 表示，厂商用于购买这两种要素的全部成本 C 是既定的，那 $\omega L+rK=C$。如果企业要以既定的成本获得最大的产量，那么，它应该如何选择最优的劳动投入量和资本投入量的组合呢？

把厂商的等产量曲线和相应的等成本线画在同一个平面坐标系中，就可以确定厂商在既定成本下实现最大产量的最优要素组合点，即生产的均衡点。在图 2-3-3 中，有一条等成本线 AB 和三条等产量曲线 Q_1、Q_2 和 Q_3。等成本线 AB 的位置和斜率决定于既定的成本量 C 和既定的已知的两要素的价格比例。由图中可见，唯一的等成本线 AB 与其中一条等产量曲线 Q_2 相切于 E 点，该点就是生产的均衡点。它表示：在既定成本条件下，厂商应该按照 E 点的生产要素组合进行生产，即劳动投入量和资本投入量分别为 OL_1 和 OK_1，这样，厂商就会获得最大的产量。

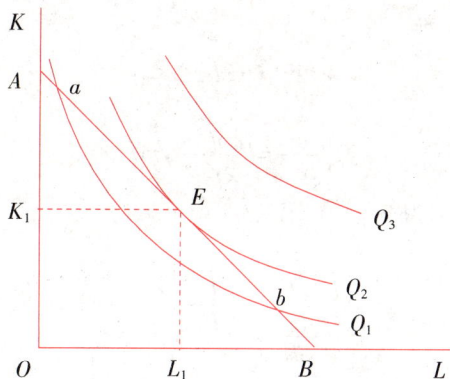

图 2-3-3　既定成本条件下产量最大的要素组合

由于边际技术替代率反映了两要素在生产中的替代比率，要素的价格比例反映了两要素在购买中的替代比率，所以，只要两者不相等，厂商总可以在总成本不变的条件下通过对要素组合的重新选择，使总产量得到增加。只有在两要素的边际技术替代率和两要素的价格比例相等时，生产者才能实现生产的均衡。在图中则是唯一的等成本线 AB 和等产量曲线 Q_2 的相切点 E 才是厂商的生产均衡点。于是，在生产均衡点 E 有：

$$MRTS_{LK} = \frac{\omega}{\gamma}$$

式中，ω 为劳动价格，γ 为资本价格。

它表示：为了实现既定成本条件下的最大产量，厂商必须选择最优的生产要素组合，使得两要素的边际技术替代率等于两要素的价格比例。这就是两种要素的最优组合原则。

进一步，可以有：

$$\frac{MP_L}{\omega} = \frac{MP_K}{\gamma}$$

它表示：厂商可以通过对两要素投入量的不断调整，使得最后一单位的成本支出无论用来购买哪一种生产要素所获得的边际产量都相等，从而实现既定成本条件下的最大产量。

二、利润最大化可以得到最优的生产要素组合

厂商生产是为了追求最大的利润。在完全竞争条件下，对厂商来说，商品的价格和生产要素的价格都是既定的，厂商可以通过对生产要素投入量的不断调整来实现最大的利润。厂商在追求最大利润的过程中，可以得到最优的生产要素组合。这一点可以用数学方法证明如下。

假定：在完全竞争条件下，企业的生产函数为 $Q=f(L,K)$，既定的商品的价格为 P，既定的劳动的价格和资本的价格分别为 ω 和 γ，π 表示利润。由于厂商的利润等于总收益减去总成本，于是，厂商的利润函数为：

$$\pi(L,K) = P \cdot f(L,K) - (\omega L + \gamma K)$$

式中，$P \cdot f(L,K)$ 表示总收益，$\omega L + \gamma K$ 表示总成本。

利润最大化的一阶条件为：

$$\begin{cases} \dfrac{\partial \pi}{\partial L}=P\dfrac{\partial f}{\partial L}-\omega=0 \\[3mm] \dfrac{\partial \pi}{\partial K}=P\dfrac{\partial f}{\partial K}-\gamma=0 \end{cases}$$

根据以上两式，可以整理得到：

$$\dfrac{\dfrac{\partial f}{\partial L}}{\dfrac{\partial f}{\partial K}}=\dfrac{MP_L}{MP_K}=\dfrac{\omega}{\gamma}$$

上式与前面的最优生产要素组合的条件是相同的。这说明，追求利润最大化的厂商是可以得到最优的生产要素的组合的。

考点四 规模报酬

规模报酬分析涉及的是企业的生产规模变化与所引起的产量变化之间的关系。企业只有在长期内才可能变动全部生产要素，进而变动生产规模，因此，企业的规模报酬分析属于长期生产理论问题。企业的规模报酬变化可以分规模报酬递增、规模报酬不变和规模报酬递减三种情况。

（1）关于规模报酬递增。产量增加的比例大于各种生产要素增加的比例，称之为规模报酬递增。例如，当全部的生产要素劳动和资本都增加100%时，产量的增加大于100%。产生规模报酬递增的主要原因是由于企业生产规模扩大所带来的生产效率的提高。

（2）关于规模报酬不变。产量增加的比例等于各种生产要素增加的比例，称之为规模报酬不变。例如，当全部生产要素劳动和资本都增加100%时，产量也增加100%。

（3）关于规模报酬递减。产量增加的比例小于各种生产要素增加的比例，称之为规模报酬递减。例如，当全部生产要素劳动和资本都增加100%时，产量的增加小于100%。产生规模报酬递减的主要原因是由于企业生产规模过大，使得生产的各个方面难以得到协调，从而降低了生产效率。

我们也可以用以下的数学公式来定义规模报酬的三种情况。

令生产函数 $Q=f(L,K)$：

如果 $f(\lambda L,\lambda K)>\lambda f(L,K)$，其中，常数 $\lambda>0$，则生产函数 $Q=f(L,K)$ 具有规模报酬递增的性质。

如果 $f(\lambda L,\lambda K)=\lambda f(L,K)$，其中，常数 $\lambda>0$，则生产函数 $Q=f(L,K)$ 具有规模报酬不变的性质。

如果 $f(\lambda L,\lambda K)<\lambda f(L,K)$，其中，常数 $\lambda>0$，则生产函数 $Q=f(L,K)$ 具有规模报酬递减的性质。

一般说来，在长期生产过程中，企业的规模报酬的变化呈现出如下的规律：当企业从最初的很小的生产规模开始逐步扩大的时候，企业面临的是规模报酬递增的阶段。在企业得到了由生产规模扩大所带来的产量递增的全部好处以后，一般会继续扩大生产规模，将生产保持在规模报酬不变的阶段。这个阶段有可能比较长。在这以后,企业若继续扩大生产规模,就会进入一个规模报酬递减的阶段。

习题演练

单项选择题

1.以下各项中不属于生产要素的是( )。

A.土地　　　　　B.资本　　　　　C.企业家才能　　　D.生活必需品

2.在其他生产要素投入量不变的条件下,随着一种生产要素的不断增加,该种生产要素的平均产量( )。

A.一直增加　　B.一直减少　　　C.先增后减　　　　D.先减后增

3.当劳动 L 的总产量下降时,( )。

A.AP_L 是递增的　B.AP_L 为零　　C.MP_L 为零　　　D.MP_L 为负

4.如果连续地增加某种生产要素,在总产量达到最大时,边际产量曲线( )。

A.与纵轴相交　　　　　　　B.经过原点

C.与平均产量曲线相交　　　D.与横轴相交

5.生产函数表示的是生产中＿＿＿＿和＿＿＿＿之间的依存关系,这种关系普遍存在于各种生产过程中。( )

A.成本　　利润　　　　　　B.投入量　　产出量

C.总成本　　总收入　　　　D.固定成本　　流动资本

参考答案

单项选择题

1.【答案】D。解析:生产要素包括土地、劳动、资本、企业家才能。

2.【答案】C。解析:AP 曲线随着生产要素的不断增加会呈现倒 U 形的趋势,因此是先增后减。

3.【答案】D。解析:当总产量开始下降的时候,MP 必然是负值,而 AP 一定是递减的,但无法判断 AP 是大于 0 还是等于 0。

4.【答案】D。解析:当总产量达到最大的时候,边际产量曲线一定和横轴相交,并且 MP 等于 0。

5.【答案】B。解析:生产函数研究的就是投入量和产出量之间的关系。

第四章　成本论

考点详解

考点一　成本的分类

在经济分析中,成本被认为是厂商进行生产活动所使用的生产要素的货币支出,或生产要素的所有者必须得到的报酬或补偿。但是,经济分析中的成本与企业的会计业务中的成本的含义并不完全相同。

一、经济成本和机会成本

在经济分析中所使用的经济成本的概念与会计学所讨论的成本是有些差异的,且前者比后者包括的范围更广。会计学中提及的成本,是指厂商所使用的,且从市场上购买或租来的生产要素的支出,这一般是可以从会计账簿上看出来的。而在经济学范畴中的成本,则是指厂商所使用的全部资源的机会成本,是需要另行计算才能知道的。

机会成本,是指人们利用一定资源获得某种收入时所放弃的用于其他可能的用途所能够获取的最大收入。机会成本的存在是与资源的稀缺性紧密联系的。当一个社会或一个企业用一定的经济资源生产一定数量的一种或者几种产品时,这些经济资源就不能同时被使用在其他的生产用途方面。这就是说,这个社会或这个企业所获得的一定数量的产品收入,是以放弃用同样的经济资源来生产其他产品时所能获得的收入作为代价的。在西方经济学中,企业的生产成本应该从机会成本的角度来理解。

二、显性成本和隐性成本

企业的生产成本可以分为显性成本和隐性成本两个部分。

显性成本即财务上的会计成本,意指厂商在要素市场上购买或租用其所需的生产要素的实际支出,包括工薪、原材料、折旧、运输、广告和保险等方面的费用。而隐性成本则是指应支付给厂商自有的且被用于生产过程中的那些要素,但实际上没有支付的报酬。隐性成本与厂商所使用的自有生产要素相联系,反映着这些要素在别处同样能被使用的事实。

比如,某厂商在生产过程中,不仅会从劳动市场上雇佣一定数量的工人,从银行取得一定数量的贷款或租用一定数量的土地,而且有时还会动用自有的土地和资金,并亲自管理企业。虽然这些要素不需要企业直接支付相应的报酬,但厂商应从机会成本的角度来认识到若将这些要素出售或租给别人,会获得相应的报酬,这些报酬从经济学上看应计入该厂商的生产成本之中。由于这笔成本不如显性成本那么明显,故被称之为隐性成本。隐性成本也必须

视频讲解

从机会成本的角度按照企业自有生产要素在其他用途中所能得到的最高收入来支付,否则,厂商会把自有生产要素转移出本企业,以获得更高的报酬。

同样,显性成本也可以从机会成本的角度来理解。比如,显性成本虽属于财务上的会计成本,但这些成本支出必须等于这些相同的生产要素使用在其他最好用途时所能得到的收入,否则,这个企业就不能购买或租用到这些生产要素,并保持对它们的使用权。

三、经济利润和正常利润

企业的所有显性成本和隐性成本之和构成总成本。企业的经济利润指企业的总收益和总成本之间的差额,简称企业的利润。企业所追求的最大利润,指的就是最大的经济利润。经济利润也被称为超额利润。

在西方经济学中,还需区别经济利润和正常利润。正常利润通常指厂商对自己所提供的企业家才能的报酬支付。需要强调的是,正常利润是厂商生产成本的一部分,它是以隐性成本计入成本的。为了理解正常利润是成本的一部分这一说法,我们需要运用前面讲到的机会成本的概念。从机会成本的角度看,当一个企业所有者同时又拥有管理企业的才能时,他可以面临两种选择机会:一种选择是在自己的企业当经理,另一种选择是到别人的企业当经理。如果他到别的企业当经理,他可以获得收入报酬。如果他在自己的企业当经理,他就失去了到别的企业当经理所能得到的收入报酬,而他所失去的这份报酬就是他在自己所拥有的企业当经理的机会成本。或者说,如果他在自己的企业当经理的话,他应当自己向自己支付报酬,而且这份报酬数额应该等于他在别的企业当经理时所可以得到的最高报酬。所以,从机会成本的角度看,正常利润属于成本,并且属于隐性成本。

由于正常利润属于成本,因此,经济利润中不包含正常利润。又由于厂商的经济利润等于总收益减去总成本,所以,当厂商的经济利润为零时,厂商仍然得到了全部的正常利润。

考点二 | 短期成本曲线

一、短期成本的分类

短期成本可分为以下七种类型:

(1)短期总固定成本(TFC):这是厂商在短期内对不变生产要素支付的价格,如机器、厂房、设备的折旧,银行贷款的利率,管理人员的工资,固定成本不随产量的变动而变动,即产量等于零时,仍然需要支付。它不随着产量的变动而变动。

(2)短期总变动成本(TVC):这是厂商在短期内为生产一定的产量对可变要素所付出的总成本,如厂商对原料、燃料辅助材料和普通工人工资的支付,由于厂商在短期内总是要根据产量的变化来调整可变要素投入量,所以,TVC随产量变动而变动。

(3)总成本(TC):这是厂商在短期内为生产一定量的产品对全部生产要素所付出的总成本。$TC=TFC+TVC$。因为短期固定成本是固定的,所以TC和TVC是平行的曲线,其差额为TFC。

(4)平均固定成本(AFC):这是厂商在短期内平均每单位产量所消耗的不变成本。$AFC=TFC/Q$,其变动规律是:一直下降,产量越大AFC越小,下降速度先快后慢。

(5)平均变动成本(AVC):这是指厂商在短期内平均每生产一单位产量所消耗的可变成本。$AVC=TVC/Q$。

(6)平均总成本(AC):这是指厂商在短期内平均每生产一单位产量所消耗的全部成本。$AC=TC/Q=AFC+AVC$。

(7)边际成本(MC):这是指厂商在短期内增加一单位产量所引起的成本的增加量。$MC=\Delta TC/\Delta Q$ 或 $MC=dTC/dQ$。

各类短期成本曲线如图 2-4-1 所示。

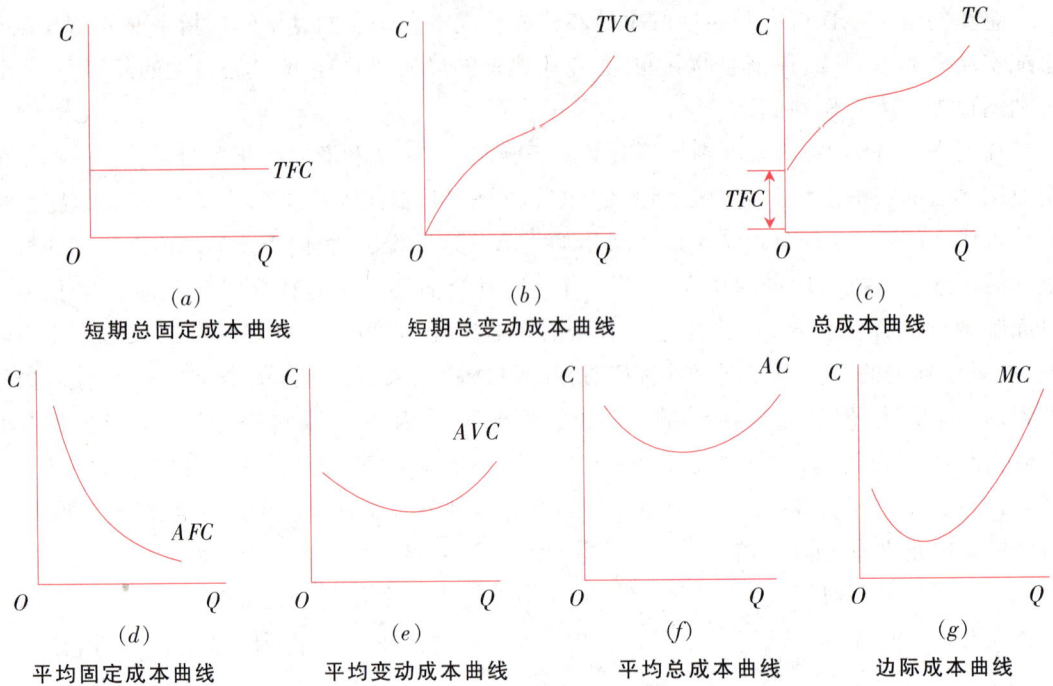

图 2-4-1 各类短期成本曲线

二、平均变动成本、平均成本和边际成本

平均变动成本(AVC)、平均成本(AC)和边际成本(MC)的关系如图 2-4-2 所示。

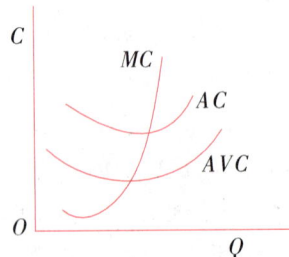

图 2-4-2 AVC、AC 与 MC 的关系

第一,AVC 曲线、AC 曲线与 MC 曲线都是先下降而后上升的 U 形曲线,表明了这三种成本随产量的增加而变动的趋势。

第二,MC 与 AC 曲线一定相交,且相交于 AC 曲线的最低点,在相交以前,平均成本一直在减少,边际成本小于平均成本,在相交以后,平均成本一直在增加,边际成本大于平均成本。在相交时,平均成本达到最低点,边际成本等于平均成本。

第三,MC 与 AVC 曲线也一定相交于 AVC 曲线的最低点,在相交以前 AVC 一直在下降,MC 小于 AVC,相交之后,平均变动成本一直在增加,边际成本大于平均变动成本。在相交时,平均变动成本达到最低,边际成本等于平均变动成本。

三、短期成本变动的决定因素:边际报酬递减规律

边际报酬递减规律是短期生产的一条基本规律,它也决定了短期成本曲线的特征。

边际报酬递减规律是指在短期生产过程中,在其他条件不变的前提下,随着一种可变要素投入量的连续增加,它所带来的边际产量先是递增的,达到最大的值以后再递减。

关于这一规律,我们也可以从产量变化所引起的边际成本变化的角度来理解。假定生产要素的价格是固定不变的,在开始时的边际报酬递增阶段,增加一单位可变要素投入所产生的边际产量递增,则意味着可以反过来说:在这一阶段增加一单位产量所需要的边际成本是递减的。在以后的边际报酬递减阶段,增加一单位可变要素投入所产生的边际产量递减,则意味着也可以反过来说:在这一阶段增加一单位产量所需要的边际成本是递增的。

显然,在边际报酬递减规律作用下的短期边际产量和短期边际成本之间存在着一定的对应关系。这种对应关系可以简单地表述如下:在短期生产中,边际产量的递增阶段对应的是边际成本的递减阶段,边际产量的递减阶段对应的是边际成本的递增阶段,与边际产量的最大值相对应的是边际成本的最小值。正因为如此,在边际报酬递减规律作用下的边际成本 MC 曲线表现出先降后升的 U 形特征。

考点三　长期成本曲线

在长期内,厂商可以根据产量的要求调整全部的生产要素投入量,甚至进入或退出一个行业,因此,厂商所有的成本都是可变的。厂商的长期成本可以分为长期总成本、长期平均成本和长期边际成本。它们的英文缩写顺次为 LTC、LAC 和 LMC。

为了区分短期成本和长期成本,从本考点开始,在短期总成本、短期平均成本和短期边际成本前都冠之于"S",如短期总成本写为 STC 等,在长期成本前都冠之于"L",如长期总成本写为 LTC 等。

一、长期总成本函数和长期总成本曲线

厂商在长期对全部要素投入量的调整意味着对企业的生产规模的调整。也就是说,从长期看,厂商总是可以在每一个产量水平上选择最优的生产规模进行生产。长期总成本 LTC 是指厂商在长期中在每一个产量水平上通过选择最优的生产规模所能达到的最低总成本。相应地,长期总成本函数写成以下形式:

$$LTC=LTC(Q)$$

厂商在长期可以变动全部的要素投入量,选择最优的生产规模,以实现厂商在每一个既

定的产量水平实现最低总成本的目标。长期总成本曲线是无数条短期总成本曲线的包络线。在这条包络线上，在连续变化的每一个产量水平上，都存在着 LTC 曲线和一条 STC 曲线的相切点，该 STC 曲线所代表的生产规模就是生产该产量的最优生产规模，该切点所对应的总成本就是生产该产量的最低总成本。所以，LTC 曲线表示长期内厂商在每一产量水平上由最优生产规模所带来的最小生产总成本。

长期总成本 LTC 曲线是从原点出发向右上方倾斜的，如图 2-4-3 所示。它表示：当产量为零时，长期总成本为零，以后随着产量的增加，长期总成本是增加的。而且，长期总成本 LTC 曲线的斜率先递减，经拐点之后，又变为递增。

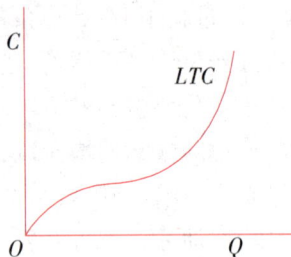

图 2-4-3 长期总成本曲线

二、长期平均成本函数

长期平均成本 LAC 表示厂商在长期内按产量平均计算的最低总成本。长期平均成本函数可以写为：

$$LAC(Q)=LTC(Q)/Q$$

长期平均成本曲线（LAC），LAC 是一条与无数条短期平均成本曲线相切的线，如图 2-4-4 所示。在长期中，厂商可以根据它所要达到的产量来调整生产规模，从而始终处于最低平均成本状态。LAC 又称包络曲线，它也是一条先下降后上升的线。

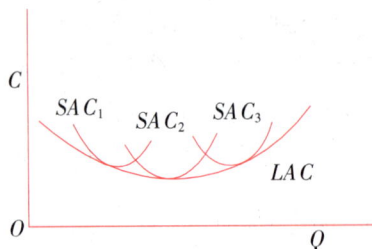

图 2-4-4 长期平均成本曲线

长期平均成本曲线呈先降后升的 U 形，长期平均成本曲线的 U 形特征是由长期生产中的规模经济和规模不经济决定的。在企业生产扩张的开始阶段，厂商由于扩大生产规模而使经济效益得到提高，这叫规模经济，即指当产量越多时，其长期平均成本 LAC 会越少；反之，若产量越多时，其 LAC 也越大，则我们称之为规模不经济。显然，规模经济和规模不经济都是由厂商变动自己的企业生产规模所引起的，所以，也被称作为内在经济和内在不经济。一般来说，在企业的生产规模由小到大的扩张过程中，会先后出现规模经济和规模不经济。正是由于规模经济和规模不经济的作用，决定了长期平均成本 LAC 曲线表现出先下降后上升的 U 形特征。

三、长期边际成本函数

长期边际成本 *LMC* 表示厂商在长期内每增加一单位产量所增加的长期总成本。长期边际成本函数可以写为：

$$LMC(Q)=\frac{\Delta LTC(Q)}{\Delta Q}$$

长期边际成本和长期平均成本曲线关系如图 2-4-5 所示。

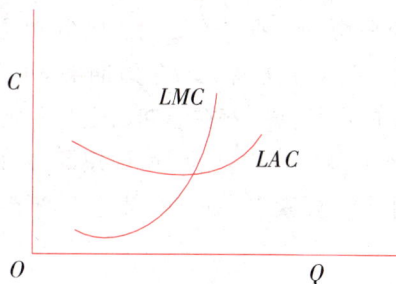

图 2-4-5　长期边际成本和长期平均成本曲线

习题演练

一、判断题

1.所有沉没成本(Sunk Cost)都是不变成本。　　　　　　　　　　　　　　（　　）

2.长期总成本曲线 *LTC* 是所有短期成本曲线 *STC* 的最低点的连线。　　（　　）

二、单项选择题

1.关于长期平均成本和短期平均成本的关系,以下说法正确的是(　　)。

A.长期平均成本线上的每一点都与短期平均成本线上的某一点相对应

B.短期平均成本线上的每一点都在长期平均成本线上

C.长期平均成本线上的每一点对应着某一条短期平均成本线的最低点

D.每一条短期平均成本的最低点都在长期平均成本曲线上

2.短期成本的"短期"是指(　　)。

A.3 年以内

B.5 年以内

C.10 年以内

D.厂商来不及调整全部生产要素数量的时期

参 考 答 案

一、判断题

1.【答案】×。解析：从成本的形态看，沉没成本可以是固定成本，也可以是变动成本。因此，沉没成本不一定都是固定成本，它也有可能是变动成本。

2.【答案】×。解析：长期总成本曲线是短期总成本曲线的包络线，而不是最低点的连线。

二、单项选择题

1.【答案】A。解析：长期平均成本曲线是短期总成本曲线的包络线，即长期平均成本曲线与每条短期平均成本曲线相切，从下方将无数条短期平均成本曲线包围起来。

2.【答案】D。解析：短期成本是指厂商在短期内生产一定产量需要的成本总额，它是短期内每一产量水平的固定成本和变动成本之和。所谓短期，是指在这期间厂商不能调整其生产规模，即在厂商投入的全部生产要素中，只有一部分生产要素是可以变动的，而另一部分则固定不变。

第五章　完全竞争市场

考点详解

考点一　厂商和市场的类型

市场指从事物品买卖的交易场所或接洽点。一个市场可以是一个有形的买卖物品的交易场所,也可以是利用现代化通信工具进行物品交易的接洽点。从本质上讲,市场是物品买卖双方相互作用并得以决定其交易价格和交易数量的一种组织形式或制度安排。

在经济分析中,根据不同的市场结构的特征,将市场划分为完全竞争市场、垄断竞争市场、寡头市场和垄断市场四种类型(具体见表2-5-1)。决定市场类型划分的主要因素有以下四个:第一,市场上厂商的数目;第二,厂商所生产的产品的差别程度;第三,单个厂商对市场价格的控制程度;第四,厂商进入或退出一个行业的难易程度。其中,可以认为,第一个因素和第二个因素是最基本的决定性因素。第三个因素是第一个因素和第二个因素的必然结果,第四个因素是第一个因素的延伸。

视频讲解

表 2-5-1　市场类型的划分和特征

市场类型	厂商数目	产品差别程度	对价格控制的程度	进出一个行业的难易程度	接近哪种商品市场
完全竞争	很多	完全无差别	没有	很容易	一些农业品
垄断竞争	很多	有差别	有一些	比较容易	一些轻工产品、零售业
寡头	几个	有差别或无差别	相当程度	比较困难	钢、汽车、石油
垄断	唯一	唯一的产品,且无相近的替代品	很大程度,但经常受到管制	很困难,几乎不可能	公用事业,如水、电

与市场这一概念相对应的另一个概念是行业。行业指为同一个商品市场生产和提供商品的所有的厂商的总体。市场和行业的类型是一致的。譬如,完全竞争市场对应的是完全竞争行业,垄断竞争市场对应的是垄断竞争行业,等等。

消费者追求效用最大化的行为决定了市场的需求曲线,厂商追求利润最大化的行为决定了市场的供给曲线。厂商的利润取决于收益和成本。其中,厂商成本主要取决于厂商的生产技术方面的因素,而厂商的收益则取决于市场对其产品的需求状况。在不同类型的市场条件下,厂商所面临的对其产品的需求状况是不相同的,所以,在分析厂商的利润最大化的决策时,必须要区分不同的市场类型。

一、完全竞争市场的条件

完全竞争又称为纯粹竞争，是指不存在任何阻碍和垄断因素，且完全个性化的市场结构。在这个市场上，单个供给者之间意识不到相互间的竞争，只要符合完全竞争的条件，谁都可以加入供给的行列。购买者也意识不到自己相互间的竞争，只按市场既定的价格购买自己所需要的商品。实际上，在完全竞争下，市场主体之间并不存在直接的、真正意义上的竞争，这些主体在确定自己产品的价格和产量时不需要采取任何竞争性的策略。

完全竞争市场必须具备以下四个条件：

第一，市场上有大量的买者和卖者。由于市场上有无数的买者和卖者，所以，相对于整个市场的总需求量和总供给量而言，每一个买者的需求量和每一个卖者的供给量都是微不足道的。任何一个买者买与不买，或买多与买少，以及任何一个卖者卖与不卖，或卖多与卖少，都不会对市场的价格水平产生任何的影响。于是，在这样的市场中，每一个消费者或每一个厂商对市场价格没有任何的控制力量，他们每一个人都只能被动地接受既定的市场价格，他们被称为价格接受者。

第二，市场上每一个厂商提供的商品都是完全同质的。这里的商品同质指厂商之间提供的商品是完全无差别的，它不仅指商品的质量、规格、商标等完全相同，还包括购物环境、售后服务等方面也完全相同。这样一来，对于消费者来说，无法区分产品是由哪一家厂商生产的，或者说，购买任何一家厂商的产品都是一样的。

第三，所有的资源具有完全的流动性。这意味着厂商进入或退出一个行业是完全自由和毫无困难的。所有资源可以在各厂商之间和各行业之间完全自由地流动，不存在任何障碍。这样，任何一种资源都可以及时地投向能获得最大利润的生产，并及时地从亏损的生产中退出。在这样的过程中，缺乏效率的企业将被市场淘汰，取而代之的是具有效率的企业。

第四，信息是完全的。即市场上的每一个买者和卖者都掌握与自己的经济决策有关的一切信息。这样，每一个消费者和每一个厂商都可以根据自己所掌握的完全的信息，做出自己的最优的经济决策，从而获得最大的经济利益。而且，由于每一个买者和卖者都知道既定的市场价格，都按照这一既定的市场价格进行交易，这也就排除由于信息不通畅而可能导致的一个市场中同时按照不同的价格进行交易的情况。

符合以上四个假定条件的市场被称为完全竞争市场。由以上分析可见，理论分析中所假设的完全竞争市场的条件是非常苛刻的。在现实经济生活中，真正符合以上四个条件的市场是不存在的。通常只是将一些农产品市场，如大米市场、小麦市场等，看成是比较接近完全竞争市场的。经济学家之所以对这种市场结构进行分析，旨在借助于完全竞争模型考察资源配置的效率，说明和预测现实的经济行为。

二、完全竞争厂商的需求曲线

在完全竞争市场上，由于厂商是既定市场价格的接受者，所以，完全竞争厂商的需求曲线是一条由既定市场价格水平出发的水平线,如图 2-5-1 所示。在图(a)中,市场的需求曲线 D 和供给曲线 S 相交的均衡点所决定的市场的均衡价格为 P_e;相应地,在图(b)中,由给定的价格水平 P_e 出发的水平线 d 就是厂商的需求曲线。水平的需求曲线意味着:厂商只能被动地接受给定的市场价格,且厂商既不会也没有必要去改变这一价格水平。

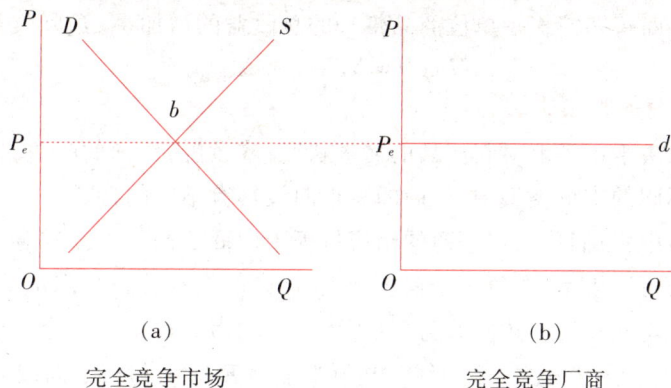

(a)　　　　　　　　　　　　　(b)

完全竞争市场　　　　　　　　完全竞争厂商

图 2-5-1　完全竞争厂商的需求曲线

在完全竞争市场中,单个消费者和单个厂商无力影响市场价格,他们中的每一个人都是被动地接受既定的市场价格,但这并不意味着完全竞争市场的价格是固定不变的。在其他一些因素的影响下,如经济中消费者收入水平的普遍提高,经济中先进技术的推广的作用下,使得众多消费者的需求量和众多生产者的供给量发生变化时,供求曲线的位置就有可能发生移动,从而形成市场的新的均衡价格,但它们总是呈水平线的形状,如图 2-5-2 所示。

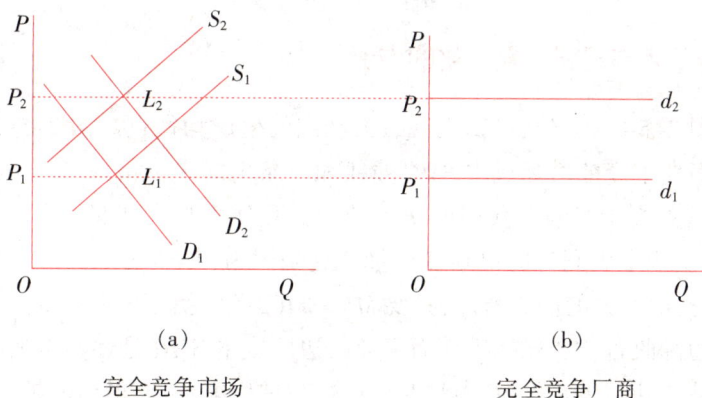

(a)　　　　　　　　　　　　　(b)

完全竞争市场　　　　　　　　完全竞争厂商

图 2-5-2　完全竞争市场价格的变动和厂商的需求曲线

三、完全竞争厂商的收益曲线

1.厂商的收益的概念

所谓收益是指厂商在出售产品后所获得的货币收入。厂商的收益可以分为总收益、平均收益和边际收益,它们的英文简写分别为 TR、AR 和 MR。

总收益指厂商按一定价格出售一定量产品时所获得的总销售收入,即出售一定量产品的总卖价。以 P 表示既定的市场价格,以 Q 表示销售总量,总收益的定义公式为:

$$TR(Q)=P \cdot Q$$

平均收益指厂商在出售一定数量的商品后,从每一单位商品中得到的货币收入,即平均每个单位商品的卖价。平均收益的定义公式为:

$$AR(Q)=TR(Q)/Q$$

边际收益指厂商每多销售一单位商品带来的总收益的增加量。边际收益的定义公式为:

$$MR(Q)=\Delta TR(Q)/\Delta Q$$

2.完全竞争厂商的收益曲线

厂商的收益取决于市场上对其产品的需求状况,或者说,厂商的收益取决于厂商的需求曲线的特征。在不同的市场类型中,厂商的需求曲线具有不同的特征。

在以后的分析中,我们均假定厂商的销售量等于厂商所面临的需求量。这样,完全竞争厂商的需求曲线又可以表示:在每一个销售量上,厂商的销售价格是固定不变的,于是,我们必然会有厂商的平均收益等于边际收益,且等于既定的市场价格的结论,即必有 $AR=MR=P$。

完全竞争厂商的平均收益 AR 曲线、边际收益 MR 曲线和需求曲线 d 三条线重叠,它们都用同一条由既定价格水平出发的水平线来表示。其理由是显然的:在厂商的每一个销售量水平都有 $AR=MR=P$,且厂商的需求曲线本身就是一条由既定价格水平出发的水平线。此外,完全竞争厂商的总收益 TR 曲线是一条由原点出发的斜率不变的上升的直线。其理由在于:在每一个销售量水平,MR 值是 TR 曲线的斜率,且 MR 值等于固定不变的价格水平。关于这一点,也可以用公式说明如下:

$$MR=\frac{dTR}{dQ}=\frac{d(P \cdot Q)}{dQ}=P$$

四、完全竞争厂商实现利润最大化的均衡条件

我们先利用图 2-5-3 来寻找厂商实现最大利润的生产均衡点。图 2-5-3 中,有某完全竞争厂商的一条短期生产的边际成本 SMC 曲线和一条由既定价格水平 P_0 出发的水平的需求曲线 d,这两条线相交于 E 点。我们说,E 点就是厂商实现最大利润的生产均衡点,相应的产量 Q^* 就是厂商实现最大利润时的均衡产量。这是因为,具体地看,当产量小于均衡产量 Q^*,如图 2-5-3 中指向右方的箭头所示,只要 $MR>SMC$,厂商就会增加产量。同时,随着产量的增加,厂商的边际收益 MR 保持不变而厂商的边际成本 SMC 是逐步增加的,最后,$MR>SMC$ 的状况会逐步变化成 $MR=SMC$ 的状况。在这一过程中,厂商得到了扩大产量所带来的全部好处,获得了他所能得到的最大利润。

由此可见,不管是增加产量,还是减少产量,厂商都是在寻找能够带来最大利润的均衡产量,而这个均衡产量就是使得 $MR=SMC$ 的产量。所以,我们说,边际收益 MR 等于边际成本 MC 是厂商实现利润最大化的均衡条件。

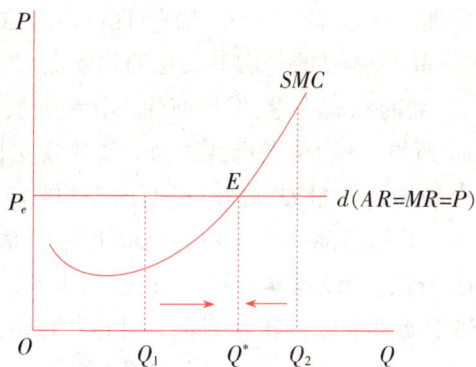

图 2-5-3 利润最大化的均衡点

考点三 **完全竞争厂商的短期均衡和长期均衡**

一、完全竞争厂商的短期均衡

在完全竞争厂商的短期生产中,市场的价格是给定的,而且,生产中的不变要素的投入量是无法变动的,即生产规模也是给定的。因此,在短期内,厂商是在给定的生产规模下,通过对产量的调整来实现 $MR=SMC$ 的利润最大化的均衡条件。

当厂商实现 $MR=SMC$ 时,有可能获得利润,也可能亏损,把各种可能的情况都考虑在内,完全竞争厂商的短期均衡可以具体表现为图 2-5-4 中的五种情况。

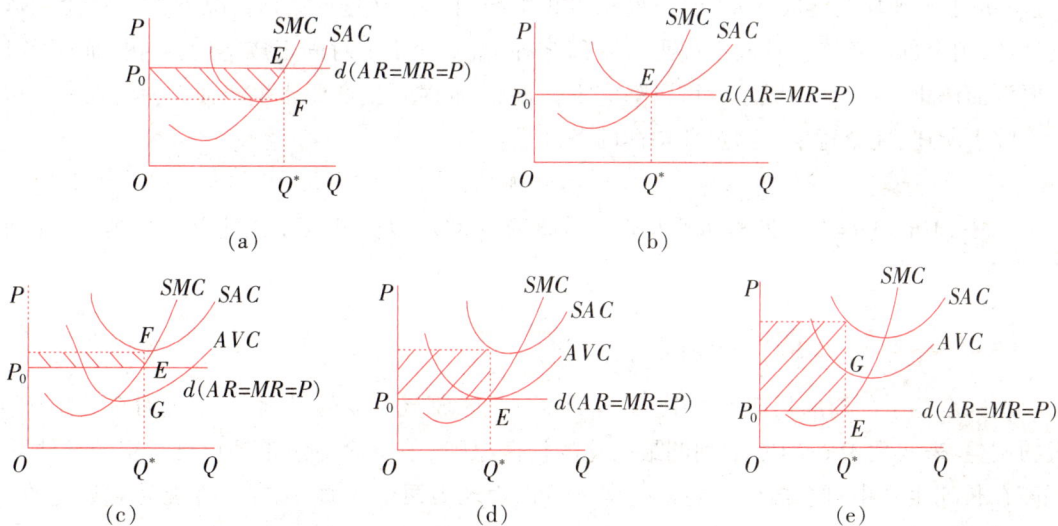

图 2-5-4 完全竞争厂商短期均衡的各种情况

在图(a)中,根据 $MR=SMC$ 的利润最大化的均衡条件,厂商利润最大化的均衡点为 MR 曲线和 SMC 曲线的交点 E,相应的均衡产量为 Q^*。在 Q^* 的产量上,平均收益为 EQ^*,平均成本为 FQ^*。由于平均收益大于平均成本,厂商获得利润。在图(a)中,厂商的单位产品的利润为 EF,产量为 OQ^*,两者的乘积等于总利润量,它相当于图(a)中的阴影部分的面积。

在图(b)中,厂商的需求曲线 d 相切于 SAC 曲线的最低点,这一点是 SAC 曲线和 SMC 曲线的交点。这一点恰好也是 $MR=SMC$ 的利润最大化的均衡点 E。在均衡产量 Q^* 上,平均收益等于平均成本,都为 EQ^*,厂商的利润为零,但厂商的正常利润实现。由于在这一均衡点 E 上,厂商既无利润,也无亏损,所以,该均衡点也被称为厂商的收支相抵点。

在图(c)中,由均衡点 E 和均衡产量 Q^* 可知,厂商的平均收益小于平均成本,厂商是亏损的,其亏损量相当于图(c)中的阴影部分的面积。但由于在 Q^* 的产量上,厂商的平均收益 AR 大于平均变动成本 AVC,所以,厂商虽然亏损,但仍继续生产。这是因为只有这样,厂商才能在用全部收益弥补全部变动成本以后还有剩余,以弥补在短期内总是存在的固定成本的一部分。所以,在这种亏损情况下,生产要比不生产强。

在图(d)中,厂商的需求曲线 d 相切于 AVC 曲线的最低点,这一点是 AVC 曲线和 SMC 曲线的交点。这一点恰好也是 $MR=SMC$ 的利润最大化的均衡点。在均衡产量 Q^* 上,厂商是亏损的,其亏损相当于图(d)中的阴影部分的面积。此时,厂商的平均收益 AR 等于平均变动成本 AVC,厂商可以继续生产,也可以不生产,也就是说,厂商生产或不生产的结果都是一样的。这是因为,如果厂商生产的话,则全部收益只能弥补全部的变动成本,固定成本得不到任何弥补。如果厂商不生产的话,厂商虽然不必支付变动成本,但是全部固定成本仍然存在。由于在这一均衡点上,厂商处于关闭企业的临界点,所以,该均衡点也被称作停止营业点或关闭点。

在图(e)中,在均衡产量 Q^* 上,厂商的亏损量相当于阴影部分的面积。此时,厂商的平均收益 AR 小于平均变动成本 AVC,厂商将停止生产。因为,在这种亏损情况下,如果厂商还继续生产,则全部收益连变动成本都无法全部弥补,就更谈不上对固定成本的弥补。而事实上只要厂商停止生产,变动成本就可以降为零。显然,此时不生产要比生产强。

综上所述,完全竞争厂商短期均衡的条件是:

$$MR=SMC$$

式中,$MR=AR=P$。在短期均衡时,厂商的利润可以大于零,也可以等于零,或者小于零。

二、完全竞争厂商的长期均衡

在完全竞争厂商的长期生产中,所有的生产要素都是可变的,厂商是通过对全部生产要素的调整,来实现 $MR=LMC$ 的利润最大化的均衡原则。在完全竞争市场价格给定的条件下,厂商在长期生产中对全部生产要素的调整可以表现为两个方面:一方面表现为对最优的生产规模的选择,另一方面表现为进入或退出一个行业的决策。

1.厂商对最优生产规模的选择

首先,我们分析厂商在长期生产中对最优生产规模的选择。下面利用图2-5-5加以说明。

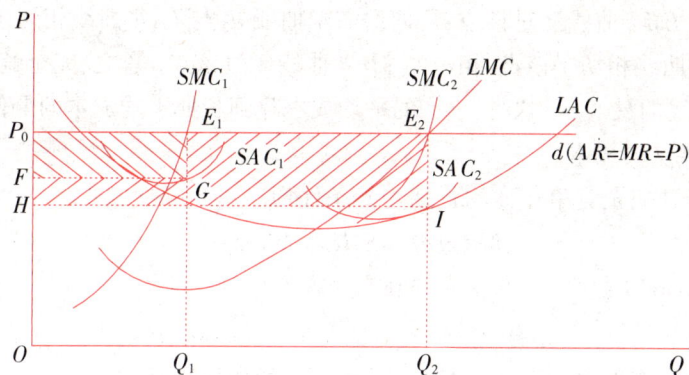

图 2-5-5 长期生产中厂商对最优生产规模的选择

在图 2-5-5 中,假定完全竞争市场的价格为 P_0。由于在短期内生产规模是给定的,所以,厂商只能在既定的生产规模下进行生产。根据 $MR=SMC$ 短期利润最大化的均衡条件,厂商选择的最优产量为 Q_1,所获得的利润为图中较小的那一块阴影部分的面积 FP_0E_1G。而在长期内,情况就不相同了。在长期内,根据 $MR=LMC$ 长期利润最大化的均衡条件,厂商会达到长期均衡点 E_2,并且选择 SAC_2 曲线和 SMC_2 曲线所代表的最优生产规模进行生产,相应的最优产量 Q_2,所获得的利润为图中较大的那一块阴影部分的面积 HP_0E_2I。很明显,在长期内,厂商通过对最优生产规模的选择,使自己的状况得到改善,从而获得了比在短期内所能获得的更大的利润。

2.厂商进出一个行业

厂商在长期生产中进入或退出一个行业,实际上是生产要素在各个行业之间的调整,生产要素总是会流向能获得更大利润的行业,也总是会从亏损的行业退出。正是行业之间生产要素的这种调整,使得完全竞争厂商长期均衡时的利润为零。总之,不管是新厂商的进入,还是原有厂商的退出,最后要素的调整一定会使市场价格达到等于长期平均成本的最低点的水平,即图 2-5-6 中的价格水平 P_2。在这一价格水平,行业内的每个厂商既无利润,也不亏损,但都实现了正常利润。于是,厂商失去了进入或退出该行业的动力,行业内的每个厂商都实现了长期均衡。

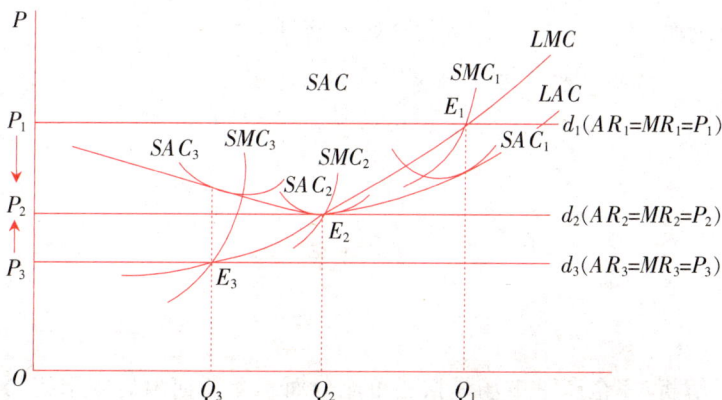

图 2-5-6 厂商进入或退出行业

图 2-5-6 中的 E_2 点是完全竞争厂商的长期均衡点。在厂商的长期均衡点 E_2,LAC 曲线达

到最低点,相应的 LMC 曲线经过该点;厂商的需求曲线 d_2 与 LAC 曲线相切于该点;代表最优生产规模的 SAC_2 曲线相切于该点,相应的 SMC_2 曲线经过该点。总之,完全竞争厂商的长期均衡出现在 LAC 曲线的最低点。这时,生产的平均成本降到长期平均成本的最低点,商品的价格也等于最低的长期平均成本。

最后,我们得到完全竞争厂商的长期均衡条件为:

$$MR=LMC=SMC=LAC=SAC$$

式中,$MR=AR=P$。此时,单个厂商的利润为零。

真题回顾

(2018·多选)完全竞争行业实现长期均衡时,下列表述正确的有(　　)。

A.行业中的企业都实现了正利润　　B.行业中的企业都实现了正常利润

C.该行业中没有新的企业进入　　D.该行业中没有任何企业退出

【答案】BCD。解析:随着厂商不断自由进入和退出一个完全竞争市场,市场中的超额利润不断降低或提高,进而趋近于零。在长期均衡状态下,市场超额利润为零,进入和退出市场的厂商达到均衡,产能既不扩大,也不缩小。此时市场中所有厂商都实现了正常利润,产量达到长期平均成本曲线的最低点,产品以其边际成本价格出售,生产效率达到最高。

习题演练

一、判断题

完全竞争市场上所有的资源具有完全的流动性,因此厂商进入或退出一个行业也是完全自由的。　　　　　　　　　　　　　　　　　　　　(　　)

二、单项选择题

1.下列(　　)不是完全竞争市场的特点。

A.大量的卖者和买者　　B.存在产品差别

C.资源完全流动　　D.完全信息

2.下列行业中(　　)最接近于完全竞争模式。

A.飞机　　B.卷烟

C.汽车　　D.水稻

参考答案

一、判断题

【答案】√。解析:完全竞争市场是指竞争充分而不受任何阻碍和干扰的一种市场结构。在这种市场类型中,买卖人数众多,买者和卖者是价格的接受者,资源可自由流动,信息具有完全性。故本题判断正确。

二、单项选择题

1.【答案】B。解析:完全竞争市场必须具备以下四个条件:①市场上有大量的买者和卖者。②市场上每一个厂商提供的商品都是完全同质的。③所有的资源具有完全的流动性。④信息是完全的。

2.【答案】D。解析:在实际生活中,纯粹的完全竞争市场是不存在的,但是农产品市场可以近似地看成是完全竞争市场。

第六章 不完全竞争市场

考点详解

考点一 垄断市场

在西方经济学中,不完全竞争市场是相对于完全竞争市场而言的,除完全竞争市场以外的所有或多或少带有一定垄断因素的市场都被称为不完全竞争市场。不完全竞争市场分为三个类型,分别是垄断市场、寡头市场和垄断竞争市场。其中,垄断市场的垄断程度最高,寡头市场居中,垄断竞争市场最低。

一、垄断市场的条件

垄断市场是指整个行业中只有唯一的一个厂商的市场组织。具体地说,垄断市场的条件主要有三点:第一,市场上只有唯一的一个厂商生产和销售商品;第二,该厂商生产和销售的商品没有任何相近的替代品;第三,其他任何厂商进入该行业都极为困难或不可能。在这样的市场中,排除了任何的竞争因素,独家垄断厂商控制了整个行业的生产和市场的销售,所以,垄断厂商可以控制和操纵市场价格。

形成垄断的原因主要有以下几点:第一,独家厂商控制了生产某种商品的全部资源或基本资源的供给。这种对生产资源的独占,排除了经济中的其他厂商生产同种产品的可能性。第二,独家厂商拥有生产某种商品的专利权。这使得该家厂商可以在一定的时期内垄断该产品的生产。第三,政府的特许。政府往往在某些行业实行垄断的政策,如铁路运输部门、供电供水部门等,于是,独家企业就成了这些行业的垄断者。第四,自然垄断。有些行业的生产具有这样的特点:企业生产的规模经济需要在一个很大的产量范围和相应的巨大的资本设备的生产运行水平上才能得到充分的体现,以至于整个行业的产量只有由一个企业来生产时才有可能达到这样的生产规模。而且,只要发挥这一企业在这一生产规模上的生产能力,就可以满足整个市场对该种产品的需求。在这类产品的生产中,行业内总会有某个厂商凭借雄厚的经济实力和其他优势,最先达到这一生产规模,从而垄断了整个行业的生产和销售。这就是自然垄断。

二、垄断厂商的需求曲线和收益曲线

1.垄断厂商的需求曲线

像完全竞争市场一样,垄断市场的假设条件也很严格。在现实的经济生活里,垄断市场也几乎不存在。在西方经济学中,由于完全竞争市场的经济效率被认为是最高的,从而完全竞争市场模型通常被用来作为判断其他类型市场的经济效率的高低的标准,那么,垄断市场

模型就是从经济效率最低的角度来提供的。

由于垄断市场中只有一个厂商,所以,市场的需求曲线就是垄断厂商所面临的需求曲线,它是一条向右下方倾斜的曲线。仍假定厂商的销售量等于市场的需求量,于是,向右下方倾斜的垄断厂商的需求曲线表示:垄断厂商可以用减少销售量的办法来提高市场价格,也可以用增加销售量的办法来压低市场价格,即垄断厂商可以通过改变销售量来控制市场价格,而且,垄断厂商的销售量与市场价格成反方向的变动。

2.垄断厂商的收益曲线

厂商所面临的需求状况直接影响厂商的收益,这便意味着厂商的需求曲线的特征将决定厂商的收益曲线的特征。垄断厂商的需求曲线是向右下方倾斜的,其相应的平均收益 AR 曲线、边际收益 MR 曲线和总收益 TR 曲线的一般特征如图 2-6-1 所示:第一,由于厂商的平均收益 AR 总是等于商品的价格,所以,在图中,垄断厂商的 AR 曲线和需求曲线 d 重叠,都是同一条向右下方倾斜的曲线。第二,由于 AR 曲线是向右下方倾斜的,则根据平均量和边际量之间的相互关系可以推知,垄断厂商的边际收益 MR 总是小于平均收益 AR。因此,图中 MR 曲线位于 AR 曲线的左下方,且 MR 曲线也向右下方倾斜。第三,由于每一销售量上的边际收益 MR 值就是相应的总收益 TR 曲线的斜率,所以在图中,当 $MR>0$ 时,TR 曲线的斜率为正;当 $MR<0$ 时,TR 曲线的斜率为负;当 $MR=0$ 时,TR 曲线达到最大值点。

垄断厂商的需求曲线 d 可以是直线型的,也可以是曲线型的。图 2-6-1 中垄断厂商的需求曲线 d 是直线型的,该图体现了垄断厂商的 AR 曲线、MR 曲线和 TR 曲线相互之间的一般关系。

当垄断厂商的需求曲线 d 为直线型时,d 曲线和 MR 曲线的纵截距是相等的,且 MR 曲线的横截距是 d 曲线横截距的一半,即 MR 曲线平分由纵轴到需求曲线 d 的任何一条水平线(如在图 2-6-1(a)中有 $AB=BC$,$OF=FG$,等等)。

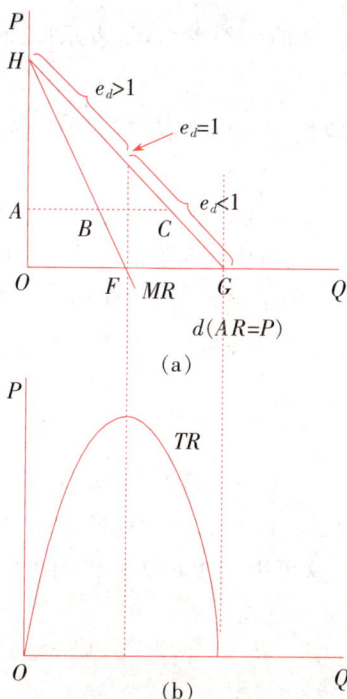

图 2-6-1 垄断厂商的收益曲线

(2018·单选)在任何市场中,厂商的平均收益曲线可以由(　　)。

A.它的产品供给曲线表示

B.行业的产品需求曲线表示

C.行业的产品供给曲线表示

D.它的产品需求曲线表示

【答案】D。解析:$AR(Q)=\dfrac{TR(Q)}{Q}=\dfrac{PQ}{Q}=P$,因此厂商的平均收益曲线与价格曲线,即需求曲线重叠。

3.边际收益、价格和需求的价格弹性的关系

当厂商所面临的需求曲线向右下方倾斜时,厂商的边际收益、价格和需求的价格弹性三者之间的关系可以证明如下:

假定反需求函数为 $P=P(Q)$,则可以有 $TR(Q)=P(Q)\cdot Q$

$$MR(Q)=\frac{dTR(Q)}{dQ}=P+Q\cdot\frac{dP}{dQ}=P\cdot(1+\frac{dP}{dQ}\cdot\frac{Q}{P})$$

即:

$$MR=P\cdot(1-\frac{1}{e_d})$$

式中,e_d 为需求的价格弹性,即 $e_d=\dfrac{dQ}{dP}\cdot\dfrac{P}{Q}$,上式就是表示垄断厂商的边际收益、商品价格和需求的价格弹性之间关系的式子。

由上式可得以下三种情况:

当 $e_d>1$ 时,有 $MR>0$。此时,TR 曲线斜率为正,表示厂商总收益 TR 随销售量 Q 的增加而增加。

当 $e_d<1$ 时,有 $MR<0$。此时,TR 曲线斜率为负,表示厂商总收益 TR 随销售量 Q 的增加而减少。

当 $e_d=1$ 时,有 $MR=0$。此时,TR 曲线斜率为零,表示厂商的总收益 TR 达极大值点。

以上对垄断厂商的需求曲线和收益曲线所做的分析,对于其他非完全竞争市场条件下的厂商也同样适用。只要非完全竞争市场条件下厂商所面临的需求曲线是向右下方倾斜的,相应的厂商的各种收益曲线就具有以上所分析的基本特征。

三、垄断厂商的短期均衡

垄断厂商为了获得最大的利润,也必须遵循 $MR=MC$ 的原则。在短期内,垄断厂商无法改变固定要素投入量,垄断厂商是在既定的生产规模下通过对产量和价格的调整,来实现 $MR=SMC$ 的利润最大化的原则。这可用图 2-6-2 来说明。

视频讲解

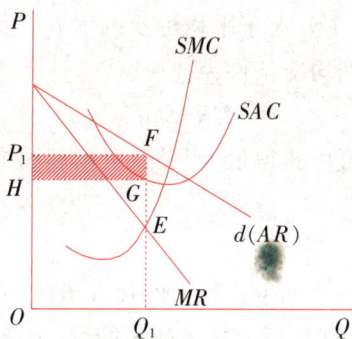

图 2-6-2 得到正常利润的短期均衡

图 2-6-2 中的 SMC 曲线和 SAC 曲线代表垄断厂商的既定的生产规模，d 曲线和 MR 曲线代表垄断厂商的需求和收益状况。垄断厂商根据 $MR=SMC$ 的利润最大化的均衡条件，将产量和价格分别调整到 Q_1 和 P_1 的水平。在短期均衡点 E 上，垄断厂商的平均收益为 FQ_1，平均成本为 GQ_1，平均收益大于平均成本，垄断厂商获得利润。单位产品的平均利润为 FG，总利润量相当于图 2-6-2 中的阴影部分的矩形面积。

垄断厂商只有在 $MR=SMC$ 的均衡点上，才能获得最大的利润。因为：只要 $MR>SMC$，垄断厂商增加一单位产量所得到的收益增量就会大于所付出的成本增量。这时，厂商增加产量是有利的。随着产量的增加，如图 2-6-2 所示，MR 会下降，而 SMC 会上升，两者之间的差额会逐步缩小，最后达到 $MR=SMC$ 的均衡点，厂商也由此得到了增加产量的全部好处。而 $MR<SMC$ 时，情况正好与上面相反。所以，垄断厂商的利润在 $MR=SMC$ 处达最大值。

如果认为垄断厂商在短期内总能获得利润的话，这就错了。垄断厂商在 $MR=SMC$ 的短期均衡点上，可以获得最大的利润，也可能是亏损的(尽管亏损额是最小的)。造成垄断厂商短期亏损的原因，可能是既定的生产规模的成本过高(表现为相应的成本曲线的位置过高)，也可能是垄断厂商所面临的市场需求过小(表现为相应的需求曲线的位置过低)。垄断厂商短期均衡时的亏损情况如图 2-6-3 所示。

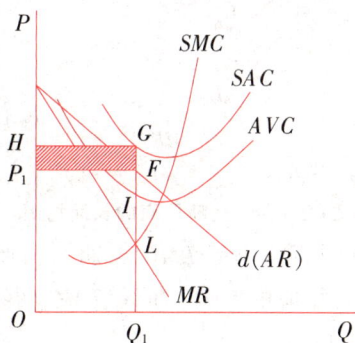

图 2-6-3 存在亏损的短期均衡

在图 2-6-3 中，垄断厂商遵循 $MR=SMC$ 的原则，将产量和价格分别调整到 Q_1 和 P_1 的水平。在短期均衡点 L，垄断厂商是亏损的，单位产品的平均亏损额为 GF，总亏损额等于矩形(阴影部分) HP_1FG 的面积。与完全竞争厂商相同，在亏损的情况下，若 $AR>AVC$，垄断厂商就继续生产；若 $AR<AVC$，垄断厂商就停止生产；若 $AR=AVC$，垄断厂商则认为生产和不生产都

一样。在图 2-6-3 中，平均收益 FQ_1 大于平均可变成本 IQ_1，所以，垄断厂商是继续生产的。

由此可以得到垄断厂商短期均衡条件为：

$$MR=SMC$$

垄断厂商在短期均衡点上可以获得最大利润，可以利润为零，也可以蒙受最小亏损。

四、垄断厂商的长期均衡

垄断厂商在长期内可以调整全部生产要素的投入量即生产规模，从而实现最大的利润。垄断行业排除了其他厂商进入的可能性，因此，与完全竞争厂商不同，如果垄断厂商在短期内获得利润，那么，他的利润在长期内不会因为新厂商的加入而消失，垄断厂商在长期内是可以保持利润的。

垄断厂商在长期内对生产的调整一般可以有三种可能的结果：第一种结果，垄断厂商在短期内是亏损的，但在长期内，又不存在一个可以使他获得利润(或至少使亏损为零)的最优生产规模，于是，该厂商退出生产。第二种结果，垄断厂商在短期内是亏损的，在长期内，他通过对最优生产规模的选择，摆脱了亏损的状况，甚至获得利润。第三种结果，垄断厂商在短期内利用既定的生产规模获得了利润，在长期中，他通过对生产规模的调整，使自己获得更大的利润。

图 2-6-4 中的 d 曲线和 MR 曲线分别表示垄断厂商所面临的市场的需求曲线和边际收益曲线，LAC 曲线和 LMC 曲线分别为垄断厂商的长期平均成本曲线和长期边际成本曲线。由此可见，垄断厂商之所以能在长期内获得更大的利润，其原因在于长期内企业的生产规模是可调整的和市场对新加入厂商是完全关闭的。

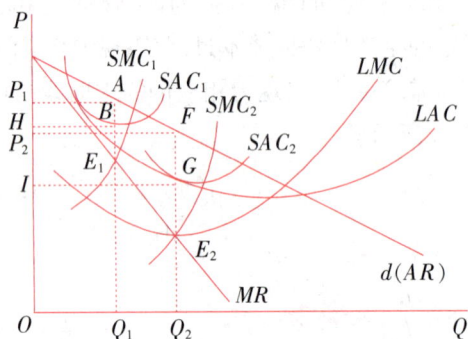

图 2-6-4 垄断厂商的长期均衡

如图 2-6-4 所示，在垄断厂商的 $MR=LMC$ 长期均衡产量上，代表最优生产规模的 SAC_2 曲线和 LAC 曲线相切于 G，相应的 SMC_2 曲线、LMC 曲线和 MR 曲线相交于 E_2 点。所以，垄断厂商的长期均衡条件为：

$$MR=LMC=SMC$$

垄断厂商在长期均衡点上一般可获得利润。由于垄断厂商所面临的需求曲线就是市场的需求曲线，垄断厂商的供给量就是全行业的供给量，所以，我们所分析的垄断厂商的短期和长期均衡价格与均衡产量的决定，就是垄断市场的短期和长期的均衡价格与均衡产量的决定。

五、价格歧视

在有些情况下,垄断厂商会对同一种产品收取不同的价格,这种做法往往会增加垄断厂商的利润。以不同价格销售同一种产品,被称为价格歧视。垄断厂商实行价格歧视,必须具备以下的基本条件:

第一,市场的消费者具有不同的偏好,且这些不同的偏好可以被区分开。这样,厂商才有可能对不同的消费者或消费群体收取不同的价格。

第二,不同的消费者群体或不同的销售市场是相互隔离的。这样就排除了中间商由低价处买进商品,转手又在高价处出售商品而从中获利的情况。

价格歧视可以分为一级、二级和三级价格歧视。

1.一级价格歧视——完全价格歧视

一级价格歧视是指完全垄断厂商根据每一个消费者购进一单位产品愿意并能够支付的最高价格逐个确定产品卖价的情况, 即消费者实际支出的总额等于其愿意支出的总额。此时,消费者剩余完全被剥夺。

一级价格歧视如图 2-6-5 所示:当厂商销售第一单位产品 Q_1 时,消费者愿意支付的最高价格为 P_1,于是,厂商就按此价格出售第一单位产品。当厂商销售第二单位产品时,厂商又按照消费者愿意支付的最高价格 P_2 出售第二单位产品。依此类推,直到厂商销售量为 Q_m 为止,即以价格 P_m 销售第 m 单位的产品。这时,垄断厂商得到的总收益相当于图 2-6-5 中的阴影部分面积。而如果厂商不实行价格歧视,都按同一个价格 P_m 出售 Q_m 的产量时,总收益仅为图 2-6-6 中 OP_mBQ_m 的面积。

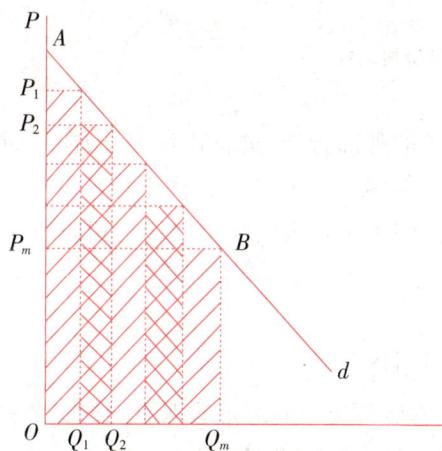

图 2-6-5　一级价格歧视(一)　　　图 2-6-6　一级价格歧视(二)

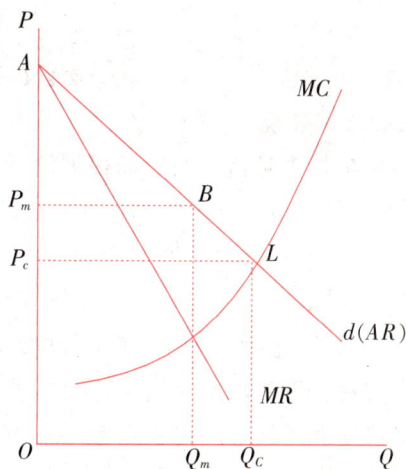

此外,在图 2-6-6 中还可以发现,在 Q_c 的产量上,有 $P_c=MC$。这说明此时 P_c 和 Q_c 等于完全竞争时的均衡价格和均衡产量。所以,一级价格歧视下的资源配置是有效率的,尽管此时垄断厂商剥夺了全部的消费者剩余。

2.二级价格歧视

二级价格歧视是指垄断厂商按不同价格出售不同单位的产品,但是每个购买相同数量商品的消费者支付相同的价格。在二级价格歧视下,厂商剥夺了部分的消费者剩余。

在图2-6-7中,垄断者规定了三个不同的价格水平。在第一个消费段上,垄断者规定的价格最高为P_1;当消费者数量增加到第二个消费段时,价格下降为P_2;当消费数量再增加到第三个消费段时,价格便下降为更低的P_3。

如果不存在价格歧视,则垄断厂商的总收益相当于矩形OP_3DQ_3的面积,如果实行二级价格歧视,则垄断厂商的总收益的增加量(即利润的增加量)相当于矩形P_3P_1BE加矩形$EGCI$的面积,这一面积恰好就是消费者剩余的损失量。

由此可见,实行二级价格歧视的垄断厂商利润会增加,部分消费者剩余被垄断者占有。此外,垄断者有可能达到或接近$P=MC$的有效率的资源配置的产量。

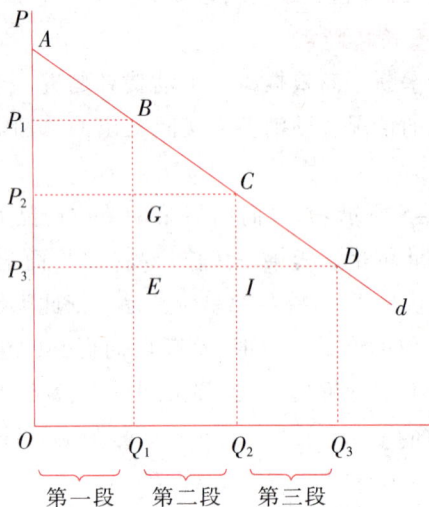

图2-6-7 二级价格歧视

3.三级价格歧视

三级价格歧视是指垄断厂商根据消费者群体的外部特征,进行市场划分,在不同的市场中,对同一商品索取不同的价格。例如电影院对学生减价或对老年人优惠等都属于三级价格歧视。也就是说,厂商有不同的消费市场,但是同一个市场内的需求曲线是相同的。

真题回顾

(2018·单选)下列行为中,属于价格歧视的是( )。

A.超市每天下午固定时间对蔬菜提供临时促销价

B.坚持提供产品上门安装服务,并根据购买者居住地址的远近收取不同的安装费用

C.向周末出行的游客收取无折扣票价,向工作日出行的游客出售折扣票

D.上述所有

【答案】C。解析:价格歧视是指以不同价格销售同一种产品。价格歧视可分为三类:①一级价格歧视是指垄断厂商对每一单位产品都按消费者所愿意支付的最高价格出售;②二级价格歧视是指垄断厂商对不同的消费数量段规定不同的价格;③三级价格歧视是指垄断厂商对同一种产品在不同的市场上(或不同的消费群)收取不同的价格。C项是对同一种产品,针对不同的消费者或者不同的市场收取不同的价格,符合三级价格歧视的定义。

考点二　垄断竞争市场

一、垄断竞争市场的条件

完全竞争市场和垄断市场是理论分析中的两种极端的市场组织。在现实经济生活中,通常存在的是垄断竞争市场和寡头市场。其中,垄断竞争市场与完全竞争市场比较接近。

垄断竞争市场是这样一种市场组织,一个市场中有许多厂商生产和销售有差别的同种产品。具体地说,垄断竞争市场的条件主要有以下四点:

第一,产品差异性。所谓产品差异性包括产品在原料、包装、服务、厂商的信誉等因素上的不同,或者消费者偏爱心理的不同。

第二,一个生产集团中的企业数量非常多,以至于每个厂商都认为自己的行为影响很小,不会引起竞争对手的注意和反应,因而自己也不会受到竞争对手任何报复措施的影响。例如,理发行业。

第三,厂商的生产规模比较小,因此,进入和退出一个生产集团比较容易。在现实生活中,垄断竞争的市场组织在零售业和服务业中是很普遍的。例如:修理行业、糖果零售业等。

第四,在垄断竞争生产集团中,各个厂商的产品是有差别的,厂商们相互之间的成本线和需求曲线未必相同。但是在垄断竞争市场模型中,为了分析的方便,假设所有厂商的成本函数皆相同,所面临的需求曲线也相同。

二、垄断竞争厂商的需求曲线

由于垄断竞争厂商可以在一定程度上控制自己产品的价格,即通过改变自己生产的有差别的产品的销售量来影响商品的价格,所以垄断竞争厂商向右下方倾斜的需求曲线是比较平坦的,相对地比较接近完全竞争厂商的水平形状需求曲线。

垄断竞争厂商所面临的需求曲线有两种,它们通常被区分为 d 需求曲线和 D 需求曲线。下面用图2-6-8分别说明这两种需求曲线。

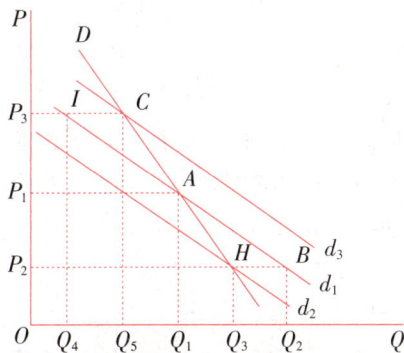

图 2-6-8　垄断竞争厂商的需求曲线

d_1 需求曲线表示该行业某一厂商变动产品销售价格而行业中其他厂商并不随之改变价格的情况下,该厂商产品销售价格与销售量的关系。实际上,需求曲线 d_1 反映了个别厂商自认为像完全垄断厂商那样独立决定价格,而其他厂商不会做出反应的主观愿望,因此 d_1 曲线可称为垄断竞争厂商的主观需求曲线,或预期需求曲线。

由于垄断竞争厂商之间存在着激烈的竞争,当某一厂商调整价格,其他厂商势必也要做出相应举动。在此条件下,个别厂商所面临的需求曲线将不再是 d_1,而是 D 曲线。D 曲线反映了行业内其他厂商的行为对个别厂商产品价格变动引起的需求量变化的影响。在垄断竞争市场上,由于竞争的作用,从长期看个别厂商的产品价格变动同行业内所有厂商的产品价格变动会趋于一致,因此 D 曲线亦可视为厂商的长期需求曲线,或行业的需求曲线。

综上所述,关于 d 需求曲线和 D 需求曲线的一般关系:第一,当垄断竞争生产集团内的所有厂商都以相同方式改变产品价格时,整个市场价格的变化会使得单个垄断竞争厂商的 d 需求曲线的位置沿着 D 需求曲线发生平移。第二,由于 d 需求曲线表示单个垄断竞争厂商单独改变价格时所预期的产品销售量,D 需求曲线表示每个垄断竞争厂商在每一市场价格水平实际所面临的市场需求量,所以,d 需求曲线和 D 需求曲线相交意味着垄断竞争市场的供求相等状态。第三,很显然,d 需求曲线的弹性大于 D 需求曲线,即前者较之于后者更平坦一些。

三、垄断竞争厂商的短期均衡

在短期内,垄断竞争厂商是在现有的生产规模下通过对产量和价格的调整,来实现 $MR = SMC$ 的均衡条件。现用图 2-6-9 来分析垄断竞争厂商的短期均衡的形成过程。

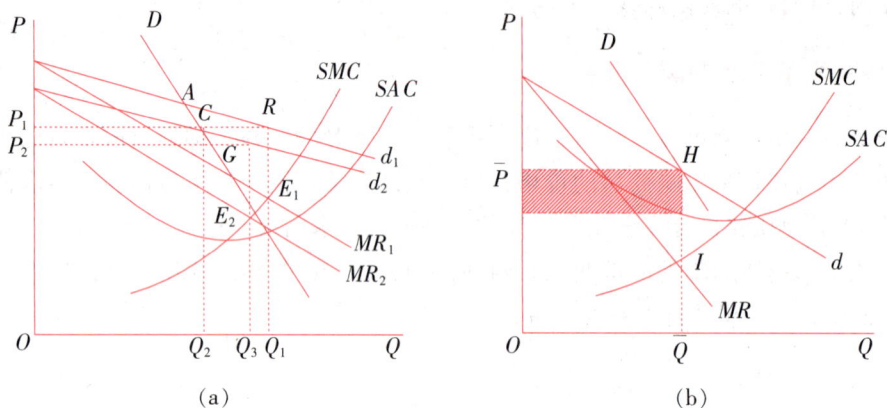

图 2-6-9 垄断竞争市场代表性企业的短期均衡

在图 2-6-9(a)中,SAC 曲线和 SMC 曲线表示代表性企业的现有生产规模,d 曲线和 D 曲线表示代表性企业的两种需求曲线,MR_1 曲线是相对于 d_1 曲线的边际收益曲线,MR_2 曲线是相对于 d_2 曲线的边际收益曲线。由于生产集团内每一个企业所面临的情况都是相同的,而且,每个企业都是在假定自己改变价格而其他企业不会改变价格的条件下采取了相同的行动,即都把价格降为 P_1,都计划生产 Q_1 的产量。于是,事实上,当整个市场价格下降为 P_1 时,每个企业的产量都毫无例外是 Q_2,而不是 Q_1。相应地,每个企业的 d_1 曲线也都沿着 D 曲线运动到了 d_2 的位置。所以,首次降价的结果是使代表性企业的经营位置由 A 点沿 D 曲线运动到 C 点。

在 C 点位置上，d_2 曲线与 D 曲线相交，相应的边际收益曲线为 MR_2。C 点上的代表性企业的产品价格 P_1 和产量 Q_2 仍然不符合在新的市场价格水平下的 $MR_2=SMC$ 的均衡点 E_2 上的价格 P_2 和产量 Q_3 的要求。因此，该企业又会再一次降价。与第一次降价相似，企业将沿着 D 曲线由 C 点运动到 G 点。相应地，d_2 曲线将向下平移，并与 D 曲线相交于 G 点。依此类推，代表性企业为实现 $MR=SMC$ 的利润最大化的原则，会继续降低价格，d 曲线会沿着 D 曲线不断向下平移，并在每一个新的市场价格水平与 D 曲线相交。

上述的过程一直要持续到代表性企业没有理由再继续降价为止，即一直要持续到企业所追求的 $MR=SMC$ 的均衡条件实现为止。如图 2-6-9(b) 所示，代表性企业连续降价的行为的最终结果，将使得 d 曲线和 D 曲线相交点 H 上的产量和价格，恰好是 $MR=SMC$ 时的均衡点所要求的产量 $\overline{Q}$ 和价格 $\overline{P}$。此时，企业便实现了短期均衡，并获得了利润，其利润量相当于图中的阴影部分的面积。当然，垄断竞争厂商在短期均衡点上并非一定能获得最大的利润，也可能是最小的亏损。这取决于均衡价格是大于还是小于 SAC。在企业亏损时，只要均衡价格大于 AVC，企业在短期内总是继续生产的；只要均衡价格小于 AVC，企业在短期内就会停产。

垄断竞争厂商短期均衡的条件是：

$$MR=SMC$$

在短期均衡的产量上，必定存在一个 d 曲线和 D 曲线的交点，它意味着市场上的供求是相等的。此时，垄断竞争厂商可能获得最大利润，可能利润为零，也可能蒙受最小亏损。

考点三 寡头市场

一、寡头市场

寡头市场又称为寡头垄断市场，它是指少数几家厂商控制整个市场的产品的生产和销售的一种市场组织。寡头市场被认为是一种较为普遍的市场组织。例如，美国的汽车市场基本上控制在通用、福特和克莱斯勒三个汽车公司的手中；我们的移动通信市场基本上是由中国移动、中国联通和中国电信三大公司控制。

形成寡头市场的主要原因有：某些产品的生产必须在相当大的生产规模上运行才能达到最好的经济效益；行业中几家企业对生产所需的基本生产资源的供给的控制；政府的扶植和支持，等等。由此可见，寡头市场的成因和垄断市场的成因是很相似的，只是在程度上有所差别而已。寡头市场是比较接近垄断市场的一种市场组织。

寡头行业可按不同方式分类。根据产品特征，可以分为纯粹寡头行业和差别寡头行业两类。在纯粹寡头行业中，厂商之间生产的产品没有差别。在差别寡头行业中，厂商之间生产的产品是有差别的。此外，寡头行业还可按厂商的行动方式，区分为有勾结行为的(即合作的)和独立行动的(即不合作的)不同类型。

寡头厂商的价格和产量决定是一个很复杂的问题。其主要原因在于：在寡头市场上，每个厂商的产量都在全行业的总产量中占一个较大的份额，从而每个厂商的产量和价格变动都会对其他竞争对手以至整个行业的产量和价格产生举足轻重的影响。正因为如此，每个寡头厂商在采取某项行动之前，必须首先要推测这一行动对其他厂商的影响以及其他厂商可能做出的反应，然后，才能在推测对手反应方式的前提下采取最有利的行动。所以，每个寡头厂商的决策是所有厂商的决策的相互作用的影响。寡头厂商们行为之间的这种复杂关系，使得寡头理论复杂化。一般说来，不知道竞争对手的反应方式，就无法建立寡头厂商的模型。或者说，有多少关于竞争对手的反应方式的假定，就有多少寡头厂商的模型，就可以得到多少不同的结果。

二、古诺模型

古诺模型是早期的寡头模型，它常被作为寡头理论分析的出发点。古诺模型是一个只有两个寡头厂商的简单模型，该模型也被称为"双头模型"。古诺模型的结论可以很容易地推广到三个或三个以上的寡头厂商的情况中去。

古诺模型分析的是两个出售矿泉水的生产成本为零的寡头厂商的情况。古诺模型的假定是：市场上只有 A、B 两个厂商生产和销售相同的产品，它们的生产成本为零；它们共同面临的市场的需求曲线是线性的，A、B 两个厂商都准确地了解市场的需求曲线；A、B 两个厂商都是在已知对方产量的情况下，各自确定能够给自己带来最大利润的产量，即每一个厂商都是消极地以自己的产量去适应对方已确定的产量。

当古诺模型推广到有 m 个寡头厂商的市场时，则可以得到一般的结论如下：

每个寡头厂商的均衡产量=市场总容量·$\dfrac{1}{m+1}$

行业的均衡总产量=市场总容量·$\dfrac{m}{m+1}$

三、斯威齐模型

斯威齐模型也被称为弯折的需求曲线模型，用来解释一些寡头市场上的价格刚性现象。

该模型的基本假设条件是：如果一个寡头厂商提高价格，行业中的其他寡头厂商不会跟着改变自己的价格，因而提价的寡头厂商的销售量的减少是很多的；如果一个寡头厂商降低价格，行业中的其他寡头厂商会将价格下降到相同的水平，以避免销售份额的减少，因而该寡头厂商的销售量的增加是很有限的。

以上的假设条件下可推导出寡头厂商的弯折的需求曲线。现用图 2-6-10 加以说明。图 2-6-10 中有厂商的一条 dd 需求曲线和一条 DD 需求曲线，它们与垄断竞争厂商所面临的两条需求曲线的含义是相同的。dd 需求曲线表示该寡头厂商变动价格而其他寡头厂商保持价格不变时的该寡头厂商的需求状况，DD 需求曲线表示行业内所有寡头厂商都以相同方式改变价格时该厂商的需求状况。假定开始时的市场价格为 dd 需求曲线和 DD 需求曲线的交点 B 所决定的，那么，根据该模型的基本假设条件，该垄断厂商由 B 点出发，提价所面临的需求曲线是 dd 需求曲线上左上方的 dB 段，降价所面临的需求曲线是 DD 需求曲线上右下方的 BD 段，于是，这两段共同构成的该寡头厂商的需求曲线为 dBD。显然，这是一条弯折的需求曲线，折点是 B 点。这条弯折的需求曲线表示该寡头厂商从 B 点出发，在各个价格水平所面临的市场需求量。

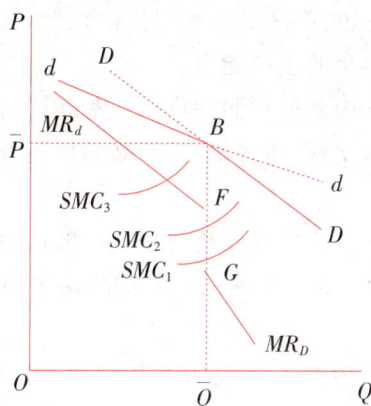

图 2-6-10 弯折的需求曲线模型

由弯折的需求曲线可以得到间断的边际收益曲线。图 2-6-10 中与需求曲线 dB 段所对应的边际收益曲线为 MR_d，与需求曲线 BD 段所对应的边际收益曲线为 MR_D，两者合在一起，便构成了寡头厂商的间断的边际收益曲线，其间断部分为垂直虚线 FG。

利用间断的边际收益曲线，便可以解释寡头市场上的价格刚性现象。只要边际成本 SMC 曲线的位置变动不超出边际收益曲线的垂直间断范围，寡头厂商的均衡价格和均衡数量都不会发生变化。譬如，在图 2-6-10 中的边际收益曲线的间断部分 FG，与 SMC_1 曲线上升为 SMC_2 曲线的位置时，寡头厂商仍将均衡价格和均衡产量保持在 $\bar{P}$ 和 $\bar{Q}$ 的水平。除非成本发生很大变化，如成本上升使得边际成本曲线上升为 SMC_3 曲线的位置时，才会影响均衡价格和均衡产量水平。

虽然弯折的需求曲线模型为寡头市场较为普遍的价格刚性现象提供了一种解释，但是该模型并没有说明具有刚性的价格本身，如图中的价格水平 $\bar{P}$ 是如何形成的。这是该模型的一个缺陷。

考点四 | 不同市场的比较

经济效益是指利用经济资源的有效性。高的经济效益表示对资源的充分利用或能以最有效的生产方式进行生产；低的经济效益表示对资源的利用不充分或没有以最有效的方式进行生产。不同市场组织下的经济效益是不相同的，市场组织的类型直接影响经济效益的高低。西方经济学家通过对不同市场条件下厂商的长期均衡状态的分析得出结论：完全竞争市场的经济效益最高，垄断竞争市场较高，寡头市场较低，垄断市场最低。可见，市场的竞争程度越高，则经济效益越高；反之，市场的垄断程度越高，则经济效益越低。其具体分析如下：

在完全竞争市场条件下，厂商的需求曲线是一条水平线，而且，厂商的长期利润为零，所以，在完全竞争厂商的长期均衡时，水平的需求曲线相切于 LAC 曲线的最低点；产品的均衡价格最低，它等于最低的生产的平均成本；产品的均衡产量最高。

在非完全竞争市场条件下，厂商的需求曲线是向右下方倾斜的。厂商的垄断程度越高，需求曲线越陡峭；垄断程度越低，需求曲线越平坦。在垄断竞争市场上，厂商的长期均衡利润为零,所以,在垄断竞争厂商长期均衡时,需求曲线向右下方倾斜;相对比较平坦的需求曲线相切于LAC曲线的最低点的左边;产品的均衡价格比较低,它等于生产的平均成本;产品的均衡产量比较高;企业存在着多余的生产能力。

在垄断市场上,厂商在长期内获得利润,所以,在垄断厂商的长期均衡时,向右下方倾斜的、相对比较陡峭的需求曲线与LAC曲线相交;产品的均衡价格最高,且大于生产的平均成本;产品的均衡数量最低。

在寡头市场上,没有统一的寡头厂商均衡模型。一般认为,寡头市场是与垄断市场比较接近的市场组织,在长期均衡时,寡头厂商的产品的均衡价格比较高,产品的均衡数量比较低。

除此之外,西方经济学家认为,一个行业在长期均衡时是否实现了价格等于长期边际成本即$P=LMC$,也是判断该行业是否实现了有效的资源配置的一个条件。商品的市场价格通常被看成是商品的边际社会价值,商品的长期边际成本LMC通常被看成是商品的边际社会成本。当$P=LMC$时,商品的边际社会价值等于商品的边际社会成本,它表示资源在该行业得到了最有效的配置。倘若不是这样,当$P>LMC$时,商品的边际社会价值大于商品的边际社会成本,它表示相对于该商品的需求而言,该商品的供给是不足的,应该有更多的资源转移到该商品的生产中来,以使这种商品的供给增加,价格下降,最后使该商品的边际社会价值等于商品的边际社会成本,这样,社会的境况就会变得好一些。

习题演练

一、单项选择题

1.最需要进行广告宣传的市场是（　　）。

A.完全竞争市场　　　　　　　　B.垄断市场

C.垄断竞争市场　　　　　　　　D.寡头市场

2.当一个行业由竞争演变成垄断行业时,则（　　）。

A.垄断市场的价格等于竞争市场的价格

B.垄断市场的价格大于竞争市场的价格

C.垄断市场的价格小于竞争市场的价格

D.垄断价格具有任意性

二、多项选择题

1.完全垄断市场的因素有（　　）。

A.规模经济　　　　　　　　B.完全垄断

C.原料控制　　　　　　　　D.政府特许

2.垄断竞争市场的竞争包括价格竞争和（　　）。

A.服务竞争　　　B.品质竞争　　　C.营销竞争　　　D.生产竞争

3.寡头垄断市场是介于完全竞争与完全垄断之间的另一种比较现实的市场,其特征有( )。

A.相互分离　　　　　　　　B.企业极少

C.产品相同　　　　　　　　D.进出不易

参 考 答 案

一、单项选择题

1.【答案】C。解析:完全竞争市场有无数买者卖方,广告无作用。垄断竞争市场产品有差别,广告会产生相应作用。

2.【答案】B。解析:垄断市场价格高于竞争市场价格。

二、多项选择题

1.【答案】ACD。解析:完全垄断市场的出现,有以下几个因素:规模经济、自然垄断、原料控制、政府特许。

2.【答案】BC。解析:垄断竞争市场的竞争有:价格竞争、品质竞争、营销竞争。

3.【答案】BD。解析:寡头垄断市场的特征有:企业极少、相互依存、产品同质或异质、进出不易。

第七章 一般均衡论和收入分配

考点详解

到目前为止,我们所讨论的全部理论均属于局部均衡分析的范畴。局部均衡分析研究的是单个(产品或要素)市场,其方法是把所考虑的某个市场从相互联系的构成整个经济体系的市场全体中"取出"来单独加以研究。现在要进一步将局部均衡分析发展为一般均衡分析,即要将所有相互联系的各个市场看成一个整体来加以研究。在一般均衡分析中,每一商品的需求和供给不仅取决于该商品本身的价格,而且也取决于所有其他商品(如替代品和补充品)的价格。每一商品的价格都不能单独地决定,而必须和其他商品价格联合起来决定。当整个经济的价格体系恰好使所有的商品都供求相等时,市场就达到了一般均衡。

考点一 | 一般均衡

一、局部均衡和一般均衡

一般均衡是与局部均衡相对应的。所谓局部均衡,是指在假定其他市场条件不变的情况下,单个经济行为者(包括消费者和生产者)所实现的均衡或者某一特定产品或要素所达到的市场均衡。

但是,世间的万物都是相互依赖、相互联系的。比如,整个经济体系中各部门都互有联系,其中只要任何一个部门中的任何一个项目发生变化,必将引起一连串的反应,经过调整、反馈、再调整、再反馈之后直至不需要再调整为止,此种状况即为所谓的"一般均衡"。一般均衡是指一个经济体系中,所有商品和市场的供给和需求同时达到均衡的状态。

微观经济运行实现一般均衡时会有如下的基本特征:

(1)每一个消费者都在其既定的收入下达到了效用最大化,这使消费者的需求稳定在某一水平上。

(2)每一个生产者都在其一定的投入—产品组合下达到了利润最大化,这意味着供给可能稳定于某一水平。

(3)所有市场同时出清,即产品市场和要素市场的供求都相等,这意味着所有市场都有一个稳定的均衡价格。

(4)每一厂商都只能获得正常利润,即超额利润为零。这意味着经济中不再有使厂商扩大或减少其产量的动机或诱惑。

二、一般均衡分析

在完全竞争条件下,要实现静态的一般均衡需要三个条件:一是交换的一般均衡,即商品如何在消费者之间有效地分配以达到其效用的最大化；二是生产的一般均衡，即生产要素如何在生产者之间有效地配置以达到其利润最大化；三是生产和交换的一般均衡，即如何有效率地在各种商品之间配置经济资源。

三、一般均衡与帕累托最优境界

通常，经济学家除了要回答"是什么"的问题之外，还试图探讨"应该是什么"的问题，即他们试图从一定的社会价值判断标准出发，对一个经济体系的运行进行评价，并进一步说明一个经济体系应当怎样运行，并为此提出相应的经济政策。

对于如何评价一种资源配置状态优劣的问题，意大利经济学家帕累托提出一种衡量的标准，即如果一种资源的配置状态已达到这样一种境界，在此境界下资源不论再如何配置，也不能使某些经济个体得到更多的利益，同时不损及其他经济个体的既得利益，这样的一种境界就是帕累托最优境界或帕累托最优状态。

帕累托最优状态又称经济效率。满足帕累托最优状态就是具有经济效率的；反之，不满足帕累托最优状态就是缺乏经济效率的。例如，如果产品在消费者之间的分配已经达到这样一种状态，即任何重新分配都会至少降低一个消费者的满足水平，那么，这种状态就是最优的或最有效率的状态。同样地，如果要素在厂商之间的配置已经达到这样一种状态，即任何重新配置都会至少降低一个厂商的产量，那么，这种状态就是最优的或最有效率的状态。达到帕累托最优状态所必须满足的条件被称为帕累托最优条件。它包括交换的最优条件、生产的最优条件以及交换和生产的最优条件。

考点二 | 收入分配

一、收入分配不均的衡量：洛伦兹曲线和基尼系数

洛伦兹曲线用以比较和分析一个国家在不同时代或者不同国家在同一时代的财富不平等，它主要用于衡量一个国家的贫富差别程度（见图2-7-1）。

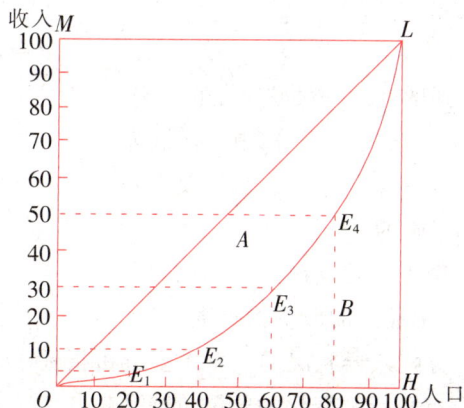

图2-7-1 洛伦兹曲线

图中横轴 OH 表示人口(按收入由低到高分组)的累积百分比,纵轴 OM 表示收入的累积百分比,弧线 OL 为洛伦兹曲线。

一般来讲,洛伦兹曲线的弯曲程度,反映了收入分配的不平等程度,洛伦兹曲线越弯曲,收入分配越不平等。洛伦兹曲线与完全平等线(通过原点的 45 度线)之间的面积 A 越大,表明收入分配差距越大,即越不平等。因此,A 是"不平等面积"。当收入分配达到完全不平等时,洛伦兹曲线就成为折线 OHL。这条折线与 45 度线之间的面积 $A+B$,就是完全不平等的面积。不平等面积与完全不平等面积之比称为基尼系数。令 G 代表这一系数,则 $G=A/(A+B)$。简言之,基尼系数是一种衡量收入不平等的标准,由洛伦兹曲线导出,其值由 0 起最大到 1。

二、基尼系数的相关规定

基尼系数越小收入分配越平均,基尼系数越大收入分配越不平均。国际上通常把 0.4 作为贫富差距的警戒线,大于这一数值容易出现社会动荡。

表 2-7-1 基尼系数的相关规定

基尼系数	收入分配
低于 0.2	收入绝对平均
0.2~0.3	收入比较平均
0.3~0.4	收入相对合理
0.4~0.5	收入差距较大
0.5 以上	收入差距悬殊

习题演练

单项选择题

1.社会福利不可能再得到增进的一种状态是( )。

A.帕累托改进　　　　　　　　B.帕累托最优

C.局部均衡　　　　　　　　　D.市场效率

2.下列对基尼系数描述正确的是( )。

A.是指食品支出总额占个人消费支出总额的比重

B.是世界上最有影响、使用最广的股价指标数

C.是综合考察居民收入分配差异状况的一个重要分析指标

D.是反映纳斯达克证券市场行情变化的股票价格平均数

参考答案

单项选择题

1.【答案】B。解析：帕累托最优是指资源分配的一种状态，在不使任何人境况变坏的情况下，而不可能再使某些人的处境变好。帕累托改进是指一种变化，在没有使任何人境况变坏的前提下，使得至少一个人变得更好。一方面，帕累托最优是指没有进行帕累托改进的余地的状态；另一方面，帕累托改进是达到帕累托最优的路径和方法。

2.【答案】C。解析：基尼系数是国际上用来综合考察居民间收入分配差异状况的一个重要分析指标。恩格尔系数是指食品支出总额占个人消费支出总额的比重。道琼斯指数是世界上最有影响、使用最广的股价指数。纳斯达克指数是反映纳斯达克证券市场行情变化的股票价格平均数。故本题选 C。

第八章　市场失灵和微观经济政策

考点详解

西方微观经济学部分的主旨在于论证所谓看不见的手的原理,即:完全竞争市场经济在一系列理想化假定条件下,可以导致整个经济达到一般均衡,导致资源配置达到帕累托最优状态。但是,这个原理并不真正适用于现实的资本主义经济。由于完全竞争市场以及其他一系列理想化假定条件并不是现实资本主义经济的真实写照,因此,西方学者认为,在现实资本主义经济中,"看不见的手"一般来说并不成立,帕累托最优状态通常不能得到实现。换句话说,现实的资本主义市场机制在很多场合不能导致资源的有效配置。这种情况被称为所谓"市场失灵"。

市场失灵有以下几种情况,即垄断、外部影响、公共物品、不完全信息。

考点一　垄断

一、垄断与低效率

首先来看某代表性的垄断厂商的利润最大化情况(见图2-8-1)。曲线 D 和 MR 分别为该厂商的需求曲线和边际收益曲线。假定平均成本和边际成本相等且固定不变,它们由图中水平直线 $AC=MC$ 表示。垄断厂商的利润最大化原则是边际成本等于边际收益。因此,垄断厂商的利润最大化产量为 q_m。在该产量水平上,垄断价格为 P_m。显然,这个价格高于边际成本。

显而易见,上述垄断厂商的利润最大化状况并没有达到帕累托最优状态。在利润最大化产量 q_m 上,价格 P_m 高于边际成本 MC,这表明,消费者愿意为增加额外一单位产量所支付的数量超过了生产该单位产量所引起的成本。因此,存在有帕累托改进的余地。

垄断产量和垄断价格不满足帕累托最优条件。那么,帕累托最优状态在 q^* 达到。在 q^* 的产出水平上,需求曲线与边际成本曲线相交,即消费者为额外一单位产量愿意支付等于生产该额外产量的成本。此时,不再存在任何帕累托改进的余地。因此,q^* 是帕累托意义上的最优产出。

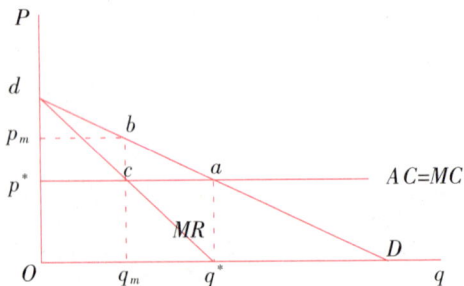

图2-8-1　垄断厂商的利润最大化

在实际中,均衡产量不是发生在帕累托最优状态 q^* 上的原因在于,垄断厂商和消费者之间以及消费者本身之间难以达成相互满意的一致意见。例如,垄断厂商和消费者之间在如何分配增加产出所得到的收益问题上可能存在很大分歧,以至于无法达成一致意见;又例如,消费者本身之间在如何分摊弥补垄断厂商利润损失的一揽子支付问题上也不能达成一致意见;最后,还可能无法防止某些消费者不负担一揽子支付而享受低价格的好处,即无法防止"免费乘车者"。由于存在上述这些困难,实际上得到的通常便是无效率的垄断情况。

上述关于垄断情况的分析,也适用于垄断竞争或寡头垄断等其他非完全竞争的情况。实际上,只要市场不是完全竞争的,只要厂商面临的需求曲线不是一条水平线,而是向右下方倾斜,则厂商的利润最大化原则就是边际收益等于边际成本,而不是价格等于边际成本。当价格大于边际成本时,就出现了低效率的资源配置状态。而由于协议的各种困难,潜在的帕累托改进难以得到实现,于是整个经济便偏离了帕累托最优状态,均衡于低效率之中。

二、寻租理论

根据传统的经济理论,垄断尽管会造成低效率,但这种低效率的经济损失从数量上来说却相对很小。然而,从20世纪60年代后期以来,西方一些经济学家开始认识到,上述传统的垄断理论可能大大低估了垄断的经济损失。按照他们的看法,传统垄断理论的局限性在于,它着重分析的是垄断的"结果",而不是获得和维持垄断的"过程"。一旦把分析的重点从垄断的结果转移到获得和维持垄断的过程,就会很容易地发现,垄断的经济损失不再仅仅包括那块被叫作"纯损"的部分,而是要大得多。这是因为,为了获得和维持垄断地位从而享受垄断的好处,厂商常常需要付出一定的代价。例如,向政府官员行贿,或者,雇佣律师向政府官员游说,等等。这种为获得和维持垄断地位而付出的代价也是一种纯粹的浪费:它不是用于生产,没有创造出任何有益的产出,完全是一种"非生产性的寻利活动"。这种非生产性的寻利活动被概括为所谓的寻租活动:为获得和维持垄断地位从而得到垄断利润(亦即垄断租金)的活动。

就单个的寻租者而言,他愿意花费在寻租活动上的代价不会超过垄断地位可能给他带来的好处,否则就不值得了。因此,从理论上来说,单个寻租者的寻租代价要小于或者等于垄断利润或垄断租金。但在很多情况下,由于争夺垄断地位的竞争非常激烈,寻租代价常常要接近甚至等于全部的垄断利润。这意味着,即使局限于考虑单个的寻租者,其寻租损失也往往大于传统垄断理论中的"纯损"部分。如果进一步来考虑整个寻租市场,问题就更为严重。在寻租市场上,寻租者往往不止一个,单个寻租者的寻租代价只是整个寻租活动的经济损失的一个部分。整个寻租活动的全部经济损失等于所有单个寻租者寻租活动的代价的总和。而且,这个总和还将随着寻租市场竞争程度的不断加强而不断增大。显而易见,整个寻租活动的经济损失要远远超过传统垄断理论中的"纯损"部分。

三、对垄断的公共管制

垄断常常导致资源配置缺乏效率。此外,垄断利润通常也被看成是不公平的。这就使得有必要对垄断进行政府干预。政府对垄断的干预是多种多样的。

图 2-8-2 中反映的是某垄断厂商的情况。曲线 $D=AR$ 和 MR 是其需求曲线(也是平均收益曲线)和边际收益曲线。曲线 AC 和 MC 是其平均成本和边际成本曲线。注意,这里回到了平均和边际成本曲线的一般形状,而不再是水平直线了。这里的平均成本曲线具有向右上方倾斜的部分。在没有管制的条件下,垄断厂商生产其利润最大化产量 Q_m,并据此确定垄断价格 P_m。这种垄断均衡一方面缺乏效率,因为在垄断产量 q_m 上,价格高于边际成本;另一方面缺乏"公平"。因为在 Q_m 上,垄断厂商获得了超额垄断利润,即经济利润不等于 0,或者说,全部利润大于正常利润。现在考虑政府的价格管制。政府应当制定什么样的价格为好呢?如果政府的目标是提高效率,则政府应当将价格定在 P_c 的水平上。当价格为 P_c 时,最大化产量为 Q_c。在该产量水平上,价格恰好等于边际成本。于是实现了帕累托最优。

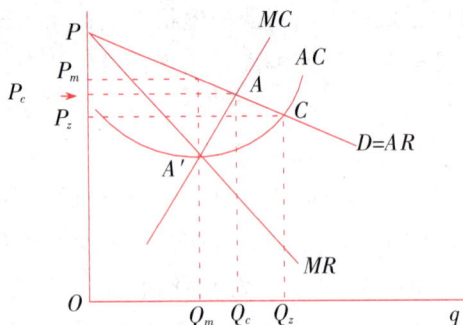

图 2-8-2 垄断厂商的收益状况

显然,当政府将价格定为 P_c,从而实现了帕累托最优时,垄断厂商仍然可以得到一部分经济利润,即为平均收益 P_c 超过平均成本 AC 的部分。如果政府试图制定一个更低的"公平价格"以消除经济利润,则该价格须为 P_z。在价格定为 P_z 时,产量为 Q_z。此时,平均收益恰好等于平均成本。因此,P_z 可称为零经济利润价格。但是,现在出现另一个问题,即在零经济利润价格水平上,帕累托最优条件被违反了:此时边际成本大于价格。因此,按帕累托效率而言,在垄断情况下,产量太低、价格太高,而在零经济利润情况下,正好相反:价格太低、产量太高。

图 2-8-2 反映的是平均成本具有向右上方倾斜部分的垄断情况。现在考虑平均成本曲线不断下降的所谓自然垄断情况,见图 2-8-3。

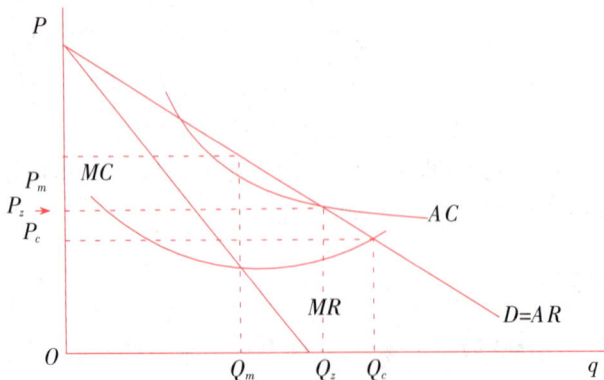

图 2-8-3 自然垄断

图中,由于平均成本曲线 AC 一直下降,故边际成本曲线 MC 总位于其下方。在不存在政府管制时,垄断厂商的产量和价格分别为 Q_m 和 P_{mo}。当政府管制价格为 P_c 时,产量为 Q_c,达到帕累托效率。但是,如果要制定零经济利润价格 P_z,则在这种情况下,P_z 不是小于 P_c,而是要稍高一些。值得注意的是,在自然垄断场合帕累托最优价格 P_c 和最优产量 Q_c 上,垄断厂商的平均收益小于平均成本,从而出现亏损。因此,在这种情况下,政府必须补贴垄断厂商的亏损。

考点二 | 外部影响

一、外部影响及其分类

在实际经济中,很多时候某个人(生产者或消费者)的一项经济活动会给社会上其他成员带来好处,但他自己却不能由此而得到补偿。此时,这个人从其活动中得到的私人利益就小于该活动所带来的社会利益。这种性质的外部影响被称为所谓"外部经济"。根据经济活动的主体是生产者还是消费者,外部经济可以分为"生产的外部经济"和"消费的外部经济"。另一方面,在很多时候,某个人(生产者或消费者)的一项经济活动会给社会上其他成员带来危害,但他自己却并不为此而支付足够抵偿这种危害的成本。此时,这个人为其活动所付出的私人成本就小于该活动所造成的社会成本。这种性质的外部影响被称为所谓"外部不经济"。外部不经济也可以视经济活动主体的不同而分为"生产的外部不经济"和"消费的外部不经济"。当外部经济时,私人利益小于社会利益:$V_p < V_s$。当外部不经济时,私人成本小于社会成本:$C_p < C_s$。

1.生产的外部经济

当一个生产者采取的经济行动对他人产生了有利的影响,而自己却不能从中得到报酬时,便产生了生产的外部经济。生产的外部经济的例子很多。例如,一个企业对其所雇佣的工人进行培训,而这些工人可能转到其他单位去工作。该企业并不能从其他单位索回培训费用或得到其他形式的补偿。因此,该企业从培训工人中得到的私人利益就小于该活动的社会利益。

2.消费的外部经济

当一个消费者采取的行动对他人产生了有利的影响,而自己却不能从中得到补偿时,便产生了消费的外部经济。例如,当某个人对自己的房屋和草坪进行保养时,他的隔壁邻居也从中得到了不用支付报酬的好处。此外,一个人对自己的孩子进行教育,把他们培养成更值得信赖的公民,这显然也使其隔壁邻居甚至整个社会都得到了好处。

3.生产的外部不经济

当一个生产者采取的行动使他人付出了代价而又未给他人以补偿时,便产生了生产的外部不经济。生产的外部不经济的例子也很多。例如,一个企业可能因为排放脏水而污染了河流,或者因为排放烟尘而污染了空气。这种行为使附近的人们和整个社会都遭到了损失。再如,因生产的扩大可能造成交通拥挤及对风景的破坏,等等。

4.消费的外部不经济

当一个消费者采取的行动使他人付出了代价而又未给他人以补偿时,便产生了消费的外部不经济。和生产者造成污染的情况类似,消费者也可能造成污染而损害他人。吸烟便是一个明显的例子。吸烟者的行为危害了被动吸烟者的身体健康，但并未为此而支付任何补偿。此外，还有在公共场所随意丢弃果皮、瓜壳，等等。

上述各种外部影响可以说是无时不在。尽管就每一个单个生产者或消费者来说，他造成的外部经济或外部不经济对整个社会也许微不足道，但所有这些消费者和生产者加总起来，所造成的外部经济或不经济的总的效果将是巨大的。例如，由于生产扩大而引起的污染问题现在已经严重到危及人类自身生存环境的地步了。

二、外部影响和资源配置失当

各种形式的外部影响的存在造成了一个严重后果：完全竞争条件下的资源配置将偏离帕累托最优状态。换句话说，即使假定整个经济仍然是完全竞争的，但由于存在着外部影响，整个经济的资源配置也不可能达到帕累托最优状态。"看不见的手"在外部影响面前失去了作用。

三、有关外部影响的政策

为了纠正由于外部影响所造成的资源配置不当，西方微观经济学理论提出如下政策建议：

第一，使用税收和津贴。对造成外部不经济的企业，国家应该征税，其数额应该等于该企业给社会其他成员造成的损失，从而使该企业的私人成本恰好等于社会成本。例如，在生产污染情况下，政府向污染者征税，其税额等于治理污染所需要的费用。反之，对造成外部经济的企业，国家则可以采取津贴的办法，使得企业的私人利益与社会利益相等。无论是何种情况，只要政府采取措施使得私人成本和私人利益与相应的社会成本和社会利益相等，则资源配置便可达到帕累托最优状态。

第二，使用企业合并的方法。例如，一个企业的生产影响到另外一个企业。如果影响是正的（外部经济），则第一个企业的生产就会低于社会最优水平；反之，如果影响是负的（外部不经济），则第一个企业的生产就会超过社会最优水平。但是如果把这两个企业合并为一个企业，则此时的外部影响就"消失"了，即被"内部化"了。合并后的单个企业为了自己的利益将使自己的生产确定在其边际成本等于边际收益的水平上。而由于此时不存在外部影响，故合并企业的成本与收益就等于社会的成本与收益。于是资源配置达到帕累托最优状态。

第三，使用规定财产权的办法。在许多情况下，外部影响之所以导致资源配置失当，是由于财产权不明确。如果财产权是完全确定的并得到充分保障，则有些外部影响就可能不会发生。例如，某条河流的上游污染者使下游用水者受到损害。如果给予下游用水者以使用一定质量水源的财产权，则上游的污染者将因把下游水质降到特定质量之下而受罚。在这种情况下，上游污染者便会同下游用水者协商，将这种权利从他们那里买过来，然后再让河流受到一定程度的污染。同时，遭到损害的下游用水者也会使用他出售污染权而得到的收入来治理河水。总之，由于污染者为其不好的外部影响支付了代价，故其私人成本与社会成本之间不存在差别。

四、科斯定理

上述处理外部影响的最后一种办法,即规定财产权的政策,可以看成是更加一般化的所谓科斯定理的特例。甚至连税收和津贴这种方法也可以看成是科斯定理的一个具体运用。

科斯定理的内容为:只要财产权是明确的,并且其交易成本为零或者很小,则无论在开始时将财产权赋予谁,市场均衡的最终结果都是有效率的。

为了说明这一定理,我们举一个具体的例子。假设有一个工厂,它的烟囱冒出的烟尘使得居住于工厂附近的 5 户居民所洗晒的衣服受到污染,由此造成的损失为每户 75 元,从而 5 户的损失总额为5×75=375 元。再假设存在着两种治理污染的办法:一是在工厂的烟囱上安装一个除尘器,其费用为 150 元;二是给每户居民提供一台烘干机,使他们不需要到外面去晒衣服。烘干机的费用为每户 50 元,5 户的成本总和是 250 元。显而易见,在这两种解决办法中,第一种的成本低,因而代表着最有效率的解决方案。这种最有效率的解决方案在西方经济学中就被称为帕累托最优状态。

当然,科斯定理的结论只有在交易成本为零或者很小的情况下才能得到。如果不是这样,结果就会不同。例如,假设在工厂具有排放烟尘的财产权的条件下,如果 5 户居民联合在一起共同行动的费用很大,例如为 125 元,那么,为了共同行动给工厂安装除尘器,他们的总支出就是 125+150=275 元。在这种情况下,5 户居民便会各自去购买一台烘干机,因为这样做的结果总共只需要花费 250 元。然而,这却不是一个最有效率的结果。

在科斯定理提出来之前,西方经济学家一般认为,市场机制这一"看不见的手"只有在不存在外部影响的情况下才会起作用。如果存在着外部影响,市场机制就无法导致资源的最优配置。科斯定理的出现则进一步强调了"看不见的手"的作用。按照这个定理,只要那些假设条件成立,则外部影响也不可能导致资源配置不当。或者换个说法,在所给条件下,市场力量足够强大,总能够使外部影响"内部化",从而仍然可以实现帕累托最优状态。

考点三 公共物品和公共资源

一、公共物品和私人物品

1.公共物品和私人物品的特点和区别

到目前为止,讨论的对象主要是所谓的"私人物品",即那些在普通的市场上常见的物品,例如,用于吃的水果、用于穿的衣服以及火车上的座位,等等。私人物品具有两个鲜明的特点。第一是"排他性":只有对商品支付价格的人才能够使用该商品;第二是"竞争性":如果某人已经使用了某个商品(如某一火车座位),则其他人就不能再同时使用该商品。实际上,市场机制只有在具备上述两个特点的私人物品的场合才真正起作用,才有效率。

然而,在现实的经济中,还存在着许许多多不满足排他性或竞争性特点的物品。如果一件物品不具有排他性,即无法排除一些人"不支付便使用",则它毫无疑问就会带来外部影响,并造成市场机制的失灵。"国防"和"海鱼"是缺乏排他性的两个生动例子。一个公民即使拒绝为国防支付，也可以享受国防的好处；同样，我们也很难阻止渔民自由地在公海上捕捞海鱼。"国防"和"海鱼"的区别在于"竞争性"方面。容易看到，国防除了不具有排他性之外，同时也不具有竞争性。例如，新生人口一样享受国防提供的安全服务，但原有人口对国防的"消费"水平不会因此而降低。从某种程度上讲，道路和电视广播等也与国防一样既不具有排他性也不具有竞争性。在达到一定点之前，道路上多一辆汽车不会妨碍原有汽车的行驶；某个人打开广播同样不会影响其他人收听。另一方面，"海鱼"则毫无疑问是"竞争性"的：当某个人捕捞到一些海鱼时，其他人所可能捕捞到的海鱼数量就减少了。

通常把国防这样一类既不具有排他性也不具有竞争性的物品叫作公共物品，而把海鱼这样一类不具有排他性但却具有竞争性的物品叫作公共资源。公共物品和公共资源可以看成是外部影响造成市场机制失灵的两个特殊例子。

2.公地的悲剧

从上述对公共物品的分析中可知，一种物品，如果不具有排他性，则每个人出于自己的利益考虑，就会尽可能多地去利用它。在这种情况下，如果该物品又具有竞争性的特点，即所谓的"公共资源"，则它可能很快就会被过度地使用，从而造成灾难性的后果。下面我们以被西方学者经常使用的"公地的悲剧"来说明。例如一个乡村，村里有一块公共土地，村民们在这块公地上放牧奶牛。如果每一个村民都能够毫无限制地使用公地，则实际的均衡奶牛数量将远远超过它的最优水平。由此引起的后果就是公地将由于长期的超载放牧而日益衰落。这就是所谓的"公地的悲剧"。

二、公共选择理论

对公共物品以及公共资源的处理涉及与政府行为有关的"集体选择"。所谓集体选择，就是所有的参加者依据一定的规则通过相互协商来确定集体行动方案的过程。公共选择理论则特别注重研究那些与政府行为有关的集体选择问题。

1.集体选择的规则

集体选择有以下四项规则：

（1）一致同意规则。所谓一致同意规则，是指一项集体行动方案只有在所有参加者都认可的情况下才能够实施。这里的"认可"意味着赞成或者至少不反对。换句话说，在一致同意规则下，每一个参加者都对将要达成的集体决策拥有否决权。一致同意规则具有如下的优点：第一，能够充分地保证每一个参加者的利益；第二，可以避免发生"免费乘车"的行为；第三，如果能够达成协议，则协议将是帕累托最优的。一致同意规则的缺点则在于：达成协议的成本常常太大，在许多情况下甚至根本就无法达成协议。

（2）多数规则。所谓多数规则，是指一项集体行动方案必须得到所有参加者中的多数认可才能够实施。这里的多数，可以是简单多数，即超过总数的一半，也可以是比例多数，如达到总数的2/3以上。多数规则存在的问题是：第一，它忽略了少数派的利益。由多数派赞成通过的集体协议强迫少数派也要服从。第二，可能出现"收买选票"的现象。这是因为，在多数规则的条件下，单个参加者的选择对最终的结果影响不大，具有可忽略性，从而一部分选民有可能不重视自己的选举权。这样一来,选举就有可能被利益集团所操纵。利益集团通过一定的小的代价来收买那些不重视自己选举权而打算不投票或投弃权票的选民,让他们按利益集团的意愿投票。第三,在多数规则下,最终的集体选择结果可能不是唯一的。不同的投票秩序会导致不同的集体选择结果,使社会成员做出前后不一致甚至可能相互矛盾的决策。

(3)加权规则。一个集体行动方案对不同的参加者会有不同的重要性。于是,可以按照重要性的不同,给参加者的意愿"加权",即分配选举的票数。相对重要的,拥有的票数就较多,否则就较少。所谓加权规则,就是按实际得到的赞成票数(而非人数)的多少来决定集体行动方案。

(4)否决规则。这一规则的具体做法如下:首先让每个参加集体行动方案投票的成员提出自己认可的行动方案,汇总之后,再让每个成员从中否决掉自己所反对的那些方案。这样一来,最后剩下的没有被否决掉的方案就是所有成员都可以接受的集体选择结果了。如果有不止一个方案留了下来,就再借助于其他投票规则(如一致同意规则或多数规则等等)来进行选择。否决规则的优点是显而易见的,因为经过这一规则筛选之后留下来的集体行动方案都将是帕累托最优的。

2.最优的集体选择规则

对于如何确定最优的集体选择规则的问题,即按照什么样的规则来进行集体选择,西方公共选择理论家们提出了两个主要的理论模型。

(1)成本模型。按照这一模型,任何一个集体选择规则都存在着性质完全不同的两类成本。一类叫作决策成本,指的是在该规则下通过某项集体行动方案(亦即做出决策)所花费的时间与精力。集体决策的形成需要参加者之间不同程度的讨价还价。随着人数的不断增加,讨价还价行为发生的可能性将成倍增加,从而决策成本也将成倍增加。另一类是外在成本,指的是在该规则下通过的某项集体行动方案与某些参加者的意愿不一致而给他们带来的损失。当通过的某项集体行动方案与某些参加者个人的实际偏好一致时,这些参加者个人承担的外在成本就等于零;而当两者不一致时,他们承担的外在成本就大于零。显而易见,随着这种不一致的人数和程度的增加,外在成本的总量也将增加。对于不同的集体选择规则,决策成本和外在成本的大小是不一样的。

(2)概率模型。与成本模型不同,寻找最优集体选择规则的概率模型并不是祈求社会相互依赖成本的最小化,而是力图使集体决策的结果偏离个人意愿的可能性达到最小。根据这一模型,西方一些公共选择理论家证明,集体选择中的多数规则是一种比较理想的规则。

考点四　信息的不完全和不对称

一、信息、信息的不完全和不对称

和普通商品一样,信息也是一种很有价值的资源,它能够提高经济主体的效用和利润。例如,消费者如果知道商品的质量,就能够避开那些质次价高的东西;生产者如果了解市场的需求,就能够提供恰到好处的供给。和普通商品不同,信息在"质"和"量"上又有其独特的性质。

首先，从质的方面看，信息有点类似于我们前面讨论过的"公共物品"。信息显然不具有竞争性，因为信息可以被许多人同时利用。信息在一定的程度上也可以说没有排他性，信息的最初所有者当然可以封锁信息，秘而不宣。但是，一旦信息被卖出去之后，他就很难阻止信息的买主再向其他人传播。

其次，从量的方面看，确定信息的价值大小也不像确定普通商品的价格那样简单。人们常常采用比较的方法来计算信息的价值。获得新的信息可能会促使经济主体改变自己的决策，而决策的改变又可能导致预期收益的变化，于是可以用预期收益的变化来确定这一新增信息的价值。信息的作用是：减少经济主体的决策风险和失误，从而提高他的预期收益。正是由于这个原因，人们需要信息，并乐意出钱出力去搜寻和购买它。

完全竞争模型的一个重要假定是完全信息，即市场的供求双方对于所交换的商品具有充分的信息。例如，消费者充分地了解自己的偏好函数，了解在什么地方、什么时候存在有何种质量的以何种价格出售的商品；生产者充分地了解自己的生产函数，了解在什么地方、什么时候存在有何种质量的以何种价格出售的投入要素等。完全信息的假定以及其他一些关于完全竞争市场的假定保证了帕累托最优状态的实现。

显而易见，上述关于完全信息的假定并不符合现实。在现实经济中，信息常常是不完全的，甚至是很不完全的。这是因为，作为一种有价值的资源，信息不同于普通的商品。人们在购买普通商品时，先要了解它的价值，看看值不值得买。但是，购买信息商品却无法做到这一点。人们之所以愿意出钱购买信息，是因为还不知道它，一旦知道了它，就没有人会愿意再为此进行支付。这就出现了一个困难的问题：卖者让不让买者在购买之前就充分地了解所出售的信息的价值呢？如果不让，则买者就可能因为不知道究竟值不值得而不去购买它；如果让，则买者又可能因为已经知道了该信息从而不去购买它。在这种情况下，要想做成生意，只能靠买卖双方的并不十分可靠的相互信赖：卖者让买者充分了解信息的用处，而买者则答应在了解信息的用处之后即购买它。

显而易见，市场的作用在这里受到了很大的限制。进一步分析起来还会发现，不同的经济主体缺乏信息的程度往往是不一样的。市场经济的一个重要特点是，产品的卖方一般要比产品的买方对产品的质量有更多的了解。例如，出售二手汽车的卖主要比买主更加了解自己汽车的缺陷；出售风险的投保人要比保险公司更加了解自己所面临风险的大小。上述种种情况都是所谓信息不对称的具体表现，即有些人比其他人拥有更多的相关信息。

在信息不完全和不对称的情况下，市场机制有时就不能很好地起作用。例如，由于缺乏足够的信息，生产者的生产可能会带有一定的盲目性：有些产品生产过多，而另一些产品又生产过少。消费者的消费选择也可能会出现失误，比如购买了一些有害健康的"坏"商品，而错过了一些有益健康的"好"商品。更坏的情况是，由于缺乏足够的信息，有些重要的市场甚至可能根本就无法产生，或者即使产生，也难以得到充分的发展。

二、信息与商品市场

在现实的经济生活中，存在着一些似乎与常规不一致的东西。例如，我们知道，如果降低某种商品的价格，对该商品的需求量就会增加，这是一般商品的需求规律——需求曲线向右下方倾斜。但是,当消费者掌握的市场信息不完全时,他们对商品的需求量就可能不随价格的下降而增加,而是相反,随价格的下降而减少。这时,就出现了所谓的"逆向选择"问题。对于市场机制来说,逆向选择的存在是一个麻烦,因为它意味着市场的低效率,意味着市场的失灵。

三、信息不完全和激励机制:委托—代理问题

在现实经济中,"委托—代理"关系是非常普遍的。例如,雇主和雇员,股东和经理,医院和医生,被告和律师,等等。在这些例子中,前者是"委托人",后者是"代理人"。委托人委托代理人处理与自己有关的一些事务,并支付相应的报酬。但是,由于代理人的利益往往与委托人的利益并不一致,有时甚至可能完全不同,因此,对委托人来说,一个至关重要的问题就是:如何确保代理人按照自己的要求行事。这就是所谓的"委托—代理"问题。

实际上,委托—代理问题也可以被看成是一种外部影响:代理人不按合同规定尽责尽力而偷懒或"干私活"的行为对委托人造成了损害,但却没有对这种损害进行补偿或因这种损害而受到惩罚。和其他的外部影响一样,由于信息不完全而引起的委托—代理问题也会给市场机制的正常运行带来困难,从而造成低效率的结果。

解决委托—代理问题的一个方法是采用"木马计":委托人把自己的利益"植入"代理人的利益之中,或者"搭载"到代理人的利益之上,这样,当代理人为自己的利益而采取行动时,他同时也就是在为委托人的利益服务了。

四、信誉和信息调控

信息的不完全和不对称带来了许多问题。市场机制本身可以解决其中的一部分。例如,为了利润的最大化,生产者必须根据消费者的偏好进行生产,否则,生产出来的商品就可能卖不出去。生产者显然很难知道每个消费者的偏好的具体情况。不过,在市场经济中,这一类信息的不完全并不会影响他们的正确决策——因为他们知道商品的价格。只要知道了商品的价格,就可以由此计算生产该商品的边际收益,从而就能够确定他们的利润最大化产量。

通过市场机制本身来解决信息不完全和不对称问题的另外一个方法是建立信誉。在信息不完全和不对称的情况下,如果没有其他的约束机制,市场就会充斥劣质的产品。这是因为,一方面,消费者知道,生产和销售产品的企业比自己更加了解商品的质量,因而就有可能利用这一信息优势来进行欺骗,即生产一些成本较低的劣质产品,并把它们拿到市场上来以次充好,以获得更大的利润。基于这种认识,消费者只愿意对企业提供的商品支付较低的价格。另一方面,由于消费者只愿意支付较低的价格,企业也不会愿意生产成本较高的优质产品。这样一来,结果当然就是劣质产品把优质产品逐出市场。

幸运的是,由于存在着诸多的约束因素,现实的市场并没有糟糕到如上所说的地步。其中一个就是信誉。所谓信誉,可以看成是消费者对企业行为的一种主观评价。消费者根据自己购买和消费某种产品的亲身体验以及来自其他消费者的忠告或别的因素,对生产和销售该产品的企业的诚信或欺瞒程度做出判断,并根据这种判断来决定以后是否会购买该企业

的产品。

一般来讲,当买卖双方的关系相对固定时,信誉机制比较容易建立。在这种情况下,企业只要欺骗某个消费者一次,就可能永远失去这一消费者,甚至有可能失去更多的消费者。反之,如果是一次性的、流动性的买卖,交易结束之后,双方可能永远也不会再碰面,则建立信誉机制就比较困难,因为在这种情况下,对企业来说,"回头客"本来就不存在,也用不着担心受骗者会向其他消费者揭发自己的不是。不过,即使是在后面这种场合,信誉机制有时也可以起到一定的作用。以遍布世界的麦当劳为例:当你待在家里时,你也许并不愿意经常去麦当劳。但是,当你出差到一个陌生的地方时,去麦当劳也许就是一个不错的决定。街头那家名叫"张三"的饭馆提供的饭菜也许更有风味,但你却无法肯定。你唯一能够肯定的是,这里的麦当劳和你家乡的麦当劳是完全一样的。因为麦当劳的产品全球都一样,去那里用餐用不着担心受骗。于是,通过这样的"标准化",市场在一些"一锤子"买卖的场合也可以建立起信誉机制。

信誉在解决信息不完全和不对称问题上所起的最重要的作用就是区分市场。信誉把由于信息不完全和不对称而搞得混乱不堪的市场变得清晰起来。信誉好的商品意味着质量高,信誉差的商品意味着质量低。在区分市场的信誉的同时也使得高质高价成为可能:产品质量高的价格就高,反之则低。高质高价鼓励了生产和销售优质产品的企业,同时也惩罚了生产和销售劣质产品的企业——它们的产品被打上劣质的烙印,无法再冒充优质产品。总之,信誉提高了企业诚信的收益和欺骗的成本。

但是,市场机制并不能够解决所有的信息不完全和不对称问题。在这种情况下政府就有必要在信息方面进行调控。信息调控的目的主要是保证消费者能够得到充分和正确的市场信息,即增加市场的透明度,以便他们能做出正确的选择。例如,就保护消费者方面来说,常见的政府措施包括这样一些规定:发行新股票或新债券的公司必须公布公司的有关情况,产品广告上不得有不合乎实际的夸大之辞;某些产品必须有详细的使用说明书;香烟包装上必须标明"吸烟有害健康"的字样,等等。

习题演练

一、判断题

1.市场失灵指的是市场没有达到可能达到的最佳结果。　　　　　　　　　　　　(　　)

2.公共产品生产上的市场机制失灵是说供求双方信息不对称。　　　　　　　　(　　)

二、单项选择题

1.对于可能产生(　　)的行为,政府一般应通过征税或收费的措施予以限制。

A.搭便车　　　　　　　　　　　B.道德风险

C.逆向选择　　　　　　　　　　D.负外部性

2.在买卖双方达成协议后,协议的一方利用信息不对称,通过改变自己行为来损害对方的利益,这种现象称为( )。

A.劣币驱逐良币 B.逆向选择

C.道德风险 D.外部不经济

3.在市场经济中,公路、铁路、无线电视大都是由国家而不是私人来投资的,其合理的经济学解释是,上述部门( )。

A.属于垄断行业 B.具有负外部性的特征

C.属于公共物品的生产部门 D.关系着国计民生

4.卖主比买主知道更多关于商品的信息,这种情况被称为( )。

A.信息不对称问题 B.搭便车问题

C.道德陷阱 D.逆向选择

5.私人商品与公共产品的主要区别在于( )。

A.前者是私人提供的,后者是政府提供的

B.前者是私人使用的,后者是政府使用的

C.前者具有竞争性和排他性,后者则没有

D.前者具有非竞争性和非排他性,后者则没有

6.资源配置达到帕累托最优状态的标准是( )。

A.还存在帕累托改进的资源配置状态

B.收入在不同居民之间分配公平

C.可能由重新组合生产和分配使一个人或多个人的福利增加,而不使其他任何人的福利减少

D.不可能由重新组合生产和分配来使一个人或多个人的福利增加,而不使其他任何人的福利减少

三、多项选择题

1.某一经济活动存在外部不经济是指该活动的( )。

A.私人成本大于社会成本 B.私人成本小于社会成本

C.私人利益大于社会利益 D.私人利益小于社会利益

2.导致市场失灵的因素有( )。

A.垄断 B.外部影响

C.公共物品 D.政府干预

E.信息不对称

参 考 答 案

一、判断题

1.【答案】√。解析:市场失灵即资源配置失效,此时没有实现帕累托最优,市场没有达到

可能达到的最佳结果

2.【答案】√。解析:公共产品生产上的市场失灵通常是公共产品供不应求,根本原因是信息不对称。

二、单项选择题

1.【答案】D。解析:存在外部不经济,社会成本大于私人成本,社会收益小于私人收益,解决办法之一是采取征税和惩罚的措施。

2.【答案】C。解析:本题考查道德风险的定义。

3.【答案】C。解析:这些物品都是公共物品。

4.【答案】A。解析:本题考查信息不对称的定义。

5.【答案】C。解析:私人物品具有竞争性与排他性,公共物品具有非竞争性和非排他性。

6.【答案】D。解析:存在帕累托改进即没有实现帕累托最优,考查的是帕累托最优的概念。

三、多项选择题

1.【答案】BC。解析:社会边际成本=私人边际成本+外部边际成本,存在外部不经济即私人不必为外部成本付费,故私人成本小于社会成本,反之,私人利益大于社会利益。

2.【答案】ABCE。解析:市场失灵的原因有垄断、外部影响、公共物品、信息不对称。

第九章　博弈论

考点详解

一、博弈的基本概念和分类

1.博弈的基本概念

博弈论的基本概念包括：参与人、行动、信息、战略、支付函数、结果、均衡。

(1)参与人是指博弈中选择行动以最大化自身利益(效用、利润等)的决策主体(如个人、厂商、国家)。

(2)行动是指参与人的决策变量。

(3)信息是指参与人在博弈中的知识，特别是有关其他参与人(对手)的特征和行动的知识。

(4)战略是指参与人选择行动的规则，它告诉参与人在什么时候选择什么行动。

(5)支付函数是参与人从博弈中获得的效用水平，它是所有参与人战略或行动的函数，是每个参与人真正关心的东西。

(6)结果是指博弈者感兴趣的要素的集合。

(7)均衡是所有参与人的最优战略或行动的组合。

上述概念中，参与人、行动、结果统称为博弈规则。博弈分析的目的是使用博弈规则决定均衡。

2.博弈的分类

博弈主要有以下三种分类方式：

(1)根据博弈者选择的战略，可以将博弈分成合作博弈与非合作博弈。

合作博弈与非合作博弈之间的区别，主要在于博弈的当事人之间能否达成一个有约束力的协议。如果有，就是合作博弈；反之，就是非合作博弈。

(2)根据参与人行动的先后顺序，可以将博弈分成静态博弈与动态博弈。

静态博弈是指，博弈中参与人同时选择行动；或者虽非同时行动，但行动在后者并不知道行动在先者采取了什么具体行动。动态博弈是指参与人的行动有先后顺序，而且行动在后者可以观察到行动在先者的选择，并据此做出相应的选择。

(3)根据参与人对其他参与人的了解程度，可以将博弈分成完全信息博弈和不完全信息博弈。

完全信息博弈是指，在每个参与人对所有其他参与人(对手)的特征、战略和支付函数都有精确了解的情况下，所进行的博弈。如果了解得不够精确，或者不是对所有的参与人都有精确的了解，在这种情况下进行的博弈就是不完全信息博弈。

二、常见的博弈论模型

1.囚徒困境

两个囚徒被指控共同参与了一起犯罪活动,他们被分别关在两个相互隔离的囚室里,不能相互通信。他们采取不同策略的支付矩阵如下:

		乙	
		坦 白	不坦白
甲	坦 白	(-5,-5)	(-1,-7)
	不坦白	(-7,-1)	(-2,-2)

以全体利益而言,如果两个参与者都合作保持沉默,两人都只会被判刑2年,总体利益更高,结果也比两人背叛对方、判刑5年的情况较佳。但二人均为理性的个人,且只追求个人利益。均衡状况会是两个囚徒都选择背叛,结果二人判决均较合作为高,总体利益较合作为低。从整体来看却不是最优的结局,即个人理性和团体理性的冲突。囚徒困境可以应用于寡头博弈等许多场合,但单次发生的囚徒困境,和多次重复的囚徒困境结果不会一样。

在重复的囚徒困境中,博弈被反复地进行。因而每个参与者都有机会去"惩罚"另一个参与者前一回合的不合作行为。这时,合作可能会作为均衡的结果出现。欺骗的动机这时可能被惩罚的威胁所克服,从而可能导向一个较好的、合作的结果。

2.智猪博弈

"智猪博弈"由约翰·纳什在1950年提出:假设猪圈里有一头大猪、一头小猪。猪圈的一头有猪食槽,另一头安装着控制猪食供应的按钮,按一下按钮会有10个单位的猪食进槽,但是谁按按钮就会首先付出2个单位的成本。那么,在两头猪都有智慧的前提下,最终结果是小猪选择等待。

用博弈论中的支付矩阵可以更清晰地刻画出小猪的选择:

		小猪	
		行动	等待
大猪	行动	(5,1)	(4,4)
	等待	(9,-1)	(0,0)

从矩阵中可以看出,当大猪选择行动的时候,小猪如果行动,其收益是1,而小猪等待的话,收益是4,所以小猪选择等待;当大猪选择等待的时候,小猪如果行动的话,其收益是-1,而小猪等待的话,收益是0,所以小猪也选择等待。综合来看,无论大猪是选择行动还是等待,小猪的选择都将是等待,即等待是小猪的占优策略。

该博弈说明,高明的管理者善于利用各种有利的条件来为自己服务。"搭便车"实际上是提供给职业经理人面对每一项花费的另一种选择,对它的留意和研究可以给企业节省很多不必要的费用,从而使企业的管理和发展走上一个新的台阶。

3.性别战博弈

有一对夫妻,丈夫喜欢看足球赛节目,妻子喜欢看肥皂剧节目,但是家里只有一台电视,于是就产生了争夺频道的矛盾。假设双方都同意看足球赛,则丈夫可得到2单位效用,妻子得到1单位效用;如果都同意看肥皂剧,则丈夫可得到1单位效用,妻子得到2单位效用;如果双方意见不一致,结果只好大家都不看,各自只能得到0单位效用。这个博弈的策略式表达如下:

妻子

		足球赛	肥皂剧
丈夫	足球赛	(2,1)	(0,0)
	肥皂剧	(0,0)	(1,2)

在该博弈中,均衡结果是(足球赛,足球赛)和(肥皂剧,肥皂剧)。这个博弈的一个典型特征是,如果对方一意坚持,则顺从对方比与对方抗争要好。一方坚决选择自己喜欢的节目时,顺从至少可以得到1单位效用,而抗争则只能得到0单位效用。

性别战博弈结构的显著特点是,博弈有两个均衡,博弈双方各自会偏爱一个均衡,比如丈夫偏爱(足球赛,足球赛)均衡,而妻子偏爱(肥皂剧,肥皂剧)均衡;不过他们还是有一些共同利益的,因为任何一个均衡中,他们都可以得到比非均衡状态更多的赢利。

该博弈说明,在对方不会拆台的情况下,都有共同达到赢利的目标时,成功达到均衡的关键是谁先采取行动,谁就能够占领先机,获得优势。

4.懦夫博弈

懦夫博弈(Chicken Game),有时被人们误译为"斗鸡博弈",常常用于刻画一种骑虎难下的博弈局势。

乙

		前进	后退
甲	前进	(−2,−2)	(1,−1)
	后退	(−1,1)	(−1,−1)

上表中的数字的意思是:两者如果均选择"前进",结果是两败俱伤,两者均获得−2的支付;如果一方"前进",另外一方"后退",前进者获得1的支付,赢得了面子,而后退者获得−1的支付,输掉了面子,但没有两者均"前进"受到的损失大;两者均"后退",两者均输掉了面子,获得−1的支付。

懦夫博弈有着与性别战博弈不同的结构特征,那就是如果一方坚持要进行博弈,那么另一方难以退出博弈,局面就变成了骑虎难下。而此时,冒险选择向前而获胜的一方,总是将自己的幸福建立在了对方的痛苦之上。假定博弈参与的一方是鲁莽、不顾后果的人,另一方是足够理性的人,那么鲁莽者极可能是博弈的胜出者。如果这种懦夫博弈进行多次,则冒险选择向前而成功的参与人就更有信心在将来采取这种策略,他很可能会树立起一种粗暴的形象使得对手在未来的对局中害怕而获得好处。

习题演练

多项选择题

囚徒困境指的是两个被捕的囚徒之间的一种特殊博弈,两个共谋犯罪的人被关入监狱,不能互相沟通情况。如果两个人都不揭发对方,则由于证据不确定,每个人都坐牢一年;若一人揭发,而另一人沉默,则揭发者因为立功而立即获释,沉默者因不合作而入狱五年;若互相揭发,则因证据确实,二者都判刑两年。由于囚徒无法信任对方,因此倾向于互相揭发,而不是同守沉默。以下关于囚徒困境的表述,正确的有(　　)。

A.在重复的囚徒困境中,每个参与者都有机会去"惩罚"另一个参与者前一回合的不合作行为

B.单次发生的囚徒困境和多次重复的囚徒困境结果是一样的

C.囚徒困境说明为什么甚至在合作对对方都有利时,保持合作也是困难的

D.作为反复接近无限的数量,纳什均衡趋向于帕累托最优

参考答案

多项选择题

【答案】ACD。解析:囚徒困境:两个被捕的囚徒之间的一种特殊博弈,说明为什么甚至在合作对双方都有利时,保持合作也是困难的。单次发生的囚徒困境,和多次重复的囚徒困境结果不会一样。在重复的囚徒困境中,博弈被反复地进行。因而每个参与者都有机会去"惩罚"另一个参与者前一回合的不合作行为。这时,合作可能会作为均衡的结果出现。欺骗的动机这时可能被受到惩罚的威胁所克服,从而可能导向一个较好的、合作的结果。作为反复接近无限的数量,纳什均衡趋向于帕累托最优。

第十章 国民收入核算

考点详解

考点一 宏观经济学概论

一、宏观经济学的研究对象

宏观经济学以整个国民经济为研究对象,主要研究整体经济,以产出、失业、通货膨胀这些大范围内的经济现象为研究对象,通过对经济中各有关总量的决定和变化的研究来说明一国经济如何实现经济持续增长、充分就业、价格稳定和国际收支平衡的目标。其目的是对产出、失业以及价格的变动做出经济解释,对社会福利的影响和政府政策可能发挥的作用进行分析。

二、宏观经济学的目标和研究的问题

1.宏观经济学确定的经济运行的四大目标

经济运行有以下四大目标:

(1)实现经济增长。

(2)充分就业。

(3)稳定物价。

(4)平衡国际收支。

四个目标之间相互联系,相互区别,但现阶段经济增长仍是主要目标。

2.宏观经济学的内容

宏观经济学一般研究四个层次的问题:

(1)宏观经济学的基本理论。

(2)宏观经济模型。

(3)宏观经济问题。

(4)宏观经济政策。

以上四个层次共同构成了现代宏观经济学。现代宏观经济学是为国家干预经济的政策服务的。战后凯恩斯主义宏观经济政策在西方各国得到广泛的运用,相当大程度上促进了经济的发展,但是,国家对经济的干预也引起了各种问题。

从以上四个层次的问题出发,宏观经济学研究的具体内容主要包括:经济增长、经济周期波动、失业、通货膨胀、国家财政、国际贸易等方面。涉及国民收入及全社会消费、储蓄、投

资,货币流通量和流通速度,物价水平,利息率,人口数量及增长率,就业人数和失业率,国家预算和赤字,进出口贸易和国际收入差额等。

三、宏观经济学研究的三个角度

宏观经济学一般从下面三个角度来进行研究:

第一,如何衡量宏观经济——衡量是认识的基础。一个国家的宏观经济状况可以用一些经济指标来说明,这些经济指标包括国内生产总值、通货膨胀率和失业率等。其中最重要的是国内生产总值,因为这个指标衡量整体宏观经济的状况。

第二,如何认识宏观经济——认识宏观经济运行状态和规律。宏观经济学研究的问题是一个国家整体经济的运作情况以及政府如何运用经济政策来影响国家整体经济的运作。宏观经济各个变量之间的关系反映了宏观经济的运行状态和宏观经济的变动规律,如何认识这些变量及其关系是宏观经济研究的着力点。

第三,如何发展宏观经济——如何有效地利用资源,政府的作用和政策。宏观经济学是在假定资源能有效配置的情况下,来研究如何实现资源有效利用的问题。在宏观经济运行中,通货膨胀、失业和经济波动往往会造成资源的不能有效利用,因此需要发挥政府以及宏观经济政策的作用,以实现资源的充分利用。

考点二 | **国内生产总值与国民生产总值**

一、国内生产总值的定义及其理解

国内生产总值(Gross Domestic Product,简称 GDP),指经济社会(即一国或一地区)在一定时期内运用生产要素所生产的全部最终产品(物品和劳务)的市场价值。

视频讲解

GDP 概念的理解:

(1)包括有形的和无形的产品。例如农民生产小麦产值 1 000 万元,其中既有有形的产品,也包括无形的劳务。经济生活中,很多部门出售的都是劳务,比如教育、卫生、旅游、家政服务等部门。

(2)是"市场价值",取决于物价水平的高低。

(3)是最终产品的价值。最终产品是指在计算期间生产的但不重复出售而是最终使用的产品。如:企业购置的用来生产的机器设备,企业年终时的产品库存。计算最终产品的价值是为了避免重复计算。

但是,许多产品既可作为最终产品又可作为中间产品。煤用于家庭取暖与做饭时是最终产品,作为发电与炼钢的原料时又是中间产品。实际计算中区分最终产品与中间产品比较困难。

(4)是本期内生产的,不是销售的。为了避免重复计算,只计算一定时期内所生产的最终产品的价值,而不能计算过去生产的在这一时期内销售的最终产品的价值。

(5)是流量,不是存量。

(6)只有进入市场流通活动的产品与劳务才能计入。非市场的生产活动理论上虽然也创造了价值或增加了福利,但实际上没有也不可能计入 GDP。

真题回顾

(2018·单选)下列产品中,能够计入当年 GDP 的是(　　)。

A.中央政府对地方政府的转移支付

B.某人花 100 万美元在美国买的一栋新房

C.企业从国外购买的一台服务器

D.某企业当年生产没有卖掉的 20 万元产品

【答案】D。解析:国内生产总值(GDP)是指一个国家或者地区所有常驻单位在一定时期内生产的全部最终产品(物品和劳务)的市场价值。GDP 要有价值增值,A 项转移支付不包含价值增值,不能计入 GDP;此外 GDP 强调的是地域的概念,在本国生产的产品和劳务,B、C 项不是本国生产的,不能计入 GDP;D 项,GDP 核算的是当期生产的,和是否销售出去无关,因此 D 项应当计入当年 GDP。

二、国内生产总值与国民生产总值

国民生产总值:Gross National Product,简称为 GNP。

1.国内生产总值 GDP

GDP 以地理上的国境为统计标准,其人口包括居住在本国的本国公民,居住在本国的外国公民,不包括居住在外国的本国居民。GDP 是指本国与外国居民在国内或本国领土内生产的最终产品的市场价值。

2.国民生产总值 GNP

GNP 以本国公民为统计标准。本国居民包括居住在本国的本国公民、暂居外国的本国公民,不包括居住在本国的外国公民。GNP 的一部分可以来自国外。

3.GDP 与 GNP 的关系

GNP=GDP+本国公民在国外的资本和劳务收入−外国公民在本国的资本和劳务收入

　　=GDP+本国国外要素收入净额

4.GDP 与 GNP 的区别

如果某国的 GNP>GDP,表明:该国公民从外国获得的收入>外国公民从该国获得的收入。

例如:中信公司在美国境内投资建厂所生产的最终产品价值计入美国的 GDP 和中国的 GNP,但不计入美国的 GNP 和中国的 GDP;一个美国经济学家飞到中国举办一场关于"新经济与风险投资"的收费讲座计入中国的 GDP 和美国的 GNP,但不计入中国的 GNP 和美国的 GDP。

由于统计上的原因,GDP 比 GNP 更能体现出一国经济的规模和实力,所以,GNP 正逐渐淡出历史舞台从而使 GDP 成为越来越重要的总产出指标。

GDP 只是我们社会生产的物品和劳务的测度,它还远远不是人们福利的测度;但是,作为人们一般物质福利的测度而言,它还是一个比较有用的概念。

三、名义GDP、实际GDP及GDP平减指数

名义GDP：以当年价格计算；某个时期的名义GDP和实际的GDP之间的差别，可以反映出这一时期和基期相比的价格变动的程度。

实际GDP：以基期价格计算；计算实际的GDP可以使我们了解到从一个时期到另一个时期的产量变化程度。

区分名义GDP和实际GDP的目的是：把GDP计算中，价格水平的上升带来的导致GDP计算结果变化的不确定因素剔除出去，从而就剔除了价格水平的波动对GDP的数值造成的影响。由此引出了GDP平减指数的概念。

GDP平减指数，又称为"GDP价格指数""GDP折算指数"或"GDP紧缩指数"。

GDP平减指数=(名义GDP/实际GDP)×100%

$$=\frac{\sum P_t^i \times Q_t^i}{\sum P_b^i \times Q_t^i}\times 100\%, i=1,\dots,n$$

其中，i表示第i种商品；t表示第t期，或者当期；b表示基期；Q_t^i表示当期第i种商品的数量；P_t^i表示当期第i种商品的价格；P_b^i表示基期第i种商品的价格。

GDP平减指数虽然考虑了物价水平波动造成的影响，但是在我们现实生活中并不常用。

四、消费价格指数和通货膨胀率

1.消费价格指数

衡量价格指数的指标，除了GDP平减指数之外，还有消费价格指数(Consumer Price Index，简称CPI)。日常生活中，最常听到的价格指数就是消费价格指数，它衡量一个国家消费者生活成本的变动情况，通过设定一个消费品系列或者"消费品篮子"，然后比较两个时期消费品价格的变化带来的影响。

$$CPI=\frac{\sum P_t^i \times Q_b^i}{\sum P_b^i \times Q_b^i}\times 100\%, i=1,\dots,n$$

其中，i表示第i种商品；t表示第t期，或者当期；b表示基期；Q_b^i表示基期第i种商品的数量；P_t^i表示当期第i种商品的价格；P_b^i表示基期第i种商品的价格。

就范围来讲，GDP平减指数强调的是当期的价格P_t^i，而CPI强调的是基期的数量Q_b^i。同样是i等于1到n，GDP平减指数的n是无限的，1年生产出多少产品和劳务就计入多少，每年都有新的产品组合；而CPI的n是有限的，产品组合是固定的，涉及消费相关的方方面面，可能选200或者300种产品的组合，每种产品的数量是既定的。CPI涉及对一个国家生活成本的衡量。

另外就国别来讲，GDP平减指数涉及领土的概念，仅仅包括在本国领土内生产出来的产品。而CPI包括所有的消费者，也会有进口品。比如，一个国家不生产大米，但是大米价格是

衡量生活成本变化的重要指标,所以虽然是进口品,但大米也可能进入这个国家 CPI 的一篮子组合系列中。

2.通货膨胀率

通货膨胀率 π 也是衡量价格指数的指标。

通货膨胀率的计算至少有两种选择:一种选择 GDP 平减指数,另外一种选择 CPI。所以要根据具体情况,看通货膨胀率的计算用哪一个价格指数,以哪一个价格指数的上涨率为计算标准更为适宜。

五、GDP 核算的意义与局限

1.意义

实际 GDP:能够反映经济增长率,为宏观经济政策的制定提供有效数据;

人均 GDP:能够反映贫富差距的真实情况,反映人民平均生活水平。

2.局限

GDP 核算主要存在以下四方面的局限:

(1)存在低估。由于 GDP 强调的是"市场价值的总和",无市场价格的物品就被排除在外。在市场不健全的情况下,有些该计入的未计入,如自给自足。

(2)反映的只是产品数量,无法反映产品的质量。GDP 指标一个重要的缺陷是衡量的是产值。虽然产值可能是一样的,但是提供的服务质量是有差别的。

(3)只计算最终产品的市场价值,而没有考虑生产该产品造成的社会成本。经济人都是理性人,是利益最大化的追求者,所以成本—收益分析贯穿于经济人行为的始终,而 GDP 或者 GNP 是一个典型的只计算收益而忽略成本的核算体系。

(4)没有考虑闲暇对人民福利的影响,也是一种低估。闲暇本身是福利的体现,GDP 是衡量综合国力的指标,要想成为体现人们福利的指标,就必须把闲暇因素考虑在内。

考点三 GDP 核算方法

对于 GDP 的核算方法,主要有以下两种,分别为:支出法和收入法。其中,支出法为最重要和最常见的方法。

一、支出法

总产出=购买最终产品的总支出,其中总支出包含存货投资。总支出主要为以下几个方面的支出:消费、投资、政府购买和净出口。其中,消费、投资和出口被称为拉动我国经济的"三驾马车"。

1.消费

消费(Consume,用 C 表示),主要有以下内容:

(1)耐用消费品(使用期限在 1 年以上):如家具、汽车等不易消耗掉的商品。需要注意的是,居民购买住宅,应计入投资,而不是消费。

（2）非耐用消费品：如卫生纸、笔墨等非常容易消耗掉的商品。

（3）劳务。消费者的个人消费支出既包括有形的物品，也包括无形的劳务。个人消费这一项占GDP的份额有多大呢？以美国为例，消费支出占GDP的比重高达70%，处于举足轻重的地位。

2.投资

投资（Investment，用 I 表示），具体内容如下：

（1）固定资产投资。主要包括以下两个方面：①企业固定资产投资，如厂房、设备；②住宅投资，如居民购买新建住房。

（2）存货投资。本期存货投资=本期期末存货-上期期末存货，所以，存货投资可为正或负。

意愿存货是指厂商的适度存货，厂商不是把所有生产出来的产品都放到流通环节（商店）里，而是总会保留一些适度的存货，我们把这个存货叫作意愿存货。

非意愿存货是指厂商不愿意保留的一种存货，由于厂商错误地估计了经济形势，导致供过于求，造成积压，所以非意愿存货视为厂商自己买下的，构成了另一部分存货投资。非意愿存货用 inv 表示。

（3）净投资与重置投资。净投资：新增加的投资。重置投资：由于厂房、机器的磨损，需用折旧费重新购置被磨损掉的机器设备等，即用折旧费进行的投资。重置投资的多少取决于原有资本存量的数量、构成与寿命等情况，它不会导致原有资本存量的增加。所以：

$$总投资=净投资+重置投资$$
$$=固定资产投资+存货投资$$

3.政府购买

政府支出包括的范围要比政府购买支出的范围广泛。政府支出的第一项就是政府购买支出（Goverment Purchase，用 G 表示）。政府购买支出主要指政府兴办公共工程的开支，比如架桥、修路、建机场、修水坝等。另外，政府机构的建立、维持和运营的费用也进入这一项。所以政府支出的大头就是政府购买支出。那么，为什么只有政府购买支出计入GDP？究其原因在于，政府购买支出中兴办公共工程的开支是直接购买了有形的物品，而政府机构的建立、维持和运营的支出（比如公务员的工资）是直接购买了劳务。所以说它既购买了有形的物品，又购买了无形的劳务，所以完全应该计入GDP。

政府支出的第二项是转移支付（Transfer Payment，简称TR），转移支付中的一个项目是政府救济金，不需要提供任何劳务，就可以得到，因而就要被排除在GDP的计算之外。被排除在外的还有政府支出的其他项目，比如公债利息等。

所以：政府支出=政府购买+转移支付

4.净出口

出口用 X 表示，进口用 M 表示。净出口（Net Export，用 NX 表示）是指进出口的差额，表示为 $X-M$。

总结一下，从支出的来源看，将四个经济主体一年所花的钱加总在一起，可以衡量一个国家的 GDP，包括：消费者的消费支出、厂商的投资支出、政府的购买支出、净出口。这四部分决定了一个国家 GDP 的规模。

综上所述，支出法计算公式为：国内生产总值=消费支出+投资支出+政府购买支出+净出口，即：

$$GDP=C+I+G+(X-M)$$

二、收入法

总产出是由生产过程中投入的生产要素所创造的，需要向这些生产要素支付报酬，这些报酬就成为生产要素所有者的收入。由于把利润看成是产品卖价扣除工资、利息、地租等成本支出后的余额，即利润是收入的一部分，因此：产出=收入。此外，产出等于支出，则总产出=总收入=总支出。

1.定义

收入法是把生产要素在生产中所得到的各种收入加总来计量 GDP。由于要素的收入从企业角度看即是产品的成本（包括企业利润），所以这种方法又称成本法。

2.构成

收入法主要包括以下几方面的内容：

(1)工资、利息、租金等生产要素的报酬。①工资，包括所有对工作的报酬，例如酬金、补助和福利费。②利息，由人们储蓄所得的净利息收入。但是政府公债利息及消费信贷的利息不计入，而只被当作转移支付。③租金，包括个人出租土地、房屋等租赁收入。

(2)非公司企业收入。如：医生、律师、农民和店铺主等的收入。他们被自己雇佣。

(3)公司税前利润。包括：公司所得税、社会保险税、股东红利及公司未分配利润等。

(4)企业转移支付和企业间接税。

(5)资本折旧。资本折旧是资本的耗费，不是生产要素的收入。但由于资本折旧包括在支出法的总投资中，故也计入。

综上所述，GDP=工资+利息+利润+租金+间接税和企业转移支付+折旧。

三、季度 GDP 核算

我国将季度核算方式从原来的累计核算改为分季核算，调整了季度的核算期。分季核算的 GDP 数据质量更高，能够更准确地衡量当季的经济活动。

即从原来分别核算 1 季度、1~2 季度、1~3 季度和 1~4 季度的累计 GDP，改为直接核算 1 季度、2 季度、3 季度和 4 季度的当季 GDP，累计 GDP 由当季 GDP 相加得到。相应地，基础数据的使用有所变化，即：在原来累计核算中，使用的是累计基础数据；在分季核算中，则直接使用当季基础数据。

而分季度 GDP 核算后，单个 GDP 总量会有所变化。比如原先累计推算 4 个季度的 GDP 绝对额有所调整。其中，第一、二、三季度的 GDP 绝对额有所增加，第四季度 GDP 绝对额有所减少。

而按新的单独核算各个季度 GDP 后，各季度 GDP 占全年比重更为合理。季度核算改革的实质是在保持年度核算结果不变的情况下,如何更合理地衡量各季度的生产活动成果,使其更准确地反映当年季度间的变化。

习题演练

一、单项选择题

1.衡量经济增长的宏观经济指标是国内生产总值(GDP)。下列是对 GDP 的表述,正确的是(   )。

A.GDP 是指一国(或地区)所有公民在一定时期内生产活动的最终成果

B.GDP 是指在一国领土范围内,本国居民和外国居民在一定时期内所生产的、以市场价格表示的产品和劳务总值

C.GDP 增长率是反映一定时期内一国经济发展绝对水平的指标

D.GDP 是指在一国领土范围内,本国居民和外国居民在一定时期内所生产的产品和劳务的总数量

2.下列说法错误的是(   )。

A.名义 GDP 是指用当年价格计算出的一年所生产的全部最终产品的市场价值

B.GDP 平减指数可以用来反映通货膨胀的情况

C.名义 GDP 比实际 GDP 的测算值要大

D.实际 GDP 是用以前某一年作为基期价格计算的全部最终产品的市场价值

3.已知 C=6 亿元,I=1 亿元,间接税=1 亿元,G=1.5 亿元,X=2 亿元,M=1.8 亿元,则(   )。

A.NDP=7.7 亿元　　　　　　　B.GDP=7.7 亿元

C.GDP=8.7 亿元　　　　　　　D.NI=5 亿元

4.下列(   )应计入 GDP。

A.面包厂购买的面粉

B.购买 40 股股票

C.家庭主妇购买的面粉

D.购买政府债券

二、多项选择题

下列关于 GDP(国内生产总值)指标的说法中,正确的有(   )。

A.用现行价格计算的 GDP 可以用来计算经济增长速度

B.用不变价格计算的 GDP 可以用来计算经济增长速度

C.GDP 包含了伴随经济增长带来的生态与环境变化的影响

D.通常用国内生产总值(GDP)或人均国内生产总值来衡量经济增长

E.用现行价格计算的 GDP 可以反映一个国家或地区的经济发展规模

参考答案

一、单项选择题

1.【答案】B。解析:国内生产总值(GDP)是指在一定时期内(一个季度或一年),一个国家或地区的经济中运用所有生产要素所生产出的全部最终产品和劳务的市场价值,常被公认为衡量国家经济状况的最佳指标。在上述选项中 B 项说法较为准确。

2.【答案】C。解析:当发生通货紧缩时,名义 GDP 可能会比实际 GDP 要小,因此,C 项错误。

3.【答案】C。解析:支出法核算 GDP 的公式为:$GDP=C+I+G+(X-M)$,故本题选 C。

4.【答案】C。解析:A 项属于中间产品不计入 GDP,B、D 项只是价值的转移而不是价值的增值,因此,不计入 GDP。C 项家庭主妇购买面粉应计入 GDP。

二、多项选择题

【答案】BDE。解析:GDP 只是一个衡量总产出的概念,并不包括伴随经济增长带来的生态和环境变化的影响。

第十一章 简单国民收入决定理论

考点详解

考点一 均衡产出及消费、储蓄函数

一、均衡产出

1.概念

总供给和总需求相等时的产出称为均衡产出，也就是经济社会的收入正好等于全体居民和企业想要有的支出，即总需求（Aggregate Demand，简称 AD）与总供给（Aggregate Supply，简称 AS）相等（$AD=AS$）时的产出水平。

2.公式

$$Y=C+I$$

式中，Y、C、I 分别代表剔除了价格变动的实际产出或收入、实际消费和实际投资，C 表示意愿消费数量，I 表示意愿投资数量。其中，Y 是取 Yield（产出）的第一个字母，国民收入核算就是要对 Y 进行核算。

3.图形

均衡产出如图 2-11-1 所示。

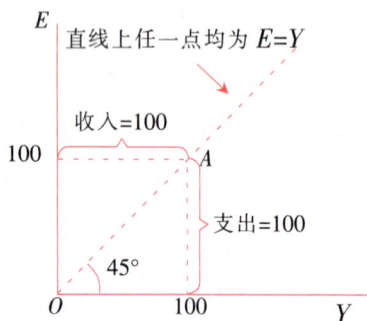

(a)支出等于收入的45°线 图 2-11-1(a)

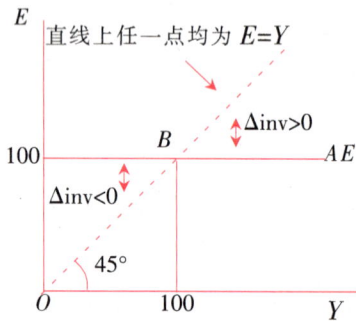

(b)支出决定收入 图 2-11-1(b)

图 2-11-1(a)中，假定企业生产 100 亿美元产品，居民和企业要购买产品的支出也是 100 亿美元，则此 100 亿美元的生产就是均衡产出或者说均衡收入。图中 E 表示支出，Y 代表收入，则经济均衡的条件是 $E=Y$。从原点出发的 45°线上的各点都表示支出和收入相等。例如，A 点表示支出和收入各为 100 亿美元。

图 2-11-1(b)中，假定总支出（即总需求量）为 100 亿美元，则总产出（总收入）为 100 亿

美元时就是均衡产出，B 为均衡点。同 B 点相对应的支出和收入为 100 亿美元，说明生产数额正好等于需要支出（消费加投资）的数额。若产出大于 100 亿美元，非意愿存货投资（图中用 Δinv 表示）就大于零，企业要削减生产。反之，企业会扩大生产。因此，经济总要趋于 100 亿美元产出水平。再假定总需求为 90 亿美元，则均衡产出必为 90 亿美元。若总需求为 110 亿美元，则均衡产出为 110 亿美元。

二、消费函数

1.消费函数或消费倾向

随着收入的增加，消费也会增加，但是消费的增加不及收入增加的多，消费和收入的这种关系称作消费函数或消费倾向。

2.边际消费倾向及其递减规律

（1）边际消费倾向（Marginal Propensity to Consume，用 MPC 表示），指的是增加的消费与增加的收入之比或增加 1 单位的收入中用于增加的消费部分的比例。

$$MPC=\frac{\Delta C}{\Delta Y}$$

若收入增量和消费增量均为极小时，则：

$$MPC=\frac{\mathrm{d}C}{\mathrm{d}Y}$$

（2）边际消费倾向递减规律是凯恩斯宏观经济理论的三大心理规律之一，其认为随着收入水平的不断增加，消费增加的比例越来越小。

3.线性消费函数

$$C=\alpha+\beta Y$$

其中 α 为自发消费，$\alpha>0$；β 为边际消费倾向，$0<\beta<1$；βY 表示收入引致的消费。线性消费曲线如图 2-11-2 所示。

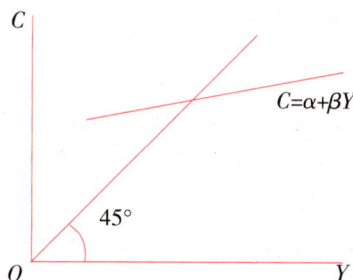

图 2-11-2 线性消费函数

三、储蓄函数

1.储蓄

储蓄（Save，用 S 表示）是指收入中未被消费掉的部分，储蓄与收入的关系就是储蓄函数：

$$S=S(Y)$$

2.边际储蓄倾向

边际储蓄倾向(Marginal Propensity to Save,用 MPS 表示)是指储蓄增量对收入增量的比率。

$$MPS=\frac{\Delta S}{\Delta Y}$$

如果收入与储蓄增量极小,则:

$$MPS=\frac{\mathrm{d}S}{\mathrm{d}Y}$$

3.线性储蓄函数

线性储蓄函数的公式为:

$$S=Y-C=Y-(\alpha+\beta Y)=-\alpha+(1-\beta)Y$$

其中,α 为自发消费,β 为边际消费倾向。线性储蓄函数,如图 2-11-3 所示。

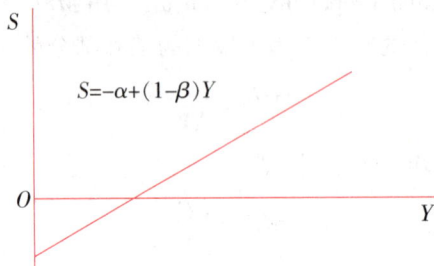

图 2-11-3 线性储蓄函数

四、家庭消费函数和社会消费函数

社会消费函数,即总消费和总收入之间的关系。社会消费函数并不是家庭消费函数的简单加总。从家庭消费函数求取社会消费函数时,还要考虑一系列限制条件。

(1)国民收入的分配。富有者边际消费倾向较低,贫穷者边际消费倾向较高。因此,国民收入分配越不均等,社会消费曲线就越是向下移动,反之向上。

(2)政府的税收政策。如政府实行累进个人所得税,将富有者原来可能用于储蓄的一部分收入征收过来,以政府支出形式花费掉,而按西方经济学者说法,这些支出通常成为公众的收入,最终用于消费。这样,社会中消费数量增加,社会消费曲线会向上移动。

(3)公司未分配利润在利润中所占比例。公司未分配利润无形中是一种储蓄,如果分给股东,则必定有一部分会被消费掉,因此,公司未分配利润在利润中所占比例大,消费就少,储蓄就多。反之,则消费就多,储蓄就少,即社会消费曲线就会向上移动。

五、关于消费函数理论

1.相对收入理论

相对收入消费理论由美国经济学家杜森贝利提出,他认为消费者会受自己过去的消费习惯以及周围消费水准的影响来决定消费,从而消费是相对地决定的,因此得名。这一理论的基本观点是:长期内,消费与收入保持较为固定的比率,故而长期消费曲线是从原点出发

视频讲解

的直线;短期内,消费随收入的增加而增加,但难以随收入的减少而减少,故短期消费曲线是具有正截距的曲线。

2.生命周期理论

生命周期理论又称消费与储蓄的生命周期假说,是由美国经济学家莫迪利安尼和布伦贝格·安东共同提出来的。

莫迪利安尼认为,理性的消费者要根据一生的收入来安排自己的消费与储蓄,使一生的收入与消费相等。

生命周期假说将人的一生分为年轻时期、中年时期和老年时期三个阶段,老年时期是退休以后的阶段。

一般来说,在年轻时期,家庭收入低,但因为未来收入会增加,因此,在这一阶段,往往会把家庭收入的绝大部分用于消费,有时甚至举债消费,导致消费大于收入。

进入中年阶段后,家庭收入会增加,但消费在收入中所占的比例会降低,收入大于消费,因为一方面要偿还青年阶段的负债,另一方面还要把一部分收入储蓄起来用于防老。

退休以后,收入下降,消费又会超过收入。因此,在人的生命周期的不同阶段,收入和消费的关系,消费在收入中所占的比例不是不变的。

生命周期假说理论认为,由于组成社会的各个家庭处在不同的生命周期阶段,所以,在人口构成没有发生重大变化的情况下,从长期来看边际消费倾向是稳定的,消费支出与可支配收入和实际国民生产总值之间存在一种稳定的关系。但是,如果一个社会的人口构成比例发生变化,则边际消费倾向也会变化,如果社会上年轻人和老年人的比例增大,则消费倾向会提高,如果中年人的比例增大,则消费倾向会降低。

3.永久收入的消费理论

永久收入的消费理论是由美国著名经济学家弗里德曼提出来的。永久收入是指消费者可以预计到的长期收入,即他一生中所得收入的平均数。该消费理论认为只有永久收入才能影响人们的消费,也就是说消费是永久收入的稳定函数。

4.跨期选择理论

该理论认为考虑到有未来收入情况,消费者(家庭)可以有多种不同的选择。

(1)跨期消费约束线:既定收入情况下,消费者在不同时期最大可能消费组合点的运动轨迹。

(2)跨期消费无差异曲线:消费者在两个时期的各种不同消费组合,都能给消费者带来同等满足程度的点的运动轨迹。

(3)跨期期消费者的选择:在不同的时期消费者所做出的决策也是不一样的。

考点二 两部门经济中国民收入的变动及乘数论

一、两部门经济关系的假定

在两部门条件下,对经济环境的三个假定:

(1)假设所分析的经济中不存在政府,也不存在对外贸易,只有居民户和企业。还假定企业投资是自主的,即不随利率和产量而变动。

(2)假设不论需求量为多少,经济制度均能以不变的价格提供相应的供给量。

(3)假定折旧和公司未分配利润为零。

二、两部门经济中收入的决定

1.两部门经济

(1)漏出与注入。漏出是指潜在计划支出从收入—支出流量中的撤回。主要包括:储蓄、政府税收和进口。注入是指潜在计划支出增加到收入—支出流量中去。主要包括:投资、政府支出和出口。

(2)注水原理。如果注入与漏出相等,收入—支出流量就处于均衡状态,即总需求与总供给处于均衡状态。如果注入与漏出不相等,则总需求大于或小于总供给。

凯恩斯主义认为,总需求与总供给不会自然达到均衡,因而国家有必要进行调节。

(3)两部门经济的主体:企业和居民户。这其中存在的借贷行为有储蓄(S),属于漏出;投资(I)属于注入。

在两部门经济下,总收入为工资、租金、利息、利润。总支出为产品购买。

(4)恒等关系。

①从支出角度看:GDP 等于消费加投资,即 $Y=C+I$,支出即为总需求;所以总需求的构成为:$AD=C+I$。

②从收入角度看:$GDP=Y=$工资+利息+租金+利润。总收入包括消费和储蓄两部分,即 $Y=C+S$。收入即为总供给;所以总供给的构成为:$AS=C+S$。

(5)储蓄投资恒等式。

收入法与支出法所得的 GDP 是相等的。即:$C+I=Y=C+S$。

总需求与总供给相等,即 $AD=C+I=C+S=AS$。

所以:$I=S$。

由此可以得出,两部门经济投资储蓄恒等式:实际投资=实际储蓄。这是一种事后相等,只要符合定义就一定相等。

2.使用消费函数决定收入

(1)由消费函数推导两部门国民收入均衡模型。已知:

$$\begin{cases} Y=C+I \\ C=\alpha+\beta Y \end{cases}$$

联立方程:

$$Y=\alpha+\beta Y+I$$

（2）消费函数下两部门国民收入均衡模型图解，如图2-11-4所示。

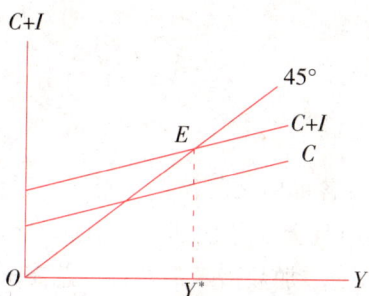

图2-11-4 消费函数下两部门国民收入模型

在消费曲线 C 上加消费投资曲线 $C+I$，就是总支出曲线。由于投资假定固定，因此，C 曲线与 $C+I$ 曲线平行，其间垂线距离为投资，总支出线与45°线相交于 E 点。E 点为均衡点，Y^* 点代表均衡收入。

3.使用储蓄函数决定收入

（1）由储蓄函数推导两部门国民收入均衡模型。已知：

$$\begin{cases} I=S \\ S=Y-C=Y-\beta Y-\alpha \end{cases}$$

所以：

$$Y=\frac{1}{1-\beta}(\alpha+I)$$

（2）储蓄函数下两部门国民收入均衡模型图解，如图2-11-5所示。

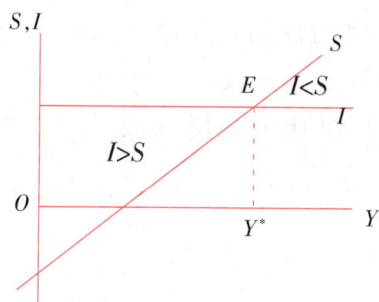

图2-11-5 储蓄函数下两部门国民收入模型

图2-11-5中横轴表示收入，纵轴表示储蓄和投资。S 代表储蓄曲线，I 代表投资曲线。投资固定，投资曲线与储蓄曲线相交于 E 点，E 点为均衡收入。当实际产量小于均衡收入水平，表明投资大于储蓄，社会生产供不应求，企业就会扩大生产，使收入水平向右移动；反之，则向左移动，直到达到均衡收入为止。

三、乘数论

1.乘数的概念

乘数又称倍数，是指支出的自发变化（自变量）所引起的国民收入变化的倍数，用 K 表示。

$$支出乘数(K)=\frac{国民收入的变化}{支出的变化}=\frac{\Delta Y}{\Delta I}$$

2.两部门经济中投资乘数

投资乘数公式为：

$$K=\frac{1}{1-\beta}$$

视频讲解

3.乘数的作用

乘数的公式反映了国民经济各部门之间存在着密切的联系。某一部门自发总需求的增加，不仅会使本部门收入增加，而且会在其他部门中引起连锁反应，从而使这些部门的需求与收入也增加，最终使国民收入的增加数倍于最初自发总需求的增加。

乘数发生作用需要有一定的条件。也就是说，只有在社会上各种资源没有得到充分利用时，总需求的增加才会使各种资源得到利用，产生乘数作用。

乘数的作用是双重的，即当自发总需求增加时，所引起的国民收入的增加要大于最初自发总需求的增加；当自发总需求减少时，所引起的国民收入的减少也要大于最初自发总需求的减少。

考点三　三部门经济的收入决定及其乘数

一、关于三部门经济的若干假定

和两部门经济一样，三部门经济模型也对其所在的经济环境，提出了如下假定：

(1)不考虑折旧，只讨论国内生产净值的决定，所以投资是指净投资。

(2)假定是封闭型经济。

(3)政府的收入都是个人所得税。

(4)政府的利润全部分配。

根据这些假定，国内生产净值、国民收入、个人收入都相等，个人可支配收入要小于前者。

二、政府的收入与支出

1.政府的收入

政府的收入主要来自税收(Tax,简称T)。政府的税收主要有两类：一类是直接税，它是对财产和收入征税，其特点是纳税人就是负税人。属于这种税收的税种有工资税、个人所得税、公司利润税、资本收益税以及财产与遗产的赠与税。另一类是间接税，即对商品和劳务征税，其特点是纳税人不是负税人。

政府税收作为国民收入流量循环中的漏出对总需求起收缩作用。

2.政府的支出

政府的支出包括政府购买(G)和转移支付(TR)。

政府购买是指政府在商品和劳务上的支出，它包括政府在教育、卫生、防务、警察和公共投资方面的支出和其他经常性支出。

转移支付，主要有社会保险、公债利息及其他转移支付。

三、三部门经济的均衡条件

均衡条件之一：

$$AE=C+I+G$$

即总支出(AE)等于消费、投资和政府购买的总和。

均衡条件之二：

$$Y=C+S+(T-TR)$$

由$AE=Y$，即总支出等于总收入推出：

$$I+G=S+(T-TR)$$

四、在定量税情况下的国民收入决定及其乘数

1.使用消费函数决定均衡国民收入

在有税收存在的情况下，居民可支配收入Y_d并不等于Y，$Y_d=Y-T+TR$，且居民消费函数为消费与居民可支配收入之间的函数关系。

数学推导：

$$\begin{cases} Y=C+I+G \\ C=\alpha+\beta Y_d \\ Y_d=Y-T+TR \end{cases}$$

解联立方程，可得到均衡收入：

$$Y=\frac{\alpha+I+G+\beta TR-\beta T}{1-\beta}$$

2.使用储蓄函数决定均衡国民收入

数学推导：

$$\begin{cases} I+G=S+(T-TR) \\ S=-\alpha+(1-\beta)Y_d \\ Y_d=Y-T+TR \end{cases}$$

解联立方程，可得到均衡收入：

$$Y=\frac{\alpha+I+G+\beta TR-\beta T}{1-\beta}$$

3.定量税情况下的乘数

均衡国民收入为：

$$Y=\frac{\alpha+I+G+\beta TR-\beta T}{1-\beta}$$

(1)投资支出乘数。投资乘数理论，普遍理解为在有效需求不足，社会有一定数量的存货可以被利用的情况下，投入一笔投资可以带来数倍于这笔投资的国民收入的增加，因而投资乘数理论是关于投资变化和国民收入变化关系的理论。

投资乘数的公式为：

$$K=\frac{1}{1-\beta}$$

(2)政府购买支出乘数。政府购买支出乘数是指国民收入变化量与引起这种变化量的最初政府购买支出变化量的倍数关系，或者说是国民收入变化量与促成这种变化量的最初政府购买支出变化量的比例。以 ΔG 表示政府支出的变动，K_g 表示政府(购买)支出乘数，则：

$$K_g=\frac{\Delta Y}{\Delta G}=\frac{1}{1-\beta}$$

此式中 β 仍代表边际消费倾向，可见，政府购买支出乘数和投资乘数相等。K_g 为正值，它等于1减边际消费倾向 β 的倒数。

(3)税收乘数。税收乘数是指国民收入变动量与引起这种变动的税收变动量之间的倍数关系，或者说国民收入变化量与促成这种量变的税收变动量之间的比例。

定量税下税收乘数的公式为：

$$K_T=-\frac{\beta}{1-\beta}$$

通过税收乘数的公式可以看出，收入随税收的增加而减少，随税收的减少而增加。所以，当经济不景气时，减少税收；当经济过热时，增加税收。

(4)政府转移支付乘数。政府转移支付乘数是指收入变动与引起这种变动的政府转移支付变动的比率。政府转移支付增加，增加了人们可支配收入，因而消费会增加，总支出和国民收入增加，因而政府转移支付乘数为正值。用 K_{tr} 表示政府转移支付乘数。

政府转移支付乘数用公式表达为：

$$K_{tr}=\frac{\Delta Y}{\Delta TR}=\frac{\beta}{1-\beta}$$

(5)政府平衡预算乘数。①平衡预算是指政府购买支出和政府税收同时以相同数量增加或减少，即 $\Delta G=\Delta T$。②平衡预算乘数是指政府税收和购买支出同时以相同数量增加或减少时，国民收入变动对政府收支变动的比率。

$$\begin{cases}\Delta Y=\dfrac{1}{1-\beta}\Delta G+\dfrac{-\beta}{1-\beta}\Delta T\\\Delta G=\Delta T\end{cases}$$

则

$$K_b=\frac{\Delta Y}{\Delta G}=\frac{\Delta Y}{\Delta T}=1$$

$K_b=1$ 意味着增加等量的支出和税收时，将会引起等量的国民收入增加。

五、在比例税情况下的国民收入决定及其乘数

假定税收和国民收入的关系为线性：$T=T_0+tY$。其中，t 为边际税收倾向，$0<t<1$。

1.比例税情况下的均衡国民收入决定

(1)使用消费函数推导。

$$\begin{cases}Y=C+I+G\\C=\alpha+\beta Y_d\\Y_d=Y-T+TR\\T=T_0+tY\end{cases}$$

解联立方程,可得到均衡收入:

$$Y = \frac{\alpha + I + G + \beta TR - \beta T_0}{1 - \beta(1-t)}$$

(2)使用储蓄函数推导。

$$\begin{cases} I+G=S+(T-TR) \\ S=-\alpha+(1-\beta)Y_d \\ Y_d=Y-T+TR \\ T=T_0+tY \end{cases}$$

解联立方程,可得到均衡收入:

$$Y = \frac{\alpha + I + G + \beta TR - \beta T_0}{1 - \beta(1-t)}$$

2.比例税情况下的乘数

(1)投资乘数。

$$K_i = \frac{1}{1-\beta(1-t)}$$

(2)政府购买支出乘数。

$$K_g = \frac{1}{1-\beta(1-t)}$$

(3)政府转移支付乘数。

$$K_{tr} = \frac{\beta}{1-\beta(1-t)}$$

(4)税收乘数。

$$K_T = -\frac{\beta}{1-\beta(1-t)}$$

(5)平衡预算乘数。

$$\begin{cases} \Delta Y = \frac{\Delta G}{1-\beta(1-t)} - \frac{\beta\Delta T}{1-\beta(1-t)} \\ \Delta G = \Delta T \end{cases}$$

则

$$K_b = \frac{\Delta Y}{\Delta G} = \frac{\Delta Y}{\Delta T} = \frac{1-\beta}{1-\beta(1-t)} < 1$$

可见,在比例税存在的情况下,平衡预算乘数小于1。

习题演练

单项选择题

1.国民收入的增量是平衡预算增量的(　　)。

A.0.5 倍　　　　　　　　　　　　B.1 倍

C.2 倍　　　　　　　　　　　　　D.3 倍

2.边际消费倾向是（　　）。

A.可支配收入中用于消费的比例

B.当自主性消费增加 1 美元时,收入增加的数量

C.为使消费增加 1 美元,可支配收入必须增加的数量

D.当可支配收入增加 1 美元时,消费增加的数量

3.消费函数中引起消费增加的因素是（　　）。

A.价格水平下降　　　　　　　　B.收入增加

C.平均消费倾向一定为负　　　　D.利率提高

4.弗里德曼的消费理论认为消费者的消费支出取决于人们的（　　）。

A.当前收入　　　　　　　　　　B.过去收入

C.永久收入　　　　　　　　　　D.相对收入

5.假设可支配收入增加 50 美元,消费支出增加 45 美元,那么边际消费倾向是（　　）。

A.0.05　　　　　　　　　　　　B.0.1

C.0.9　　　　　　　　　　　　D.1

参 考 答 案

单项选择题

1.【答案】B。解析：$\Delta Y/\Delta G=\Delta Y/\Delta T=1$,由公式可以看出,国民收入的增量是平衡预算增量的 1 倍。

2.【答案】D。解析：边际消费倾向(MPC)是指增加的 1 单位收入中用于增加消费部分与收入的比率。

3.【答案】B。解析：消费函数为 $C=\alpha+\beta Y$,当 Y 增加时,C 增加。

4.【答案】C。解析：弗里德曼的永久收入消费理论认为,消费者的消费支出主要不是由他的现期收入决定,而是由他的永久收入决定的。永久收入是指消费者可以预计到的长期收入。

5.【答案】C。解析：$MPC=\Delta C/\Delta Y=45/50=0.9$。

第十二章　产品市场与货币市场的一般均衡

考点详解

考点一　IS 曲线及 LM 曲线的推导

一、投资的决定

1.投资的定义

投资,是建设新企业,购买设备、厂房等各种生产要素的支出以及存货的增加,其中主要指厂房和设备,投资就是资本的形成。

2.投资函数

凯恩斯认为,决定投资的首要因素是实际利率。实际利率等于名义利率减通货膨胀率。投资与利率之间的这种关系就称之为投资函数。记作:

$$i=i(r)$$

投资函数一般可写成:

$$i=i(r)=e-dr$$

由上式可以看出,投资是利率的减函数。其中,e 为自主投资;d 为利率对投资需求的影响系数, 或投资需求对利率变动的反应程度;r 为实际利率, 即名义利率与通货膨胀率的差额;$-dr$ 是投资需求中与利率有关的部分,又称为引致投资。投资函数如图 2-12-1 所示。

自主投资是指由人口、技术、资源、政府政策等外生因素的变动所引起的投资。

引致投资是指由收入或消费需求的变动所引起的投资——加速原理研究的对象。

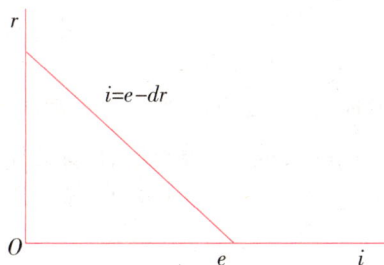

图 2-12-1　投资函数

二、IS 曲线

1.IS 方程的推导

两部门经济中的均衡条件是:总供给=总需求。

在两部门经济下均衡国民收入为:

$$Y=\frac{\alpha+I}{1-\beta}$$

又因为 $I=S,I=e-dr$。所以得到 IS 方程：

$$r=\frac{\alpha+e}{d}-\frac{1-\beta}{d}Y$$

2.IS 曲线及其斜率

斜率的含义：总产出对利率变动的敏感程度。斜率越大，总产出对利率变动的反应越迟钝；反之，越敏感。IS 曲线推导如图 2-12-2 所示。

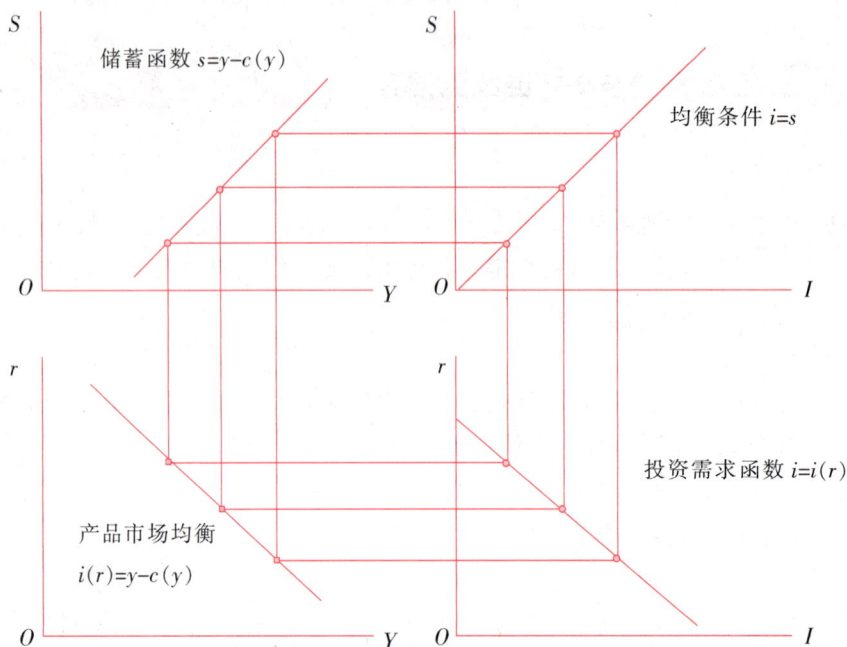

图 2-12-2 IS 曲线推导图

如果 IS 曲线平缓，即 IS 曲线斜率较小，那么利率较小的变动就会引起国民收入较大的变动，即国民收入变动对于利率的变化比较敏感。

如果 IS 曲线陡峭，则说明国民收入变动对于利率的变化不太敏感。

3.IS 曲线的经济含义

IS 曲线有如下经济含义：

(1)描述产品市场达到宏观均衡，即 $i=s$ 时，总产出与利率之间的关系。

(2)处于 IS 曲线上的任何点位都表示 $i=s$，偏离 IS 曲线的任何点位都表示没有实现均衡。

(3)均衡的国民收入与利率之间存在反方向变化。利率提高，总产出趋于减少；利率降低，总产出趋于增加。

(4)如果某一点位处于 IS 曲线右边，表示 $i<s$，即现行的利率水平过高，从而导致投资规模小于储蓄规模。

如果某一点位处于 IS 曲线的左边，表示 $i>s$，即现行的利率水平过低，从而导致投资规模大于储蓄规模。

4.IS 曲线的结论及移动

(1)IS 曲线的一些结论。一般来说，边际消费倾向越大，IS 曲线的斜率越小。这是因为：

边际消费倾向越大，投资乘数越大，从而当利率变动引起投资增加时，收入增加的幅度就越大，IS 曲线越是平坦。

投资对利率变动的敏感程度越大，IS 曲线的斜率也越小。这是因为：投资对利率变动敏感时，利率较小的变动就会引起投资较大的变化，进而就会引起收入较大的变化。

在三部门经济中，IS 曲线的斜率还与税率的大小有关。当边际消费倾向与投资对利率变动的敏感程度既定时，税率越小，IS 曲线的斜率越小。这是因为，在边际消费倾向一定时，税率越小，投资乘数越大，投资增加所引起的收入增加的幅度越大。

(2)IS 曲线的移动。由于 IS 曲线是根据投资函数与储蓄函数推导出来的，因此，这两个函数中任何一个发生变化，都会引起 IS 曲线的移动。一般来说，投资增加将会引起 IS 曲线右移，投资减少将会引起 IS 曲线左移；储蓄的增加将会引起 IS 曲线左移，储蓄的减少将会引起 IS 曲线右移。

在三部门经济中，政府购买和税收的变化也会引起 IS 曲线的移动。政府购买的作用类似于投资的作用，而税收的作用类似于储蓄的作用。

三、利率的决定

1.货币需求的三个动机

凯恩斯认为，利率不是由储蓄和投资决定的，而是由货币的供应量和需求量所决定的。

货币的实际供给量(M)一般由国家加以控制，是一个外生变量。因此，分析的重点是货币需求。

货币的需求简单地说就是在不同条件下出于各种考虑对货币持有的需求。人们持有货币有三类不同的动机：

(1)交易动机。交易动机指人们为了应付日常交易的需要而产生的对货币的需求，造成这种需求的根本原因是货币收入和货币支出两者之间的时差。

如果货币收入和支出的时差已定，那么对货币的交易需求量就取决于交易数量的大小，而这又取决于收入的多寡。一般说来，收入水平越高，总支出量愈大，对货币的交易需求也愈大。故这种需求是收入递增函数。

如果以 L_1 表示这种货币需求，y 表示收入，则有：

$$L_1=ky$$

其中，k 代表人们出于交易动机所需要的货币量占其收入的比例。

(2)谨慎动机或预防动机。所谓对货币的预防需求，是指人们为了应付某种不时之需而产生的对货币的需求。凯恩斯认为，如果说对货币的交易需求产生于收入和支出在时间上的非同步性，那么对货币的预防需求则产生自未来收入和支出的不确定性。为了应付支出的总体增加和收入的意外减少或延迟，人们有必要持有一定数目的货币。

同货币的交易需求一样，货币的预防需求在某种程度上也与收入成正比，因此可以把预防需求和交易需求结合在一起，统称为货币交易需求 L_1。

货币交易需求和预防需求的特征有：①相对稳定，可以预计；②货币主要充当交换媒介；③对利率不太敏感；④是收入的递增函数。

(3)投机动机。投机动机指人们为了抓住有利的购买有价证券的机会而持有一部分货币的动机。经济学中投机不等于投资,投机是某种意义上的储蓄。

货币投机需求的特征有:①货币需求难以预测;②货币主要充当贮藏财富的手段;③对利率极为敏感;④是现行利率的递减函数。

如果以 L_2 表示这种货币需求,则有:

$$L_2=L_2(r)=-hr$$

2.流动偏好陷阱(凯恩斯陷阱)

(1)流动偏好。流动偏好是指人们持有货币的偏好。货币是流动性和灵活性最大的资产,随时可做交易之用、预防不测之需和投机。

(2)流动性陷阱。"流动性陷阱"是指利率极低时,人们认为利率不可能再降低,证券价格不再上升而会跌落,因而将所有证券全部换成货币。不管有多少货币,都愿意持有在手中,以免证券价格下跌遭受损失。

3.货币需求函数

货币需求包括名义货币需求和实际货币需求两种。

其中,实际货币需求即为三种投机动机的加和。用 L 表示实际货币总需求,则:

$$L=L_1+L_2=ky-hr$$

货币需求函数曲线如图 2-12-3 所示。

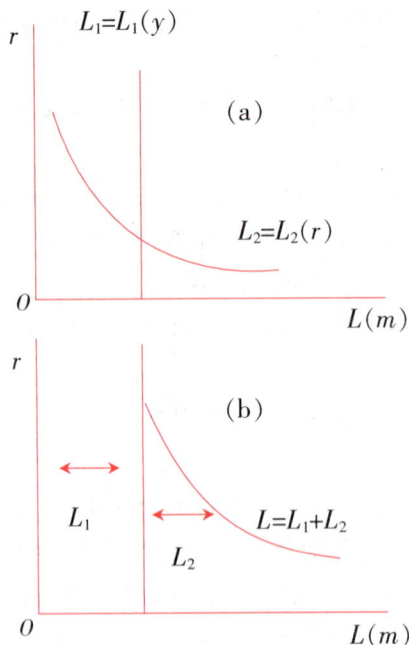

图 2-12-3 货币需求函数曲线

4.货币供给

货币供给有狭义的货币和广义的货币之分。

狭义的货币供给(M_1)是指硬币、纸币和活期存款的总和。

在狭义的货币供给上加上定期存款,便是广义的货币供给(M_2)。

再加上个人和企业所持有的政府债券等流动资产或"货币近似物"，便是意义更广泛的货币供给（M_3）。

假定价格指数为P，实际货币量为$m=M/P$，名义货币量为$M=mP$，如图2-12-4所示，在E点时，货币供给与需求达到均衡，r_0为均衡利率。

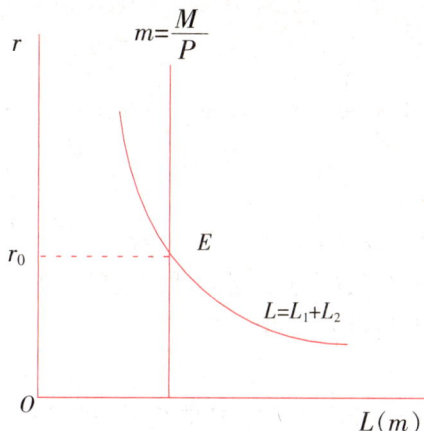

图2-12-4　货币供给和需求的均衡

5.货币需求量变动与供给均衡

（1）古典货币理论中，利率是使用货币资金的价格。利率的作用与商品市场中价格的作用一样。利率的调节作用最终使货币供求趋于均衡。在货币供给数量一定的前提下，若均衡利率为r_0，如果市场利率高于均衡利率，即货币供给>货币需求，消费者感觉手中的货币太多，用多余货币购进证券。证券价格上升，利率下降，直到货币供求相等。

如果市场利率低于均衡利率，即货币需求>货币供给，消费者感到持有的货币太少，就会卖出证券。证券价格下降，利率上扬，直到货币供求相等。

（2）货币需求曲线的变动。货币交易、投机动机等增加时，货币需求曲线右移；反之，左移。货币需求曲线的变动导致利率变动，而利率取决于货币需求和供给。货币供给由国家货币政策控制，是外生变量，与利率无关。

6.货币供给曲线的移动

政府可自主确定货币供应量，并据此调控利率水平。如图2-12-5所示，当货币供给由m_0扩大至m_1时，利率则由r_0降至r_1。在货币需求的水平阶段，货币供给降低利率的机制失效。

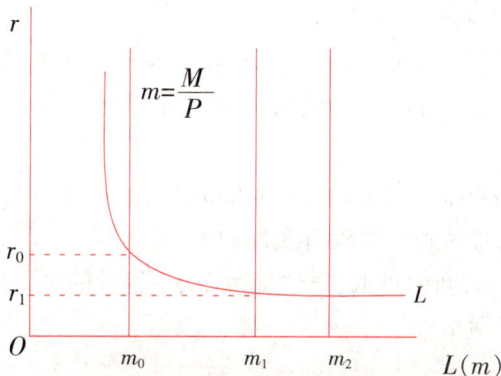

图2-12-5　货币供给的变动

货币供给由 m_1 继续扩大至 m_2,利率维持在 r_1 水平不再下降。货币需求处于"流动性陷阱"。

此时,投机性货币需求无限扩张,增发的货币将被"流动性陷阱"全部吸纳,阻止了市场利率的进一步降低。

四、LM 曲线

1.货币市场均衡的产生

货币供给由中央银行控制,假定是外生变量。货币实际供给量 m 不变。货币市场均衡,只能通过自动调节货币需求实现。

货币市场均衡公式为:

$$m=L=L_1(y)+L_2(r)=ky-hr$$

维持货币市场均衡: m 一定时, L_1 与 L_2 必须此消彼长。国民收入增加,使得交易需求 L_1 增加,这时利率必须提高,从而使得 L_2 减少。

2.LM 曲线的推导

货币市场达到均衡,则 $m=ky-hr$。所以 LM 曲线斜率为 k/h。

经济意义:总产出对利率变动的敏感程度。斜率越小,总产出对利率变动的反应越敏感;反之,斜率越大,总产出对利率变动的反应越迟钝。

如果 LM 曲线平缓(即 LM 曲线斜率较小)(图 2-12-6):利率较小的变动就会引起国民收入较大的变动,即国民收入变动对于利率的变化比较敏感。

如果 LM 曲线陡峭(图 2-12-7):国民收入变动对于利率的变化不太敏感。

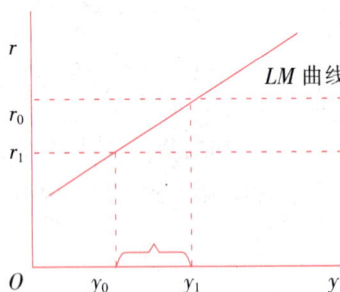

图 2-12-6 LM 曲线平缓　　　　图 2-12-7 LM 曲线陡峭

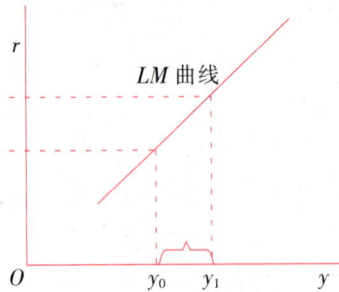

3.LM 曲线的经济含义

LM 曲线有以下几方面的经济含义:

(1)描述货币市场达到均衡,即 $L=m$ 时,总产出与利率之间关系的曲线。

(2)货币市场上,总产出与利率之间存在正向关系。总产出增加时利率提高,总产出减少时利率降低。

(3)LM 曲线上的任何点都表示 $L=m$,即货币市场实现了宏观均衡。反之,偏离 LM 曲线的任何点位都表示 $L \neq m$,即货币市场没有实现均衡。

(4)LM 右边,表示 $L>m$,利率过低,导致货币需求>货币供应。LM 左边,表示 $L<m$,利率过高,导致货币需求<货币供应。

4.LM 曲线的移动

LM 曲线有下面两种移动方式：

（1）水平移动：利率不变。水平移动取决于 $m/h=M/Ph$；h 不变，则 M 和 P 改变。若价格水平 P 不变，M 增加，则 m 增加，LM 右移；反之，左移。若 M 不变，价格水平 P 上涨，则 m 减少，LM 左移；反之，右移。

（2）旋转移动：斜率 $=k/h$。h 不变，k 与斜率成正比；k 不变，h 与斜率成反比。

5.LM 曲线的区域

（1）凯恩斯（萧条）区域。如图 2-12-8 所示，h 无穷大时，斜率为 0，LM 呈水平状。r_1 利率较低时，投机需求无限大，即凯恩斯陷阱。此时，政府增加货币供给，不能降低利率和增加收入，货币政策无效。

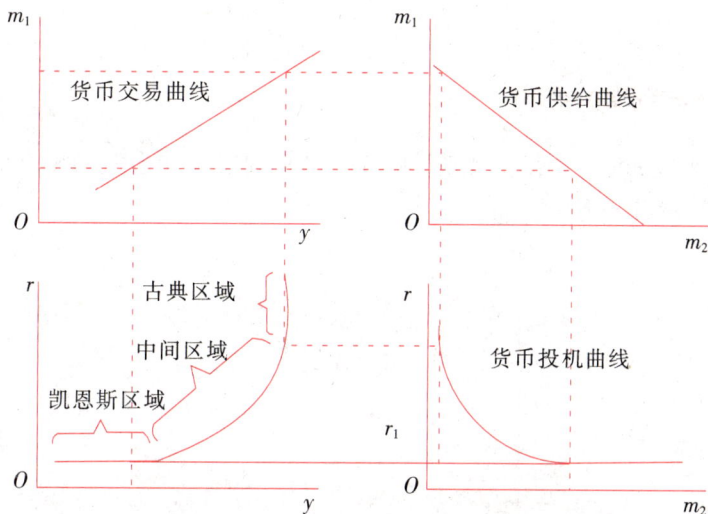

图 2-12-8 LM 曲线的区域——凯恩斯区域

（2）古典区域。如图 2-12-9 所示，$h=0$ 时，斜率无穷大，r_3 利率较高时，投机需求为 0，只有交易需求。如果实行扩张性货币政策，不但会降低利率，还能提高收入。

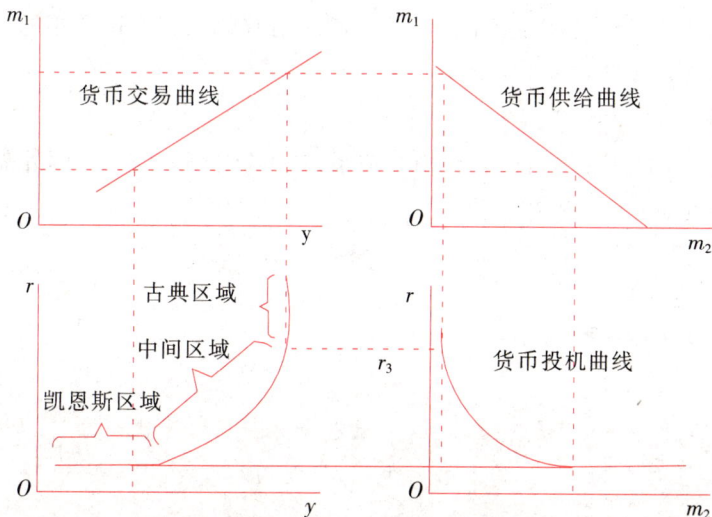

图 2-12-9 LM 曲线的区域——古典区域

(3)中间区域。古典区域和凯恩斯区域之间是中间区域。斜率为正值。

考点二 IS-LM 分析

一、两个市场的同时均衡

IS 是一系列利率和收入的组合,可使产品市场均衡;LM 是一系列利率和收入的组合,可使货币市场均衡。能够同时使两个市场均衡的组合只有一个。

IS 曲线方程:$i(r)=s(y)$;

LM 曲线方程:$m=L(y)+L(r)$;

联立 IS 方程和 LM 方程,解得 r、y 的值。该值即为产品市场与货币市场同时达到均衡时的均衡解。

二、均衡收入与利率的变动

LM 不变,IS 变动;IS 不变,LM 变动;两条曲线同时变动均会对均衡产出与利率产生不同的影响(如图 2-12-10 所示)。

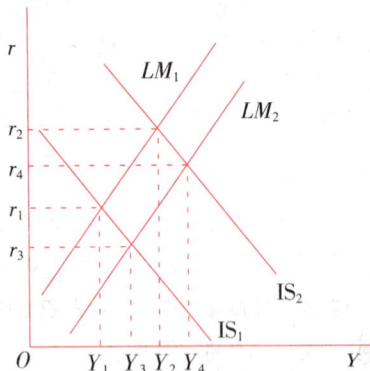

图 2-12-10 LM、IS 曲线的变动

市场均衡未必是充分就业状态下的均衡。利用财政政策和货币政策的调节可达到充分就业状态下的均衡。

真题回顾

(2018·单选)如果储蓄与利率呈正相关关系,在可贷资金模型下,国外需求的下降会导致实际利率和投资如何变化?( )

A.利率下降,投资不变

B.利率下降,投资升高

C.利率升高,投资不变

D.利率升高,投资下降

【答案】B。解析:在 IS-LM 模型中,国外需求下降会引起净出口下降,IS 曲线向左移动,利率下降,投资是利率的减函数,随着利率下降,投资增加。

三、非均衡状态及其调整

1.非均衡状态

IS 曲线与 LM 曲线的交点以外的点均为不均衡点,具体情况如图 2-12-11 和表 2-12-1 所示。

IS 曲线左下方的任何一点:$I>S$;

IS曲线右上方的任何一点:$I<S$;

LM 曲线右下方的任何一点:$L>M$;

LM 曲线左上方的任何一点:$L<M$。

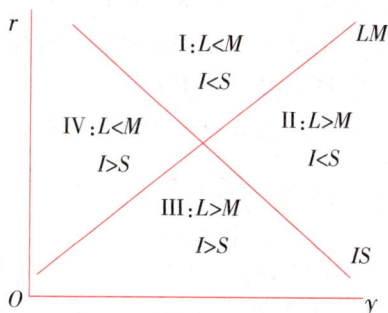

图 2-12-11　两市场的非均衡状态

表 2-12-1　两市场的非均衡状态

区域	产品市场	货币市场
Ⅰ	$I<S$:有超额产品供给	$L<M$:有超额货币供给
Ⅱ	$I<S$:有超额产品供给	$L>M$:有超额货币需求
Ⅲ	$I>S$:有超额产品需求	$L>M$:有超额货币需求
Ⅳ	$I>S$:有超额产品需求	$L<M$:有超额货币供给

2.非均衡状态的调整

(1)IS 曲线不均衡,导致收入变动(水平移动)。投资>储蓄,使收入上升;投资<储蓄,使收入下降。

(2)LM 曲线不均衡,导致利率变动(垂直移动)。货币需求>货币供给,使利率上升;货币需求<货币供给,使利率下降。

四、凯恩斯有效需求理论框架

1.有效需求

有效需求:有支付能力的社会总需求,即总供给价格与总需求价格达到均衡时的总需求,包括消费和投资需求两部分。

总供给价格:企业愿意雇佣一定量工人所必需的价格,包括生产成本与预期的利润。

总需求价格:企业预期社会为购买全部商品所支付的价格。

2.有效需求不足

凯恩斯否定"供给自行创造需求"的萨伊定律。凯恩斯认为在自由放任的条件下,有效需求通常都是不足的,所以市场不能自动实现充分就业的均衡。

总需求价格>总供给价格,就会扩大生产;反之,就会因无法实现最低利润而裁减雇员,收缩生产。就业量取决于总供给与总需求的均衡点。

凯恩斯认为,形成经济萧条的根源是由于消费需求和投资需求所构成的总需求,不足以实现充分就业。也就是说,由于有效需求不足,社会上总会存在"非自愿失业"。

3.有效需求不足的原因

有效需求总是不足的,根源在于三个"心理规律":

一是边际消费倾向递减规律,造成消费需求不足;

二是资本边际效率递减规律,造成投资需求不足;

三是流动偏好规律,总要把一定量货币保持在手里。利率不能太低,否则容易进入流动偏好陷阱。但如果利率较高,就会导致投资需求不足。

凯恩斯认为,市场机制不能解决由这些原因引起的有效需求不足问题,不能自动地使经济达到充分就业时的均衡。

4.凯恩斯理论的政策含义

凯恩斯否定了传统的国家不干预政策,力主扩大政府机能,通过政府干预来弥补有效需求的不足,实现充分就业。这种干预被称为"需求管理"。凯恩斯特别强调的是运用财政政策,而且是赤字财政政策来干预经济。

战后西方各国政府均把维持经济稳定增长,促进充分就业作为重要的施政目标。凯恩斯理论遂成为各国的指导思想,在凯恩斯理论基础上进一步发展起来的凯恩斯主义经济学也成为宏观经济学的标准理论,凯恩斯主义盛极一时。

习题演练

单项选择题

1.如果利息率上升,持有证券的人将( )。

A.享受证券的资本所得

B.遭受证券的资本损失

C.在决定出售时,找不到买主

D.以上说法都不对

2.某居民预料债券价格将要下跌而把货币保留在手中,这种行为是出于( )。

A.交易动机 B.预防动机

C.投机动机 D.保值动机

3.在 *IS* 曲线不变的情况下,货币量减少会引起收入( )。

A.增加,利率下降 B.增加,利率上升

C.减少,利率下降 D.减少,利率上升

4.货币供给量增加使 *LM* 曲线右移,表示( )。

A.同一利率水平下的收入增加　　　　B.利率不变收入减少

C.同一收入水平下的利率提高　　　　D.收入不变利率下降

5.*IS–LM* 曲线的交点表示产品市场和货币市场都达到了均衡,那么交点上方的区域表示的状态是( )。

A.$I>S,L>M$　　　　　　　　　　B.$I<S,L>M$

C.$I>S,L<M$　　　　　　　　　　D.$I<S,L<M$

参考答案

单项选择题

1.【答案】B。**解析:** 当利息率上升时,债券价格将下降,持有证券的人会遭受证券的资本损失。

2.【答案】C。**解析:** 预料债券价格将要下跌而把货币保留在手中,这种行为是出于投机动机。

3.【答案】D。**解析:** 货币供应量减少会引起 *LM* 曲线向左移动,在 *IS* 曲线不变的情况下,会使得收入减少,利率提高。

4.【答案】A。**解析:** *LM* 曲线右移,意味着实际货币供给量增加,这会使得利率水平降低,同时收入增加。故 A 项正确。

5.【答案】D。**解析:** 交点上方的区域内的点说明两个市场的状态为产品市场供给大于需求,货币市场也是供给大于需求。

第十三章 宏观经济政策分析

考点详解

考点一 宏观经济政策概述

一、宏观经济政策的定义

宏观经济政策是指国家或政府有意识、有计划地运用一定的政策工具,调节控制宏观经济的运行,以达到一定的政策目标。宏观经济政策主要包括财政政策和货币政策,以及收入分配政策和对外经济政策。

二、宏观经济政策的选择原则

宏观经济政策的选择原则是:急则治标、缓则治本、标本兼治。

1."急则治标"原则

"急则治标"原则是指运用财政、货币等宏观经济政策处理短期经济问题,如刺激经济增长、防止通货紧缩、应付外部冲击等。

2."缓则治本"原则

"缓则治本"原则是指通过结构政策与经济改革处理长期经济问题,如调整经济结构、促进技术进步、提高经济效益、实现持续发展、积极参与全球经济。

3."标本兼治"原则

"标本兼治"原则是指既要解决问题的表象,又要从根本上杜绝问题的产生。中国经济发展前景在很大程度上取决于中远期战略相一致的政策组合。

三、宏观经济政策的工具

宏观经济政策工具是用来达到政策目标的手段。在宏观经济政策工具中,常用的有需求管理、供给管理、国际经济政策。

1.需求管理

需求管理是指通过调节总需求来达到一定政策目标的宏观经济政策工具。它包括财政政策和货币政策。需求管理政策是以凯恩斯的总需求分析理论为基础制定的,是凯恩斯主义所重视的政策工具。

需求管理是要通过对总需求的调节,实现总需求等与总供给,达到既无失业又无通货膨胀的目标。它的基本政策有实现充分就业政策和保证物价稳定政策两个方面。在有效需求不足的情况下,也就是总需求小于总供给时,政府应采取扩张性的政策措施,刺激总需求增长,克服经济萧条,实现充分就业;在有效需求过度增长的情况下,也就是总需求大于总供给时,政府应采取紧缩性的政策措施,抑制总需求,以克服因需求过度扩张而造成的通货膨胀。

2.供给管理

供给管理是通过对总供给的调节,来达到一定的政策目标。在短期内影响供给的主要因素是生产成本,特别是生产成本中的工资成本。在长期内影响供给的主要因素是生产能力,即经济潜力的增长。供给管理政策具体包括控制工资与物价的收入政策、指数化政策、人力政策和经济增长政策。

(1)收入政策。收入政策是指通过限制工资收入增长率从而限制物价上涨率的政策,因此,也叫工资和物价管理政策。之所以对收入进行管理,是因为通货膨胀有时由成本(工资)推进所造成的,收入政策的目的就是制止通货膨胀。

(2)指数化政策。指数化政策是指定期地根据通货膨胀率来调整各种收入的名义价值,以使其实际价值保持不变。主要有两种:一是工资指数化,二是税收指数化。即根据物价指数自动调整个人收入调节税等。

(3)人力政策。人力政策,又称就业政策,是一种旨在改善劳动市场结构,以减少失业的政策。

(4)经济增长政策。

经济增长政策主要有:①增加劳动力的数量和质量。②资本积累。③技术进步。④计划化和平衡增长。

3.国际经济政策

国际经济政策是对国际经济关系的调节。一国的宏观经济政策目标中有国际收支平衡,其他目标的实现不仅有赖于国内经济政策,而且也有赖于国际经济政策。因此,在宏观经济政策中也应该包括国际经济政策。

考点二　财政政策的影响和效果

一、财政政策的效果及 IS-LM 图形分析

财政政策是政府变动税收和支出以便影响总需求进而影响就业和国民收入的政策。其中,变动税收是指改变税率和税率结构;政府支出变动指改变对商品与劳务的购买支出以及转移支付。

(1)在 LM 曲线不变时,IS 曲线斜率的绝对值越大,即 IS 曲线越陡峭,则移动 IS 曲线时收入变化就越大,财政政策效果越大。反之,IS 曲线越平坦,则 IS 曲线移动时收入变化就越小,财政政策效果越小。

(2)在 IS 曲线的斜率不变时,财政政策效果又随 LM 曲线斜率不同而不同。LM 曲线斜率越大,即 LM 曲线越陡,则移动 IS 曲线时收入变动就越小,财政政策效果就越小。反之,LM 曲线越平坦,则财政政策效果就越大。

二、凯恩斯主义的极端情况

凯恩斯主义有以下三种极端情况:

(1)如果 LM 越平坦,或 IS 越陡峭,则财政政策效果越大,货币政策效果越小,如果出现一种 IS 为垂直线而 LM 为水平线的情况,则财政政策将十分有效,而货币政策将完全无效。这种情况被称为凯恩斯主义的极端情况。

(2)LM 为水平线,h 值已成为无限大,当利率已降到极低水平,不管有多少货币,消费者都只想保持在手中,如果国家货币当局想用增加货币供给来降低利率以刺激投资,是不可能有效果的。但此时,财政政策效果则十分大,因为政府实行这类扩张性财政政策向私人部门借钱,并不会使利率上升,从而不会对私人投资产生挤出效应。

(3)IS 为垂直线,说明投资需求的利率系数 d 为 0,即不管利率如何变动,投资都不会变动。这时,即使货币政策能改变利率,也对收入没有作用。

三、结论

根据 IS–LM 图形分析,可得出以下结论:
(1)d 小、IS 陡峭,财政政策效果大。
(2)d 大、IS 平缓,财政政策效果小。
(3)k 大、h 小,LM 陡峭,财政政策效果小。
(4)k 小、h 大,LM 平缓,财政政策效果大。

四、挤出效应

1.形成

$G\uparrow \rightarrow Y\uparrow \rightarrow L_1\uparrow \rightarrow L_2\downarrow$ 意味着 $r\uparrow \rightarrow I\downarrow$、$C\downarrow$,即政府支出增加"挤占"了私人投资支出和消费支出。

2.影响其大小的因素

影响其大小的因素主要有以下几方面:

(1)K_g。乘数的双刃剑作用:$G\uparrow$、K_g 大 $\rightarrow Y$ 大幅度上升 $\rightarrow$ 利率大幅度提高 $\rightarrow I$ 大幅度下降 $\rightarrow$ 挤出效应大。

(2)k。$G\uparrow \rightarrow Y\uparrow \rightarrow L_1\uparrow$、$k$ 大 $\rightarrow L_1$ 大幅度 $\uparrow \rightarrow$ 挤出效应大。

(3)h。$G\uparrow \rightarrow Y\uparrow \rightarrow L_1\uparrow \rightarrow L_2\downarrow$、$h$ 小 $\rightarrow r$ 必须大幅度上升,才能满足 L_2 下降的要求 $\rightarrow$ 挤出效应大。

(4)d。d 大、$r\uparrow \rightarrow I$ 大幅度下降 $\rightarrow$ 挤出效应大。

(5)总结。K_g、k、d 与挤出效应成正向变动;h 与挤出效应成反向变动。

考点三　货币政策效果以及两种政策混合使用

一、货币政策及其效果

1.货币政策

货币政策是政府货币当局即中央银行通过银行体系变动货币供给量来调节总需求的政策。主要措施:法定准备金率、再贴现率、公开市场业务。

2.货币政策效果的 *IS-LM* 图形分析

IS-LM 图形与货币政策效果有如下关系:

(1)*IS* 曲线的斜率的绝对值越大,*IS* 线越陡峭,货币政策效果越小。

(2)*IS* 曲线的斜率的绝对值越小,*IS* 线越平坦,货币政策效果越大。

二、*IS-LM* 曲线对货币政策的影响

1.*LM* 形状不变,*IS* 形状对货币政策效果的影响

(1)*IS* 陡峭:d 小、β 小,移动 *LM*,政策效果小。

(2)*IS* 平缓:d 大、β 大,移动 *LM*,政策效果大。

经济解释:*IS* 陡峭,d 小(投资对利率的敏感程度较差),货币供给增加利率下降时,投资不会增加很多,国民收入也不会有较大增加。

2.*IS* 形状不变,*LM* 形状对货币政策效果的影响

(1)*LM* 陡峭:k 大,h 小,移动 *LM*,政策效果大。

(2)*LM* 平缓:k 小,h 大,移动 *LM*,政策效果小。

经济解释:*LM* 平坦,h 大,利率稍有变动就会使货币需求变动很大,货币供给增加使利率下降幅度较小,投资和国民收入上升不大。

3.古典主义的极端情况

当出现古典主义极端情况时,财政政策完全无效,而货币政策则十分有效。

(1)*LM* 垂直,说明货币需求的利率系数等于 0,此时人们不愿为投机而持有货币(私人部门手中没有闲置货币)。在这种情况下,政府如推行扩张性财政政策(势必要向私人部门借钱),钱从何来?私人部门会在自己投资和借钱给政府之间选择,当借钱给政府的利率足够高时,私人部门减少投资将钱借给政府,此时政府支出对私人投资的"挤出"是完全的。

(2)*IS* 呈水平状,说明投资的利率系数达无限大,利率稍有变动,就会使投资大幅变动。因此,政府因支出增加或税收减少而需要向私人部门借钱时,利率只要稍有上升,就会使私人投资大大减少,使挤出效应达到完全的地步。

三、货币政策的局限性

虽然货币政策能对经济发展进行有效调控,但还存在以下缺陷:

第一,在通货膨胀期实行紧缩的货币政策可能效果比较显著,但在经济衰退期,实行扩张的货币政策效果就不明显。

第二,从货币市场均衡的情况看,增加或减少货币供给要影响利率的话,必须以货币流通速度不变为前提。

第三,货币政策作用的外部时滞也影响政策效果。

第四,在开放经济中,货币政策的效果还要因为资金在国际上流动而受到影响。例如实行从紧的货币政策,会导致利率上升,国外资金流入。若汇率浮动,本币会升值,出口受抑制,进口受刺激,总需求比封闭情况下有更大的下降。若实行固定汇率,中央银行为使本币不升值,势必抛出本币,按固定汇率收购外币,于是本币供给增加,从紧货币政策效果大打折扣。

四、影响财政政策作用的因素

财政政策的作用效果受以下几方面因素的影响:

(1)不同的财政支出、税收变化具有不同的乘数作用。

(2)税率的变动往往是向下容易向上难。

(3)弥补财政赤字可能产生挤出效应。

(4)预期可能使财政政策归于失败。

(5)政策时滞。货币政策时滞是政策从制定到获得主要的或全部的效果所必须经历的一段时间,是影响货币政策效应的重要因素。货币政策时滞主要分为内部时滞和外部时滞两个阶段。

①内部时滞。内部时滞是从政策制定到货币当局采取行动这段时间。其长短取决于货币当局对经济形势发展的预见能力、制定政策的效率和行动的决心。包括:认识时滞、决策时滞和行动时滞。

②外部时滞。外部时滞指从货币当局采取行动直到对政策目标产生影响为止这段时间。其主要由客观经济和金融条件决定,不论货币供应量还是利率的变动都不会立即影响到政策目标。

正是看到了有产生上述结果的可能,货币主义者坚决反对凯恩斯主义者所倡导的反周期货币政策。弗里德曼认为,依据现在掌握的技术知识手段,人们很难准确估算出货币政策的时滞,因而也很难理智地选择货币政策的施行时机。在这种情况下,如果仅仅依据反经济周期的规则行事,便极有可能事与愿违。货币当局的明智之举是根据经济长期增长的需要,确定一个稳定的货币增长率,并不受任何干扰地实施。

五、两种政策的混合使用

1.原理

表 2-13-1 政策组合原理

面临的状况	政策组合	产出变动	利率变动
轻微萧条	扩张财政与紧缩货币	不确定	上升
严重通货膨胀	紧缩财政与紧缩货币	下降	不确定
轻微通货膨胀	紧缩财政和扩张货币	不确定	下降
严重萧条	扩张财政和扩张货币	上升	不确定

2.说明(以第四种情况为例)

实施扩张性财政政策,$G\uparrow\rightarrow IS$ 右移 $\rightarrow Y\uparrow$、$r\uparrow\rightarrow$ 挤出效应,使扩张性财政政策的效果大打折扣。这时,辅之以扩张性货币政策,$M\uparrow\rightarrow r\downarrow$,挤出效应被抵消。

真题回顾

(2018·判断)货币政策和财政政策应该相互协调,避免各自独立的决策产生冲突。(　　)

【答案】√。

习题演练

单项选择题

1.中央银行变动货币供给可通过(　　)。

A.变动法定准备金率以变动货币乘数

B.变动再贴现率以变动基础货币

C.公开市场业务以变动基础货币

D.以上都是

2.中央银行在公开市场上卖出政府债券是企图(　　)。

A.收集一笔资金帮助政府弥补财政赤字

B.增加商业银行在中央银行的存款

C.减少流通中基础货币以紧缩货币供给提高利率

D.通过买卖债券以获取差价利益

3.如果经济陷于严重衰退,正确的货币和财政政策应该是(　　)。

A.卖出政府证券,提高准备金率,降低贴现率,出现财政盈余

B.购买政府证券,降低准备金率,降低贴现率,出现财政赤字

C.购买政府证券,降低准备金率,提高贴现率,出现财政盈余

D.购买政府证券,提高准备金率,提高贴现率,出现财政盈余

4.一般情况下,如果社会总需求明显小于社会总供给,政府在财政税收方面应该采取的政策措施是(　　)。

A.减税,增加财政支出　　　　　　　B.增税,增加财政支出

C.增税,减少财政支出　　　　　　　D.减税,减少财政支出

参 考 答 案

单项选择题

1.【答案】D。解析:央行通过货币政策改变货币的供应量,控制货币供给。

2.【答案】C。解析:公开市场操作的一部分,在公开市场上卖出政府债券,是回收货币资

金的过程,属于紧缩性的货币政策,所以是减少货币的供应量,当货币资金供不应求的时候,利率就会提高。

3.【答案】B。解析:经济陷于严重衰退,所以需要扩张性政策,购买政府证券,降低准备金率,降低贴现率,由于政府支出增加,所以容易出现财政赤字。

4.【答案】A。解析:总需求小于总供给是经济萧条的表现,应对经济萧条应该采取扩张性的财政政策,故应该减税或增加政府支出。

第十四章　宏观经济政策实践

考点详解

考点一　经济政策目标

宏观经济政策是指国家或政府为了增进整个社会经济福利、改进国民经济的运行状况、达到一定的政策目标而有意识和有计划地运用一定的政策工具制定的解决经济问题的指导原则和措施。

宏观经济政策目标是指宏观经济政策最终所要达到的目的。宏观经济政策的目标主要包括充分就业、物价稳定、经济增长和国际收支平衡四大目标。

1.充分就业

充分就业是宏观经济政策的第一目标。一般意义上是指一切生产要素都有机会以自己愿意的报酬参加生产的状态。

$$失业率=\frac{失业者人数}{劳动力人数}$$

劳动力是指一定年龄范围内有劳动能力、愿意工作的人;老人、小孩以及由种种原因放弃找工作的人不能算作劳动力。

失业者是劳动力中那些想找工作但未找到工作的人。

2.物价稳定

价格稳定是指价格总水平稳定,一般用价格指数来表达一般价格水平的变化。

常用价格指数有:消费物价指数(CPI)、生产者物价指数(PPI)、国内生产总值折算指数(GDP Deflator)。

物价稳定就是避免或减少通货膨胀,但不是通货膨胀率为0。

3.经济增长

经济增长是指在一个特定时期内经济社会所生产的人均产量和人均收入的持续增长。

经济增长通常用一定时期内实际国内生产总值年均增长率来衡量。

4.国际收支平衡

国际收支平衡是指既无国际收支赤字又无国际收支盈余。从长期看,一国的国际收支状况无论是赤字还是盈余对一国经济的稳定发展都会产生不利的影响,会对其他宏观经济目标的实现造成障碍。

5.四个目标间的关系

充分就业、物价稳定、经济增长和国际收支平衡四大目标既相互统一又相互矛盾:

(1)充分就业不利于物价稳定。

(2)充分就业有利于经济增长,却不利于国际收支平衡。居民有钱后购买外国商品,会形成逆差压力。

(3)经济增长不利于物价稳定。

考点二 财政政策

一、财政的构成与财政政策工具

1.政府支出

政府支出主要有以下两种:

(1)政府购买。购买性支出又称为消耗性支出,这类公共支出形成的货币流,直接对市场提出购买要求,形成相应的购买商品或劳务的活动。它既包括购买进行日常政务活动所需商品与劳务的支出,如行政管理费、国防费、社会文教费、各项事业费等,也包括购买用于兴办投资事业所需商品与劳务的支出,如基本建设拨款等。

(2)政府转移支付。转移支付只是一种货币性支出,没有发生直接商品交易行为。

2.政府收入

政府收入主要有以下两种:

(1)税收。税收是国家的强制性、无偿性、固定性的财政收入手段。

(2)公债。公债是政府运用信用形式筹集财政资金的特殊形式,包括中央政府的债券和地方政府的债券。公债属于"临时挪用、影响供求",主要分为长期债、中期债和短期债。

二、财政政策的特点

1.自动稳定器

财政政策本身是一种自动调节经济、减少经济波动的机制,在繁荣时自动抑制通胀,萧条时自动增加需求,所以被称为自动稳定器。这是调节经济波动的第一道防线,适用于轻微经济波动。

财政政策自动稳定器的功能主要体现在以下几个方面:

(1)税收自动变化。经济衰退时,产出下降,个人收入下降,税率不变,税收会自动减少,可支配收入会自动少减少一些,使消费和需求下降得少些。

在累进所得税制度下,衰退使得收入自动进入较低纳税档次,税收下降幅度超过收入下降幅度;反之,亦如此。

(2)转移支付自动变化。经济衰退时,失业增加,符合救济条件的人增加,社会转移支付增加,抑制可支配收入下降,抑制需求下降。

(3)农产品价格维持制度。政府根据农产品价格高低选择抛售或购买农产品,以维持农产品价格稳定。

2.斟酌使用的财政政策

(1)政府应审时度势,斟酌使用,变动支出水平或税收,以稳定总需求水平,使之接近物价稳定的充分就业水平。

(2)斟酌使用的具体表现:按照逆经济风向而行的原则,交替使用扩张性和紧缩性财政政策。

三、财政赤字

1.财政赤字的含义

财政赤字是财政支出大于财政收入而形成的差额,由于会计核算中用红字处理,所以称为财政赤字。它反映着一国政府的收支状况。财政赤字是财政收支未能实现平衡的一种表现,是一种世界性的财政现象。

财政赤字即预算赤字,指一国政府在每一财政年度开始之初,编制预算时在收支安排上就有的赤字。若实际执行结果收入大于支出,则为财政盈余。

2.财政赤字产生的原因及其意义

(1)财政赤字产生的原因。一国之所以会出现财政赤字,有许多原因。有的是为了刺激经济发展而降低税率或增加政府支出, 有的则因为政府管理不当,引起大量的逃税或过分浪费。当一个国家财政赤字累积过高,就好像一家公司背负的债务过多一样,对国家的长期经济发展而言,并不是一件好事,对于该国货币亦属长期的利空。一国财政赤字若加大,该国货币会贬值;反之,若财政赤字缩小,表示该国经济良好,该国货币会升值。

(2)财政赤字的意义。财政赤字的大小对于判断财政政策的方向和力度是至关重要的,它是衡量财政政策状况的重要指标。因此,正确衡量财政赤字对于制定财政政策具有十分重要的意义。非常遗憾的是,对于如何正确衡量财政赤字,经济学家并没有达成共识。一些经济学家认为, 按照目前公认的方法衡量的财政赤字既不能准确地衡量财政政策对目前经济的影响,也不能准确地衡量给后代纳税人造成的负担。

3.财政赤字的影响因素

财政赤字受以下四种因素的影响:

(1)通货膨胀。由于通货膨胀因素,公债持有者的实际财富减少了。通货膨胀是政府减少自身债务的一种隐蔽方式,甚至可以通过这种公债贬值的方法来支付大部分政府支出。

(2)利率。与通货膨胀对实际财政赤字的影响类似,利率的变化对财政赤字也会产生影响。当利率升高时,现存的公债余额的市场价值会降低,低于其面值,这将增加财政收入,降低财政赤字;当利率降低时,则发生相反的作用。利率的变化对期限较长的公债的影响要超过期限较短的国债。

(3)经济周期。财政赤字变化中的一部分是作为对经济周期波动的反应而自动地产生的。例如,当经济陷入衰退时,收入减少了,因此人们支付的个人所得税也相应地减少了。公司的利润减少了,因此公司所得税也减少了。同时,在经济陷入衰退时,政府支出倾向于增加,失业保障支出和政府救济都增加。即使决定税收和政府支出的法律没有任何变动,财政赤字也会增加。

(4)周期性赤字。财政政策在短期内既改变结构性赤字又改变周期性赤字,财政措施在增加(减少)结构性赤字的同时可能减少(增加)周期性赤字。在经济衰退期,扩张性财政政策在增加结构性赤字的同时减少了周期性赤字,但结构性赤字的增加额将超过周期性赤字的减少额,净效果是增加了现实的赤字。因此,即使在经济衰退时期,扩张性财政政策(增加结构性赤字、减少周期性赤字)也会增加现实的赤字,这也就进一步增加了国债余额的绝对规模。

另外,还有政府负债、资本预算、代际核算等其他的因素影响着政府的财政赤字。

4.弥补财政赤字的方法

通常有以下三种方式弥补财政赤字:

(1)向中央银行借债——实际是央行增发货币,即货币筹资,结果是通货膨胀。

(2)向国内公众(商业银行等金融机构、企业、居民)借债。

(3)向国外公众(商业银行等金融机构、企业、居民)借债。

其中,国内借债是购买力向政府的转移,往往引起利率上升。要稳定利率,必须增加货币供给,最终会导致通货膨胀。国内借债具有再分配性质,不视为负担。

外债会构成真实负担。若推迟外债归还会大大影响政府信誉,使用要更为谨慎。

四、公债

1.公债的定义

公债是指政府为筹措财政资金,凭其信誉按照一定程序向投资者出具的,承诺在一定时期支付利息和到期偿还本金的一种格式化的债权债务凭证。

公债可以具体解释为以下几点:

(1)公债是各级政府借债的统称。中央政府的债务称为中央债,又称国债;地方政府的债务称为地方债。我国地方政府无权以自身名义发行债务,故人们常将公债与国债等同起来。

(2)公债是政府收入的一种特殊形式。公债具有有偿性和自愿性特点。除特定时期的某些强制性公债外,公众在是否认购、认购多少等方面,拥有完全自主的权利。

(3)公债是政府信用或财政信用的主要形式。政府信用是指政府按照有借有还的商业信用原则,以债务人身份来取得收入,或以债权人身份来安排支出,也称为财政信用。公债只是财政信用的一种形式。财政信用的其他形式包括:政府向银行借款、财政支农周转金以及财政部门直接发放的财政性贷款等。

(4)公债是政府可以运用的一种重要的宏观调控手段。

2.公债的性质

公债主要有如下两种性质:

(1)公债是一种虚拟的借贷资本。公债体现了债权人(公债认购者)与债务人(政府)之间的债权债务关系。公债在发行期间由认购者提供其闲置资金,在偿付阶段由政府主要以税收收入进行还本付息。公债资本与其他资本存在的区别在于公债资本并不是现实资本,而只是一种虚拟的资本。用于生产性开支的公债则表现为不能提取的公共设施等国家的现实资本。

(2)公债体现一定的分配关系,是一种"延期的税收"。公债的发行,是政府运用信用方式将一部分已做分配并已有归宿的国民收入集中起来;公债资金的运用,是政府将集中起来的资金,通过财政支出的形式进行再分配;而公债的还本付息,则主要是由国家的经常收入——税收来承担。因此,从一定意义上讲,公债是对国民收入的再分配。

3.公债的作用

公债在我国经济发展中的作用:

(1)从财政角度看,公债是财政收入的补充形式,是弥补赤字、解决财政困难的有效手段。当国家财政一时支出大于收入或遇有临时急需时,发行公债比较简捷,可济急需。从长远看,公债还是筹集建设资金的较好形式。一些投资大、建设周期长、见效慢的项目,如能源、交通等重点建设,往往需要政府积极介入。

(2)从经济的角度看,公债是政府调控经济的重要政策工具:①调节积累与消费,促进两者比例关系合理化。公债采用信用的方式,只是获得了一定时期内资金的使用权,没有改变资金的所有权,适当发行公债,可以使两者的比例关系趋于正常。②调节投资结构,促进产业结构优化。③调节金融市场,维持经济稳定。公债是一种金融资产、一种有价证券,公债市场可以成为间接调节金融市场的政策工具。④调节社会总需求,促进社会总供给与总需求在总量和结构上的平衡。

考点三 | 货币政策

一、商业银行和中央银行

按照各种金融机构在金融体系中的地位、作用及业务性质划分,银行体系主要包括:中央银行、政策性银行、商业银行和非银行金融机构。

1.中央银行

中央银行是一国最高金融当局,它统筹管理全国金融活动,实施货币政策以影响经济。中央银行负担着三个职能:

(1)作为发行的银行,发行国家的货币。

(2)作为银行的银行,为商业银行提供贷款、集中保管存款准备金,还为各商业银行集中办理全国的结算业务。

(3)作为国家的银行,代理国库,为政府提供资金,代表政府与国外发生金融业务关系,执行货币政策,监督、管理全国金融市场活动等。

与商业银行和其他金融机构相比,中央银行具有如下特征:

(1)不以营利为目的。

(2)不经营普通的银行业务,只与政府和各类金融机构往来,不办理厂商和居民的存贷款业务。

(3)具有服务机构和管理机构的双重性质,有执行金融监管、扶持金融发展的双重任务。

(4)处于超脱地位,在一些国家中甚至独立于中央政府,免受政治周期的影响。

2.政策性银行

政策性银行,一般是指由政府设立,以贯彻国家产业政策、区域发展政策为目的,不以营利为目标的金融机构。1994年,我国组建了三家政策性银行:①国家开发银行;②中国农业发展银行;③中国进出口银行。

3.商业银行

商业银行的主要业务有负债业务、资产业务和中间业务。具体来讲,负债业务为吸收存款,资产业务为放贷和投资,中间业务为委托支付等事项。

商业银行与政策性银行的不同之处有以下几点:

(1)资本来源不同。政策性银行多由政府出资建立,业务上由政府相应部门领导。商业银行多采取股份制的形式,业务上自主经营、独立核算。

(2)资金来源不同。政策性银行一般不接受存款,也不从民间借款。而商业银行以存款作为其主要的资金来源。

(3)经营目的不同。政策性银行是为了支持某些部门的发展而专门成立的,不以营利为目的,与相应的产业部门关系密切。而商业银行则以利润最大化为经营目的,业务范围广泛。

4.非银行金融机构

非银行金融机构主要包括:①信托投资公司;②财务公司;③金融租赁公司;④证券公司;⑤证券交易所;⑥保险公司;⑦其他。例如:投资基金组织、典当行、中国经济技术投资担保公司等。

二、货币政策及其工具

(一)货币政策的机制

货币政策通过对货币供给量的调节来调节利率, 再通过利率变动来影响总需求和总供给。货币政策作用发生的途径为:货币量⇒利率⇒总需求与总供给。

货币政策的直接目标是利率,调节货币量是手段,最终目标是总需求和总供给达到平衡。

(二)货币量增加的效应

短期效应:既增加实际GDP,又使物价水平上升;

长期效应:物价水平进一步上升,实际GDP回到原来充分就业水平。只有物价上升,而实际国民生产总值不变。

(三)货币政策基本工具

货币政策的基本工具分为:直接货币政策工具和间接货币政策工具。货币政策三大工具为再贴现政策、公开市场业务和法定准备金率,公开市场业务是最主要的货币政策工具。

其中,直接货币政策力度大,见效快,主要的手段为法定准备金率,通过提高和降低准备金率来控制贷款量,增减货币供给量。

间接货币政策主要手段为:

(1)公开市场业务。在金融市场上买进或卖出证券,主要是国库券。需要注意的是:决定是否发行国债是属于财政政策,而发行后的一级、二级市场上的买卖属于货币政策。

(2)再贴现政策。通过增减贴现贷款数量和利率,来影响货币供给量。

(四)相机抉择的货币政策

1.相机抉择

相机抉择是指政府在进行需求管理时,可以根据市场情况和各项调节措施的特点,机动地决定和选择当前究竟应采取哪一种或哪几种政策措施。

相机抉择货币政策又称权衡性货币政策,是指货币当局或中央银行依据对经济形势的判断,为达成既定的货币政策目标而采取的权衡性措施,即为了调节短期利息率和经济发展水平,而不断改变准备金或者货币流通量的增长率。

2.相机抉择的货币政策的特点

相机抉择的货币政策具有以下特点:

(1)货币政策本身属于一种能动性的短期经济稳定政策,货币当局之所以要根据经济运行态势相机抉择,是因为要用货币政策所造成的能动性名义国民收入波动来抵消因总需求扰乱所导致的自发性名义国民收入波动,借以调节经济周期,稳定经济运行。

(2)货币政策对因总需求扰乱所导致的名义国民收入的自发性波动的能动抵制作用,是通过"逆对经济风向行事"的"反经济周期"的具体操作方式实现的。

(3)在"逆对经济风向行事"的"反经济周期"的货币政策的具体操作过程中,货币当局被赋予广泛的权力,它可以根据自己的主观判断权衡取舍,从而扮演了一个"货币列车"的"驾驶员"角色。

3.不同时期的货币政策的使用

(1)扩张货币政策:经济萧条时,总需求<总供给,放松银根,以增加货币供给量,降低利率,以刺激总需求,刺激经济发展。

扩张性货币政策工具:在公开市场上买进有价证券,降低贴现率并放松贴现条件,降低准备率等。

(2)紧缩货币政策:繁荣时期时,总需求>总供给,收紧银根,以减少货币供给量,提高利率,以抑制总需求,降低物价,防止经济过度增长。

紧缩性货币政策工具:在公开市场上卖出有价证券,提高贴现率并严格贴现条件,提高准备率等。

(3)其他工具:第一,道义上的劝告。这是指中央银行对商业银行发出口头或书面的谈话或声明,劝说商业银行自动地遵循中央银行所要求的信贷政策。第二,垫头规定。这是一种限制证券投机的管制办法。规定购买有价证券必须付出的现金比例,这就是必须支付的"垫头"。第三,控制分期付款和抵押贷款的条件。

习题演练

一、单项选择题

1.根据"逆经济风向调节"的特征,当一国经济过热时,应当采取的财政政策措施是(　　)。

A.增加政府支出,减少税收　　　　B.增加政府支出,降低利率

C.减少政府支出,提高利率　　　　D.减少政府支出,增加税收

2.为了刺激有效需求,不应当采取的货币措施是(　　)。

A.在公开市场上买进政府债券　　　B.提高法定准备金率

C.降低法定准备金率　　　　　　　D.降低再贴现率

3.(　　)是通过财政收支规模的变动来增加和刺激社会总需求的政策。

A.扩张性财政政策　　　　　　　　B.紧缩性财政政策

C.均衡性财政政策　　　　　　　　D.自动稳定的财政政策

4.财政赤字是指(　　),它反映着一国政府的收支状况。

A.财政略有结余

B.财政收支相抵

C.财政收入大于财政支出而形成的差额

D.财政支出大于财政收入而形成的差额

5.扩张性货币政策主要指(　　)。

A.降低再贴现率

B.提高法定准备金率

C.提高再贴现率

D.政府发行国库券

二、多项选择题

1.货币政策是指政府或中央银行为实现既定的目标,运用各种工具调节货币供应量来调节市场利率,通过市场利率的变化来影响民间的资本投资,影响总需求来影响宏观经济运行的各种方针措施。下列不属于货币政策的是(　　)。

A.控制货币发行

B.用政府开支和税收改善宏观经济运作

C.保障低收入者最低生活保障

D.改变存款准备金率

2.下列属于一般性货币政策工具的是(　　)。

A.公开市场业务　　　　　　　　　B.再贴现政策

C.房地产信贷管制　　　　　　　　D.法定准备金率

参考答案

一、单项选择题

1.【答案】D。解析："逆经济风向调节"又称"逆周期调节"，是指当经济萎缩时要采取扩张的财政政策；当经济过热时要采用紧缩的财政政策。当一国经济过热时，应当采取紧缩性财政政策，即增加税收和减少政府支出。C项中，提高利率是紧缩性货币政策。故本题选D。

2.【答案】B。解析：为了刺激有效需求，应采取扩张性货币政策，即降低法定准备金率，从而增加货币供给量，使银行和金融体系的信贷扩张，最终降低利息率。B项操作正好相反。故本题选B。

3.【答案】A。解析：扩张性财政政策，又称膨胀性财政政策，是国家通过财政分配活动刺激和增加社会总需求的一种政策行为。故本题选A。

4.【答案】D。解析：财政赤字是财政支出大于财政收入而形成的差额，由于会计核算中用红字处理，所以称为财政赤字。故本题选D。

5.【答案】A。解析：货币政策工具主要有法定准备金率、再贴现政策和公开市场业务，降低准备金率和再贴现率，在公开市场买进政府债券属于扩张性的货币政策。故排除B、C两项。D项属于扩张性的财政政策的内容。

二、多项选择题

1.【答案】BC。解析：货币政策的三大工具为法定准备金率、公开市场业务和再贴现政策。运用货币政策所采取的主要措施包括七个方面：控制货币发行；控制和调节对政府的贷款；推行公开市场业务；改变存款准备金率；调整再贴现率；选择性信用管制；直接信用管制。B、C两项显然不属于货币政策范畴。故本题选BC。

2.【答案】ABD。解析：一般性货币政策工具包括公开市场业务、再贴现政策和法定准备金率。房地产信贷管制不属于一般性货币政策工具。

第十五章　总需求-总供给模型

考点详解

一、总需求曲线

总需求指一个国家或地区在一定时期内对物品与劳务的需求总量,包括消费需求、投资需求、政府需求与国外需求(用净出口表示)。总需求曲线是反映总需求与物价水平之间关系的一条曲线,它向右下方倾斜,表示总需求与物价水平反方向变动。总需求曲线之所以向右下方倾斜,可以用财产效应、利率效应和汇率效应来说明。

1.财产效应

财产效应就是物价水平的变动通过对实际财产的影响而影响实际消费。当物价水平上升时,实际财产减少,消费减少;当物价水平下降时,实际财产增加,消费增加。消费是总需求的组成部分,这样,物价水平就与总需求反方向变动。这种关系可以表示为:

物价水平(↑)→实际财产(↓)→消费(↓)→总需求(↓)

2.利率效应

利率效应就是物价水平通过对利率的影响而影响投资。当货币需求稳定时,决定利率的主要因素是货币供给。货币量有名义货币量与实际货币量之分,决定利率的是实际货币供给量。当名义货币量不变时,物价上升,实际货币量减少;实际货币量减少,引起利率上升,利率上升引起投资减少。而投资是总需求的一个重要组成部分,这样,从投资的角度看,总需求与物价水平反方向变动。这种关系可以总结为:

物价水平(↑)→实际货币量(↓)→利率(↑)→投资减少(↓)→总需求(↓)

3.汇率效应

汇率效应就是物价水平通过对汇率的影响而影响净出口。影响一国汇率的重要因素之一是利率。在资本自由流动的情况下,资本从低利率地区流向高利率地区。如果一国货币利率上升,在外汇市场上对该国货币的需求会增加,从而汇率上升,汇率上升使净出口减少。净出口是总需求的一部分,从而总需求减少,把这种关系归纳起来就是:

物价(↑)→利率(↑)→汇率(↑)→净出口(↓)→总需求(↓)

二、总供给曲线

总供给是一个国家或地区在一定时期内对物品与劳务的供给总量。总供给曲线有短期和长期之分。

1.短期总供给曲线

短期总供给曲线是反映短期中总供给与物价水平之间关系的一条曲线。总供给曲线分为两部分:一部分向右上方倾斜,表示总供给随物价水平的上升而上升;另一部分是向上垂直,表示总供给要受经济中资源和其他因素的制约,不可能随物价上升而无限增加。如图 2-15-1 所示,短期总供给曲线为 SAS。

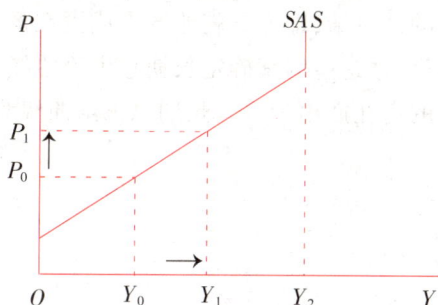

图 2-15-1 短期总供给曲线

短期总供给之所以与物价水平同方向变动,可以用黏性工资理论、黏性价格理论和错觉理论来解释。

(1)黏性工资理论。黏性工资理论是指短期中名义工资的调整慢于劳动供求关系的变化。

企业根据预期的物价水平决定工人的工资。如果未来实际的物价水平低于预期的水平,即发生了通货紧缩,那么,工人的名义工资仍然不变,但实际工资水平却上升了,这使得企业实际成本增加,从而会减少就业和生产,总供给减少;相反,如果未来实际的物价水平高于预期的水平,即发生了通货膨胀,那么,工人的名义工资仍然不变,但实际工资水平却下降了,这使得企业利润增加,从而会增加就业和生产,总供给增加。因此,总供给与物价水平仍是同方向变动。

(2)黏性价格理论。黏性价格理论是指短期中价格的调整慢于产品市场供求关系的变化。

因为在物价总水平上升时,一些企业不迅速提高自己产品的价格,从而它的相对价格下降,销售增加,生产增加,总供给增加。同样,在物价总水平下降时,一些企业不迅速降低自己产品的价格,从而它的相对价格上升,销售减少,生产减少,总供给减少。总之,价格的黏性引起物价水平与总供给同方向变动。

(3)错觉理论。错觉理论是指物价水平的变动会使企业在短期内对其产品的市场变动产生错误判断,从而做出错误决策。

物价水平下降实际是各种物品与劳务价格都下降,但企业会更关注自己的产品,没有看到其他产品的价格下降,而只觉得自己的产品价格下降了。由产品价格下降得出市场供大于求的悲观判断,从而减少生产,引起总供给减少。

同样,当物价水平上升时,企业也会没看到其他产品的价格上升,而误以为只有自己的产品价格上升了,做出市场供小于求的乐观判断,从而增加生产,引起总供给增加。当物价水平变动时,企业产生的这些错觉会使物价水平与总供给同方向变动。在长期中,他们会纠正这些失误,但在短期中这些失误是难免的。

2.长期总供给曲线

长期总供给曲线是一条表示总供给与物价水平之间不存在任何关系的垂线。在长期中引起短期总供给曲线向右上方倾斜的原因都不存在,因此,长期中总供给曲线是一条垂线。长期总供给也就是充分就业的总供给,即充分就业产出或潜在产出。潜在产出取决于制度、资源与技术进步。因此,可以根据这些因素确定长期总供给曲线的位置,如图2-15-2所示,由制度、资源、技术进步决定的潜在产出为 Y_f。长期总供给曲线为 LAS。

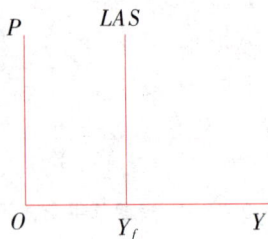

图 2-15-2 长期总供给曲线

正常情况下,长期总供给曲线随经济增长而向右方平行移动;如果发生自然灾害或战争,则向左方移动。

3.总需求曲线和总供给曲线的移动

物价水平变动对总需求的影响沿同一条曲线移动。物价上升,沿同一条曲线向左上方移动;物价下降,沿同一条曲线向右下方移动。物价水平不变时,其他因素变动会引起总需求曲线平行移动。总需求增加,曲线右移;总需求减少,曲线左移。如消费增加、投资增加、净出口增加都会引起总需求增加,总需求曲线平行移动。

物价上升,总供给增加,沿短期总供给曲线向上方移动;物价下降,总供给减少,沿短期总供给曲线向下方移动。不考虑物价水平时,短期总供给曲线的移动有两种情况:

一是长期总供给曲线移动引起短期总供给曲线向左或向右移动。当投入的资源增加,技术进步使长期总供给曲线向右移动时,短期总供给曲线也会向右移动;反之,当遇到自然灾害或其他冲击,长期总供给曲线向左移动时,短期总供给曲线也会随之向左移动。

二是当物价水平不变时,短期总供给曲线向上或向下移动。引起工资水平变动或其他成本变动的因素都会使短期总供给曲线移动。成本上升,短期总供给曲线向上移动;成本下降,短期总供给曲线向下移动。

三、总需求-总供给模型

1.均衡产出与物价水平的决定

总需求-总供给模型说明了均衡产出与物价水平的关系。总需求曲线与短期总供给曲线相交决定了均衡产出与均衡的物价水平,此时,总供给与总需求相等,实现了宏观经济的均衡,如图2-15-3所示,均衡的产出为 Y_0,均衡的物价水平为 P_0。

视频讲解

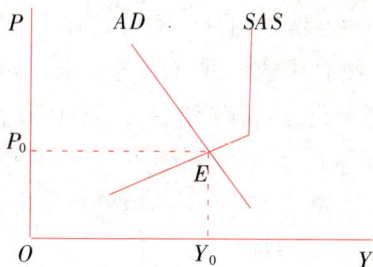

图 2-15-3　均衡产出与物价水平的决定

2.均衡产出与充分就业产出

总需求-总供给模型决定的是均衡的产出，该值并不一定等于充分就业产出。总需求与短期总供给决定的均衡产出可能大于、小于或等于充分就业产出，这取决于不受物价水平影响的潜在总供给。均衡产出与充分就业产出如图 2-15-4 所示。

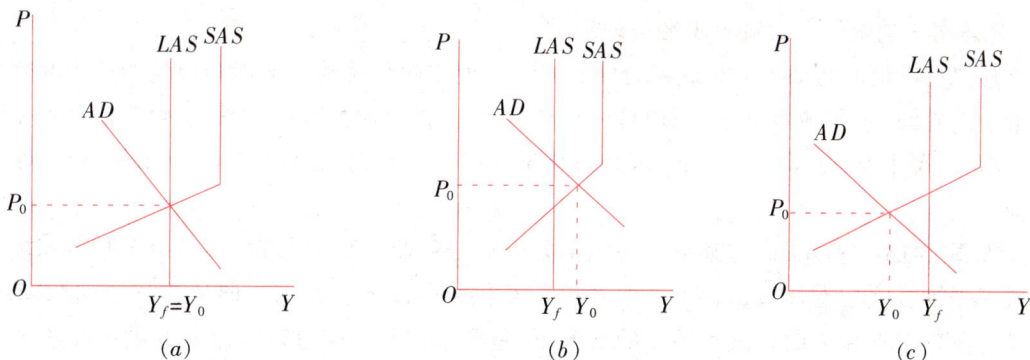

(a)　　　　　　　(b)　　　　　　　(c)

图 2-15-4　均衡产出与充分就业产出

图 2-15-4(a)：总需求曲线与短期总供给曲线以及长期总供给曲线正好相交于一点，均衡产出正好等于充分就业产出，经济实现了充分就业均衡。这是最理想的宏观经济状况。

图 2-15-4(b)：总需求曲线与短期总供给曲线相交时，长期总供给曲线在交点的左边。这时均衡的产出大于充分就业产出，称为大于充分就业的均衡。此时，资源得到过度利用，资源短缺使资源价格上升，最终会引起物价上升。因此，存在通货膨胀的压力，经济过热。

图 2-15-4(c)：总需求曲线与短期总供给曲线相交时，长期总供给曲线在交点的右边。这时，均衡产出小于充分就业产出，称为小于充分就业的均衡。此时，资源没有得到充分利用，经济中存在失业。

四、总需求-总供给模型的应用

1.总需求变动对宏观经济的影响

总需求变动会引起总需求曲线移动，从而使均衡产出和物价水平发生变动。总需求增加，均衡产出增加，物价水平上升；总需求减少，均衡产出减少，物价水平下降。

如图 2-15-5 所示,假定某一经济以前处于充分就业均衡状态 E_0,如果总需求曲线向左移动,即由 AD_0 移动到 AD_1,会使总需求曲线 AD_1 与原来的短期总供给曲线 SAS 相交于 E_1 点,决定了均衡产出为 Y_1,Y_1 小于充分就业产出 Y_f,经济中存在失业;物价水平为 P_1,低于充分就业时的物价水平 P_0。

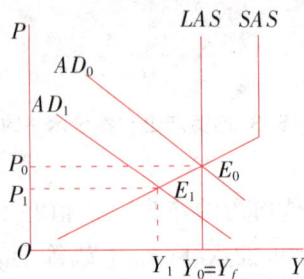

图 2-15-5 总需求变动对宏观经济的影响

2.短期总供给的变动对宏观经济的影响

短期总供给的变动会引起短期总供给曲线向上或向下移动,从而会使均衡产出和物价水平发生变动。如果成本上升,短期总供给减少,短期总供给曲线向上移动,会使均衡产出减少,物价水平上升;如果成本降低,短期总供给曲线向下移动,会使均衡产出增加,物价水平下降。

如图 2-15-6 所示,假定某一经济以前处于充分就业均衡状态 E_0,如果由于某些原因导致成本增加,会引起短期总供给减少,短期总供给曲线向上移动,即从 SAS_0 向上移动到 SAS_1。在总需求和长期总供给不变的情况下,总需求曲线 AD 与新的短期总供给曲线 SAS_1 相交于 E_1 点,决定了均衡产出为 Y_1,Y_1 小于 Y_0,说明均衡产出减少;Y_1 小于充分就业产出 Y_f,经济中存在失业;物价水平为 P_1,高于充分就业时的物价水平 P_0,存在通货膨胀。

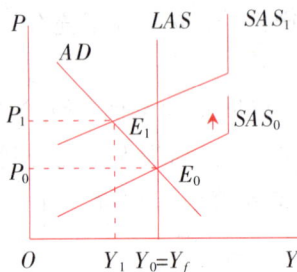

图 2-15-6 短期总供给变动对宏观经济的影响

3.长期总供给变动对宏观经济的影响

长期总供给也就是充分就业的总供给,即充分就业产出或潜在产出。随着潜在产出的变动,长期总供给曲线会发生移动。长期总供给曲线的移动,会对宏观经济产生影响。如果长期总供给曲线向右移动,可以实现更高水平的充分就业均衡,而不引起通货膨胀。

如图 2-15-7 所示,假定某一经济以前处于充分就业均衡状态 E_0,如果技术进步,经济潜力提高,长期总供给曲线从 LAS_0 向右移动到 LAS_1,随着长期总供给曲线的移动,短期总供给曲线也向右移动,即从 SAS_0 向右移动到 SAS_1。这一过程中技术进步会引起投资增加、消费增加,总需求曲线移动到 AD_1。这三条曲线相交于一点 E_1,决定了均衡产出为 Y_1,Y_1 与新的

充分就业产出 Y_f 相等,仍然是充分就业,但产出大大提高了,而物价水平不变。

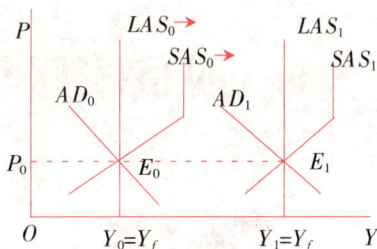

图 2-15-7　长期总供给变动对宏观经济的影响

习题演练

单项选择题

1.下列关于总需求的说法中,错误的是(　　)。

A.总需求曲线表示随着总需求的增加,价格水平有上升趋势

B.随着价格总水平的提高,利息率上升

C.随着价格总水平的提高,投资减少

D.表示经济中的需求总量与价格水平之间关系的曲线就是总需求曲线

2.以下关于财产效应的说法,正确的是(　　)。

A.物价水平上升,实际财产减少

B.物价水平上升,消费增加

C.物价水平下降,实际财产减少

D.物价水平下降,消费减少

参 考 答 案

单项选择题

1.【答案】A。解析:总需求曲线表示需求量与价格水平反方向的变动关系。

2.【答案】A。解析:财产效应就是物价水平的变动通过对实际财产的影响而影响消费。当物价水平上升时,实际财产减少,消费减少;当物价水平下降时,实际财产增加,消费增加。

第十六章 失业、通货膨胀与通货紧缩

考点详解

考点一 | 失 业

一、失业的描述

1.失业率

在一定年龄范围内,愿意工作而没有工作,并在寻找工作的人称为失业人口。衡量这种失业状况的指标称为失业率。

$$失业率=失业者人数/劳动力总数×100\%$$
$$=失业者人数/(就业人数+失业人数)×100\%$$

2.失业的分类

失业主要有以下三种类型:

(1)摩擦性失业。摩擦性失业指经济中由于正常的劳动力流动而引起的失业。

一般把新加入劳动力队伍正在寻找工作而造成的失业,也归入摩擦性失业的范围之内。

(2)结构性失业。结构性失业指由于劳动力市场结构的特点,劳动力流动不能适应劳动力需求变动所引起的失业。在这种情况下,往往是"失业与空位"并存。

(3)周期性失业。周期性失业又称需求不足的失业,也就是凯恩斯所说的非自愿失业。它是指由于总需求不足而引起的短期失业。

3.充分就业

充分就业并非人人都有工作。充分就业时仍存在结构性失业和摩擦性失业以及自愿性失业。消灭了非自愿性失业的就业状态属于充分就业,充分就业与自然失业的存在并不矛盾,实现了充分就业时的失业率就是自然失业率。

充分就业时为什么仍有自然失业率存在?因为在一个国家中,由于高度的流动性、兴趣与才能的广泛差别、无数物品和劳务的供求不断变化,在这样的一个世界中,会存在相当多的由于劳动力的流动、季节性的变化等原因造成的失业。这种失业的存在不仅是必然的,而且是必要的。因为这些劳动的后备军可以随时满足社会对劳动的增加的需求,并且作为一种对就业者的"威胁"而迫使就业者提高生产效率。此外,各种福利支出,如失业救济的存在,也使得一定失业水平的存在不会对社会的安定构成危害。

二、失业的影响与奥肯定律

1.失业的影响

社会影响：失业提升了社会的犯罪率，影响了家庭的稳定，伤害个人的自尊和信心。

经济影响：当失业率上升时，经济中本可由失业工人生产出来的产品和劳务就损失了。

2.奥肯定律

奥肯定律是指失业率每高于自然失业率1个百分点，实际GDP将低于潜在GDP 2个百分点。

(1)它表明了失业率与实际国民收入增长率之间是反方向变动的关系。

(2)失业率与实际国民收入增长率之间1:2的关系只是一个平均数，是根据经验统计资料得出来的，在不同的时期并不是完全相同的。

(3)奥肯定理主要适用于没有实现充分就业的情况，即失业是周期性失业的失业率。

公式：

$$\frac{Y-Y_f}{Y_f}=-a(u-u^*)$$

其中 Y 为实际产出，Y_f 为潜在产出，u 为实际失业率，u^* 为自然失业率，a 为大于零的参数。

考点二　通货膨胀与菲利普斯曲线

一、通货膨胀及其分类

(一)定义

通货膨胀指在一定时期，经济社会的价格水平持续和显著地上涨。通货膨胀的程度通常用通货膨胀率来衡量。通货膨胀率被定义为从一个时期到另一个时期价格水平变动的百分比。用公式表示就是：

$$\pi_t=\frac{P_t-P_{t-1}}{P_{t-1}}$$

式中，π_t 为 t 时期的通货膨胀率；P_t 和 P_{t-1} 分别为 t 时期和 t_1 时期的价格水平。

(二)通货膨胀的衡量

通货膨胀有以下三种衡量指数：

(1)消费价格指数。消费价格指数指通过计算城市居民日常的社会用品和劳务的价格水平变动而得到的指数。

一定时期消费价格指数=本期价格指数/基期价格指数×100%

(2)生产者价格指数。生产者价格指数指通过计算生产者在生产过程中的所有阶段上所获得的产品的价格水平变动而得到的指数。生产者价格指数衡量的是投资品的价格。

(3)国内生产总值价格折算指数。国内生产总值价格折算指数又称GDP平减指数，是名义国内生产总值与实际国内生产总值之比。

(三)通货膨胀的分类

1.按照价格上升的速度进行分类

(1)温和的通货膨胀,指年物价上升的比例在10%以内。

(2)奔腾的通货膨胀,指年通货膨胀率在10%以上和100%以内。

(3)超级通货膨胀,指年通货膨胀率在100%以上。

2.按照对价格影响的差别分类

(1)平衡的通货膨胀,即每种商品的价格都按相同比率上升。

(2)非平衡的通货膨胀,即各种商品价格上升的比例并不完全相同。

3.按照人们的预料程度加以区分

(1)未预期到的通货膨胀,即价格上升的速度超出人们的预料,或者人们根本没有想到价格会上涨。

(2)预期到的通货膨胀,具有自我维持的特点,又称为惯性的通货膨胀。

二、通货膨胀的成因

一般地,按照通货膨胀的起因可以把通货膨胀分为需求拉动型通货膨胀、成本推动型通货膨胀和结构型通货膨胀三类。

(一)需求拉动型通货膨胀

1.定义

总需求超过总供给所引起的一般价格水平的持续显著上涨,又称为超额需求通货膨胀,解释为"过多货币追求过少的商品"。

2.原因

在总产量达到一定量后,当需求增加时,供给会增加一部分,但供给的增加会遇到生产过程中的瓶颈现象,即劳动、原料、生产设备的不足使成本提高,从而引起价格上升;或者当产量达到最大,即为充分就业时的产量,当需求增加时,供给也不会增加,总需求增加只会引起价格的上涨。消费需求、投资需求或来自政府的需求、国外需求,都会导致需求拉动型通货膨胀,需求方面的总支出主要包括财政政策、货币政策、消费习惯的改变、国际市场的需求变动。

引起需求扩大的因素有两大类:一类是消费需求、投资需求的扩大,政府支出的增加、减税,净出口增加等(通过 *IS* 曲线右移),它们都会导致总需求的增加,需求曲线右移,称为实际因素。另一类是货币因素,即货币供给量的增加或实际货币需求量的减少(通过 *LM* 曲线右移),导致总需求增加。

(二)成本推动型通货膨胀

1.定义

在没有超额需求的情况下, 由于供给方面成本的提高所引起的一般价格水平持续和显著地上涨,又称为成本通货膨胀或供给通货膨胀。根据推动成本不同又可以分为工资推动通货膨胀及利润推动通货膨胀(这里的利润通常为垄断利润)。

2.工资推动通货膨胀

工资推动通货膨胀是指不完全竞争的劳动力市场的过高工资所导致的一般价格水平的上涨。据西方学者解释,在完全竞争的劳动力市场上,工资率完全取决于劳动的供求,工资的提高不会导致通货膨胀;而在不完全竞争的劳动力市场上,由于强大的工会组织的存在,工资不再是竞争的工资,而是工会和雇主集体议价的工资,并且由于工资的增长率超过生产率增长速度,工资的提高就导致成本提高,从而导致一般价格水平上涨。西方经济学者进而认为,工资提高和价格水平上涨之间存在因果关系:工资提高引起价格上涨,价格上涨又引起工资提高。这样,工资提高和价格上涨形成了螺旋式的上升运动,即所谓工资价格螺旋。

3.利润推动通货膨胀

利润推动通货膨胀是指垄断企业和寡头企业利用市场势力谋取过高利润所导致的一般价格水平的上涨。西方经济学者认为,就像不完全竞争的劳动力市场是工资推动通货膨胀的前提一样,不完全竞争的产品市场是利润推动通货膨胀的前提。在完全竞争的产品市场上,价格完全取决于商品的供求,任何企业都不能通过控制产量来改变市场价格。而在不完全竞争的产品市场上,垄断企业和寡头企业为了追求更大的利润,可以操纵价格,把产品价格定得很高,致使价格上涨的速度超过成本增长的速度。

另外,从需求和供给两个方向分析,有人提出了混合通货膨胀理论。其分析的实质就是把上面两个理论结合起来。

(三)结构型通货膨胀

1.定义

由于经济结构因素的变动,出现一般价格水平的持续上涨,称为结构型通货膨胀。

2.主要内容

由于生产部门的生产率提高的速度不同,两个部门的工资增长也应当有区别。但是,生产率提高慢的部门要求工资增长向生产率提高快的部门看齐,结果使全社会工资增长速度超过生产率增长速度,因而引起通货膨胀。这种对比部门可分为:生产效率高的部门和生产效率低的部门,迅速发展的部门和渐趋衰落的部门,开放部门和非开放部门。

三、通货膨胀的经济效应

1.通货膨胀的再分配效应

(1)降低固定收入阶层的实际收入水平,不利于他们靠固定的货币收入维持生活。即使就业工人的货币工资能与物价同比例增长,在累进所得税下,货币收入增加使人们进入更高的纳税等级,税率的上升也会使工人的部分收入丧失。

(2)通货膨胀对储蓄者不利。随着价格上涨,存款的实际价值或购买力会降低。

(3)通货膨胀还可以在债务人和债权人之间发生收入再分配的作用。具体地说,通货膨胀靠牺牲债权人的利益而使债务人获利。只要通货膨胀率大于名义利率,实际利率就为负值。

2.通货膨胀的产出效应

在短期内,需求拉动的通货膨胀可促进产出水平的提高;成本推动的通货膨胀却会导致产出水平的下降。

3.通货膨胀对就业的影响效应

需求拉动通货膨胀会刺激就业、减少失业;成本推动的通货膨胀在通常情况下,会减少就业。但在长期内,上述影响产量和就业的因素都会消失。

四、菲利普斯曲线

1.最初的菲利普曲线

1958年,菲利普斯提出了一条用以表示失业率与货币工资增长率之间替换关系的曲线。在以横轴表示失业率,纵轴表示货币工资增长率的坐标系中,画出一条向右下方倾斜的曲线,这就是最初的菲利普斯曲线。菲利普斯曲线的英文全称为 Phillips Curve,简称 PC。

2.新古典综合派的菲利普斯曲线

以萨谬尔森为代表的新古典综合派把菲利普斯曲线改造为失业与通货膨胀之间交替关系的曲线。

3.菲利普斯曲线的函数表达式

$$\pi = -\varepsilon(u - u^*)$$

式中,u^* 表示自然失业率,u 表示失业率,π 代表通货膨胀率, 参数 ε 衡量价格对于失业率的反应程度。

4.菲利普斯曲线(见图 2-16-1)

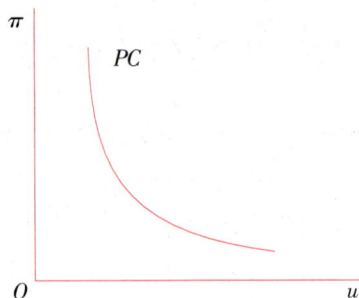

图 2-16-1 菲利普斯曲线

真题回顾

(2018·单选)对于短期菲利普斯曲线,预期通胀的升高会导致( )。

A.菲利普斯曲线向外移动

B.政策制定者的选择更加容易

C.菲利普斯曲线变得更陡峭

D.降低失业率会导致更低的通货膨胀

【答案】A。解析:短期菲利普斯曲线的位置取决于预期通货膨胀率,如果预期通货膨胀率上升,则短期菲利普斯曲线向上移动,决策者面临的取舍关系更加不利,即在任何一个失业水平,通货膨胀更高了。

五、通货膨胀对社会经济的影响

1.对生产和流通的影响

第一,通货膨胀不利于生产正常发展。在物价普遍上涨的情况下,生产成本随之提高,生产性投资风险加大,会导致社会生产资本总量减少;通货膨胀会使货币的价值尺度功能受到破坏,成本、收入、利润等均无法准确核算,严重影响企业的财务管理和生产活动的正常进行。

第二,通货膨胀打乱了正常的商品流通秩序。一方面,由于价格信号扭曲、各地物价上涨不均衡,引起商品向价格上涨最快、水平最高的地区流动,导致商品供求不合理,加大运输成本,进一步推动价格上涨;另一方面,在通货膨胀比较严重的情况下,会出现商品抢购、囤积居奇等现象,进一步加剧市场供需矛盾。

2.对分配和消费的影响

第一,通货膨胀会引起不利于固定薪金收入阶层的国民收入的再分配。

第二,通货膨胀有利于债务人而不利于债权人的分配。

第三,通货膨胀会缩小消费规模。

3.对金融秩序和经济、社会稳定的影响

第一,通货膨胀使货币贬值,当名义利率低于通货膨胀率,实际利率为负值时,常常会引起居民挤提存款,用于抢购商品。而企业争相贷款,将贷款的资金用于囤积商品,赚取暴利。这会导致银行资金紧张,扰乱了金融领域的正常秩序。

第二,严重的通货膨胀,会使社会公众失去对本国纸币的信心,不愿意接受和使用纸币,甚至会出现排斥货币的现象,导致一国的货币制度走向崩溃。

第三,由于通货膨胀使生产领域受到打击,生产性投资的预期收益普遍低落,而流通领域则存在过度的投机,导致经济紊乱。

第四,通货膨胀引起的经济领域的混乱,会直接波及整个社会,社会各阶层的利益分配不公会激化社会矛盾,导致政府威信下降,政局不稳定。

六、通货膨胀的治理对策

表 2-16-1 通货膨胀的治理对策

对策		具体措施
紧缩的货币政策	减少货币供应量	中央银行直接减少基础货币投放,从而达到减少货币供应量的目的
		提高法定存款准备金率,使商业银行超额准备金减少,贷款能力减弱,货币乘数降低,从而减少货币供应量
	提高利率	中央银行提高基准利率如再贴现率,使商业银行向中央银行筹资的成本提高,减少融资规模;央行基准利率提高后,市场存款利率会相应提高,这会对集中社会储蓄、将消费基金转化为生产基金起到激励作用,缓解物价上涨的压力

表 2-16-1(续)

对策		具体措施
紧缩的财政政策	增收	增加税赋,抑制企业投资和个人消费支出
	节支	压缩政府机构费用开支,抑制公共事业投资,减少各种补贴和救济等福利性支出
其他对策		紧缩的收入政策、积极的供给政策以及货币改革等措施

考点三 通货紧缩

一、通货紧缩的定义

通货紧缩是指货币供应量少于流通领域对货币的实际需求量而引起的货币升值,从而引起的商品和劳务的货币价格总水平持续下跌的现象。

表 2-16-2 通货紧缩的定义

不同理论	具体内容
单要素说	认为通货紧缩就是物价的全面持续下降
双要素说	认为通货紧缩是一种货币现象,表现为价格的持续下跌和货币供给量的连续下降
三要素说	认为通货紧缩是经济衰退的货币表现,必须具备三个基本特征:一是物价的普遍持续下降;二是货币供给量的连续下降;三是有效需求不足,经济全面衰退

二、通货紧缩的原因

表 2-16-3 通货紧缩的原因

原因	内容
货币供给减少	主要是由于政策时滞,在通货膨胀时期的紧缩政策没有及时调整,导致投资和需求下降,进而影响社会有效供给
有效需求不足	实际利率较高时,消费和投资会大幅下降导致有效需求不足,进而物价下跌
	金融机构贷款意愿下降和提高利率时,会减少社会总需求,导致物价下跌
	制度变迁和转型等体制因素,导致居民消费行为发生变化,储蓄倾向上升,消费倾向下降,引起有效需求不足
供需结构不合理	经济中存在不合理的扩张和投资,造成不合理的供给结构和过多的无效供给,当累积到一定程度时必然加剧供给之间的矛盾,导致供过于求,产品价格下跌
国际市场的冲击	对于开放程度高的国家,在国际经济不景气的情况下,国内市场会受到很大影响,主要表现在出口下降,外资流入减少,导致国内供给增加、需求减少,产品价格下降

三、通货紧缩的影响

表 2-16-4 通货紧缩的影响

影响	内容
导致社会总投资减少	通货紧缩会使实际利率提高,社会投资的实际成本上升,导致投资下降
	由于预期价格下降,投资预期收益减少,使企业投资意愿下降
减少消费需求	在通货紧缩过程中,物价下跌使货币实际购买力不断提高,人们会尽可能推迟支付,导致消费支出的延迟和消费规模的减小
影响社会收入再分配	通货紧缩会使政府的收入向企业和个人转移,主要通过降低所得税实现
	通货紧缩会使企业在价格下降中受到损失
	通货紧缩会使工人的实际工资增加
	通货紧缩会形成有利于债权人而不利于债务人的资金再分配

四、通货紧缩的治理对策

表 2-16-5 通货紧缩的治理对策

对策		具体措施
扩大有效需求	扩大投资需求	扩大政府公共支出
		刺激企业及民间投资
		合理调整经济结构
	增加消费需求	消除各种不利于增加消费的政策措施和制度约束,充分利用各种政策组合,引导社会消费稳定增长
		提高公众收入水平,增加其购买能力以增加消费需求
		通过提高就业水平和增加失业补助刺激低收入阶层的消费需求
		扩大消费信贷的规模和品种
		加快社会保障制度建设
实行扩张的财政政策和货币政策	扩张的财政政策	扩大财政开支,兴建公共工程,增加财政赤字,减免税收
	扩张的货币政策	降低法定存款准备金率、降低再贴现率、公开市场买入有价证券等
		降低基准利率,以减少商业银行借款成本,降低市场利率,刺激总需求
引导公众预期		通过公开宣传等措施对公众进行政策性引导,调整企业和个人对未来的预期,可以对扩大投资需求和增加消费需求起到一定的引导作用

习题演练

一、单项选择题

1.认为通货膨胀的原因在于"太多的货币追逐较少的货物",所以一般物价水平上涨的通货膨胀是(　　)。

　　A.货币数量论通货膨胀　　　　　　B.需求拉动型通货膨胀

C.成本推动型通货膨胀　　　　　　D.结构型通货膨胀

2.测度失业最常见的指标是(　　)。

A.失业率　　　　　　　　　　　　B.就业率

C.离职率　　　　　　　　　　　　D.劳动力比率

3.下列(　　)不属于隐蔽性通胀可能导致的现象。

A.商品短缺　　　　　　　　　　　B.黑市猖獗

C.凭票供应　　　　　　　　　　　D.有货无价

二、多项选择题

1.经济周期分为(　　)不同阶段。

A.繁荣　　　　　　　　　　　　　B.衰退

C.萧条　　　　　　　　　　　　　D.复苏

2.失业主体必须具备的三个条件包括(　　)。

A.有劳动能力　　　　　　　　　　B.学历不够

C.愿意就业　　　　　　　　　　　D.没有工作

3.在充分就业状况下,仍然存在以下(　　)形式的失业。

A.非自愿失业　　　　　　　　　　B.摩擦性失业

C.结构性失业　　　　　　　　　　D.自愿失业

参 考 答 案

一、单项选择题

1.【答案】B。解析:需求拉动型通货膨胀是指从总需求的角度分析,认为通货膨胀的原因在于总需求过度增长,总供给不足,即"太多的货币追逐较少的货物",所以一般物价水平上涨。

2.【答案】A。解析:测度失业最常见的指标是失业率。

3.【答案】D。解析:隐蔽性通货膨胀会导致商品普遍短缺、有价无货、凭票证供应、黑市猖獗等现象。

二、多项选择题

1.【答案】ABCD。解析:经济周期分为四个阶段:繁荣、衰退、萧条、复苏。

2.【答案】ACD。解析:失业主体必须具备的三个条件:有劳动能力、愿意就业、没有工作。

3.【答案】BCD。解析:在充分就业状况下,仍然存在摩擦性失业、结构性失业和自愿失业。

第十七章　国际贸易

考点详解

考点一　国际贸易理论

一、国际贸易理论的演变

表 2-17-1　国际贸易理论的演变

理论	提出者	观点
绝对优势理论	亚当·斯密（18世纪）	各国在生产技术上的绝对差异导致在劳动生产率和生产成本上的绝对差异，这是国际贸易和国际分工的基础。各国应该集中生产并出口具有绝对优势的产品，而进口不具有绝对优势的产品，其结果是可以节约社会资源，提高产出水平
比较优势理论	大卫·李嘉图（19世纪）	该理论认为，决定国际贸易的因素是两个国家产品的相对生产成本。只要两国之间存在生产成本上的差异，即使其中一方处于完全的劣势地位，国际贸易仍会发生，而且贸易会使双方获得收益
赫克歇尔-俄林理论（要素禀赋理论）	赫克歇尔和俄林（20世纪初）	这一理论认为，各国的资源条件不同，也就是生产要素的供给情况的不同，是国际贸易产生的基础 根据赫克歇尔和俄林的理论，各国应该集中生产并出口那些能够充分利用本国充裕要素的产品，进口那些需要密集使用本国稀缺要素的产品。国际贸易的基础是生产资源配置或要素储备比例上的差别
规模经济贸易理论	美国经济学家克鲁格曼（20世纪60年代）	规模经济的贸易学说解释了相似资源储备国家之间和同类工业品之间的双向贸易现象 该理论认为：大规模的生产可以降低单位产品的生产成本，是现代国际贸易的基础

二、影响国际贸易的因素

表 2-17-2　影响进出口贸易的因素

影响出口贸易的因素	影响进口贸易的因素
①自然资源的丰裕程度 ②生产能力和技术水平的高低 ③汇率水平的高低 ④国际市场需求水平和需求结构变动	①一国的经济总量或总产出水平 ②汇率水平 ③国际市场商品的供给情况和价格水平的高低

三、政府对国际贸易的干预

　　政府对国际贸易进行干预或限制主要是为了保护国内产业免受国外竞争者的损害，维持本国的经济增长和国际收支平衡。

政府对国际贸易的干预包括对进口贸易的干预和对出口贸易的干预两个方面。

1.政府对进口贸易的干预

政府对进口贸易的干预主要采取关税限制和非关税限制两种方式，即关税壁垒和非关税壁垒。

(1)关税壁垒。关税壁垒是指国家通过征收高额进口关税来限制外国商品进口的一种外贸政策。这种政策可以提高进口货物的成本，从而削弱其竞争能力，起到保护国内生产和国内市场的作用。

(2)非关税壁垒。非关税壁垒则是指采用关税以外的手段对外国商品进口设置障碍的各种措施，如进口配额制、自愿出口限制、歧视性公共采购、技术标准和卫生检疫标准等。

政府除利用关税和非关税措施限制和调节进口贸易外，还常常采取各种鼓励出口的措施对出口贸易进行干预。

2.政府对出口贸易的干预

政府干预出口贸易以刺激出口增加的主要措施是出口补贴。出口补贴分为直接补贴和间接补贴两种。

(1)直接补贴。直接补贴是政府直接以现金形式弥补出口企业国际市场价格与本国国内市场价格的差价。

(2)间接补贴。间接补贴是对出口企业在出口商品时给予财政上的优惠待遇，如出口退税、出口信贷等。

实行出口补贴的目的是降低本国出口产品的价格，提高在国际市场上的竞争力，扩大出口。

考点二 国际资本流动

一、国际资本流动含义和类型

1.国际资本流动的含义

国际资本流动是指资本在国家之间或地区之间的转移。

资本流动的内在动力是资本流动给流出国与流入国都能带来收益。

2.国际资本流动的类型

表 2-17-3　国际资本流动的类型

分类标准	具体类别	内容
时间长短	长期资本流动	期限一年以上的资本流动,包括国际直接投资、间接投资和国家贷款等
	短期资本流动	期限不超过一年的资本流动,包括贸易资本流动、投机性资本流动、银行资金调拨和保值性资本流动
资本流动方式	外国直接投资	按照国际货币基金组织的定义, 国际直接投资应该拥有国外企业股权的25%以上。而美国规定的标准为控制股权 10%以上
	国际证券投资	在国际债券市场购买中长期债券,或在外国股票市场上购买企业股票的一种投资活动
	国际贷款	国际上的资金借贷,即由一国、数国或国际金融机构向第三国政府、银行或企业提供资金融通

3.国际资本流动的动因

一般来说,国际资本流动的主要动因是追求利润。

(1)在不同国家或地区间的收益率的差异促使资本跨国流动,从收益率较低的地方向收益率较高的地方流动。

(2)由于汇率变动产生的国际资本流动以及国际收支造成的国际资本流动。

(3)由于各种风险因素造成的资本国际流动,如汇率风险、市场风险等。

(4)由于其他因素造成的国际资本流动,如投机、规避贸易保护、国际分工等。

4.国际资本流动的影响

表 2-17-4　国际资本流动的影响

	对资本输入国	对资本输出国
积极影响	①缓解本国资本的不足,促进本国经济增长和就业,同时也有利于资源的合理配置 ②意味着本国外汇收入的增加,从而有利于平衡国际收支 ③促进本国对外贸易的发展	①可以为相对过剩的资本找到更为有利的投资场所,获得高额利润 ②带动本国出口贸易的发展,扩大本国商品在外国的市场份额和占领世界市场
消极影响	①短期的资本流入容易造成本国货币金融秩序的混乱,并有可能引发金融危机 ②资本流入过多会加重外债负担,并有可能陷入债务危机 ③对长期投资如果利用不当,还可能成为资本输出国的附庸	长期过度的资本流出会导致资本输出国经济增长的停滞,并减少本国的就业机会

5.政府对国际资本流动的干预手段

政府对国际资本流动有以下几种干预手段:

(1)实行外汇管制。

(2)颁布专门的政策法规与条例。

(3)对偿债能力进行控制。

(4)制定财政政策和金融政策,利用政策手段对资本的国际流动加以控制。

习题演练

单项选择题

1.最常见的国际资本流动形式是对外直接投资与间接投资,其中对外间接投资包括证券投资、借贷资本输出和(　　)。

A.国外企业收购　　　　　　　　B.合资企业

C.国际融资　　　　　　　　　　D.利润再投资

2.关于当代国际服务贸易,说法不正确的是(　　)。

A.国际服务贸易发展速度高于国际货物贸易

B.发达国家在国际服务贸易中处于绝对优势

C.国际服务贸易不包括国际教育服务

D.国际金融服务属于国际服务贸易

参考答案

单项选择题

1.【答案】C。解析:对外间接投资包括证券投资、借贷资本输出和国际融资,其特点是投资者不直接参与这些投资企业的经营和管理。国际融资是指通过国际金融市场来筹集企业发展所需的流动资金、中长期资金,目的是进入资金成本更优惠的市场,扩大企业发展资金的可获取性,降低资金成本。

2.【答案】C。解析:随着国际分工和国际产业结构的迅速调整,以及第三产业的日益发展和国际上经济交流的不断扩大,国际服务贸易发展速度超过了国际货物贸易,受到各国政府的重视。A项正确。服务贸易地区呈现出不平衡趋势,发达国家在国际服务贸易中处于绝对优势地位,具有巨额的服务贸易顺差。B项正确。国际服务贸易包括国际教育服务、国际金融服务等种类。C项错误,D项正确。

第十八章 货币与货币制度

考点详解

考点一 货币

一、货币的产生与发展

货币是交换过程的必然产物。因此,货币产生的根源在于商品。

货币形式的发展是人类社会发展的重要标志。早期的铸币材料为贱金属,后发展为贵金属。现在世界各国流通的都是不兑现的银行券和纸币,统称为货币符号或价值符号。由金属货币向纸制货币形态转化,对人类社会来说是一个重要的里程碑。它标志着商品经济或市场经济的发展突破了金属货币限制,特别是突破了贵金属货币材料的束缚而进入符号货币时代。

二、货币的本质与职能

1.货币的本质

货币是商品,货币的根源在于商品本身,这是为价值形式发展的历史所证实了的结论。但货币不是普通的商品,而是固定地充当一般等价物的特殊商品,并体现一定的社会生产关系。这就是货币的本质的规定。

2.货币的职能

货币的本质是通过货币的职能充分地表现出来的。在发达的商品经济条件下,货币一般具有五种职能:

(1)价值尺度。

(2)流通手段。

(3)贮藏手段。

(4)支付手段。

(5)世界货币。

三、货币的作用

货币在商品经济或市场经济中的作用主要表现在以下几个方面:

(1)推动经济合理运行和持续增长。

(2)核算社会劳动,促进经济效益的提高。

(3)实现经济联系,发展和完善市场体系。

(4)实现社会产品分配,提高劳动者的生活水平。

(5)调节控制经济运行。

考点二 | 货币制度

一、货币制度的概念和构成要素

1.货币制度的概念

货币制度是一个国家在历史上形成的并由国家以法律形式规定的货币流通的组织和管理形式,它是一国经济制度和市场经济体制的重要构成部分。随着生产力的发展、市场经济体制的完善和一国经济制度的变迁,货币制度也在逐步演进。

2.货币制度的构成要素

(1)法律规定货币金属,即规定以何种金属作为货币材料。不同的货币金属构成不同的货币本位制度,这是确定整个货币制度的基础。例如,在资本主义初期,它们一般以白银作为货币金属;随着资本主义经济的发展,黄金作为货币金属,统称金本位制。

(2)货币单位。货币单位是由法律规定货币单位的名称和货币单位所包含的货币金属的重量。

(3)确定本位货币及其铸造与流通。本位货币是按照国家法律规定的货币单位所铸造的铸币,亦称主币,它是一个国家的基本通货。本位货币是足值的铸币,即铸币的名义价值(面值)与实际价值相一致。法律规定,本位币是无限法偿的。

(4)确定辅币材料及其铸造和流通。辅币通常用贱金属铸造。辅币的名义价值高于实际价值,故铸造辅币可以得到一部分收入并归国家垄断。辅币不能自由铸造,统一由国家用国库的金属铸造,以防止辅币排挤主币。法律规定,辅币是有限法偿的。

(5)信用货币和纸币的发行与流通。任何一个国家即便在金本位币制条件下,并不都由金铸币发挥流通和支付手段。无论是信用货币还是纸币,都是真实货币的符号,执行货币的职能。为适应货币流通的需要而出现了各种信用货币,包括商品票据、银行券和支票。纸币是为了弥补政府开支而发行的,特别是在战争年代。

(6)确立国家的准备金制度。为了稳定货币,各国都建立了准备金制度,这是货币制度的一项重要内容。准备金有三方面的用途:①作为国际收支;②调节国内金属货币流通;③支付存款和兑换银行券。

二、货币制度的发展与演变

1.银本位制

银本位制是以白银为本位币的一种货币制度。银铸币为本位货币,具有无限法偿能力。银币可以自由铸造、自由熔化。国际上白银和银币可以自由输出输入。

2.金银复本位制

金银复本位制的内容是:金银两种金属均为币材,以金银铸币为本位货币。金银货币具有无限法偿能力。金银币可以自由铸造和熔化,在国际上能自由输出输入。

金银复本位制的优点:

(1)币材充足,能够满足流通需要。

(2)复本位制下,金银比价由政府规定,能够反过来影响金银的市场价格,有利于金银币值的稳定。

(3)便于交易,人们可以根据交易额的大小选择金币或者银币进行支付。

格雷欣法则:在金银复本位制中,采用双本位制时,在两种面值相同而实际价值不同的货币同时流通时,实际价值较高的"良币"必然被收藏、熔化或输出而退出流通,实际价值较低的"劣币"则会充斥市场,出现"劣币驱逐良币"的现象。

3.金本位制

金本位制的主要内容包括:

(1)用黄金来规定货币所代表的价值,每一货币都有法定的含金量,各国货币按其所含黄金的重量而有一定的比价。

(2)金币可以自由铸造,任何人都可按法定的含金量,自由地将金块交给国家造币厂铸造成金币,或以金币向造币厂换回相当的金块。

(3)金币是无限法偿的货币,具有无限制支付手段的权利。

(4)各国的货币储备是黄金,国际上结算也使用黄金,黄金可以自由输出或输入。

金币本位制有三个特点:自由铸造、自由兑换和自由输出输入。

4.布雷顿森林体系

布雷顿森林体系是以美元和黄金为基础的金汇兑本位制。其实质是建立一种以美元为中心的国际货币体系,基本内容包括美元与黄金挂钩、国际货币基金成员的货币与美元保持固定汇率(实行固定汇率制度)。布雷顿森林体系的运转与美元的信誉和地位密切相关。

5.牙买加体系

布雷顿森林体系崩溃以后,国际金融秩序又复动荡,直至 1976 年 1 月,国际货币基金组织理事会"国际货币制度临时委员会"在牙买加首都金斯敦举行会议,讨论国际货币基金协定的条款,经过激烈的争论,签订达成了"牙买加协定",同年 4 月,国际货币基金组织理事会通过了《IMF 协定第二修正案》,从而形成了新的国际货币体系。

牙买加协定的主要内容有:

(1)实行浮动汇率制度的改革。

(2)推行黄金非货币化。

(3)增强特别提款权的作用。

(4)增加成员基金份额。

(5)扩大信贷额度,以增加对发展中国家的融资。

6.纸币本位制

纸币本位制是指一个国家或地区的本位货币使用纸币而不与黄金发生任何联系的一种货币制度。它的主要特点是:

(1)纸币的发行不受黄金储备的限制,其发行量完全取决于实现货币政策的需要。

(2)纸币的价值取决于它的购买力,纸币的购买力与发行量成反比,与商品供应量成正比。

(3)纸币的流通完全取决于纸币发行者的信用。

(4)政府通过法律手段保证纸币具有一定的强制接受性。

纸币流通条件下,保证币值的稳定是货币制度的核心,必须要以社会公众提供给中央银行分配的资源或资产作为稳定币值的基础。我国人民币制度是一种纸币本位制。它的发行不与任何贵金属挂钩,也不依附于任何一国的货币,是一种独立的货币。

真题回顾

(2018·单选)货币制度含义丰富,下列有关货币制度,说法正确的是(   )。

A.国际货币制度主要包含确定国际储备资产,安排汇率制度以及选择国际收支制度方式等内容

B.特里芬难题出现在金银复本位制下

C.金块本位制下,银行券可在国内自由兑换为金块

D.金汇兑本位制下,银行券可在国内有限制兑换黄金

【答案】A。解析:国际货币制度指的是各国政府对货币在国际范围内发挥世界货币职能所确定的规则、措施和组织形式。其内容包括:①国际储备资产的确定;②汇率制度的确定;③国际收支不平衡的调节机制。A项正确。特里芬难题出现在布雷顿森林体系之下,是以美元为中心的国际货币体系,B项错误。金块本位制下,黄金的流通受限,银行券不能自由兑换黄金和金币,只能在一定条件下兑换成金块,C项错误。金汇兑本位制下,国内只流通银行券,银行券在国内不能兑换成黄金,只能在国际市场上先兑换成外币再兑换成黄金,D项错误。

习题演练

一、单项选择题

1.历史上,著名的格雷欣法则发生在(   )阶段。

A.银本位制   B.信用本位制

C.金本位制   D.金银复本位制

2.信用中介和支付中介职能以(   )为重要支柱和经济基础。

A.支票   B.现金

C.存款   D.贷款

3.如果金银的法定比价为1:16,而市场比价为1:12,按照格雷欣法则,那么这时充斥市场的将是( )。

A.银币　　　　　　　　　　B.金币

C.银行券　　　　　　　　　D.金银混合币

二、多项选择题

发生( )情形后,M_2的构成仍保持不变。

A.提高从储蓄账户到支票账户的转账手续费

B.各家银行设置了更多的自动取款机

C.消费者用现金买了一瓶矿泉水

D.信用卡被更加广泛地使用

参 考 答 案

一、单项选择题

1.【答案】D。解析:劣币驱逐良币的规律又叫作格雷欣法则,是发生在金银复本位制的双本位制度之下。实际价值低于名义价值的劣币充斥市场,实际价值高于名义价值的良币被贮藏熔化或输出国外,退出本国流通领域。

2.【答案】C。解析:存款对于金融机构的意义表现在四方面:①存款是金融机构产生和发展的基础。②信用中介和支付中介职能以存款为重要支柱和经济基础。③存款规模决定贷款规模和竞争实力。④存款是金融机构签发信用流通工具和信用创造的基础。

3.【答案】B。解析:金币的法定价值大于市场价值,是劣币,根据格雷欣法则,劣币驱逐良币,这时充斥市场的是金币。

二、多项选择题

【答案】ABCD。解析:M_2包括流通中的现金、活期存款、银行体系的储蓄存款和定期存款,A、B、C、D四项情形都是在M_2的范围内转化。

第十九章 信用与利率

考点详解

考点一 信用

一、信用的产生与发展

所谓信用,就是以偿还本金和付息为特征的借贷行为。分析和理解信用的概念应从以下几方面着手:信用是以偿还本金和付息为条件的借贷行为;信用关系是债权债务关系;信用是价值运动的特殊形式。一般认为,当商品交换出现延期支付、货币执行支付手段职能时,信用就产生了。信用的产生必须具备两方面的条件:一方面,信用是在商品货币经济有了一定发展的基础上产生的;另一方面,信用只有在货币的支付手段职能存在的条件下才能发生。历史上,信用基本上表现为两种典型的形态:高利贷信用和借贷资本信用。

二、信用活动的构成要素

1.债权人与债务人

信用活动形成债权债务关系。信用的发生要以授信人对受信人的偿还承诺信任为前提。具体来看,现代信用活动中的主体,即债权人与债务人可以有个人、企业、政府、金融机构几种。

个人、企业、政府及有联系的国外各单位之间的债权债务关系,有些是直接发生的,但绝大部分都是通过各种金融媒介而形成的。

作为信用关系中间媒介的金融机构,它一方面有自身的经营收入和日常支出,另一方面还有一种债权债务关系,即吸收资金从而形成债务贷出款项,构成债权。这是作为中间媒介的金融机构的自身特点。对于它们自身的经常收入和日常支出,其结果既可能盈余也可能出现赤字,此时,它也会与其他单位发生债权债务关系,即表现出了金融机构经营活动所独具的特征。

2.时间间隔

信用活动的发生,必然具有资金转移的时间间隔,它是构成货币单方面让渡与还本付息的基本条件。

3.信用工具

信用关系的形成与发展,有三个阶段:第一阶段的信用以口头承诺、账面信用为依据,尚未使用正式的信用工具;第二阶段的信用关系是以正式的书面凭证为依据,如借贷契约、债务凭证等,这些构成了真正的信用工具;第三阶段是信用工具流动化的阶段,即各种信用工具,如债券、票据等都可以上市流通转让。

三、信用的基本形式

信用的基本形式有商业信用、银行信用、国家信用、消费信用和国际信用。

1.商业信用

商业信用是指企业在正常的经营活动和商品交易中由于延期付款或预收账款所形成的企业常见的信贷关系。商业信用的形式主要有:赊购商品、预收货款和商业汇票。商业信用产生的根本原因是由于在商品经济条件下,在产业资本循环过程中,各个企业相互依赖,但它们在生产时间和流通时间上往往存在着不一致,从而使商品运动和货币运动在时间上和空间上脱节。

商业信用的优点在于方便和及时。而其局限性主要表现在:

(1)商业信用规模的局限性。受个别企业商品数量和规模的影响。

(2)商业信用方向的局限性。一般是由卖方提供给买方,受商品流转方向的限制。

(3)商业信用期限的局限性。受生产和商品流转周期的限制,一般只能是短期信用。

(4)商业信用授信对象的局限性。一般局限在企业之间。

(5)此外,它还具有分散性和不稳定性等缺点。

2.银行信用

银行信用是由商业银行或其他金融机构授给企业或消费者个人的信用。在产品赊销过程中,银行等金融机构为买方提供融资支持,并帮助卖方扩大销售。商业银行等金融机构以货币方式授予企业信用,贷款和还贷方式的确定以企业信用水平为依据。商业银行对不符合其信用标准的企业会要求提供抵押、质押作为保证,或者由担保公司为这些企业做出担保。后一种情况实质上是担保公司向申请贷款的企业提供了信用,是信用的特殊形式。

与商业信用相比,银行信用具有以下优势:

(1)克服了商业信用局限性。可上游企业贷给下游企业,也可下游企业贷给上游企业。可小额聚成大额,也可大额分散成小额。满足长、中、短贷款的不同需要。

(2)规模大、成本低、风险小。

(3)能够创造信用。银行发放贷款给企业,企业根据需要,可再次贷款给其他企业。

视频讲解

3.国家信用

国家信用是以国家和地方政府为债务人的一种信用形式,它的主要方式是通过金融机构等承销商发行公债,在借贷资本市场上借入资金,公债的发行单位则要按照规定的期限向公债持有人支付利息。因此,国家信用是一种国家负债。它的作用表现在:调节财政收支的短期不平衡;弥补财政赤字;调节经济与货币供给。

4.消费信用

消费信用是由商业企业、商业银行以及其他信用机构以商品形态向消费者个人提供的信用。其目的是解决消费者支付能力不足的困难,重点用于耐用消费品、支付劳务费用和购买住宅等方面的需要。

一般来说,消费信用的制约因素包括以下几个方面:

(1)总供给的能力与水平,总供给的水平越高,消费信用的规模一般越大。

(2)居民的实际收入和生活水平,若居民的实际收入较低,偿还能力不强,一味地发展消费信用则会导致风险加大。

(3)资金供求关系,它与消费信用的规模是此消彼长的关系,若资金供求紧张,消费信用的规模就增大。

(4)消费观念和文化程度,它制约着消费信用这种信用方式的普及程度和消费总量。如在我国,受传统文化的影响,消费信贷起步较晚,规模也较小,但近年来发展很快,主要表现在住房贷款、汽车贷款的增长上。

真题回顾

(2018·单选)我国消费信用迅猛发展,下列不属于消费信用形式的是(   )。

A.商业信用   B.对消费者赊销商品

C.客户分期付款购买消费品   D.消费贷款

【答案】A。解析:消费信用就是由企业、银行或其他消费信用机构向消费者个人提供的信用。消费信用根据提供商的不同可以分为企业提供的消费信用和银行提供的消费信用等种类。其中由企业提供的消费信用主要有赊销和分期付款两种形式。由银行提供的信用主要是消费贷款。B、C、D三项都属于消费信用,A项商业信用是企业与企业之间的信用关系。

5.国际信用

国际信用是一个国家官方(主要指政府)和非官方(如商业银行、进出口银行、其他经济主体)向另外一个国家的政府、银行、企业或其他经济主体提供的信用,属国家间的借贷行为。国际商业信用是由出口商以商品形式提供的信用,有来料加工和补偿贸易等形式。国际银行信用是进出口双方银行所提供的信用,可分为出口信贷和进口信贷。政府间信用通常是指由财政部出面向外国政府借款的行为。

四、信用的经济功能

信用是商品经济发展到一定阶段的产物,而信用的产生和发展又推动了商品经济的迅速发展。信用的经济功能主要表现在以下五个方面:

(1)调节配置资源。信用可以使资金从盈余单位流向赤字单位,解决资金分布不平衡的问题,提高整个社会资源配置的效率,使经济部门协调发展。

(2)扩大生产规模。信用可以把社会上闲置资金集中起来转化为资本,从而大规模地迅速扩大资本量。

(3)节约流通时间。在信用基础上产生的非现金结算可以减少现金的流通量和流通费用;信用结算手段的不断更新换代加速了商品流转,缩短了流通时间,减少了流通占用和流通消耗。

(4)提高消费总效用。信用可以把节余型家庭的货币收入的一部分通过储蓄的形式聚集起来,再通过消费信贷的形式分配给赤字家庭,待到将来后者再把消费权归还给前者。

(5)促进一定生产方式的形成与发展。生产总是在一定的生产方式下进行的,生产力的性质决定了信用的性质。

考点二 | 信用工具

一、信用工具的特征

1.收益性

信用工具能定期或不定期带来收益,这是信用的目的。信用工具的收益有三种:第一种为固定收益,是投资者按事先规定好的利息率获得的收益,如债券和存单在到期时,投资者即可领取约定利息;第二种是即期收益,又叫当期收益,就是按市场价格出卖时所获得的收益,如股票买卖价格之差即为一种即期收益;第三种是实际收益,指名义收益或当期收益扣除因物价变动而引起的货币购买力下降后的真实收益。在现实生活中,实际收益并不真实存在,而必须通过再计算。投资者所能接触到的是名义收益和当期收益。

2.风险性

为了获得收益提供信用,必须承担风险。信用工具的风险是指投入的本金和利息收入遭到损失的可能性。其风险主要有违约风险、市场风险、政治风险及流动性风险。违约风险一般称为信用风险,是指发行者不按合同履约或是公司破产等因素造成信用凭证持有者遭受损失的可能性。市场风险是指由于市场各种经济因素发生变化,例如市场利率变动、汇率变动、物价波动等各种情况造成信用凭证价格下跌,遭受损失的可能性。政治风险是指由于政策变化、战争、社会环境变化等各种政治情况直接引起或间接引起的信用凭证遭受损失的可能性。

3.流动性

金融工具可以买卖和交易,可以换得货币,即具有变现力或流通性。在短期内,在不遭受损失的情况下,能够迅速出卖并换回货币,称为流动性强,反之则称为流动性差。

二、信用工具的分类

视频讲解

1.按信用形式划分

按信用形式划分,可分为商业信用工具(如各种商业票据等)、银行信用工具(如银行券和银行票据等)、国家信用工具(如国库券等各种政府债券)、证券投资信用工具(如债券、股票等)。

2.按期限划分

按期限划分,可分为长期、短期和不定期信用工具。长期与短期的划分没有一个绝对的标准,一般以 1 年为界,1 年以上的为长期,1 年以下则为短期。短期信用工具主要是指国库券、各种商业票据,包括汇票、本票、支票等。西方国家一般把短期信用工具称为"准货币",这是由于其偿还期短,流动性强,随时可以变现,近似于货币。长期信用工具通常是指有价证券,主要有债券和股票。不定期信用工具是指银行券和多数的民间借贷凭证。

一、利率的种类及其结构体系

1.利率的种类

利息率,简称利率,是借贷期内利息额对本金的比率。依据不同的分类标准,利率有多种划分方法。

(1)按计算利率的期限单位可划分为:年利率、月利率与日利率。

(2)按利率的决定方式可划分为:市场利率、官定利率和公定利率。市场利率是指由资金供求关系和风险收益等因素决定的利率。官定利率是指由货币管理当局确定的利率。公定利率是指由金融机构或行业公会、协会(如银行公会等)按协商的办法所确定的利率。

(3)按借贷期内利率是否调整可划分为:固定利率与浮动利率。固定利率是指在整个借贷期限内,利率水平保持不变的利率。浮动利率是指在借贷关系存续期内,利率水平可随市场变化而定期变动的利率。

(4)按利率的地位可划分为:基准利率与一般利率。

其中,基准利率是在整个利率体系中起主导作用的基础利率。它的水平和变化决定其他各种利率的水平和变化。在我国,一般以中国人民银行对金融机构规定的存贷款利率为基准利率。

(5)按借贷期限长短可划分为:长期利率和短期利率。通常以1年为标准。凡是借贷期限满1年的利率为长期利率,不满1年的则为短期利率。

(6)按利率的真实水平可划分为:名义利率与实际利率。名义利率是指没有剔除通货膨胀因素的利率,即包括补偿通货膨胀风险的利率。实际利率是指剔除通货膨胀因素的利率,即物价不变,从而货币购买力不变条件下的利息率。

(7)按借贷主体不同划分为:中央银行利率(包括再贴现、再贷款利率等),商业银行利率(包括存款利率、贷款利率、贴现率等),非银行利率(包括债券利率、企业利率、金融利率等)。

(8)按金融机构对同类存贷款利率制定不同的标准可划分为:一般利率和优惠利率。后者的贷款利率往往低于前者,后者的存款利率往往高于前者。贷款优惠利率的授予对象大多为国家政策扶持的项目,存款优惠利率大多用于争取目标资金来源。

2.利率的结构体系

利率体系是指在一定时期内各种各样的利率按一定规则所构成的一个复杂的系统。

利率体系按不同的分类标志有不同的划分方式。最主要的划分方式有两种:一是按利率所依附的经济关系划分的利率体系。按此划分,利率主要分为两大类:存款利率和贷款利率。二是按借贷主体划分的利率体系。按此划分,利率主要分为:银行利率、非银行金融机构利率、债券利率和市场利率等。

二、利率的影响因素

1.社会平均利润率

在资本主义社会,利息是利润的一部分,利率同利润率,准确地说同平均利润率有着密切联系。在其他条件不变的情况下,平均利润率高,银行就要按较高的利率收取或支付利息,因为在这种情况下,企业或其他客户愿意支付较高的利息向银行借贷。因为即使利息高,生产和经营仍能获得较多的利润。同样,银行也就会向存款者支付较高的利息以吸收更多的存款。平均利润率下降时,情况就会相反。

2.借贷资本的供求关系

利率是一定的利润率水平下对企业利润的分割比例,因而在利息率水平的具体确定上,借者之间、贷者之间以及借贷者之间的竞争起着决定性的作用。当借贷资本供不应求时,利率上升;当借贷资本供过于求时,利率下降。

3.物价水平

价格与货币购买力的大小有直接关系:物价上涨,货币会贬值,货币购买力将下降;物价下跌,货币会升值,货币购买力将上升。由于货币形式的借贷资金体现着一定量的货币购买力,因而物价升降引起货币购买力的变化必然影响借贷双方对资金价格的评价。物价上涨,货币相应贬值,如果银行的存款利率低于物价上涨率,其实际利率就是负利率。这样,在银行存款不仅得不到实际收益,甚至本金也受损失。因此,在这种情况下,人们将减少甚至不会再去存款。只有银行存款利率高于物价上涨率,才能起到吸引存款的作用。同样,如果银行的贷款利率低于物价上涨率,其实际利率也是负利率,这样,银行贷款不但得不到实际收益,甚至本金也会受到损失,在这种情况下,银行将处于亏损状态。因此,在制定调整利率的决策时,必须充分考虑物价水平变动的影响。

4.国际利率水平

国际市场与国内市场利率如果不平衡,就会引起国家间的资金流动,以致影响一国国际收支。如果国内利率高于国际利率将吸引外资流入,国内信贷资金供应增加;反之,如果国内利率低于国际利率,将引起国内资金外流,国内信贷资金减少。

5.国家调节经济的需要

政府对经济的干预依赖于组织结构、物质实力和经济手段,利率正是政府干预经济生活的重要手段。政府根据需要调整官方利率,影响整个市场利率的变动,通过利率水平的升降调节总供给或总需求,抑制或鼓励某一地区、部门、企业的发展。

6.法律、历史和传统因素

利息是一个社会经济范畴,但也是一个历史范畴。利率的运动是一个具有历史延续性的过程。由于大部分国家都有一个很早就有的、经过频繁变动留传下来的一般利率,因此,各国的利率,从总体水平到各个具体表现形式,均带有浓厚的传统色彩。

以上考察的是某一时期利率的一般水平如何确定,在具体执行过程中,还会因借贷的期限长短、风险程度大小、管理成本高低、服务质量好坏、融资形式的影响及借款人的资信状况而有所差别。

三、利率市场化

利率市场化是指在市场经济中,利率水平及其结构由经济主体自主决定的过程。利率市场化的实质是通过市场机制的作用,使反映资金价格的利率在供求关系影响下达到均衡。利率市场化至少包括以下组成部分：①市场基准利率体系；②以中央银行政策利率为核心的利率调控机制；③金融机构和企业的市场定价能力和利率风险管理能力。

推进利率市场化改革的优势主要有：①有利于优化资源配置、促进经济结构调整和转型升级；②有利于提升金融机构可持续发展能力；③有利于推动金融市场深化发展；④有利于完善金融调控体系；⑤有利于促进相关改革协调推进。

1.我国利率市场化进程

表 2-19-1 我国利率市场化进程

时间	进程
1993 年	党的十四届三中全会通过的《中共中央关于建立社会主义市场经济体制若干问题的决定》和《国务院关于金融体制改革的决定》提出了利率市场化改革的基本设想
1996 年	中国人民银行取消了拆借利率管制
1996 年和 1998 年	国债和政策性银行金融债券相继实现利率市场化发行
1997 年	债券回购利率实现了市场化
2000 年 9 月	外币贷款利率和 300 万美元以上大额外币存款利率放开
2003 年 11 月	小额外币存款利率下限放开
2004 年 11 月	1 年期以上小额外币存款利率全部放开
2004 年 10 月	放开人民币存款利率下限，允许金融机构下浮存款利率
2008 年 4 月	银行间利率市场化
2013 年 7 月	全面放开金融机构贷款利率管制
2014 年 3 月 1 日	在上海自贸区先行取消小额外币存款利率上限
2015 年 5 月 11 日	中国人民银行在调整金融机构存贷基准利率的同时，对金融机构存贷款利率浮动区间也进行了调整，其中存款利率浮动区间的上限调整为基准利率的 1.5 倍
2015 年 10 月 24 日	对商业银行和农村合作金融机构等不再设置存款利率浮动上限

2.利率市场化对商业银行的影响及对策

利率市场化对商业银行的影响主要有：①利率波动的不确定性影响银行存贷差的利润空间，尤其对国内银行高度依赖利息收入的传统经营模式造成冲击；②把定价权交给市场，对银行金融产品的定价能力和技术水平提出了更高要求；③加大商业银行面临的利率风险、信用风险、流动风险等一系列风险；④改变商业银行外部经营环境，影响银行业的竞争格局，使竞争日益激烈；⑤影响商业银行的资产负债结构，增加了资本管理难度。

利率市场化为商业银行带来的机遇有：①有利于扩大商业银行经营自主权，有利于商业银行开展金融产品创新；②有利于促进资源优化配置；③增加了商业银行主动匹配资产与负债的手段。

面对利率市场化，商业银行可采取的对策有：①向综合化经营模式转变，调整盈利模式及收入结构，积极开展产品创新，加快中间业务发展，摆脱利差利润的限制；②建立科学的产品定价体系，提升自身的定价能力；③调整存贷款的客户结构、产品结构，优化资产负债结构，降低经营成本；④完善信用评估体系，建立健全信用评估方法和相关制度，加强信用风险管理能力,避免信用风险增加带来的潜在危机;⑤丰富商业银行的管理方法,提高商业银行管理水平,完善管理体制,为银行取得收益提供保障。

考点四 利率的计算

一、利率的定义及计算

利率是利息率的简称,是指利息额同借贷资本总额的比率,是借贷资本的价格。

利率可划分为年利率、月利率、日利率。一般来说,年利率与月利率及日利率之间的换算公式如下:

$$年利率=月利率×12$$
$$=日利率×360$$

二、单利与复利

1.单利

单利就是不论借贷期限的长短,仅按本金计算利息,上期本金所产生的利息不计入下期本金重复计算利息。单利计算公式为:

$$I=P\cdot r\cdot n$$

式中,I 表示利息额,P 表示本金,r 表示利率,n 表示借贷期限。我国的银行存款利息除活期存款在每季度结息日时将利息计入本金作为下一季度的本金计算复利外,其他存款不论存期多长,一律不计复利。

2.复利

复利也称利滚利,就是将每一期所产生的利息加入本金一并计算下一期的利息。复利的计算公式为:

$$S=P(1+r)^n$$
$$I=S-P=P[(1+r)^n-1]$$

式中,S 表示本利和,I 表示利息额,P 表示本金,r 表示利率,n 表示借贷期限。

假设 100 元的存款以 6% 的年利率每半年支付一次利息,6 个月末的期值为:

$$FV_{1/2}=100×(1+0.06/2)=103$$

年末期值为:

$$FV_1=100×(1+0.06/2)^2=106.09$$

这个数字和 1 年计一次息的期值 106 元比较,多出 0.09 元是因为对第一个 6 个月的利息 3 元计算利息的缘故,如果 1 年中计息次数增加,到年底期值会越来越大。在上例中,如果一个季度支付一次利息,1 年后的期值:

$$FV_1=100×(1+0.06/4)^4=106.14$$

如果 1 个月支付一次利息,1 年后的期值:

$$FV_1=100×(1+0.06/12)^{12}=106.17$$

一般来说,若本金为 P,年利率为 r,每年的计息次数为 m,则 n 年末期值公式为:

$$FV_n = P(1 + \frac{r}{m})^{nm}$$

三、现值与终值

经济学上，将现在的货币资金价值称为现值，将现在的货币资金在未来的价值称为终值。在进行资金时间价值的计算之前，首先明确几个相关的参数符号的概念和含义。

i——利率或折现率。把根据未来的现金流量求现在的现金流量时所使用的利率称为折现率。一般对利率和折现率不加区别，统统以i表示，且一般指年利率或年折现率。

n——复利的计息期数。它指投资项目从开始投入资金到项目的寿命周期终结为止的整个期限内，计算利息的次数，通常以年为单位。

P——现值。它表示资金发生在(或折算为)某一特定时间序列起点时的价值。

F——终值。它表示资金发生在(或折算为)某一特定时间序列终点时的价值，即期末本利和的价值。

(1)一次支付终值计算(已知P求F)。

一笔资金P，按年利率i计算，n年以后的复本利和公式为：$F=P(1+i)^n$，式中的$(1+i)^n$称为一次支付终值系数，用$(F/P,i,n)$表示。

(2)一次支付现值计算(已知F求P)。

由终值计算公式即可求出现值$P=F(1+i)^{-n}$，式中$(1+i)^{-n}$称为一次支付现值系数，也可称为折现系数或贴现系数，用符号$(P/F,i,n)$表示，一次支付现值系数是指未来一笔资金乘上该系数就可求出其现值。

现值与终值的概念和计算方法正好相反，因为终值系数和现值系数互为倒数。在P一定、n相同时，i越高，F越大；在i相同时，n越长，F越大。在F一定，n相同时，i越高，P越小；在i相同时，n越长，P越小。

考点五 | 收益率

一、名义收益率

名义收益率又称票面收益率，是债券票面上的固定利率，即票面收益与债券面额之比率。

$$r = \frac{C}{F}$$

式中，r为名义收益率，C为票面收益(年利息)，F为面值。

二、到期收益率

到期收益率，即到期时信用工具的票面收益及其资本损益与买入价格的比率，其计算公式为：

$$r = \frac{\frac{M_n - P_0}{T} + C}{P_0}$$

式中，r 为到期收益率，C 为票面收益（年利息），M_n 为债券的偿还价格，P_0 为债券的买入价格，T 为买入债券到债券到期的时间（以年计算）。

1.零息债券的到期收益率

零息债券不支付利息，折价出售，到期按债券面值兑现。如果按年复利计算，则到期收益率的计算公式为：

因为

$$P=\frac{F}{(1+r)^n}$$

所以

$$r=(\frac{F}{P})^{\frac{1}{n}}-1$$

式中，P 为债券价格，F 为面值，r 为到期收益率，n 为债券期限。

例如，1 年期的零息债券，票面额 100 元，如果现在的购买价格为 90 元，则到期收益率的计算公式为：

$$\begin{cases} 90=\dfrac{100}{1+r} \\ r=(\dfrac{F}{P})^{\frac{1}{n}}-1=(\dfrac{100}{90})^1-1 \end{cases}$$

解得 $r=11.1\%$

如果按半年复利计算，则其到期收益率计算公式为：

$$P=\frac{F}{(1+\frac{r}{2})^{2n}}$$

假设某公司发行的折价债券面值是 100 元，期限是 10 年，如果这种债券的价格为 30 元，则可以根据以下公式计算：

$$30=\frac{100}{(1+\frac{r}{2})^{20}}$$

上式可解出其按半年复利计算的到期收益率 $r=12.44\%$。投资者今天出 30 元，获得了 10 年后得到 100 元的保证。

2.附息债券的到期收益率

如果按年复利计算，附息债券到期收益率的计算公式为：

$$P=\sum_{t=1}^{n}\frac{C}{(1+r)^t}+\frac{F}{(1+r)^n}$$

式中，P 为债券价格，C 为债券的年付息额，F 为面值，r 为到期收益率，n 为债券期限。

在现实中，许多债券并不是 1 年支付一次利息，而是每半年支付一次利息，到期归还全部本金。如果按半年复利计算，这种债券到期收益率的计算公式如下：

$$P=\sum_{t=1}^{2n}\frac{\frac{C}{2}}{(1+\frac{r}{2})^t}+\frac{F}{(1+\frac{r}{2})^{2n}}$$

例如,某公司以 12% 的利率发行 5 年期的附息债券,每半年支付一次利息,发行价格为 93 元,票面面值为 100 元,则上式变为:

$$93=\frac{\frac{12}{2}}{(1+\frac{r}{2})}+\frac{\frac{12}{2}}{(1+\frac{r}{2})^2}+\frac{\frac{12}{2}}{(1+\frac{r}{2})^3}+\cdots+\frac{\frac{12}{2}}{(1+\frac{r}{2})^{10}}+\frac{100}{(1+\frac{r}{2})^{10}}$$

解得 $r=14\%$。

3.永久债券的到期收益率

永久债券的期限无限长,没有到期日,定期支付利息。假设每年末的利息支付额为 C,债券的市场价格为 P,则其到期收益率 r 的计算公式为:

$$P=\frac{C}{(1+r)}+\frac{C}{(1+r)^2}+\frac{C}{(1+r)^3}+\cdots=\sum_{t=1}^{\infty}\frac{C}{(1+r)^t}$$

根据无穷等比数列的求和公式,上式的右边等于 C/r,因此永久债券到期收益率的计算公式可简写为:

$$r=\frac{C}{P}$$

假设我们购买债券花费 100 元,每年得到的利息支付为 10 元,则该债券的到期收益率为:
$$r=10/100=10\%$$

如果我们已知债券的市场价格、面值、票面利率和期限,便可以求出它的到期收益率;反过来,我们已知债券的到期收益率,就可以求出债券的价格。从中不难看出,债券的市场价格越高,到期收益率越低;反过来债券的到期收益率越高,则其市场价格就越低。由此我们可以得出一个结论,债券的市场价格与到期收益率成反方向变化关系。当市场利率上升时,到期收益率低于市场利率的债券将会被抛售,从而引起债券价格的下降,直到其到期收益率等于市场利率。这就是债券的价格随市场利率的上升而下降的原因。

三、实际收益率

由于市场因素和市场利率变动的影响,债券价格可能与面值不相等,从而使得票面利率与实际收益率不相等。名义收益率是票面利率,实际收益率是剔除通货膨胀因素后的收益率。大致的计算可以用名义收益率扣除通货膨胀率得到实际收益率。

$$实际收益率=\frac{1+名义收益率}{1+通货膨胀率}-1$$

四、本期收益率

本期收益率也称当前收益率,它是指本期获得债券利息(股利)额对债券本期市场价格的比率。计算公式为:

$$本期收益率=\frac{支付的年利息（股利）总额}{本期市场价格}$$

即信用工具的票面收益与其市场价格的比率，其计算公式为：

$$r=\frac{C}{P}$$

式中，r 为本期收益率，C 为票面收益（年利息），P 为市场价格。

习题演练

单项选择题

1.典型的商业信用（　　）。

A.只是唯一的商品买卖行为

B.只是唯一的货币借贷行为

C.是商品买卖行为与商品借贷行为的统一

D.是商品买卖行为与货币借贷行为的统一

2.我国第一大发债主体是（　　）。

A.中央银行　　　　　　　　　　　B.财政部

C.股份公司　　　　　　　　　　　D.政策性银行

3.信用的基本特征是（　　）。

A.无条件的价值单方面让渡　　　　B.以偿还为条件的价值单方面转移

C.无偿的赠与或援助　　　　　　　D.平等的价值交换

4.下列计算正确的是（　　）。

A.利率=本金/利息　　　　　　　　B.本金=利率/利息

C.本金=利息×利率　　　　　　　　D.利息=本金×利率×贷款期限

5.利率市场化是市场主体自主决定利率的过程，任何单一市场主体都不能单方面决定利率，市场利率背景下，利率的变动将（　　）。

A.随货币的汇率变动而变化

B.随市场货币流动性大小而变化

C.随中央银行的基准利率而变化

D.随市场资金供求而变化

6.有价证券理论价格是一定市场利率和预期收益为基础计算得出的（　　）。

A.现期收益　　　　　　　　　　　B.交易量

C.预期收益　　　　　　　　　　　D.交割量

7.某银行以 900 元的价格购入 5 年期的票面额为 1 000 元的债券，票面收益率为 10%，银行持有 3 年后到期，那么购买的债券到期收益率为（　　）。

A.3.3%　　　　　B.14.81%　　　　　C.3.7%　　　　　D.10%

参考答案

单项选择题

1.【答案】D。解析:典型的商业信用是商品买卖行为和货币借贷行为的统一。

2.【答案】B。解析:国债的发行规模超出企业债和金融债券,国债是由中央政府直接举借的债务,即发行机关是中央政府或中央财政部门。

3.【答案】B。解析:信用是一种以偿还本金和支付利息为条件的借贷行为,体现的是一种债权债务关系,是价值的单方面转移。故本题选 B。

4.【答案】D。解析:利率是利息和本金的比值,所以利息=本金×利率,但是如果有时间期限的话,还要乘以期限,故本题选 D。

5.【答案】D。解析:市场利率背景下,利率的变动将随市场资金供求而变化。

6.【答案】A。解析:有价证券理论价格是一定市场利率和预期收益为基础计算得出的现值。

7.【答案】B。解析:购买的债券到期收益率=(票面金额−购买价格+票面利息)/购买价格×持有期,即(1 000−900+1 000×10%×3)/900×3=14.81%。

第二十章　金融市场与金融工具

考点详解

考点一　金融市场与金融工具概述

一、金融市场的构成要素

金融市场是指有关主体按照市场机制从事货币资金融通、交易的场所或营运网络。它是由不同市场要素构成的相互联系、相互作用的有机整体,是各种金融交易及资金融通关系的总和。

尽管各国各地区金融市场的组织形式和发达程度有所不同,但都包含四个基本的构成要素,即:金融市场主体、金融市场客体、金融市场中介和金融市场价格。

1.金融市场主体

金融市场主体是指在金融市场上交易的参与者。在这些参与者中,既有资金的供给者,又有资金的需求者。两者的相互关系使得市场上的资金融通成为可能,从而促进了金融市场的形成。在金融市场上,市场主体具有决定性意义。市场交易主体的数量决定着金融工具的数量和种类,进而决定了金融市场的规模和发展程度。同时,金融市场主体的数量与交易的频繁程度也影响着金融市场的深度、广度与弹性。

视频讲解

一般来说,金融市场主体包括家庭、企业、政府、金融机构、中央银行及监管机构。

(1)家庭。家庭是金融市场上主要的资金供应者。他们以购买债券、股票、基金等金融工具的方式,将手中的闲置资金投入市场,实现资金的保值和增值。有时,为了购买耐用消费品(如住房、汽车等),家庭也是资金的需求者,但需求数额一般较小。

(2)企业。企业是金融市场运行的基础,是重要的资金需求者和供给者。一方面,为了扩大生产规模或弥补暂时的资金不足,企业通过向银行借款、发行债券或股票等方式筹集资金,成为金融市场上的资金需求者。另一方面,由于企业的资金收入和支出在时间上往往是不对称的,因此在生产经营的过程中会有部分暂时闲置的货币资金。为了实现资金的保值和增值,企业将会投入金融市场,作为金融市场上资金的供给者。除此之外,企业还是金融衍生品市场上重要的套期保值主体。

(3)政府。在金融市场上,各国的中央政府和地方政府通常是资金的需求者。它们通过发行国债或地方政府债券来筹措资金,用于弥补财政赤字、投资基础建设项目等。政府也会出现短期资金盈余,如税款集中收进却尚未产生支出时,政府部门也会成为暂时的资金供应者。

（4）金融机构。金融机构是金融市场上最活跃的交易者，分为存款性金融机构和非存款性金融机构。存款性金融机构是指经营各种存款并提供信用中介服务以获取收益的金融机构，主要包括商业银行、储蓄机构和信用合作社等。非存款性金融机构不直接吸收公众存款，而是通过发行债券或以契约的形式聚集社会闲散资金，包括保险公司、退休养老金、投资银行和投资基金等机构。各类金融机构通过各种方式，一方面吸收社会闲散资金，另一方面又向需要资金的部门提供资金，在金融市场上扮演着资金需求者和资金供给者的双重身份。

（5）中央银行。中央银行在金融市场上处于一种特殊的地位，它既是金融市场中重要的交易主体，又是监管机构之一。从参与金融市场交易的角度来看，中央银行作为银行的银行，充当最后的贷款人，从而成为金融市场资金的供给者。此外，为了执行货币政策，调节货币供应量，中央银行以公开市场操作的方式参与金融市场交易。中央银行的公开市场操作不以营利为目的，但会影响到金融市场上资金供求双方的行为和金融工具的价格。同时，中央银行还与其他监管机构一起，代表政府对金融市场上交易者的行为进行监督和管理，以防范金融风险，确保金融市场平稳运行。

（6）监管机构。我国的金融监管机构主要有中国人民银行、中国银行保险监督管理委员会、中国证券监督管理委员会、国家外汇管理局、国有重点金融机构监事会、金融机构行业自律组织等。

2.金融市场客体

金融市场客体即金融工具，是指金融市场上的交易对象或交易标的物。

（1）金融工具的分类。金融工具的分类有三种方式，分别为：

第一，按期限不同，金融工具可分为货币市场工具和资本市场工具。货币市场工具是期限在1年以内的金融工具，包括商业票据、国库券、银行承兑汇票、大额可转让定期存单、同业拆借、回购协议等。资本市场工具是期限在1年以上，代表债权或股权关系的金融工具，包括国债、企业债券、股票等。

第二，按性质不同，金融工具可分为债权凭证与所有权凭证。债权凭证是发行人依法定程序发行，并约定在一定期限内还本付息的有价证券。它反映了证券发行人与持有人之间的债权债务关系。所有权凭证主要是指股票，是股份有限公司发行的、用以证明投资者的股东身份和权益，并据以取得股息红利的有价证券。它反映的是股票持有人对公司的所有权。

第三，按与实际金融活动的关系，金融工具可分为原生金融工具和衍生金融工具。前者是指商业票据、股票、债券、基金等基础金融工具。后者是在前者的基础上派生出来的，包括期货合约、期权合约、互换合约等新型金融工具。

（2）金融工具的性质。金融工具具有四个方面的性质：

第一，期限性。期限性是指金融工具中的债权凭证一般有约定的偿还期，即规定发行人到期必须履行还本付息义务。债券一般有明确的还本付息期限，以满足不同筹资者和投资者对融资期限和收益率的要求。债券的期限具有法律约束力，是对融资双方权利和义务的保障。

第二，流动性。流动性是指金融工具在金融市场上能够迅速地转化为现金而不致遭受损失的能力。它主要通过买卖、承兑、贴现与再贴现等交易来实现。金融工具收益率的高低和发行人的资信程度也是决定流动性高低的重要因素。

第三，收益性。收益性是指金融工具的持有者可以获得一定的报酬和价值增值。它包括两个方面：一是金融工具定期的股息和利息收益，二是投资者出售金融工具时获得的价差。

第四，风险性。风险性是指金融工具的持有人面临的预定收益甚至本金遭受损失的可能性。金融工具的风险一般来源于两个方面：一是信用风险，即一方不能履行责任而导致另一方发生损失的风险；二是市场风险，是指金融工具的价值因汇率、利率或股价变化而发生变动的风险。具有风险性是各类金融工具的共同特征，但风险大小则与金融工具的设计有关，不同的金融工具往往具有不同的风险状况。

金融工具的上述四个性质之间存在着一定的联系。一般而言，金融工具的期限性与收益性、风险性成正比，与流动性成反比。而流动性与收益性成反比，即流动性越强的金融工具，越容易在金融市场上迅速变现，所要求的风险溢价就越小，其收益水平往往也越低。同时，收益性与风险性成正比，高收益的金融工具往往具有高风险，反之亦然。

3.金融市场中介

金融市场中介是指在金融市场上充当交易媒介，从事交易或促使交易完成的组织、机构或个人。它与金融市场主体一样，都是金融市场中的参与者，但两者之间又存在重要的区别，即金融市场中介参与金融市场活动的目的是获取佣金，其本身并非真正的资金供给者或需求者。

金融市场中介在金融市场上发挥着促进资金融通、降低交易成本、构造和维持市场运行的作用。同时，金融市场中介也是金融创新活动的活跃主体，通过不断开拓新的业务，创造多种多样的金融工具，对控制和防范金融市场的风险、扩大金融市场的广度、增加金融市场的深度、提高金融市场在社会经济中的地位都有重要作用。

4.金融市场价格

金融市场价格也是金融市场的基本构成要素之一，它通常表现为各种金融工具的价格。由于金融市场价格与投资者的利益密切相关，因而受到广泛的关注。不同的金融工具有不同的价格，且影响其变动的因素十分繁多，这也使金融市场的价格形成变得更加复杂。

价格机制在金融市场中发挥着极为关键的作用，是金融市场高速运行的基础。在一个有效的金融市场中，金融工具的价格能及时、准确、全面地体现该工具所代表的资产的价值，反映各种公开信息，引导市场资金的流向。

金融市场的四个要素之间是相互联系、相互影响的。其中，金融市场主体和金融市场客体是构成金融市场最基本的要素，是金融市场形成的基础。金融市场中介和金融市场价格则是伴随金融市场交易产生的，它们也是金融市场中不可或缺的构成要素，对促进金融市场的繁荣和发展具有重要意义。

二、金融市场的类型

金融市场是一个由许多子市场构成的庞大的市场体系，包含丰富的种类。各种类型的子市场的组成和关系就是通常所说的金融市场结构。研究金融市场的类型及其结构，对于判断一个国家金融市场的发展程度、确定金融市场的发展特点以及完善对金融市场的管理，都具有重要的意义。

(1)按照市场中交易标的物的不同,金融市场可划分为货币市场、资本市场、外汇市场、衍生品市场、保险市场和黄金市场等。

(2)按照交易中介作用的不同,金融市场可以划分为直接金融市场和间接金融市场。直接金融市场是指资金需求者直接向资金供给者融通资金的市场,一般指的是政府、企业等通过发行债券或股票的方式在金融市场上筹集资金。而间接金融市场则是以银行等信用中介机构作为媒介来进行资金融通的市场。在间接金融市场上,资金供给者将闲置资金贷放给银行等中介机构,再由这些信用中介机构转贷给资金需求者。

值得注意的是,直接金融市场和间接金融市场的差别并不在于是否有中介机构参与,而在于中介机构在交易中的地位和性质。在直接金融市场上也有中介机构,但这些机构并不作为资金的中介,而仅仅是充当信息中介和服务中介。

(3)按照金融工具的交易程序不同,金融市场可以划分为发行市场和流通市场。发行市场又称一级市场、初级市场,是金融工具首次出售给公众所形成的交易市场。在一级市场中,投资银行、经纪人和证券商等作为经营者,承担政府和公司企业新发行债券的承购和分销业务。流通市场又称二级市场、次级市场,是已发行的金融工具在投资者之间买卖流通的市场。投资者可以在二级市场上出售持有的金融资产,以满足其对现金的需求。

发行市场是流通市场的前提和基础;流通市场为金融资产提供良好的流动性,是发行市场的重要补充。流通市场上的交易情况影响着发行市场上的金融工具价格,其价格变动也反映着一个国家宏观经济的运行态势。

(4)按照金融交易是否存在固定场所,金融市场可划分为有形市场和无形市场两类。有形市场是指有固定的交易场所、集中进行交易的市场,一般指证券交易所、期货交易所等有组织的交易场地。无形市场是在证券交易所外进行的金融资产交易的总称。它本身并没有集中固定的交易场所,是通过现代化的电信工具和网络实现交易。在现实世界中,大部分的金融交易是在无形市场上进行的。

(5)按照金融工具的本原和从属关系不同,金融市场可划分为传统金融市场和金融衍生品市场。传统金融市场又称基础性金融市场,是指一切基础性金融工具的交易市场,主要包括货币市场、资本市场、外汇市场等。金融衍生品市场是从基础性金融市场中派生出来的,从事以传统金融工具为基础的金融衍生品交易的市场。

(6)按照地域范围的不同,金融市场可分为国内金融市场和国际金融市场。国内金融市场是指金融交易的范围仅限于一国之内的市场。它在一国内部,交易以本币计价,受本国法律制度的规范和保护。国内金融市场又包括全国性金融市场和地区性金融市场。国际金融市场是金融工具在国家间进行交易并引起资本在国家间流动的市场。它大多数没有固定的交易场所,属于无形市场。

三、金融市场的功能

金融市场具有以下几方面的功能:

(1)资金积聚功能。金融市场最基本的功能就是将众多分散的小额资金汇聚为能供社会再生产使用的大额资金的集合。在这里,金融市场实际发挥着资金蓄水池的作用。

(2)财富功能。所谓财富功能,是指金融市场为投资者提供了购买力的储存工具。

(3)风险分散功能。投资者通过对资产组合的分散化管理,可以有效地降低甚至抵消投资风险。同时,金融工具的应用将大额投资分散为小额零散投资,从而将较大的投资风险分由大量投资者共同承担,既使投资者的利益得到保证,又便于筹资者实现融资目标。

(4)交易功能。规范的交易组织、交易规则和管理制度,使得金融市场工具大都具有较强的流动性,能更加便捷地进行交易。

(5)资源配置功能。在金融市场上,交易工具的价格波动实际上反映着其背后隐含的相关信息。投资者对这些信息的分析判断,决定了资金或其他经济资源的流向。一般来说,资金总是流向最有发展潜力、能够为投资者带来最大利益的部门或企业。这样,金融市场就将资源从低效率的部门转移到高效率的部门,从而使全社会的经济资源得到更加有效的配置和利用。

(6)反映功能。金融市场常被看作社会经济运行的"晴雨表",能够及时而灵敏地反映各种经济状况。正因为如此,各国政府、金融机构、企业及居民都高度关注金融市场指标的变化,并以此作为决策的重要依据。

(7)宏观调控功能。金融市场是政府调控宏观经济运行的重要载体,为政策的执行提供了操作平台。

考点二　传统的金融市场及其工具

一、货币市场

货币市场是指交易期限在1年以内以短期金融工具为媒介进行资金融通和借贷的交易市场,主要包括同业拆借市场、回购协议市场、票据市场、银行承兑汇票市场、短期政府债券市场和大额可转让定期存单市场等。货币市场中交易的金融工具一般都具有期限短、流动性高、对利率敏感等特点,具有"准货币"特性。一般来说,货币市场工具是相当安全的资产,适合作为短期闲置资金的投资标的。

货币市场资金供求者主要包括政府、企业、商业银行、其他金融机构、证券商、居民家庭或个人、中央银行等。

1.同业拆借市场

同业拆借市场,是指金融机构之间以货币借贷方式进行短期资金融通活动的市场。同业拆借的资金主要用于弥补银行短期资金的不足、票据清算的差额以及解决临时性资金短缺需要,亦称"同业拆放市场",是金融机构之间进行短期、临时性头寸调剂的市场。

视频讲解

同业拆借市场有以下特点:

(1)期限短。同业拆借市场的期限最长不得超过1年,这其中又以隔夜头寸拆借为主。

(2)参与者广泛。现代同业拆借市场的参与者相当广泛,商业银行、非银行金融机构和中介机构都是同业拆借市场的主要参与者。

(3)在拆借市场交易的主要是金融机构存放在中央银行账户上的超额准备金。

(4)信用拆借。同业拆借活动都是在金融机构之间进行的,市场准入条件比较严格,金融机构主要以其信誉参加拆借活动。也就是说,同业拆借市场基本上都是信用拆借。

同业拆借市场有以下功能:

(1)调剂金融机构资金,提高资金使用效率。有了同业拆借市场,金融机构就可以在不用保持大量超额准备金的前提下,满足存款支付及汇兑清算的需要。同业拆借市场使具有超额准备金头寸的金融机构可以及时拆出资金,减少闲置资金,提高资金使用效率和盈利水平;同时,也为准备金不足的金融机构提供了高效率、低成本获取资金的途径。

(2)同业拆借市场是中央银行实施货币政策,进行金融宏观调控的重要载体。同业拆借市场利率有效地反映了资金市场上短期资金的供求状况,中央银行根据其利率水平,了解市场资金的松紧状况,运用货币政策工具进行金融宏观调控,调节货币供应量,实现货币政策目标。

2.回购协议市场

回购协议市场是指通过证券回购协议进行短期货币资金借贷所形成的市场。证券回购协议是指证券资产的持有者在卖出一定数量的证券资产的同时与买方签订的在未来某一特定日期按照约定的价格购回所卖证券资产的协议。

从表面上看,证券回购是一种证券买卖,但实际上它是一笔以证券为质押品而进行的短期资金融通。证券的卖方以一定数量的证券为抵押进行短期借款,条件是在规定期限内再购回证券,且购回价格高于卖出价格,两者的差额即为借款的利息。

在证券回购协议中,作为标的物的主要是国库券等政府债券或其他有担保债券,也可以是商业票据、大额可转让定期存单等其他货币市场工具。

证券回购作为一种重要的短期融资工具,在货币市场中发挥着重要作用:

(1)证券回购交易增加了证券的运用途径和闲置资金的灵活性。通过回购交易,证券交易商可以融入短期资金,或者通过逆回购交易买入证券以满足自己或客户的需要,有些交易商甚至利用回购协议市场进行空头交易,实现套利目的。商业银行通过回购交易,能够不断地调剂头寸余缺,保持资产与负债的动态均衡,使存贷差资金得到很好的利用。对一般投资者来说,证券回购市场也提供了更加灵活地选择到期日以及规避债券价格变动风险的手段。

(2)回购协议是中央银行进行公开市场操作的重要工具。在市场经济较为发达的国家或地区,中央银行常常通过回购协议进行公开市场操作,达到间接调控货币市场的目的,即中央银行以回购或逆回购方式吞吐基础货币,减少或增加短期内社会的货币供应量。这样操作的最大优点是能够减少利率波动给中央银行持有债券资产带来的资本损失,对证券市场的冲击也比直接买卖有价证券带来的冲击小。因此,回购协议在中央银行公开市场操作中占据着越来越重要的地位。

回购协议中的交易计算公式为:

$$I=PP \times RR \times \frac{T}{360}$$

$$RP=PP+I$$

式中:PP——本金;

　　RR——证券商和投资者所达成的回购时应付的利率;

　　T——回购协议的期限;

　　I——应付利息;

　　RP——回购价格。

3.商业票据市场

　　商业票据是公司为了筹措资金,以贴现的方式出售给投资者的一种短期无担保的信用凭证。由于商业票据没有担保,完全依靠公司的信用发行,因此其发行者一般都是规模较大、信誉良好的公司。商业票据市场就是这些公司发行商业票据并进行交易的市场。

　　一般来说,商业票据的发行期限较短,面额较大,且绝大部分是在一级市场上直接进行交易。商业票据具有融资成本低、融资方式灵活等特点,并且发行票据还能提高公司的声誉。因此无论对于发行者还是投资者而言,商业票据都是一种理想的货币市场工具。

4.银行承兑汇票市场

　　汇票是由出票人签发的,委托付款人在见票后或票据到期时,对收款人无条件支付一定金额的信用凭证。由银行作为汇票的付款人,承诺在汇票到期日支付汇票金额的票据,称为银行承兑汇票,以此为交易对象的市场就是银行承兑汇票市场。

　　银行承兑汇票市场主要由一级市场和二级市场构成。一级市场即发行市场,主要涉及汇票的出票和承兑行为;二级市场相当于流通市场,涉及汇票的贴现与再贴现过程。

　　银行承兑汇票具有以下特点:

　　(1)安全性高。由于汇票的主债务人是银行,因此相对于商业票据而言,银行承兑汇票的信用度较高,投资者的收益能够得到更好的保障。

　　(2)流动性强。银行承兑汇票以银行信用为付款保证,在市场上易于转让或贴现,变现能力强。

　　(3)灵活性强。银行承兑汇票的持有人既可以选择在二级市场上出售票据或办理贴现,也可以持有汇票到期后获得收益。

　　银行承兑汇票具有的以上特点,使其成为货币市场上最受欢迎的一种短期信用工具。

5.短期政府债券市场

　　短期政府债券是政府作为债务人,期限在1年以内的债务凭证。广义的短期政府债券不仅包括国家财政部门发行的债券,还包括地方政府及政府代理机构所发行的债券;狭义的短期政府债券则仅指国库券。一般所说的短期政府债券市场指的就是国库券市场。

　　短期政府债券以国家信用为担保,几乎不存在违约风险,也极易在市场上变现,具有较强的流动性。同时,政府债券的收益免缴所得税,这也成为其吸引投资者的一个重要因素。相对于其他货币市场工具而言,短期政府债券的面额较小。

　　政府发行短期政府债券,通常是为了满足短期资金周转的需要。除此之外,它也为中央银行的公开市场业务提供了一种可操作的工具。

6.大额可转让定期存单(CDs)市场

　　大额可转让定期存单(CDs)是银行发行的有固定面额、可转让流通的存款凭证。它产生于美国,由花旗银行首先推出,是银行业为逃避金融法规约束而创造的金融创新工具。

与传统的定期存单相比,大额可转让定期存单具有以下特点:

(1)传统定期存单记名且不可流通转让;大额可转让定期存单不记名,且可在市场上流通并转让。

(2)传统定期存单的金额是不固定的,由存款人的意愿决定;大额可转让定期存单一般面额固定且较大。

(3)传统定期存单可提前支取,但会损失一些利息收入;大额可转让定期存单不可提前支取,只能在二级市场上流通转让。

(4)传统定期存款依照期限长短有不同的固定利率;大额可转让定期存单的利率既有固定的,也有浮动的,一般高于同期限的定期存款利率。

二、资本市场

资本市场是融资期限在 1 年以上的长期资金交易市场。资本市场的交易对象主要是政府中长期公债、公司债券和股票等有价证券以及银行中长期贷款。在我国,资本市场主要包括债券市场、股票市场和证券投资基金市场。

1.债券市场

债券是债务人依照法定程序发行,承诺按约定的利率和日期支付利息,并在约定日期偿还本金的书面债务凭证。它反映了筹资者和投资者之间的债权债务关系。

视频讲解

根据发行主体的不同,债券可分为政府债券、公司债券和金融债券。根据偿还期限的不同,债券可分为短期债券、中期债券和长期债券。根据利率是否固定,债券分为固定利率债券和浮动利率债券。根据利息支付方式的不同,债券分为付息债券、一次还本付息债券、贴现债券和零息债券。根据性质的不同,债券又可分为信用债券、抵押债券、担保债券等。

债券具有以下特征:

(1)偿还性。债券有规定的偿还期限,债务人必须按期向债权人偿还本金和支付利息。

(2)流动性。在到期日之前,债券一般都可在流通市场上自由转让变现,具有较强的流动性。一般来说,债券市场越发达,债券发行人的信用程度越高;债券期限越短,债券的流动性就越强。

(3)收益性。债券能够为投资者带来一定的收入,这种收入主要来源于投资者获得的定期的利息收入以及在二级市场上出售债券时获得的买卖价差。

(4)安全性。与股票等其他有价证券相比,债券的投资风险较小,安全性较高。

债券市场的功能包括:

(1)债券资产作为金融市场的一个重要组成部分,具有调剂闲散资金、为资金不足者筹集资金的功能。

(2)债券体现了收益性与流动性的统一,是资本市场上不可或缺的金融工具,吸引了众多的投资者。

(3)债券市场能够较为准确地反映发行企业的经营实力和财务状况。同时,债券市场上的国债利率通常被视为无风险资产的利率,成为其他资产和衍生品的定价基础。

(4)债券市场是中央银行实施货币政策的重要载体。中央银行通过在证券市场上买卖国债或发行中央银行票据进行公开市场操作,对经济进行宏观调控。

2.股票市场

股票是由股份有限公司签发的用以证明股东所持股份的凭证,它表明股票持有者对公司的部分资本拥有所有权。股票是代表对一定经济利益分配请求权的资本证券,是资本市场流通的一种重要工具。

股票市场是股票发行和流通的市场,可分为一级市场和二级市场。一级市场就是股票的发行市场,是股份公司发行新股票筹集资本的市场。二级市场即股票的流通市场,是指对已发行的股票进行买卖和转让的市场。股票的发行是流通的基础;流通市场的存在又保证了股票的流动性,为投资者提供了交易变现的途径,保证了股票发行市场的正常运行。

随着各国经济的蓬勃发展,近年来各国股票市场中上市公司和投资者的数量也急剧增加。股票市场在国民经济中正发挥着越来越重要的作用。交易规范、活跃的股票市场是促进一个国家金融市场繁荣不可或缺的组成部分。

3.证券投资基金市场

证券投资基金是通过发行基金股份或收益凭证,将投资者分散的资金集中起来,由专业管理人员分散投资于股票、债券或其他金融资产,并将投资收益分配给基金持有者的一种融资活动。证券投资基金市场是指各类基金的发行、赎回及转让所形成的市场。证券投资基金市场具有以下特征:①经营成本低;②分散投资降低了投资风险;③专家管理增加了投资收益机会,服务专业化;④投资者按投资比例享受收益。

构成基金的要素有多种,因此可以依据不同的标准对基金进行分类:

(1)根据运作方式的不同,可以将基金分为封闭式基金、开放式基金。封闭式基金是指基金份额在基金合同期限内固定不变,基金份额可以在依法设立的证券交易所交易,但基金份额持有人不得申请赎回的一种基金运作方式。开放式基金是指基金份额不固定,基金份额可以在基金合同约定的时间和场所进行申购或者赎回的一种基金运作方式。

(2)根据法律形式的不同,可以将基金分为契约型基金、公司型基金等。不同的国家(地区)具有不同的法律环境,基金能够采用的法律形式也会有所不同。目前我国的基金全部是契约型基金,而美国的绝大多数基金则是公司型基金。组织形式的不同赋予了基金不同的法律地位,基金投资者所受到的法律保护也因此有所不同。

(3)根据投资对象的不同,可以将基金分为股票基金、债券基金、货币市场基金、混合基金等。股票基金是指以股票为主要投资对象的基金。根据中国证监会对基金类别的分类标准,基金资产60%以上投资于股票的为股票基金。债券基金主要以债券为投资对象。根据中国证监会对基金类别的分类标准,基金资产80%以上投资于债券的为债券基金。货币市场基金以货币市场工具为投资对象。根据中国证监会对基金类别的分类标准,仅投资于货币市场工具的为货币市场基金。混合基金同时以股票、债券等为投资对象,以期通过在不同资产类别上的投资实现收益与风险之间的平衡。根据中国证监会对基金类别的分类标准,投资于股票、债券和货币市场工具,但股票投资和债券投资的比例不符合股票基金、债券基金规定的为混合基金。

(4)根据投资目标的不同,可以将基金分为增长型基金、收入型基金和平衡型基金。增长型基金是指以追求资本增值为基本目标,较少考虑当期收入的基金,主要以具有良好增长潜力的股票为投资对象。收入型基金是指以追求稳定的经常性收入为基本目标的基金,主要以大盘蓝筹股、公司债券、政府债券等稳定收益证券为投资对象。平衡型基金则是既注重资本增值又注重当期收入的一类基金。

一般而言,增长型基金的风险大、收益高;收入型基金的风险小、收益较低;平衡型基金的风险、收益则介于增长型基金与收入型基金之间。根据投资目标的不同,既有以追求资本增值为基本目标的增长型基金,也有以获取稳定的经常性收入为基本目标的收入型基金和兼具增长与收入双重目标的平衡型基金。不同的投资目标决定了基金的基本投向与基本的投资策略不同,以适应不同投资者的投资需要。

三、外汇市场

1.外汇市场概述

外汇是一种以外国货币表示的用于国际结算的支付手段,通常包括可自由兑换的外国货币和外币支票、汇票、本票、存单等。广义的外汇还包括外币有价证券,如股票、债券等,实际上包括了一切外币金融资产。

外汇市场是进行外汇买卖的场所或营运网络。它是由外汇需求者、外汇供给者及买卖中介机构组成的。

外汇市场也有狭义和广义之分。狭义的外汇市场是指银行间的外汇交易市场,包括同一市场各银行间的外汇交易、不同市场各银行间的外汇交易、中央银行与外汇银行之间以及各国中央银行之间的外汇交易活动;广义的外汇市场是指由各国中央银行、外汇银行、外汇经纪人及客户组成的外汇买卖、经营活动的市场,包括上述银行间交易的批发市场以及银行同企业、个人之间外汇买卖的零售市场。

2.外汇交易类型

在外汇市场上,外汇交易基本类型包括即期外汇交易、远期外汇交易和掉期交易。

(1)即期外汇交易。即期外汇交易又称现汇交易,是指在成交当日或之后的 2 个营业日内办理实际货币交割的外汇交易。

对于非银行的交易者来说,进行即期外汇交易的目的主要有三个方面:满足临时性的支付需要、调整持有的外币币种结构和进行外汇投机。

(2)远期外汇交易。远期外汇交易又称期汇交易,是指交易双方在成交后并不立即办理交割,而是按照事先约定的币种、金额、汇率、交割时间、地点等交易条件,到约定时期才进行实际交割的外汇交易。这是外汇市场上最常见、最普遍的外汇交易形式。

远期外汇交易是为了适应国际贸易、借贷和投资的需要而产生的。在国际经济交往中，交易者不仅面临商品价格变动的风险，还面临汇率变动的风险。投资者选择远期外汇交易，既可用于套期保值，防范汇率风险，也可以通过买空或卖空交易对远期外汇汇率进行投机。

（3）掉期交易。掉期交易是指将币种相同、金额相同但方向相反、交割期限不同的两笔或两笔以上的交易结合在一起进行的外汇交易。也就是说，交易者在买进或卖出某种货币的同时，卖出或买进同种货币，但两者的交割日期不同。这种交易形式常用于银行间外汇市场上。

掉期交易是复合的外汇交易，进行掉期交易的目的在于利用不同交割期汇率的差异，通过贱买贵卖获取利润，或者用来防范汇率变动风险。除银行外，一些大公司也经常利用掉期交易进行套利活动。

考点三　金融衍生品市场及其工具

一、金融衍生品市场概述

1.金融衍生品的概念与特征

金融衍生品又称金融衍生工具，是从原生性金融工具（股票、债券、存单、货币等）派生出来的金融工具，其价值依赖于基础标的资产。金融衍生品在形式上表现为一系列的合约，合约中载明交易品种、价格、数量、交割时间及地点等。目前较为普遍的金融衍生品合约有金融远期、金融期货、金融期权、金融互换和信用衍生品等。

与传统金融工具相比，金融衍生品有以下特征：

（1）杠杆比例高。金融衍生品市场中允许进行保证金交易，这就意味着投资者可以从事几倍甚至几十倍于自身拥有资金的交易，放大了交易的收益和损失。

（2）定价复杂。金融衍生品的价格依赖于基础标的资产的未来价值，而未来价值是难以测算的，这就给金融衍生品的定价带来了极大的困难。

（3）高风险性。金融衍生品的上述两个特征，使得从事金融衍生品交易的风险也被放大了。

（4）全球化程度高。

2.金融衍生品市场的交易机制

金融衍生品市场上主要的交易形式有场内交易和场外交易两种。场内交易是在有组织的交易所内进行的交易，投资者需申请成为交易所会员后才能进行交易。金融衍生品交易所仅提供交易的场所与设备，制定交易规则，但其本身并不参与交易，且不具有营利性。场外交易也称 OTC 交易，没有固定的场所，交易者和委托人通过电话和网络进行联系和交易。近年来，由于场外交易的便捷性和规则相对简单，其发展速度快于场内交易，并逐渐成为衍生品交易的主要形式。

根据交易目的的不同，金融衍生品市场上的交易主体分为四类：套期保值者、投机者、套利者和经纪人。套期保值者又称风险对冲者，他们从事衍生品交易是为了减少未来的不确定性，降低甚至消除风险。投机者是参与交易获取利润的投资者。套利者利用不同市场上的定价差异，同时在两个或两个以上的市场中进行衍生品交易，以获取无风险收益。经纪人作为交易的中介,以促成交易、收取佣金为目的。

二、主要的金融衍生品

按照衍生品合约类型的不同,目前市场中最为常见的金融衍生品有金融远期、金融期货、金融期权、金融互换和信用衍生品等。各类金融衍生品具有不同的标的资产,其交易形式和特征也有很大差别。

1.金融远期

金融远期合约是最早出现的一类金融衍生品,合约的双方约定在未来某一确定日期,按确定的价格买卖一定数量的某种金融资产。在合约有效期内,合约的价值随标的资产市场价格的波动而变化。远期合约是一种非标准化的合约类型,没有固定的交易场所。这既使得远期合约拥有自由灵活的优点,同时也降低了远期合约的流动性,加大了投资者的交易风险。目前比较常见的远期合约主要有远期利率协议、远期外汇合约和远期股票合约。

2.金融期货

金融期货是指交易双方在集中性的交易场所,以公开竞价的方式所进行的标准化金融期货合约的交易。金融期货合约就是协议双方同意在未来某一约定日期,按约定的条件买入或卖出一定标准数量的金融工具的标准化协议。主要的期货合约有外汇期货、利率期货、股指期货等。

期货合约与远期合约的区别在于:远期合约的交易双方可以按各自的愿望就合约条件进行磋商;而期货合约的交易多在有组织的交易所内进行,合约的内容(如相关资产的种类、数量、价格、交割时间和地点等)都有标准化的特点。无论是远期合约还是期货合约,都为交易者提供了避免价格波动风险的工具,同时也为投机者利用价格波动取得投机收入提供了手段。

金融期货市场有多方面的经济功能,其中最基本的功能是规避风险和发现价格。

3.金融期权

金融期权是20世纪70年代以来国际金融创新发展的最主要产品。金融期权实际上是一种契约,它赋予合约的购买人在规定的期限内按约定价格买入或卖出一定数量的某种金融资产的权利。为了取得这一权利,期权合约的买方必须向卖方支付一定数额的费用,即期权费。按照买方权利的不同,期权合约可分为看涨期权和看跌期权两种类型。看涨期权的买方有权在某一确定的时间或确定的时间之内,以确定的价格购买相关资产;看跌期权的买方则有权在某一确定时间或确定的时间之内,以确定的价格出售相关资产。

对于看涨期权的买方来说,当市场价格高于合约的执行价格时,他会行使期权,取得收益;当市场价格低于执行价格时,他会放弃合约,亏损金额即为期权费。对于看跌期权的买方来说,情况则恰好相反。因此,期权合约的买方可以实现有限的损失和无限的收益。

4.金融互换

金融互换是两个或两个以上的交易者按事先商定的条件,在约定的时间内交换一系列现金流的交易形式。金融互换分为货币互换、利率互换和交叉互换等类型。

互换合约实质上可以分解为一系列远期合约组合。例如在最常见的利率互换中,交易双方约定一方按期以本金额和某一固定利率计算的金额向对方支付,另一方按期根据本金额和浮动利率计算的金额向对方支付。当交易终止时,只需交易的一方支付差额即可。互换的期限通常在 2 年以上,有的甚至在 15 年以上。

5.信用衍生品

信用衍生品是一种使信用风险从其他风险类型中分离出来,并从一方转让给另一方的金融合约。作为各类机构主动管理信用风险、获得超额投资收益的主要渠道,目前信用衍生品市场的参与者也从最初的银行扩展到固定收益投资者、保险公司、高收益市场基金、新兴市场基金以及非金融机构等各种机构。

信用衍生品是衍生工具中较为复杂的品种,其涵盖了信用风险、市场风险的双重内容,并且组合技术具有兼顾股权、债权的特点,在设计上、操作上以及风险管理上均呈现出高度复杂的特点。

信用违约互换(Credit Default Swap,简写为 CDS)是最常用的一种信用衍生产品。合约规定,信用风险保护买方向卖方定期支付固定的费用或者一次性支付保险费,当信用事件发生时,卖方向买方赔偿因信用事件所导致的基础资产面值的损失部分。

考点四 互联网金融

互联网金融是传统金融行业与互联网精神相结合的新兴领域。从广义上讲,凡是具备互联网精神的金融业态都统称为互联网金融。而从狭义的金融角度来看,则应该定义在跟货币的信用化流通相关层面,也就是资金融通依托互联网来实现的方式方法。

理论上,任何涉及广义金融的互联网应用,都应该是互联网金融,包括但不限于第三方支付、在线理财产品的销售、信用评价审核、金融中介、金融电子商务等模式。

而互联网金融最早的概念提出者谢平教授认为,以互联网为代表的现代信息科技,特别是移动支付、云计算、社交网络和搜索引擎等,将对人类金融模式产生根本影响。互联网金融模式在未来 20 年将成主流。

一、互联网金融模式

目前来看,互联网金融包括第三方支付、P2P 小额信贷、众筹融资、新型电子货币以及其他网络金融服务平台。

1.第三方支付

所谓第三方支付就是一些和产品所在国家以及国外各大银行签约,并具备一定实力和信誉保障的第三方独立机构提供的交易支持平台。在通过第三方支付平台的交易中,买方选购商品后,使用第三方平台提供账户进行货款支付,由第三方通知卖家货款到达、进行发货;买方检验物品后,就可以通知付款给卖家,第三方再将款项转至卖家。

2.P2P 小额信贷

P2P 小额信贷是一种将互联网、小额信贷等紧密联系的个人对个人的直接信贷模式。目前国内的 P2P 融资平台有宜信网、人人贷、拍拍贷等。通过 P2P 网络融资平台，借款人直接发布借款信息，出借人了解对方的身份信息、信用信息后，可以直接与借款人签署借贷合同，提供小额贷款，并能及时获知借款人的还款进度，获得投资回报。

这种业务雏形可以追溯到最早的个人互助借贷模式：北美华人社区的"标会"或"台会"，亲戚、朋友及社会团体之间通过小额信贷来解决对资金的燃眉之急。

3.众筹融资

众筹融资，是通过社交网络募集资金的互联网金融模式。众筹，就是集中大家的资金、能力和渠道，为小企业、艺术家或个人进行某项活动等提供必要的资金援助。

众筹的兴起，源于美国的大众筹资网站 Kickstarter，该网站通过搭建网络平台面对公众筹资，让有创造力的人能获得他们所需要的资金，以便实现他们的梦想。这种模式的兴起打破了传统的融资模式，人人均能通过该种众筹模式获得从事某项创作或活动的资金，使得融资的来源不再局限于风投等机构。

4.新型电子货币

新型电子货币如今在网络盛行，如比特币。比特币是一种无中央发行方的、基于网络运算产生的、开源的匿名新型电子货币。它与早期电子货币形式(如虚拟货币，预售电子卡)不同。

它起源于 2008 年一位网名为中本聪(Satoshi Nakamoto)的黑客发表的一篇论文，描述了比特币的模式。它是世界上第一个分布式的匿名数字货币，只能被它的真实拥有者使用，而且仅仅一次。支付完成后，原主人即失去对该份额比特币的所有权。它更多代表的是未来一种货币发展趋势。

二、互联网金融运行方式

互联网金融有三个核心部分：支付方式、信息处理和资源配置。

1.支付方式

支付方式方面，以移动支付为基础。个人和机构都可在中央银行的支付中心(超级网银)开账户(存款和证券登记)，即不再完全是二级商业银行账户体系；证券、现金等金融资产的支付和转移通过移动网络进行；支付清算电子化以替代现钞流通。

2.信息处理

信息处理方面，在云计算的保障下，资金供需双方的信息可以通过社交网络揭示和传播，被搜索引擎组织和标准化，最终形成时间连续、动态变化的信息序列。由此可以给出任何资金需求者(机构)的风险定价或动态违约概率，而且成本极低。

3.资源配置

资源配置方面，在供需信息几乎完全对称、交易成本极低的条件下，互联网金融模式形成了"充分交易可能性集合"，诸如中小企业融资、民间借贷、个人投资渠道等问题就容易解决。

总之，在互联网金融模式下，支付便捷，市场信息不对称程度非常低，资金供需双方直接交易，不需要经过银行、券商和交易所等金融中介。

三、互联网金融的特点

1.成本低

互联网金融模式下,资金供求双方可以通过网络平台自行完成信息甄别、匹配、定价和交易,无传统中介、无交易成本、无垄断利润。

2.效率高

互联网金融业务主要由计算机处理,操作流程完全标准化,客户不需要排队等候,业务处理速度更快,用户体验更好。

3.覆盖广

互联网金融模式下,客户能够突破时间和地域的约束,在互联网上寻找需要的金融资源,金融服务更直接,客户基础更广泛。此外,互联网金融的客户以小微企业为主,覆盖了部分传统金融业的金融服务盲区,有利于提升资源配置效率,促进实体经济发展。

4.发展快

依托于大数据和电子商务的发展,互联网金融得到了快速增长。

5.管理弱

(1)互联网金融还没有接入人民银行征信系统,也不存在信用信息共享机制,不具备类似银行的风控、合规和清收机制,容易发生各类风险问题。

(2)互联网金融在中国处于起步阶段,还没有监管和法律约束,缺乏准入门槛和行业规范,整个行业面临诸多政策和法律风险。

6.风险大

(1)信用风险大。现阶段中国信用体系尚不完善,互联网金融的相关法律还有待配套,互联网金融违约成本较低,容易诱发恶意骗贷、卷款跑路等风险问题。

(2)网络安全风险大。中国互联网安全问题突出,网络金融犯罪问题不容忽视。一旦遭遇黑客攻击,互联网金融的正常运作会受到影响,危及消费者的资金安全和个人信息安全。

习题演练

一、单项选择题

1.按风险从大到小排序正确的投资方式是( )。

A.股票 基金 债券　　　　　　　　B.股票 债券 基金

C.基金 股票 债券　　　　　　　　D.基金 债券 股票

二、多项选择题

1.在金融工具的四个性质之间,存在反比关系的是( )。

A.流动性与收益性　　　　　　　　B.期限性与风险性

C.期限性与流动性　　　　　　　　D.期限性与收益性

E.收益性与风险性

2.下列属于金融衍生工具的有( )。

A.股票价格指数期货　　　　　　B.货币互换

C.银行承兑汇票　　　　　　　　D.开放式基金

参 考 答 案

一、单项选择题

1.【答案】A。解析:一般来说,金融工具具有偿还性、流动性、风险性、收益性等特点。按照风险由高到低排序分别是:股票、基金、债券。股票风险大;基金的特点之一是组合投资,分散风险,把资金按不同的比例分别投资于不同期限、不同种类的有价证券,将风险大大分散了;债券在一般情况下,本金得到保证,收益相对固定,风险比基金要小。

二、多项选择题

1.【答案】AC。解析:金融工具具有四个特征:期限性、流动性、风险性、收益性。期限越长,流动性就越差,风险越大,收益就越高。

2.【答案】AB。解析:金融衍生工具包括远期合约、期权、期货、互换合约。

第二十一章　金融机构与金融制度

考点详解

考点一　金融机构

一、金融机构的性质与职能

1.金融机构的性质

金融机构是指所有从事各类金融活动的组织，包括直接融资领域中的金融机构和间接融资领域中的金融机构。直接融资领域中金融机构的主要职能是充当投资者和筹资者之间的经纪人；间接融资领域中金融机构的主要职能是作为资金余缺双方进行货币借贷交易的媒介。

资金从盈余者向短缺者融通，无论是采取直接融资还是间接融资，金融机构作为信用中介和支付中介都起着不可替代的作用。在现代市场经济中，金融机构所从事的金融活动发挥着核心作用。

从金融机构产生的历史过程看，它是一种以追逐利润为目标的金融企业。说它是企业，是因为它与普通企业相同，经营目标都是为了以最小的成本获得最大的利润；说它是金融企业，是因为它所经营的对象不是普通商品，而是特殊的商品——货币资金。

2.金融机构的职能

金融机构的职能是由其性质决定的。金融机构主要具有以下职能：

(1)信用中介。信用中介是金融机构最基本、最能反映其经营活动特征的职能。这一职能的实质是金融机构借助于信用，一方面通过负债业务，动员和集中社会闲散货币资金；另一方面则通过资产业务把这些资金投向有关经济部门。金融机构通过信用中介职能，实现资金盈余方和资金短缺方的资金融通，从而使资金得到有效利用，在不改变社会资本总量的条件下，推动扩大再生产的规模，提高生产率。金融机构则从吸收资金的成本与发放贷款的利息收入，以及投资等收益的差额中获取自身利润。

(2)支付中介。支付中介指金融机构在为客户开立存款账户吸收存款的基础上，通过办理存款在账户上的资金转移、代理客户支付，以及在存款的基础上为客户兑付现款等职能。金融机构成为社会支付的中介，是由于它具有较高的信誉和众多的分支机构。金融机构发挥支付中介职能，大大减少了现金的使用，节约了社会流通费用，加速了结算过程和货币资本的周转，促进了社会再生产的扩大。

(3)将货币收入和储蓄转化为资本。这项职能是信用中介职能的延伸。金融机构作为信用中介,最初只是在资金盈余企业和资金短缺企业之间进行资金融通。随着银行业的发展,个人收入和储蓄也被银行汇集起来,贷放给企业,非资本的货币就转化为货币资本。证券类金融机构的产生与发展,又使各类盈余闲置资金以其为中介,直接转化为生产经营性资本。这些都有效地扩大了社会资本总量,促使社会再生产更快发展。

(4)创造信用工具。这项职能是信用中介和支付中介职能的延伸。依托信用中介和支付中介职能,金融机构创造出银行券、存单、保险单、支票等银行票据作为信用工具投入流通,代替了金属货币的流通,既节约了流通费用,又为经济运行提供了更多便利的流通手段和支付手段,进一步推动了生产经营的发展。

(5)金融服务。金融机构联系面广,信息比较灵通,特别是计算机在业务中的广泛应用,使其具备了为客户提供信息服务的条件,咨询和决策服务因此应运而生。金融机构还为企业办理代发工资、支付各项费用业务以及租赁业务、信托业务等金融服务性业务。此外,在金融服务作用下,个人消费也由原来单纯现金支付的钱物交换,发展为可通过转账结算办理的交易。

二、金融机构的种类

按照不同的标准,可以将金融机构划分为不同的类型。

1.直接金融机构与间接金融机构

按照融资方式的不同,金融机构可以分为直接金融机构和间接金融机构。

直接金融机构是在直接融资领域,为投资者和筹资者提供中介服务的金融机构。其主要业务包括证券的发行、经纪、保管、登记、清算、资信评估等,投资银行、证券公司等属于直接金融机构。

间接金融机构是指它一方面以债务人的身份从资金盈余者的手中筹集资金,另一方面又以债权人的身份向资金短缺者提供资金,以间接融资为特征的金融机构。商业银行是最典型的间接金融机构。

上述两类金融机构最明显的区别是,前者在中介融资中一般不发行以自己为债务人的融资工具,只是协助将筹资者发行的金融工具销售给投资者;而后者则发行以自己为债务人的融资工具来筹集资金,然后又通过各种资产业务分配运用这些资金。

2.金融调控监管机构与金融运行机构

按照从事金融活动的不同目的,金融机构可以分为金融调控监管机构和金融运行机构。

金融调控监管机构是指承担金融宏观调控和金融监管的重任,不以营利为目的的金融机构,如中央银行、银行业监督委员会、证券业监督委员会、保险业监督委员会等。

金融运行机构则是指以营利为目的,通过向公众提供金融产品和金融服务而开展经营的金融机构,如商业银行、投资银行或证券公司、保险公司、信托公司等。

3.银行与非银行金融机构

按照金融机构业务的特征,金融机构可以分为银行和非银行金融机构。国际上通行的关于金融机构的传统分类方式即如此划分。

一般以存款、贷款、汇兑、结算为核心业务的金融机构就是银行,如商业银行、储蓄银行、开发银行等。

非银行金融机构一般泛指除银行以外的其他各种金融机构,包括保险、证券、信托、租赁和投资等机构。

4.政策性金融机构与商业性金融机构

按照是否承担政策性业务,金融机构可以分为政策性金融机构和商业性金融机构。

政策性金融机构通常是一个国家为加强政府对经济的干预能力,实现政府的产业政策,保证宏观经济协调发展而设立,不以营利为目的,但可以获得政府资金或税收方面支持的金融机构。

商业性金融机构是一般性金融业务的经营机构,其经营目标是获得利润。

5.其他种类

按照金融机构所经营金融业务的基本特征及其发展趋势,金融机构可以分为存款性金融机构、投资性金融机构、契约性金融机构和政策性金融机构。

国民经济核算体系(SNA)从经济统计的角度对金融机构进行了分类。这种分类是以交易主体或资金收支方作为划分标准,将金融机构分类为:中央银行;存款类公司;不是通过吸收存款的方式,而是通过在金融市场上筹集资金并利用这些资金获取金融资产的其他金融中介机构,如投资公司、金融租赁公司,以及消费信贷公司等;金融辅助机构,如证券经纪人、贷款经纪人、债券发行公司、保险经纪公司,以及经营各种套期保值的衍生工具的公司等;保险公司和养老基金。

三、金融机构体系的构成

现代金融机构体系通常是以中央银行为核心,由以经营信贷业务为主的银行和提供各类融资服务的非银行金融机构,以及相关金融监管机构共同构成的系统。近年来,在商业银行信贷业务和投资银行业务日益融合的条件下,严格的金融机构分类已成为难事。但不同的金融机构仍具有其鲜明的特点,以下按照存款性金融机构、投资性金融机构、契约性金融机构和政策性金融机构的划分进行阐述。

1.存款性金融机构

存款性金融机构是吸收个人和机构存款,并发放贷款的金融中介机构。它主要包括商业银行、储蓄银行和信用合作社等。

(1)商业银行。商业银行是以经营存款、贷款和金融服务为主要业务,以营利为经营目标的金融企业。

与其他金融机构相比,吸收活期存款和创造信用货币是商业银行最明显的特征。正是这一特征,使商业银行具有特殊的职能,它们的活期存款是构成货币供给或交换媒介的重要组成部分,也是信用扩张的重要源泉。因此,通常人们又称商业银行为存款货币银行。在所有的金融机构中,商业银行是历史最悠久、资本最雄厚、体系最庞大、业务范围最广、掌握金融资源最多的金融机构,因而对经济生活的影响最大。

(2)储蓄银行。储蓄银行是专门吸收居民储蓄存款,将资金主要投资于政府债券和公司股票、债券等金融工具,并为居民提供其他金融服务的金融机构。

储蓄银行汇集起来的储蓄存款余额较为稳定,所以主要用于长期投资,如发放不动产抵押贷款,投资于政府债券和公司股票、债券等,以获得贷款利息和投资收益;或者转存于商业银行,以赚取利息差额。储蓄银行的具体名称在各国有所差异,如不同国家称之为互助储蓄银行、住房储蓄银行、国民储蓄银行、储蓄贷款协会、邮政储汇局等。

(3)信用合作社。信用合作社是城乡居民集资合股而组成的合作金融组织,是为合作社社员办理存、贷款业务的金融机构,其资金主要来源于社员交纳的股金和存入的存款,放款的对象主要是本社的社员。

信用合作社于19世纪50年代始于德国,后来在世界各国普遍建立,以乡村信用社形式居多。我国新中国成立后在农村普遍建立信用合作社,目前几乎乡乡有社。在城市也曾普遍建立起城市信用合作社,但目前城市信用合作社已经改革为城市商业银行,农村信用社有的也已转变为农村合作银行或者农村商业银行。

2.投资性金融机构

投资性金融机构是在直接金融领域内为投资活动提供中介服务或直接参与投资活动的金融机构,主要包括投资银行、证券经纪和交易公司、金融公司和投资基金等。这些机构服务或经营的业务内容都是以证券投资活动为核心。

(1)投资银行。投资银行是以从事证券投资业务为主要业务内容的金融机构。投资银行是典型的投资性金融机构,与其他经营某一方面证券业务的金融机构相比,投资银行的基本特征是综合性很强,即投资银行业务几乎包括了全部资本市场业务。

投资银行与商业银行不同,其资金来源主要依靠发行自己的股票和债券筹资,有的国家投资银行也允许接受定期存款。此外,它们也从其他银行取得贷款,但都不构成其资金来源的主要部分。

投资银行主要业务有:对公司股票和债券进行直接投资;提供中长期贷款;为公司代办发行或包销股票与债券;参与公司的创建、重组和并购活动;提供投资和财务咨询服务等。投资银行的名称通用于欧洲大陆和美国等国家,在英国则称为商人银行,在日本称证券公司,还有的国家称其为实业银行、金融公司或投资公司等。

(2)投资基金。投资基金是通过向投资者发行股份或受益凭证募集资金,再以适度分散的组合方式投资于各类金融产品,为投资者以分红的方式分配收益,并从中谋取自身利润的金融组织机构。投资基金是一种重要的投资性金融机构,投资者通过购买基金股份把资金投入基金,而基金的份额可以随时买进卖出,其交易的差价也是投资者获取收益的来源之一。

投资基金的优势是:投资组合、分散风险、专家理财、规模经济。投资基金在不同的国家称谓有所不同,如在美国称为共同基金或互助基金,在英国称为单位投资信托,在日本则称为证券投资信托。

3.契约性金融机构

契约性金融机构是以契约方式吸收持约人的资金,而后按契约规定承担向持约人履行赔付或资金返还义务的金融机构。这类机构的特点是资金来源可靠稳定,资金运用主要是投资,资金的流动性较弱。

(1)保险公司。保险公司是主要依靠投保人缴纳保险费的形式建立起保险基金,对那些因发生自然灾害或意外事故而造成经济损失的投保人予以经济补偿的金融机构。保险公司所筹集的资金除保留一部分应付赔偿所需外,其余部分则作为长期性资金主要投资于政府债券和公司股票、债券,以及发放不动产抵押贷款、保单贷款等。

(2)养老基金和退休基金。养老基金和退休基金是以契约形式组织预交资金,再以年金形式向参加养老金计划者提供退休收入的金融组织形式。这类基金的资金主要来自劳资双方的积聚,即雇主的缴款和雇员工资中的扣除或雇员的自愿缴纳,以及运用积聚资金的收益,如投资于公司债券、股票以及政府债券的收益等。

养老基金和退休基金是第二次世界大战后在西方国家迅速发展起来的金融形式。西方国家政府关于要求建立养老金计划的立法以及纳税优惠,对这类基金的建立与发展起了推动作用。在英国等一些国家,养老基金和退休基金业务相当大的部分由保险公司经办。近年来,养老基金和退休基金取得了长足发展。

4.政策性金融机构

政策性金融机构指为贯彻实施政府的政策意图,由政府或政府机构发起、出资设立、参股或保证,不以利润最大化为经营目的,在特定的业务领域内从事政策性金融活动的金融机构。政策性金融机构主要包括以下几种类型:

(1)经济开发政策性金融机构。

(2)农业政策性金融机构。

(3)进出口政策性金融机构。

(4)住房政策性金融机构。

我国的政策性金融机构主要有国家开发银行、中国进出口银行和中国农业发展银行。

考点二　金融制度

一、金融制度的概念

金融制度是指一个国家以法律形式所确定的金融体系结构,以及组成该体系的各类金融机构的职责分工和相互关系的总和。

从广义上说,金融制度包括金融中介机构、金融市场和金融监管制度三个方面的内容,具体为:第一,各类金融机构的地位、作用、职能和相互关系;第二,金融市场的结构和运行机制;第三,金融监管制度,包括中央银行或金融监管当局,金融调控、金融管理的法律法规,金融调控、金融监管的组织形式、运作体制等。

金融制度的构建与发展取决于不同国家、不同社会制度下的生产力水平及生产方式的发展状况,因此,金融制度是一个动态演进变化的过程。随着全球经济金融一体化的快速发展和我国改革开放进程的不断深入,金融体制也处在不断整合和发展的过程之中。

二、中央银行制度

中央银行是国家赋予其制定和执行货币政策,监督管理金融业和规范金融秩序,防范金融风险和维护金融稳定,为商业银行等普通金融机构和政府提供金融服务,调控金融和经济运行的宏观管理机构。中央银行制度的形式主要有以下四种:

(1)一元式中央银行制度。一元式中央银行制指一个国家只设立一家统一的中央银行行使中央银行职能的制度形式。这类中央银行的机构设置一般采取总分行制,逐级垂直隶属。中央银行设立多少分支机构,主要取决于国土面积、经济结构以及金融业的发达程度等。

一元式中央银行制度是比较完善、成熟的制度形式,具有组织完善、机构健全、权力集中、职能齐全的特点,大多数国家都实行这种制度。一般是在总行之下,在国内设置央行分支行或代表处。随着全球经济一体化的发展,一些国家的央行还在国外设立代表处,以加强央行在宏观调控和金融监管等方面的国际交流与合作。

(2)二元式中央银行制度。二元式中央银行制度又称为二元复合式的中央银行制度,指一国建立中央与地方两级相对独立的中央银行机构,分别行使金融调控和管理职能,不同等级的中央银行共同组成一个复合式统一的中央银行体系。一般来说,地方级中央银行是按照当地经济特点、特定的法规和历史条件而设立,它们要受到中央级中央银行的监督与指导,但它们与中央级中央银行并非一般意义上的总分行关系,地方级中央银行在其辖区内有一定的独立性,中央级中央银行和地方级中央银行按照法律规定分别行使其职能。

二元式中央银行制度具有权力与职能相对分散、分支机构较少等特点,一般被实行联邦制的国家所采用,如美国、德国等。

(3)跨国的中央银行制度。跨国的中央银行制度指由若干国家联合组建一家中央银行,由这家中央银行在其成员国范围内行使全部或部分中央银行职能的中央银行制度。这种中央银行制度一般与区域性多国经济的相对一致性和货币联盟体制相对应。跨国的中央银行不属于任何一个国家所独有,而是成员国共同的中央银行,对所有的成员国发行共同的货币,制定和执行统一的货币政策,开展金融宏观调控等。

第二次世界大战后相继成立的西非货币联盟、中非货币联盟、东加勒比海货币区等都属于跨国中央银行的组织形式。此外,1998年6月1日成立的欧洲中央银行亦是一个典型的跨国式中央银行。欧洲中央银行作为欧洲中央银行体系的决策机构,具有法人资格,在欧元区内发行欧洲统一货币——欧元,在各成员国制定和实施统一的货币政策。欧洲中央银行独立于欧盟各成员国的政府,独立于欧盟各个机构,是欧盟各成员国共有的中央银行。

(4)准中央银行制度。准中央银行制度指在一个国家或地区不设置真正专业化、具备完全职能的中央银行,而是设立若干类似中央银行的金融管理机构执行部分中央银行的职能,并授权若干商业银行也执行部分中央银行职能的中央银行制度形式。

在准中央银行制度下,中央银行的职能是由不同的机构从不同的角度分别执行,具有中央银行权力分散、职能分解的特点。实行准中央银行制度的国家和地区主要有新加坡、中国香港特别行政区,以及利比里亚、莱索托、斯威士兰等发展中国家。

三、商业银行制度

从商业银行的产生和发展历史过程看,商业银行是以追逐利润为目标,能够吸收存款,以经营金融资产和金融负债为对象,从事经营活动的金融企业。商业银行是各国金融体系的主体。

从各国情况看,商业银行的组织制度主要有四种类型。

(1)单一银行制度。单一银行制度又称为单元银行制或独家银行制,就是银行业务完全由各自独立的商业银行经营,不设或者不允许设分支机构。采取单一银行制度的商业银行只有一家独立的银行机构经营,没有分支机构存在,风险独自承担,利润独自分享。

(2)分支银行制度。分支银行制度又称为总分行制,是指法律上允许在总行(或总管理处)之下,在国内外各地普遍设立分支机构,形成以总行为中心的庞大的银行网络系统。它是各国商业银行普遍采用的组织形式。

(3)持股公司制度。持股公司制度又称为集团银行制度,是由某一集团成立持股公司,由该公司控制或收购两家以上的若干银行的组织制度。这些被收购的或控制的银行在法律上仍然是独立的,但它们的经营策略和业务受持股公司的控制。

(4)连锁银行制度。连锁银行制度又称为联合银行制度,指两家或更多的银行由某一个人或某一集团通过购买多数股票的形式,形成联合经营的组织制度。这些被控制的银行在法律上仍然保持其独立性,但其经营政策与业务要受到控股方的控制。

四、政策性金融制度

政策性金融是一种特殊的金融活动,具有政策性和金融性双重特征。政策性表现在其业务活动对国家经济政策的贯彻支持配合上,表现在融资的非营利性,对产业政策需要"倾斜"支持的行业、领域的贷款实行低息或无息的补贴性,以及经营风险的硬担保性上。金融性则表现在资金运动坚持遵循信贷资金的运动规律,体现有偿性、效益性和安全性。

1.政策性金融机构的职能

政策性金融机构既具有与商业性金融机构类似的职能又具备其自身的职能,这些职能体现出其紧密配合政府经济政策意图的性质。政策性金融机构的职能主要有以下几个方面:

(1)倡导性职能。倡导性职能又称诱导性职能,是指政策性金融机构以直接或间接的资金投放,吸引商业性金融机构或民间资金从事符合经济政策意图的投资和贷款,以发挥其首倡、引导功能,引导资金的流向。政策性银行通过对某些产业提供贷款融资,来反映经济发展的长远目标,表明政府对不同部门的扶持意愿,从而引导其他金融机构加大对政府需要扶持的产业进行投资。而一旦某一原来政策支持产业的投资热情高涨,政策性银行就可以减少对该行业的投资份额,转而扶持其他行业发展,从而体现其政策意图的倡导性,形成对民间资金运用方向的诱导机制,促使政府政策目标的实现。

(2)选择性职能。该职能是指政策性金融机构具有通过主动选择融资领域或部门以实现其融资意图的职能。政策性金融机构对融资领域或部门的选择是以政府的政策意图为导向,并参考市场机制选择情况而确定的,如对某些重要的基础产业,如果市场机制能够选择它,那么依靠市场机制的作用它会得到相应的资源配置,政府干预则是不必要的。而在市场机制不予选择时,政策性金融机构则根据政策要求予以选择,给予融资支持。随着时间的推移,当客观情况发生变化,商业银行的选择也随之不断变化,政策性银行活动的领域也必须做相应的调整,不断进行新的选择。

(3)补充性职能。补充性职能又称弥补性职能,是指政策性金融机构以政策性融资补充商业性融资在一些领域或部门的不足,完善以商业性金融机构为主体的金融体系整体功能的职能。对于一些商业性金融机构不愿或无力选择的产业、项目以及技术、市场风险较高的领域等,政策性金融机构进行倡导性投资,以直接投资或提供担保等方式引导资金流向,进行融资补充,有利于弥补商业性金融机构融资面较小的不足,促进国民经济各产业、各部门的协调发展。

(4)服务性职能。该职能是指政策性金融机构依据长期从事政策性专业融资业务所积累的实践经验和专业技能,为业务对象和政府提供各方面服务的职能。作为专业性银行,政策性银行可利用自身丰富的专业知识,为企业提供有关的金融和非金融服务,并可充当政府经济政策或产业政策的参谋,从而体现其服务性职能。如为企业分析财务结构,诊断经营情况,提供经济信息,沟通外部联系;为有关重大投资项目提供经济及社会效益评估;参与政府有关产业或部门发展计划的制订,或代表政府组织实施该方面的政策计划或产业计划,成为政府在这些领域的助手或顾问。

2.政策性金融机构的经营原则

政策性金融的政策性和金融性的双重特征,决定了政策性金融机构具有不同于商业性金融机构的经营原则。

(1)政策性原则。该原则是指政策性金融机构的经营活动必须贯彻国家的社会经济政策、区域政策和产业政策,对政策要支持的区域、产业、部门开展政策性金融业务,提供政策性投资和贷款。政策性金融机构通过贷款投向、期限、利率的安排来体现政府的社会经济政策并积极参与项目的决策,使信贷政策与国家经济政策得到衔接。坚持政策性原则有利于政策性金融机构把握经营方向,避免与商业性金融在业务领域上产生交叉,发生业务竞争,保持自身的经营特征。

(2)安全性原则。该原则是指政策性金融机构在经营活动中要注重资产安全。由于政策性金融机构的经营活动范围主要是商业性金融机构不愿涉及的低利润、高风险的领域,如不注重安全性,一是无法确保政策性资金的良性循环,二是政策性资金若被挤占挪用,使信贷资产减少,政策性金融机构将失去金融企业的特征。

(3)保本微利原则。作为金融企业,政策性金融机构经营的是信贷资金,而非财政资金,信贷资金的本质要求是运动、回流和增值,因此,政策性金融机构必须加强经营管理,讲求经济核算,实现保本微利,以保持政策性金融机构的生存与持续发展。

五、金融监管制度

金融监管制度是金融监管当局基于信息不对称、逆向选择与道德风险等因素,对金融机构、金融市场、金融业务进行监督管理的体制模式。

金融监管制度是随着近代商业银行制度的建立而逐步发展起来的。最初的金融监管主要涉及对商业银行开业的审批及其主要业务运营情况的监管。随着经济金融的发展,商业银行体系的扩展、其他金融机构的产生以及金融市场的形成,金融活动逐渐渗透到社会经济生活的各个方面,金融业稳定发展的要求日益重要,金融监管制度随之日趋拓宽和拓深。

按照金融监管机构的监管范围划分,金融监管制度可分为集中统一的监管体制、分业监管体制和不完全集中统一监管体制。

1.集中统一的监管体制

集中统一的监管体制又称为单一的、一元化的监管模式。该监管体制就是将不同的金融业作为一个相互联系的整体,由中央银行或另外设立的专门监管机构承担对金融业集中统一监管职责的体制模式。

实行集中统一监管体制的一般是金融业混业经营的国家,从此角度说该监管体制又称为混业监管模式。混业经营有两种表现形式:一种是全能银行,即银行可以直接经营银行、证券、保险等金融业务;另一种是银行通过投资证券公司、保险公司等,持有股份或控股,间接地从事非银行业务。

目前实行此种监管体制的主要有英国、日本、新加坡、瑞典、丹麦等国家。

2.分业监管体制

该体制是由多个监管机构对金融业的不同主体及其业务范围分别进行监管的组织形式。分业监管体制主要是在银行、证券和保险等不同金融领域分别设立专职的监管机构,负责对各行业进行审慎监管。实行分业监管体制的大多是金融业实行分业经营的国家或地区。

相对于集中统一的监管体制,分业监管体制具有分工明确,不同监管机构之间存在竞争性、监管效率高等优点,但同时也存在监管机构多,监管成本较高、机构协调困难、容易出现重复交叉监管或监管真空问题等缺陷。

3.不完全集中统一的监管体制

此种体制是对集中统一监管体制和分业监管体制的改进型体制。该体制可以分为"牵头式"和"双峰式"两类监管体制。前者是在多重监管主体之间建立磋商与协调机制,指定一个监管机构作为牵头机构负责不同监管主体之间的协调工作。后者是根据监管目标设立两类金融监管机构:一类负责对所有金融机构进行审慎监管,防范与控制金融体系的系统性风险;另一类监管机构负责对不同金融业务的经营活动进行具体监管。

考点三　我国的金融机构与金融制度

一、我国的金融机构及其制度安排

目前,我国的金融机构主要包括商业银行、政策性银行、证券机构、保险公司和其他金融机构。

1.商业银行

在我国的金融机构体系中,商业银行是主体,并以银行信贷为主的间接融资在社会总融资中占主导地位。目前,我国的商业银行体系分为以下几个方面:

(1)大型商业银行。大型商业银行包括从国有专业银行演变而来的中国工商银行、中国农业银行、中国银行、中国建设银行四大行和交通银行。从2003年起,中国建设银行、中国银行、中国工商银行先后进行股份制改造,并引进海外战略投资者,成功地实现上市融资。中国农业银行的股份制改革由于横跨国有商业银行和农村金融两个领域,改革的涉及面广,复杂性和难度很高,因此成为最后一家进行股份制改造的国有大型商业银行。2009年1月,中国农业银行股份有限公司成立,并于2010年7月成功上市融资。

(2)股份制商业银行。随着金融体制改革的不断深化,我国陆续恢复、组建了一批新兴股份制商业银行。主要包括平安银行、中信银行、中国光大银行、华夏银行、招商银行、广东发展银行、兴业银行、上海浦东发展银行、中国民生银行、恒丰银行、浙商银行和渤海银行,这些银行即目前我国的全国性股份制商业银行。股份制商业银行在组建开始就按照商业银行的运行机制开展经营,呈现出较强的经营和发展势头。

(3)城市商业银行。城市商业银行在发展初期是按城市划分而设立,不得在不同城市设立分支机构。近年来,随着我国经济发展的需要,城市商业银行开始突破原有地域,到其他城市设置分支机构,拓展发展空间,并陆续开始迈出引入境外战略投资者、实现上市融资的步伐。

(4)农村合作金融机构。目前,我国的农村银行机构主要包括农村信用社、农村商业银行、农村合作银行。

农村商业银行和农村合作银行是在农村信用社产权制度及经营机制改革基础上成立的农村银行机构。随着农村金融体制改革的不断深化和农村经济发展的需要,我国首批三家股份制农村商业银行于2001年11月28日在江苏省的张家港、常熟、江阴组建成立。在农村信用社基础上改制组建股份制商业银行,是我国农村金融体系改革的一大突破。

(5)中国邮政储蓄银行。中国邮政储蓄银行是中国邮政集团公司以全资方式出资组建的有限责任性质的银行,该银行于2006年12月经国家批准开业。

(6)外资商业银行。目前,我国境内设立的外资银行可分为四类:一是外资独资银行,指在中国境内注册、拥有全部外国资本股份的银行;二是中外合资银行,指在中国境内注册、拥有部分外国资本股份的银行;三是外国银行在中国境内的分行;四是外国银行驻华代表机构。

2.政策性银行

目前,我国的政策性银行主要有以下几个:

(1)国家开发银行(CDB)。国家开发银行于1994年3月成立,直属国务院领导。目前在全国设有38家分行、2家代表处及其他分支机构。2008年12月,经国务院批准,国家开发银行整体改制成国家开发银行股份有限公司。国家开发银行主要通过开展中长期信贷与投资等金融业务,为国民经济重大中长期发展战略服务。

2015年4月《国务院关于同意国家开发银行深化改革方案的批复》明确,国家开发银行要坚持开发性金融机构定位。适应市场化、国际化新形势,充分利用服务国家战略、依托信用支持、市场运作、保本微利的优势,进一步完善开发性金融运作模式,积极发挥在稳增长、调结构等方面的重要作用,加大对重点领域和薄弱环节的支持力度。

(2)中国进出口银行(TEIBC)。中国进出口银行成立于1994年,是直属国务院领导的、政府全资拥有的政策性银行,其国际信用评级与国家主权评级一致。银行总部设在北京。截至目前,在国内设有24家营业性分支机构;在境外设有巴黎分行、东南非代表处和圣彼得堡代表处;与境内外1 000多家银行的总分支机构建立了代理行关系。中国进出口银行是我国外经贸支持体系的重要力量和金融体系的重要组成部分。

2015年4月《国务院关于同意中国进出口银行改革实施总体方案的批复》要求,中国进出口银行改革要强化政策性职能定位。坚持以政策性业务为主体,合理界定业务范围,明确风险补偿机制,提升资本实力,建立资本充足率约束机制,强化内部管控和外部监管,建立规范的治理结构和决策机制,把中国进出口银行建设成为定位明确、业务清晰、功能突出、资本充足、治理规范、内控严密、运营安全、服务良好、具备可持续发展能力的政策性银行,充分发挥在稳增长、调结构、支持外贸发展、实施"走出去"战略中的功能和作用。

(3)中国农业发展银行(ADBC)。中国农业发展银行是根据中华人民共和国国务院1994年4月19日发出的《关于组建中国农业发展银行的通知》(国发〔1994〕25号)成立的国有农业政策性银行,直属国务院领导。

2015年4月《国务院关于同意中国农业发展银行改革实施总体方案的批复》明确,中国农业发展银行改革要坚持以政策性业务为主体。通过对政策性业务和自营性业务实施分账管理、分类核算,明确责任和风险补偿机制,确立以资本充足率为核心的约束机制,建立规范的治理结构和决策机制,把中国农业发展银行建设成为具备可持续发展能力的农业政策性银行。

3.证券机构

我国证券机构主要包括证券公司、证券交易所、证券登记结算公司、证券投资咨询公司、投资基金管理公司等。

(1)证券公司。证券公司又称证券商,是经证券主管部门批准设立的在证券市场上经营证券业务的非银行金融机构。1999年7月以后,根据《中华人民共和国证券法》(以下简称《证券法》)的规定,对证券公司实行分类管理,分为综合类证券公司和经纪类证券公司,综合类证券公司可从事证券承销、经纪、自营三种业务,而经纪类证券公司只能从事证券经纪类业务,即它只能充当证券交易的中介,不得从事证券的承销和自营买卖业务。

(2)证券交易所。目前,我国经国务院批准设立的证券交易所有两家,即上海证券交易所和深圳证券交易所。证券交易所的职能是:①提供证券交易的场所和设施;②制定证券交易所的业务规则;③接受上市申请、安排证券上市;④组织、监督证券交易;⑤对会员和上市公司进行监督;⑥设立证券登记结算公司;⑦管理和公布市场信息;⑧中国证监会许可的其他职能。

(3)证券登记结算公司。证券交易必然带来证券所有权的转移和资金流动,为确保过户准确和资金及时、足额到账,证券交易所一般都附设证券登记结算公司。证券登记结算公司在每个交易日结束后负责清算。证券登记结算公司的具体职能是对证券和资金进行清算、交收和过户,使买入者得到证券,卖出者得到资金。我国上海和深圳证券交易所已实现了无纸化和电子化交易,建立了相应的高效、快捷、安全的结算系统,每日的结算和交收于次日上午开市前即可完成,即目前两市均实行"T+1"的交割方式完成清算交易。

4.保险公司

保险公司是指以经营保险业务为主的非银行金融机构,也是金融机构体系的重要组成部分。

1993 年以来,保险业改革步伐进一步加快。中国人民保险公司改组设立了中国人民保险(集团)公司,包括中保财产保险公司、中保人寿保险公司和中保再保险公司三家子公司。太平洋保险公司与交通银行脱钩,改制为独立的股份制商业保险公司。平安保险公司将六家子公司的独立法人地位取消,将其改为直属分公司。与此同时,我国还批准设立了一批新的股份制保险公司,如大众、天安、华泰、永安、华安、泰康、新华等保险公司。

5.其他金融机构

我国的非银行机构构成庞杂,主要包括金融资产管理公司、信托投资公司、财务公司、金融租赁公司、小额贷款公司等。

(1)金融资产管理公司。金融资产管理公司是在特定时期,政府为解决银行业不良资产,由政府出资专门收购和集中处置银行业不良资产的机构。

(2)信托投资公司。信托是指在信任的基础上,委托人将其财产权委托给受托人,受托人按委托人的意愿,以自己的名义,为受益人的利益或者特定目的,对信托财产进行管理或者处分的行为。信托是随着商品经济的发展而出现的一种财产管理制度,其本质是"受人之托,代人理财"。

(3)财务公司。我国的财务公司亦称为企业集团财务公司,是以加强企业集团资金集中管理和提高企业集团资金使用效率为目的,为企业集团成员单位提供财务管理服务的非银行金融机构。财务公司是我国金融体系的重要组成部分。

(4)金融租赁公司。金融租赁公司是专门承办融资租赁业务的非银行金融机构。所谓融资租赁,是指出租人根据承租人对租赁物和供货人的选择或认可,将其从供货人处取得的租赁物按合同约定出租给承租人占有、使用,向承租人收取租金的交易活动。

(5)小额贷款公司。小额贷款公司是由自然人、企业法人与其他社会组织投资设立,不吸收公众存款,经营小额贷款业务,以有限责任公司或股份有限公司形式开展经营活动。小额贷款公司在坚持为农民、农业和农村经济发展服务的原则下自主选择贷款对象。小额贷款公司发放贷款应坚持"小额、分散"的原则,鼓励小额贷款公司面向农户和微型企业提供信贷服务。

二、我国的金融调控监管机构及其制度安排

为保证金融安全和金融稳定发展,促进社会资源优化配置,各国政府都成立了专门金融调控监督管理机构,对金融业和金融市场进行宏观调控和监管。

我国的金融调控监管机构主要有中国人民银行、中国银行保险监督管理委员会、中国证券监督管理委员会、国家外汇管理局、国有重点金融机构监事会、金融机构行业自律组织等。

金融机构行业自律组织主要有中国银行业协会、中国证券业协会和中国财务公司协会。

习题演练

一、判断题

政策性银行是指由政府创立、参股或保证的,以营利为目的,专门为贯彻、配合政府社会经济政策或意图,在特定的业务领域内,直接或间接地从事政策性融资活动,充当政府发展经济、促进社会进步、进行宏观经济管理工具的金融机构。 （　）

二、单项选择题

1.下列(　)属于我国政策性银行。

A.中国农业发展银行　　　　　　B.中国银行

C.平安银行　　　　　　　　　　D.招商银行

2.以证券承销业务为本源业务的金融机构是(　)。

A.证券交易所　　　　　　　　　B.信托投资公司

C.证券登记公司　　　　　　　　D.投资银行

参考答案

一、判断题

【答案】×。解析:政策性银行不以营利为目的。

二、多项选择题

1.【答案】A。

2.【答案】D。解析:投资银行是指主要从事证券发行、承销、交易、企业重组、兼并与收购、投资分析、风险投资、项目融资等业务的非银行金融机构,是资本市场上的主要金融中介。

第二十二章　货币需求与货币供给

考点详解

考点一　货币需求

一、马克思的货币需求理论

马克思关于流通中货币量的分析,后人多用"货币必要量"的概念来表述。基本公式是:

执行流通手段职能的货币必要量=商品价格总额/货币的流通速度

这一规律可用符号表示为:

$$M=PQ/V$$

式中,P——商品价格。

Q——进入流通的商品数量。

V——货币流通的平均速度。

M——货币必要量。

公式表明,货币必要量取决于价格水平、进入流通的商品数量和货币的流通速度这三个因素,与商品价格和进入流通的商品数量成正比,与货币流通速度成反比。

二、货币数量论的货币需求理论

欧文·费雪(Fisher)于 1911 年出版的《货币的购买力》一书,是货币数量论的代表作。在该书中,费雪提出了著名的"交易方程式",也被称为费雪方程式,即:

$$MV=PT$$

式中,M——总货币存量。

P——价格水平。

T——各类商品的交易数量。

V——货币流通速度,它代表了单位时间内货币的平均周转次数。

该方程式表明,名义收入等于货币存量和流通速度的乘积。

上式还可以表示为:$P=MV/T$

这一方程式表明,物价水平的变动与流通中货币数量的变动和货币的流通速度变动成正比,而与商品交易量的变动成反比。

三、剑桥方程式

与费雪方程式不同,剑桥学派认为,处于经济体系中的个人对货币的需求,实质是选择以怎样的方式保持自己资产的问题。每个人决定持有多少货币,有种种原因,但在名义货币需求与名义收入水平之间总是保持一个较为稳定的比例关系。因此有:

$$M_d = kPY$$

式中,M_d——名义货币需求。

Y——总收入。

P——价格水平。

k——以货币形式保存的财富占名义总收入的比例。

四、凯恩斯的货币需求函数

货币需求动机有以下几方面:

(1)凯恩斯认为人们持有货币主要是为了交易,这称为交易动机.

(2)还为了应付可能遇到的意外支出,这称为预防动机。

(3)人们持有货币可能是为了储存价值或财富,这称为投机动机。

由交易动机和预防动机引起的货币需求和收入有关,收入增加,货币需求增加;反之,货币需求减少。由投机动机形成的投机性货币需求主要受到市场利率变化的影响,而且是负相关的关系,即市场利率越高,人们的投机性货币需求越小,市场利率越低,投机性货币需求越高。

由于交易动机和预防动机引起的货币需求是收入的函数,可记为 $L_1(Y)$;由于投机性货币需求是利率的函数,可记为 $L_2(r)$,则凯恩斯的货币需求函数可表示为:$M = L_1(Y) + L_2(r)$。

凯恩斯主义把可用于储存财富的资产分为货币与债券,认为货币是不能产生收入的资产,债券是能产生收入的资产,把人们持有货币的三个动机划分为两类需求。一是消费动机与预防动机构成对消费品的需求,人们对消费品的需求取决于"边际消费倾向"。二是投机动机构成对投资品的需求,主要由利率水平决定,利率低,人们对货币的需求量大;利率高,人们对货币的需求量小。

凯恩斯认为,在利率极高时,投机动机引起的货币需求量等于零,而当利率极低时,投机动机引起的货币需求量将是无限的。也就是说,由于利息是人们在一定时期放弃手中货币流动性的报酬,所以利率不能过低,否则人们宁愿持有货币而不再储蓄,这种情况被称为"流动性偏好陷阱"。

五、弗里德曼的货币需求函数

弗里德曼将货币需求函数表述为:

$$\frac{M}{P} = f(Y, W, r_m, r_b, r_e, \frac{1}{P} \cdot \frac{dp}{dt}, u)$$

式中 $\frac{M}{P}$ 代表货币的实际需要量,r_m、r_b、r_e 分别表示存款、债券和股票的名义收益率,$\frac{1}{P} \cdot \frac{dp}{dt}$

代表通货膨胀率,W 为非人力财富对人力财富的比例,Y 为恒久收入,u 代表影响货币需求偏好的其他因素。

弗里德曼最重要的贡献是,用货币需求函数证明了货币需求是稳定的。因此,随意增加或减少货币供给,都会在不可预知的未来,冲击货币市场,带来经济的不稳定。

考点二 货币供给

货币供给是指一定时期内一国银行体系向经济中投入、创造、扩张(或收缩)货币的行为。货币供给首先是一个经济过程,即银行系统向经济中注入货币的过程。其次在一定时点上会形成一定的货币数量,称为货币供给量。货币供给又可分为名义货币供给和实际货币供给。

视频讲解

一、货币层次的划分

按照不同形式货币的流动性,或者说不同金融工具发挥货币职能的效率高低确定货币层次。流动性是指金融资产迅速变为现实货币购买力,而且持有人不会遭受损失的能力。

视频讲解

1.国际货币基金组织的货币层次划分

一般把货币划分为三个层次:

M_0=流通于银行体系之外的现金

$M_1=M_0$+活期存款(包括邮政汇划制度或国库接受的私人活期存款)

$M_2=M_1$+储蓄存款+定期存款+政府债券(包括国库券)

2.我国的货币层次划分

我国对外公布的货币供应量为三个层次:一是流通中现金(M_0),即在银行体系外流通的现金;二是狭义货币供应量,一般称为货币(M_1),即 M_0 加上单位活期存款;三是广义货币供应量,一般称为货币和准货币(M_2),即 M_1 加上单位定期存款、个人存款和其他存款(财政存款除外)。

现阶段,我国按流动性不同将货币供应量划分为三个层次:

M_0=流通中的现金

$M_1=M_0$+企业单位活期存款+农村存款+机关团体部队存款+银行卡项下的个人人民币活期储蓄存款

$M_2=M_1$+城乡居民储蓄存款+企业单位定期存款+证券公司保证金存款+其他存款

式中,M_1 是狭义货币供应量;M_2 是广义货币供应量;M_2 减 M_1 是准货币。我们通常所说的货币供应量是指 M_2。

真题回顾

(2018·单选)2017 年 8 月我国的 M_0、M_1、M_2 分别是 68 605.05 亿元、488 770.09 亿元和 1 599 609.571 亿元,由此可知我国此时的准货币是(　　)。

A.420 165.04 亿元　　　　　　　　B.1 110 839.48 亿元

C.1 531 004.52亿元   D.1 599 609.57亿元

【答案】B。解析：根据流动性对货币层次进行划分，其中M_1称为狭义上的货币、M_2称为广义上的货币。准货币又叫亚货币或近似货币，是一种以货币计值，虽不能直接用于流通，但可以随时转换成通货的资产。准货币主要由银行定期存款、储蓄存款以及各种短期信用流通工具等构成，如国库券储蓄存单、外汇券、侨汇券、金融卡等。从货币层次上看，准货币=M_2-M_1=1 599 609.57-488 770.09=1 110 839.48(亿元)。

二、货币供给机制

1.货币供应量

现代信用制度下货币供应量的决定因素主要有两个：

一是基础货币(B)，包括现金和商业银行在中央银行的存款。

二是货币乘数(m)，货币乘数的大小决定了货币供给扩张能力的大小。在货币供给过程中，中央银行的初始货币提供量与社会货币最终形成量之间存在着数倍扩张(或收缩)的效果，即所谓的乘数效应。

它们之间的决定性关系可用公式表示为：$M_s=m\cdot B$，即货币供应量等于基础货币与货币乘数的乘积。

2.货币乘数的决定因素

表 2-22-1 影响货币乘数的因素

因素	内容
法定存款准备金率(r_d)	法定存款准备金率越高，银行存款中可用于放款的资金越少，创造存款货币的数量就越少；反之创造存款货币的数量就越多
现金漏损率(c)	如果在存款派生过程中有客户提取现金，则现金就会流出银行系统，出现现金漏损，使银行系统的存款准备金减少，派生倍数相应缩小，银行创造存款的能力下降
超额准备金率(e)	银行留有的超过法定准备金部分的超额准备金越多，用于贷款的部分就越少，银行创造存款的能力就越弱
定期存款的存款准备金率(r_t)	一般定期存款的法定存款准备金率低，活期存款的法定存款准备金率高，当企业的活期存款转化为定期存款时，银行对定期存款也要按一定的法定准备金率(r_t)提留准备金，所以定期存款的法定存款准备金率(r_t)和定期存款占活期存款的比例(t)的变动，可视同法定存款准备金率(r_d)的进一步调整，按照$r_t \cdot t$所提供的准备金用于支持定期存款，会使活期存款创造规模下降，对货币乘数K产生影响

由上表可知，银行吸收存款能够创造的存款货币量要受到诸多因素的影响，即：

$$K=\frac{1}{r_d+c+e+r_t\cdot t}$$

三、弗里德曼－施瓦兹的货币供给决定模型

弗里德曼-施瓦兹的货币供给决定模型表现为：

$$\frac{M}{H}=\frac{C+D}{C+R}$$

其中,M 代表货币存量,H 和 R 分别表示基础货币和商业银行的存款准备金,C 代表非银行公众所持有的通货,D 代表商业银行的存款。

若将此等式右端的分子分母都除以 C,再分别乘上 $\frac{D}{R}$,其两边再乘以 H,则可变为:

$$M=H\cdot\frac{\frac{D}{R}\left(1+\frac{D}{C}\right)}{\frac{D}{R}+\frac{D}{C}}$$

由于货币存量等于高能货币与货币乘数的乘积,即 $M=H\cdot m$,可以得出货币乘数 m 为:

$$m=\frac{\frac{D}{R}\left(1+\frac{D}{C}\right)}{\frac{D}{R}+\frac{D}{C}}$$

上述等式是弗里德曼-施瓦兹分析货币供应量决定因素的基本公式。从式中可见,决定货币供应量的因素主要有三个:高能货币 H、商业银行的存款与准备金之比 $\frac{D}{R}$、商业银行存款与公众持有的通货之比 $\frac{D}{C}$。弗里德曼和施瓦兹把这三个因素称为"货币存量的大致的决定因素",而 $\frac{D}{R}$、$\frac{D}{C}$ 则为货币乘数的决定因素。

弗里德曼和施瓦兹认为,货币供应量是由 H、$\frac{D}{R}$、$\frac{D}{C}$ 三个因素共同决定的,其中任一因素的变化都可以引起货币供应量的变化。

习题演练

单项选择题

1.费雪方程式也称(　　)。

A.资产选择方程　　　　　　　　　B.剑桥方程式

C.现金余额方程　　　　　　　　　D.现金交易方程式

2.马克思认为,货币需求量与以下(　　)无关。

A.流通速度　　　　　　　　　　　B.平均物价水平

C.交易商品数量　　　　　　　　　D.待售商品数量

3.剑桥方程式中的 M 研究的是(　　)。

A.执行价值尺度职能的货币　　　　B.执行流通手段职能的货币

C.执行价值储藏职能的货币　　　　D.执行支付手段职能的货币

4.流动性陷阱是指( )。

A.人们普遍预期利率将上升时,愿意持有货币而不愿持有债券

B.人们普遍预期利率将上升时,愿意持有债券而不愿持有货币

C.人们普遍预期利率将下降时,愿意持有货币而不愿持有债券

D.人们普遍预期利率将下降时,愿意持有债券而不愿持有货币

5.中央银行提高法定存款准备金率,将导致商业银行信用创造能力的( )。

A.上升   B.下降

C.不变   D.不确定

6.如果中央银行发行 10 亿元货币,则经济中的货币供给量( )。

A.大于 10 亿元   B.小于 10 亿元

C.等于 10 亿元   D.不能确定

参 考 答 案

单项选择题

1.【答案】D。解析:费雪方程式是从货币的交易职能出发分析货币需求。

2.【答案】C。解析:马克思的货币需求理论认为货币需求量与货币流通速度、物价水平和待售商品数量相关。

3.【答案】C。解析:剑桥方程式是从货币的储藏职能出发研究货币需求。

4.【答案】A。解析:流动性陷阱表示当利率无限低时,人们持有货币的需求无限大。

5.【答案】B。解析:中央银行上调存款准备金率,意味着商业银行可贷资金减少,信用创造能力下降。

6.【答案】A。解析:中央银行发行货币后,因为存在着货币创造过程,最终货币供给量会大于 10 亿元。

第二十三章 中央银行与货币政策

考点详解

考点一 中央银行

一、中央银行的性质与职能

1.中央银行的性质

中央银行是金融管理机构,它代表国家管理金融、制定和执行金融方针政策,主要采用经济手段对金融经济领域进行调节和控制。中央银行是一国最高的货币金融管理机构,在各国金融体系中居于主导地位。

当代各国的中央银行均居于本国金融体系的领导和核心地位,其主要任务是制定和实施国家金融政策,并代表国家监督和管理全国金融业。中央银行不能首先考虑自身的经济利益,而是要考虑国家的宏观经济问题;中央银行的业务目标不是为实现盈利,而是为实现国家的宏观经济目标;中央银行不是一个办理货币信用业务的经济实体,不是经营型银行,而是国家金融管理机关,是管理型银行。

2.中央银行的职能

中央银行作为国家干预经济的重要机构,它的职能是由其性质决定的。从不同的角度,中央银行的职能可以有多种划分方法。按照其性质一般划分为政策职能、银行职能、监督职能、开发职能和研究职能。按照其职能的重要性划分为最重要的和一般的职能。我国一般按照其在国民经济中的地位划分为发行的银行、银行的银行和政府的银行三类。

(1)发行的银行。中央银行是发行的银行,指中央银行垄断货币发行,具有货币发行的特权、独占权,是一国唯一的货币发行机构。

(2)政府的银行。中央银行是国家货币政策的执行者和干预经济的工具。中央银行是国家宏观经济管理的一个重要部门,但在一定程度上又超脱于国家政府的其他部门,与一般政府机构相比独立性更强。中央银行作为政府的银行,主要从事代理国库,代理发行政府债券,为政府筹集资金等业务,同时代表政府参加国际金融组织和各种国际金融活动。

(3)银行的银行。中央银行是银行的银行,指中央银行通过办理存、放、汇等业务,作为商业银行与其他金融机构的最后贷款人,履行以下几项职责:①集中保管存款准备金;②充当"最后贷款人";③主持全国银行间的清算业务。

真题回顾

(2018·单选)中国人民银行具有多种职能,以下体现其"银行的银行"职能的是(　　)。

A.金融危机期间,美联储向货币市场大肆注入流动性

B.俄罗斯央行行长参加布里斯班G20会议

C.据银行数据显示,截至2014年3月底我国外汇储备余额为3.95万亿美元,位居世界第一

D.央行在二级市场购买国债

【答案】A。解析:中央银行银行的银行职能是指作为国家的金融管理机构,中央银行在整个金融体系中居于领导地位,并与商业银行和其他金融机构进行存、放、汇等业务上的往来。A项体现了这一职能。B、C、D三项均体现了中央银行的"政府的银行"职能。

二、中央银行的业务

1.中央银行的负债业务

中央银行的负债是指由社会各集团和家庭个人持有的对中央银行的债权。中央银行的负债业务是中央银行资产业务的基础。

中央银行的负债业务主要有:

(1)货币发行。中央银行依据一定的货币发行制度,遵循一定的货币发行原则,经由不同途径从事货币发行业务。中央银行的货币发行是其调控经济金融运行的重要资金来源。中央银行发行的货币即通常所说的钞票或现金,是基础货币的主要构成部分,是中央银行的最大负债项目之一。

(2)代理国库。中央银行凭借财政部开设于中央银行的专门账户代理财政收入支出,履行代理国库职责,财政金库存款即成为中央银行的重要资金来源之一。

(3)集中存款准备金。中央银行集中商业银行与其他金融机构的存款准备金,旨在满足流动性与清偿能力要求。调控信贷规模和货币供给量、便利资金清算以维护金融体系安全与稳定,而这一最大的存款资金自然成为中央银行充当最后贷款人、实施货币政策的基础。

2.中央银行的资产业务

中央银行的资产是指中央银行在一定时点上所拥有的各种债权。中央银行的资产业务对其制定实施货币政策、调控金融运行具有重要作用。

中央银行的资产业务主要有:

(1)贷款。中央银行的贷款对象是商业银行、政府。中央银行为缓解商业银行短期资产不足的困难、补充其流动性而对商业银行发放贷款。中央银行对政府发放弥补资金短期缺口的贷款。

(2)再贴现。中央银行着眼于国民经济宏观调控,依照再贴现条件审查商业银行的再贴现申请,买进符合条件的票据,并按再贴现率对商业银行投放货币资金。

(3)证券买卖。中央银行为调控货币供应量,适时地开展公开市场业务,采用直接买卖、回购协议等方式买卖政府中长期债券、国库券等有价证券。

(4)国际储备。中央银行为稳定币值、稳定汇价、调节国际收支保管黄金、外汇等储备资产。

(5)其他资产业务。中央银行在其主要资产业务之外还根据具体情况办理其他类型的资产业务。

3.中央银行的中间业务

资产清算业务是中央银行的主要中间业务,这类业务可以划分为:

(1)集中办理票据交换。票据交换工作一般在票据交换所进行,参与票据交换所交换票据的银行均是"清算银行"或"交换银行",它们都必须依据票据交换所有关章程的规定承担一定的义务(缴纳一定交换保证金、在中央银行开立往来存款账户用以结清交换差额、分摊交换所有关费用)才能拥有入场交换票据的权利。

(2)结清交换差额。在中央银行开立有往来存款账户(独立于法定存款准备金账户)的各清算银行,其票据交换所的最后差额即由该账户上资金的增减来结清。

(3)办理异地资金转移。中央银行的资金清算工作既通过其分支机构组织同城票据交换与资金清算,又办理全国范围内的异地资金转移。

考点二 货币政策体系

一、货币政策概述

1.货币政策的含义

货币政策是中央银行为实现特定的经济目标而采取的各种控制、调节货币供应量或信用量的方针、政策、措施的总称。其构成要素主要有货币政策目标、实现目标所运用的政策工具和预期达到的政策效果等。从确定目标、运用工具到实现预期的政策效果,这中间还存在着一些作用环节,其中主要有中介目标和政策传导机制等。

2.货币政策的基本特征

货币政策具有以下基本特征:

(1)货币政策是宏观经济政策。

(2)货币政策是调节社会总需求的政策。

(3)货币政策主要是间接调控政策。

(4)货币政策是长期连续的经济政策。

3.货币政策的类型

货币政策有以下几种类型:

(1)扩张型货币政策。这是指中央银行通过增加货币供应量,使利率下降,从而增加投资,扩大总需求,刺激经济增长。主要措施包括:一是降低法定准备金率,以提高货币乘数,增加货币供应量;二是降低再贴现利率,以诱使商业银行增加再贴现,增强对客户的贷款和投资能力,增加货币供应量;三是公开市场业务,通过多购进证券,增加货币供应。除以上措施外,中央银行也可用"道义劝告"方式来影响商业银行及其他金融机构增加放款,以增加货币供应。在我国,扩张型货币政策常表现为扩大贷款规模。

(2)紧缩型货币政策。这是指中央银行通过减少货币供应量,使利率升高,从而抑制投资,压缩总需求,限制经济增长。具体措施是扩张型货币政策中所采用措施的反向操作。

（3）非调节型货币政策。这是指中央银行并不根据不同时期国家的经济目标和经济状况,不断地调节货币需求,而是把货币供应量固定在预定水平上。其理由是在较短时期内,货币供应量的增减会自动地得到调节,国家的经济目标和经济状况不会因此受到影响。但实践证明,由于货币政策效应的不确定性、长期性和对利率波动不予调节可能带来损失的确定性和即期性,各国中央银行一般不采用这种类型的货币政策。

（4）调节型货币政策。这是指中央银行根据不同时期国家的经济目标和经济状况,不断地调节货币供应量。具体内容是:当超额准备金的需求和货币的需求增长时,中央银行增加准备金供给;反之则相反。其理由是:在需要时调节准备金需求和货币需求正是为了稳定货币、稳定利率,因为货币币值和利率的剧烈波动会扰乱金融市场。实践中,大部分国家采取这种类型的货币政策。

4.金融宏观调控机制的构成要素

金融宏观调控机制的框架和构成要素、每一构成要素的功能特性如下:

（1）调控主体:中央银行。现代金融与银行制度是二级体制。其中,中央银行居于一国金融体系的领导和核心地位,其主要任务是制定和实施国家金融政策。中央银行不是一个办理货币信用业务的经济实体,不是经营型银行,而是国家金融管理机关,是管理型银行。中央银行的独特职能决定了金融宏观调控的主体必定是中央银行。

（2）调控工具:三大货币政策工具。中央银行通过提高或降低商业银行法定存款准备金比率,提高或降低商业银行向中央银行票据贴现的再贴现率,在金融市场上公开卖出和买入证券等来实施紧缩或宽松的货币政策,调控基础货币和市场利率,影响商业银行和金融市场的行为与态势,间接调控货币供给量,从而改变企业与居民的货币需求预期,调整社会投资与消费的关系,以实现货币政策目标。

（3）操作目标:超额存款准备金与基础货币。超额存款准备金对商业银行的资产业务规模有很重要的影响,一般来说,超额准备金增加（或减少）,意味着商业银行的潜在放款和投资能力增强（或减弱）,从而存款货币创造能力增强（或减弱）。基础货币是中央银行直接可以控制的影响货币供应量的变量,中央银行通过对基础货币的控制来控制商业银行创造存款货币的能力。

（4）变换中介:商业银行。在现代货币信用制度下,现代商业银行的存款货币创造机制使得商业银行的负债和从商业银行的提现形成了有支付能力的社会购买力。中央银行能有效控制的是基础货币,我们可以将其称为一级主控变量,从基础货币转为社会货币供应量必须通过具有存款货币创造能力的商业银行这个金融中介体的转换传导,因此,商业银行成为金融宏观调控的变换中介。

（5）中介指标:货币供应量。货币供给是中央银行宏观金融调控的间接控制二阶变量,因为它是总需求的载体,会直接形成社会对实际劳务和商品的需求,因此它成为中央银行对货币政策最终目标调控的中介指标。中央银行对货币供应量的调控能力不仅取决于一阶变量基础货币,还取决于商业银行的传导性能、货币乘数机制等。

（6）调控受体:企业与居民户。企业与居民户是形成社会总需求和总供给对比关系的微观个体,他们不仅在量上决定社会总供求的规模,而且前者决定了后者的内在结构。中央银行通过调节货币供应量影响社会总供求关系,实际上是在影响企业与居民户的投资与消费行为,从而达到金融宏观调控目的。

(7)最终目标:总供求对比及相关四大政策目标。中央银行的稳定物价、经济增长、充分就业和国际收支平衡四大政策目标形成于各国长久以来的经济实践。由于货币政策宏观调控的实质是间接总量调控政策,因此,中央银行实际上是通过调节货币供应量来影响总供求对比,影响企业与居民户的经济行为,间接实现四大货币政策目标。

(8)反馈信号:市场利率与市场价格。中央银行将市场利率与市场价格作为观察金融宏观调控实际效应的信号。在调控过程中,影响四大货币政策目标的总供求对比关系会有对目标值的偏离,在产品市场上,总供给大于总需求,产品价格总水平就会下跌,反之产品价格总水平则会上升。在金融市场上,利率水平也有这样的反应过程。因此,根据市场实际价格对调控预期价格的正负偏离,中央银行就可以采取相应的控制需求(或增加供给)或刺激需求(或抑制供给)的货币政策。市场利率与市场价格越是能真实反映社会资源的稀缺程度,中央银行对总供求对比关系波动的观察和判断就越是准确,决策失误的可能性就越小。

二、货币政策的目标与工具

1.最终目标

货币政策的最终目标有以下几方面:

(1)物价稳定。物价稳定是指在经济运行中物价总水平在短期内不发生显著的波动,进而维持国内币值的稳定。物价总水平能否保持基本稳定,直接关系到国内社会经济生活是否能保持安定这样一个宏观经济问题。因此,物价稳定一般是中央银行货币政策的首要目标,因为没有稳定的物价就意味着没有一个稳定的市场环境,价格信号失真,经济的不确定性增加,难以做出投资和消费的决策,从而最终影响经济的增长和就业的扩大。此外,通货膨胀的再分配效应既造成收入的不公平分配,又破坏社会的安定。

(2)充分就业。充分就业是指有能力并愿意参加工作者,都能在较合理的条件下,随时找到适当的工作。在经济学中的充分就业并不等于社会劳动力的100%就业,它通常是将两种失业排除在外:一是摩擦性失业,即由短期内劳动力供求失调或季节性原因而造成的失业;二是自愿失业,即工人不愿意接受现行的工资水平而造成的失业。这两部分失业在社会中所占的比重非常小。判断中央银行充分就业的目标是否实现,一般是以劳动力的失业率来衡量。

(3)经济增长。经济增长是针对国民经济发展状况这一宏观问题而设置的宏观经济目标,其含义是国民生产总值要保持较高的增长速度,不要停滞,更不能出现负增长。这个目标与充分就业目标之间关系密切。因为越接近充分就业,就意味着生产资源越能被充分利用。各国通常将国民生产总值增长率、国民收入增长率、人均国民生产总值、人均国民收入增长率作为衡量经济增长的主要指标。

(4)国际收支平衡。国际收支平衡是一国国际收支中的收入和支出处于基本持平的状态。在开放型经济中,国际收支是否平衡将对一国国内货币供应量与物价产生较大影响。如果出现过大顺差,则会增加一国国内货币供应量并相对减少该国市场的商品供应量,从而使该国市场出现货币供给偏多、商品供应不足的情况,加剧该国商品市场的供求矛盾,导致物价上涨。如果出现过大逆差,则会增多一国国内商品供应量,在该国国内货币量偏少的情况下,就会加剧该国国内商品过剩,可能导致经济增长停滞。因此,在对外贸易额占国民生产总值比重较高的国家,国际收支能否保持平衡也是一个重要的宏观经济问题,需要借助财政政策和货币政策来加以解决。尤其是逆差对一国经济的不利影响更大,因而各国在调节国际收支的失衡时,重点通常放在减少或清除逆差上。

2.货币政策最终目标之间的矛盾性

如果同时既能够保持物价的稳定,又能有较高的经济增长速度、劳动力实现充分就业、国际收支也维持基本平衡,这当然是宏观经济的最佳状态。但这毕竟只能是一种理想境界,在实际经济生活中难以达到。四个政策目标之间的矛盾性,决定了同时实现四个目标是不大可能的。政策目标之间的矛盾性主要表现在以下四个方面:

(1)稳定物价与充分就业之间的矛盾。一般而言,存在较高失业率的国家,中央银行有可能通过增加货币供给量、扩大信用投放等途径,刺激社会总需求,以减少失业或实现充分就业。但这样做往往在一定程度上导致一般物价水平上涨,诱发或加剧通货膨胀。

(2)稳定物价与经济增长之间的矛盾。经济增长无疑能为稳定物价提供物质基础。但在现实经济生活中,经济增长与稳定物价之间却存在着一定的矛盾:稳定物价要求收紧银根、压缩投资需求、控制货币量与信用量;而要使经济保持较高的增长速度,则要求增加投资。另外,充分就业也要求增加投资量以吸收更多的劳动力。所以,中央银行难以兼顾经济增长与物价稳定。

(3)稳定物价与国际收支平衡之间的矛盾。在开放经济条件下,一国的币值和国际收支都会受到其他国家宏观经济状况的影响。处于通货膨胀中的国家,国内利率往往比较高,容易引起外国资本流入。这样,一方面由于平衡了外汇市场的供求关系,而有利于保持汇率的稳定;另一方面由于资本大量流入弥补了可能发生的贸易逆差,有利于维持国际收支的基本平衡。因此,尽管通货膨胀不利于稳定物价目标,却有利于平衡国际收支目标。反之,若将抑制通货膨胀、恢复物价的稳定作为货币政策的重点目标,却不一定能够保持国际收支平衡,因为一国的国际收支状况取决于本国与外国两个方面的经济环境。即使本国物价水平维持着较为稳定的状态,但由于外国会发生通货膨胀,也会使得本国出口商品的竞争能力减弱,导致本国国际收支逆差。

(4)经济增长与国际收支平衡之间的矛盾。由于经济增长带动了进口增加,出口产品面临由于国民收入增加带来的需求,如果进口的增长快于出口的增长,就有可能导致贸易差额的恶化。同时,为了促进经济增长,就需要增加投资,在国内资金来源不足的情况下,外资流入可能会造成资本项目出现顺差。虽然这在一定程度上可以弥补国际收支失衡,但不能确保经济增长与国际收支平衡共存。吸收外资、由资本流入来弥补贸易逆差毕竟是有限的,并且还存在着偿付外债本息的问题。依靠资本流入来弥补经常项目逆差的方式,只能是暂时的,并且所实现的均衡也是非实质性的均衡。

反之，在国际收支发生逆差时，通常要求压制国内的有效需求以减少进口，争取消除逆差，这有可能会影响国内经济增长速度，导致经济衰退。因此，经济增长与国际收支平衡也很难同时并进。

3.货币政策工具

货币政策工具是指中央银行直接控制的、能够通过金融途径影响经济单位的经济活动、进而实现货币政策目标的经济手段。因此，货币政策工具一般体现为中央银行的业务活动。

（1）存款准备金政策。存款准备金率通常被认为是货币政策最猛烈的工具之一。其作用于经济的途径有：①对货币乘数的影响。按存款创造原理，货币乘数随法定存款准备金率做反方向变化，即法定存款准备金率高，货币乘数则小，银行原始存款创造的派生存款亦少；反之则相反。②对超额准备金的影响。当降低存款准备金率时，即使基础货币和准备金总额不发生变化，也等于解冻了一部分存款准备金，转化为超额准备金，超额准备金的增加使商业银行的信用扩张能力增强；反之则相反。③宣示效果。存款准备金率上升，说明信用即将收缩，利率随之上升，公众会自动紧缩对信用的需求；反之则相反。

存款准备金政策作为货币政策工具的优点是：①中央银行具有完全的自主权，在三大货币政策工具中最易实施；②对货币供应量的作用迅速，一旦确定，各商业银行及其他金融机构必须立即执行；③对松紧信用较公平，一旦变动，能同时影响所有的金融机构。其缺点是：①作用猛烈，缺乏弹性，不宜作为中央银行日常调控货币供给的工具，因此其有固定化的倾向；②政策效果在很大程度上受超额准备金的影响。如果商业银行有大量超额准备金，当中央银行提高法定存款准备金率时，商业银行可将部分超额准备金充抵法定准备金，而不必收缩信贷。

（2）再贴现政策。再贴现是商业银行以未到期、合格的客户贴现票据再向中央银行贴现。对中央银行而言，再贴现是买进票据，让渡资金；对商业银行而言，再贴现是卖出票据，获得资金。再贴现政策是中央银行最早拥有的也是现在一项主要的货币政策工具。

再贴现的优点主要有：①有利于中央银行发挥最后贷款者的作用；②比存款准备金率的调整更机动、灵活，可调节总量还可以调节结构；③以票据融资，风险较小。再贴现的主要缺点是：再贴现的主动权在商业银行，而不在中央银行。如商业银行可通过其他途径筹资而不依赖于再贴现，则中央银行就不能用再贴现控制货币供应总量及其结构。

（3）公开市场业务。公开市场业务指中央银行在金融市场上买卖国债或中央银行票据等有价证券，影响货币供应量和市场利率的行为。即当金融市场资金缺乏时，中央银行通过公开市场业务买进有价证券，从而投放基础货币，引起货币供应量的增加和利率的下降；当金融市场上游资过多时，中央银行通过公开市场业务卖出有价证券，从而收回基础货币，引起货币供应量的减少和利率的提高。中央银行正是以这种业务来扩张或收缩信用，调节货币供应量，它是目前西方发达国家运用得最多的货币政策工具。

公开市场业务由于对买卖证券的时间、地点、种类、数量及对象可以自主、灵活地选择，故具有以下优点:①主动权在中央银行,不像再贴现那样被动;②富有弹性,可对货币进行微调,也可大调,但不会像存款准备金政策那样作用猛烈;③中央银行买卖证券可同时交叉进行,故很容易逆向修正货币政策,可以连续进行,能补充存款准备金、再贴现这两个非连续性政策工具实施前后的效果不足;④根据证券市场供求波动,可以起稳定证券市场的作用。

公开市场业务的主要缺点是:①从政策实施到影响最终目标,时滞较长;②干扰其实施效果的因素比存款准备金率、再贴现多,往往带来政策效果的不确定性。

4.其他货币政策工具

其他货币政策工具主要有以下几种:

(1)选择性货币政策工具。选择性货币政策工具是中央银行对于某些特殊领域实施调控所采取的措施或手段,可作为一般性货币政策工具的补充,根据需要选择运用。这类工具主要有以下几种:

第一,证券市场信用控制,指中央银行控制商业银行或证券交易所对交易者信用贷款或抵押贷款占证券交易额的比例,以控制流向证券市场的资金,抑制过度投机。

第二,消费者信用控制,指中央银行对不动产以外的各种耐用消费品的销售融资予以控制,以抑制或刺激消费需求,进而影响经济。

第三,不动产信用控制,指中央银行就金融机构对客户购买房地产等方面放款的限制措施,抑制房地产及其他不动产的交易投机。

第四,优惠利率,指中央银行对国家重点发展的经济部门或产业,如对农业、能源、交通和出口加工业等所采取的优惠措施。

(2)直接信用控制的货币政策工具。直接信用控制是指中央银行以行政命令或其他方式,直接控制金融机构尤其是商业银行的信用活动。

第一,贷款限额。即中央银行可以对各商业银行规定贷款的最高限额,以控制信贷规模和货币供应量;也可规定商业银行某类贷款的最高限额,以控制某些部门发展过热。

第二,利率限制。即中央银行规定存款利率的上限,规定贷款利率的下限,以限制商业银行因恶性竞争,造成金融混乱、经营不善而破产倒闭,或牟取暴利。

第三,流动性比率。即中央银行规定商业银行全部资产中流动性资产所占的比重。商业银行为了达到流动性比率,必须缩减长期放款,扩大短期放款和增加应付提现的资产。这样虽然会降低收益率,但提高了安全性,也起到了限制信用扩张,保护存款人利益的作用。

第四,直接干预。即中央银行直接对商业银行的信贷业务进行合理干预,如限制放款的额度和范围,干涉吸收活期存款,对经营管理不当者拒绝再贴现或采取较高的惩罚性利率等。

(3)间接信用控制的货币政策工具。间接信用控制是指中央银行利用道义劝告、窗口指导等办法间接影响商业银行的信用创造。

一、公开市场业务

1.公开市场业务概述

中国公开市场操作包括人民币操作和外汇操作两部分。外汇公开市场操作1994年3月启动，人民币公开市场操作1998年5月26日恢复交易，规模逐步扩大。1999年以来，公开市场操作发展较快，目前已成为中国人民银行货币政策日常操作的主要工具之一，对于调节银行体系流动性水平、引导货币市场利率走势、促进货币供应量合理增长发挥了积极的作用。

从交易品种看，中国人民银行公开市场业务债券交易主要包括回购交易、现券交易和发行中央银行票据。

(1)回购交易。回购交易分为正回购和逆回购两种：

正回购为中国人民银行向一级交易商卖出有价证券，并约定在未来特定日期买回有价证券的交易行为，正回购为央行从市场收回流动性的操作，正回购到期则为央行向市场投放流动性的操作。

逆回购为中国人民银行向一级交易商购买有价证券，并约定在未来特定日期将有价证券卖给一级交易商的交易行为，逆回购为央行向市场上投放流动性的操作，逆回购到期则为央行从市场收回流动性的操作。

(2)现券交易。现券交易分为现券买断和现券卖断两种：前者为央行直接从二级市场买入债券，一次性地投放基础货币；后者为央行直接卖出持有债券，一次性地回笼基础货币。

(3)中央银行票据。中央银行票据即中国人民银行发行的短期债券，央行通过发行央行票据可以回笼基础货币，央行票据到期则体现为投放基础货币。

2.公开市场业务创新

根据货币调控需要，近年来中国人民银行不断开展公开市场业务工具创新。2013年1月，立足现有货币政策操作框架并借鉴国际经验，中国人民银行创设了短期流动性调节工具(Short-term Liquidity Operations, SLO)，作为公开市场常规操作的必要补充，在银行体系流动性出现临时性波动时相机使用。这一工具的及时创设，既有利于央行有效调节市场短期资金供给，熨平突发性、临时性因素导致的市场资金供求大幅波动，促进金融市场平稳运行，也有助于稳定市场预期和有效防范金融风险。

二、常备借贷便利

从国际经验看，中央银行通常综合运用常备借贷便利和公开市场操作两大类货币政策工具管理流动性。常备借贷便利的主要特点：一是由金融机构主动发起，金融机构可根据自身流动性需求申请常备借贷便利；二是常备借贷便利是中央银行与金融机构"一对一"交易，针对性强；三是常备借贷便利的交易对手覆盖面广，通常覆盖存款金融机构。

借鉴国际经验，中国人民银行于2013年初创设了常备借贷便利(Standing Lending Facility，SLF)。常备借贷便利是中国人民银行正常的流动性供给渠道，主要功能是满足金融机构期限较长的大额流动性需求。对象主要为政策性银行和全国性商业银行。期限为1~3个月。利率水平根据货币政策调控、引导市场利率的需要等综合确定。常备借贷便利以抵押方式发放，合格抵押品包括高信用评级的债券类资产及优质信贷资产等。

三、中期借贷便利

2014年9月，中国人民银行创设了中期借贷便利(Medium-term Lending Facility，MLF)。中期借贷便利是中央银行提供中期基础货币的货币政策工具，对象为符合宏观审慎管理要求的商业银行、政策性银行，可通过招标方式开展。中期借贷便利采取质押方式发放，金融机构提供国债、央行票据、政策性金融债、高等级信用债等优质债券作为合格质押品。中期借贷便利利率发挥中期政策利率的作用，通过调节向金融机构中期融资的成本来对金融机构的资产负债表和市场预期产生影响，引导其向符合国家政策导向的实体经济部门提供低成本资金，促进降低社会融资成本。

四、抵押补充贷款

2014年4月，中国人民银行创设抵押补充贷款(Pledged Supplemental Lending，PSL)为开发性金融支持棚改提供长期稳定、成本适当的资金来源。抵押补充贷款的主要功能是支持国民经济重点领域、薄弱环节和社会事业发展，对金融机构提供的期限较长的大额融资。抵押补充贷款采取质押方式发放，合格抵押品包括高等级债券资产和优质信贷资产。

考点四 银行体系的货币创造

一、货币派生机制

现代信用制度下货币供应量的决定因素主要有两个：一是基础货币(B)；二是货币乘数(m)。它们之间的决定性关系可用公式表示为：$M_s=m \cdot B$，即货币供应量等于基础货币与货币乘数的乘积。

基础货币又称高能货币、强力货币或货币基础，是非银行公众所持有的通货与银行的存款准备金之和。之所以称其为高能货币，是因为一定量的这类货币被银行作为准备金而持有后可引致数倍的存款货币。弗里德曼和施瓦兹认为，高能货币的一个典型特征就是能随时转化为存款准备金，不具备这一特征就不是高能货币。

基础货币量、银行存款与其准备金的比率，存款与通货的比率都会引起货币存量的同方向变化。一般来说，这三个决定货币存量的因素是由公众、银行、货币当局三个经济主体的行为分别决定的。在信用货币制度下，高能货币量取决于政府的行为；银行存款与其准备金的比率取决于银行体系；存款与通货的比率既取决于公众的行为，同时还受到银行存款服务水平和利率的影响。

存款准备金包括商业银行持有的库存现金、在中央银行的法定存款准备金，一般用R表示；流通中的通货等于中央银行资产负债表中的货币发行，一般用C表示。基础货币的表达式：$B=C+R=$流通中的通货+存款准备金，而 R 又包括活期存款准备金 R_r、定期存款准备金 R_t 以及超额准备金 R_e。所以，全部基础货币方程式可表示为：$B=C+R_r+R_t+R_e$。

基础货币的构成虽然比较复杂，但都是由中央银行的资产业务创造的，可以由中央银行直接控制。中央银行投放基础货币的渠道主要包括：①对商业银行等金融机构的再贷款；②收购金、银、外汇等储备资产投放的货币；③购买政府部门的债券。如果中央银行能够有效控制基础货币 B 的投放量，那么，控制货币供应量的关键，就在于中央银行能否准确测定和调控货币乘数。

二、银行体系的货币创造

1.中央银行创造银行券

发行银行券是中央银行的重要职能，流通中的现金都是通过中央银行的货币发行业务流出的，中央银行发行的银行券——现金也是基础货币的主要构成部分。目前不兑现的信用货币流通体制下，中央银行发行银行券要遵循三个原则：一是垄断发行原则；二是货币发行要有可靠的信用做保证；三是要具有一定弹性。

2.商业银行存款货币的创造

(1)基本的存款货币创造公式。在部分准备金制度和非现金结算制度条件下，当不考虑现金漏出和超额准备金时，银行的扩张信用的能力取决于两大因素，即原始存款数额的大小和法定存款准备金率的高低，用公式表示：

$$\Delta D=\Delta P/r_d$$

其中，ΔD 为经过派生的活期存款总额的变动，ΔP 为原始存款的变动，r_d 为法定存款准备金率。

活期存款的变动与原始存款的变动存在着一种倍数关系(K)，用公式表示：

$$K=\Delta D/\Delta P=1/r_d$$

(2)派生倍数 K，可以通过现金漏损、超额准备金、活期存款转为定期存款进行修正。

第一，现金漏损。假定现金漏损率为 c，这样存款额变动(ΔD)对原始存款变动(ΔP)的比率可以修正为：

$$K=\Delta D/\Delta P=1/(c+r_d)$$

第二，超额准备金。假定超额准备金率为 e，则引起派生倍数的变动为：

$$K=\Delta D/\Delta P=1/(c+r_d+e)$$

第三，活期存款转为定期存款。假定以 t 表示活期存款转化为定期存款的比例，r_d 和 r_t 分别表示活期存款和定期存款的法定准备金率，则引起派生倍数的变动为：

$$K=\Delta D/\Delta P=1/(c+r_d+e+t\cdot r_t)$$

综合来看，银行吸收一笔原始存款能够创造多少存款货币，要受到法定存款准备金多少、现金流出银行多少、超额准备金多少、定期存款多少等许多因素的影响。分母数值越大，则派生倍数的数值越小。

习题演练

一、单项选择题

1.政府在控制通货膨胀时,如果采取紧缩性经济政策,将使(　　)两项宏观经济政策目标之间出现矛盾。

A.价格稳定与国际收支平衡　　　　B.价格稳定与经济增长

C.经济增长与充分就业　　　　　　D.充分就业与国际收支平衡

2.我国中央银行货币政策的最终目标是(　　)。

A.国际收支平衡　　　　　　　　　B.充分就业

C.稳定币值　　　　　　　　　　　D.经济增长

3.现阶段,我国货币政策的操作指标和中介指标分别是(　　)和(　　)。

A.货币供应量,基础货币　　　　　B.基础货币,高能货币

C.基础货币,流通中现金　　　　　D.基础货币,货币供应量

4.(　　)是指商业银行或其他金融机构将其贴现收进的未到期票据向中央银行再次贴现的票据转让行为。

A.转贴现　　　　B.再贴现　　　　C.贴现　　　　D.转贷款

5."维护支付、清算系统的正常运行"体现中央银行作为(　　)的职能。

A.发行的银行　　　　　　　　　　B.银行的银行

C.充当最后贷款人　　　　　　　　D.政府的银行

6.以下不属于中央银行管理性业务的是(　　)。

A.金融调查统计业务　　　　　　　B.对金融机构的检查业务

C.保管法定存款准备金　　　　　　D.对金融机构的审计业务

二、多项选择题

1.下列选项中属于中央银行一般性货币政策工具的有(　　)。

A.窗口指导　　　　　　　　　　　B.存款准备金政策

C.利率政策　　　　　　　　　　　D.公开市场业务

2.当经济衰退时,(　　)。

A.央行在公开市场上购入有价证券

B.央行要降低再贴现率

C.央行要降低存款准备金率

D.央行在公开市场上卖出有价证券

3.紧缩性货币政策的特点是(　　)。

A.抽紧银根　　　　　　　　　　　B.放松银根

C.增加货币供应量　　　　　　　　D.减少货币供应量

参考答案

一、单项选择题

1.【答案】B。解析：政府为抑制通货膨胀采取紧缩性的经济政策，在稳定物价水平的同时会使经济增长速度放缓。

2.【答案】C。解析：我国货币政策的最终目标是保持货币币值稳定，并以此促进经济增长。

3.【答案】D。解析：货币政策操作指标包括短期利率、存款准备金和基础货币，中介指标包括长期利率、信贷规模和货币供应量。

4.【答案】B。解析：商业银行或其他金融机构将其贴现收进的未到期票据向中央银行再次贴现的票据转让行为称为再贴现。

5.【答案】B。解析：中央银行作为银行的银行，组织全国银行间的清算。

6.【答案】C。解析：C项是中央银行对商业银行提供的服务。

二、多项选择题

1.【答案】BD。解析：一般性货币政策工具是指中央银行所采用的、对整个金融系统的货币信用扩张与紧缩产生全面性或一般性影响的手段，是最主要的货币政策工具，包括：①存款准备金政策；②再贴现率；③公开市场业务。

2.【答案】ABC。解析：经济衰退时应回购政府债券或其他有价证券，增加货币供应以刺激经济增长，故A项正确。降低再贴现率，增大银行放贷规模，增加货币供应量，促进经济繁荣，故B项正确。降低法定存款准备金率，可以增加货币供应，提高流动性，C项正确。D项与A项相反，错误。

3.【答案】AD。解析：紧缩性货币政策是通过减少货币供应量来抑制总需求，达到调控的目的。

第二十四章 国际金融及其管理

考点详解

考点一 外汇

一国内部债权债务的清偿通常是通过收付该国的法定货币实现的，但由于各国都有自己独立的货币和货币制度，一国货币一般不能在另一国流通。因此，国与国之间的债权债务的清偿，就需要将本国货币兑换成外国货币，或将外国货币兑换成本国货币。

一、外汇的含义

外汇（Foreign Exchange）是国际汇兑的简称。准确把握外汇的含义，需要从动态和静态两个方面理解：动态含义上的外汇是指国家间为清偿债权债务，将一国货币兑换成另一国货币的过程；静态含义上的外汇是指国家间为清偿债权债务进行的汇兑活动所凭借的手段或工具，也可以说是用于国际汇兑活动的支付手段和支付工具。

外汇又有广义与狭义之分。广义的外汇是泛指一国拥有的以外国货币表示的资产或证券，如以外国货币表示的纸币和铸币、存款凭证、定期存款、股票、政府公债、国库券、公司债券和息票等。《中华人民共和国外汇管理条例》中规定外汇的具体范围包括：①外国货币，包括纸币、铸币；②外币支付凭证，包括票据、银行存款凭证、邮政储蓄凭证等；③外币有价证券，包括政府债券、公司债券、股票等；④特别提款权（Special Drawing Right，简称SDR）；⑤其他外汇资产。

狭义的外汇是指以外国货币为载体的一般等价物，或以外国货币表示的、用于清偿国家间债权债务的支付手段，其主体是在国外银行的外币存款，以及包括银行汇票、支票等在内的外币票据。

严格地说，一种货币成为外汇应具备三个条件：第一，普遍接受性，即该货币在国际经济往来中被各国普遍接受和使用；第二，可偿付性，即该货币是由外国政府或货币当局发行并可以保证得到偿付；第三，自由兑换性，即该货币必须能够自由地兑换成其他国家的货币或购买其他信用工具以进行多边支付。国际货币基金组织按照货币的可兑换程度，把各国货币大体分类为可兑换货币、有限制的可兑换货币、不可兑换货币。严格意义上的外汇应是可兑换货币。

二、外汇的种类

依据外汇的来源、兑换条件、交割期限的不同，可对外汇做如下分类：

（1）依据来源不同，外汇可分为贸易外汇和非贸易外汇。贸易外汇是指通过贸易出口而取得的外汇;非贸易外汇则是通过对外提供服务(劳务、运输、保险、旅游等)、投资(利息、股息、利润等)和侨汇等方式取得的外汇。

(2)依据可否自由兑换,外汇可分为自由外汇和记账外汇。自由外汇是指不需经过货币发行国批准就可随时兑换成其他国家货币的支付手段。记账外汇是指必须经过货币发行国的同意,才能兑换成其他国家货币的支付手段。记账外汇一般是在双边贸易支付结算协议的安排下,由贸易双方设立专用账户,记载彼此间的债权和债务,并在年度终了时,对账面余额进行轧差。由于记账双方协定开立的专用账户用于贸易清算,故记账外汇也可称为协定外汇或清算外汇。

(3)依据交割期限不同,外汇可分为即期外汇和远期外汇。即期外汇是指外汇买卖成交后,在2个营业日内办理交割的外汇,又称为现汇;远期外汇是指外汇买卖双方按照约定,在未来某一日期办理交割的外汇,又称为期汇。

考点二 | 汇 率

一、汇率的概念

汇率又称汇价,是指一种货币与另一种货币之间兑换或折算的比率,也称一种货币用另一种货币所表示的价格。

汇率有直接标价法和间接标价法两种标价方法。直接标价法又称应付标价法,是以一定整数单位(1,100,10 000等)的外国货币为标准,折算为若干单位的本国货币。这种标价法是以本国货币表示外国货币的价格,因此可以称为外汇汇率。目前,我国和世界其他绝大多数国家和地区都采用直接标价法。间接标价法又称应收标价法,是以一定整数单位(1,100,10 000等)的本国货币为标准,折算为若干单位的外国货币。这种标价法是以外国货币表示本国货币的价格,因此可以称为本币汇率。目前,世界上只有英国、美国等少数几个国家采用间接标价法。

从不同的角度可以将汇率划分为不同的种类:根据汇率的制定方法,可以将汇率划分为基本汇率与套算汇率;根据商业银行对外汇的买卖,可以将汇率划分为买入汇率与卖出汇率;根据汇率适用的外汇交易背景,可以将汇率划分为即期汇率与远期汇率;根据汇率形成的机制,可以将汇率划分为官方汇率与市场汇率;根据商业银行报出汇率的时间,可以将汇率划分为开盘汇率与收盘汇率;根据外汇交易的支付通知方式,可以将汇率划分为电汇汇率、信汇汇率与票汇汇率;根据汇率制度的性质,可以将汇率划分为固定汇率与浮动汇率;根据汇率水平研究的需要,可以将汇率划分为双边汇率、有效汇率与实际有效汇率。

真题回顾

(2018·单选)我国汇率标价采取直接标价法,但是近年来许多金融机构采用间接标价法衡量人民币涨跌情况,下列关于汇率标价方法的表述中,正确的是( )。

A.直接标价法是以一定数量的本币为基准来计算应收多少外币的汇率标价方法

B.间接标价法下,汇率等式右边的数值缩小意味着外币对内贬值

C.直接标价法下,汇率的买入价小于卖出价,两者价差为银行的利润

D.直接标价法下,汇率等式右边的数值扩大意味着本币对外升值

【答案】C。解析:直接标价法是以一单位外币表示多少单位的本币,A项错误。间接标价法是用一单位本币表示多少单位的外币,等式右边的数值缩小相当于一单位本币兑换的外币数量减少,本币贬值,外币升值,B项错误。直接标价法下,汇率的买价在前,卖价在后,买入价小于卖出价,价差为银行利润,C项正确。直接标价法下等式右边数值扩大相当于一单位外币兑换的本币数增大,意味着本币贬值,外币升值,D项错误。

二、汇率的决定与变动

1.汇率的决定基础

(1)金本位制下汇率的决定基础。在金本位制下,各国以金币作为本位货币,黄金是价值的"天然实体",单位金币都有含金量,黄金可以自由输出和输入。这种货币制度下汇率的决定基础,从本质上是各国单位货币所具有的价值量;从现象上看是各国单位货币的含金量。

汇率的标准是铸币平价,即一国货币的含金量与另一国货币的含金量之比。市场汇率受供求关系变动的影响而围绕铸币平价波动,波动的范围被限制在由黄金输出点和黄金输入点构成的黄金输送点内。

(2)纸币制度下汇率的决定基础。在纸币制度下,各国以纸币作为本位货币,纸币是本身没有价值的价值符号,单位纸币所代表的价值量往往以国家规定的法定含金量来表示。这种货币制度下汇率的决定基础,从本质上来说是各国单位货币所代表的价值量;从现象上看是各国单位货币的法定含金量或购买力。

在第二次世界大战以后建立的布雷顿森林货币体系下,按照国际货币基金协定的要求,均衡汇率就是法定平价,即一国货币的法定含金量与另一货币的法定含金量之比。根据购买力平价理论,均衡汇率就是购买力平价。

2.汇率变动的形式

汇率变动有以下几种形式:

(1)法定升值与法定贬值:官方汇率的变动。

法定升值是指一国官方货币当局以法令的形式,公开宣布提高本国货币的法定含金量或币值,降低外汇汇率。

法定贬值是指一国官方货币当局以法令的形式,公开宣布降低本国货币的法定含金量或币值,提高外汇汇率。

(2)升值与贬值:市场汇率的变动。

升值是指在外汇市场上,一定量的一国货币可以兑换到比以前更多的外汇。

贬值是指在外汇市场上,一定量的一国货币只能兑换比以前更少的外汇。

3.汇率变动的决定因素

汇率变动主要由以下几方面的因素决定:

(1)物价的相对变动。根据购买力平价理论,反映货币购买力的物价水平变动是决定汇率长期变动的根本因素。

如果一国的物价水平与其他国家的物价水平相比相对上涨,即该国相对通货膨胀,则该国货币对其他国家货币贬值;反之,如果一国的物价水平与其他国家的物价水平相比相对下跌,即该国相对通货紧缩,则该国货币对其他国家货币升值。

在长期中,物价水平变动最终导致汇率变动是通过国际商品和劳务的套购机制实现的,通过国际收支中经常项目收支变化传导的。

(2)国际收支差额的变化。市场汇率的变动是直接由外汇市场上的外汇供求变动所决定的。如果外汇供不应求,则外汇汇率上升,本币贬值;反之,如果外汇供过于求,则外汇汇率下跌,本币升值。

外汇市场上的外汇供求关系基本是由国际收支决定的,国际收支差额的变动决定外汇供求的变动。如果国际收支逆差,则外汇供不应求,外汇汇率上升;反之,如果国际收支顺差,则外汇供过于求,外汇汇率下跌。

进一步说,国际收支又是由物价、国民收入、利率等因素决定的。如果一国与其他国家相比,物价水平相对上涨,则会限制出口,刺激进口;国民收入相对增长,则会扩大进口;利率水平相对下降,则会刺激资本流出,阻碍资本流入。这些都是导致该国国际收支出现逆差从而造成外汇供不应求,外汇汇率上升的原因。反之,如果一国与其他国家相比,物价水平相对下降,则会刺激出口,限制进口;国民收入相对萎缩,则会减少进口;利率水平相对上升,则会限制资本流出,刺激资本流入。这些都是导致该国国际收支出现顺差,从而造成外汇供过于求,外汇汇率下跌的原因。

(3)市场预期的变化。市场预期变化是导致市场汇率短期变动的主要因素。市场预期变化决定市场汇率变动的基本机理是:如果人们预期未来本币贬值,就会在外汇市场上抛售本币,导致本币现在的实际贬值;反之,如果人们预期未来本币升值,就会在外汇市场上抢购本币,导致本币现在的实际升值。

市场预期是建立在对经济运行的基本面分析、经济政策走势分析和风险分析之上的,因此便形成了经济变量预期、经济政策预期和风险预期。预期本币贬值,来源于经济变量预期中的预期本国物价水平相对上涨、本国国民收入水平相对下降和本国利率水平相对下跌,来源于经济政策预期中的预期本国要采取松的财政政策、松的货币政策和本币贬值的汇率政策,来源于风险预期中的本国政策性风险、政治性风险和社会性风险增大。反之,预期本币升值,会是因为在经济变量预期中预期到本国物价水平相对下降、本国国民收入水平相对上升和本国利率水平相对提高,会是因为在经济政策预期中预期到本国要采取紧的财政政策、紧的货币政策和本币升值的汇率政策,会是因为在风险预期中预期到本国的政策性风险、政治性风险和社会性风险降低。

(4)政府干预汇率。世界各国政府都赋予货币当局主要是中央银行干预外汇市场,稳定汇率的职责。有的国家为此还专门设立了"外汇平准基金"。当外汇市场上因外汇供不应求、外汇汇率上涨的幅度超出规定的限界或心理大关时,货币当局就会向外汇市场投放外汇,收购本币,使外汇汇率回调;当外汇市场上因外汇供过于求、外汇汇率下跌的幅度超出规定的界限或心理大关时,货币当局就会向外汇市场投放本币,收购外汇,使外汇汇率反弹。

在某些非常情况下,当通过干预外汇市场的措施难以达到预期目的时,如果认为有必要,货币当局还会采取外汇管制等行政手段直接管制汇率以促进汇率的稳定。

4.汇率变动的经济影响

汇率变动对经济的影响有直接影响和间接影响两种。

(1)汇率变动的直接经济影响。汇率变动产生的直接经济影响体现在三个方面:

第一,汇率变动影响国际收支。首先,汇率变动会直接影响经常项目收支。当本币贬值以后,以外币计价的本国出口商品与劳务的价格下降,而以本币计价的本国进口商品与劳务的价格上涨,从而刺激出口,限制进口,增加经常项目收入,减少经常项目支出。反之,当本币升值时,则影响正好相反,最终会减少经常项目收入,增加经常项目支出。其次,汇率变动会直接影响资本与金融项目收支。如果本币贬值,会加重偿还外债的本币负担,减轻外国债务人偿还本币债务的负担,从而减少借贷资本流入,增加借贷资本流出;会提高国外直接投资和证券投资的本币利润,降低外国在本国直接投资和证券投资的外国货币利润,从而刺激直接投资和证券投资项下的资本流出,限制直接投资和证券投资项下的资本流入。反之,如果本币升值,则其影响正好相反。

第二,汇率变动影响外汇储备。汇率变动对外汇储备的影响,集中在对外汇储备价值影响的评价上,需具体情况具体分析。

如果汇率变动发生在本币与外币之间,汇率变动不会影响通常以外币计值的外汇储备价值。只有当外汇储备被国家以某种机制或形式结成本币,用于国内时,本币升值,用外汇储备结成本币的金额会减少,折射出外汇储备价值缩水。

如果汇率变动发生在不同储备货币之间,例如美元与欧元之间,由于通常以美元计量外汇储备价值,则在美元对欧元升值时,欧元外汇储备的美元价值会缩水;反之,在美元对欧元贬值时,欧元外汇储备的美元价值膨胀。

第三,汇率变动形成汇率风险。汇率变动形成汇率风险,是汇率变动微观经济影响的范畴。

(2)汇率变动的间接经济影响。汇率变动产生的间接经济影响主要是通过国际收支传导的,主要体现在两个方面:

第一,汇率变动影响经济增长。在本币贬值时,由于刺激了商品和劳务的出口,限制了商品和劳务的进口,在推动出口部门和进口替代部门经济增长的同时,还会通过"外贸乘数"作用带动所有经济部门的增长。本币升值对经济增长的影响正好与此相反,是负面的。在本币升值时,由于刺激了借贷资本、直接投资和证券投资的流入,限制了这些资本的流出,如果宏观管理和金融监管得当,则会推动实体经济和金融经济的增长。而本币贬值对实体经济和金融经济的影响则恰好相反,是负面的。

第二,汇率变动影响产业竞争力和产业结构。由于本币贬值首先刺激了出口部门和进口替代部门的经济增长,也就提升了这两类产业部门的产业竞争力;国内其他产业部门的增长会滞后于这两类产业部门的增长,产业竞争力的提升也会相应滞后和落后。因此,这两类产业部门在整个产业中的占比和地位就得到有力提升,使产业结构发生变化。

5.汇率理论

汇率理论是说明汇率决定及变动的理论,起源并发展于西方国家,主要包括国际借贷说、购买力平价说、汇兑心理说、利率平价说和资产市场说。

(1)国际借贷说。国际借贷说是以国际借贷来说明汇率的决定及变动的汇率学说。其基本思想是:汇率取决于外汇的供求,外汇供求又取决于国际借贷,因此,国际借贷是决定汇率的最主要因素。

国际借贷又分为固定借贷和流动借贷,前者是指尚未进入实际支付阶段的借贷,后者是指已经进入实际支付阶段的借贷,而只有流动借贷才对外汇供求产生影响。流动借贷、外汇供求和外汇汇率之间的关系表现为三方面:流动借贷相等,外汇供求相等,外汇汇率不变;流动债权多于流动债务,外汇供大于求,外汇汇率下跌;流动债务多于流动债权,外汇供不应求,外汇汇率上涨。

尽管物价水平、黄金存量、信用状况和利率水平也影响外汇汇率,但它们都属于次要因素,国际借贷是最主要的因素。

(2)购买力平价说。购买力平价说是以各国货币的购买力来说明汇率的决定及变动的汇率学说。其基本思想是:汇率由各国货币的购买力之比决定,即绝对购买力平价;汇率的变动由各国货币购买力之比的变动决定,即相对购买力平价;只有使两国货币各在其本国的购买力相等的汇率,才是两国货币之间的真正汇率平价,即购买力平价。

绝对购买力平价思想是要说明某一时点上汇率的决定,即汇率等于两国货币的购买力之比;由于购买力以物价水平测度,物价水平是购买力的倒数,所以,汇率等于两国物价水平的反向之比。用 e 表示直接标价法下的汇率,P_d 和 P_f 分别表示本国和外国的物价绝对水平,则绝对购买力平价为:

$$e = \frac{P_d}{P_f}$$

相对购买力平价思想是要说明从某一时点开始的一段时期的汇率变动,即经过一段时间变化后的汇率等于两国货币的购买力之比或物价水平的反向之比。用 e_0 和 e_t 分别表示基期汇率和报告期汇率,P_{d_t} 和 P_{f_t} 分别表示报告期本国和外国的物价水平,P_{d_0} 和 P_{f_0} 分别表示基期本国和外国的物价水平,则相对购买力平价为:

$$\frac{e_t}{e_0} = \frac{P_{d_t}}{P_{f_t}} = \frac{P_{d_t}/P_{f_t}}{P_{d_0}/P_{f_0}} = \frac{P_{d_t}/P_{d_0}}{P_{f_t}/P_{f_0}}$$

用 π 表示考察期的物价变动幅度,则:

$$\frac{e_t}{e_0} = \frac{1+\pi_d}{1+\pi_f}$$

进一步简化得:

$$\frac{e_t - e_0}{e_0} = \frac{\pi_d - \pi_f}{1+\pi_f} \approx \pi_d - \pi_f$$

绝对购买力平价和相对购买力平价之间的关系是:如果绝对购买力平价成立,则相对购买力平价一定成立,因为物价指数就是两个时点物价绝对水平之比;反之,如果相对购买力平价成立,则绝对购买力平价不一定成立,例如,当基期和报告期的汇率都等于绝对购买力平价的1/2时,相对购买力平价成立,但绝对购买力平价却不成立。

(3)汇兑心理说。汇兑心理说是以人们对外汇所做的主观评价,即人们的主观心理因素来说明汇率的决定及变动的汇率学说。其基本思想是:汇率取决于外汇的供求,外汇的供求又取决于人们对外汇的主观评价,因此,归根结底,汇率取决于人们对外汇的主观评价。

该学说认为,国际借贷说只注重决定汇率的量的要素,购买力平价说只注重决定汇率的质的要素,两者都片面。决定外汇供求的人们对外汇的主观评价,既基于质的要素,又基于量的要素。质的要素有外汇对商品和劳务的购买力、外汇对债务的偿付能力、外汇投机的利益等;量的要素有国际借贷和国际资本流动的数量。由质的要素和量的要素所决定的人们对外汇的主观评价,构成了人们的外汇供给曲线和外汇需求曲线之和,便是外汇市场的外汇供求曲线,这种外汇供求曲线的交点,就决定了汇率。

(4)利率平价说。利率平价说是以本国货币与外国货币的短期利率差异来说明远期汇率的决定及变动的汇率学说。该学说从国际短期资本流动的角度,揭示了套利机制,即投资者可以进行本币投资,也可以进行外币投资,这取决于本币和外币的短期收益率,如果本币和外币的短期收益率存在差异,则存在获得无风险收益的套利机会,短期投资就会从低收益率货币流向高收益率货币,直至本币与外币的短期收益率相等时为止,这时国际短期资本不再跨货币流动,达到市场均衡,这时的汇率水平就是均衡汇率。该学说阐明了远期汇率、即期汇率和短期利率之间的关系。

短期收益率不仅取决于短期利率,也取决于被投资货币的预期贬值率,因此投资者要进行抛补套利,即将套利与掉期交易相结合而进行的套利活动,从而出现了抛补的利率平价。抛补的利率平价是指本币利率高于或低于外币利率的差额等于本币的远期贴水率或升水率。

伴随时代的发展,利率平价说也逐步从早期的静态利率平价发展到后来的动态利率平价。静态利率平价认为:远期汇率不能影响即期汇率;只有不同货币短期利率的差异才是决定远期汇率的最基本因素;远期汇率可以完全地、不断地向利率平价自动调整。而动态利率平价认为:决定远期汇率的并不是一个唯一的利率平价,而是几个利率平价;远期汇率与利率平价之间存在"互交原理",即不仅远期汇率取决于利率平价,而且利率平价也受远期汇率的制约;远期汇率、利率平价与即期汇率、购买力平价相互影响;即期汇率与远期汇率相互影响。

(5)资产市场说。资产市场说是侧重于从金融市场均衡这一角度来考察汇率的决定的汇率学说。其基本思想是:资产市场在短期汇率决定中的作用汇率既是商品和劳务的相对价格,又是货币的相对价格。但商品和劳务市场的调整速度较慢,汇率变化只有通过一段时滞后,才反馈到贸易和投资(商品和劳务的生产、流通和交换)的决策中。因此,在考虑汇率的决定时,有益的做法是将汇率与利率归为一类,视为货币的价格来加以对待。

资产市场说借用了传统的利率决定学说的基本原理,来讨论汇率的决定。私人投资者可持有货币(货币是一种不生利息的资产),也可用货币购买并持有某种资产(如政府债券)。在某种资产供应量既定的情况下,供求相等决定该种资产的均衡价格或收益率(利率)。如果某种资产的利率不在均衡点上,投资者将买或卖该种资产,直到均衡利率的达到。这种利率决定的模式,同样可以被引用到汇率的决定上。

真题回顾

(2018·多选)利率平价理论揭露了汇率和利率之间的紧密联系,该理论表明一国利率上升,则(　　)。

A.直接标价法下的该国利率升水　　　B.间接标价法下的该国利率贴水

C.本国货币短期内升值　　　　　　　D.他国货币远期汇率上升

E.他国货币远期升值

【答案】CDE。解析:利率平价说的基本观点:远期差价是由两国利率差异决定的,并且高利率国货币在期汇市场上必定贴水,低利率国货币在期汇市场上必定升水。一国利率上升,该国即期汇率上升,在直接标价法下该国汇率下降,间接标价法下该国汇率上升。

三、汇率制度

汇率制度是指一国货币当局对本国货币汇率确定与变动的基本模式所做的一系列安排。这些制度性安排包括中心汇率水平、汇率的波动幅度、影响和干预汇率变动的机制和方式等。

1.固定汇率制与浮动汇率制

(1)固定汇率制。固定汇率制是指汇率平价保持基本不变,市场汇率波动被约束在一个狭小的限界内的汇率制度。历史上,固定汇率制曾分别出现在国际金本位制和布雷顿森林货币体系两种国家货币制度下。

视频讲解

国际金本位制下的汇率制度是典型的固定汇率制,两国货币含金量之比的铸币平价是汇率标准,只要两国货币含金量不变,铸币平价就不变。汇率围绕铸币平价,根据外汇市场的供求状况,在黄金输出点和黄金输入点之间上下波动。

在布雷顿森林体系下,汇率制度是以美元为中心的固定汇率制。美元与黄金直接挂钩,其他国家的货币与美元确定固定汇率,与美元挂钩,各国当局通过虚设的金平价来制定中心汇率,并通过外汇干预、外汇管制或经济政策等把汇率限制在很小的波动范围。只有在一国国际收支发生根本性失衡时,金平价才可由国际货币基金组织予以变动。在传统的固定钉住制度下,一国短期内汇率风险较小,有助于金融市场稳定。但政府需要建立庞大的外汇储备以捍卫平价或维持汇率稳定,特别是当各国汇率政策不一致时,往往会造成风险的累积性效应,导致汇率发生错位,而汇率错位后的恢复比较困难。

(2)浮动汇率制。浮动汇率制是指没有汇率平价和波动幅度约束,市场汇率可以随外汇市场供求关系的变化而自由波动的汇率制度。

根据官方是否干预,浮动汇率制分为自由浮动与管理浮动。自由浮动是官方不干预外汇市场,完全听凭市场汇率在外汇供求关系的自发作用下波动的汇率制度;管理浮动是官方或明或暗地干预外汇市场,使市场汇率在经过操纵的外汇供求关系作用下相对平稳波动的汇率制度。

根据汇率浮动是否结成国际联合,浮动汇率制分为单独浮动与联合浮动。单独浮动是指本币不与任何外币建立固定联系,其汇率单独进行浮动的汇率制度;联合浮动是若干国家的货币彼此建立固定联系,对此外其他国家货币的汇率共同进行浮动的汇率制度。

2.钉住汇率制

钉住汇率制是指一国单方面将本币与某一关键货币或某一篮子货币挂钩,与之保持相对固定的汇率平价,而本币对其他外币的汇率则随所钉住货币对其他外币汇率的波动而变动的汇率制度。

3.国际货币基金对现行汇率制度的划分

在现行国际货币体系下,各国可以自行安排其汇率制度,从而形成了多种汇率制度并存的格局。根据国际货币基金的划分,按照汇率弹性由小到大,目前的汇率制度安排主要有:①货币局制。官方通过立法明确规定本币与某一关键货币保持固定汇率,同时对本币发行做特殊限制,以确保履行法定义务。中国香港的联系汇率制就是货币局制。②传统的钉住汇率制。官方将本币实际或公开地按照固定汇率钉住一种主要国际货币或一篮子货币,汇率波动幅度不超过1%。③水平区间内钉住汇率制。它类似于传统的钉住汇率制,不同的是汇率波动幅度大于1%。④爬行钉住汇率制。官方按照预先宣布的固定汇率,根据若干量化指标的变动,定期小幅度调整汇率。⑤爬行区间钉住汇率制。它是水平区间内的钉住汇率制与爬行钉住汇率制的结合,与爬行钉住汇率制不同的是汇率波动的幅度要大。⑥事先不公布汇率目标的管理浮动。官方在不特别指明或事先承诺汇率目标的情况下,通过积极干预外汇市场来影响汇率变动。⑦单独浮动。汇率由市场决定,官方即使干预外汇市场,目的也只是缩小汇率的波动幅度,防止汇率过度波动,而不是确立一个汇率水平。

4.影响汇率制度选择的主要因素

国际社会对汇率制度应当主要根据何种因素进行选择的研究,出现了"经济论"和"依附论"两种理论观点。

汇率制度选择的"经济论"认为,一国汇率制度的选择主要由经济因素决定。这些经济因素是:①经济开放程度;②经济规模;③进出口贸易的商品结构和地域分布;④国内金融市场的发达程度及其与国际金融市场的一体化程度;⑤相对的通货膨胀率。这些经济因素与汇率制度选择的具体关系是:经济开放程度高,经济规模小,或者进出口集中在某几种商品或某一国家的国家,一般倾向于实行固定汇率制或钉住汇率制;而经济开放程度低,进出口商品多样化或地域分布分散化,同国际金融市场联系密切,资本流出入较为可观和频繁,或国内通货膨胀率与其他主要国家不一致的国家,则倾向于实行浮动汇率制或弹性汇率制。根据美国经济学家赫勒对一些国家汇率政策的比较,实行浮动汇率制的国家,明显具有进出口对GNP的低比率(即开放程度低)、进出口贸易商品结构和地域分布的高度多样化、相对较高的通货膨胀率、金融国际化的高度发展等特征。

汇率制度选择的"依附论"认为,一国汇率制度的选择主要取决于其对外经济、政治、军事等诸方面联系的特征。该理论集中探讨的是发展中国家的汇率制度选择问题,认为发展中国家在实行钉住汇率制时,采用哪一种货币作为"参考货币",即被钉住货币,取决于该国对外经济、政治关系的集中程度,以及取决于经济、政治、军事等方面的对外依附关系。从美国的进口在其进口总额中占有很大比例的国家,或者从美国得到大量军事赠与以及从美国大量购买军需物资的国家,还有同美国有复杂条约关系的国家,往往将本国货币钉住美元。同法国有传统殖民地联系的非洲国家,则趋于钉住法国法郎。而同美国等主要工业国的政治经济关系较为"温和"的国家,则往往选择钉住一篮子货币。这一理论同时还指出,选择哪一种货币作为"参考货币",反过来又会影响一国对外贸易等经济关系和其他各方面关系的发展。

考点三　国际收支及其调节

一、国际收支与国际收支平衡表

1.国际收支的概念

国际收支是一个宏观的经济范畴。伴随历史的演进和国际经济贸易的发展,国际社会对国际收支的界定经历了由狭义到广义的发展。

在狭义上,国际收支是指在一定时期内,一国居民与非居民所发生的全部货币或外汇的收入和支出。该定义是以支付为基础的,即判断是不是国际收支,核心是看是否发生了货币或外汇的支付。

在广义上,国际收支是指在一定时期内,一国居民与非居民所进行的全部经济交易的以一定货币计值的价值量总和。该定义是以交易为基础的,即判断是不是国际收支,核心是看是否发生了经济交易。在此,被狭义国际收支定义所不能涵盖的易货贸易、物品捐赠、以实物投入的直接投资等都被纳入国际收支。

无论是狭义还是广义的国际收支,都具有这样的本质特征:①国际收支是一个流量的概念,是一定时期的发生额;②国际收支是一个收支的概念,是收入和支出的流量,收入和支出的本质是以一定货币计值的价值量;③国际收支是一个总量的概念,是整个国家在一定时期内收入和支出的总量;④国际收支是一个国际的概念,国际性的本质特征在于经济交易的主体特征,即居民与非居民。

国际收支由经常项目收支和资本项目收支构成。经常项目收支又包括贸易收支、服务收支、要素报酬收支和单方转移收支。资本项目收支又包括直接投资、证券投资和其他投资。

2.国际收支平衡表

国际收支平衡表是按照一定会计原理和方法编制的系统记录国际收支的统计报表。

(1)国际收支平衡表的编制原理。国际收支平衡表是按照复式记账法编制的,在表中分设借方和贷方。借方以"-"号表示,记录资金占用科目,即国际收支中的支出科目;贷方以"+"号表示,记录资金来源科目,即国际收支中的收入科目。

(2)国际收支平衡表的账户。根据国际货币基金组织1993年第5版《国际收支手册》中的规定,国际收支平衡表所包括的账户是:①经常账户。该账户记录实质资源的国际流动,包括商品、服务、收入和经常转移。②资本与金融账户。该账户记录资产和资本的国际流动。资本账户包括资本转移和非生产、非金融资产的收买与放弃。金融账户包括直接投资、证券投资、其他投资和储备资产。③错误与遗漏账户。该账户专为人为平衡借方和贷方的总额而设。

二、国际收支均衡与不均衡

1.国际收支均衡与不均衡的含义

引起国际收支的经济交易，根据其交易动机，可以区分为自主性交易与补偿性交易。自主性交易又称事前交易，是指有关交易主体出于获取利润、利息等经济动机或其他动机，根据本国与他国在价格、利率、利润率等方面存在的差异或其他考虑，而于事前主动进行的经济交易。补偿性交易又称事后交易，是指有关交易主体为了平衡自主性交易发生的收支差额，而于事后被动进行的经济交易。

基于自主性交易与补偿性交易的区分和自主性交易的本原性，就以自主性交易来界定国际收支均衡与不均衡。

国际收支均衡是指自主性交易的收入和支出的均衡。国际收支不均衡是指自主性交易的收入和支出的不均衡。其中，如果自主性交易的收入大于支出，则是国际收支顺差；如果自主性交易的收入小于支出，则是国际收支逆差。

2.国际收支不均衡的类型

从不同的角度，可以将国际收支不均衡划分为不同的类型。

(1)根据差额的性质，国际收支不均衡分为顺差与逆差。

(2)根据产生的原因，国际收支不均衡分为收入性不均衡、货币性不均衡、周期性不均衡与结构性不均衡。收入性不均衡是由一国的国民收入增长超过他国的国民收入增长，引起本国进口需求增长超过出口增长而导致的国际收支不均衡。货币性不均衡是由一国的货币供求失衡引起本国通货膨胀率高于他国通货膨胀率，进而刺激进口、限制出口而导致的国际收支不均衡。周期性不均衡是由一国的经济周期性波动而导致的国际收支不均衡。结构性不均衡是由一国的经济结构及其决定的进出口结构不能适应国际分工结构的变化而变化所导致的国际收支不均衡。

(3)根据不同账户的状况，国际收支不均衡分为经常账户不均衡、资本与金融账户不均衡、综合性不均衡。经常账户不均衡是经常账户出现顺差或逆差。资本与金融账户不均衡是资本与金融账户出现顺差或逆差。综合性不均衡是经常账户差额同资本与金融账户差额相抵后出现顺差或逆差。

三、国际收支不均衡的调节

1.国际收支不均衡调节的宏观经济政策

(1)财政政策。在国际收支逆差时，可以采用紧的财政政策。紧的财政政策对国际收支的调节作用主要有两个方面：一是产生需求效应，即实施紧的财政政策导致进口需求减少，进口下降；二是产生价格效应，即实施紧的财政政策导致价格下跌，从而刺激出口，限制进口。在国际收支顺差时，可以采用松的财政政策。松的财政政策能对国际收支产生进口需求扩大的需求效应和价格上涨限制出口、刺激进口的价格效应。

财政政策主要调节经常项目收支。

(2)货币政策。在国际收支逆差时,可以采用紧的货币政策。紧的货币政策对国际收支的调节作用主要有三个方面:一是产生需求效应,即实施紧的货币政策导致有支付能力的进口需求减少,进口下降;二是产生价格效应,即实施紧的货币政策导致价格下跌,从而刺激出口,限制进口;三是产生利率效应,即实施紧的货币政策导致利率提升,从而刺激资本流入,阻碍资本流出。在国际收支顺差时,可以采用松的货币政策。松的货币政策能对国际收支产生进口需求扩大的需求效应,价格上涨限制出口、刺激进口的价格效应,以及利率降低阻碍资本流入、刺激资本流出的利率效应。

货币政策既调节经常项目收支,又调节资本项目收支。

(3)汇率政策。汇率政策就是货币当局实行本币法定贬值或法定升值,或有意在外汇市场上让本币贬值或升值。

汇率政策能够产生相对价格效应。这里的相对价格是指以外币标价的本国出口价格,以本币标价的本国进口价格。

在国际收支逆差时,可以采用本币法定贬值或贬值的政策。这样,以外币标价的本国出口价格下降,从而刺激出口,而以本币标价的本国进口价格上涨,从而限制进口。在国际收支顺差时,可以采用本币法定升值或升值的政策,这会使以外币标价的本国出口价格上涨,从而限制出口,以本币标价的本国进口价格下跌,从而刺激进口。

汇率政策主要调节经常项目收支。

2.国际收支不均衡调节的微观政策措施

当国际收支出现严重不均衡时,为了迅速扭转局面,收到立竿见影的调节效果,政府和货币当局还可以采取外贸管制和外汇管制的措施。在国际收支逆差时,就加强外贸管制和外汇管制;在国际收支顺差时,就放宽乃至取消外贸管制和外汇管制。

此外,在国际收支逆差时,还可以采取向国际货币基金组织或其他国家争取短期信用融资的措施或直接动用本国的国际储备。

3.国际收支不均衡调节中内部均衡与外部均衡的兼顾

(1)内部均衡与外部均衡的不同组合。内部均衡是国民经济运行处于经济增长、物价稳定和充分就业的状态。外部均衡就是国际收支均衡。

内部均衡与外部均衡可能有四种不同组合:①内部均衡与外部均衡;②内部均衡与外部不均衡;③内部不均衡与外部均衡;④内部不均衡与外部不均衡。

内部不均衡与外部不均衡的组合可能内含四种情形:①经济衰退、失业与国际收支逆差;②经济衰退、失业与国际收支顺差;③通货膨胀与国际收支逆差;④通货膨胀与国际收支顺差。

(2)兼顾内部均衡与外部均衡的政策措施。内部均衡与外部均衡的第一种组合,即内部均衡与外部均衡并存,是最理想的状态,无须采用任何政策措施调节。

第二种组合的内部均衡与外部不均衡并存,此时无须采用影响内部均衡的政策措施,只需采用调节外部不均衡的政策措施,如运用汇率政策等。

第三种组合的内部不均衡与外部均衡并存,此时只需采用调节内部均衡的政策措施,如运用财政政策或货币政策,而无须采用影响外部均衡的政策措施。

第四种组合的内部不均衡与外部不均衡并存,情况复杂,需要区别对待。其中,第二种情形和第三种情形比较容易调节,此时调节内部不均衡和外部不均衡的财政和货币政策的政策取向相同。例如,前者可以采用松的财政和货币政策,既抑制了经济衰退和失业,又调节了国际收支顺差;后者可以采用紧的财政和货币政策,既抑制了通货膨胀,又调节了国际收支逆差。但是,第一种情形和第四种情形则是两难处境,抑制经济衰退和失业需要采用松的财政和货币政策,但会加剧国际收支逆差;抑制通货膨胀需要采取紧的财政和货币政策,但会加剧国际收支顺差。

在第一种情形和第四种情形的两难处境下,需要将财政、货币和汇率政策搭配使用。其中,在第一种情形下,可以采取松的财政政策刺激经济增长,增加就业;采取紧的货币政策刺激资本流入,改善国际收支;同时采取本币贬值的汇率政策刺激出口,限制进口,改善国际收支。在第四种情形下,可以采取紧的财政和货币政策遏制通货膨胀,同时采取本币升值的汇率政策刺激进口,限制出口,减少国际收支顺差。

考点四　国际储备及其管理

一、国际储备的概念

国际储备是指一国货币当局所持有的、为世界各国所普遍接受的货币资产。

该定义表明,国际储备具有四个本质特征:①国际储备是官方储备,为货币当局所持有,不包括民间持有的黄金、外汇等资产;②国际储备是货币资产,不包括实物资产,即使某些实物资产(如文物等)价值昂贵;③国际储备是为世界各国普遍接受的货币资产,只有如此才能够实现国际储备的目的,即用于国际支付等,因此不能将他国不可兑换货币等用作国际储备;④国际储备是一个存量的概念,一般以截至某一时点的余额来表示或计量国际储备总量。

国际储备包括黄金储备、外汇储备以及在基金组织的储备头寸和特别提款权(SDR)。后两项国际储备,只有IMF的成员才拥有。

其中,特别提款权(亦称纸黄金)是国际货币基金组织创设的一种储备资产和记账单位,亦称"纸黄金(Paper Gold)"。它是基金组织分配给成员的一种使用资金的权利。成员在发生国际收支逆差时,可用它向基金组织指定的其他成员换取外汇,以偿付国际收支逆差或偿还基金组织的贷款,还可与黄金、自由兑换货币一样充当国际储备。但由于其只是一种记账单位,不是真正货币,使用时必须先换成其他货币,不能直接用于贸易或非贸易的支付。因为它是国际货币基金组织原有的普通提款权以外的一种补充,所以称为特别提款权。

国际货币基金组织执董会2015年11月30日批准人民币加入特别提款权(SDR)货币篮子,新的货币篮子于2016年10月1日正式生效。IMF发表声明说,人民币被认定为可自由使用货币,并将与美元、欧元、日元和英镑一道构成SDR货币篮子。IMF将篮子货币的权重调整为:美元占41.73%,欧元占30.93%,人民币占10.92%,日元占8.33%,英镑占8.09%。

二、国际储备的功能

国际储备的主要功能是:①弥补国际收支逆差。这是国际储备的基本功能。当出现暂时性国际收支逆差时,通过动用国际储备来弥补逆差,可以不必采取其他可能影响内部均衡的调节政策和措施。②稳定本币汇率。当出现国际收支逆差或投机性冲击,外汇供不应求,外汇汇率急剧上升,本币剧烈贬值时,为了稳定汇率,避免对内部均衡产生负面影响,或为了履行在固定汇率制下承担的义务,可以动用外汇储备,向外汇市场投放外汇,缓解和平衡外汇供求。③维持国际资信和投资环境。当向国外举债,国外债权人在进行信用评估时,要把债务国的国际储备数量和增减趋势作为重要的因素;在吸引国际直接投资的场合,国外投资者在评价投资环境时,也要把投资对象国的国际储备数量和增减趋势作为重要的考量。因此,为维持一个良好的国际资信和良好的投资环境,需要保有足够的国际储备。

三、国际储备的管理

1.国际储备的总量管理

视频讲解

国际储备总量管理的目标是使国际储备总量适度,既不能少也不能多。如果国际储备少,会在动用国际储备实现其功能时捉襟见肘,力不从心;如果国际储备多,会造成资源闲置,产生机会成本。

在确定国际储备总量时应依据的因素是:①是否是储备货币发行国。如果是,则对国际储备需求少,反之则多。②经济规模与对外开放程度。该因素与国际储备需求量成正比。③国际支出的流量。该因素与国际储备需求量正相关。④外债规模。该因素也与国际储备需求量正相关。⑤短期国际融资能力。在国际收支逆差时,如果在国际上获得短缺融资的能力强,则可以不动用或少动用国际储备,从而对国际储备的需求就少;反之则多。⑥其他国际收支调节政策和措施的可用性与有效性。在国际收支逆差时,如果可供选择的其他国际收支调节政策和措施较多,实施后见效的时滞短,效果好,则可以不动用或少动用国际储备,从而对国际储备的需求就少;反之则多。⑦汇率制度。如果实行固定汇率制度或其他弹性低的汇率制度,则对干预外汇市场、稳定汇率所需要的国际储备就多;反之则少。

在实践中,测度国际储备总量是否适度的经验指标是:①国际储备额与国民生产总值之比,一般为 10%。②国际储备额与外债总额之比,一般在 30%~50%。③国际储备额与进口额之比,一般为 25%;如果以月来计量,国际储备额应能满足 3 个月的进口需求。

2.国际储备的结构管理

国际储备结构管理的目标是使国际储备结构最优,在安全性、流动性和盈利性之间找到最佳均衡点。

国际储备结构管理的内容是:①国际储备资产结构的优化。由于在基金组织的储备头寸和特别提款权的数量是由基金组织给定的,因此,国际储备资产结构的优化集中在黄金储备和外汇储备结构的优化上。要根据黄金和外汇在安全性、流动性和盈利性上的不同特征及其变化,在黄金储备与外汇储备之间动态地建立最佳比例。②外汇储备货币结构的优化。不同储备货币的安全性(与汇率风险相对应)和盈利性(与升值和贬值相对应)是不同的。因此,为了追求安全性,需要将外汇储备的货币结构与未来外汇支出的货币结构相匹配,从而在未来的外汇支出中,将不同储备货币之间的兑换降低到最低程度;为了追求盈利性,需要尽量提高储备货币中硬币的比重,降低储备货币中软币的比重。③外汇储备资产结构的优化。在活期存款、支付凭证和有价证券等三种资产形式上,外汇储备的流动性和盈利性是不同的。需要根据先满足即时支付需要,再实现保值增值需要的优先顺序对三种资产结构做出统筹安排和最佳安排。

3.外汇储备的管理模式

外汇储备管理有两种模式,即传统的外汇储备管理和积极的外汇储备管理。传统的外汇储备管理模式强调外汇储备资产的安全性和流动性,忽视或不强调外汇储备资产的盈利性。积极的外汇储备管理模式起源于 20 世纪 70 年代,在满足安全性和流动性的前提下,更为突出盈利性,侧重对超过安全性和流动性需要的外汇储备部分进行高盈利性的投资。

积极的外汇储备管理模式的实现路径主要有两种:①货币当局本身的外汇管理转型,由传统的外汇储备管理转向积极的外汇储备管理,将超额的外汇储备置于货币当局建立的投资组合之中,通过投资风险相对较高的金融资产,获取较高的投资回报。例如,挪威中央银行通过下设挪威银行投资管理部来管理外汇储备,就是这种情况。②由国家成立专门的投资公司或部门,将超额的外汇储备转给其进行市场化运作和管理,通过多元化的资产配置来分散风险、延长投资期限、提高投资回报。韩国投资公司和我国的中国投资公司,就属于这种性质。

与积极的外汇储备管理模式同时问世的范畴是"主权财富基金"。国际货币基金组织将主权财富基金定义为由政府创建或拥有的特殊投资基金,为长期目的而持有的外国资产。美国财政部将主权投资基金定义为使用外汇资产设立的政府投资工具,这些外汇资产同货币当局(中央银行或财政部的相关部门)掌控的官方外汇储备分离开来。

四、我国的国际储备及其管理

我国是国际货币基金组织的成员,因此,我国的国际储备由黄金储备、外汇储备、在基金组织的储备头寸和特别提款权四部分组成。

我国国际储备的迅速增长成为国内外关注的焦点,焦点的核心是外汇储备的总量是否过多,外汇储备的货币结构和资产结构是否合理。主流观点认为,我国的外汇储备总量无疑已过多,负面影响已经显现;外汇储备的货币结构不合理,美元储备占比过高,因美元贬值使外汇储备价值不断缩水;外汇储备的资产结构不合理,美元国债占比过高。

在实践中,我国已经采取了对国际储备进行积极管理的措施。由于造成我国外汇储备总量过多、增长过快的原因是国际收支"双顺差",因此,我国采取了针对国际收支顺差的调节措施,这对遏制外汇储备的过快增长起到了积极的作用。同时,我国逐步采取了藏汇于民的政策,允许和鼓励民间持有外汇,消散具有官方性质的外汇储备。针对外汇储备结构不合理,我国采取了尽量使外汇储备货币多元化的策略,在不致引起国际外汇市场大幅震荡的情况下合理增加欧元等货币的储备。在外汇储备的资产组合上采取了更为积极的管理策略,在追求外汇储备资产安全性和流动性的同时，更为积极地进行盈利性更高的国内外股权类投资配置。在外汇储备管理模式和机制上，引进和构建了积极的外汇储备管理模式和机制，先后成立了中央汇金公司和具有主权财富基金性质的中国投资公司。这些举措正在发挥作用，并将对我国未来国际储备的总量更加适度、结构更加优化产生积极而深远的影响。

考点五 | 离岸金融市场

一、离岸金融市场的概述

1.含义

离岸金融市场是指主要为非居民提供境外货币借贷或投资、贸易结算、外汇黄金买卖、保险服务及证券交易等金融业务和服务的一种国际金融市场，亦称境外金融市场，其特点可简单概括为市场交易以非居民为主，基本不受所在国法规和税制限制。

2.特点

离岸金融市场有以下特点：

(1)市场范围广阔、规模巨大、资金实力雄厚。

(2)市场上的借贷关系为非居民借贷双方之间的关系。

(3)市场基本上不受所在国政府当局金融法规的管辖和外汇管制的约束。

(4)市场有相对独立的利率体系。

3.类型

从不同角度来看，离岸金融市场有不同的类型：

(1)从从事的业务范围来看，有混合型、分离型、避税型及渗漏型等离岸金融市场。

(2)从市场形成的动力来看，有自然渐成型和政府推动型离岸金融市场。

(3)从市场功能来看，有世界中心、筹资中心、供资中心及簿记中心等。

4.作用

离岸金融市场有以下几方面的作用：

(1)离岸金融市场的产生和发展，有利于大量国际资本的流入，弥补国内资金缺口，使国内市场主体能以更加灵活的方式和渠道筹资、融资。

(2)有利于缩小各国金融市场的时空距离，便利国际借贷资金成本的全球性降低。

(3)有利于引进大量现代化的金融技术工具和金融产品，促使东道国国内同业改进经营管理方式，提高服务质量和从业人员素质，加快金融创新。

(4)有利于加快东道国的金融监管向国际惯例靠拢，提高监管质量。

(5)有利于增加外汇收入，增加本国外汇储备。

(6)有利于调节东道国的国际收支，稳定国际经济金融秩序。

(7)有利于带来广泛的经济效益。

5.建立离岸金融市场的条件

离岸金融市场作为一个高度自由灵活、快捷便利、高效新型的市场，它的建立必须具备以下条件：

(1)所在国或地区的政治和经济稳定。

(2)有发达的国内金融市场,完善的金融体系和经验丰富、运作高效的金融机构。

(3)有灵活自由的金融法规制度及有利于市场发育的财税政策,放松或取消外汇管制,放松金融管理,提供减免税的优惠。

(4)有比较优越的经济和自然地理位置。

二、离岸金融中心

从离岸业务与国内金融业务的关系来看,离岸金融中心可分有三种类型:

1.伦敦型中心

伦敦型中心有以下几方面的内容:

(1)交易的货币币种是不包括市场所在国货币的其他货币。

(2)经营范围宽泛,市场参与者可以同时经营在岸业务和离岸业务。

(3)对经营离岸业务没有严格的申请程序。一体型中心,如伦敦和香港。

2.纽约型中心

纽约型中心有以下几方面的内容:

(1)欧洲货币业务(离岸金融业务)包括市场所在国货币的非居民交易(如中国企业在纽约市场上从事的美元借贷业务)。

(2)对境外货币业务和境内货币业务严格分账管理,即对离岸业务与国内金融业务分开。分离型中心,如美国纽约的国际银行业便利,日本东京泊海外特别账户,新加坡的亚洲货币单位。

3.避税港型中心

避税港型中心有以下特点:

(1)资金流动几乎不受任何限制,而且免收关税。

(2)资金来源于非居民,运用于非居民——"两头在外"。

(3)市场上几乎没有实际的交易,只是其他金融中心资金交易的记账和转账。走账型或簿记型中心,甚至没有工作人员,只是一个空壳公司。如巴哈马、开曼、英属维尔京、百慕大、巴拿马等。

习题演练

一、单项选择题

1.在我国的国际收支平衡表中,各种实物和资产的往来均以(　　)作为计算单位。

A.人民币　　　　　B.美元　　　　　C.日元　　　　　D.英镑

2.一国国际收支出现巨额逆差时,通常会导致(　　)。

A.本币汇率升值,资本流出　　　　　B.本币汇率贬值,资本流入

C.本币汇率升值,资本流入　　　　D.本币汇率贬值,资本流出

二、多项选择题

1.下列关于即期外汇交易的说法,正确的有(　　)。

A.即期外汇交易中,交易双方以当时外汇市场的价格成交

B.英镑采用直接报价法

C.外汇银行同业间买卖外汇,按照惯例都是在成交后当天办理交割

D.即期外汇交易通常采用以美元为中心的计价方式

2.一国的国际储备通常包括(　　)。

A.外汇储备

B.黄金储备

C.在国际货币基金组织(IMF)的储备头寸

D.特别提款权

参 考 答 案

一、单项选择题

1.【答案】B。解析:我国的国际收支平衡表都是以美元作为计算单位。

2.【答案】D。解析:一国国际收支出现顺差时,外汇收入大于外汇支出,外汇过多、本币有升值压力,资本流入;一国出现逆差时,外汇支出大于外汇收入,外汇过少、本币有贬值压力,资本流出。

二、多项选择题

1.【答案】AD。解析:即期外汇交易(Spot Exchange Transactions),又称为现货交易或现期交易,是指外汇买卖成交后,交易双方于当天或两个交易日内办理交割手续的一种交易行为。外汇银行同业间买卖外汇,按照惯例是在成交后两个营业日内办理交割,因此,C项错误;英镑、澳大利亚元等采用间接报价法,因此B项错误。

2.【答案】ABCD。解析:国际储备包括黄金储备、外汇储备以及在基金组织的储备头寸和特别提款权(SDR)。

下 篇
申 论

第一章　综合分析题

考点详解

考点一　题型概述

一、题型分类

综合分析题主要包含下列五种题型:

(一)阐释型分析题

这类题型是对给定资料的特定部分进行引申分析,既揭示其本来意义,又挖掘其深层意义。该类题型注重考查考生的阅读理解能力、综合分析能力,能比较准确地测试出考生的发散性思维水平。其典型提问形式有"请说明此观点""谈谈你对这句话的理解",重点考查结合上下文准确、简明地阐释给定材料的能力。

示例一

"给定资料2"提到:"银行新员工上岗必须学业务、强技能、提素质",你对"业务得真学、技能得真练、素质得真提"是如何理解的? (不超过400字,5分)

示例二

请根据资料2谈谈对"大面积对化石能源实施价格补贴显然是不适宜的"这句话的理解。(30分)

要求:准确、全面、简洁。不超过300字。

示例三

做一名医德高尚的医务工作者,是医患关系和谐的关键。请结合"给定材料1~2",谈谈你对"医乃仁术"的理解。(15分)

要求:紧扣给定材料,条理清楚;150字左右。

(二)概括型分析题

概括型分析题,旨在考查考生能否对给定资料的全部或部分的内容、观点或问题进行分析和归纳。这种题型考查的内容比较广泛,比如"分析原因""分析特点""分析影响""分析新变化""分析优势"等。它与单纯要求概括的归纳概括题有相似之处,即都要经过概括的程序得出材料的要点和含义。不同在于,归纳概括题属于按点给分,考生简单罗列出答案要点即可;而概括型分析题大多在按点给分的基础上,会多出一项结构分:考生必须在全面把握答案要点的基础上,从宏观角度架构起答案的结构(如总分总、宏观—微观、总体—具体、是什么—为什么—怎么做、时间顺序、空间结构,等等)。

示例一

近一年来,银行几次出现"钱紧"事件,请分析"背景资料1~8",说明"不差钱"的中国为什么出现了"钱紧"。要求:准确、全面,不超过400字。(10分)

示例二

结合给定资料,对社会各界主动捍卫英雄名誉的意义做简要分析。(20分)

要求:概括准确,条理清楚,语言精练,字数不超过300字。

(三)启示型分析题

启示型分析题的主要提问形式有"……提供了哪些启示""谈谈你从……能得到哪些启示"等,考查考生能否准确理解材料中所体现的现象和问题,并从中得出经验或教训。

示例一

分析材料5,结合实际谈谈国外应对暴雨灾害的理念和做法,对我国城市建设有哪些借鉴意义。(25分)

要求:条理清晰,语言流畅,内容充实,切合实际。不少于500字。

示例二

"资料5"介绍了美国斯坦福大学研究园"硅谷"建谷的历史和做法。"硅谷"的发展为我国高新产业园区提供了哪些经验?(20分)

要求:根据全面,表达准确,条理清楚,文字简练。不超过300字。

(四)评论型分析题

评论型分析题,主要针对材料中出现的社会现象、事件、措施或观点,让考生对此进行评价并做出结论,主要提问形式有"请对上述观点进行评述""对……进行分析,谈谈你的见解""对此怎么评价""就……进行分析评论"等。"评论""评点""评价""评述"等是该题型的关键词。

示例

根据背景资料9,请从法律专业角度,对"银行卡被盗刷,究竟谁担责"做出点评。要求:列出要点并适当阐述,不超过400字。(10分)

示例二

根据材料4,就"作弊入刑"阐述一下你的观点和看法,要求:篇幅控制在400~500字,观点鲜明,表达流畅。(30分)

示例三

结合材料7、材料9,请谈谈对精准扶贫的看法。(20分)

要求:条理清楚,内容具体,语言简练。不超过300字。

(五)关系型分析题

关系型分析题,就是要求考生分析出两种以上(包含两种)事物间相互作用、相互影响的状态。这类题型与哲学科目中的辩证思维题类似，但它不仅仅是道简单的哲学题，因为对这类题的分析论述还需要紧密结合给定资料。如果考生只从哲学角度分析，而不结合材料，那么肯定会造成自说自话的现象，得分也就可想而知了。这类题型的典型提问形式有"阐述××与××的关系""谈谈××、××、××之间的内在关系"等，即有的是要求谈二者之间的关系，有的则要求阐释三者之间的关系。

示例一

根据给定资料8和资料9，分析应当如何把握产业能耗与环境保护之间的关系。

要求：分析准确、全面。不超过400字。

示例二

根据"给定材料2"，解释"山寨"一词的含义，并分析"山寨"和"创新"之间的关系。（20分）

要求：分析合理，条理清楚，语言简练，字数不超过350字。

二、作答要求

申论的作答要求规定了考生在作答题目时必须做到的条件，综合分析题也不例外。在这其中，最重要的作答要求就是：观点明确、分析合理和条理清晰。这三点要求可以说是在作答分析题的过程中贯彻始终的要求，对作答题目有指导性意义。

（一）观点明确

观点明确，是指考生支持什么，反对什么，都要明确予以陈述，不能模棱两可。观点不明确，在综合分析题中的主要表现如下：一是对问题的评价缺乏明确观点；二是对问题的性质、主要表现形式、成因、影响、后果和解决的必要性等缺乏明确概括，以罗列问题的表现形式代替对问题的定性，以问题的具体表现代替对问题的归纳；三是对导致问题产生的原因、影响、危害、后果以及为什么要解决问题等，没有明确认识和清楚表述。

需要注意的是，观点正确是观点明确的前提，不正确的观点再明确也是无用的。考生要充分联系给定资料，在宏观把握材料大背景的基础上，透过现象抓本质，进而获得给定资料所要表达的实质观点，在作答中"为我所用"。

示例

新技术的使用能否突破社会结构的屏障，是很多人关心的问题。根据"给定资料2"，谈谈你的看法。（20分）

要求：①观点明确，有理有据；②论述全面，语言简明；③不超过250字。

技巧点拨

"观点明确"，首先一定要有观点。题目要求谈谈对"新技术的使用能否突破社会结构的屏障"的看法，结合资料可知：新技术的使用有助于突破社会结构屏障，在理论上能够成为促成社会转型的决定性力量，但在现实中还存在困难。考生在书写答案时，要将该观点在答案首句予以体现，否则会被扣分。

(二)分析合理

分析合理是在综合分析题中最为常见的作答要求。要做到分析合理，必须在明确分析是什么、分析对象是什么的同时，把握合理的标准——合乎事理、符合逻辑。

分析合理要求分析必须符合客观对象自身存在与发展的规律，符合一般事物产生、发展、变化的规律，符合由简单到复杂、由显到隐、由外到内、由主要到次要的事物客观顺序和认识顺序、表达顺序(可以是正向，也可以是逆向，不管正向排列，还是逆向排列，都必须符合正确的顺序)，要遵守同一律、排中律、矛盾律等逻辑规则，也要符合辩证法中联系发展、内因外因、量变质变、对立统一、原因结果、偶然必然、现实可能等原理。

(三)条理清晰

条理，是指有秩序的安排、发展或分类。作答要条理清晰，就要求考生在形成答案的过程中要做到有条有理、层次分明。

从结构上来说，条理清晰包含两方面内容：一是根据具体情况，答案按照"总—分""总—分—总""宏观—微观""总体—具体""是什么—为什么—怎么做"或者时间顺序等结构进行组织，以体现逻辑层次；二是使用能够区分层次的词汇，如"首先……，其次……，再次……，最后……""一是……，二是……，三是……""一方面……，另一方面……""主要，次要""直接，间接，根本"等。

从内容上来说，条理清晰指的是一种逻辑思维，考生在形成答案的过程中要仔细斟酌，保证在落笔之前就已完成了对要点的加工整合。如果逻辑混乱，形成的答案也将杂乱无章。比如：谈谈"山西煤炭资源整合是场大进小退、优进劣退的改革"这一观点得出的主要依据，考生在作答时应围绕整合的目的、政策、效果这三个方面展开，如此形成的答案，方才符合有条有理、层次分明的要求。

考点二　解答流程与方法

一、解答基本流程

仔细审题，准确理解题意

综合分析题题型多样、提问灵活，有时甚至会出现看完题目仍不能确定题目用意的情况。因此，就需要仔细审题，抓住题目的关键词，利用自己所学知识，判断其属于哪种题型，并准确理解题意，才能确保不跑题、不答偏。

↓

阅读相关资料，提炼要点

虽然同是提炼要点，但综合分析题与归纳概括、提出对策等题型的提炼角度还是有一些不同的。综合分析题经常有"得出启示"或"比较观点"的题目，要求考生对此发表观点或得出结论,因此,对于此类题型既要有深度地挖掘资料,又要纵览全篇,全面把握问题,才能从中准确提炼所需要点。

⬇

筛选有用要点,按逻辑顺序加工

在阅读资料、提炼要点的过程中,我们会获得许多与答题有关的信息,为了使答案更有条理性和层次性,就必须按一定的逻辑顺序将所得要点进行加工,再用简洁、连贯的语言将其表述出来。

二、四大基本分析方法

(一)矛盾分析法

矛盾分析法是运用对立统一规律,观察、分析社会现象,以达到认识社会现象发展变化的内在联系与机制的方法。它是对社会现象做定性研究的基本方法。

对社会现象做矛盾分析的具体步骤是:

首先,把社会现象看成是运动中多层次、多方面的矛盾统一体,考察影响这种现象存在的诸多矛盾。

其次,从诸多矛盾中找出主要矛盾和矛盾的主要方面,主要矛盾和矛盾的主要方面决定着社会现象的本质,而社会现象是以上诸多矛盾的外部表现。

最后,分析矛盾发生变化的内部条件和外部条件。同时注意矛盾发展从量变到质变的临界点,即主要矛盾发展转化的条件与时机。

矛盾分析法是马克思主义社会学的基本方法之一,对研究社会现象具有普遍适用性。它不仅能说明现在,而且能预测未来。尤其对宏观的、复杂的社会现象和社会问题的研究,有它独到的作用。矛盾分析法包括一分为二地看问题、具体问题具体分析、抓住重点和主流、坚持两点论和重点论的统一。

下面我们运用矛盾分析法对"怒江水电开发"这一问题进行全面分析:

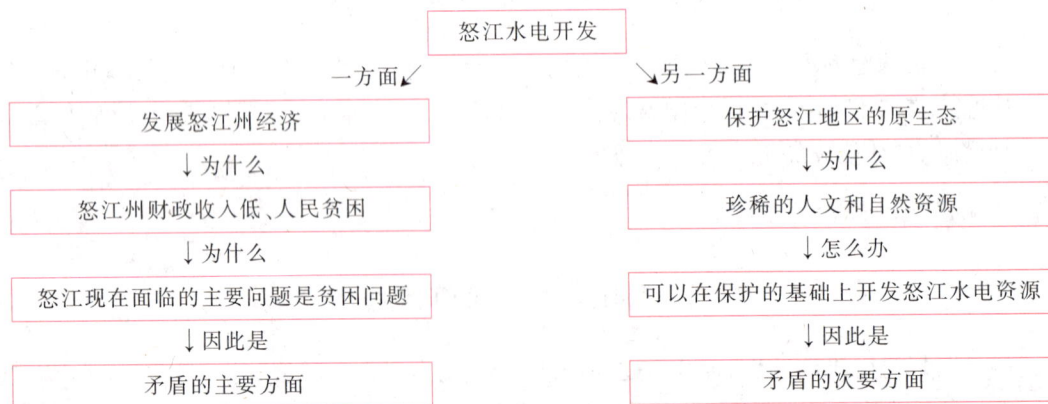

图 3-1-1 "怒江水电开发"矛盾分析

(二)供需分析法

供需平衡理论,是指社会在发展过程中供给与需求之间必须保持适度的均衡发展关系,即平衡比例关系,或协调发展关系,只有这样整个国家的社会生产才能保持正常健康状态,整个社会经济才能保持持续增长和发展。供需分析法,就是指把历史唯物主义的供需平衡理论转化成考察社会现象的方法论。供给是指市场上的卖方在一定时间和一定价格条件下愿意向买方提供实际存在的商品和劳务。需求是指在一定时间和一定价格条件下,买方对市场上的商品和劳务的需要。

供需平衡理论适用于认识、分析和正确处理社会现象中存在的供需矛盾问题。因此,供需分析法也可以用来分析市场经济中存在的供需问题,如就业问题、交通拥堵问题、储蓄与投资问题、价格问题、能源问题等多种社会现象。

下面我们运用供需分析法对交通拥堵问题做一全面分析:

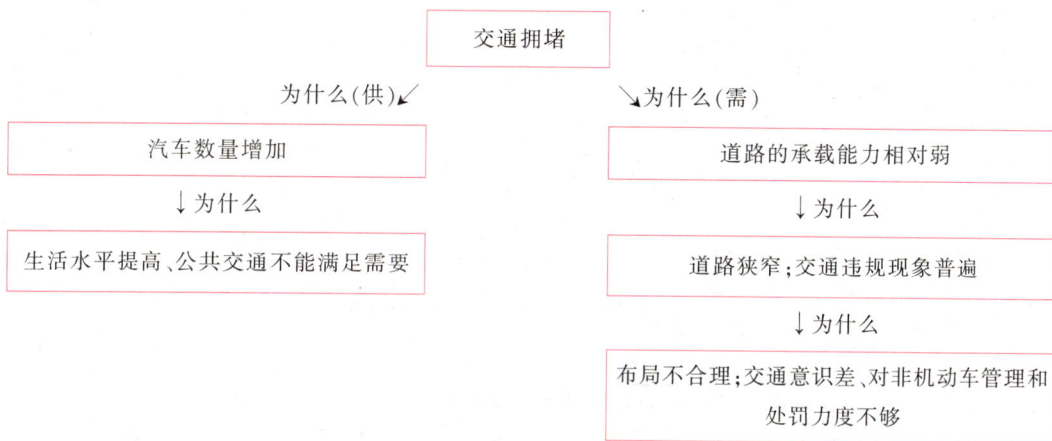

图 3-1-2　"交通拥堵"供需分析

(三)利益分析法

利益分析法作为一种思想方法,其基本内容是对各种各样的社会现象从物质利益方面探究它的内在动因和深刻根源。社会的政治现象、经济现象、军事现象、思想文化现象乃至心理现象、个体及群体的行为等,其出发点和归宿都是物质利益,这是一个基本的目标指向,也是利益分析法的大前提。利用利益分析法分析问题、提出对策的具体思路包括三项:

第一,确定利益的主体及其性质,是利益分析的首要程序。如前所述,物质利益是指主体对客体的物质需要的满足。凡利益都有其主体,也都有其对象;要确定某种利益的性质,必须首先弄清该利益的主体是什么,它是谁的利益,这是一个关键。利益的主体不同,其性质和地位也就不同。依其主体的不同,利益可以分成全人类的利益、某一国家的利益、某一民族的利益、某一阶段的利益、某一阶层和政治集团的利益、某一政治派别的利益以及某个人的利益等。在所有利益中,区分哪些利益是正当的、哪些利益是非正当的具有重要意义。以污染反弹为例,污染反弹就是因为企业追求高利润,不计后果,不顾国家法律,顶风作业,这就是非正当的利益。

第二,分清利益的层次和地位。确定了利益的主体和性质,还需要进一步分清利益的层次和地位,前者是为了排除非正当利益,后者则是要在正当利益中区分利益的轻重、大小,从而为目标选择和正确决策提供依据。在人民群众的正当利益中有个人利益和集体利益、全局利益和局部利益、眼前利益和长远利益、根本利益与非根本利益之分。人们通常所说的"小道理服从大道理",也就是小利要服从大利,眼前利益要照顾长远利益,非根本利益要服从根本利益。利益分析法就是要求从主观上正确反映客观上存在的这种利益层次的不同,并采取正确的政策。仍以污染反弹为例,企业追求高利润无可厚非,但以牺牲环境为代价是绝对不允许的,依据眼前利益和长远利益的区分,为了长远利益(环境),必须制止企业的这种行为。

第三,利益分析法的落脚点,就是依据分析出的原因,提出相应合理、可行、有效的对策。例如,对于污染反弹的现象,政府应当制定出罚款、停产、对直接责任人追究法律责任等措施。

下面我们利用利益分析法对污染反弹现象做一全面分析:

图 3-1-3 "污染反弹"利益分析

(四)因果分析法

因果分析法是寻求事物或现象发生发展过程因果联系的方法,在分析的过程中依据事物之间前后相连、先行后续的因果关系去分析、推断事物的原因或结果。

通常有两种情形:一是据因推果,就是要求我们把某一事物或现象当作原因来看待,预见它可能产生的后果,即分析材料所述现象会导致什么结果、产生什么影响、有何重大意义;二是执果索因,要求我们把某一事物当作结果来看待,探究产生这一结果的原因,即要求分析导致材料所述事实的原因。

因果分析是我们理解社会现象的基础,并且社会科学的研究也总是围绕着"发现问题""理解问题"和"解决问题"而开展的。我们知道,仅仅发现问题对于我们改造社会、促成进步是远远不够的。而对于社会现象"为什么"会发生的解释正是我们解决问题的出发点。凭借因果分析的有效性,从因果分析的结论可以预测事件将来可能会在什么条件下发生,并得出有效的干预措施、控制手段,从而为我们制定对策、改良社会提供依据。

下面我们利用因果分析法对能源紧张问题做一全面分析：

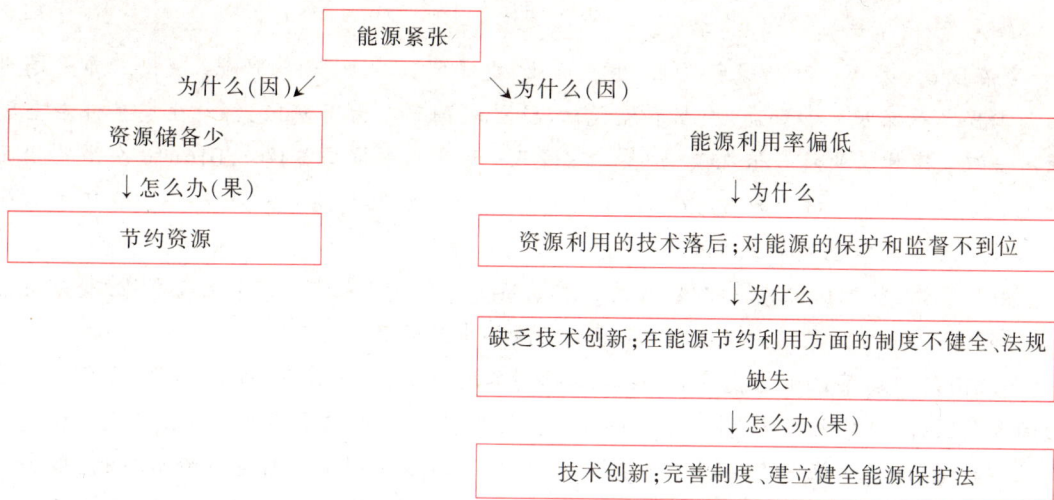

图 3-1-4　"能源紧张"因果分析

三、重点题型逐一击破

(一)阐释型分析题

1.作答步骤

第一步：直接点明本质含义。

阐释型分析题多是对一些复杂的、不明朗的概念或现象进行解释说明，从而使本质问题更加清晰地呈现在眼前，以便于发现问题、解决问题。因此，在作答此类试题时，首先要迎合阅卷者的心理，把最重要、最能体现问题本质含义的句子写在最前面，引领整篇答案。

第二步：紧扣原话解释含义。

在阐释给定材料或某一观点的过程中，必须按一定的逻辑顺序来作答，遵循由表及里的原则。因此，要先解释原文本意，即材料的表层含义，再对材料进行深层挖掘。在这里，重点是"紧扣原话"，只需将原话解释清楚即可，无须引申。

第三步：回到材料深入阐述。

接下来就要回到题目引述的观点或语句所在的材料，仔细分析其前后内容，了解观点或语句的背景信息，以及出现在此处的目的和意义，从而对题目进行更深一层的阐释。不同于前一步的解释含义，这里必须要对整段甚至全篇材料进行深度发掘，提炼有用信息。

第四步：结合实际适当引申。

在对题目引述材料进行全面的分析后，还要适当引申做出权威结论，该结论要联系实际，为解决实际问题做出指导。可采用"因此、所以、由此可见"等标志性词汇，以使答案首尾呼应、重点突出。

2.方法应用

示例

给定资料 4 中说"绿水青山就是金山银山"，请简要陈述你对这句话的理解。（15 分）

要求:全面、准确、条理清晰。150~200 字。

给定资料(节选):

4.在陕南,茶产业既是绿色产业、生态产业,更是富民产业、朝阳产业。陕南三市是南水北调工程水源保护地和涵养地,水和空气洁净,是我国第二大富硒区,茶叶生态条件在全国独树一帜。茶叶农业总产值在陕南"茶、畜、桑"三大产业中位居首位。2016 年,全省茶园面积达 222.17 万亩(一亩约为 666.67 平方米),茶叶加工企业 1 280 多家,产值 300 亿元。茶产业正成为陕南绿色发展最亮色。

浩渺云烟,茶叶梯田坡坡相偎,缕缕茶香的清新空气沁人心脾。茶山上云雾缭绕,万亩茶园郁郁葱葱。独特的地缘和生态优势,造就了陕茶卓越的品质。

"陕南是中国茶区中纬度最北的江北茶区,冬无严寒,夏无酷暑,气候温润,与高温高湿的南方茶区相比,病虫害发生概率低,群众极少使用农药。"汉中市茶产业办公室主任接受记者采访时说,汉中市在 8 个县随机抽取了 18 个样品送往中国茶科所进行检验检测,报告显示,不但农残及重金属含量都为零,茶多酚、氨基酸、硒、锌等含量在国检范围内均高于全国平均水平。

中共中央总书记、国家主席习近平曾指示强调,生态文明建设是"五位一体"总体布局和"四个全面"战略布局的重要内容。各地区各部门要切实贯彻新发展理念,树立"绿水青山就是金山银山"的强烈意识,努力走向社会主义生态文明新时代。绿色,陕南发展经济的主色调,也恰恰是陕南茶产业的生态命脉。

在拥有优良气候条件、土壤环境、种质资源等优势的情况下,如何把每一片茶园管理好,让每一棵茶树长出优质的好茶叶,促进茶产业健康发展?西乡县大力推进茶叶种植区域战略转移,集中在良田好地连片发展良种茶园,规模发展、绿色种植、精细管理、标准采摘,不断提高茶叶产量、质量和效益。从 2011 年起,县政府每年安排不少于 1 000 万元茶产业发展专项资金,镇村予以配套补助,以奖代补支持无性系良种茶园建设。在西乡县罗镇延宾茶园绿色安全基地,一块块黄板与翠绿的茶园形成鲜明对比。每亩茶园放置 25 张黄板与防虫灯一起,就可实现绿色防控,提高茶叶品质。

"为了保证茶叶品质,我和收购茶叶的老板签了合同,不能使用农药,而且施肥要用有机肥。"与延宾茶园有着"合作"关系的村民杨先生帮茶园人工除草、施肥,茶园显得干净疏朗。

记者走访城固、西乡、南郑等县一些茶叶公司的车间均看到,各种大型的制茶机器一应俱全,传统茶乡正快步走在现代化发展的路子上。实行清洁化不落地生产,精制加工实行无菌化操作,车间里面的所有员工都须先消毒才可以进入,参观人员只有隔着一层玻璃才可以看到车间的工人们的工作流程、包装环节。

如今在陕南,独具特色的茶歌、茶舞、茶艺等民间艺术和集"采茶、制茶、品茶、购茶、茶艺、茶食"于一体的独具特色的茶园生态观光旅游品牌已经形成。

陕南三市依托独一无二的生态资源优势,走出了一条将生态资源持续不断转化为经济优势的特色之路。汉中、安康、商洛三市 28 个县区有 22 个县区种茶、产茶。其中茶叶生产覆盖了西乡县全县 18 个乡镇和 75%的农户,成为当地经济的重要支柱和农民收入的主要来源。在西乡、紫阳、平利、商南等县,茶产业总产值已占到当地地区生产总值的 20%以上。绿色,不只是色彩,是陕南发展的基因,更是农民增收的"法宝"。

现在,随着一大批茶园景观打造、道路绿化等工程实施,陕南天更蓝了,山更绿了,水更清了,空气更清新了,村庄更美了,集镇更靓了。茶产业的快速发展,还带动了陕南地区茶食品、茶药品、茶保健品的开发利用。茶馆茶楼、茶叶贸易、茶叶包装、休闲农业和乡村旅游逐渐升温。陕南茶农发展生产、增收致富的路子越走越宽。

【参考答案】

这句话强调了保护环境的重要性,绿水青山不仅是宝贵的生态资源,还是重要的经济优势,是众多产业长远发展的命脉。以陕南为例,依托优良的生态环境和政府大力支持,茶产业持续健康发展,不仅品质好、产值高,更带动一大批相关产业和生态观光旅游品牌形成,环境保护、经济发展和人民致富步入良性循环。因此,要切实贯彻"绿水青山就是金山银山"的绿色发展理念,实现生态环境和经济发展的双赢。

技巧点拨

首先,直接点明本质含义。

通过阅读给定资料4可知,题干中那句话强调的是保护环境的重要性。

其次,紧扣原话解释含义。

资料4第四段是题干句子的出处,后面有一句"绿色,陕南发展经济的主色调,也恰恰是陕南茶产业的生态命脉",这是对该句子的进一步阐释,可以提取出来作为要点:绿水青山不仅是宝贵的生态资源,还是重要的经济优势,是众多产业长远发展的命脉。

再次,回到材料深入阐述。

资料4提到"陕南三市是南水北调工程水源保护地和涵养地,水和空气洁净,是我国第二大富硒区""县政府每年安排不少于1 000万元茶产业发展专项资金,镇村予以配套补助,以奖代补支持无性系良种茶园建设""……造就了陕茶卓越的品质""报告显示,不但农残及重金属含量都为零,茶多酚、氨基酸、硒、锌等含量在国检范围内均高于全国平均水平",说明陕茶依托优良环境和政府扶持开拓了高品质的特色品牌,收到了"茶产业总产值已占到当地地区生产总值的20%以上""带动了陕南地区茶食品、茶药品、茶保健品……茶馆茶楼、茶叶贸易……旅游逐渐升温……增收致富的路子越走越宽"的理想效果。这是绿色发展带来的各方面成果,也是贯彻"绿水青山就是金山银山"的意义所在,可以作为深入阐述部分:以陕南为例,依托优良的生态环境和政府大力支持,茶产业持续健康发展,不仅品质好、产值高,更带动一大批相关产业和生态观光旅游品牌形成,环境保护、经济发展和人民致富步入良性循环。

最后,结合实际适当引申。

通过以上分析,可以得出结论:要切实贯彻"绿水青山就是金山银山"的绿色发展理念,实现生态环境和经济发展的双赢。

(二)概括型分析题

1.作答步骤

第一步:明确要求分析的对象、材料范围。

概括型分析题的提问方式比较多,有要求分析依据、特点的,有要求分析影响、变化、优势的,等等。因此,作答此类题型要先抓题目关键词,仔细审清试题要求分析的对象和材料范围,为作答明确方向。

第二步:从相关材料中提取出与分析对象相关的要点。

明确了分析对象和材料范围,接下来就要回到对应的材料,提取出与分析对象相关的要点。与其他综合分析类试题相比,概括型分析题更加侧重考查考生在归纳概括基础上的分析能力,因此,要点的提取一定要忠于材料,客观呈现材料内容,同时,要力保要点的全面。

第三步:对提取的要点进一步整理,稍加分析。

提取出作答要点后,需要考生按照一定的逻辑顺序对其进行加工、整理。概括型分析题还需要考生在归纳、整合要点的基础上,适当地对问题加以分析,分析可以单独写出,也可穿插于具体要点的表述过程中。

2.方法应用

示例

根据给定资料3~5,分析众筹的优势。

要求:分析透彻,观点明确;语言简洁,条理清楚;不超过200字。

给定资料(节选):

3.深圳的创业者田峥想要做一款智能耳机,他发现,60%的人都会在跑步过程中听歌,并用手机APP记录运动数据。如果有产品能同时解决跑步人群运动数据记录和听歌的需求,又能通过音乐来实现运动激励,会有很好的市场前景。田峥对记者说,他想针对每个人的身体特征,设计和提供有效的音乐服务产品,做到每一个硬件设备都是针对个人定制的。

可是,光有好点子还不行,初始创业的田峥,面临既缺资金又缺人才的尴尬,他尝试着用股权众筹的方式来实现自己的创业梦想。在众筹网上,他发布了自己的股权众筹商业计划书,以出让公司10%股份的方式,融资187万元,最低投资额1万元。最终,吸引了16名投资者参与。田峥告诉记者,这些投资者为他引入了互联网、音乐、体育领域的强大资源,其中,几个志同道合的投资人干脆直接加入了创业团队。

4.在北京大学东门外一处不起眼的楼里,有一处名曰"一八九八咖啡馆"的休闲场所。它成立于2013年10月,虽然看起来很简朴,但成立以来,它每天都在吸引着大批"咖粉"流连忘返,且不少是业界大佬。它究竟有何魅力?

董事长杨某认为:"在传统的创业中,第一步要找投资人,这就很难,能拿到钱更不容易。第二步,找完投资人之后,要把产品卖出去,也挺难的。所以每一步都是一个坎。为什么那么多创业公司都死掉,为什么那么多中小企业发展不了?就是因为每一个坎都不容易走过去。众筹就把这个模式改变了,每个人都是投资人,每个人都是消费者,每个人也是传播者,这种方式的改变,你就发现,做公司容易了。所以某种意义上消费者就是投资者和生产者。"

杨某说:"传统的创业特别辛苦,就是因为你老要求人,或者叫作外部交易,今天要找一个银行的人,去求管银行的人,给他什么好处帮我办个事情,这叫外部交易。现在众筹是什么呢?你缺什么就让谁来当股东,你把你未来要求的人全部变成股东了,把原来外部的交易变成内部的合作了,内部合作就非常容易。"

"200人聚在一起就有很大的能量。实际上,它真正意义在后面的裂变,每一个项目做完之后，会带出一堆项目出来，原因就是通过众筹找了200个非常靠谱的人，这些人再有非常多的合作机会，所以基本上一个项目出来会带一堆项目。一八九八咖啡馆实现众筹之后，项目太多了，很大原因就是找了一群可以相互信任、相互背书，又都不错的人，而这些人本身又是跨界又是组合，非常容易谈成生意，所以这个裂变的过程，力量会特别巨大。"

浏览股东花名册，200位发起人涵盖了北京大学近30年来不同届别、不同院系、不同专业的毕业生，皆为各领域中的知名人士、企业家、高层管理者。这些联合创始人所在的行业涉及金融、移动互联网、新能源、新媒体、教育、法律、高科技等多个领域。杨某表示："通过众筹，聚集众多资源。每天就跟打了鸡血一样，所以创业的生存问题解决了。""这200个股东，可能我把他们伺候好了，每月就会有一两百万元收入，这就挺好，公司就能存在下来。而创新是怎么来的？创新就是因为大家能够很轻松地做自己的事情了，就会主动去创新，每天为了生存去创业的时候，你就不可能去创新。"

5. "如果你真的想做一件事，全世界都会帮助你"，时下正风靡的众筹让这句话以更直接的方式照进现实。2014年年初，在华南理工大学就读的韩忆文和3个小伙伴萌生了开一间咖啡馆的创业想法。这时，众筹模式走入了他们的视野，众筹咖啡馆"比逗BEPOTATO"的计划也就被列入了日程。

为了考察众筹在校园的可行性，2014年4月，创业团队在华工和华农的校园进行了300份以上的问卷调查，高达70%的参与众筹意愿给予了团队正式启动的信心。随后，他们以这两所学校的学生为目标群体进行股东招募。他们的众筹计划是：众筹股东每股1 000元，每位最少需出资1 000元，最多5 000元，享有1~5股的分红权。经过一个多月的招募，他们共有170多位众筹股东和70多万元的启动资金。筹得了资金后，下一步就是选址。经过一段时间的考察，他们在五山地铁站附近租了一间临街的铺位。170多位众筹股东都竭力宣传这间咖啡馆，不仅自己来消费，也拉朋友来消费。开业两个月以来，咖啡馆的生意也越来越好。

在咖啡馆最显眼的地方，整个墙面挂满了印有比逗LOGO的马克杯，仔细一看，这些马克杯上都刻着名字和编号。张林向记者介绍，每一个马克杯代表咖啡馆的一位众筹股东。由于股东数量庞大，不少众筹咖啡馆最后变成了"看上去很美"而实际运营却举步维艰，落得散伙的下场。为了避免这种情况发生，咖啡馆建立了自己的董事会，由核心运营团队、校园股东、社会股东等7人构成，虽然每个众筹股东都拥有建议权，但最终的决策权是在专业的核心运营团队手中。"尽管有摩擦，但大家都奉行'专业的事给专业的人做'的原则，合作很顺利。"韩忆文说。

为解决学生股东"毕业"带来的流动问题，"比逗BEPOTATO"设置了学生股东毕业的股权流转计划。对于第一批学生股东，两年之后按贡献度排名，挑选一部分成为永久股东，其余在毕业时需将股份流转给附近高校在校生。对于之后加入的股东，均需要在毕业时将股份流转给合适的在校大学生。

利用校园优势，比逗将咖啡馆主题定位为"创业交流"。除了承接许多校园社团活动以外，他们还承办广东天使会等线下交流活动。通过举办类似的创业交流活动，店铺也获得了更多的创业资源，一些更富有经验的专业团队还能够给予他们诸如薪酬制度设计的指导。一些兴趣小组也自发找到了比逗，如锤子科技、海星会、微博读书会等等，都在比逗举办了线下活动。

比逗还在进行面向所有众筹股东的 APP 研发，主要目的是加强股东之间的交流、提高股东活跃度等。张林举例说，可以将股东对店铺的贡献设置成一个一个的任务，例如来店消费或发布一篇推介文章就能获得"经验值+1"，带朋友来消费就能够获得更多经验值。张林还举例说，店铺中要新增一幅壁画，以此设置一个任务，那么股东就可以通过 APP 来领取这个任务，在股东中找队友一起执行，完成后就获得相应的奖励。通过这样的任务完成获得的奖励积分，就可以更直观地看到每个股东对咖啡馆的贡献值，今后的分红、股权流转等等环节就有据可依。

【参考答案】

众筹优势有：一是注重创意，"好点子"是吸引投资的起点；二是股权众筹，以股权换资源；三是门槛低，消费者就是投资者和生产者，变外部交易为内部合作，合作创业更加容易；四是具有裂变效应，一个项目能带出多个项目；五是管理结构合理，核心运营团队决策，股东参与，专业人做专业事；六是股东之间交流活跃，在平等互信中建立分红、股权转让等规则。

技巧点拨

第一步，明确要求分析的对象、材料范围。

本题作答范围为"给定资料 3~5"，作答任务是"分析众筹的优势"，因此我们只需要锁定资料 3~5 中与众筹优势有关的语句进行提炼概括即可。另外，注意作答要求分析透彻，条理清楚，不超过 200 字。

第二步，阅读材料，提取要点。

给定资料 3 主要介绍了两点内容：一是深圳创业者田峥针对"60%的人都会在跑步过程中听歌，并用手机 APP 记录运动数据"的情况想做一款智能耳机。这是一个"好点子"，也从侧面反映出众筹的优势：注重创意是吸引投资的起点。二是初始创业者面临资金、人才缺乏的问题，通过股权众筹的方式，能够汇集互联网、音乐、体育领域的强大资源，解决创业难题。由此可推出众筹的第二个优势：股权众筹，以股权换资源。

给定资料 4 举了"一八九八咖啡馆"的成功事例，其中第二段提到"众筹就把这个模式改变了，每个人都是投资人，每个人都是消费者，每个人也是传播者，这种方式的改变，你就发现，做公司容易了。所以某种意义上消费者就是投资者和生产者"，第三段提到"现在的众筹是什么呢？你缺什么就让谁来当股东，你把你未来要求的人全部变成股东了，把原来外部的交易变成内部的合作了，内部合作就非常容易"，由此可知众筹的第三个优势：门槛低，消费者就是投资者和生产者，变外部交易为内部合作。第四段提到"200 人聚在一起就有很大的能量。实际上，它真正意义在后面的裂变……所以基本上一个项目出来会带来一堆项目"，由此可知众筹的第四个优势：具有裂变效应，一个项目能带出多个项目。

给定资料 5 举了"比逗 BEPOTATO 咖啡馆"的成功事例。第三段提到"咖啡馆建立了自己的董事会，由核心运营团队、校园股东、社会股东等 7 人构成……大家都奉行'专业的事给专业的人做'的原则，合作很顺利"，说明了众筹的运营原则，体现了众筹的第五个优势：管理结构合理，专业人做专业事。最后一段提到比逗还在进行面向所有众筹股东的 APP 研发，加强股东之间的交流、提高股东活跃度，并且可以更直观地看到每个股东对咖啡馆的贡献值，今后的分红、股权流转等等环节就有据可依。由此可推出最后一个优势：股东之间交流活跃，在平等互信中建立分红、股权转让等规则。

第三步，加工要点，组织答案。

对上述要点进行整理，将相同的要点合并同类项，分条作答即可。

（三）启示型分析题

1.作答步骤

第一步：总结经验和教训。

所谓启示，指的是蕴含在问题或现象中的经验和教训。申论考试中要求就某一事件或现象谈启示，一般也是分为两种情况——正面案例和反面案例。

对于正面案例，我们要深入分析它的优势和长处，作为经验予以吸收。

对于反面案例，我们要深入分析它的缺陷和不足，作为教训予以吸取。

第二步：分条加以阐述。

在将经验和教训进行分析归纳后，就要按照综合分析题的作答要求，条理清晰地对这些经验和教训进行阐释。在这里，可以采用之前提到的加工方法，运用并列、递进等形式，使答案更加清晰明了。

2.方法应用

示例

"资料5"介绍了美国斯坦福大学研究园"硅谷"建谷的历史和做法。"硅谷"的发展为我国高新产业园区提供了哪些经验？（20分）

要求：根据全面，表达准确，条理清楚，文字简练，不超过300字。

给定资料（节选）：

5.1947年，美国斯坦福大学校长费雷德里克·费里曼提出了建立斯坦福大学研究园的设想，并于1951年在校内划出了250公顷的地头建起现代化的实验室和厂房，形成了斯坦福研究园。从50年代中期开始，斯坦福大学研究园在政府支持及各方配合下，依靠其雄厚的人力资源，以及通过形成的政府、大学和科研单位、科技企业紧密合作，这一现金的运作机制，逐步成为世界知名的高技术设计和制造中心——"硅谷"。

在硅谷聚集着为数众多的高等院校和科研机构，如世界著名的斯坦福大学、麻省理工学院、波士顿大学以及美国的高等军事技术研究机构等，他们不断研究和推出高新技术，构成了硅谷的技术基础。这里具有全球最新的技术发明专利、世界最快的技术更新速度、人类下一代技术革命的代表者，这些都为硅谷的成功运作奠定了坚实的知识基础。

据统计，目前美国的创业投资机构2 000多家，每年投资规模为600多亿美元，且大部分集中在硅谷。这些资本多来自对风险承受能力较大、追求高额回报的机构和个人，并且由具备大量专业技术和丰富投资经验的创业投资经理进行管理和运作，从而形成了硅谷成功运作的资本环境。

在硅谷，每天都有大量的创业资本和先进的技术成果在不断地进行着相互选择，几乎每天都会有新的企业诞生。大量的创业资本促进了科技成果的商业化，科研成果的商业转化率造就了许多与微软、英特尔、惠普一样优秀的高科技企业。良好的产业化环境,不但促进了当地科研力量的增强,还提高了创业资本的收益率,最终促进了硅谷的成功。

硅谷成功的根本就是其运作机制的完全市场化。根据投资机构的经营业绩来进行投融资,依据市场规则把技术贸易和创业资本联系起来,将美元资本和最新技术等资源按照市场规律进行优化配置;在投资技术、投资阶段、投资区域上全面运用组合投资方式实现投资风险的市场化规避;依靠创业板、产权交易市场和兼并收购的市场化运作实现资本的退化。

从群众的组织性来看,硅谷聚集着众多的技术创新企业和大量的创业投资商,他们之间经过相互选择,相互配合,形成了一个良性化运作组织,并充分发挥多个创业资本对多个高科技企业的组织性"孵化器"作用。组织内部必然存在的竞争、协作关系促进了企业和资本的优化组织,从而加快了高科技产业的发展。

集中在硅谷的创业资本通常采用股权性投资机制,一般占受资企业总股本的15%~20%,但并不占有控股权,也不作任何担保和抵押的用途;由于创新企业资本的投资周期不定,创业投资商还选派专人参与受资企业的经营管理,提供增值服务,辅助受资企业的发展,为其提供上市融资协助。在全球排名的前500家风险企业中,至少有89%的企业实行了股票期权经营制度。为了吸引优秀的人才集中到高科技企业中来,硅谷的企业经营管理方式和股票期权设计方面都有很多创新。

创业投资具有很高的风险性。据资料显示,所有投资中有10%左右的项目盈利,40%左右的是不盈利也不亏损,其余的则是部分损失甚至血本无归。创业失败的原因主要在于企业间的激烈竞争和创业投资家本身两个方面。所以,硅谷的发展允许失败并接受失败,将少数成功建立在众多失败的基础之上,而其投资收益必须是在补偿损失以后能带来巨额利润回报。

【参考答案】

"硅谷"的发展为我国高新产业园区提供的经验主要是在运作环境和运作机制两方面。

在运作环境方面,加大在教育和科研上的投入,研究和推出新技术,构建科技创新机制,为园区发展构建知识环境;拓展融资渠道,吸引机构和个人投资,形成充足的资本环境;引导创业资本与高科技成果结合,创造良好的产业环境,提高创业资本的收益率。

在运作机制方面,尽量减少对高新技术成果转化和创业资本运作的行政性干预,遵循市场规律和市场规则;建设组织式群体"孵化器",形成良性化运作组织;建立并运作创业投资基金,拓宽融资渠道;优化企业股权结构,创新激励制度,尝试风险投资运作机制。

技巧点拨

首先,从题目所给材料中总结经验。

在"资料5"中讲述了"硅谷"发展有坚实的知识环境、运作成功的资本环境、良好的产业化环境、完全市场化的运行机制、良性化的运作组织和创新的融资、激励制度,此外,"硅谷"还尝试风险投资运行机制。从这些事例中可以总结出"硅谷"在运作环境和运作机制两方面发展的经验。

其次,分条作答、合理阐释。

根据字数限制的不同,作答时可以先对得到的启示进行总的概括,再根据经验或教训的内容分条加以阐释;也可以直接就总结的经验、教训分条阐释。

(四)评论型分析题

1.作答步骤

评论型分析题包括两种对不同内容的评论:一种是针对某一个观点或现象进行评论,另一种是针对几种不同的观点或做法进行评论。因此,针对这两种不同的评论内容,也有两种不同的作答步骤。

第一种:针对某一观点或现象进行评论。

第一步:破题表态。

由于是对某一种观点或现象进行评论,作答的首步就要破题表态,即说明自己是否同意这种观点。但鉴于题材的问题性,在题目中需要评论的观点或现象多数是存在一些问题的,因此,在作答时多是对观点提出异议。

第二步:具体分析。

运用材料中的有关信息,论证自己的观点,即说明为什么同意或为什么不同意。在这一步骤中,可以从观点或现象的原因、影响等方面入手,充分论证自己的观点。

第二种:针对几种不同观点或做法进行评论。

第一步:概括评论对象。

在对几种不同的观点或做法进行评论时,首先要概括评论对象,即简明扼要地概述不同观点或做法的主要内容,作为判断某一观点正确或错误的依据。

第二步:得出最后结论。

在概括完评论对象后,就要得出自己的结论,即同意或反对某种观点或做法,并对其进行解释和论述。在这里,如果是多种观点或做法,可以对其进行统筹,吸收积极的经验、意见,否定消极和片面的观点或做法。

2.方法应用

示例

"给定资料7"中提到,欧洲学者将重视家教看成是中华文明传承至今的主要原因。请结合"给定资料"谈谈你对这一见解的看法。(15分)

要求:分析透彻,观点正确。250字左右。

给定资料(节选):

5.大槐树寻根祭祖是山西省洪洞县的一项民间活动,主要是移民后裔通过焚香、献供、跪拜等形式,表达自己对祖先和家乡的怀念之情。元末明初,频繁的战争和灾害使全国许多地方十室九空,而晋南地区经济繁荣,人口稠密。明朝政府在洪洞县大槐树下设局驻员,大规模迁民18次,总数达百万之众,移民遍布京、冀、豫、鲁、皖、苏、鄂等18个省市,是中国历史上由政府主导的规模最大、历时最长、范围最广的人口迁移之一。如今,大槐树移民后裔遍布世界各地,数以亿计。数百年来,古槐后裔纷纷回归大槐树寻根祭祖。洪洞县政府从1991年开始,已连续举办了25届大槐树寻根祭祖节。独具特色的大槐树祭祖习俗,于2008年10月被列入国家级非物质文化遗产名录。每年春节期间，海内外移民后裔便陆续而至，人们在这特别的日子里向先祖祈福还愿。35岁的陈先生是一位泰国籍华人，2016年春节，他带了妻儿一起来到山西大槐树寻根祭祖。他说，最喜欢的就是非物质文化遗产"大槐树祭祖习俗"的表演，儿子出生在泰国，希望他从小就可以了解中华传统文化。

2016年2月8日，正月初——大早，家住Z市的李女士一家穿戴一新，匆匆忙忙地赶到位于自家小区附近的小礼堂。这天，有一场群众自发组织的集体祭祖仪式要在这里举行。"正月初一祭祖是我们这里的老习俗，但这样的祭祖仪式还是近几年才开始有的。我去年春节和清明期间参加过两次，觉得很好，这不，今年又带着家人来了。"李女士对记者说。

上午9点30分，礼堂里一切布置妥当。两面墙上，挂着八幅分别写着孝、悌、忠、信、礼、义、廉、耻的字轴。台上，一张长方形的供桌上依次放置着写有"中华至圣先师""中华万姓先祖"的铜牌。台下，男女老少按照年龄长幼依序站立，整齐有序。随着悠扬舒缓的音乐响起，集体祭祖仪式的发起者，也是本次祭祖活动的主祭人任先生走到台上，用洪亮嗓音朗读祭文，表达思念与感恩。祭文读毕，主祭人向祖先敬献鲜花和茶点，大家依次上台向祖先行礼。

整场仪式节俭又庄重，既没有看到放鞭炮、焚烧纸钱或扎制的"轿车豪宅"等"烟熏火燎"的老套路，也没有"男祭女不祭""选风水时辰"等带有封建迷信色彩的内容。祭祖完毕，鲜花用来装点屋子，茶点贡品分给到场的小孩子，一点也不浪费。

仪式结束后，记者向任先生询问发起这一活动的初衷。任先生表示，追思祖先，悼念先人，本来是件好事，但是这么多年来，大家似乎忘了祭祖的真正意义，祭祖活动变了味。有的人家把祭祖搞成了封建迷信活动，有的把祭祖变成了和邻里攀比排场的方式。"这几年，党和政府提倡弘扬中华民族传统文化，传承良好家风。我觉得祭祖应当侧重于精神上的纪念，以提醒我们传承祖辈优良传统，牢记先人教诲，进而在生活中懂得孝亲尊师，和睦家庭。所以用这种既包含传统元素又文明环保的形式，更有意义。"任先生说。

记者在现场看到，不少参加者是带着自家孩子来的。一位妈妈说："我觉得这样的集体祭祖仪式对孩子很有教育意义，不仅可以让孩子感受到我们中华民族重视传承的文化传统，还能让他学会尊敬、感恩和爱。"现场一位七十多岁的退休老党员感慨地说："以前在老家祭祖，大家都到各家坟前烧纸、倒酒、供熟食，浪费不说，还容易引起火灾。村里每年都要组织人到墓地附近转悠，又费时又费力。我看今天这样的祭祖方式应该推广开来。"

慎终追远，民德归厚矣。一场简单的仪式，却承载了浓厚的真情和深远的意义，更彰显了民间文化的新风气。

…………

7.欧洲学者曾探讨，四大文明古国为何只有中国文明传承至今？结论是"可能中国人特别重视家教"。科甲连第、人才辈出、家业辉煌……中国历史上涌现的传统名门望族，大都有明显的家族文化特征和独树一帜的家风。《颜氏家训》是北齐颜之推的传世佳作，享有"古今家训，以此为祖"的美誉。颜之推认为，家庭教育和早期教育，在一个人的一生中占据着至关重要的地位，直接决定其后天的发展，爱子须与教子相结合。曾国藩一生勤奋读书，推崇儒家学说，讲求经世致用，其家书在平淡中蕴含真知："无论治世乱世，凡一家中能勤能敬，未有不兴。"

家风的形成和延续,关乎一个家庭乃至整个家族的发展,在很大程度上会影响子女的一生,更影响着他们在社会中扮演的角色。与一般家训相比,《钱氏家训》在篇章结构上增加了"社会"和"国家"两篇,在国家篇中开篇就强调"执法如山,守身如玉,爱民如子,去蠹如仇"。从家族责任走向社会责任,也成为钱氏家族人才辈出的深层文化基因。仅近现代以来,钱氏家族就走出了上百位重量级的各界人物,许多属于父子档:钱穆、钱逊父子,钱玄同、钱三强父子,钱基博、钱钟书父子,钱学森、钱永刚父子,就是其中杰出的代表。

老一辈革命家普遍有着优良的家风。周恩来曾定下"十条家规";陈云、罗荣桓坚持不搞特殊化;张闻天从不允许子女"沾光"……革命先辈的家风故事,激励教育着一代又一代人。习近平主席在回忆自己的父亲习仲勋时,深情地说:"父亲的节俭几近苛刻。家教的严格,也是众所周知的。我们从小就是在父亲的这种教育下,养成勤俭持家习惯的。这是一个堪称楷模的老布尔什维克和共产党人的家风,这样的好家风应世代相传。"

名人名家有深厚的家风,平民百姓也有自己淳朴的家风。N市的退休工人老陈20年来一直坚持办一份家庭小报,这份独特的"家报"将8个生活在各地的陈姓小家庭紧紧凝聚在一起。在S市工作的大儿子陈先生说,每一期的"家报"每个家庭都有一份,不仅有纸质版的,还有电子版的。"家报"不仅是大家庭的"消息树",更是家风传承的"根据地"。"我们的家风12个字:坚持和谐、追求卓越、崇尚奉献。孩子们都大了,又散在各地,有了'家报'这个平台,大家互通有无,精神上连在一起。许多生活的道理,让他们通过阅读去体会、感悟。"老陈说,创办"家报",丰富了晚年生活,最重要的是找到了一个适合他们这个大家庭家教的新方式,所以"家报"还将一直办下去。

家风实质上是一个家庭内在的精神动力,更是生长在其中的每个人立身处世的行为准则。不管社会如何变化,诚信、正直、勤奋等核心价值观念,应被长久坚守,因为这是我们安身立命的根本。家风的好坏不仅事关一个家庭的当前和未来,还与社会风气的养成息息相关。

…………

【参考答案】

欧洲学者将重视家教看成是中华文明传承至今的主要原因,这一观点非常正确。

自古以来,中国人就重视家教,传统名门望族大都有独树一帜的家风,不仅影响其子女一生,更影响他们在社会上扮演的角色。时至今日,老一辈革命家有优良、深厚的家风,平民百姓也有自己淳朴的家风。而"寻根""祭祖"等文化传统如今再受重视,也确保了中华文明通过家教得以传承。

注重家教,塑造良好家风,让"家国天下"的情怀深入每一个中国人的骨髓,是中华文明传承发扬的根本保障。

技巧点拨

首先,破题表态。

作答本题,首先要破题表态,亮明观点。参考答案在一开始就表明了对题干中欧洲学者见解的看法:欧洲学者将重视家教看成是中华文明传承至今的主要原因,这一观点非常正确。

其次,具体分析。

本题没有明确给出作答范围,但我们通过阅读可以确定,与文明传承相关的家教内容,主要出现在给定资料5和资料7中。

先来看给定资料5,在这则资料中存在两大事例。事例一为古槐人寻根祭祖,资料中的陈先生认为寻根祭祖可以"了解中华传统文化"。事例二为Z市集体祭祖活动,主祭人任先生提出"祭祖应当侧重于精神上的纪念,以提醒我们传承祖辈优秀传统",一位妈妈认为"可以让孩子感受到我们中华民族重视传承的文化传统"。由此可见,中国人重视的"寻根""祭祖"等家教活动,正是传承中华文明的重要因素。

再来看给定资料7,其中《颜氏家训》《曾国藩家书》《钱氏家训》传承多年,使得其家族人才辈出,下文更是列举老一辈革命家的事例,介绍了家风对于人才培养的重要作用。材料内容较为全面,不但列举老一辈革命家,而且列举退休工人老陈的事例,也反映了平民百姓对家风的重视。

作答时,要理清作答思路,对要点进行加工整理,进而组织答案。

真题回顾

(2018)结合给定资料1~5,分析指出提升消费者金融素养有哪些现实意义。(30分)

要求:准确、全面、层次分明、字数不超过350字。

给定资料(节选):

1.2017年7月,《消费者金融素养调查分析报告(2017)》(以下简称《报告》)发布,报告指出,金融素养是根据植于消费者内在认知的综合性概念,包含知识、态度、行为和技能等维度,通过财务规划、储蓄、银行卡管理等日常金融活动外化为具体的行为。《报告》称,我国消费者金融素养平均得分为63.71,消费者金融素养水平有待提升且发展存在着一定的不均衡,调查显示,东部地区消费者金融素养水平高于中部、西部和东北地区,城镇居民金融素养高于农村居民,消费者收入与金融素养在95%的水平以上显著正相关。

中国政法大学副校长S指出,金融不能脱离消费者,"评价行业发展成熟不成熟、规范不规范,其中一个非常重要的指标,就是看这个行业的终端消费者处于什么样的状态"。如果消费者的预期是合理的,同时预期基本上能够得到保障,并且这种保障又是可预期的话,这个行业发展基本上是规范的,富有长性的。

2.2005年,联合国首次提出了"普惠金融"的概念:普惠金融是让每一个有金融需求的人,都能以合适的价格,享受到及时的、有尊严的、方便的、高质量的金融服务。2006年,中国人民银行和中国小额信贷联盟在联合国开发计划署的支持下共同翻译了《建设普惠金融体系》的蓝皮书,首次引入"普惠金融体系"这一概念。2016年6月,国务院正式印发《推进普惠金融发展规划(2016—2020年)》,其总体目标是到2020年,建立与全面建成小康社会相适应的普惠金融服务和保障体系,有效提高金融服务可得性,明显增强人民群众对金融服务的获得感,显著提升金融服务满意度,满足人民群众日益增长的金融服务需求,特别是要让小微企业、农民、城镇低收入人群、贫困人群和残疾人、老年人等及时获得价格合理、便捷安全的金融服务。

　　普惠金融概念最早源于"人人平等"理念,是针对"金融排斥"而提的。"金融排斥"指将特定群体,如低收入者、小微企业等排斥在金融服务之外,这类群体多数金融素养相对较低,损失承受能力相对有限。专家表示,千千万万的小微企业、个体用户虽然小而分散,聚集起来却规模巨大,他们是毛细血管,他们是追求美好生活的主体,海量碎片化的需求,也是普惠金融的需求,如何给每个人提供公平,充分发展的机会,以满足他们对美好生活追求的需要,已成为中国最核心的挑战。

　　3.经过多年的探索和实践,我国普惠金融的发展给"金融排斥"群体提供了包容性发展的机会,但消费者金融素养的缺乏阻碍了普惠金融的进一步发展,某政策性银行相关负责人 G 表示:"目前发展普惠金融最突出的挑战是人民群众投资意愿增强和金融素养不足的反差。"

　　6 年前,朋友介绍退休张女士购买一种叫"优耐克"的原始股,称几个月后股票上市就可以赚大钱,张女士将卖房的近 20 万元都买了这只股,可至今仍没上市,但每年都有人通过各种方式通知其缴纳"管理费",张女士这才知道落入了金融诈骗的圈套。业内人士 Z 评论说,随着城市人口老龄化进程不断加快, 中老年人已成为金融资产的主要持有人和金融消费者的重要组成部分,但由于防范金融诈骗意识相对薄弱,金融知识也比较匮乏,他们特别容易成为被诈骗的对象。

　　农村留守人员多为老人、儿童,缺乏相应的金融消费知识和防范意识,使得农村近年来成为金融诈骗高发区域。作为地城信贷员的 X,入行后很快发现农村金融过于依赖线下风控,信贷员的条子几乎决定了能否放款,大有漏洞可钻。X 以 2 000 元现金作为交换,借用当地农民证件并要求对方配合拍照,建立全套资料。大多数农民觉得用下身份证,拍几张照片,没什么影响,自动送上门,而 X 却在其中不知情的情况下给他们办理新银行卡,一个月就贷出 20 多万元,放进了自己的腰包。Y 是一家金融公司的风控调查员,公司派他对一个贷款逾期率很高的地区进行暗访,暗访的情况让 Y 难以置信:很多登记的地址查无此地;有的地址找到了,可没这个人;有的好不容易找到人,对方却不知自己办了卡,贷了款。案发后查实,业务员骗贷金额过千万元,大部分资金无法追回,成为永久坏账,公司口碑也因此一落千丈。

　　D 公司主要从事农户小额贷款业务,其服务的边远地区有两个特色产业,但很多农民不懂种植养殖技术,没有充足资金,对金融机构也普遍不信任,更不敢贷款投资产业。D 公司与当地政府、村委会主任、服务站站长建立沟通联系机制,通过定期开展金融知识普及、贷款产品宣导、种养殖技术培训等,使当地农民的种植养殖技术水平不断提升,理财意识和能力也明显增强。手里有闲钱的农户多了,到 D 公司借贷投资产业的人也因此增多。数据显示,D 公司在当地同类行业中处于领先优势,贷款余额 5 亿元,2.5 万客户全部为农民,每个县客户均超 5000 户,单笔贷款金额在几千元到 5 万元,而且贷款逾期率始终控制在 0.5%以内,真正做到了小额分散、普惠金融。公司负责人表示,提升农户的意愿和能力,落实到最后一公里甚至一百米的最基层,是他们成功的关键。

　　4.防止发生系统性金融风险是金融工作的根本性任务,也是金融工作的永恒主题。经济合作与发展组织认为,信贷市场创新和复杂性的增加使人们越来越难了解金融产品,而人们常高估自己,做出不合适的信贷决策。某银行有关部门负责人也表示,美国次贷危机发生的一个重要原因是金融过度,大量不该获得贷款的人获得了信贷以及配套的保险服务、证券化产品,把不合适的产品卖给不适当的人,表面服务水平提高了,但实际上这种金融服务缺失了对金融消费者的保护,而消费者由于金融素养不足,也不清楚自己能承担多少风险,结果不仅消费者损失惨重,金融机构也难以幸免,金融行业乃至国家经济都受到重创。

相当一部分投资者缺乏专业的风险管控知识和手段,加上逐利投机心理较强,过分关注高额的利息回报,轻信熟人介绍和担保,遂将潜在风险抛诸脑后,对犯罪嫌疑人的资信评估流于形式,对投资风险失去正确判断,极易被犯罪嫌疑人包装的假象所迷惑,进而盲目跟风,最终落入不法分子设计好的圈套,导致血本无归。据 J 省检察院有关人员介绍,涉众型金融犯罪呈高发态势,已成为危害经济秩序、诱发群里性事件的重要因素。此类犯罪社会危害严重,受害人少则几十人,多则上百人,其中很多是老年人、失业人员、低收入人群等,他们本身经济状况就不好,受骗后生活受到严重影响,致使有些人采取过激方式维权、集体闹访、堵路,甚至自杀等,社会影响极其恶劣。

随着小额贷款爆发式增长,金融市场出现了一股"你不向小额贷款 APP 借点钱就落伍了"的风气。小额贷款手续相对更简单,由此催生出一批依靠循环贷款生活的群体,一些贷款微信群里讨论最火热的话题就是"怎么逃避还款"。这类恶意拖欠的行为会产生高额罚息,不良记录会被上报征信系统。有些公司对逾期贷款进行暴力讨债,还引发了社会矛盾。与此同时,大量拖欠导致小额贷款公司资金运转困难,后续发展乏力,对区域金融稳定产生了不利影响。学者 F 认为,金融交易是一种契约交易,交易双方建立的是一种信托关系。诚实守信是金融活动正常开展和金融行业健康发展的必要前提,而金融素养是公众诚实守信的基础。

5.近年来,随着互联网经济的普及、大学生消费观念的转变及校园消费金融实际需求的扩大,许多金融平台、民间小额信贷公司乘虚而入,面向在校大学生开展贷款业务。由于学生社会经验不足、金融素养较差、心理承受能力与法律维权意识较弱,一些不法分子和机构将高利贷、金融诈骗等"黑手"伸向大学生群体。据 G 省公安厅有关负责人介绍,涉"校园贷"违法犯罪主要有"电信诈骗""敲诈勒索""寻衅滋事""暴力催债"等行为,此类案件给学生心理、精神造成极大伤害。

教育界专家指出,与发达国家相比,中国青少年的财商教育相对滞后,影响青少年的全面发展,由清华大学发布的《中国青年财商认知与行为调查报告》也显示,近七成大学生认为财富管理技能的作用大,但风险意识与专业化培训匮乏。财商素养普遍不高。专家呼吁,中国青少年的理财、投资、财富观念、财务风险意识等亟须专业教育和引导。

《面向未来:21世纪核心素养教育的全球经验》研究报告中提出一项新兴素养——"财商素养"。财商与智商、情商一同并称为现代人生存与发展必备的"三商"。经济合作与发展组织国际学生评估项目(PISA)测试中将 15 岁孩子的财经素养测试列入其中,因为他们认为青少年的财经素养能力将在未来影响一个国家的国际竞争力。

【参考答案】

我国消费者金融素养有待提升且发展不平衡,提升消费者金融素养的现实意义主要有:

一是有利于增强农户理财意识和能力,使其有意愿和能力进行贷款投资发展特色产业,提高收入。二是有利于普惠金融进一步发展,解决小微企业和个体用户的资金难题,使其金融服务需求得到满足。三是有利于提升消费者的诚实守信意识,减少循环贷款、逃避还款等行为,促进金融活动的正常开展和金融行业的健康发展。四是有利于强化风险管控,使消费者清楚自身能够承担的风险,避免因金融过度引发系统性金融风险,保障金融市场的稳定性。五是有利于提高消费者正确判断投资风险和识别金融诈骗的能力,减少金融诈骗、涉众型金融犯罪以及由此导致的社会矛盾,促进社会稳定。六是有利于提升青少年的整体素养,降低涉"校园贷"违法犯罪率,助力其全面发展。

第二章　提出对策题

考点详解

考点一　题型概述

一、题型分类

提出对策类试题可以分为常规型对策题和复合型对策题。

(一)常规型对策题

1.直接要求提出对策、建议和思路

示例一

互联网金融是当前传统银行业发展面对的一个课题，充满机遇但也充满挑战。请结合"给定资料1"，分析说明作为传统银行的金融机构，怎样才能找到可持续发展的良方。(不超过500字，8分)

示例二

根据给定材料，结合自身思考，请对鹤壁市建设"海绵城市"提出至少五条合理化建议。(25分)

要求：条理清晰，语言流畅，内容充实，具有针对性。不少于500字。

2.给出身份限定

示例一

假如你是一名政府工作者，你如何推动工匠精神的发展？(30分)

示例二

假如你是给定资料1中专项检查组的工作人员，就沿江各地及相关部门如何做好采砂管理工作，进一步提出具体要求。(20分)

要求：①紧扣全篇资料；

②措施有针对性、可行性；

③条理清晰，全面准确；

④字数不超过300字。

3.给出角度限定

示例一

根据给定材料，从参与政府决策的角度，就如何防范材料中提及的社会暴力事件提出

相应的对策。(20分)

要求:紧扣给定材料,观点明确,分析简明,条理清楚,不必写成文章。不超过300字。

示例二

请从行业协会的角度谈谈如何提高"中国制造"在世界上的地位。

要求:简要明确,合理可行,不超过400字。(20分)

(二)复合型对策题

1.概括问题/分析原因并提出对策

示例一

根据给定资料,分析互联网金融出现的漏洞和风险,并提出防范措施。

要求:分析准确、全面,措施可行,有针对性,字数为300字左右。(5分)

示例二

根据给定资料6~8,联系实际,请你概括城市自行车发展中存在的问题,并提出相应的对策建议。(30分)

要求:概括准确、简洁,对策建议合理可行,针对性强,侧重于对策建议的论述,不超过400字。

2.先对对策有效性进行分析,然后修改对策

示例

某学术团体为贯彻党的十七届三中全会精神,就我国粮食问题召开研讨会。在关于解决问题对策的讨论中,有人发表了"四点对策"。

其一,建议加大农业投入,以使粮食产量满足人类不断增长的需求。我国粮食生产有很大潜力,只要持续加大农业投资,我国的粮食产量不仅完全可以在中长期内满足国内需求,而且可以保证出口。

其二,建议科学地分配全球有限的粮食。近年随着全球能源供需矛盾凸显,石油价格上涨,一些国家把粮食加工成生物燃料。当欧美一部分人填满他们油箱的时候,很多人正为如何填饱他们的胃而苦苦挣扎。要优先满足人类最基本的需求,科学地解决全球有限粮食合理分配的问题。

其三,建议大力倡导粮食节约。据某市调查结果显示,该市饮食行业及单位食堂的就餐者,平均每人每天浪费大米14克,每天浪费大米多达7 000千克。如果在全国调查,粮食浪费一定是个惊人的数字。要厉行节约,这是我国可持续发展能力不断增强的重要保证。

其四,建议切实加强国际合作。发达国家、国际组织要向发展中国家提供相关政策指导。世界银行和国际货币基金组织应向受到粮价攀升冲击严重的发展中国家提供近期紧急粮食援助,并对如何促进发展中国家在中长期提高粮食生产能力给予切实帮助。

这"四点对策",内容上、表述上都存在问题。请指出这份"对策"存在的问题,并提出修改意见。(20分)

要求：

①明确指出存在哪些问题；②写出相关的修改意见（包括写出需要补充的内容）；③条理清楚，表达简明，不超过400字。

二、作答要求

提出对策题作答的基本要求主要有四点，即符合"虚拟身份"、有针对性、有可行性以及有可操作性。

（一）符合"虚拟身份"

中国人民银行招聘考试的申论写作题会要求考生以某种假定的"虚拟身份"来提出对策。这时，考生一定要明确自己的角色定位，即明确自己是站在哪个具体的职位上来进行决策的，然后才有可能提出切实可行的解决方案。面面俱到反倒解决不好问题，也不符合考试要求。

示例

请以教育部门工作人员的身份分析未成年人网络成瘾问题的原因并提出对策。（15分）

要求：观点明确、对策可行，语言流畅，字数不超过350字。

某考生对策部分答案如下：

第一，教育学生认清危害，形成正确认识，把握上网的度。

第二，强化管理，避免学生逃课上网，关心学生在校外的活动。

第三，协调政府有关部门整治校园周边环境，落实未成年人进入网吧的禁令。

第四，与家长建立沟通和联动机制，控制学生上网时间，必要时切断上网的经济来源。

第五，实行网络管制和技术监控，在未成年人上网时间超时后强制下机。

技巧点拨

第五条对策提出要实行网络管制和技术监控，这不符合教育部门的职能范围。教育部门能够采取的手段主要是教育引导和沟通协调，即前四条对策。至于实行网络管制、技术监控等，显然超出了教育部门的职能，不符合作答身份要求。

（二）有针对性

有针对性是指考生提出的对策一定是针对题目指定的问题，而不是其他问题；一定是针对题目提出的所有问题，而不是部分问题。

要达到"有针对性"这一要求，需要做到两点：一是符合题目要求，二是对策源于材料。

1.符合题目要求

如题目要求"就如何发展创意农业提出建议"，那么答案中就应当针对"发展创意农业"面临的问题和困境，而不是其他方面的问题。

2.对策源于材料

考生常出现的问题有两种：一是脱离材料，随意发挥；二是盲目使用所谓的"万能对策"。

示例

结合给定资料4，提出学校教育中合理解决青少年手机依赖症的管理对策。(20分)

要求：准确、全面，有条理，篇幅不超过400字。

在提出对策部分，有考生提出以下建议：

第一，加强重视，加深认识。实行相关领导负责制，建立和完善管理制度，建立健全领导问责制度。

第二，加强宣传，营造氛围。要通过网络等媒体加强宣传，加深认识，加强舆论关注，实行典型示范、社会示范。

技巧点拨

这种对策明显是考生在考试之前背诵过的，几乎可以用在所有提出对策题中，也就是我们所说的"万能对策"。这种对策看似是在解决问题，但并没有结合给定资料，对策中甚至连"青少年"的字眼都没有出现，很明显缺少针对性，不可能有效地解决题目中的问题。

(三)有可行性

所谓有可行性，是指对策要具备可以实施的条件。提出来的对策如果在现有条件下根本无法实施，那就是不可行的。具体来说，包括以下四个方面：

1.经济可行性

经济可行性是指对策在经济上要具备可以实施的条件。政府做任何事情都是要付出成本的，这要求我们必须注意投入和产出的比例。

例如，为弘扬传统文化，有专家提出建议恢复使用繁体汉字。众所周知，我国内地大多数通用刊物、书籍使用的都是简体中文，如果要恢复使用繁体汉字，就要对所有中文书籍进行重新印刷。更重要的是，目前我国内地大部分居民不认识繁体字，重新启用繁体字就意味着需要重新学习和培训。这些投入远远超出恢复繁体字所带来的效益，因此这种对策就不具备经济可行性。

2.政治可行性

政治可行性是指对策在政治上要具备可以实施的条件。这一点包括两个方面：

第一，不提反动观点。即对策的提出要符合国家的大政方针，不能反党反社会主义。

第二，不越权。即应试者提出的对策不能超越一国政府的权力范围。比如题目列举了解决我国粮食问题的四点对策，要求考生指出这四点对策中存在的问题并提出修改意见。其中，第四条对策是："建议切实加强国际合作。发达国家、国际组织要向发展中国家提供相关政策指导。世界银行和国际货币基金组织应向受到粮价攀升冲击严重的发展中国家提供近期紧急粮食援助，并对如何促进发展中国家在中长期提高粮食生产能力给予切实帮助。"这条对策显然超越了我国政府的权力范围。

3.法律可行性

法律可行性是指对策不能违背法律的规定。如我国只有全国人大及其常委会才有国家立法权，也只有全国人大及其常委会才是国家立法机关，因此，就立法这一方面提出对策时就不能说"县级政府必须尽快出台相关法律，建立健全相关法律制度"。

这就要求参加中国人民银行招聘考试的考生应当掌握一定的法律知识，避免在答案中出现法律知识上的硬伤。

4.伦理可行性

伦理可行性是指所提对策要符合社会的公序良俗。如针对大城市上班时段的交通拥挤问题，原因之一可能在于老人早起出门的时间恰好和年轻人上班的时间重合。为了解决这一问题，方法之一就是在媒体上进行广泛宣传与倡导，呼吁老年朋友为了自身安全，可错开高峰时段出行；而如果硬性规定在上班高峰期，禁止老年人乘坐公共交通工具，虽然在一定程度上能够解决拥挤问题，却与我国尊老敬老的传统美德发生冲突。

懂得事理人情，明白公序良俗，是年轻人走进社会、融入大众的第一步，也是成为一名银行员工的必备素质。

(四)有可操作性

有可操作性是指对策要具体。可以从以下四个方面进行理解：

第一，要有明确的对策内容。即措施如何开展，政府部门应当做什么，依照怎样的程序。这是判断对策是否具备可操作性最为重要的依据。

第二，要有明确的对策主体。即由哪一个政府部门或职能机构实施对策。

第三，要有明确的对策客体。即对策实施的对象是什么。

第四，要有明确的对策目的。即对策要达到什么目的或效果。

并非每条对策都要具备对策主体、对策客体、对策目的，但具备这些要素可以大大提高对策的可操作性，从而提升答案的准确度。

考点二　解答流程与方法

一、解答基本流程

分析问题确定方向

提出对策，先要明确对策所针对的问题，即对策是为了解决什么样的问题而提出的。要根据问题确定对策的方向，只有这样的对策才能具有针对性。

结合材料提取对策

明确了问题，就要结合材料寻找对策，因为立足材料是作答申论的基础，提出对策也要遵循这一原则。提出对策有几个常用方法，要按照方法提取对策。

按照逻辑安排对策

提取出所需对策后,要按照对策的逻辑关系安排各条对策,这一步是对所提对策进行加工的过程,也是完善答案的重要一步。

二、对策的提取

对策,即解决问题的原则、思路、方法、措施。提出对策,首先要解决对策从哪里来的问题,即明确对策的来源。按照申论的命题规律,对策的主要内容一般包含在给定资料中。只要深刻理解给定资料,就能解决最基本的对策来源问题。作答常规型对策题和复合型对策题,都需要根据给定资料提取对策。

从材料中提取对策,一般有四种方法:引用材料中的对策、根据问题推出对策、根据原因得到对策、根据经验教训总结对策。

(一)引用材料中的对策

有的材料中直接谈到解决问题的对策、意见、思路、办法等,考生可以直接引用。

示例

"解决消费外流问题要从供需两方面着手。"财富品质研究院院长周婷说,在供给方面,提升品质监管和技术水平;在需求方面,推进国内商贸流通企业税费的减免、降低流通环节的直接税收和间接税负,从而降低终端售价。最重要的是加强对民族工业的扶持,培育"精品消费"品牌。"日韩的免税店中除了销售一线品牌,还包括国内口碑好的特色商品。民族品牌的品质提升是消费之本,也是消费真正回笼的'压舱石'。"周婷说。

技巧点拨

针对消费外流问题,材料直接给出了解决对策,从供需两方面着手:在供给方面,提升品质监管和技术水平;在需求方面,推进国内商贸流通企业税费的减免、降低流通环节的直接税收和间接税负,从而降低终端售价。同时,加强对民族工业的扶持,培育"精品消费"品牌。

(二)根据问题推出对策

给定资料会反映出一些问题,考生可以根据这些问题,推出对策。

示例

P2P网贷平台运营过程中,没有监管部门要求其披露各项经营指标,平台的资金进出、项目结算、坏账率等数据,用户无法便捷地实施查询投资进度和拥有的资产状况;经营者不负责核查借款人身份的真实性,这些都加大了投资者的风险。

技巧点拨

本段材料提到了互联网金融存在的漏洞和风险:缺少必要部门对互联网金融机构的相关信息进行监管和披露,加大了投资者的风险。针对该问题可以推出对策:明确互联网金融监管机构及其职责,加强监管,并及时公开互联网金融机构的相关信息。

(三)根据原因得到对策

一些材料会揭示问题的原因,考生可以根据这些原因,得出对策。

示例

北京工业大学城市交通学院陈教授说:如今的城市越建越大,出行距离越来越长,而自行车出行的最佳距离是 5 千米至 10 千米,如果通勤距离超过 10 千米,自行车就难以满足需求。自行车的出行空间和路权被不断压缩,骑车缺乏安全保障,导致很多人骑车出行的意愿越来越低。

技巧点拨

本段材料揭示了很多人骑车出行的意愿越来越低的原因:自行车的出行空间和路权被不断压缩,骑车缺乏安全保障。根据原因,可以提出以下对策:加强交通管理,保障自行车的出行空间和路权,让人们乐于骑车出行。

(四)根据经验或教训总结对策

给定资料中会介绍一些国内外的成功经验或教训,考生可以从中总结出对策。

示例

作为全球最大的花卉出口国,2008 年荷兰出口的花卉产品占世界花卉贸易额的 60% 左右,年出口额在 60 亿欧元上下。荷兰政府对花卉产业的定位是持续、独立、具有国际竞争力,不仅依靠科技力量,而且还融入了大量文化、制度、组织等非技术元素,把花卉业作为一个高度发达的完整产业体系进行运营和发展。这个体系包括了花卉产品的研发、育种、生产、收购、加工、储运和销售的全部环节。在研发和育种环节,高度重视花卉资源收集和新品种培育,几乎每种花都有专门的育种公司,每年进行成千上万个品种的组合杂交;在生产、收购和加工环节,荷兰 70% 的花卉生产面积采用现代化的新型温室无土栽培,电脑自动控制,播种、移栽、采收、分级、包装等生产环节全部实现机械化作业;在储运和销售环节,荷兰拥有完整的储运和销售体系。与此同时,政府倡导并推动开发地方文化资源,使花卉新品种体现出荷兰地方特色及其文化附加值。荷兰创意农业经过多年的培育与发展,取得了良好的经济效益和社会效益,成为世界创意农业的领先国家。

技巧点拨

从本段材料可以看出,从研发、育种,到生产、收购、加工,再到储运和销售,荷兰的花卉产业非常成熟。这里可以推出发展创意农业的建议:打造完整的产业体系。该段末尾还提到政府倡导并推动开发地方文化资源,使花卉新品种体现出荷兰地方特色及其文化附加值,这里可以作为对培育新品种的建议:培育新品种时,可以发掘本地的文化资源,使新产品体现出当地特色,提升文化附加值,制造出品牌效应,推动经济发展。

三、对策的结构

(一)对策的个体

单条对策的基本结构是:主旨句+主管部门+具体操作+目的

主旨句是指位于一条对策最前面的一个概括主旨的段旨句,目的是明确答案要点,方便阅卷者快速提取答案信息。

主管部门是指对策实施的主管部门,一般最好有具体的部门,答题过程中如果搞不清楚具体部门,可用"相关部门"代替。

具体操作是指对策的操作过程,这是对策的重点,也是每条对策的主要部分。

目的是指对策实施的期望是什么,实施后会产生哪些效果。

示例

解决目前我国公共服务领域存在的突出问题,一是要加大财政投入。各级政府要按照建立公共财政体制的要求,增加在教育、医疗、社会保障等领域的财政投入,以满足经济社会发展和人民生活改善的需要。

技巧点拨

在上例中,主旨句是"要加大财政投入";主管部门是"各级政府";具体操作是"要按照建立公共财政体制的要求,增加在教育、医疗、社会保障等领域的财政投入";目的是"满足经济社会发展和人民生活改善的需要"。以上几部分就构成了一条完整的对策。

下面列举一个完整的申论答案予以说明:

示例

针对C镇休闲旅游发展难题,提出以下对策:

第一,筹措基础设施建设资金。C镇领导要带领村干部科学规划乡村发展,利用科学可行的规划,增强村民信心,鼓励他们拿出资金支持建设。同时,C镇要出台创业扶持政策,鼓励外出务工的年轻人回乡创业,将其经验、资金应用于乡村开发建设之中。

第二,加强山区交通道路建设。C镇要加大财政支持力度,给予各村道路交通建设基础资金,确保各村依据地形地貌做好交通道路建设工作,推动经济发展。

第三,购买社会服务。C镇要购买社会服务,聘请专家学者到村调研,深度挖掘各村特色,推动建设各具特色的休闲旅游景区景点,同时,开展生产技术下乡活动,鼓励村民学习生产技术,延展产业链,加强纪念品开发。

第四,推动旅游景区全面开发。C镇要帮扶各村修缮村中房屋道路,统筹规划各村旅游景区,发展特色旅游休闲产业,同时要引导各村干部转换思路,在自然景观保护开发外建设人文配套娱乐设施,来满足不同游客的需求,此外还需完善旅游景区配套设施,规划停车场地,增加农家餐馆、旅店,完善指示标识,提升旅游质量。

第五,整治村容村貌。加大农村环境保护力度,对"脏、乱、差"问题进行集中治理,对村庄进行美化和绿化,引导村民增强环保意识,保持村庄干净、整洁。

(二)对策的整体

1.对策的结构

从理论上来说,一个完整的对策应当包括对策的铺垫、对策的主体和对策的总结三大部分,但在实际作答中,总结部分常常可以省略。

示例

应对当前严峻的经济形势,我国政府应坚持"既保当前增长,又促长远发展"的方针,把改善民生作为扩大内需的首要任务。 【点拨】对策的铺垫

第一,要把民生领域作为政府投资的重要方向。加强教育、医疗、养老和社会保障体系建设,满足居民在这些方面的基本需求,消除居民后顾之忧,激活消费,拉动增长。 【点拨】对策的主体

第二,要积极扶持农民发展农业生产经营,拓宽增收渠道,有效解决农民就业问题,启动农村市场,扩大消费、拉动内需。

第三,要抓住危机中蕴藏的机遇,大力推动经济发展方式转变和结构优化升级。充分利用国内市场,积极扩大内需,实现经济内外均衡,增强长远竞争力。

只有切实采取以上措施,才能成功应对危机。 【点拨】对策的总结

下面,分别介绍对策的铺垫和对策的主体。

(1)对策的铺垫。对策的铺垫是写在对策主体部分之前的一段话,主要介绍对策提出的背景情况。一般而言,对策的铺垫包括对策针对的问题、对策提出的主体、对策提出的原则以及对策数量。

示例一

为避免政府公共管理中遇到的问题由小变大,防范危机的恶性演化和扩散,以下五点建议可供参考:

写对策的铺垫,可以使用一些固定的连词,比如"针对/为了……""作为……""本着……原则/理念""应当/建议……"等。

示例二

针对"活拔绒"现象,作为羽绒行业的管理者,本着加强管理、完善服务的理念,建议羽绒企业遵守以下原则:

当然,并不是每道对策题都要这么写,简单的方案可以用"针对/为了……,应当/建议……"。

示例三

为了应对国际金融危机,建议采取以下措施:

下面试举两例进行评析:

示例一

请你根据给定材料,针对我国部分公民存在的旅游不文明行为问题,给旅游主管部门写一份建议。(20分)

要求:建议合理可行,条理清晰,不超过400字。

技巧点拨

铺垫的写法:旅游文明行为是公民道德素质的具体表现,提升公民旅游文明素质,对于提高公民总体素质、形成良好社会风尚、维护国家形象、增强国家"软实力"具有重要意义。

评析：这样的铺垫开宗明义，指明了提升公民旅游文明素质的重要意义，可谓高屋建瓴，为下文的作答奠定了良好的行文基础。

示例二

结合"给定资料"的内容，联系目前经济现状，请提出浙江经济发展应如何走出困境的思路。不超过500字。（30分）

技巧点拨

铺垫的写法：金融危机对浙江经济造成了严重冲击，这既有国内外经济环境的客观因素，也有浙江经济发展中长期积累的深层次矛盾和问题。浙江经济要走出当前的困境，应当着眼于长远，标本兼治，加快转变经济发展方式，推进经济转型升级。

评析：这条铺垫从造成当前浙江经济困境的主客观原因入手，重点突出了对策所针对的问题和解决的原则，显得变通而灵活。

（2）对策的主体。对策的主体是对策的主要部分，具体阐述各种对策。现在对策题的作答字数一般较多，300~500字。对策要分条、分段作答，以使阅卷者迅速抓住对策要点，一目了然。对策的数量最好为3~5条，可根据字数要求进行调整。实战中，对策多于5条则应该进行筛选、整合；对策少于3条则应继续寻找或进行拆分。

对策主体须用清晰序号标明，如："一是……，二是……，三是……，四是……，五是……""第一，……；第二，……；第三，……""首先，……；其次，……；再次，……；最后，……"等。

示例

第一，推行政务服务共享平台。由省级管理部门牵头，采集信息，建设大数据中心，统一信息管理系统，打破条块格局。

第二，组织专人维护更新网站。建立信息维护部门，对政务网站、微博、微信进行内容更新推送，整理群众意见，及时传达反馈。

第三，加强基础设施建设。升级带宽，使信息共享更顺畅；建设网络基础设施，拓展政务网络覆盖面，开发多种服务渠道。

第四，加强宣传，培养政务工作人员的服务意识。以宣讲、参观发达地区优秀范例等方式贯彻落实"三严三实"精神，增强工作人员服务意识，促进政务工作人员与群众的沟通。

2.对策的排序

考生提取出对策之后，要挖掘各条对策之间内在的逻辑关系，按照一定顺序组织答案。常见的对策排序有三种：并列式排列、按对策的重要性排列、按工作流程排列。

（1）并列式排列。重要性相同或没有时间次序的对策，如针对问题的不同方面提出的对策，只需罗列出对策即可。

示例

假如你是一名政府工作者，你如何推动工匠精神的发展？（30分）

【**参考答案**】

第一，发展职业教育。引导人们树立正确的价值观、就业观，扭转社会对职业教育的偏见，鼓励学生接受职业教育，同时加大对职业学校的政策支持，引导社会资本投资营建，打造完善的职业技术教育体系。

第二，提高职业待遇。相关部门要向企业介绍职业技能及人才的重要，鼓励他们提高对制造领域中的技术能手的待遇、加大对其培训，在市场竞争中不断开拓进取。

第三，完善质量监管。质量监督部门要结合国际发展形势，不断提高产品质量标准，倒逼企业重视产品质量，并且要完善相关制度，对于质量问题频发的企业加大处罚力度，确保企业重视工匠精神。

第四，加大教育宣传。充分发挥媒体舆论的宣传作用，借助传媒介绍当代工匠精神的典型人物，在电视中播放相关纪录片，并举办评选活动，选拔日常生活中具备工匠精神的典型代表，予以充分表彰，引导人们发挥"传帮带"精神，在专业领域获取长足发展。

技巧点拨

从上述答案来看，四条对策并没有时间、重要性上的先后顺序，属于并列式排列。

(2)按对策的重要性排列。按对策的重要性排列，可以先写对于解决问题具有根本意义的对策，再写次要的具体对策。

示例

根据给定材料，请就政府今后如何缓解或避免节假日出行拥堵提出对策建议。(25分)

要求：对策建议合理可行，条理清楚，语言简练，不超过350字。

【参考答案】

第一，严格执行带薪休假制度，宣传理性出行理念。一要严格执行带薪休假制度，对带薪休假情况做出具体规定，对执行不力的单位应按照条例规定追究责任，确保带薪休假制度落到实处。二要宣传理性出行理念，引导公众合理安排假期，错峰出行。

第二，科学引导车流，及时发布信息，严肃查处违章。一要科学引导车流，采取临时断路、导行措施，利用警用直升机监控重点拥堵点、段和交通事故发生地点，配合地面警力进行指挥、疏导。二要及时发布信息，通过各类媒体发布实时路况。三要严肃查处违章，对违法占用应急车道，高速路上乱插队、乱超车等交通违法行为从严查处。

第三，合理调整拥堵疏导方案。要利用直升机等高科技信息手段录制保存现场信息，以此为依据研究判断易发生违法行为路段，调整拥堵疏导方案。

技巧点拨

本题答案中，第一条对策是从执行带薪休假制度、宣传理性出行理念角度来谈的。这是缓解或避免节假日出行拥堵的治本之策，是最重要的一条对策。而其他两条对策从科学引导车流、及时发布信息、严肃查处违章，调整拥堵疏导方案等管理层面切入，都不如第一条重要。

(3)按工作流程排列。有些问题的解决有其特定的工作流程，考生在作答这类对策题时要结合给定资料，按照其工作流程来提出对策。

示例

给定资料7中，B市就业管理部门拟于5月份举办大型招聘会，假如你是该就业管理部门工作人员，为保障招聘会安全举行，你认为应重点关注哪些环节？请你对此提出自己的建议。(25分)

要求：内容全面，措施合理，有针对性，不超过300字。

【参考答案】

为保障招聘会安全举行，应重点关注活动前安全准备工作、活动中的控制工作、活动后的疏散工作。

一、活动前的准备工作。对招聘会进行风险评估，根据风险制定安全制度和应急预案，并组织演练；检查设备运行，疏通消防通道；配备现场需要的安保和医护人员；对警察和保安人员进行应对各种紧急情况的培训；通过微信、微博以及网站等媒体让公众了解参加招聘会所必须遵守的规章制度。

二、活动中的控制工作。招聘会现场建立有效的通信及广播系统，确保人群能及时得到指导；根据时段限制人流量，对在外等候的学生分成数段，让其根据时段有序进场，满足所有参会人员的需求。

三、活动后的疏散工作。按照时段有序疏散应聘结束人员。

技巧点拨

招聘会一般可分为"准备、控制、疏散"三个环节，针对各个环节需注意的问题提出对策，方能符合作答要求。

真题回顾

（2018）根据给定资料各国的实践与探索，总结提炼做好消费者金融教育工作的经验。（30分）

要求：紧扣给定资料、注重实效、层次分明，字数不超过350字。

给定资料（节选）：

6.近年来，世界各国正逐渐将国民金融教育作为金融市场稳定的重要支撑。美国2002年建立了金融教育办公室负责全国金融教育工作，2003年颁布《金融扫盲与教育促进条例》，提出将金融消费者教育纳入国家法案。美国消费者金融保护局发布的报告显示，在立法的引领和推动下，K-12(即幼儿园至高中)金融教育模式推行有力，在提高学生的金融知识水平、帮助学生形成良好的金融消费习惯方面产生了积极影响。

近年来，英国政府越来越重视投资者教育并取得明显成效，次贷危机后，英国财政部和金融服务局(FSA)开始重视并动员全社会力量全面开展投资者教育，FSA将教育目标定为"使国民受到更有效的教育，得到更有益的信息，更加具有自信，能够对他们的金融活动负更大的责任，在金融市场上扮演更加积极的角色"。为推行"投资教育从娃娃抓起"的理念，教育部将理财教育内容写入教育大纲，财政部和FSA根据对消费者群体的理财能力状况调查结果，针对学生、年轻成人、新父母、职场雇员、老年人等采取不同层次的教育和培训。教育方式方法包括派发宣传画册、设立专门的投资者网站和咨询服务热线、开设培训班和见面会，组织相关能力等级和资格考试、开展模拟投资大赛等。据统计，每年用于投资者教育的支出比例高达FSA总预算的7%。

巴西国家金融教育委员会批准了学校金融教育指导方针，在高中试行金融教育的跨学科方法，要求金融教学要促进现有各课程之间的对话与融合。世界银行集团在巴西进行了有效性评估,得出两个结论:采用合理方式并较长时间在校园教授金融知识,可有效提高学生的金融素养;校园金融教育课对学生及其家庭产生显著的正面影响。

俄罗斯2011年起实施了一项为期5年,预算为1.13亿美金的金融教育国家工程。这一金融扫盲项目,针对低收入和社会弱势群体以及年轻人,最终目标是提高公民的金融素养,推动公民审慎的财务行为,并对个人财务状况采取负责任的态度。为保障项目有效推进,该项目在机构间项目委员会的监督与协调下,由财政部实施,中央银行、教育部、经济发展部与消费者保护机构均有代表参与,同时成立国际专家委员会,负责提供高层次的专家支持。

7.近年来,我国在开展消费者金融教育方面也做出了有益尝试。2013年,中国人民银行牵头研究制定了《中国金融教育国家战略》,明确了我国金融教育的治理机制、工作目标及实施措施。2015年11月,《国务院办公厅关于加强金融消费者权益保护工作的指导意见》明确提出要"建立金融知识普及长效机制。金融管理部门、金融机构、相关社会组织要加强研究,综合运用多种方式,推动金融消费者宣传教育工作的深入开展。教育部要将金融知识普及教育纳入国民教育体系,切实提高国民金融素养"。

在中国银监会银行消费者权益保护局指导下,由S市银监局、市慈善基金会、市主流媒体主办,某商业银行资助,"银发理财乐享生活"中老年人防范金融风险教育项目日前在S市启动。项目针对中老年人注重财富保值增值、偏好安全投资、对金融知识的吸收能力弱等特点,采用案例教学和文艺演出两种形式对3万名中老年人进行免费培训。通过"民间借贷""冒充公检法工作人员进行诈骗"等案例,介绍了现代金融诈骗的特点,讲解防范措施,同时提醒居民形成正确的理财观。大家纷纷表示"案件现场"的模拟鲜活易懂,加深了对金融风险的认识,提升了自我保护能力。

某国有商业银行B市分行将金融知识普及教育作为消费者权益保护工作的重要内容,2016年,该行在同行业中率先启动了"消费者权益保护品牌"建设工作,高频率开展宣教活动,在150家网点建立金融消费者区,将消保品牌融合于网点的厅堂文化。此外,还率先投产外部欺诈系统公益版,供个人客户免费查询汇款账户是否可疑。据介绍,目前公益版下载量超600万次,2017年前三季度已成功防范电信诈骗80余起。某支行营业室还与周边聋哑学校建立长期帮扶关系,定期上门为学校提供金融教育和服务。

中国人民银行也积极推动将金融知识纳入国民教育体系,各级分支机构协同金融、教育行政管理有关部门,开展涵盖初等、中等、高等直至成人教育的系列金融教育试点工作。从2013年起,中国人民银行每年9月都组织开展"金融知识普及月"活动,总行要求针对不同消费者群体的知识水平、知识需求和行为特点,设计差异性金融知识普及方案;多种途径普及金融知识,积极运用微博、微信、官方网站及线下活动等方式,推动金融知识普及活动有效覆盖各类金融消费者。2017年金融知识普及月活动期间,人民银行总行组织了"金融知识进校园,进农村,进社区"等活动,各级分支机构组织各银行业金融机构、支付机构,选择校园、农村、社区、机关、军营、工厂、商场、市场等各类场所,开展层次鲜明、极具特色的教育活动。

【参考答案】

一是做好整体规划。在制度上做好顶层设计,颁布条例、法案、意见等,明确金融教育的治理机制、工作目标及实施措施;成立专门的金融教育机构和专家委员会,组织和实施各项金融教育工程,并提供财政和人才支持。

二是全面开展金融教育。重视并动员全社会力量,让金融管理机构、金融机构、相关社会组织都参与进来,对各职业、各年龄段的人群,尤其是低收入者和弱势群体以及年轻人等广泛开展金融教育,做到覆盖面广且重点突出。

三是建立金融知识普及长效机制。深入开展金融宣传教育工作,将金融知识普及教育纳入国民教育体系,覆盖教育的各个阶段,并实行跨学科方法,增强学生金融素养。

四是选取合理的教育方法。针对不同群体的金融素养和行为特点,灵活采取宣传、咨询、培训等教育方式,开展层次鲜明、极具特色的金融教育和培训。

第三章 文章论述题

考点详解

考点一 题型概述

一、题型分类

题型分类主要体现在文章论述题的问法和作答要求上。从作答的内容要求上分,可以将文章论述题分为策论文和议论文两种。策论文是对文章内容的一种特殊要求。

(一)策论文

如果题目中明确提出要求写"策论文"或要求以对策的提出、论证为中心,就必须符合策论文的基本要求。

策论文,顾名思义,文章内容分析不可或缺,但必须以对策为主。以对策为主,除了提出对策措施外,还要论证这些对策的必要性、可行性、效用性,预测其实施后问题发展的趋势。

> **示例一**
>
> 假如你是政府工作人员,根据资料,联系实际,围绕"利用电子政务平台提升政府公共服务能力"这一主题,自选角度,自拟题目,写一篇策论文。1 000字左右。(70分)

> **示例二**
>
> 参考所给资料,围绕"如何加强社会诚信建设"角度,自拟题目,写一篇文章。要求:针对性强,重点突出,论证有力,总字数800~1 000字。(50分)

(二)议论文

如果题目没有"策论文"或任何体裁、样式方面的要求,只笼统地说写成"文章"或"议论文",则写法自由,侧重点各异,可以以对策为主,也可以以分析为主。文无定法,贵在自然,什么部分需要光芒四射就在什么地方浓墨重彩。但无论是以哪一方面为主,都要论证充分,令人信服。而且,不管以哪一方面为主,最终都须提出对策,毕竟解决问题是文章论述题的最终目标。

> **示例一**
>
> 请根据你对全部给定资料的理解和感悟,以"立责于心 执规于行"为题,写一篇文章。(800~1 000字,35分)

> **示例二**
>
> 根据给定资料,基于"互联网+"时代金融行业的发展给人们工作和生活带来的变化,自

选角度,自拟标题,写一篇议论文。

要求:思路清晰,符合体例;800~1 000 字。(35 分)

二、作答要求

(一)联系实际

联系实际,就是论点要与现实相结合,论据要贴近现实。写文章最忌假、大、空,那些虚无缥缈的套路型文章在申论考试中绝不可能得到高分。论点的提出要以现实为依据,针对具体问题有感而发;论据要从材料中概括,要从经验中总结,指向现实问题。

(二)观点明确

观点明确,就是论点的表达明白而确定,不能模棱两可,是一就是一,是二就是二,没有第二种解释;表述不含混、不模糊、不缠绕、不迂回、不绕弯兜圈子,直来直去,斩钉截铁,给人以明白无误、没有歧义的印象,让阅卷者能够迅速理解立论者的主要观点。

(三)条理清楚

条理清楚,是指文章要脉络清晰,层次简单。第一,要"顺理成章",以理为纲,遵循事物的原理,按照正确的逻辑顺序,组织安排全文的段落语句,使文章合于事理、合于自然,给人以"理所当然"的流畅感觉;第二,要简化层次,1 000 字左右的文章如果分成十几个段落,阅卷者在几十秒的阅卷过程中难免一头雾水,得分自然可想而知。

(四)分析具体

分析具体,是指根据不同事物的个性特点而对之进行深入、细致的分析。世上没有一成不变的规律,也没有放之四海而皆准的定理。反对将既有理论生搬硬套,应该根据客观情况对事物的主要矛盾和次要矛盾、矛盾的主要方面和次要方面进行精准的分析,从而把握具体问题产生、发展、变化的规律。

(五)内容充实

内容充实,是指文章的论点全面,论据丰富,论证充分。内容是文章的"血肉",内容充实的文章就像一个血肉饱满的人,让人读来精神一振。中心论点和分论点全面,内涵有延展性;材料丰富,既有给定资料提供的内容,又有自身积累的素材,有理有据,言之有物。

(六)结构完整

结构完整,是指申论文章开头提出论点,主体部分分析和解决问题,结尾得出结论缺一不可。申论文章虽小,但必须"五脏俱全"。结构是文章的"筋骨",缺少任何一部分,都难以支撑整个文章的写作目的。但是结构完整不等于各部分结构相同,详略得当、主次分明还是有必要的。

(七)语言规范、简洁、流畅、生动

语言规范要从两个层次来把握。一是语言须庄重。考场作文,无论答案书写采用哪一种

形式,都必须用语规范、风格庄重,代官方立言,要力避俗词俗语,切忌空套废话。二是语言须严谨。写议论文语言要严谨平实,逻辑合理,句与句、词与词之间联系紧密,井然有序。

语言简洁是指用最少的话和最清楚的方式表达观点,用语言简意明,风格简洁明快,绝不拖泥带水。

语言流畅,指的是语言表达要做到语感流畅,要让人读起来感到通顺、自然。除了要符合语法规则之外,选用词语、组织句子、修辞手法要适当而贴切,使文章读起来朗朗上口,顺畅自然。

语言生动,是近年来申论考试的新要求,也是在规范、流畅的基础上对文章语言表达提出的更高要求。使用丰富的语言词汇,适当引用大众口语、俗语和时尚热词,适当引用和自创一些文采斐然、朗朗上口的句子;使用恰当的比喻、反诘、感叹等修辞手法,使用排比整齐、富有气魄的句式,可以增强文章的语言表现力和感染力。

考点二 解答流程与方法

一、立意

立意,就是确立文章的主题——议论文的论点。确立总论点及分论点的思维程序即立意,也可以说是立论。

主题好比军队的指挥中枢,它不仅决定着文章思想的走向、事理逻辑的脉络,也决定着文章的标题、布局、选材和论证方法,有什么主题决定要采取什么样的写法。立意,正如行军打仗要首先任命统帅一样,是构思的第一个步骤。有了主题,文章就有了主心骨,接下来就可以决定怎么写。准确的立意,相当于一场战役的正确指挥,等于文章成功了一半。主题确定以后,文章的一切就可以在心中明晰起来,进而做到胸有成竹。

(一)论点的基本要求

1.论点要明确、集中、专一

在申论作答中,一篇文章只能有一个主题、一个中心论点。总论点下可以有分论点,但却不可以有两个并立的主题和中心论点,一篇文章只能针对一个问题。刘熙载说,"主意要纯一而贯摄"(《艺概》)。要以单一论点统摄全篇,从头到尾围绕一个问题进行分析和阐发。

立意要集中,除了避免多头立论,还要避免空泛,应尽力缩小论点的涵盖范围。例如命题是"从语言文字是一个民族文化的重要组成部分谈起",如果论点确定为"提高全民族的文化素质",立论面就过宽,论述易流于空泛,且容易偏离题意。正确的立论应从特定群体,如银行工作人员应具备的知识结构入手,将论点定为"增强银行工作人员的阅读和文字表达能力"。这样范围就窄了,准确地体现了题意,也容易展开论证,观点的说明会较有说服力。

2.论点要正确,符合官方看法、主流意志

身份决定立场,立场决定观点。银行工作人员身份决定了作答的观点必须正确,在当前的现实环境下,就是符合主流意识形态,服从政府的主流意志,同党中央精神,各级党委、政府决策保持一致。

持论务正,也要求立论要端正大方,四平八稳、光明磊落,不要从一孔之见出发,陷于狭隘,更不要标新立异,故作惊人,将自己还不成熟的思想定型成论点,会使答卷陷于危险的境地。如对电视剧《闯关东》主要精神的概括,应立足于"创新、创业",而不应论述创作者的思想、作品的精神境界、艺术魅力,如主人公的感情、义气如何感人,如何体现了家庭成员团结、济困扶危的精神,这是偏离题意。

3.论点要深刻,立论的层次、论点的理论和道义要有一定高度

申论文章立意时,应尽可能提出层次更高的论点,在多个备选论点中选择层次最高的一个。如要说明证人不作证问题的危害、解决这一问题的必要性,可以从"道德义务是公民应承担的社会责任"起笔;但比较之下,"维护司法公正,进而促进公平正义,再进而促进社会和谐",显然对问题的认识更深刻,理论和道义的高度更高。两相权衡,自应把"证人不作证妨害司法公正,推动证人作证,必将促进和谐社会建设"作为论点。但立意并不是可以任意拔高的,应与材料的主旨在一个层面上,这一切源于对题干和材料以及大政方针的深刻把握。

4.论点要新颖,有自己独到的观察角度和创见

在考生水平差距不大的情况下,新颖可能是引起阅卷者注意的最强有力的亮点。只有推出新颖独到的见解,才能在众多考生中脱颖而出,获得阅卷者青睐。

论点要做到新,就要追求个性和创造性,要培养以下两种思维:

一是开放思维。开放思维与封闭思维相对,是运用联想的方式,根据事物的内在属性和不同事物之间的相关性,由事物的此面转到彼面、由甲事物转到乙事物。联想带有明确的目的性,是有统摄的广泛联想,带着解答申论问题的目的。在给定资料中进行的广泛联想,从资料中找出解答问题的思路、方法、措施;也可在遵守题目和给定资料所限定的信息边界的前提下,不局限于资料本身,而超出资料范围,通过联想,从自己的知识和经验中找出对作答有价值的相关理论或事实,从而体现出新意。

二是逆向思维。运用逆向思维就是从常规观点的反面立意,从相反的角度对人们的习惯认识进行超常的理解,对已有的观点做出新的解释。在申论较狭窄的作答空间内,运用逆向思维是兵行险招,虽可反向立意、出奇制胜,但应当慎重,首先把握一个前提:什么样的观点可以引申出反面观点,引申出的观点可能是正确的;什么样的观点不能从反面来引申观点,引申出的反面观点必然是错误的。同时,要注意凡是现行的中央精神、现行的主流意识形态,均不可从反面引申观点。

例如,北京、广州等大城市交通拥堵问题严重,如何发展或改革城市交通,成为约束各地进一步发展的"瓶颈"之一。常规的思维是在现有交通体系内,就完善道路和轨道交通进行立论;如反其道而行之,推出"要建设能源节约型、环境友好型社会,带给公众高品质的生活,必须放弃现有的交通发展模式,深刻、透彻地理解和贯彻落实科学发展观,倡导生活、文教、商业、休闲与工作区域就近、集成的城市建设规划思路和无代步的出行方式,建立无交通工具的人居区域,以新型城市建设和生活方式疏导交通压力"的观点,新意自现。

(二)论点的来源与常用角度

忠于材料、紧扣题意是申论作答的基本立足点。一切作答的工作都不能背离这个基点,否则就是无源之水、无本之木。因此,申论作答一定要从材料出发,依据材料立论。

1.从材料中提取论点

申论作答的特点是针对问题,既要判断问题性质,又要分析问题的原因、后果、影响、作用,提出对策。不同的作答要素、同一要素的不同侧面,决定了材料中可供使用和提取的论点既多又散。因此,需要从材料中按照一定的顺序提取和总结总论点和分论点。

根据题目要求,从材料中提取总论点与分论点,有两种情况:

(1)先找分论点,通过分析得出总论点。

示例

加拿大女作家门罗曾经说过:"幸福始终充满着缺陷。"请结合你对给定资料的思考和对这句话的领悟,自拟题目,写一篇文章。(40分)

要求:

①自选角度,立意明确;

②联系实际,不拘泥于"给定资料";

③思路清晰,语言流畅;

④1 000~1 200字。

给定资料(节选):

5.10 月 10 日的世界精神卫生日,旨在加深公众对精神卫生问题的认识,促进对精神疾病进行更公开的讨论,鼓励人们在预防和治疗精神疾病方面进行投资。

世界卫生组织公布的最新数据显示,全球约有 4.5 亿精神健康障碍患者,其中 3/4 生活在发展中国家。而大多数国家中,只有不到 2%的卫生保健资金用于精神卫生,且每年有 1/3 的精神分裂者、半数以上的抑郁症患者和 3/4 的滥用酒精导致精神障碍者无法获得简单、可负担得起的治疗或护理。因此,精神健康障碍已成为严重而又耗资巨大的全球性卫生问题,影响着不同年龄、不同文化、不同社会经济地位的人群。

精神卫生专家 W 告诉记者,他曾做过一个调查,结果显示我国成年人中有心理问题的占 29%。不过,他认为更严重的问题是目前很多人对待心理问题的态度。

"主观认识上存在误区是主要原因。受我国传统思想的影响,很多人遇到心理问题不敢去就诊,怕被人看不起。"W 说,"不去诊治是一方面原因,另一方面原因在于社会上帮助不够,我国心理医生整体水平不高。"

"应该建立心理疏导机制。国家应该建立免费的心理急救热线,这种心理急救非常重要,同时应该让心理健康讲座进社区。"W 说,"关键是建立健全快速有效的应对机制,把心理疾病当成生理疾病来对待,同时严格心理咨询机构的准入标准。"

"建立一个全方位的、立体型的、由家庭学校医院包括幼儿园和社会团体齐抓共管的心理调适体制和机制,使其发挥积极作用,从法律上规定由各级政府和社会组织给予支持,把精神人格有缺陷的人群纳入依法治疗治理的轨道上来。"法学院教授 H 说,"作为构建和谐社会的战略部署,从法律上保障社会心理调适系统的建立非常重要。"

2013年5月1日,新颁布的《中华人民共和国精神卫生法》正式实施。H指出,这一法律对精神障碍的预防、诊断、治疗和康复,精神卫生工作的方针原则、管理机制和保障措施以及维护精神障碍患者合法权益等,都做了详细规定。

6.提高心理健康水平,不仅要完善相关立法和建立专门疏导机制,还要不断提高教育水平,从价值观方面解决问题……

技巧点拨

从资料5第一、二段可以提炼的分论点是:加大卫生保健资金投入。从第三、四段可以提炼的分论点是:改变人们的主观认识,提高心理医生水平。从资料5后面几段及资料6第一段可以提炼的分论点是:完善相关立法,建立心理疏导机制。

提炼出了分论点,然后对分论点进行总结,分析分论点间的共性问题,即各分论点针对和解决的都是心理健康问题,而且题干中提到"幸福始终充满着缺陷",为此,我们可以得出总论点:提升心理健康水平,让民众更幸福。

(2)明确总论点,找分论点来支撑。

示例

围绕所有资料,以"低碳与城市建设"为题目,写一篇800字左右的论述性文章。(50分)

技巧点拨

通过阅读给定资料,我们可以很容易得出给定资料的主旨,即低碳城市建设是低碳经济发展的一部分,探索城市的低碳转型之路,必须与低碳经济的发展规律相结合。

确定了总论点之后,从材料中寻找分论点来论证总论点。

2.提出论点的常用角度

我们讲总论点和分论点要来自材料,有的时候是直接发现总论点,通过分析得出分论点;有的时候是发现分论点,通过总结得出总论点。但是很多考生从材料中发现不了论点,这里给大家提供四种提出论点的常用方法,作为参考。

(1)横向分解法。

横向分解法就是从不同的角度横向展开分解总论点。我们通常将议论文分为"提出观点"和"论证观点"两部分,但是不一定要在同一篇文章中将这两部分全部阐释清楚,可以选择自己得心应手的部分来集中展开论述。

第一,围绕"是什么"展开。就是从不同方面对总论点进行价值性判断,揭示这个中心命题的基本属性。

示例

总论点:在新文化产业摸索未知方向的阶段,保护传统出版业,延续文化的传承和发展显得尤为重要。

分论点:传统出版业是传续文明的中坚力量。

传统出版业是新文化产业的奠基石。

第二,围绕"为什么"展开。就是把总论点作为结论,透过现象深入本质,揭示问题产生的原因,从而形成分论点。

示例

总论点：破解"小官巨腐"的权力症结。

分论点："小官巨腐"源于基层干部的信念不坚定，信仰缺失。

"小官巨腐"源于选人用人不严。

"小官巨腐"源于监督制度的缺失。

第三，围绕"会怎样"展开。就是把总论点确定为一个带有行动性的命题，去推想这一行为会带来怎样的结果，会有什么样的意义或影响。

示例

总论点：信息化建设是城市发展的新动力。

分论点：信息化建设有利于推动科技创新。

信息化建设有利于促进城市管理模式创新。

信息化建设有利于更好地服务民生。

第四，围绕"关乎谁"展开。就是先将总论点转化成一种行为、思想或品质，再看这种行为、思想或品质涉及哪些人、事、物，然后把这种行为、思想或品质与相关的人、事、物之间的关系具体列举出来，作为分论点。

示例

总论点：建立完善的应急管理体系，推动城市建设进程。

分论点：一座城市是否具备较强的危机应急能力，关系到城市本身的发展和城市化进程。

一座城市是否具备较强的危机应急能力，关系到广大市民生命健康和财产安全。

(2)纵向延伸法。纵向延伸法就是指按照由浅入深、由表及里、由低到高、由小到大、由轻到重的顺序，层层递进，逐步深入地认识事物的一种思维方法。

示例

总论点：精简行政审批是政治体制改革的重要内容。

分论点：精简行政审批是政府职能转变的突破口。

政府职能转变对行政体制改革具有推动作用。

行政体制改革能够推动政治体制改革。

(3)正反对照法。正反对照法是指将两种不同的事物或同一事物的不同方面加以对照比较，从而从正反两个方面提炼分论点。

示例

总论点：未雨绸缪方能实现安全生产。

分论点："亡羊补牢"式的安全生产管理是被动的安全管理，会付出惨痛的代价，其对隐性安全事故的防范作用更是微乎其微。

"未雨绸缪"式的安全生产管理是主动的安全管理，能以最大的努力来排查安全隐患，及时发现并控制安全危险征兆。

(4)辩证分析法。辩证分析法是指对总论点中涉及的多个主体之间的关系进行分析，从而提出分论点。

示例

总论点:形成乡村旅游发展和乡村文化建设的良性互动关系至关重要。

分论点:乡村文化是乡村旅游发展的基础,对乡村旅游的发展有重要的促进作用。

乡村旅游对于乡村文化的发展和弘扬也有积极的推动作用。

乡村旅游与乡村文化相辅相成,只有协调保护与开发,才能共赢大发展。

二、拟题

无论哪一种文章体裁,都要在确定立意后,进行作文的第二步——拟题,即根据主题和体裁给文章拟定一个适当的标题。

标题首先取决于主题,通常标题是对主题的概括。标题之于文章,犹如军队的旗帜、店家的招牌,既将文章的主题、体裁、写作的对象宣之于众,使读者未见先知,又约束、限定和统摄全文的内容,要求文章准确体现标题所代表的精神主旨、思想内涵,这就是文要切题。

(一)题目的命题要求

拟题的依据是申论试题及其作答要求。申论试题及其作答要求对标题的限定 (或不限定),表现为以下几种情况:

1.给定标题

即命题作文,分为两种情况:

(1)给出完整标题。这称为全命题作文,只需将给定的标题作为标题。在没有明确说明是否需要、是否可以加副标题的情况下,应默认为无须自拟副标题。作答者不可在给定标题之外另拟标题,包括额外增加副标题,如这样做将被视为违反题意,阅卷者将予以扣分。

示例一

请根据你对全部给定资料的理解和感悟,以"立责于心　执规于行"为题,写一篇文章。(800~1 000 字,35 分)

示例二

根据"背景材料",请结合党的十八届四中全会精神,以"让遇事找法成为常态"为题,写一篇文章。(40 分)

要求:思路清晰,符合体例;1 000~1 200 字。

示例三

根据背景资料,请结合党的十八届三中全会精神,以"金融改革:问题看路径"为题,写一篇文章。要求:联系实际,符合体例;800~1 000 字。(30 分)

(2)给出一半标题。这称为半命题作文,一般是给出副标题,要求作答者自拟主标题。

示例

根据材料内容,结合我国实际,以"从'被××'的流行到'给力'的大热"为副标题,自选角度,自拟标题,写一篇议论文。(40 分)

要求:①观点正确,主题鲜明,分析合理;②论述深刻,语言流畅;③800~1 000 字。

2.不给定标题

即自由命题作文,也分为两种情况:

(1)不给出拟题条件。通常试题中会明确要求"标题自拟、主题自定""自选角度、自定立意、自拟题目"等,这就完全需要作答者自拟标题。如果试题说明要求的语句中没有限定标题的字样,应默认为撰写该文需要自拟标题。在没有限定拟题条件的情况下,拟题可以自由。

示例一

针对给定材料反映的问题,自拟标题进行论述。

要求:中心明确,内容充实,论述深刻,有说服力,1 000字左右。(50分)

示例二

请结合材料,自拟题目,写一篇议论文。(40分)

要求:

①自选角度,立意明确,有思想性;

②参考给定资料,但不拘泥于给定资料;

③内容充实,层次清楚,语言流畅;

④不少于800字。

(2)给出拟题条件。试题通常给出文章主题、立意方向或精神主旨、思想内涵、解决思路等主题、立意方面的提示。

示例一

根据给定资料,基于"互联网+"时代金融行业的发展给人们工作和生活带来的变化,自选角度,自拟标题,写一篇议论文。

要求:思路清晰,符合体例;800~1 000字。(35分)

示例二

请结合材料,围绕"长征精神",自拟题目,写一篇议论文。

要求:

①语言流畅、逻辑严谨、论证充分;

②不拘泥于材料;

③字数不少于1 000字。

同时要注意区分题目要求表述的字眼:"以……为题"和"以……为主题",前者的"题"是指标题,考生就不需要另拟标题了;后者则是给出限定的拟题条件,即文章主题。

(二)拟题的原则

1.贴切

提倡标题即论点,标题必须是对文章主要论点的准确概括。申论作答中所拟的议论文标题要准确概括出主题,并要能突出文章的中心论点和写作特色,切合文章内容,如阐述的是何种问题、使用的是何种文体。切题是双向的,题要合文,文要切题,标题是文章观点、内容的准确概括,正文是对题目表明观点的发挥和具体阐释,文章内容必须体现标题所概括的主旨。为此,拟题之前一定要对全文思想内容做好通盘考虑,审题详细、深思熟虑,对文章主旨和内容的酝酿成熟了,才可落笔拟出恰当的标题,所用的语言一定要准确体现写作意图,实现拟题的目的。

示例

中心论点:科技发展坚持以人为本,将为人类自身发展和社会进步提供新的无限可能。

标题:人性化科技支撑人类的明天

技巧点拨

这一标题准确地体现了文章论点。文章中心论点的关键词"以人为本"在标题中通过"人性化"得到体现,而科技人性化的作用也在标题中给出良好展望——支撑人类的明天。

2.简明

提倡单层标题,即只有一个标题,这样才能体现立意的专一,才能避免词不达意,把立论的思路引向歧途。单层的标题越简单越好,越简单的标题越具有概括性,主旨越是明确,作答的方向越专一,发挥的空间也越大。如果考生要用主副标题,那么主标题最好是名言警句,而且是简短的、精辟的;副标题要概括文章的主旨。

3.精练

标题所使用的语言要言简意赅,力争用最少的词句表达出文章主题,在简短的一句话内包含尽可能多的信息。议论文的标题只有简短才能有力,而只有精练才能简短。要做到标题具有鼓动性、说服力、感染力,就必须运用简洁的文字。

4.略赋文采

"文似看山不喜平,画如交友须求淡。"袁枚在《随园诗话》中为我们点明了文章出彩的重点——文采。很多考生拟定的申论标题宛如白水,虽然清澈透底,但索然无味。文采如同茶叶,稍加一些就会清芬扑鼻,舌有余香。

示例

中心论点:在新形势下,为解决党员理想信念动摇、人生观和价值观严重扭曲等问题,必须坚持推行党员教育。

标题:党员教育没有"终止符"

技巧点拨

示例通过活用"终止符"这一词汇,灵活地表达出中心思想,让标题不再呆板。考生需要注意的是,稍加文采的标题可以吸引阅卷者,但文学色彩不能过于强烈,以免读来令人不明所以,结果适得其反。

5.书写规范

文章标题应居中书写,或是空四格书写,副标题加破折号在主标题下缩进两格书写,尽量做到两边空格均匀。格式如下:

□□□□□□□□□□□得其大者可以兼其小□□□□□□□□□□□□
□□□□□□□□□□□□□□□——在与民休戚中追寻飞翔的幸福□□□□□

标题较长需回行的,最好居中排列;标题由两个以上句子组成或一句话分成两部分说的,通常在中间空一格,一般不使用"、""""。""!"等标点。格式如下:

□□□□□□□□□□□□顺应社会民心□建立人才强国□□□□□□□□

□□□□□□□□□□□□□□□解决就业难是稳定国家的关键□□□□□□□□□□□□□□□□□

(三)拟题的方法

申论文章的标题,必须严格依照"作答要求"给出的拟题条件来拟定;标题必须体现文章的主题思想,同时符合题目规定,所体现的思想为题目所要求表达的思想;拟题须精练,必须用最精确、最简练、最有表现力的语言拟出标题。

好的标题,犹如为文章画龙点睛,具有加分增色的效果。答案重首句,文章重标题,标题拟得紧扣主题,是文章得高分的第一要领。

常用拟题技巧有以下三点:

1.拟题从资料主题中引申

考生在写文章前要阅读试题和给定资料,明确资料主题,然后围绕主题加以引申,这样就能准确拟制出标题。

示例

"给定资料3"引用了《论语》中的话:"不学礼,无以立。"请以这句话为中心议题,联系社会现实,自拟题目,写一篇文章。(35分)

要求:

①自选角度,见解深刻;

②参考"给定资料",但不拘泥于"给定资料";

③思路清晰,语言流畅;

④总字数1 000~1 200字。

给定资料(节选):

1.一篇题为"独一无二的'中国范儿'"的文章在网上传播,其中下面两段文字尤其引起了网友的热评:"一个民族有自己的'民族范儿',一个国家有自己的'国家范儿'。我华夏泱泱大国,五千年的传承,形成了自己独一无二的'中国范儿'。""'和为贵'一直是我国传统文化的重要内容,从汉唐直至当代,彰显着大国气度。航海家达·伽马,在到达非洲大陆时树起了旗帜,标示葡萄牙王室的主权。然而他不知道,比他早一百多年,一位叫郑和的中国人早已到达了非洲。郑和并没有树立标示大明主权的旗帜,而是树立了一座丰碑,一座友好而和平的丰碑。拒绝侵略,传递友好,这就是我中华的气度,我们的'大国范儿'。"

有网友点评说:这样的文章读得人热血沸腾,豪情万丈,表现出了中华民族的"大国意识",看过之后不禁为我是中国人而自豪。

还有网友围绕着"大国意识"进一步加以阐述:大国意识不是简单的经济头脑,更深层次的是民族自豪感和生活充实感;大国意识是一种具备长远眼光的素质,不是满足眼前蝇头小利的市侩;大国意识是种崇尚奉献的执着,不是吝于个人付出的自私;大国意识的背后是民族崛起的魂魄。这位网友认为,一个具备了大国实力的国家究竟能否赢得作为大国的相应尊重,究竟能否发挥与大国身份相称的作用,很大程度上取决于他的国民是否具备明智而坚定的大国意识。

也有网友认为,国家形象是一张名片。树立大国意识的过程,也是中国的国家形象被世界充分认可的过程,这就要求国人具备与大国形象相匹配的公民素质。这是崛起的大国对公民提出的内在要求,国民要注意自己的一言一行,让自己的行为举止与大国形象相称,展现大国风采。每个中国人都应自觉树立大国意识,不断提高素质,这是提升中国软实力不可或缺的环节。①

…………

3.学者F谈起自己在大学教授中国文学史和古典文学作品选读两门课的体会时说:"为什么要学这些课?因为这些作品里,集纳了大量国学精华,学了确实可以净化人的心灵。我认为,眼下的大学教育,需要重新重视传统文化课程。"

在F看来,我们这个时代虽然崇尚科学,科技也越来越重要,但归根结底,科技由人来掌握。如果人的道德修养、文明素质不够,现代化早晚会毁于一旦。所以,在培养各行各业人才的同时,必须加强文化修养教育,它是一种潜移默化的东西,能让人受益终身。

"不学礼,无以立。"②F说,这句话出自《论语》,意思是,一个人不学"礼",不懂礼貌,不讲礼仪,就不懂怎样做人、处世。或者说,一个人不懂得基本的规矩,就难以在家庭和社会中立身行事。而如果把"礼"与"立"做更宽泛的理解,那么是否"学礼",是否懂得规矩,还事关公民意识的自觉、民族素质的提高、民族文化精神的弘扬乃至中华民族的复兴大业。③或许正因如此,习近平总书记在十八届中央纪委五次全会上提出要"严明政治规矩""把守纪律、讲规矩摆在更加重要的位置"。

技巧点拨

题干中的话是F提出的,并对其进行了诠释(见②③),结合给定资料1(见①),可以明确资料主题:国民素质与大国意识。我们对其加以引申,可以拟题为"提升修养是大国屹立的基础""提升个人修养　展现大国风范"等。

2.拟题从试题给定的条件中提炼

根据试题给定的条件,按照"精神上相容、字句上包含"的原则,以作答者自己的理解和作答需要为取舍依据,对试题立意提示中给出的字句进行重新组织,拟定标题。如根据题干中给定的"网络安全和信息化是一体之两翼、驱动之双轮""从个人信息的利用和保护角度",我们可以拟题为:信息化建设需要织好个人信息防护网;利用个人信息不能忽视安全;走好个人信息利用和保护平衡木,等等。

3.拟题从熟语和经典论题中化用

熟语是社会生活中习惯运用的、形式与意义固定的词语,包括成语、谚语、格言、歇后语、惯用语等。如"天下为公""饮水思源""千里之行,始于足下"是成语也是格言,"执政为民""人命大于天,责任高于山""手里有粮,心中不慌"是惯用语。熟语是固定词组,也是汉语规范词汇,其形式与意义都已固定,不可轻易改变其结构或使用环境。在申论中尤其要注意写作的严肃性、规范性,运用时一般要整体运用、用其本意,以体现其通常意义,才会让人正确理解而不致引起歧义,影响评分。

经典论题是指已被验证为真理或一般情况可确认为正确的论断,如"价值规律""改革开放的认识前提是解放思想""司法公正是社会和谐的重要支柱",这些论题可来源于经典著作、领导人言论、党和政府文件、通行的政策、法律,也可来源于知识积累和生活常识。

在自由命题作文中,可根据论证对象、主题与熟语、经典的联系,选择适当的熟语、经典论题化用为文章标题,如"多用'看不见的手' 少用'看得见的手'"活用价值规律的通俗说法,表明"发挥市场机制作用、减少政府对经济活动干预"的立意;"俭以立国"化用格言,表明"俭可修身持家,亦可治国"的观点,亦婉转表明对反腐倡廉的提倡;"洞察秋毫 防患未然""预则立 不预则废",表达建立应急机制、解决公共安全问题的观点。

三、开头

(一)开头的基本要求

1.有吸引力

写申论文章论述题,要起笔不凡,让阅卷者刚刚接触便被吸引,有一睹全文的欲望。可以使用"设悬念""用典故""引名言""摆问题""亮靶子"等技巧、形式,设置出吸引人的开头,第一时间博得阅卷者青睐。

示例

题干:结合当前政府推动"大众创业,万众创新"的社会形势,参考给定资料,以"创业:金钱之外的价值"为题目,自选角度,写一篇议论文。(40分)

要求:

①观点明确,认识深刻;

②内容充实,结构完整;

③逻辑清晰,语言流畅;

④总字数1 000~1 200字。

开头一:在党中央、国务院正确领导下,通过实施一系列重大举措,极大地调动了广大人民群众的创业创新热情,"大众创业,万众创新"热潮正在中国大地蓬勃兴起,取得的成绩值得充分肯定。李克强总理多次对加快实施创新驱动发展战略,推动"大众创业,万众创新"做出指示批示和进行重要部署。但是,目前创业群体大多乐于跻身于创业热门领域,却忽略了社会责任、人文情怀、理想愿景等。金钱不是唯一,创业群体也应追寻金钱之外的价值。

开头二:"汝果欲学诗,工夫在诗外。"创业,要想把它做好,需要放宽审视与理解的视界,从金钱之外去追寻应该从中得到的价值。对于青年来说,创业意味着创造是手段,经济是纽带,就业是效果,金钱是目的之一;在金钱之外,我们更应该追寻社会责任、人文情怀、理想愿景。

技巧点拨

开头一首先介绍"双创"的政策背景,指出"双创"取得的成绩值得充分肯定;接着点明当前创业群体普遍跻身于创业热门领域,忽视了创业在金钱之外的价值;最后亮明观点,指出创业群体也应追寻金钱之外的价值。阅读题目可知,本文标题为"创业:金钱之外的价值",这一开头却对此描述过少,而且介绍"双创"形势内容空泛且套话较多,很难吸引阅卷者。

开头二通过引用名言警句,说明真正做好一件事,需要放宽视界,由此提出创业应追寻金钱之外的价值。随后阐述了青年创业者的创业目的,并号召他们追寻社会责任、人文情怀、理想愿景等,亮明观点。这一开头与题目联系紧密,引经据典、说理清楚,吸引阅卷者亦在情理之中。

2.快速切入主题

文章的开头是文章的总体方向,应快速切入文章主题,让阅卷者开篇便知晓文章在谈什么问题,文章的核心观点是什么。开头切忌假大空和大篇幅引述原材料,大量列举事例而忽略、埋没了文章中心论点。

示例

题干:请结合全部给定材料,以"绿色发展"为题目,撰写一篇议论文。(本题50分)

要求:

①文章主题应与所给材料联系紧密,思想性强;

②论点鲜明,论据确凿,论证严密,合乎逻辑;

③结构完整,条理清晰,行文流畅;

④篇幅在800~1 000字。

开头一:当今世界科技发达,人类在谋求自身幸福的同时,不断地破坏生态、污染环境。目前我国部分地区因环境纠纷引发多起群体性事件,直接造成"官民"冲突。这不仅违背了当前和谐社会的建设承诺,更有损我国政府执政为民的思想理念。我们不能以牺牲环境为代价来换取一时的经济繁荣,不能徘徊在无知和狂妄之间对大自然无限掠夺和破坏。

开头二:"绿树村边合,青山郭外斜。"自古以来,中国的青山绿水、资源丰富妇孺皆知,然而近些年来人们的肆意破坏,致使雾霾频袭、土壤严重污染。也许"一切向钱看"曾让广东尽享经济增长之利,但如今却令民众品尝破坏环境的恶果。习近平总书记期许广东"凤凰涅槃",正是希望绿色思想能助推广东步入可持续发展的美丽通衢。

技巧点拨

开头一通过讲述当前人类为了发展破坏环境的问题,分析其危害,进而得出不能牺牲环境换取发展的论点。这种思想没有错,但最大的问题是,本题题目为"绿色发展",文章开头只是在讲述环境问题,却丝毫没有涉及"绿色发展",主题切入过慢,难以令阅卷者迅速领会文章重点。

开头二开篇引用孟浩然的诗句,展现了我国古代的绿色画卷;接着笔锋一转,通过古今对比,揭示出当前绿色发展不足的问题;继而引用习近平总书记的期许,得出观点。阅读开头可以看出,绿色贯穿始终,简洁、鲜明的开头可以给阅卷者留下深刻的印象。

3.流畅地引出下文

布局谋篇要考虑段与段、层与层之间的组合关系,开头除了要完成好自身的任务,还有个重要功能是引出下文,所以开头的最后一句通常是承上启下的,既要前接上文,又要后启下文,或者宏观概括问题,或者简要论述问题的总体解决思路,为下一段乃至下几段的延伸阐述留出充足的空间。

示例

题干:结合给定资料,联系实际,自选角度,自拟题目,写一篇文章。(35分)

要求：

①观点正确，结构完整；

②论述深刻，条理清晰；

③总字数 800~1 000 字。

开头一：当前，我国面临着出口萎靡、内需不振的巨大压力，值此关键时期，李克强总理高瞻远瞩地指出："大力发展服务业，既是当前稳增长、保就业的重要举措，也是调整优化结构、打造中国经济升级版的战略选择。"由此，服务业承担起扩大内需、促进消费的重要使命，更成为保证社会和谐和经济发展方式转变的重要途径。然而，当前服务业存在着一种倾向：只注重量的增长而忽略质的提升。

开头二：天价宰客屡禁不止，酒店毛巾丑闻频现，网络购物信息被窃，文化消费了无内涵。随着接二连三的问题被曝光，中国服务业的形象一落千丈。李克强总理曾经强调："当今世界，不断成长的服务业越来越成为各国发展的重点和彼此合作的热点。发达经济体在寻求再工业化、再制造化的同时，着力保持服务业领先优势；发展中国家在推进工业化过程中，也在着力弥补服务业发展的短板。"由此可见，保证服务业健康发展已经成为政府的当务之急。

技巧点拨

开头一以我国经济发展现状切题，并以李克强总理的话引出"服务业发展"话题，强调了其重要意义；接着指出当前服务业的错误倾向——只注重量的增长而忽略质的提升。此开头没有分析错误倾向的影响，在此基础上提出观点，不能很好地引出下文。

开头二简洁明快地指出当前服务业存在的不良现象，随后引用李克强总理的话说明服务业在国家发展和合作中的作用，引出自己的观点：保证服务业健康发展已经成为政府的当务之急。与开头一相比，开头二谋篇更加合理，内容更加完整，可以流畅地引出下文。

(二)开头方式

1.紧扣题目式

在作答文章论述题时，必须认真审题，紧扣题目要求，可以在开头对题目内容加以引述、评论，进而提出总论点，以彰显写作的严谨性，降低文章跑题的可能性。

示例

题干：英国探险家乔治·马洛里的名句"因为山在那里！"影响了无数勇于探索、勇于攀登的人。请你从给定资料出发，联系实际，以"创业者心中的山"为题写一篇文章。(40 分)

要求：

①自选角度，立意明确；

②参考"给定资料"，但不拘泥于"给定资料"；

③思路清晰，语言流畅；

④总字数 1 000~1 200 字。

给定资料(节选)：

乔治·马洛里是英国探险家，他曾就读于温切斯特公学和剑桥大学，曾是英国著名公学查特豪斯的教师。马洛里 18 岁的时候就喜欢上了登山，在那个被称为"阿尔卑斯登山的黄金

"年代"的日子里,年轻的马洛里并不是欧洲大陆最优秀的攀登者。然而,他对于山有着巨大的兴趣,1921年到1924年,乔治·马洛里参加了人类前三次对珠峰的尝试。

当马洛里随着登山队第一次来到珠峰脚下,第一眼见到他心中的女神时,他将她描述为"梦境中最狂野的造物",是那样巨大、美丽,而又可怕!这一次他们到达了海拔6 985米的地方,由于缺乏地形知识,全队处于极端疲惫的状态,他们没有向更高的地方前进,但是他们终于找到了通向顶峰的路。除此之外,这次攀登让他们在"阿尔卑斯攀登方式"之外,找到了更适合于8 000米山峰的"金字塔攀登方式"。

马洛里第二次攀登珠峰时,到达了8 300米之处,离顶峰只有500米之遥。这一次的最大收获是,发现了氧气的确切效用,并确立了高山氧气设备的基本模式——气瓶、气管、面罩,后世的人们只增加了一个调节器。

1924年6月,马洛里辞去了剑桥大学讲师职务,第三次来到珠穆朗玛峰的脚下,这一年他已38岁。有了幸福祥和的家庭,有深爱着的美丽妻子,有三个可爱的孩子和稳定的工作。当《纽约时报》的随队记者在追问他"你为什么要攀登珠峰"时,马洛里说:"因为山在那里!"不久,当他和伙伴欧文再次向顶峰冲击时,他们永远留在了那里……

从某种意义上说,每个真正创业的人在他的生命中都有一座高山,而生命不息,创业不止,正是绝大多数创业者的常态。

开头:英国探险家乔治·马洛里曾经三次攀登珠峰,尽管三次均未成功,但他的名句"因为山在那里"以及他为了理想义无反顾、不畏艰险、百折不回的精神,影响了无数勇于探索、勇于攀登的人。创业也是一座高峰,在创业者心中,这座山充满诱惑,甘甜芬芳,也暗藏危险,危峰兀立。因为创业"就在那里",引得无数充满激情和理想的年轻人对它发起冲锋。

技巧点拨

题目给出英国探险家乔治·马洛里的名句,要求联系实际,以"创业者心中的山"为题写一篇文章。那么,在行文时就应结合给定资料,对这句话进行引述、阐释和分析。示例开头先引用乔治·马洛里的名句,然后对其进行评论,进而提出创业也是一座高峰,引出总论点,紧扣题目要求。

2.古今对比式

古今对比是申论文章写作中较为常见的开头方式,它要求考生在文章开头列举古今事例进行比照,由此引出主题,得出观点。这种写作方式的优点在于可以展现考生深厚的知识储备,但采用这种方式时一定要确保使用的古今事例切合主题和论点,以免出现张冠李戴的问题。

示例

从"晨兴理荒秽,带月荷锄归"的农耕快乐,到"采菊东篱下,悠然见南山"的自然景致,农村自古就是文人笔下诗意栖居、安放乡愁之所。然而,如今的农村却是"问题重重":农村环境污染,农业发展缓慢,农民纷纷外出,"三农"问题令管理部门头痛不已。我国是一个农业大国,农村是社会发展的薄弱环节,"三农"问题的破解彰显着时代发展的走向。

技巧点拨

文章开头引用陶渊明的诗句,描绘了古代农村的农耕之乐和自然美景;接着列举我国现代农村的种种问题,古今农村形成鲜明对比;随后指出我国是一个农业大国的事实,提出了"'三农'问题的破解彰显着时代发展的走向"的总论点。

3.实例导入式

以举实例开头是申论文章中较为常用的一种方法,所举实例可以是给定资料中的,也可以是资料以外的,其目的是通过实例吸引阅卷者注意,达到"借题发挥"、衬托主题的作用。

举例的同时,要融入自己的思考,把事实、数据等同分析评论结合起来,做到用例恰当、说理透彻。

示例

题干:推进城市国际化需要大量人才,请就"深圳如何创造条件吸引和留住国际化人才",自拟标题,写一篇对策性议论文。(50分)

要求:

①紧扣主题,观点鲜明,论述充分;

②结构严谨,条理清晰,语言流畅;

③结合"给定材料",但可不拘泥于"给定材料";

④字数1 000字左右。

给定资料(节选):

深圳以其体制、政策、区位和投资环境等优势,促进了经济和社会的持续快速健康发展,创造了大量新岗位和国际化人才需求,特别是近年来出台的"孔雀计划"等人才政策,对高层次人才给予政府补贴和优惠待遇,对引进的世界一流团队给予专项资助,支持创新创业,有力地吸引了国际化人才来深工作和创业,但是也要看到,目前深圳的国际化人才总量依然偏低,人才储备依然不足。

据统计,深圳2015年上半年金融业增加值1 160.5亿元,增长18.7%,占地区生产总值比重15.4%,远高于全国平均水平。然而,深圳目前的金融从业人员只有15万人,与深圳的战略目标相比,数量远远不够。一些金融机构总部虽设立在深圳,但高级管理人员多在北京和上海;深圳高等院校少,专业人才培养不足,在招聘金融中初级人才上比较吃力,很多金融高端人才因为找不到助手而选择留在北京、上海。有专家指出,深圳金融人才不光数量不足,而且质量也有待提高。

开头:近年来,为推进城市国际化,深圳出台了"孔雀计划"等人才政策,以吸引国际化人才来此工作和创业,取得了很大成绩。但是,深圳在政府职能、民生和环境方面还存在不足,影响了国际化人才的引进。如果不改变这种状况,深圳就无法突破发展瓶颈。为此,必须全面加强城市建设,吸引和留住国际化人才。

技巧点拨

文章的开头由深圳出台了"孔雀计划"等人才政策这个实例切入,引出人才话题,指出影响深圳人才引进的一些不利因素,继而提出文章总论点。这种实例导入式开头,展现了考生对材料内涵的深入思考。

4.引经据典式

引经据典式即引用名言、警句、诗句、俗语、领导人、专家学者的权威论述,党和政府文件等来作为申论文章开头部分的一种表述方式。这种开头方式能大大增强文章的文采,迅速吸引阅卷者注意并博得好感。但需强调的是,引用不能牵强,一定要恰当、直接,切合文章主题。

(1)引用经典表述。引用经典,彰显底蕴。开头引用警句、名言、诗句、俗语等,能增强开头的气势,使人感到峥嵘、高远,达到吸引阅卷者、突出中心的效果。

> **示例**

"宰相必起于州部,猛将必发于卒伍。"中国历朝历代不乏扎根基层而后光耀史册的著名人物。当前,受国际经济形势影响,国内就业压力大增,大学毕业生考研深造者有之,赋闲啃老者有之,但与此对应的却是农村基层工作无人问津。习近平总书记号召当代青年到基层一展身手,正是希望他们在平凡的岗位上干出不平凡的业绩。

技巧点拨

本则开头引用韩非子的名言,一针见血地点明基层工作也能干出成绩的观点,流畅地引出后文。

(2)引用权威论述。引用领导人、专家学者等的权威论述以及党和政府文件来强调文章所要表达的观点,可以达到提升文章理论高度的效果。这里领导人的权威论述主要是指毛泽东、邓小平、习近平、李克强等国家领导人的重要讲话;党和政府文件主要指国家重要会议报告和文件等。

> **示例**

卡逊曾在《寂静的春天》中指出,生态环境问题如不解决,人类将生活在"幸福的坟墓"之中。生态环境不仅关系人类的健康甚至生命,更关系民族的未来。习近平总书记强调:"要把生态环境保护放在更加突出的位置,像保护眼睛一样保护生态环境,像对待生命一样对待生态环境。"在"十三五"时期,推动绿色发展正当其时。

技巧点拨

文章引用习近平总书记的讲话,增强了文章论点的说服力,提升了文章的理论高度。

四、布局

申论文章写作难点不仅在于立意,更在于确定立意后顺畅地写出 1 000 字左右的文章。这里就涉及文章写作的一个关键因素,即文章布局,也即我们常说的文章结构。如果平时能够熟练掌握文章行文布局,就能消除写作"挤牙膏"的烦恼,轻而易举地拿下申论作文。

(一)外在结构

1.五段三分式

五段三分式写作结构是议论性文章常用的结构形式。狭义的五段三分指的是开头一段,主体部分三段,结尾一段。广义的五段三分,在主体部分可以有两至四个分论点,通过对总论点进行拆分,从而完成对总论点的论证。这是一个非常稳固的框架,更是一种便于阅卷者快速抓取文章主体内容的框架。

一般来说,文章首段以背景性描述或者问题式概括引题,提出总论点;继而在第二、三、四段中设置分论点,加以具体分析、论证;文章结尾处,要对论点进行总结升华,以提升文章高度。

示例一

题干:阅读给定资料,以"加强市场监管"为主题写一篇文章。(40分)

要求:

①自选角度,自拟题目;

②观点明确,联系实际,分析具体,条理清楚,语言流畅;

③总字数800~1 000字。

开头:提出观点——政府不应插手微观事务,而要站在宏观角度,加强市场监管。

分论点1:加强市场监管是保障群众健康的需要。

分论点2:加强市场监管是企业持续发展的需要。

分论点3:加强市场监管是落实政府责任的需要。

结尾:做出总结——只有加强市场监管,才能让中国真正屹立于世界经济强国之林。

技巧点拨

文章围绕"政府要站在宏观角度,加强市场监管"这一核心,从群众健康、企业发展、政府履职三个角度来论证加强市场监管的重要性,思路清晰,论证严密。

示例二

题干:参考"给定资料",以"以水为师"为题,联系实际,写一篇文章。(40分)

要求:

①见解明确、深刻;

②参考"给定资料",但不拘泥于"给定资料";

③思路明晰,语言流畅;

④总字数1 000~1 200字。

开头:提出观点——在我国致力于全面建成小康社会的当下,同样要以水为师。

分论点1:以水为师,有利于构建政治文明。

分论点2:以水为师,有利于促进经济发展。

分论点3:以水为师,有利于保障社会和谐。

结尾:做出总结——应该以水为师,学习它的"利而不争""变"与"包容"品质,进而构建政治文明,促进经济发展,保障社会和谐,推动全面建成小康社会。

技巧点拨

文章围绕"以水为师"这一核心,从政治文明、经济发展、社会和谐三个角度来论证以水为师的重要意义,思路清晰,论证严密。

另外,五段三分式结构要注意各部分字数的控制,下面以1 000~1 200字为例,为考生提供一个参考。

第一段：引出主题,提出论点,100~200字,150字为宜。

第二段：主体展开,分论点论证,200~300字,250字为宜。

第三段：主体展开,分论点论证,200~300字,250字为宜。

第四段：主体展开,分论点论证,200~300字,250字为宜。

第五段：总结全文,升华主题,100~150字。

通常情况下,五段三分式文章是常规写法,是很多考生写作的第一选择。所以,如果想在考试中采取这种结构布局,建议考试前多练习,从而保证考试时能够正常发挥。

2.正反对照式

正反对照,顾名思义是指通过正反对比明辨是非,或通过正反对比突出其中一个方面的正确性,使论证更严密、更全面、更具说服力。一般来说,正反对照式文章包括四段,具体写作过程中可在开头部分提出中心论点,主体部分从正反两方面提出分论点,并辅以正反两方面的论据加以论证,最后做出总结。

示例

题干："给定资料6"中画线句子写道:"'科技的生命化',已成为现实世界无法根除的特征。科技将具备人性。"请结合你对这句话的思考,联系社会实际,自拟题目,写一篇文章。

要求:

①自选角度,见解明确、深刻;

②参考"给定资料",但不拘泥于"给定资料";

③思路明晰,语言流畅;

④总字数1 000~1 200字。

开头:提出观点——科技应该充满人性。

正面论证:科技只有服务人,为了人,科技才有未来,人类才有未来。

反面论证:科技如果脱离人,背离人,对科技本身和人类发展都将贻害无穷。

结尾:做出总结。

技巧点拨

文章围绕科技应该充满人性这个总论点,从正反两个方面进行论证,肯定什么,否定什么,提倡什么,反对什么,显得格外分明,从而更好地论证观点,达到写作目的。

只要考生能够把握申论文章写作结构的一般要求,同时掌握常见结构,通过强化训练就能够写出符合申论要求的文章。

(二)内在逻辑

申论文章的主体部分,要深入分析问题,提出解决问题的具体方案,也是对总论点的具体论证。一篇好的议论文,总论点与分论点之间应该遵循基本的逻辑框架。而根据文章的不同展开方式,可以将文章内在逻辑分为并列结构和递进结构两种。

1.并列结构

直接对总论点进行分解,每个分论点都提出对策并对之进行分析。

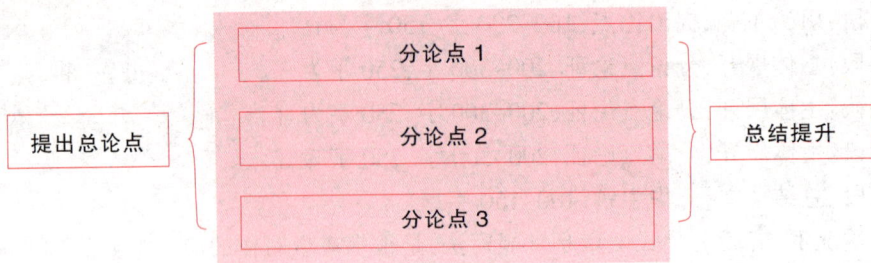

图 3-3-1 并列结构

示例

推进产业结构升级,要培养创新观念意识。部分中资企业家对自主创新或敬而远之,或无力为之,自主创新观念意识薄弱。这导致企业不仅缺乏自主创新能力,甚至部分丧失了自主创新的观念意识。"哀莫大于心死",丧失了创新意识的企业必将是即将垂死的企业,丧失了创新意识的民族,必将是行将没落的民族,这必将使我国沦为碌碌无为的车间和发达国家的打工仔。难道这就是我国改革开放的最终目的吗?难道这就是中华民族历尽劫难所要达到的彼岸吗?显然不是,我们要培养本土企业的全球战略眼光,树立想做、敢做、能做全球产业领袖的战略心态,牢固树立甘于创新、敢于创新、善于创新的观念意识。

推进产业结构升级,要锻造创新人才队伍。在改革开放初期,得益于义务教育的普及和国民素质的普遍提高,我国成功地引进了大量外资,实现了经济的持续快速增长。但目前,我们也面临高级创新人才匮乏的困境,使我国自主创新陷入"有思路、无人才;有想法、无落实"的纸上谈兵陷阱。故此,要坚持"两手抓,两手都要硬",锻造一支创新型人才队伍。一手抓教育体制改革,把创新意识、创新习惯、创新能力贯穿于国民教育的始终,培养本土创新人才;一手抓国际人才资源,既要鼓励本土人才走出去,学习国外先进理念和科技,也要实施引进来的战略,大批量引进发达国家的成熟人才,逐步形成"以自我培养为主、以国际交流为辅"的科学合理的创新人才结构。

推进产业结构升级,要参与国际市场竞争。我国已成功加入世界贸易组织,并开始广泛参与国际经济合作,但中资企业仍普遍缺乏参与国际竞争的勇气和能力,仍试图采用低价竞争和代工贸易的旧思路来实现持续发展。党中央多次指出:我国企业不仅要发展国内市场,也要利用国际市场,坚持国内国际市场统筹兼顾。我国粮油加工业的教训说明:如不直面跨国企业的挑战,参与国际市场竞争,就不可能有自主创新能力的提升和产业结构的优化升级,甚至会丧失本土市场。因而,我们要引导和鼓励中资企业在练好内功,充分发掘利用国内市场资源的同时,进一步提升全球战略眼光,勇于直面国际企业巨头挑战,在竞争中学习对手、模仿对手、超越对手、战胜对手,提升自主创新能力和国际竞争力,推动产业结构升级。

技巧点拨

文章的总论点是加强自主创新,推进产业结构优化升级。文章主体部分没有用更多的分析进行铺垫,而是直截了当地提出三个分论点进行阐述,寓分析于对策之中,将二者糅合在一起。

2.递进结构

对总论点的论证分成两步进行,先分析,再提出对策。

(1)适用于侧重对策的文章。对问题的影响、原因、解决的必要性等进行简要分析,然后浓墨重彩,分点提出对策,每条对策分论点都要进行展开,提出具体方案,阐述作用和意义,做到重点突出、观点充实、具体可行。

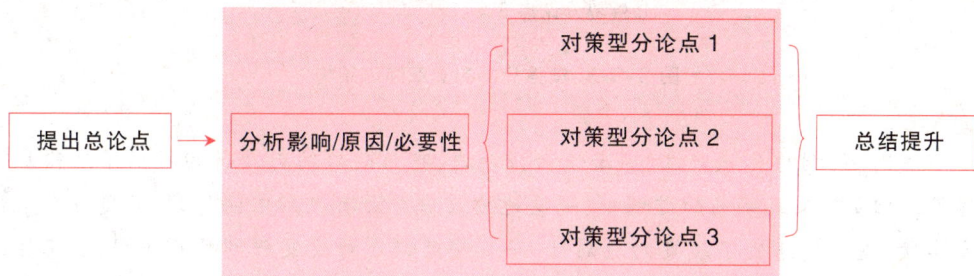

图3-3-2 侧重对策的文章递进结构

示例

海洋的保护与开发,正如硬币的两面,看似矛盾,实则统一,二者缺一不可。光保护,不开发,是浪费海洋资源;光开发,不保护,那么海洋很快就会"死掉"。因此,必须坚持加大保护力度、合理开发利用的原则,实现人与海洋的和谐发展。

强化人们的海洋环境保护意识是人与海洋和谐发展的基础。只有人类认识到海洋资源和海洋环境对于人类经济社会发展的重要意义、海洋污染对于人类社会的严重危害,才能从根本上消除只开发、不保护的错误观念。必须采取频繁、有效的宣传措施,约束人们的行为,产生广泛的社会影响,加深人们对海洋开发和海洋保护重要性的认识。

严格缜密的法律法规是人与海洋和谐发展的关键。仅仅依靠人们自觉,而无法律强制手段是无法根治海洋污染难题的。海洋被污染,陆源污染物的超标排放是最重要的原因。要科学地规划好排放指标,在科学研究的基础上计算出近海各海区的环境容量,并依此制定相应的污染排放指标,上升到法律层面,对超标排放等污染和破坏海洋环境的行为要依据法律坚决进行制裁。

发展具有核心竞争力的优势和特色产业是人与海洋和谐发展的落脚点。保护海洋是基础,但保护不是最终目的,最终还要积极开发海洋资源,为经济发展服务。打造产业集群,提升综合竞争力,最大限度地实现资源优势互补;根据海洋经济特点,发展污染少、综合效益突出的特色产业,合理开发,综合利用,走可持续发展的海洋开发之路。

技巧点拨

第一段简单阐述了海洋保护与开发的关系,强调二者不可或缺。然后文章分别从强化保护意识、制定严格缜密的法律法规、发展优势和特色产业三个方面提出对策分论点,并对每条对策都进行了深入阐释。

(2)适用于侧重分析的文章。对问题表现、形成原因、积极影响与消极影响、解决的必要性、紧迫性、可行性、直接意义和深远意义等各个方面进行全面、深入的分析,进一步阐释首段表述的文章主要观点,然后提出对策。

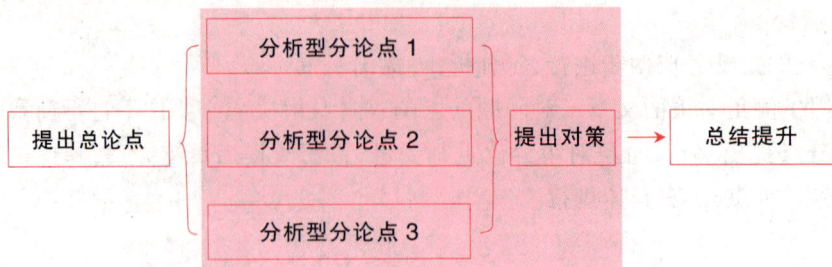

图 3-3-3 侧重分析的文章递进结构

示例

法即法则,强调的是统一性、确定性和强制力,它为政府的行政行为提供了法律基础和制度保障。但是政策在实施的过程中,一些地方政府并没有做到依法行政,而是置政策内容的规定不顾,这不仅违反了政策的原则性,而且导致群众对政策严肃性的质疑,从而使政策的权威大大减少,政府的公信力降低。因此,政府要以法律为准绳,做到依法行政,执法必严,违法必究。

理即公理、公共道德或者是公共利益,它是判断是非的标准,是人们日常行为的准则,对事情的本来面目起到一种昭示或者揭示的作用。如四川某县发布行政命令让干部买橘,这种行为不属于政府的职能,有悖于常规,既不合法也不合理,体现出政策的缺陷。因此,政策制定后要及时地优化方案,本着符合实际、效益突出、合法合理、切实可行的原则,修订后再出台。

情即情感、社会道德,它是一种行为规范,一般不具有实施的强制力。它的实现靠社会的舆论评价、人们的内心信念、习俗、惯例、传统和社会教育的力量维系,对全体社会成员之间的关系具有规范和调整作用。当政策里包含过多的情感或者是在执行过程中与公众的内心信念、社会道德相抵触时,在集体主义面前,应以政策为主,同时,对于不完善的政策也应及时修正,以期更好地服务于大众。

因此,政策的制定应多方面考虑,制定前不仅要对方案进行科学的评估和预测,还应深入实地进行调查研究,与广大人民群众沟通交流,汇集民智,采纳民意,并要兼顾法律与社会道德,全方位、多角度思考,从而制定出科学、法治、民主的政策,以此提升政府的公信力。

技巧点拨

该文章的总论点是政策制定要综合考虑法、理、情的因素,从而达到科学决策的水平,提升政府公信力。三个分析型分论点分别从法、理、情三个方面进行分析,阐述这些因素在政策制定过程中的必要性,而后推出总体对策:政策制定要从多方面考虑,不仅要对方案进行科学的评估和预测,还应深入实地进行调查研究,与广大人民群众沟通交流,汇集民智,采取民意,并要兼顾法律与社会道德。

五、论证

(一)论证的基本要求

叶圣陶先生曾经说过:"说明文以'说明白了'为成功,而议论文却以'说服他人'为成功。"可见,一篇申论文章要想算得上成功,仅仅提出论点是不够的,还需要通过论证来证明自己的论点以使人信服。

一般来说,申论文章的论证若要出彩需要满足以下三个要求:论据选取准确、论证说理充分和论证方法多样。

1.论据选取准确

(1)论据与论点一致。论据是论证论点的材料,是支撑论点的工具。它是为论点服务的,因此必须与论点保持一致,如果不一致,或者偏离了论点,不但没有说服力,反而会成为文章的累赘,扰乱和阻塞文章的思路。

示例

节选一:坚持勤奋学习,既是一种政治责任,也是一项政治任务。能不能做到坚持勤奋学习,既关系到党员干部自身执政能力能否进步,也关系到现代化建设的成败,更关系到国家和民族的兴衰。俗话说"半部论语治天下"①,中华民族的传统文化蕴含丰富,其中许多优秀文化典籍蕴含着做人做事和治国理政的大道理。毛泽东同志也说过:"从孔夫子到孙中山,我们应当给以总结,承继这一份珍贵的遗产。"②读优秀传统文化书籍,是一种以一当十、含金量高的阅读。因此,领导干部应多读优秀传统文化书籍,经常接受优秀传统文化熏陶。

节选二:坚持勤奋学习,既是一种政治责任,也是一项政治任务。能不能做到坚持勤奋学习,既关系到党员干部自身执政能力能否进步,也关系到现代化建设的成败,更关系到国家和民族的兴衰。"学者政之出,政者学之施。"③我们党是一个长期执政的党,这就意味着广大党员特别是领导干部更要坚持勤奋学习,提升执政能力。如果领导干部不重视学习、不勤奋学习,就无法提高执政本领,势必丧失领导的资格。因此,各级领导干部必须切实把勤奋学习作为一种政治责任、一项政治任务。

技巧点拨

以上两段文字都是在论证"坚持勤奋学习对于党员干部是一种政治责任和政治任务"这个论点。节选一的论据①和论据②强调的都是优秀传统文化的价值,偏离段落论点。节选二的论据③强调了学习对于国家管理的重要意义,与论点高度统一,起到了支撑论点的作用。

(2)论据确凿。论据确凿,是指文章论证中所用的论据都是真实的,没有虚构的成分,没有假设的内容。如果所用的论据是想象捏造出来的,不但毫无论证力度,甚至会令人怀疑所论证观点的可信度。

示例

实现文化产业走出去要打造文化品牌。当我们去麦当劳、肯德基就餐时,感受到的是美国大众快餐文化;当我们欣赏好莱坞大片,对其中的故事情节津津乐道时,我们接受的是美国影视文化;当我们看到《哆啦A梦》《海绵宝宝》时,接触的是日本动漫文化①;当我们谈到歌剧、芭蕾舞时,想到的是欧洲艺术文化。反观我国,当代文化一无是处②,难以让世界认识中国文化,其原因是我们没有打造自己文化的品牌。管理部门要加大文化产业扶持力度,培养民族文化品牌,这样我国文化才能更好地走向世界,被世人接受。

技巧点拨

这段文字为了论证论点"实现文化产业走出去要打造文化品牌",列举了大量国外文化品牌作为事实论据,但是短句①出现事实错误:《海绵宝宝》是美国喜剧动画,并不属于日本动漫文化;短句②"一无是处"的表述过于绝对,有故意夸大事实、耸人听闻之嫌,从而降低了论证力度和所论证观点的可信度。

(3)论据典型。论据典型,即要求所选的论据具有代表性,应选取被大家所熟知的理论和事例,而不是单纯的个别事例或不为人知的理论。只有这些既有共性又有鲜明个性的论据,才能以一当十,深刻地揭示事物的本质及其发展规律,有力地证明观点。

示例

节选一:苍蝇不输老虎,小官也能巨腐。当前一些官员的权力并不大,但其掌控众多资源,再加上基层财务管理不规范、不完善,民主、法制监督力量薄弱,权力一旦得不到有效制约,贪腐起来就会肆无忌惮。近日,秦皇岛市供水总公司总经理马某涉嫌受贿、贪污、挪用公款,在其家中搜出现金约1.2亿元,黄金37千克,房产手续68套,贪腐程度令人触目惊心。

节选二:苍蝇不输老虎,小官也能巨腐。当前一些官员的权力并不大,但其掌控众多资源,再加上基层财务管理不规范、不完善,民主、法制监督力量薄弱,权力一旦得不到有效制约,贪腐起来就会肆无忌惮。儋州市兰洋镇加老村村委会副主任钟建新和村党支部委员陈建云共同骗取水库移民补助款、危房改造补助款共11万余元,身为村干部,不仅不为民谋利,反而与民争利,实在令人痛心。

技巧点拨

节选一列举了引起巨大社会反响的"亿元贪官"典型事例,用事实证明了小官也能巨腐,很有说服力;节选二列举了加老村村干部贪腐十余万元的事例,不仅贪腐数额同"亿元贪官"相比不够震撼,而且事例的社会认知度不高,导致论证力度大打折扣。

2.论证说理充分

如果说论据是食材,那么论证就是施展厨艺进行烹饪的过程。若是将论据一摆,不进行充分说理,无异于将一盘未经加工的食材直接装盘摆上桌,这样显然是不行的。所以,申论文章的论证,不但要选取准确的论据,还要对论据进行分析论述,这样才能更有效地证明论点。

示例

节选一:根据现代管理科学中的"木桶理论",提升我国总体文化水平需要重视国民文化水平的提高。

节选二:"木桶理论"是现代管理科学中一个概念,意思是:一个木桶的容水量,不取决于木桶那块最长的木板,而取决于最短的那块木板。要使木桶能装更多的水,就要设法改变这块木板的现状。"木桶理论"在人们的社会生活乃至个人修养方面,都给人以深刻的启示:抓住短板,改进弱项。一个国家总体文化水平的高低,正如木桶一样,不是取决于其拥有多少个世界闻名的科学家,而是取决于其整个国民的文化程度的高低。因此,提升我国总体文化水平需要重视国民文化水平的提高。

技巧点拨

节选一想引用现代管理科学中的"木桶理论"来说明"提升我国总体文化水平需要重视国民文化水平的提高"这个观点,但只是简单地提了一下理论,就直接得出结论,让人觉得生硬突兀,难以接受。

节选二首先对"木桶理论"进行了简单的解释,然后用类比的手法,将"国家总体文化水平"比作"木桶",木桶的容量由短板决定,一国的总体文化水平同样由其短板决定,这个短板就是"整个国民的文化程度"。"木桶理论"与要论证的观点紧密地结合起来,使得论证形象生动,说理充分,很有说服力。

3.论证方法多样

"文似看山不喜平",单调、贫乏从来都是写作的禁忌,申论文章也是如此。在申论写作中考生如能恰当灵活地运用多种论证方法,就能使文章显得丰富而又富于变化,拉开与其他考生的距离。

示例

修德青年最可贵。德是最尊贵的品质。孔子说:"为政以德,譬如北辰,居其所而众星共之。"为政如此,为人亦如是。北宋名儒胡瑗晚年在太学推行他的苏湖教学法,教导子弟明体达用,其教出的学生"随材高下,喜自修饰,衣服容止,往往相类",给当时的士大夫做出了修德的表率,得到官民的普遍尊敬。当今时代,生活方式多样,价值观多元,仍能"洁身自好"的修德青年更为可贵。

技巧点拨

示例首先引用孔子的名言,有力地论证了德对于"为人"的重要性,然后又列举北宋名儒胡瑗晚年教导弟子有方,成为修德的表率,赢得官民普遍尊敬的事例,联系当前社会现实,论证了修德青年可贵的正确性。引用论证和举例论证相结合,使文章既有理论高度和文采,又有事实的说服力。

(二)论证方式

所谓论证方式,指的是揭示论点和论据之间的逻辑关系的方式。一篇说理透彻的申论文章通常能恰当运用各类论证方式。下面介绍议论文常用且有效的五种论证方式:举例论证、引用论证、对比论证、比喻论证、反面论证,希望对考生有所帮助。

1.举例论证

举例论证,是指运用典型事例来证明论点的方法。任何观点不能孤立存在,事实胜于雄辩,列举确凿、充分、有代表性的事实,能够增强论证的说服力。

举例论证在申论文章中用得最多、最广,是卓有成效的一种论证方法。

用好举例论证必须注意以下三个环节:

(1)准确选取事例。这是运用举例论证的第一个环节。申论文章的事例来源有两个:一是来源于申论材料,二是运用自身储备。

一是要巧用申论材料。申论材料字数较多,包含大量事例,是选例的主要来源。在申论材料中,能证明观点的例子可能很多,当考生都选择同样的例子证明同样的观点时,事例的论证力度就被削弱了。因此,要巧用申论材料,把材料用活。

巧用材料,这里的"巧",主要是指找准使用材料的角度。再好的事例,如果使用不当,也不能发挥其论证论点的作用。同一个事例往往有不同的方面,可说明不同的问题,使用时一定要注意找到与中心一致的角度,尽量把事例与论点结合到一起,使之密切相关。

示例

给定资料(节选):

近期,网上出现一些别有用心的人恶意制造、散布谣言,抹黑邱少云、黄继光、董存瑞、雷锋等先烈的英雄事迹,一时间质疑甚至恶搞英雄人物的声音甚嚣尘上,歪曲国史、党史、军史,在社会上特别对年轻一代产生极大负面影响。更有甚者,冒着"追求真相"之名,公开质疑上甘岭特级战斗英雄黄继光的英雄事迹,认为用"粗浅的物理分析"可以推测堵枪眼的事不可能发生,可能是记者的杜撰。还有人用恶搞的方式编顺口溜诋毁黄继光,这些低俗段子成为浅薄的人网上调侃的内容。类似的事例还有,为战场埋伏而被活活烧死的邱少云事迹被质疑违反生理学常识,狼牙山五壮士被污蔑行窃乡里,助人为乐的雷锋被抹黑成动机不纯,无私奉献的焦裕禄也被肆意丑化……

参考例文(节选):

肩负起历史使命,要弘扬正气,捍卫英雄名誉。英雄的事迹代代相传,叙述着中华文明道德精神。网络时代是言论自由的时代,但有些缺乏道德底线的网民却利用这一"便利"条件,肆意抹黑英雄,不仅扭曲英雄精神,而且破坏道德传承。从"董存瑞举炸药包违背生理学"到"黄继光堵枪眼不符合科学",对于英雄人物的"戏说"似乎成为一种时尚,成了很多人茶余饭后的谈资。英雄形象是民族意识和民族精神的代表,可以使人们铭记今天幸福生活的来之不易,可以激发现代人的爱国主义精神。对于歪曲英雄形象的恶劣行为要通过社会舆论予以强烈谴责,也要通过法律法规的形式进行惩罚约束,把传承英雄精神凝聚为社会共识,形成社会主流价值观。

技巧点拨

参考例文是对给定资料的巧妙运用。材料中提到了"质疑甚至恶搞英雄人物"的现象,从中可以确立"捍卫英雄名誉""加强网络文化建设""正确引导网络舆论"等多个论点,参考例文的总论点为"捍卫史实,传承发展",那么就可以从"捍卫英雄名誉"这一角度出发,整合材料中的事例,为我所用。

二是要调用自身储备。自身储备的事例,也是选例的重要来源。运用自身所了解和掌握的事例,既可以体现考生知识面的宽广,也能增强文章的说服力和可读性。

示例

以水为师,有利于保障社会和谐。水的一大特点,就是包容。改革开放以来,我国经济飞速发展,一跃成为世界第二大经济体,但是,收入差距明显,精神文明建设滞后,各种利益群体相互博弈,各种价值观交汇碰撞,这就需要社会具有包容精神。然而,从我国现实来看,无论是玉林狗肉节风波,还是路怒大打出手,抑或地域歧视,都反映出我们的社会缺乏包容。俗话说:海纳百川,有容乃大。我们只有学习水的包容性,增进各个阶层的沟通和理解,以理性的方式解决各种分歧,才能让社会变得更加和谐,更加美好。

技巧点拨

"玉林狗肉节风波"和"路怒大打出手"的案例来自自身储备,在给定资料中无法找到原文。两个案例都是广为人知的社会热点事件,不需要详细介绍事件经过。"玉林狗肉节风波"是因为食狗肉者和动物保护者互不相让,"路怒大打出手"源于当事人缺少包容之心,这些都能够很好地说明社会缺乏包容这一现象,增强了文章的说服力。

（2）恰当叙述事例。恰当叙述事例是运用举例论证的第二个环节，重在事实的列举，讲究以理服人。

叙述事例力求简明扼要，因为申论文章的"叙"是为议服务的，需要用最简练的语言把意思表明，起到证明论点的作用。一般来说，所用事例若为人们所熟知，那就只需"一言以蔽之"，使之能证明论点即可；所用事例即使较为生僻，也要力求简单，尽量不超过100字。典型的叙述事例的方法有以下两种。

一是叙述故事法。运用讲故事的方式来叙述事例。申论写作中常举一些故事型的事例，如爱迪生发明电灯百折不挠、贝多芬双耳失聪仍能创作美妙的音乐等，这些事例本身故事性较强，采用叙述故事法可以凸显事例的特点，使申论文章更加鲜活。

不过需要注意的是，有些材料并不能直接证明论点，还必须根据论点的需要，将事例中隐藏的本质意义挖掘出来，增补一些与论点相近甚至相同的词句。

示例

被誉为"科学幻想之父"的法国著名科学幻想小说家凡尔纳，十八岁时在巴黎学法律。有一次，他参加了一个上流社会的晚会。当他从楼上走下来的时候，童心未泯的凡尔纳像孩子一般从楼梯扶手上往下滑，结果撞在一个胖胖的绅士身上。此人正是法国著名作家大仲马。从此，凡尔纳结识了大仲马，并在大仲马的影响下，走上了文学创作之路。

技巧点拨

要体现"善于抓住机遇"这个论点，凡尔纳的事例固然简练，但缺乏针对性。要想使这个事例能够证明论点，需要对后面进行适当修改，增补一些内容："这个偶然的机会让他兴奋不已，他觉得这是个难得的机会，是命运之神的安排，必须抓住它。于是，凡尔纳主动结识大仲马，并在大仲马的影响下，走上了文学创作之路，成为一代著名科幻小说家。凡尔纳终生庆幸自己能抓住那次机遇。"

二是概括排比法。概括排比法，就是选取一组能论证同一论点的事例，尽量古今中外都有，然后对事例进行高度概括，一个事例凝练成一句话，以排比形式出现。这种概括排比式的"叙例"，不仅使语言气势磅礴，更能让论据充分，论证有力。

示例

面对遭人冷眼、受人凌辱的处境，勾践定下了复仇雪耻的目标，他忍辱负重，卧薪尝胆，终于成为春秋霸主；面对经济贫穷落后、国人思想麻木的旧中国，鲁迅定下了唤醒国人的目标，他弃医从文，发奋写作，被后人誉为"民族魂"；面对选民平静的表情和缺乏热情的鼓掌，李光耀定下了学习中文的目标，他争分夺秒，勤学苦练，终于凭着中文演讲引起选民共鸣而当选为新加坡总理。可见，只有确立切实可行的目标，才能够取得成功。

技巧点拨

勾践、鲁迅和李光耀的例子都是为了论证一个论点：只有确立切实可行的目标，才能够成功。示例中古今中外的事例均有，排比的修辞形式加上典型论据，使论证变得更加充分、更有气势，从而增强了例证的效果。

（3）充分议论事例。在运用举例论证时，特别要注意在"议论事例"方面做到画龙点睛，不能让事例形同虚设，要用精练的文字、警策的句子写出含义深邃、高度概括的议论性话语，对

所选论据加以剖析、阐发,让举例论证更有力度。具体来说,议论事例最常见的方法有两种:

一是原因分析法。即根据具体事例中的结果,由果索因,用原因与结果的必然联系来证明论点的可靠性和正确性。一般来说,可以用"为什么……关键在于……""之所以……是因为……"等句式作为原因分析的连接词。

示例

"河"边湿"鞋"不湿"鞋"的关键在"人"而不在"河"。同是天津这条"河",刘青山、张子善侵吞巨额公款,由当年的红小鬼、国家功臣沦为人民的罪人,湿了"鞋";木匠出身的书记李瑞环的"鞋"却永远干干净净。同是上海这条"河",市委书记陈良宇湿了"鞋",但当年著名的陈毅市长却两袖清风,一双净"鞋"。同是一条"河",为什么有人湿了"鞋",有人硬是"鞋"不湿呢?刘青山、张子善、陈良宇之所以陷入违法犯罪的深渊,是因为他们在政治上抛弃了共产主义的理想,思想上拜金主义严重,法律观念薄弱。李瑞环、陈毅之所以常在"河"边走,硬是不湿"鞋",是因为他们在政治上理想高远,思想上永远想着人民,想着国家,有着崇高的理想和品德修养。

技巧点拨

该段先亮明观点,在概述刘青山、张子善等人"湿了'鞋'"和李瑞环、陈毅"硬是不湿'鞋'"的典型事例后,从各自行为的内在因素入手,循着"为什么"的线索顺藤摸瓜,分析相同条件下两种不同结果产生的根本原因,进而揭示是否"湿'鞋'"的关键在于自身的政治理想、道德修养和法治观念。通过此番因果分析,文章有力地论证了河边"湿'鞋'""不湿'鞋'"的关键在"人"而不在"河"的论点。

二是假设分析法。在概述具体事例后,从正面或反面提出某种假设,改变事物存在的条件,并就此分析结果发生的变化。通过这种条件与结果之间关系的推演和比较,来强调事物在特定条件下的必然结果,进而达到论证论点的目的。一般来说,可以用"试想一下,如果……"等作为假设分析的连接词。

示例

培育和谐网络文化。从"凤姐"到"贾君鹏",从"出轨门"到"嫖娼门",从"盐荒"到"军车进京",一宗宗事件经过网络传播得以无限扩大,有的甚至引发严重恐慌,网络文化已经被贴上了低俗、极端化、审丑等标签。此外,一些网民为嫖娼被拘的演员叫屈或叫好,理由是比起婚外情、"潜规则"等"大恶",嫖娼只是"次恶",这部分网民已经模糊了道德底线,在不良网络文化的影响下,背离了社会主义核心价值观。如果能够培育和谐网络文化,使其撕下那些不良标签,那么"凤姐""贾君鹏"们将不再大行其道,"盐荒""军车进京"等谣言也将销声匿迹。可见,必须培育和谐的网络文化,净化网络文化环境,引导网民树立正确的价值观。

技巧点拨

该段先亮明观点,然后以一系列网络传播事件引出不良网络文化这个话题,随后话锋一转,提出"培育和谐网络文化"这个假设,改变事物存在的条件,得出不同的结果,通过不同条件与结果之间的演绎,强调了文章观点。

2.引用论证

引用论证也叫"引证",即引用公理、名言警句、经典著作、历史文献、成语、俗语、传说、古今诗文等作为论据,引经据典地分析问题、说明道理的论证方法。这些理论论据大多经过先贤大家的深刻理解,表达了他们的独到见解,闪耀着理性与智慧的光辉。如果能恰到好处地引用这些论据,可大大增强文章的论证力量,也可增加文章的文采。

引用论证有以下几种方法:

(1)直引式。直引式,即直接引用名言警句等来证明文章论点的引证方法,是在文章论述中最常采用的一种引证方法。通常为证明中心论点或分论点,在直接引用公理、名言、俗语等作为论据时,会对其加以阐释或联系论点进行分析,起到支撑论点的作用,增强文章的论证力度。

示例

农业现代化助力社会和谐。孟子曰:"有恒产者有恒心,无恒产者无恒心。"他用朴实的话语提醒政府:百姓只有获得稳固的收入,才能不违法乱纪。我国作为农业大国,农民人口数量庞大,若是缺乏稳固收入,导致违法乱纪行为出现,必然破坏社会和谐。当前,我国农村农业现代化设施装备应用水平较低,科技支撑能力不足,只有尽快完成现代化建设,才能为发展农业提高收入打开通道。小康社会,是和谐稳定的社会。在全面建成小康社会的决胜阶段,我们需要大力推动农业现代化建设,为和谐社会打下物质基础。

技巧点拨

此处直引孟子名言作为论据,并联系论点做出阐发,强调了农业现代化对于社会和谐的重要性,增强文章说服力的同时,丰富了文章内容。

(2)修饰式。修饰式,即引语在文中作定语,以修饰语的形式出现的引证方法。这样的引语是定语说的话或做的事,是为了表现人或事的特性。一般来说,修饰式会选用一组引语,与例证法或对比法结合起来使用。

示例

欲知大道,必先为史。浩浩荡荡的历史长河,既有河清海晏的时和岁丰,也有波涛汹涌的兵戈扰攘,起承转合间书写出了一部治国理政的参考宝典。同时,历史又是精华与糟粕并存,有"先天下之忧而忧"的家国情怀,也有"宁我负人,毋人负我"的厚黑学;有"民为贵,社稷次之,君为轻"的民本思想,也有"民可使由之,不可使知之"的权谋术。善于取其精华去其糟粕,融会贯通,化为己用,我们就能温故知新、彰往察来。

技巧点拨

文章巧妙结合了举例论证与引用论证,分别引用一句话作为定语对家国情怀、厚黑学、民本思想和权谋术进行修饰,充分说明了历史精华与糟粕并存的现实,大大增强了论点的稳固性和文章的可读性。

(3)镶嵌式。镶嵌式,即把引用的理论论据,组织进自己的叙述或议论,变成自己话中的一部分的引证方式。这样的引用没有特殊要求,且相对于直引式和修饰式来说,形式较为灵活,出错机会较少,推荐考生使用。

示例

家风淳,才能国风正,进而发展兴。历史证明,"一人贪戾,一国作乱",上至领导干部,下到普通百姓,都应认识到家风问题并非小事、私事,而是事关国家兴亡。只有加大家风整治力度,培养优秀子孙,才能确保家族传承不绝,国家发展兴盛。

技巧点拨

"一人贪戾，一国作乱"出自"一家仁，一国兴仁；一家让，一国兴让。一人贪戾，一国作乱"，引用部分既没有以独句的形式出现，也没有作为定语对事例加以修饰，而是直接嵌入语句中，成为论述的一部分。

3.对比论证

对比论证是正反对比论证的简称，是一种把两种事物加以对照、比较后推导出它们之间的差异，使结论映衬而出的论证方法。对比论证可以列举一个正面的例子和一个反面的例子，也可以举一个例子，里面含有正反两种因素。必须谨记，对比论证不能停留在举例阶段，还要对例子进行进一步的分析。

对比论证有以下几种方法：

（1）正面与反面事例、错误与正确做法对比。这是比较常用的一种对比方法，对比效果比较明显。

示例

创新是企业生存之道。通过研究一些企业的发展过程，人们会发现一个现象：很多企业在创业初期，发展非常强劲，但是过了几年，这些企业却鲜有耳闻，不是破产倒闭就是苟延残喘。经过分析不难看出，造成这个问题的一个重要因素就是企业缺乏持续创新能力。日本索尼公司于1994年推出PlayStation，而后不断升级完善，以此横扫游戏主机平台，然而步入网络时代后，这家企业却缺少创新，再也没有推出一款颠覆性的产品，导致公司停滞不前。反观美国苹果公司，触屏手机横空出世，平板电脑独领风骚，层出不穷的创新产品令其一举成为世界最有价值品牌。对比两家企业可见，创新能力的强弱决定着企业的兴衰成败。只有不断地积累和落实创新，才能推动企业向前发展，这才是企业在市场竞争中的生存之道。

技巧点拨

这段文字通过日本索尼公司停滞不前、美国苹果公司不断创新的对比，分析得出创新能力的强弱决定着企业的兴衰成败的结论，有力地证明了"创新是企业生存之道"这个论点。

（2）现在与过去对比。同一个事物，可以进行今昔对比，以产生强烈的效果。

示例

文化修养教育，关乎民族文化精神的弘扬。五千年的薪火相传，造就了中国人对华夏文明的从容自信，汉唐以降的外国来朝，更使得中华文明传扬四方，然而，近代中国闭关自守，导致文明衰弱，再加上外来文化的碰撞，更使得社会大众对本国文化信心不足。民族文化汇聚着传承千年的民族精神，这是我们实现百年复兴的精神基础。增强文化修养，是对民族文化的深入感受，在日常生活中遵守礼仪礼貌，则是对民族精神的弘扬。身处百年复兴的关键时期，我们只有开展文化修养教育，才能重新树立大国意识，让国人重拾成就伟业的信心。

技巧点拨

示例将汉唐以降的外国来朝使中华文明传扬四方与近代闭关锁国、外来文化碰撞使民众对本国文化信心不足进行对比和分析评论，有力地论证了"开展文化修养教育，才能重新树立大国意识，让国人重拾成就伟业的信心"的观点。

4.比喻论证

比喻论证是用打比方的方式形象地对论点进行证明的一种论证方法,又叫喻证法。"喻巧而理至",这种方法是用容易理解和浅显的事物来说明不易理解和较深的事理,能将抽象的道理予以具体化,做到深入浅出、平易生动,从而加强对论点的证明。

运用时要注意所用的比喻必须恰当,一般来说,比喻论证不宜作为一篇申论文章论证的主要方法,因此要适量使用。

比喻论证有以下两种方法:

(1)比喻说理。比喻说理,就是运用具体的事物说明抽象的道理,变复杂为简明,表述婉转而有较强的说服力。运用比喻说理,首先要找准比喻与道理的契合点,其次要力求新颖。

示例

"以铜为鉴,可以正衣冠;以古为鉴,可以知兴替;以人为鉴,可以明得失。"现代社会,媒体是政府最真实、最客观、最便利的一面镜子,政府的一言一行,在媒体上得到反映;公众对政府得失的种种评价,在媒体上一一折射出来。因此,政府要善于以媒体为镜,照出自己的不足,改进自身的工作。

技巧点拨

文章利用比喻说理,用"镜子"的比喻说明了"政府要善用媒体,照出自己的不足,改进自身的工作"这个道理。

(2)比喻评价。比喻评价,是运用联想与想象,通过细腻的笔法、比喻的手段去评价人或事物的一种喻证方法。评价不同于说理,强调的是通过仔细的研究和评估,确定对象的意义、价值或者状态;说理则是强调对道理的分析、阐释。

示例

近几年医改虽然取得了阶段性成效,但依然任重道远。医保体系仍存在"种类多,难以统一管理""自负比例高,看病贵""异地看病,医保不兼容"等诸多管理问题;"以药养医"机制沉疴多年,"医药分开"改革的实施依然困难重重;全民医疗体系还不健全,农村的医疗卫生服务水平仍有待提高,等等。深化医改犹如箭在弦上,不得不发。

技巧点拨

文章利用比喻评价,用"箭在弦上"的比喻说明深化医改的紧迫性,论证形象、通俗生动。

5.反面论证

反证法,就是从反面看观点,不直接论证观点,而是间接论证观点。关联词一般为"如果……那么……""假使……那么……""试想……""倘若……"等。从句式上看,反证法常借用排比句或反问句表达,不但能增强文章的说理力度,而且能增强文章的气势。

反面论证有以下几种方法:

(1)反证论点。反证论点,即对论点从反面进行证明。

反证论点的逻辑基础是排中律,即在条件相同的情况下,矛盾判断必定一真一假。如果"这一观点"是正确的,那么"另一观点"则是错误的;如果"这一观点"是错误的,那么"另一观点"则是正确的。

具体做法为：

> 提出正确观点（可为总论点或分论点）—找出与正确观点相矛盾的反面观点—证明错误观点存在谬误—强化正确观点

或者

> 引出错误观点—找出与错误观点相对的反面观点—证明反面观点的正确性—得出结论

示例

于是有人慨叹曰：中国人失掉自信力了。①

如果单据这一点现象而论，自信其实是早就失掉了的。先前信"地"，信"物"，后来信"国联"，都没有相信过"自己"。假使这也算一种"信"，那也只能说中国人曾经有过"他信力"，自从对国联失望之后，便把这他信力都失掉了。

…………

中国人现在是在发展着"自欺力"。

"自欺"也并非现在的新东西，现在只不过日见其明显，笼罩了一切罢了。<u>然而，在这笼罩之下，我们有并不失掉自信力的中国人在。</u>②

我们从古以来，就有埋头苦干的人，有拼命硬干的人，有为民请命的人，有舍身求法的人……虽是等于为帝王将相作家谱的所谓"正史"，也往往掩不住他们的光耀，这就是中国的脊梁。

这一类的人们，就是现在也何尝少呢？他们有确信，不自欺；他们在前仆后继地战斗，不过一面总在被摧残，被抹杀，消灭于黑暗中，不能为大家所知道罢了。说中国人失掉了自信力，用以指一部分人则可，倘若加于全体，那简直是诬蔑。（鲁迅《中国人失掉自信力了吗》节选）

技巧点拨

该段文章，首先引出一个错误观点（见①），接着引出一个与错误观点相对的论点（见②），并论证了这个观点的正确性，从而也就否定了文章开头的错误论点。

（2）反证论据。反证论据，也称反面假设，即从反面对论据进行证明，以达到间接论证观点目的的论证方法。一般情况下，反证论据中的论据都是事例型论据。因此，反证论据一般是与例证法结合使用的。

具体做法为：

> 列举若干事例—反面假设—推出符合论点的结论

运用反证论据，需注意两个问题：

第一，假设句包含的是条件与结果的关系，如把条件称为 A，结果称为 B，其表达式就为：如果没有A，那么就不可能有 B。

第二，假设句与例证句在内容上截然相反，如果事例是正面的，假设句则应从反面下笔；事例是反面的，假设句则应从正面下笔。事例与假设句可正反结合，形成鲜明对比。

示例

海尔集团始终坚持以技术作为发展的手段和依托。在十几年的发展过程中,从引进技术到整合国内外资源、自主创新,坚持"技术创新课题来自市场难题"和"设计创造高质量、高附加值"的研发理念,海尔通过技术创新使集团在中国市场和国际市场上取得长期的成功,营业额年平均增长率达到78%,持续保持在家电与其他相关领域的领先地位。

可见,海尔的成功在于创新。假如海尔集团因循守旧,不进行技术创新,也许早就被市场淘汰,"海尔"这个品牌也不会闻名中外。正是由于海尔集团的不断创新,才打响了"海尔"这个品牌。所以,创新是海尔发展的不竭动力。

技巧点拨

文章首先所举的是"海尔通过技术创新,保持在家电与其他相关领域的领先地位"这个成功案例,是正面论据,随后以"假如……"的复句形式从反面假设"海尔集团因循守旧,不进行技术创新",从而推出"(海尔)可能早被市场淘汰,'海尔'这个品牌也不会闻名中外"的结论。这就从反面证明了"创新"对"海尔成功"的重要性,进一步论证了中心论点。

六、结尾

(一)结尾的基本要求

1.完整简洁

结尾的重要作用之一是收束全文。古人说,文章结尾应当"如截奔马",就是要把洋洋洒洒的文章在适当的地方收住。要掌握好分寸,既言简意赅又表意完整,决不拖泥带水,尽量不要超过150字。

示例

结尾一:资源改革是当前社会经济发展的大势所趋,我们要不断推进,坚持不懈,才能让今日的"秃山黑水"变回昔日的"青山绿水"。

结尾二:资源改革,并非简单地一"并"了事,其重要目的在于理清目前我国资源企业多、小、散、乱的产业形势,通过促进生产方式的转型升级,走上可持续发展的道路,最终构建资源节约型、环境友好型社会。党的十八届三中全会以来,自然资源价格改革成为政府工作的重点,正是希望以此纠正偏离节能减排的发展轨迹。

结尾三:资源改革是应对资源危机和产业升级潮流的必然选择。推进煤炭资源整合重组,坚持以煤补林、以黑补绿,让黑色的矿山重新披上苍翠的绿衣,必将让华夏大地呈现一派勃勃的生机!

技巧点拨

以上是题为"资源改革"的文章的三种结尾。其中,结尾一属于"残缺式",表意不清,语言套路,很明显是作答时间不够,仓促完成;结尾二"资源改革……环境友好型社会"至此收笔即已圆满,可其后却又添加了十八届三中全会后,我国政府关于资源价格改革的内容,前后表意不一,表述突兀,属于画蛇添足;而结尾三文字简洁、语言生动,明确了观点,展现了情感,鼓舞了人心,更突显了文章主题。

2.言之有物

我们写作时,对文章的结尾进行适当的升华,并对未来做出展望是可以的,但切忌空喊口号,无实质内容,如"让我们为……努力吧!""让我们为……而拼搏吧!""我们要为……而奋斗!"这样的结尾毫无新意,给人以单调、底气不足的感觉。

示例

结尾一:诚信是一切美好情感的珍贵原色,是道德与法律的底线,让我们携起手来,共同铸就诚信社会吧!

结尾二:朱子云:"信犹五行之土,无定位,无成名,而水金木无不待是以生者。"诚信是一切美好情感的珍贵原色,是道德与法律的底线。企业诚信建设不在一朝一夕,也不能凭借一方之力,只要形成企业、政府和社会的合力,下定决心并奋起行动,诚信一定会还以本真的原色。

技巧点拨

同样是展望,结尾一空有一腔热情,形式俗套,内容空洞;结尾二引用名言警句切入诚信主题,继而指出了诚信建设的重要性和长期性,最后发出呼吁,对未来做出了美好展望,这一结尾内容充实,言之有物,言之成理。

(二)结尾方式

1.照应前文

照应前文是指结尾扣题,呼应上文,强调开篇与正文主体所提出的问题,概括问题的意义和能够产生的影响、效果,紧扣政策背景,联系实际生活,深化对全文主题的阐释与论述。

(1)照应标题。标题即论点,照应标题式的结尾可以看作是标题的扩展句。

示例

标题:农村治理需要德、礼、法并举

结尾:孔子曰:"道之以政,齐之以刑,民免而无耻。道之以德,齐之以礼,有耻且格。"他提醒后人,社会治理不能单单依靠法律的惩戒,还需要道德、礼法的教育约束。当前,我国农村治理应遵循孔子思想,实现德、礼、法三者合一,相信如此一来必能提升村民素质,建设和谐乡村。

技巧点拨

文章标题点明农村治理需要德、礼、法并举,而结尾通过引用名言警句,再次强调了德、法、礼对农村治理的合力作用,点明文章主旨并深化了主题。

(2)照应开头。开头提出文章的中心论点,结尾处重申论点。

示例

开头:幸福是人们向往的生活境界,是人们为之奋斗的人生目标,是全人类永恒的追求,也是当前"中国梦"的核心内容。家是最小的国,国是千万的家。政府为个人幸福保驾护航,才能助推整个民族实现"中国梦"。

结尾:"中国梦"是百姓住有所居、病有所医、学有所教的现实需求,是无数个人梦的汇集,同时也是国家富强、民族振兴的伟大目标。我们只有为小家幸福精耕细作,才能最终结出民族复兴的累累硕果。

技巧点拨

文章开头点明了个人幸福的重要性，继而提出"政府为个人幸福保驾护航，才能助推整个民族实现'中国梦'"的总论点，而结尾则将中国梦细化到社会大众的身上，再次点明个人幸福与国家梦想的关系，重申了总论点。

2.总结分论点

总结分论点即指对全文的内容进行总结、归纳的结尾方法，通常是对论点，尤其是对分论点的总结。需注意的是，对分论点的总结不是对分论点的胡乱堆砌，而应对分论点进行适当加工。通常，这种结尾方式是分论点与意义的杂糅表述。

> **示例**

总论点：金融发展离不开实体经济的支持。

分论点：实体经济可以为金融发展规避风险。

实体经济可以为金融发展提供和谐环境。

实体经济可以为金融发展指明方向。

结尾：环顾当前金融行业现状，过度的创新使得金融发展迷失了方向。我们要明确实体经济为金融发展规避风险、提供环境、指明方向的重要意义，坚持将创新的嫩芽植根于实体经济的沃土，方能确保我国金融茁壮成长。

技巧点拨

结尾首先点明问题，继而精简罗列分论点表明实体经济的重要意义，最后重申总论点收束全文。

3.展望号召式

展望号召要求我们以坚定有力的语气指明事物未来的发展方向、政策走向，以及问题必然解决、情况必然改善的趋势与前景，阐述事物能够在经济社会和群众心理等各方面产生的积极影响。一般以感叹句、陈述句等抒发感情，发出倡议。

> **示例**

俗话说："天时不如地利，地利不如人和"，人的作用无可比拟。如今我国经济发展正处于创新创造的高峰时期，"天时"具备，部分地区环境恶劣，不占"地利"，但依靠高能"老九"创新创业，却可以激发"人和"优势。依靠"老九"的努力，区域经济发展水平将得到大幅提升，精神文化思想也将一日千里。相信只要区域政府重视人才、培养人才、集聚人才、创造人才，发挥人才优势，昨天的落后地区明天将占领发展鳌头！

技巧点拨

结尾首先引用名言指出人才的重要性，接着指出依靠高能"老九"，可以发挥"人和"优势，最后通过坚定有力的话语对未来前景做出展望，语言简洁有力，很容易获得阅卷者的认同。

4.借用名言式

借用名言式是指引用党和国家领导人或专家学者、经典名著中的权威论述，联系主题进行阐释论述，借题发挥，有引有阐，开掘文章的内涵思想，提升全文的理论层次，展现政策、道义高度与人文情怀,烘托文章的立意。

示例

"国之兴,长于政;政之兴,在得人。"政府领导干部的工作事关国家大计,为政者当以水为师,运用以柔克刚的智慧破解工作难题,以润物无声的姿态投身为人民服务的事业中。唯有如此,人民方能拥护党的事业,中华民族的复兴事业方能踏实走好每一步。

技巧点拨

结尾借用《后汉书》里的名言,对领导干部的重要作用进行了阐释,进而提出领导干部应当以水为师,照应文章观点。

考点三 | 妙用修辞

文章采用比喻、对偶、排比等修辞手法,能够丰富文章内容,使其更具文采和表现力。需要注意的是,在运用修辞方式时要尽量朴实,以贴合申论文章严肃、务实的要求,不可使用过于夸张的手法。

一、比喻

比喻就是平常说的打比方,是用本质不同但具有相似点的另一事物说明或描绘事物的修辞格,能化抽象为具体,使事物更加清楚明白,给人深刻的印象。

比喻手法一般起到使语言生动形象,文章更加具有文采的作用。此外,在文章的不同地方运用比喻手法,也可以起到不同的作用。具体来讲,用于标题,能够给人以想象的空间,吸引阅卷者的注意;用于开头,能够形象生动地引出写作话题;用于论证,能够使抽象的事理具象化,让阅卷者深入了解论证的观点。

示例一

治霾"马拉松" 没有局外人

技巧点拨

标题用比喻的手法,形象地说明雾霾治理是个长期工程。

示例二

勤俭节约的美德如甘霖,能让贫穷的土地开出富裕的花;勤俭节约的美德似雨露,能让富有的土地结下智慧的果。我们应该积极响应习近平总书记关于"厉行勤俭节约、反对铺张浪费"的号召,将勤俭节约的品行融进我们的灵魂,一代一代传承下去,内化于心,外践于行。

技巧点拨

开头将勤俭节约的美德比作甘霖、雨露,指出其能让土地开花结果,形象地点明了勤俭节约的重要性,引出了写作话题,值得考生学习。

示例三

高校任性扩招造成大学生就业难。"摊大饼"式的规模扩招,造成了高等院校教学资源紧张,学生质量与数量增长不成比例。而且我国部分学校为了追求综合性,更是盲目开设专业,教学模式刻板,教学内容陈旧,学校课程与社会实践相脱节。学生虽然学习了多年的知识,但缺乏社会实践经验,理论没有转化为能力,自然无法得到用人单位的青睐。

技巧点拨

论证中将高校的规模扩招方式形象地比作"摊大饼",突出了其扩招中的盲目求大和不合理性,丰富了论证内容,令人印象深刻。

二、对偶

对偶通常是指文句中两两相对、字数相等、句法相似、平仄相对、意义相关的两个词组或句子构成的修辞方式。从意义上讲,前后两部分密切关联,凝练集中,有很强的概括力;从形式上看,前后两部分整齐均匀,音节和谐,具有韵律感。

对偶手法在申论文章中多用于标题和论证,一般在标题中采用对偶手法,可以使标题呈现一种平衡与对称的形式美,从而给阅卷者留下深刻的印象。此外,在论证中列举两个较为简短的事例时,可以考虑采用对偶手法,以减少字数,增加论证力度。

示例一

改革制度破垄断　释放活力促公平

技巧点拨

标题用对偶手法,"改革制度"对应"释放活力""破"对应"促""垄断"对应"公平",内容上前后呼应,形式上整齐均匀,平仄和谐。

示例二

坚持以人为本,是社会发展稳定的需要。"治天下者,以人为本。"文景之治与民生息,仁宣盛世息兵养民,一个个华夏辉煌向我们验证了这句话的正确性。近代中国从风雨飘摇走向今天的泱泱大国,更与我党密切联系群众的工作作风密不可分。而近年来,部分领导干部却逐渐脱离群众,对基础设施建设等民生问题不闻不问,对社会弱势群体保障漠不关心,各种不作为、乱作为的违纪现象更是比比皆是。这既降低了人民对政府的信任,更激化了社会矛盾。为此,领导干部应响应号召,坚持以人为本,转变工作作风,重拾人民信任。

技巧点拨

在论证中使用对偶手法,以简洁的语句列举了文景之治和仁宣盛世两个事例,强调了以人为本对于社会稳定发展的重要性,具备高度的概括性和韵律美,优于传统列举事例的表达方式。

三、排比

排比是把结构相同或相似、意思密切相关、语气一致的词语或句子成串地排列的一种修辞方法。排比句句式工整,内涵丰富,语气连贯,可以增添语言的气势,构建形式的整齐美,打造文章的层次美。

文章写作中巧用排比,能够周密地说明复杂的事理,增强语言的气势和表达效果。一般用于阐述事物的现状、意义、问题等,以增强文章的表达效果和气势,深化论述中心。此外,需要注意运用排比必须从内容的需要出发,不能生硬地拼凑。

以全民意识构成信息安全之线。面对个人信息泄露,很多人不以为意;面对企业组织信息安全漏洞,有些人缺乏重视;面对政府网站遭遇攻击,长期无人解决。凡此种种说明社会的各个层面都存在忽略信息安全的问题,每个社会领域都与信息化息息相关,每个民众、组织信息安全意识的觉醒,都会促进整个社会的信息安全。民众的一小步,就是社会的一大步。全民安全意识的培养,需要宣传引导,也需要教育培训。

技巧点拨

论证中使用排比的修辞手法,分别从个人、企业、政府的角度指出我国缺乏信息安全意识的现状,不仅使文章具有层次美,而且起强调作用,增强了文章说服力。

弗朗西斯·培根说过:"只要维持公平的教育机会,贫穷就不会变成世袭。"教育公平,于个人而言,是改变未来、实现梦想的机会;于社会而言,是化解贫穷代际传承,实现社会结构重塑的渠道;于国家而言,是实现社会公平、走向教育强国的需要。只有实现教育公平,才能照亮孩子的未来,培养德智体美全面发展的社会主义事业建设者和接班人。

技巧点拨

该段落为文章结尾,通过排比句式强调了教育公平的重要意义,烘托了气氛。

四、对比

对比就是把事物、现象中矛盾的双方,安置在一定条件下,使之集中在一个完整的统一体中,形成相辅相成的比照和呼应关系。运用这种手法,有利于充分显示事物的矛盾,突出被表现事物的本质特征,增强文章的艺术效果和感染力。

对比是申论文章写作中较为常用的一种写作手法,多用于标题、开头和论证部分。标题采用对比手法,可以起突出强调作用,使文章主题更加鲜明;开头采用古今对比、国内外对比等能给人以强烈的感受,继而引出写作话题;论证部分多是把两种事物加以对照、比较后,推导出它们之间的差异,使结论映衬而出,使论证更为有力。

经济开源尚需"公费"节流

技巧点拨

标题用对比的手法,提醒人们,在经济发展的同时要控制"三公消费",突出强调了"公费"节流的重要性。

一边是高楼林立、经济繁荣的东南,一边是寂寞荒凉、贫穷落后的西北,撕裂中国社会的,不仅有"胡焕庸线",更有经济发展的差距、思想观念的差异。近年来,西部大开发有力地推进了西部经济的发展,然而,这种在原有格局下的局部发展并没有解决东西部发展差距问题。可见,要实现区域协调发展,必须以创新思路打破旧格局。

技巧点拨

开头通过运用对比手法,让人对东南地区同西北地区的差异感受强烈,强调了区域协调发展的紧迫性,继而引出写作话题。

示例三

重视劳动可以优化产业结构,实现经济发展。众所周知,我国是制造大国但并非制造强国,众多企业只是承揽产业链末端的来料加工,鲜有科学技术与精度工艺融汇其中,导致产品定价权缺乏,在国际市场竞争中处于劣势。这一问题的产生,就在于我国忽视了劳动的力量。反观"德国制造",无论是莱卡相机,还是朗格手表,都以无与伦比的精湛技术和高水准的完美手工享誉世界。而德国的成功,正源自他们对职业教育的重视,夯实了制造业基础,提升了该国产业结构。可见,我国只有重视劳动,实现教育理念转型升级,才能让中国经济继续腾飞。

技巧点拨

论证中将"中国制造"同"德国制造"对比,揭示其差异产生的原因在于是否重视职业教育,从而自然推出"重视劳动可以提升国家产业结构"的结论,提升了论证力度。

五、拟人

拟人是借助丰富的想象,把事物模拟成人来写的一种修辞方法。其主要作用在于使语言生动,并引起读者的联想。拟人的修辞手法在申论文章写作中不常见,但是如果运用得当,可以成为文章的吸睛点,令人印象深刻。

示例

让幸福感追上 GDP 的"脚步"

技巧点拨

标题采用拟人的手法,着重强调了一味追求 GDP 增速并不可取,要兼顾经济发展与民生保障。

真题回顾

(2018)给定资料 8 中提到"金融应该是有温度和情怀的"。请结合你对这句话的思考,自选角度,自拟题目,写一篇议论文。(40 分)

要求:①观点明确,见解深刻;②内容充实,结构严谨,语言流畅;③总字数为 1000 字左右。

给定资料(节选):

8.说到金融,很多人想到的是行情、收益、风险等看似没有太多温度的词语,"情怀"二字似乎与金融难以产生联系。其实在商业时代,人们更不应该羞于谈情怀。有人倡导"真正的情怀不是理想主义者的漫话空谈,也不是远离商业利益,而是务实主义者的拼搏奋斗"。所以说,金融并不是情怀的对立面。相反,金融为情怀创造了现实条件,情怀则为金融实践者提供了脚踏实地的意义。

近年来 M 金融服务集团也开展了很多金融教育实践。集团董事长 P 女士在题为"普惠金融的黄金时代"的演讲中提到,M 集团一直和小伙伴在做"小确幸"的普惠金融,普惠金融,做的就是小但能给人带来幸福的事。P 女士认为,互联网金融能通过降低成本、缓解信息不对称、提高触达率等方式推动普惠金融的发展。"支持和推动普惠金融发展是我们的承诺,也是企业社会责任的体现。"P女士引用扎克伯格给他孩子的一封信，"我们希望孩子在一个疾病减少、贫困消除、社会平等且能发挥人类潜能的世界中成长。"金融不是冷冰冰的数字游戏，不是贪婪的血腥机器，金融应该是有温度和情怀的。

【参考例文】

蚂蚁金服集团董事长曾在一次演讲中指出：金融应该是有温度和情怀的。这一观点引发了社会热议。身处创新创业的年代，提起温度与情怀，人们总是想到人文精神与理想主义，这似乎与金融业中清晰数字、明确利润给人的冰冷感觉格格不入。但在我看来，温度与情怀正是现代金融业应该追求的目标。

追求温度与情怀，可以实现现代金融的经济增长。昔日，中国只有国有银行可以提供金融服务，在审查融资申请时，它们非常重视财物抵押，这种习惯延续至今。一些创业者在申请贷款时，虽然饱含激情地展示项目规划和发展前景，但空有温度与情怀而无抵押的现实，还是令他们被金融机构拒之门外。对很多金融机构来说，把大笔资金注入拥有雄厚资产的大型企业、国有企业，才是放心的投资举措。可令人啼笑皆非的是，不少大型企业、国有企业正面临产能过剩的难题，面对市场需求的改变，他们的盈利空间日渐逼仄，贷款并不易收回。相对而言，饱含温度与情怀的创业者则蕴藏着无限可能，一笔小小的投资可能会换来丰厚回报，他们是有待挖掘的"金矿"。现代金融只有重视温度与情怀才能跟上今天发展的改变，实现经济增长。

追求温度与情怀，可以发挥现代金融的社会价值。对贷款抵押过度重视，影响的不仅是经济收益，而且背离了现代金融普惠大众的社会责任。这一做法，其实抹去的是中小企业同大企业平等发展的机会，最终只会引发"马太效应"，令"强者愈强，弱者愈弱"。而社会贫富差距也因此不断拉大，最终酿成众多矛盾隐患。如今，信息技术发展的春风吹入金融行业，催生了互联网金融。多家网络信贷平台的出现，为中小企业和"双创"人员提供了多样化的金融服务，在斩获经济利益的同时，更为追逐情怀的人们提供了公平的发展机会，社会的贫富差距正由此缩小。调查研究发现，金融市场发展程度越高的国家，其收入不平等系数便越低。我国政府理应大力推动现代金融体系建设，为社会创造更加公平的发展环境。

身处发达的商业时代，经济活动需要讲求效益，然而这并不是要求金融企业一切向商业利润看齐。现代的金融业不仅要追求经济利益，更要关注社会价值。只有大力发展普惠金融，更好地为务实主义者的拼搏奋斗服务，才能让现代金融服务惠及更多的人，从而令金融真正具有温度与情怀。

中公教育·全国分部一览表

中公教育总部
地址:北京市海淀区学清路23号汉华世纪大厦B座
电话:400-6300-999
网址:http://www.offcn.com

北京中公教育
地址:北京市海淀区学清路38号金码大厦B座910室
电话:010-51657188
网址:http://bj.offcn.com

吉林中公教育
地址:长春市朝阳区辽宁路2338号中公教育大厦
电话:0431-81239600
网址:http://jl.offcn.com

浙江中公教育
地址:杭州市西湖区文三路477号华星科技大厦
三层中公教育
电话:0571-86483577
网址:http://zj.offcn.com

江苏中公教育
地址:南京市白下区中山南路8号苏豪大厦22
层(东方商场旁)
电话:025-86992955 / 66 /77
网址:http://js.offcn.com

湖南中公教育
地址:长沙市芙蓉区五一大道800号中隆国际大
厦4-5层
电话:0731-84883717
网址:http://hn.offcn.com

四川中公教育
地址:成都市武侯区锦绣路1号保利中心东区1
栋C座12楼(美领馆旁)
电话:028-82005700
网址:http://sc.offcn.com

山东中公教育
地址:济南市经十路13606号燕山立交桥东行
300米路南中公教育大厦
电话:0531-86554188
网址:http://sd.offcn.com

陕西中公教育
地址:西安市新城区东五路48号江西大厦1楼
(五路口十字向东100米路南)
电话:029-87448899
网址:http://sa.offcn.com

江西中公教育
地址:南昌市阳明路310号江西出版大厦5、6
层(八一东桥头)
电话:0791-86823131
网址:http://jx.offcn.com

广东中公教育
地址:广州市天河区五山路371号中公教育大厦
9楼
电话:020-35641330
网址:http://gd.offcn.com

山西中公教育
地址:太原市坞城路师范街交叉口龙珠大厦5层
(山西大学对面)
电话:0351-8330622
网址:http://sx.offcn.com

河南中公教育
地址:郑州市经三路丰产路向南150米路西 融
丰花苑C座(河南省财政厅对面)
电话:0371-86010911
网址:http://he.offcn.com

河北中公教育
地址:石家庄市建设大街与范西路交口众鑫大厦
中公教育
电话:0311-87031886
网址:http://hb.offcn.com

重庆中公教育
地址:重庆市江北区观音桥步行街未来国际大厦7楼
电话:023-67121699
网址:http://cq.offcn.com

福建中公教育
地址:福州市八一七北路东百大厦19层
电话:0591-87515125
网址:http://fj.offcn.com

安徽中公教育
地址:合肥市南一环与肥西路交口汇金大厦7层
电话:0551-66181890
网址:http://ah.offcn.com

————————————————————

云南中公教育
地址:昆明市东风西路21号中公大楼(三合营路口,艺术剧院对面)
电话:0871-65177700
网址:http://yn.offcn.com

————————————————————

贵州中公教育
地址:贵阳市云岩区延安东路230号贵盐大厦8楼(荣和酒店楼上)
电话:0851-5805808
网址:http://gz.offcn.com

————————————————————

黑龙江中公教育
地址:哈尔滨市南岗区西大直街374-2号
电话:0451-85957080
网址:http://hlj.offcn.com

————————————————————

辽宁中公教育
地址:沈阳市沈河区北顺城路129号(招商银行西侧)
电话:024-23241320
网址:http://ln.offcn.com

————————————————————

天津中公教育
地址:天津市和平区卫津路云琅大厦底商
电话:022-23520328
网址:http://tj.offcn.com

————————————————————

湖北中公教育
地址:武汉市洪山区鲁磨路中公教育大厦(原盈龙科技创业大厦)9、10层
电话:027-87596637
网址:http://hu.offcn.com

————————————————————

海南中公教育
地址:海口市大同路24号万国大都会写字楼17楼(从西侧万国大都会酒店招牌和工行附近的入口上电梯)
电话:0898-66736021
网址:http://hi.offcn.com

甘肃中公教育
地址:兰州市城关区静宁路十字西北大厦副楼2层
电话:0931-8470788
网址:http://gs.offcn.com

————————————————————

内蒙古中公教育
地址:呼和浩特市赛罕区呼伦贝尔南路东达广场写字楼702室
电话:0471-6532264
网址:http://nm.offcn.com

————————————————————

新疆中公教育
地址:乌鲁木齐市沙依巴克区西北路731号中公教育
电话:0991-4531093
网址:http://xj.offcn.com

————————————————————

广西中公教育
地址:南宁市青秀区民族大道12号丽原天际4楼
电话:0771-2616188
网址:http://gx.offcn.com

————————————————————

青海中公教育
地址:西宁市城西区胜利路1号招银大厦6楼
电话:0971-8298133
网址:http://qh.offcn.com

————————————————————

上海中公教育
地址:上海市杨浦区伟德路6号云海大厦5、6层
电话:021-35322220
网址:http://sh.offcn.com

————————————————————

宁夏中公教育
地址:银川市兴庆区解放西街32号虹桥大酒店行政楼1-3层
电话:0951-5155560
网址:http://nx.offcn.com